Steckler/Strauß/Bachert

Kompendium Arbeitsrecht und Sozialversicherung

W0192368

Kompendium

Arbeitsrecht und Sozialversicherung

Von Professor Dr. jur. Brunhilde Steckler,
Professor Dr. Patric Bachert und
Professor Dr. Rainer Strauß

7. Auflage

ISBN 978-3-470-**43037**-9 · 7., überarbeitete Auflage 2010

© Verlag Neue Wirtschafts-Briefe GmbH & Co. KG, Herne 1989

Kiehl ist eine Marke des NWB Verlags.

Satz: Neufeld Media, Weißenburg i. Bay.
Druck: medienHaus Plump, Rheinbreitbach

Vorwort zur 7. Auflage

Das vorliegende Buch enthält die Grundlagen des Arbeits- und Sozialversicherungsrechts in einer am betrieblichen Personalwesen orientierten Darstellung. Zahlreiche Beispiele aus dem Arbeitsalltag in Wirtschaftsunternehmen veranschaulichen die arbeitsrechtlichen Aspekte und geben Lösungshinweise. Damit ist dieses Buch sowohl für Studierende der Rechts- und Wirtschaftswissenschaften wie auch für Berufstätige geeignet, die sich einen Einblick in das Arbeitsrecht und die angrenzenden Rechtsgebiete verschaffen wollen.

Im Mittelpunkt dieses Kompendiums steht das Arbeitsvertragsrecht. Die Begründung des Arbeitsverhältnisses, die Rechte und Pflichten der Arbeitsvertragsparteien, die Regelungen des Arbeitsschutzes und der Pflichtverletzungen im Arbeitsverhältnis sowie die Beendigungsmöglichkeiten werden in den ersten Kapiteln erörtert, ferner besondere Formen von Arbeitsverträgen und das Berufsausbildungsverhältnis. Es folgen die Auswirkungen der Tarifverträge, der Arbeitskämpfe und der Betriebs- und Unternehmensverfassung im Arbeitsverhältnis. Diese Ausführungen zum Arbeitsrecht werden durch Grundzüge der Sozialversicherung, des Datenschutzes im Personalwesen und des Verfahrens bei Rechtsstreitigkeiten im Arbeits- und Sozialrecht ergänzt. Abschließend werden exemplarisch einige aktuelle Fragen des europäischen Arbeitsrechts dargestellt.

Skizzen und Übersichten geben einen optischen Eindruck von den rechtlichen und betrieblichen Zusammenhängen. Im Anhang befindet sich eine Sammlung von Übungsfällen mit Lösungen aus der Rechtsprechung der Arbeits- und Sozialgerichte. Aufbau und Methode des Buches entsprechen dem ebenfalls in diesem Verlag erschienenen Kompendium „Wirtschaftsrecht".

Die 7. Auflage ist unter Mitarbeit meiner Kollegen Rainer Strauß und Patric Bachert entstanden. Wir sind als Professoren für Wirtschaftsrecht an den Fachhochschulen Bielefeld und Osnabrück tätig und verfügen über anwaltliche Berufserfahrungen. Die inhaltliche Gestaltung des Kompendiums „Arbeitsrecht und Sozialversicherung" ist aus Vorlesungen für Studierende der Rechts- und Wirtschaftswissenschaften hervorgegangen. Anregungen aus der Praxis verdanken wir Teilnehmerinnen und Teilnehmern verschiedener Seminare zum Arbeitsrecht bei Industrie- und Handelskammern und Wirtschaftsverbänden.

Bielefeld/Osnabrück, im Februar 2010

Brunhilde Steckler
Rainer Strauß
Patric Bachert

Inhaltsverzeichnis

Abkürzungsverzeichnis

a.a.O.	=	am angegebenen Ort	ASiG	=	Gesetz über Betriebsärzte, Sicherheitsingenieure und andere Fachkräfte für Arbeitssicherheit (Arbeitssicherheitsgesetz)
Abs.	=	Absatz			
AEUV	=	Vertrag über die Arbeitsweise der Europäischen Union			
a.F.	=	alte Fassung			
AG	=	Aktiengesellschaft			
AGBG	=	Gesetz zur Regelung des Rechts der Allgemeinen Geschäftsbedingungen (AGB-Gesetz), aufgehoben	AuA	=	Arbeit und Arbeitsrecht (Zeitschrift)
			AufenthG	=	Gesetz über den Aufenthalt, die Erwerbstätigkeit und Integration von Ausländern im Bundesgebiet
AGV	=	Arbeitgeberverband			
AktG	=	Aktiengesetz			
Anh.	=	Anhang			
Anm.	=	Anmerkung	AÜG	=	Gesetz zur Regelung der gewerbsmäßigen Arbeitnehmerüberlassung (Arbeitnehmerüberlassungsgesetz)
AOK	=	Allgemeine Ortskrankenkasse			
AP	=	Arbeitsrechtliche Praxis (Sammlung der Entscheidungen des Bundesarbeitsgerichts, der Landesarbeitsgerichte und der Arbeitsgerichte)			
			b.	=	bei
			BA	=	Bundesagentur für Arbeit
ArbeitsstättenVO	=	Verordnung über Arbeitsstätten	BAföG	=	Bundesausbildungsförderungsgesetz
ArbG	=	Arbeitsgericht	BAG	=	Bundesarbeitsgericht
ArbGG	=	Arbeitsgerichtsgesetz			
			BAGE	=	Entscheidungen des Bundesarbeitsgerichts
ArbNErfG	=	Gesetz über Arbeitnehmererfindungen			
ArbPlSchG	=	Gesetz über den Schutz des Arbeitsplatzes bei Einberufung zum Wehrdienst (Arbeitsplatzschutzgesetz)	BAT	=	Bundesangestelltentarifvertrag
			BB	=	Betriebs-Berater (Zeitschrift)
			BBiG	=	Berufsbildungsgesetz
			BDSG	=	Gesetz zum Schutz vor Missbrauch personenbezogener Daten bei der Datenverarbeitung (Bundesdatenschutzgesetz)
ArbSchG	=	Arbeitsschutzgesetz			
ArbZG	=	Arbeitszeitgesetz			
ARGE	=	Arbeitsgemeinschaft (im Baugewerbe)			
Art.	=	Artikel			

BEEG	=	Gesetz zum Eltern-geld und zur Elternzeit
BerBiFG	=	Gesetz zur Förderung der Berufsbildung durch Planung und Forschung (Berufsbildungsförderungsgesetz)
BErzGG	=	Bundeserziehungsgeldgesetz
BetrAVG	=	Gesetz zur Verbesserung der betrieblichen Altersversorgung
BetrVG	=	Betriebsverfassungsgesetz
BfA	=	Bundesversicherungsanstalt für Angestellte
BGB	=	Bürgerliches Gesetzbuch
BGBl.	=	Bundesgesetzblatt
BGH	=	Bundesgerichtshof
BGHZ	=	Entscheidungen des BGH in Zivilsachen
BillBG	=	Gesetz zur Bekämpfung der illegalen Beschäftigung (auch: Schwarzarbeitsgesetz)
BKVO	=	Berufskrankheitenverordnung
BMWA	=	Bundesministerium für Wirtschaft und Arbeit
BPersVG	=	Bundespersonalvertretungsgesetz
BRD	=	Bundesrepublik Deutschland
BSG	=	Bundessozialgericht
BSGE	=	Entscheidungen des Bundessozialgerichts
Buchst.	=	Buchstabe
BUrlG	=	Bundesurlaubsgesetz

BVerfG	=	Bundesverfassungsgericht
BVerwG	=	Bundesverwaltungsgericht
ca.	=	circa
ChemikalienG	=	Gesetz zum Schutz vor gefährlichen Stoffen (Chemikaliengesetz)
CR (auch: CuR)	=	Computer und Recht (Zeitschrift)
DB	=	Der Betrieb (Zeitschrift)
DGB	=	Deutscher Gewerkschaftsbund
d.h.	=	das heißt
DVO	=	Durchführungsverordnung
EBRG	=	Gesetz über Europäische Betriebsräte
EDV	=	elektronische Datenverarbeitung
EG	=	Europäische Gemeinschaft
EntgeltfortzahlungsG	=	Entgeltfortzahlungsgesetz
etc.	=	etcetera
EU	=	Europäische Union
EUV	=	Vertrag über die Europäische Union
EuGH	=	Europäischer Gerichtshof
e.V.	=	eingetragener Verein
evtl.	=	eventuell
EWG	=	Europäische Wirtschaftsgemeinschaft
EWGV	=	Gründungsvertrag der EWG
EWG-Richtl.	=	Richtlinien der Europäischen Wirtschaftsgemeinschaft
EWG-VO	=	Verordnungen der Europäischen Wirtschaftsgemeinschaft

f., ff.	=	folgende, fortfolgende
G	=	Gesetz
GefahrstoffVO	=	Gefahrstoffverordnung
gem.	=	gemäß
GewO	=	Gewerbeordnung
GG	=	Grundgesetz
GmbH	=	Gesellschaft mit beschränkter Haftung
GmbHG	=	Gesetz über die Gesellschaften mit beschränkter Haftung
HwO	=	Gesetz zur Ordnung des Handwerks (Handwerksordnung)
HAG	=	Heimarbeitsgesetz
HGB	=	Handelsgesetzbuch
Hrsg.	=	Herausgeber
i. Br.	=	im Breisgau
IAO	=	Internationale Arbeitsorganisation
IG	=	Industriegewerkschaft
IHK	=	Industrie- und Handelskammer
insbes.	=	insbesondere
InsO	=	Insolvenzordnung
i.S., i.S.d.	=	im Sinne, im Sinne des/der
i.V., i.V.m.	=	in Verbindung, in Verbindung mit
JArbSchG	=	Gesetz zum Schutz der arbeitenden Jugend (Jugendarbeitsschutzgesetz)
JSchG	=	Jugendschutzgesetz
KAPOVAZ	=	kapazitätsorientierte variable Arbeitszeit
KG	=	Kommanditgesellschaft
KSchG	=	Kündigungsschutzgesetz
LAG	=	Landesarbeitsgericht
LSG	=	Landessozialgericht
Mio.	=	Millionen
MitbestG	=	Gesetz über die Mitbestimmung der Arbeitnehmer (Mitbestimmungsgesetz)
MontMitbestG	=	Gesetz über die Mitbestimmung der Arbeitnehmer in den Aufsichtsräten und Vorständen der Unternehmen des Bergbaus und der Eisen und Stahl erzeugenden Industrie (Montan-MitbestimmungsG)
MTV	=	Manteltarifvertrag
MuSchG	=	Gesetz zum Schutz der erwerbstätigen Mutter (Mutterschutzgesetz)
NachwG	=	Nachweisgesetz
NJW	=	Neue Juristische Wochenschrift (Zeitschrift)
Nr.	=	Nummer
NRW	=	Nordrhein-Westfalen
NZA	=	Neue Zeitschrift für Arbeits- und Sozialrecht
NZS	=	Neue Zeitschrift für Sozialrecht
oHG	=	offene Handelsgesellschaft

PersVG	=	Personalvertre- tungsgesetz	TV	=	Tarifvertrag
RdA	=	Recht der Arbeit (Zeitschrift)	TVG	=	Tarifvertragsgesetz
			TzBfG	=	Gesetz über Teilzeit- arbeit und befriste-
RDV	=	Recht der Daten- verarbeitung (Zeit- schrift)			te Arbeitsverträge (Teilzeit- und Befri- stungsgesetz)
Rn.	=	Randnummer			
RTV	=	Rahmentarifvertrag	u.a.	=	unter anderem
RVO	=	Reichsversiche- rungsordnung	UNO	=	United Nations Or- ganization (Vereinte Nationen)
Rz.	=	Randziffer			
			usw.	=	und so weiter
S.	=	Satz, Seite	UWG	=	Gesetz gegen den
SchwArbG	=	Gesetz zur Bekämp- fung der illegalen Beschäftigung (auch: Schwarz- arbeitsgesetz)			unlauteren Wettbe- werb
			vgl.	=	vergleiche
			VO	=	Verordnung
SGB	=	Sozialgesetzbuch	VOBA	=	Verordnung über die Berufsausbildung
SGG	=	Sozialgerichtsgesetz			
SprAuG	=	Sprecheraus- schussgesetz	z.B.	=	zum Beispiel
			Ziff.	=	Ziffer
StGB	=	Strafgesetzbuch	ZPO	=	Zivilprozessordnung

A. Einführung in das Arbeitsrecht

Die rechtliche Ordnung des Arbeitslebens ist historisch gewachsen und nicht in 001 einem Arbeitsgesetzbuch niedergelegt, sondern in einer Vielzahl einzelner Gesetze, Verordnungen und anderen Rechtsquellen enthalten. Die Entwicklung des Arbeitsrechts ist gekennzeichnet von der Gesetzgebung und Rechtsprechung zum Schutz der Arbeitnehmer, von der Bedeutung der Tarifverträge zur interessengerechten Ausgestaltung der Arbeitsverhältnisse und von den Auswirkungen des Betriebs- und Unternehmensverfassungsrechts.

Das Arbeitsrecht hat sich aus der besonderen soziologischen und ökonomischen Situation der Arbeitnehmer heraus entwickelt und reguliert insbesondere verschiedene Interessenkollisionen zwischen Arbeitnehmern und Arbeitgebern, daneben werden aber auch Interessen der Allgemeinheit berücksichtigt (vgl. Übersicht 01). Arbeitnehmer sind zur Sicherung ihres Lebensunterhalts auf die Ausnutzung ihrer Arbeitskraft angewiesen, während die Unternehmen an einer weitgehenden wirtschaftlichen Entscheidungsfreiheit über den optimalen Einsatz der verfügbaren Arbeitsleistungen von Arbeitnehmern interessiert sind. Diesen Konflikt zwischen den ökonomischen Interessen der Unternehmen und den Interessen der Arbeitnehmer an sozialer Sicherung regelt das Arbeitsrecht durch Rechtsnormen zum Schutz des wirtschaftlich unterlegenen Arbeitnehmers, beispielsweise durch Kündigungsschutzvorschriften und durch die Entgeltfortzahlung im Krankheitsfall. Ferner sind öffentlich-rechtliche Regelungen zu berücksichtigen, die den Interessen der Allgemeinheit Rechnung tragen, z. B. an einer geordneten Berufsausbildung, am Datenschutz, an der Unfallverhütung und an der Einhaltung von Arbeitsschutzvorschriften.

Außerdem können Tarifverträge und Betriebsvereinbarungen das Arbeitsverhältnis gestalten. Tarifverträge sind Vereinbarungen zwischen Arbeitgeberverbänden oder einzelnen Arbeitgebern und Gewerkschaften, die in der betrieblichen Praxis oft große Bedeutung für die Gestaltung und Durchführung der Arbeitsverhältnisse haben. Auch Betriebsvereinbarungen zwischen Arbeitgeber und Betriebsrat sowie die Rechte des Betriebsrats im Rahmen der Betriebsverfassung haben Einfluss auf die Arbeitsverhältnisse. Schließlich kann sich neben der Mitbestimmung des Betriebsrats in sozialen, personellen und wirtschaftlichen Angelegenheiten auch die Beteiligung der Arbeitnehmer in den Unternehmensorganen auf die Arbeitsverhältnisse auswirken.

Übersicht 01: Interessengegensätze der Arbeitsvertragsparteien		
Arbeitgeber	**Arbeitnehmer**	**Arbeitsrechtliche und sonstige Regelungen**
Interesse an wirtschaftlicher Flexibilität und an unternehmerischer Entscheidungsfreiheit	**Interesse** an sozialer Sicherheit durch einen dauerhaften Arbeitsplatz	Einschränkung der Vertragsfreiheit durch Gesetze und durch Kollektivvereinbarungen
Interesse an geringen Produktionskosten - niedrige Arbeitsentgelte - keine Entgeltzahlung ohne Arbeitsleistung - niedrige Lohnnebenkosten	**Interesse** an der Sicherung des Lebensunterhalts - hohe Arbeitsentgelte - Entgeltfortzahlung bei Krankheit, Urlaub etc. - soziale Sicherung	Regelungsmechanismen (beispielhaft): - Entgeltregelungen durch Tarifverträge - Entgeltfortzahlungs-gesetze und -regelungen - Sozialversicherungsrecht
Interesse an freier Disposition über das Personal	**Interesse** an einem dauerhaften Arbeitsplatz	Kündigungsschutzgesetze, Beteiligung des Betriebs-rats, Kündigungsfristen etc.
Interesse an innerbetrieblicher Weisungsbefugnis über das Personal und an Dispositionen in wirtschaftlichen Fragen	**Interesse** an einer betrieblichen Mitbestimmung in sozialen, personellen, wirtschaftlichen und an-deren Angelegenheiten	Betriebsverfassungs-gesetz, Sprecher-ausschussgesetz, Personalvertretungsrecht, Mitbestimmungsgesetze (Unternehmens-verfassung)
Interesse der Allgemeinheit an der Verhütung von Arbeitsunfällen, am Schutz besonderer Arbeitnehmergruppen etc.		Arbeitssicherheitsgesetze, Mutterschutz und Jugend-arbeitsschutz, Arbeitszeit-schutz etc.

1. Grundbegriffe des Arbeitsrechts

002 Arbeitsrechtliche Regelungen finden sich in zahlreichen unterschiedlichen Rechts-quellen. Das Arbeitsrecht kann allerdings unabhängig hiervon systematisch in einen individualrechtlichen und einen kollektivrechtlichen Bereich untergliedert werden. Das **Individualarbeitsrecht** umfasst alle Regelungen, die das Arbeits-verhältnis zwischen Arbeitgeber und Arbeitnehmer und die daraus erwachsenden Rechte und Pflichten der Arbeitsvertragsparteien betreffen, sowie die sonstigen Vorschriften über den Schutz der Arbeitnehmer einschließlich des Rechts der Arbeitssicherheit. Das **kollektive Arbeitsrecht** besteht aus dem Betriebsverfassungs- und Personalvertretungsrecht einschließlich der Sprecherausschussverfassung, dem Tarifvertragsrecht und dem Arbeitskampfrecht. Im weiteren Sinne gehört hierzu auch die Unternehmensverfassung, soweit dort Regelungen über die Mitbestimmung von Arbeitnehmern in Aufsichtsgremien von Unternehmen enthalten sind (Mitbestimmungsgesetze).

Skizze 01: Einteilung des Arbeitsrechts						
Individualarbeitsrecht			**Kollektives Arbeitsrecht**			
Arbeits-vertrags-recht	Arbeit-nehmer-schutz-recht	Arbeits-sicherheit	Betriebs-verfassungs-recht	Unter-nehmens-verfassung	Tarif-vertrags-recht	Arbeits-kampf-recht
			Sprecher-ausschuss-verfassung			

Individualarbeitsrecht und kollektives Arbeitsrecht stehen aber nicht unabhängig nebeneinander. In der betrieblichen Praxis kommt es z. B. dann zu einer Wechselwirkung zwischen dem Individualarbeitsrecht und dem kollektiven Arbeitsrecht, wenn durch die Änderung eines Tarifvertrags der Inhalt der Arbeitsverhältnisse zwischen tarifgebundenen Arbeitsvertragsparteien gem. § 4 Abs. 1 S. 1 TVG unmittelbar und zwingend abgeändert wird.[1] Auch Betriebsvereinbarungen zwischen Arbeitgeber und Betriebsrat gelten gem. § 77 Abs. 4 S. 1 BetrVG unmittelbar und zwingend für alle Arbeitsverhältnisse des Betriebs.[2] Diese Kollektivvereinbarungen haben im deutschen Arbeitsrechtssystem einen erheblichen Einfluss auf den Inhalt der Arbeitsverträge.

1.1 Wesen des Arbeitsvertrags

Arbeitsleistungen werden nicht ausschließlich aufgrund von Arbeitsverträgen von Arbeitnehmern für Arbeitgeber erbracht. Auch die Studentin, die für ihr Examen lernt, die Unternehmerin, die den Einsatz neuer Technologien plant, und die Ingenieurin, die im eigenen Konstruktionsbüro Zeichnungen entwirft, bezeichnen ihre Tätigkeiten als Arbeit. In diesen Fällen besteht allerdings kein Arbeitsverhältnis. Eine Arbeitsleistung wird nur dann auf der Grundlage eines Arbeitsvertrags vorgenommen, wenn bestimmte charakteristische Merkmale vorliegen.

003

Die Begriffe Arbeitsvertrag und Arbeitsverhältnis sind nicht in einer gesetzlichen Regelung definiert. Anknüpfungspunkt ist vielmehr der **Dienstvertrag** gem. § 611 BGB. Die Parteien eines Dienstvertrags vereinbaren gem. § 611 Abs. 1 BGB den Austausch der Leistungen Dienste und Entgelt. Wesentlicher Inhalt eines

---

1 Vgl. Abschnitt A. Rz. 39 f. zur Wirkung der Tarifnormen.
2 Vgl. Abschnitt A. Rz. 41 ff. zur Wirkung der Betriebsvereinbarungen.

Dienstvertrags ist, dass sich der Dienstverpflichtete zur Leistung der versprochenen Dienste und der Dienstberechtigte zur Zahlung der vereinbarten Vergütung verpflichtet. Da auch im Rahmen eines Arbeitsvertrags eine Dienstleistung gegen Entgelt erbracht wird, ist jeder Arbeitsvertrag ein Dienstvertrag i. S. des § 611 BGB.

Skizze 02: Wesen des Arbeitsvertrags gem. § 611 BGB

Anspruch auf Arbeitsleistung

Arbeitgeber   **Arbeitnehmer**
(= Dienstberechtigter)   (= Dienstverpflichteter)

Vergütungsanspruch

---

004 Der Begriff des Dienstverhältnisses umfasst zwar die Arbeitsverhältnisse, ist aber insgesamt weiter. Gegenstand eines Dienstvertrags gem. § 611 BGB können auch von Selbstständigen erbrachte Dienstleistungen sein. Ein **Arbeitsvertrag** liegt dagegen nur dann vor, wenn der Dienstverpflichtete als Angestellter oder Arbeiter eine unselbstständige Tätigkeit ausübt. Charakteristisch für einen Arbeitnehmer ist, dass er in persönlicher Abhängigkeit eine fremdbestimmte Tätigkeit verrichtet. Arbeitnehmer sind weisungsgebunden; die Tätigkeit des Arbeitnehmers wird in fremdem Interesse erbracht, und ein Arbeitnehmer ist in die betriebliche Organisation des Arbeitgebers eingegliedert.

005 Ein **Arbeitsvertrag** muss daher die folgenden Merkmale aufweisen:

❑ **Privatrechtlicher Vertrag,**

❑ **Leistung von Diensten für einen anderen gegen Entgelt,**

❑ **Tätigkeit in persönlicher Abhängigkeit.**

006 Ein Arbeitsvertrag setzt voraus, dass die **Dienstleistung aufgrund eines privatrechtlichen Vertrags** erbracht wird. Wird die Dienstleistung aufgrund einer öffentlich-rechtlichen Verpflichtung, wie z. B. bei Beamten, Richtern und Soldaten, oder aufgrund einer familienrechtlichen Verpflichtung, z. B. durch Ehegatten oder Kinder, vorgenommen, finden die arbeitsrechtlichen Vorschriften keine Anwendung. Selbstverständlich können aber auch von Ehegatten oder zwischen Eltern und Kindern wirksame Arbeitsverträge abgeschlossen werden.[3]

Beispiel:

In einem Unternehmen erledigt die Ehefrau des Betriebsinhabers die Buchführung. Sofern diese Tätigkeit nicht nur aus familiären Gründen als Mitarbeit in dem Unternehmen des Ehemanns vorgenommen wird, muss vereinbart werden, dass ein Arbeitsvertrag Grundlage für diese Tätigkeit ist. Erst dann entstehen arbeitsrechtliche Ansprüche, z. B. auf Vergütung und Urlaub sowie evtl. die Sozialversicherungspflicht.

---

3   BSG, NZS 1995, 31.

Ein Arbeitsvertrag beinhaltet die Verpflichtung zur **Leistung von Diensten gegen Zahlung einer Vergütung**. Wird die Dienstleistung unentgeltlich erbracht, handelt es sich bei dem Vertragsverhältnis zwischen den Parteien um einen Auftrag gem. § 662 BGB.

007

Bei einem Dienst- oder Arbeitsvertrag wird die Vergütung nicht für die Herbeiführung eines bestimmten Erfolgs, sondern für die Dienstleistung als solche und damit für die **Verrichtung einer Tätigkeit** geschuldet. Falls der Vertragspartner mit der übernommenen Tätigkeit einen bestimmten Erfolg zu erreichen hat, liegt ein Werkvertrag gem. § 631 BGB vor. Die Abgrenzung richtet sich nach den Umständen des Einzelfalls (vgl. Übersicht 02).

008

Übersicht 02: Abgrenzung des Arbeitsvertrags von dem Werkvertrag	
Arbeitsvertrag	**Werkvertrag**[4]
Vertragliche Verpflichtung	
Verrichtung einer Tätigkeit unter Ausschöpfung der persönlichen Leistungsfähigkeit	Herbeiführung eines bestimmten Erfolgs bzw. eines bestimmten Arbeitsergebnisses
Vertragserfüllung	
in einem abhängigen Beschäftigungsverhältnis mit Weisungsgebundenheit	als selbstständiger Unternehmer in persönlicher Unabhängigkeit mit Unternehmerrisiko
allgemeine Rechtsfolgen	
Anwendung der §§ 611 ff. BGB sowie der arbeitsrechtlichen Sondergesetze	Anwendung der §§ 631 ff. BGB, z. B. Entstehung des Unternehmerpfandrechts gem. § 647 BGB
vertragliche Haftung	
Schadensersatz gem. § 280 Abs. 1 S. 1 BGB unter Berücksichtigung spezieller Haftungsprivilegierungen[5]	Gewährleistung nach Werkvertragsrecht gem. §§ 633 ff. BGB (Nacherfüllung, Rücktritt, Minderung, Schadensersatz)
Vergütung	
in der Regel zeitbezogene Vergütung für die Dienstleistung nebst Abführung von Lohnsteuer sowie regelmäßiger Sozialversicherungspflicht	erfolgsbezogene Vergütung als Pauschalsatz oder nach vereinbarten Maßstäben (Material, Aufmaß, Zeit), Auszahlung ohne Abzüge, evtl. Berechnung von Umsatzsteuer
Kündigung	
Ordentliche oder außerordentliche Kündigung gem. §§ 622, 626 BGB möglich, evtl. aber weitere Kündigungsbeschränkungen, z. B. nach dem Kündigungsschutzgesetz	gem. § 649 BGB jederzeit möglich, der Vergütungsanspruch bleibt allerdings im Wesentlichen bestehen

---

4 *Steckler*, Kompendium Wirtschaftsrecht, Abschnitt C. Rz. 214 ff.
5 Vgl. Abschnitt B. Rz. 211 ff. zur Haftungsbegrenzung für Arbeitnehmer.

Beispiel:

Der Frachtvertrag ist ein Werkvertrag, denn der Frachtführer schuldet nicht nur die Beför-derung als Dienstleistung, sondern gem. § 407 Abs. 1 HGB auch die Ablieferung bei dem Empfänger und damit das Erreichen eines Erfolgs. Sofern der Frachtführer zur Ausfüh-rung der Gütertransporte Kraftfahrer einsetzt, erbringen diese allerdings Dienstleistungen, denn sie sind lediglich verpflichtet, die ihnen übertragenen Tätigkeiten zu verrichten.

009 Ein Arbeitsvertrag liegt nur bei der Übernahme einer fremdbestimmten Tätig-keit vor. Falls die Dienstleistung für ein gemeinsames Projekt, insbesondere ein gemeinsames Unternehmen, erbracht wird, ist regelmäßig ein Gesellschaftsver-trag, z. B. gem. § 705 BGB, in dem sich die Gesellschafter zur Förderung eines ge-meinsamen Zwecks verpflichten, Grundlage für diese Tätigkeit. Insbesondere bei Personengesellschaften werden von den Gesellschaftern zwar häufig auch Dienst-leistungen erbracht, dies geschieht jedoch überwiegend nicht im Rahmen eines Arbeitsverhältnisses, weil die Aktivitäten der Gesellschafter auf die Förderung des gemeinsamen – und daher auch eigenen – Zwecks gerichtet sind. Das Rechts-verhältnis der Gesellschafter untereinander richtet sich nach den in dem Gesell-schaftsvertrag getroffenen Vereinbarungen sowie den einschlägigen gesetzlichen Bestimmungen aus dem Recht der oHG, der KG, der GmbH, der AG etc.[6]

010 Ein Arbeitsvertrag setzt voraus, dass der Arbeitnehmer seine **Dienstleistung in persönlicher Abhängigkeit** erbringt. Dies bedeutet, dass **ein abhängiges Beschäftigungsverhältnis** eingegangen wird. Das Arbeitsverhältnis ist daher von den Rechtsverhältnissen selbstständiger Unternehmer abzugrenzen.[7] Dabei sind alle Umstände des Einzelfalls zu berücksichtigen. Für die Rechtsstellung der selbstständigen Unternehmer ist neben dem allgemeinen Zivilrecht das Auftrags- und Dienstvertragsrecht maßgebend, je nach Einzelfall evtl. auch das Werkver-tragsrecht.[8] Für die Arbeitnehmer gelten dagegen die besonderen Vorschriften des Arbeitsrechts. Typische Indizien für die persönliche Abhängigkeit sind die Wei-sungsgebundenheit und die Eingliederung in die betriebliche Organisation des Unternehmers mit der Bindung an eine bestimmte Arbeitsstätte und an vorge-gebene Arbeitszeiten. Demgegenüber unterliegt der selbstständige Unternehmer regelmäßig keiner, allenfalls geringer Fachaufsicht, ist sowohl örtlich als auch zeitlich unabhängig von dem Auftraggeber, unterhält nach Bedarf eine eigene Be-triebseinrichtung und wird häufig für mehrere Auftraggeber tätig (vgl. auch Über-sicht 03). Typische Beispiele für selbstständige Unternehmer sind freiberuflich Tä-tige wie z. B. Ärzte, Rechtsanwälte, Steuerberater und Ingenieure.[9]

011 Die Abgrenzung zwischen selbstständigen Unternehmern und weisungsgebun-denen und damit abhängig beschäftigten Arbeitnehmern ist außerdem für den Abschluss von **Arbeitsverträgen mit Gesellschaftern** von Bedeutung. Der Ab-

---

6 *Steckler*, Kompendium Wirtschaftsrecht, Abschnitt G. zum Gesellschaftsrecht.
7 Freie Mitarbeiter sind ebenfalls selbstständige Unternehmer, die Abgrenzung gegenüber den Arbeitnehmern wird in Abschnitt A. Rz. 14 f vorgenommen.
8 Außerdem sind die handels- und wirtschaftsrechtlichen Sondergesetze zu beachten, z. B. die handelsrechtlichen Rege-lungen für Kommissionäre, Spediteure, Lagerhalter und Frachtführer.
9 Die Rechtsverhältnisse der freiberuflich Tätigen sind teilweise in Spezialgesetzen geregelt; sie können insbesondere verpflichtet sein, erbrachte Leistungen nach Gebührenordnungen abzurechnen.

schluss eines Arbeitsvertrags zwischen der Gesellschaft und einem Gesellschafter ist nicht von vornherein ausgeschlossen. Insbesondere wenn ein Gesellschafter nicht an der Geschäftsführung und Vertretung der Gesellschaft beteiligt ist und neben seinen Verpflichtungen aus dem Gesellschaftsvertrag weitere Dienstleistungen für die Gesellschaft erbringt, kann diese Tätigkeit eines Gesellschafters auf der Grundlage eines Arbeitsvertrags erbracht werden. Wie bei den Arbeitsverhältnissen innerhalb einer Familie bedarf es dann aber einer entsprechenden Vereinbarung.

Beispiel:

Clausen und Feddersen betreiben gemeinsam unter der Firma C & F oHG ein Frachtunternehmen. Anlässlich einer Erweiterung des Geschäftsbetriebs wird das Unternehmen in eine KG umgewandelt und es werden u. a. die Kraftfahrerin K und der Büroleiter B, die beide Mitarbeiter des Unternehmens sind, mit einer Einlage in Höhe von jeweils 10.000,00 € als Kommanditisten aufgenommen.

Die Verpflichtung der Kommanditisten K und B zur Leistung von Diensten ergibt sich nicht aus dem Gesellschaftsvertrag, außerdem bleiben die neuen Gesellschafter als weisungsgebundene Arbeitnehmer in die betriebliche Organisation eingegliedert. Die Arbeitsverträge mit K und B können daher bestehen bleiben. Die persönlich haftenden Gesellschafter Clausen und Feddersen üben dagegen als gem. §§ 161 Abs. 2, 114 Abs. 1, 125 Abs. 1 HGB geschäftsführungs- und vertretungsberechtigte Gesellschafter weder eine weisungsgebundene noch eine fremdbestimmte Tätigkeit aus, sie können von der KG also nicht als Arbeitnehmer beschäftigt werden.

Wenn die vorstehend angesprochenen charakteristischen Merkmale vorliegen und dementsprechend ein Arbeitsvertrag abgeschlossen worden ist, unterliegen die Vertragsparteien den arbeitsrechtlichen Vorschriften. Dies hat zur Folge, dass insbesondere das Arbeitnehmerschutzrecht mit Ansprüchen auf Urlaub, geregelte Arbeitszeit, Entgeltfortzahlung im Krankheitsfall etc. sowie im Regelfall die Verpflichtung zur Abführung von Sozialversicherungsbeiträgen zum Tragen kommt. **012**

1.2 Arbeitgeber und Arbeitnehmer

Die Parteien des Arbeitsvertrags werden als Arbeitgeber und Arbeitnehmer bezeichnet. **Arbeitgeber** ist, wer mindestens einen Arbeitnehmer beschäftigt. Die Arbeitgebereigenschaft setzt also lediglich den Abschluss eines Arbeitsvertrags mit einem abhängig beschäftigten Arbeitnehmer voraus. Dementsprechend sind nicht nur Unternehmer Arbeitgeber. Eine Rentnerin, die eine Haushälterin beschäftigt, und ein allein erziehender Vater, der eine Erzieherin beschäftigt, sind ebenfalls Arbeitgeber. Außerdem können selbstverständlich nicht nur natürliche Personen, sondern auch juristische Personen, Personenhandelsgesellschaften und Personengesamtheiten jeglicher Art, z. B. eine Erbengemeinschaft oder ein Ehepaar, Arbeitgeber sein. **013**

Arbeitnehmer ist, wer aufgrund eines Dienstvertrags i. S. des § 611 BGB im Rahmen eines unselbstständigen Beschäftigungsverhältnisses eine entgeltliche Tätig- **014**

keit verrichtet. Die Definition des Begriffs Arbeitnehmer enthält also die charakteristischen Merkmale eines Arbeitsvertrags,[10] sodass alle Personen, die aufgrund
eines Arbeitsvertrags beschäftigt werden, Arbeitnehmer sind. Maßgebend für die
Abgrenzung eines unselbstständigen Arbeitnehmers von einem selbstständigen
Unternehmer ist aber nicht die Bezeichnung des Vertrags als Arbeitsvertrag, es
sind vielmehr die objektiven Umstände, unter denen die Dienstleistung erbracht
wird, entscheidend. Bei der Abgrenzung sind die jeweiligen Umstände des Einzelfalles, die Abwicklung des Dienstverhältnisses und die Vertragsgestaltung zu berücksichtigen (vgl. auch Übersicht 03).

015 Von besonderer Bedeutung ist dies bei der Beschäftigung von freien Mitarbeitern,
die als Selbstständige Dienstleistungen für ein Unternehmen erbringen sollen.
Personen, die als **freie Mitarbeiter** bezeichnet werden, sind Arbeitnehmer, wenn
sie als weisungsgebundene Beschäftigte in die betriebliche Organisation des Arbeitgebers eingegliedert sind. Der Arbeitnehmerstatus unterliegt nicht der Disposi-
tionsbefugnis der Vertragspartner. Nur in Grenzfällen, wenn die übrigen Kriterien
keine eindeutige Bewertung der vertraglichen Beziehung zulassen, ist ausnahmsweise der Wille der Vertragspartner entscheidend.

Übersicht 03: Abgrenzung von Arbeitnehmern und freien Mitarbeitern	
Arbeitnehmer erbringen Dienstleistungen unter den folgenden Umständen:	**Freie Mitarbeiter** erbringen Dienstleistungen unter den folgenden Umständen:
– Weisungsgebundenheit (Direktionsrecht des Arbeitgebers)	– fehlende oder nur geringe Fachaufsicht des Auftraggebers
– Bindung an feste Arbeitszeiten und an einen festen Arbeitsort	– zeitliche und örtliche Unabhängigkeit bei der Erbringung der Dienstleistung
– Eingliederung in die betriebliche Organisation des Arbeitgebers	– Dienstleistung mit eigenen Mitteln und Werkzeugen, meist in eigenen Räumen (Büro, Werkstatt etc.)
– regelmäßige Tätigkeit für einen Auftraggeber, dem die ganze Arbeitskraft geschuldet wird	– Tätigkeit für mehrere Auftraggeber nebeneinander möglich
– regelmäßig persönliche und wirtschaftliche Abhängigkeit	– allenfalls wirtschaftliche Abhängigkeit von einem Auftraggeber
– Entlohnung der Arbeitsleistung i. d. R. durch ein festes Arbeitsentgelt	– Bezahlung der Dienstleistung nach Stunden oder Tätigkeitserfolgen, Rechnungserteilung, evtl. unter Ausweisung der Umsatzsteuer
– Bezeichnung als „Arbeiter" oder als „Angestellter" in dem Vertrag, Entgelt-fortzahlung bei Krankheit, im Urlaub, an Feiertagen etc.	– Beschäftigung als „freier Mitarbeiter" oder als „Auftragnehmer" im Rahmen eines Werk-, Dienst- oder Geschäftsbesorgungsvertrags
Rechtsfolge: Kein unternehmerisches Risiko. Anwendung des Arbeitsrechts mit den Arbeitnehmerschutzvorschriften sowie regelmäßige Sozialversicherungspflicht, Abführung von Lohnsteuer und von Sozialversicherungsbeiträgen durch den Arbeitgeber.	**Rechtsfolge:** Übernahme des Unternehmerrisikos. Anwendung des allgemeinen Zivilrechts, insbesondere des Dienst- und Werkvertragsrechts sowie ggf. des Handelsrechts.

---

10 Vgl. Abschnitt A. Rz. 4 ff. zum Arbeitsvertrag.

Fall 1: Arbeitnehmereigenschaften eines Fotografen   Seite 345

Bei der Abgrenzung von unselbstständigen Arbeitnehmern und selbstständigen **016**
Unternehmern ist ausschließlich auf die persönliche Abhängigkeit abzustellen. Ob
und inwieweit ein selbstständiger Unternehmer von seinem Auftraggeber wirtschaftlich abhängig ist, hat keine Auswirkungen auf die Zuordnung zu dem Kreis
der Selbstständigen.

Beispiel:

Die Buchhalterin B erledigt für den Steuerberater S die anfallenden Buchführungsarbei-
ten. B wird in dem Rahmenvertrag mit S als freie Mitarbeiterin bezeichnet. S erteilt B nach
Bedarf Einzelaufträge, die B regelmäßig in einem kleinen Büro im Keller ihres Hauses er-
ledigt, nach den getroffenen Vereinbarungen aber auch ablehnen kann. B arbeitet durch-
schnittlich 35 Stunden wöchentlich für S und verdient ca. 3.000,00 € monatlich.

B ist selbstständige Unternehmerin. Sie erledigt die ihr übertragene Tätigkeit nicht in per-
sönlicher Abhängigkeit, denn sie ist weder an feste Arbeitszeiten noch einen vorgegebenen
Arbeitsort gebunden und auch nicht in anderer Form in die betriebliche Organisation des
S eingegliedert. Die wirtschaftliche Abhängigkeit von S als Auftraggeber führt nicht dazu,
dass B Arbeitnehmerin ist.[11]

Während zu Gunsten von Arbeitnehmern die gesetzlichen Schutzvorschriften des **017**
Arbeitsrechts gelten, z. B. die Kündigungsschutzbestimmungen und die Vorschriften über die Entgeltfortzahlung im Krankheitsfall, richten sich die Rechte und
Pflichten derjenigen, die als Selbstständige Werk- oder Dienstleistungen erbringen, nach den allgemeinen zivilrechtlichen Vorschriften. Wenn ein Selbstständiger
z. B. erkrankt und die Dienstleistung nicht erbringen kann, hat er daher keinen
Anspruch auf Vergütung. Außerdem unterliegen Selbstständige regelmäßig nicht
der Sozialversicherungspflicht. Ein freier Mitarbeiter muss deshalb bei dem Abschluss eines solchen Vertrags insbesondere beachten, dass er eine angemessene
Vergütung erhält, da er nicht nur Einkommen- sowie evtl. auch Mehrwertsteuer
abführen muss, sondern darüber hinaus die Kosten der Krankheits- und Altersvorsorge selbst zu tragen hat und z. B. auch Rücklagen für Zeiten bilden sollte, in
denen er nur wenige Aufträge erhält. Daneben ist es sinnvoll, eine angemessene
Kündigungsfrist zu vereinbaren.

Der **Anwendungsbereich des Arbeitsrechts** umfasst vor allem Arbeitsverhält- **018**
nisse und Berufsausbildungsverhältnisse. Einzelne arbeitsrechtliche Vorschriften
gelten allerdings auch für **Heimarbeiter** gem. § 2 HAG und für **arbeitnehmer-**
ähnliche Personen, die zwar nicht weisungsgebunden, aber aufgrund ihrer wirtschaftlichen Abhängigkeit wie ein Arbeitnehmer sozial schutzbedürftig sind. Zu
diesem Personenkreis gehören z. B. freie Mitarbeiter der Medien, wenn sie Dienstleistungen erbringen, die mit denjenigen von Arbeitnehmern vergleichbar sind,
und eine wirtschaftliche Abhängigkeit besteht, weil Art und Umfang der Tätigkeit

---

11 B kann allerdings als Scheinselbstständige der Sozialversicherungspflicht unterliegen, vgl. D. Rz. 12.

nur wenig Raum für andere Einkünfte lassen. Arbeitnehmerähnliche Personen haben insbesondere gem. § 2 S. 2 BUrlG Anspruch auf den Mindesturlaub; und für die Rechtsstreitigkeiten aus den Verträgen der arbeitnehmerähnlichen Personen mit ihren Auftraggebern sind gem. §§ 5 Abs. 1 S. 2, 2 ArbGG die Arbeitsgerichte zuständig. Abgesehen von wenigen Ausnahmen gelten die arbeitsrechtlichen Vorschriften aber ausschließlich für Arbeitnehmer. Werden in der betrieblichen Praxis arbeitsrechtliche Ansprüche, z. B. auf Entgeltfortzahlung im Krankheitsfall, geltend gemacht, ist daher immer zuerst zu prüfen, ob die evtl. anspruchsberechtigte Person Arbeitnehmer ist.

1.3 Auszubildende, Arbeiter und Angestellte

019 Das Arbeitsrecht gilt im Wesentlichen für alle Arbeitnehmer, soweit es sich nicht um besondere Vorschriften für einzelne Arbeitnehmergruppen, z. B. für Schwerbehinderte, handelt. Arbeitnehmer sind insbesondere die Arbeiter und die Angestellten. Auch die Auszubildenden gelten regelmäßig als Arbeitnehmer, z. B. gem. § 5 Abs. 1 S. 1 ArbGG sowie gem. § 2 S. 1 BUrlG. In der betrieblichen Praxis sind vor allem die Auszubildenden von den übrigen Arbeitnehmern zu unterscheiden, weil für sie verschiedene Sonderregelungen gelten.

020 **Auszubildende** sind diejenigen Personen, die in einem Berufsausbildungsverhältnis stehen.[12] Für Auszubildende gelten die Vorschriften des Berufsbildungsgesetzes. Auf minderjährige Auszubildende – sowie auf minderjährige Arbeitnehmer – finden außerdem die Regelungen des Jugendarbeitsschutzgesetzes Anwendung.[13] Soweit die Auszubildenden keinen besonderen Regelungen unterliegen, gelten gem. § 10 Abs. 2 BBiG nachrangig die allgemeinen Grundsätze des Arbeitsrechts.

021 Die Unterscheidung zwischen Arbeitern und Angestellten hat im Recht sehr stark an Bedeutung verloren. Ursprünglich wurden zu den Angestellten Arbeitnehmer mit überwiegend geistiger Tätigkeit gerechnet, zu den Arbeitern solche mit überwiegend körperlicher Tätigkeit. Aufgrund des technischen Fortschritts werden an die klassischen Arbeiterberufe jedoch heute oft viel höhere geistige Anforderungen gestellt, sodass diese Unterscheidung überholt und häufig praktisch kaum mehr durchführbar ist. Maßgeblich ist insoweit daher die Verkehrsanschauung, welche jedoch häufig der traditionellen Zuordnung folgen wird. Rechtlich spielt diese Unterscheidung kaum noch eine Rolle. So ist etwa mit dem „Gesetz zur Organisationsreform der gesetzlichen Rentenversicherung" vom 9. 12. 2004 die im Rentenversicherungsrecht vorhandene Unterscheidung zwischen Arbeitern und Angestellten im Wesentlichen entfallen. Auch im Betriebsverfassungsrecht und im (Bundes-) Personalvertretungsrecht gibt es keine ausdrückliche Unterscheidung zwischen Angestellten und Arbeitern mehr. Sie ist aber z. B. noch in einigen Tarifverträgen von Bedeutung.

---

12 Vgl. Abschnitt B. Rz. 385 ff. zum Berufsausbildungsverhältnis.
13 Vgl. Abschnitt B. Rz. 407 ff. zum Jugendarbeitsschutzgesetz.

Leitende Angestellte sind ebenfalls Angestellte, haben aber eine Sonderstel- **022**
lung. Charakteristisch für leitende Angestellte ist, dass sie als Vorgesetzte typische
Unternehmerfunktionen wahrnehmen. Das Arbeitsrecht findet daher auf die leitenden Angestellten nur eingeschränkt Anwendung. Sie unterliegen insbesondere gem. § 18 Abs. 1 Nr. 1 ArbZG nicht dem Arbeitszeitgesetz, der Geltungsbereich
der Tarifverträge erstreckt sich nicht auf ihre Arbeitsverträge und anstelle des
Betriebsverfassungsgesetzes gilt für die leitenden Angestellten das Sprecherausschussgesetz. Zu den leitenden Angestellten gehören gem. § 5 Abs. 3 BetrVG vor
allem Personen,

❑ die zur selbstständigen Einstellung und Entlassung von Arbeitnehmern berechtigt sind oder

❑ die Generalvollmacht oder Prokura haben oder

❑ die Aufgaben wahrnehmen, die für den Bestand und die Entwicklung des Unternehmens oder eines Betriebs von Bedeutung sind, und die Entscheidungen im
Wesentlichen frei von Weisungen treffen oder sie maßgeblich beeinflussen.

Vertretungsberechtigte Gesellschafter von Personengesellschaften und Organmit- **023**
glieder einer juristischen Person, also insbesondere Geschäftsführer einer GmbH
und Vorstandsmitglieder einer Aktiengesellschaft, sind dagegen keine Arbeitnehmer.[14] Obwohl diese Personen regelmäßig bereits mangels persönlicher Abhängigkeit nicht auf der Grundlage eines Arbeitsvertrags beschäftigt werden, ist dies z. B.
in § 5 Abs. 2 Nr. 1 und Nr. 2 BetrVG nochmals ausdrücklich klargestellt. Auch § 14
Abs. 1 KSchG (kein allgemeiner Kündigungsschutz) und § 5 Abs. 1 S. 3 ArbGG dienen im Wesentlichen lediglich der Klarstellung.

2. Die Rechtsquellen des Arbeitsrechts

Die Ordnung des Arbeitslebens durch Regelungen ist historisch über einen langen **024**
Zeitraum gewachsen. Dementsprechend enthalten heute eine Vielzahl unterschiedlicher Rechtsquellen arbeitsrechtliche Regelungen. Weitere Vorschriften wirken
sich mittelbar auf die Entwicklung des Arbeitsrechts aus. Das **Sozialstaatsprinzip des Grundgesetzes** gem. Art. 20 Abs. 1, 28 Abs. 1 S. 1 GG verpflichtet den
Bund und die Länder z. B. u. a. dazu, die Arbeitsrechtsordnung an die jeweiligen
sozialen Anforderungen anzupassen. Und die Europäische Gemeinschaft erlässt
insbesondere Richtlinien, teilweise auch Verordnungen, z. B. zum Arbeitsschutz
und zur Gleichbehandlung der Arbeitnehmer, die die Entwicklung des nationalen
Arbeitsrechts beeinflussen.[15]

Wegen der grundlegenden Interessengegensätze der Vertragsparteien[16] und dem
ungleichen Kräfteverhältnis kann die Privatautonomie bei dem Abschluss eines
Arbeitsvertrags den Schutz der Arbeitnehmer vor wirtschaftlichen und sozialen
Benachteiligungen nicht gewährleisten. Zahlreiche Arbeitnehmerschutzgesetze

---

14 Vgl. hierzu etwa *Schrader / Schubert*, BB 2007, 1617 ff.
15 Vgl. Thüsing, Europäisches Arbeitsrecht.
16 Vgl. zu den Interessengegensätzen im Arbeitsrecht die Übersicht 01.

schränken daher den **Grundsatz der Vertragsfreiheit** im Arbeitsrecht ein, indem gesetzliche **Mindestarbeitsbedingungen** festgelegt werden, wie z. B. Ansprüche der Arbeitnehmer auf Erholungsurlaub, Entgeltfortzahlung im Krankheitsfall und die Einhaltung von Kündigungsfristen. Neben den Arbeitsvertragsparteien ist deshalb auch der Staat maßgeblich an der Gestaltung der Arbeitsverhältnisse beteiligt. Ferner gestalten Gewerkschaften und Arbeitgeberverbände das Arbeitsverhältnis durch **Tarifverträge**. In vielen Unternehmen werden zur Regelung betrieblicher Arbeitsbedingungen außerdem **Betriebsvereinbarungen** zwischen Arbeitgeber und Betriebsrat abgeschlossen. Zum Schutz der Arbeitnehmer vor gesundheitlichen Gefahren wurden **Unfallverhütungsvorschriften** erlassen, deren Einhaltung die Berufsgenossenschaften überwachen. Die Einhaltung verschiedener **Arbeitnehmerschutzgesetze**, z. B. des Jugendarbeitsschutz-, des Mutterschutz- und des Arbeitszeitgesetzes, wird dagegen von Aufsichtsbehörden wie z. B. Gewerbeaufsichtsämtern überwacht.

025 Die arbeitsrechtlichen Regelungen sind zwar überwiegend, aber nicht insgesamt dem **bürgerlichen Recht** zuzuordnen. Insbesondere die staatliche Aufsicht in den Bereichen Arbeitnehmerschutz und Arbeitssicherheit gehören zum **öffentlichen Recht**. Die Zuordnung zum bürgerlichen oder zum öffentlichen Recht wirkt sich auf die Zuständigkeit der Gerichte aus. Für Auseinandersetzungen zwischen Arbeitgebern und Arbeitnehmern, zwischen Tarifvertragsparteien und zwischen Arbeitgebern und Betriebsräten sind die **Arbeitsgerichte** zuständig, während die **Verwaltungsgerichte** für öffentlich-rechtliche Auseinandersetzungen, z. B. über gewerberechtliche Fragen, zuständig sind, so weit die Auseinandersetzung nicht dem besonderen Zuständigkeitsbereich der Sozialgerichte zuzuordnen ist. Bußgeld- und Strafverfahren fallen in die Zuständigkeit der ordentlichen Gerichtsbarkeit (in erster Instanz Amts- und Landgerichte).

026 Hinsichtlich der **Rangfolge** der verschiedenen Rechtsquellen des Arbeitsrechts gilt der Grundsatz, dass der höherwertigen Rechtsquelle der Vorrang zukommt. Die Rangfolge im Einzelnen ergibt sich aus der Übersicht 04. Das **Rangprinzip** gilt allerdings nur für zwingendes, d. h. unabdingbares Gesetzesrecht und für zwingende Kollektivvereinbarungen. Enthält eine Rechtsquelle dispositives, also abdingbares Recht, können die Parteien des Arbeits- oder Tarifvertrags sowie Arbeitgeber und Betriebsrat abweichende Vereinbarungen treffen. Das Arbeitsrecht ist generell in dem Sinne zwingend, dass von den Vorschriften nicht zulasten des Arbeitnehmers abgewichen werden darf, sofern ein Gesetz dies nicht ausdrücklich zulässt (z. B. § 622 Abs. 4 und 5 BGB).

Übersicht 04: Rechtsquellen des Arbeitsrechts nach ihrer Rangfolge	
Rangfolge:	**Beispiele:**
Verfassung/Europarecht	Art. 2 Abs. 1 GG (Persönlichkeitsrecht), Art. 3 Abs. 3 GG (Gleichheitsgebot), Art. 9 Abs. 3 GG (Koalitionsfreiheit)

Gesetze und Rechtsverordnungen	Berufsbildungsgesetz, Jugendarbeitsschutzgesetz, Kündigungsschutzgesetz, Mutterschutzgesetz, Arbeitsstättenverordnung, Berufskrankheitenverordnung
Tarifverträge und Betriebsvereinbarungen	Bundesangestelltentarifvertrag (BAT), Manteltarifvertrag für gewerbliche Arbeitnehmer in der ......industrie des Landes ......; ... über Beginn und Ende der täglichen Arbeitszeit, ... über das betriebliche Vorschlagswesen
Einzelarbeitsvertrag Allgemeine Arbeitsbedingungen Gleichbehandlungsgrundsatz Betriebliche Übung Direktions- und Weisungsrecht des Arbeitgebers	Arbeitszeit, Urlaub, Dienstreisen, Verschwiegenheitspflicht; Kriterien für die betriebliche Altersversorgung, für Gratifikationen; Anspruch auf Urlaubs- und Weihnachtsgeld, Gratifikationen; Zuweisung bestimmter Arbeitsvorgänge, evtl. in vorgegebener Reihenfolge
Dispositive Gesetze und Kollektivvereinbarungen	Kündigungsfrist gem. § 622 Abs. 5 BGB; Öffnungsklausel in einem Tarifvertrag
Achtung: Die Rangfolge wird überwiegend durch das **Günstigkeitsprinzip** durchbrochen, wenn Abweichungen zu Gunsten des Arbeitnehmers vereinbart werden.	

Rechtsnormen, die den Schutz der Arbeitnehmer bezwecken, sind nur einseitig **027** zwingend, sodass das Rangprinzip durch das **Günstigkeitsprinzip** durchbrochen wird. Einzelvertragliche Vereinbarungen sind nur insoweit unzulässig, als zum Nachteil des Arbeitnehmers von einer Rechtsnorm abgewichen wird. Werden dagegen einzelvertraglich Vereinbarungen getroffen, die für den Arbeitnehmer günstiger sind als die gesetzliche, die tarifvertragliche oder die in einer Betriebsvereinbarung getroffene Regelung, gilt nach dem Günstigkeitsprinzip die für den Arbeitnehmer vorteilhaftere Regelung.

Beispiel:

*Der Urlaubsanspruch eines erwachsenen Arbeitnehmers beträgt gem. § 3 Abs. 1 BUrlG jährlich mindestens 24 Werktage. Wird in dem Arbeitsvertrag ein Jahresurlaub von 25 Werktagen vereinbart, hat der Arbeitnehmer nach dem **Günstigkeitsprinzip** Anspruch auf 25 Tage Urlaub.*

Abwandlung: In dem für beide Arbeitsvertragsparteien geltenden Tarifvertrag ist ein Jahresurlaub von 28 Werktagen vorgesehen. Der Arbeitnehmer hat Anspruch auf 28 Tage Urlaub, obwohl in dem Arbeitsvertrag 25 Tage und in dem Bundesurlaubsgesetz 24 Tage vorgesehen sind.

Abwandlung: *In dem Arbeitsvertrag ist ein Jahresurlaub von 15 Werktagen vereinbart. Diese Regelung ist gem. §§ 13 Abs. 1 BUrlG, 134 BGB nichtig, weil trotz des zwingenden Charakters dieser Rechtsnorm von § 3 Abs. 1 BUrlG zum Nachteil des Arbeitnehmers abgewichen worden ist. Hier wirkt sich das **Rangprinzip** aus. Dem Arbeitnehmer steht der gesetzliche Mindesturlaub von 24 Werktagen zu.*

028 Welche Bedeutung die einzelnen arbeitsrechtlichen Rechtsquellen für ein Arbeitsverhältnis haben, ist von den Umständen des Einzelfalls abhängig. Bei Angestellten in leitenden Positionen ist regelmäßig der Inhalt eines von den Vertragspartnern ausgehandelten Arbeitsvertrags für die Ausgestaltung des Arbeitsverhältnisses maßgebend, während die gesetzlichen Regelungen von untergeordneter Bedeutung sind. Für die Mehrzahl der Arbeitnehmer sichern dagegen Gesetze und Tarifverträge die Rahmen- und Mindestarbeitsbedingungen und in den Arbeitsverträgen werden lediglich ergänzende Vereinbarungen getroffen.

029 Außerdem muss in der betrieblichen Praxis regelmäßig sorgfältig geprüft werden, ob eine bestimmte Rechtsquelle auf ein konkretes Arbeitsverhältnis anwendbar ist. Während z. B. das Bundesurlaubsgesetz und das Entgeltfortzahlungsgesetz für alle Arbeitnehmer gelten, ist die Anwendung der Regelungen über den allgemeinen Kündigungsschutz (§§ 1 ff. KSchG) gem. § 23 Abs. 1 S. 2 KSchG von einer bestimmten Betriebsgröße abhängig. Und die leitenden Angestellten unterliegen z. B. gem. § 18 Abs. 1 Nr. 1 ArbZG nicht dem Arbeitszeitgesetz. Betriebsvereinbarungen gelten ebenfalls nicht für leitende Angestellte.

2.1 Verfassung

030 Das Grundgesetz ist die ranghöchste innerstaatliche Rechtsquelle. Zu den Verfassungsnormen, die im Arbeitsrecht Bedeutung erlangen können, gehören insbesondere

❑ Art. 2 GG (allgemeines Persönlichkeitsrecht),

❑ Art. 3 GG (Gleichheitsgrundsatz),

❑ Art. 4 GG (Glaubens- und Gewissensfreiheit),

❑ Art. 5 GG (Meinungsfreiheit),

❑ Art. 6 GG (Schutz von Ehe und Familie),

❑ Art. 9 Abs. 3 GG (Koalitionsfreiheit),

❑ Art. 12 GG (Berufsfreiheit),

❑ Art. 14 GG (Eigentumsfreiheit).

031 Die aufgeführten sowie alle weiteren **Grundrechte** stehen allen Personen gleichermaßen, also sowohl Arbeitnehmern als auch Arbeitgebern, zu. Insbesondere garantiert Art. 2 Abs. 1 GG nicht nur die freie Entfaltung der Persönlichkeit der

Arbeitnehmer einschließlich des informationellen Selbstbestimmungsrechts,[17] sondern auch die Freiheit der wirtschaftlichen Entfaltung und damit die Betätigung als Unternehmer und Arbeitgeber. Gem. Art. 1 Abs. 3 GG binden die Grundrechte allerdings nur Gesetzgebung, Verwaltung und Rechtsprechung als unmittelbar geltendes Recht. Die Grundrechte sind Abwehrrechte des Bürgers gegen den Staat.

Neben Gesetzgebung, Verwaltung und Rechtsprechung sind die **Tarifvertrags-** **032** **parteien** an die Grundrechte gebunden. Dementsprechend haben die Tarifvertragsparteien bei der Ausgestaltung der Tarifverträge insbesondere das Gleichheitsgebot des Art. 3 Abs. 3 GG zu beachten. Tarifvertragliche Regelungen müssen daher z. B. die **Lohngleichheit von Mann und Frau** gewährleisten.[18] Dies hat zur Folge, dass nicht nur unterschiedliche Lohn- und Gehaltsgruppen für Männer und Frauen verfassungswidrig sind, sondern auch Lohn- und Gehaltsgruppen, die Merkmale enthalten, die dazu führen, dass Frauen ohne sachlichen Grund ein niedrigeres Entgelt erhalten.

Beispiel:

Die Eingruppierung in eine Tariflohngruppe setzt die Verrichtung von Arbeiten voraus, die mit „geringen körperlichen Belastungen" verbunden sind. Sofern bei der Auslegung dieses Begriffs lediglich auf das Ausmaß der Muskelbelastung abgestellt wird, führt dies dazu, dass überwiegend Frauen in dieser „Leichtlohngruppe" beschäftigt werden, obwohl sie evtl. anderen Belastungen ausgesetzt sind. Die tarifvertragliche Regelung würde gegen Art. 3 Abs. 3 GG verstoßen. Es müssen daher alle Umstände berücksichtigt werden, die auf den Menschen belastend einwirken und zu körperlichen Reaktionen führen, die gleichermaßen bei Frauen und bei Männern vorliegen können. Dazu gehört auch die Pulsfrequenz, da sich nach arbeitswissenschaftlichen Erkenntnissen die körperliche Reaktion auf Belastungen in der Beanspruchungsreaktion des Herz-Kreislauf-Systems widerspiegelt.[19] Nur dann ist gewährleistet, dass Frauen bei der Eingruppierung in eine tarifvertragliche Lohngruppe nicht ohne sachlichen Grund benachteiligt werden.

Auf das Rechtsverhältnis der Arbeitsvertragsparteien wirkt sich nur Art. 9 Abs. 3 **033** GG, der die **Koalitionsfreiheit** garantiert, unmittelbar aus (unmittelbare Drittwirkung). Als Teil der Vereinigungsfreiheit gewährleistet Art. 9 Abs. 3 S. 1 GG das Recht, zur Wahrung und Förderung der Arbeits- und Wirtschaftsbedingungen Vereinigungen zu bilden. Dazu gehört nicht nur die Bildung von Gewerkschaften und Arbeitgeberverbänden, die Betätigungsfreiheit dieser Vereinigungen ist ebenfalls Bestandteil der Koalitionsfreiheit. Aufgrund der Koalitionsfreiheit haben betriebsangehörige Gewerkschaftsmitglieder das Recht, für einen Gewerkschaftsbeitritt zu werben und über eine Gewerkschaft und ihre aktuellen Veranstaltungen zu informieren. Außerdem beinhaltet die Koalitionsfreiheit die **positive Koalitionsfreiheit** des einzelnen Arbeitgebers und Arbeitnehmers, d. h. das Recht, einer Gewerkschaft oder einem Arbeitgeberverband beizutreten, darin zu verbleiben und

---

17 Das informationelle Selbstbestimmungsrecht der Arbeitnehmer wird durch den Arbeitnehmerdatenschutz umgesetzt, vgl. E. Rz. 4 ff. zum Arbeitnehmerdatenschutz.
18 Vgl. etwa BAG, NZA 2007, 103.
19 BAG, NZA 1988, 626 mit weiteren Nachweisen.

sich als Mitglied zu betätigen. Sie umfasst schließlich auch die **negative Koalitionsfreiheit**, also das Recht, einem Verband fernzubleiben oder auszutreten.[20]

Gem. Art. 9 Abs. 3 S. 2 GG sind alle Abreden, die die Koalitionsfreiheit einschränken oder zu behindern suchen, nichtig; hierauf gerichtete Maßnahmen sind rechtswidrig. Art. 9 Abs. 3 GG ist daher ein Verbotsgesetz i. S. des § 134 BGB, sodass z. B.
eine Klausel in einem Arbeitsvertrag, in der sich der Arbeitnehmer verpflichtet,
keiner Gewerkschaft beizutreten, unwirksam ist.[21] Eine Kündigung, die erfolgt,
weil der Arbeitnehmer Mitglied einer Gewerkschaft geworden ist, ist rechtswidrig.
Mit der Koalitionsfreiheit unvereinbar sind außerdem tarifvertragliche Organisa-
tionsklauseln, durch die dem Arbeitgeber die Einstellung nicht organisierter Arbeitnehmer verboten wird, sowie Tarifausschluss- und Differenzierungsklauseln,
mit denen eine unterschiedliche Behandlung von organisierten und nicht organisierten Arbeitnehmern durch den Arbeitgeber erreicht werden soll.

034   Im Übrigen haben die Grundrechte mittelbar Auswirkungen auf die Beziehungen
der Parteien eines Arbeitsvertrags untereinander. Obwohl z. B. eine Kündigung
wegen einer privaten Meinungsäußerung nicht mit Art. 5 Abs. 1 S. 1 GG in Ein-
klang steht, ist eine solche Kündigung nicht gem. § 134 BGB nichtig, weil es sich
bei Art. 5 Abs. 1 S. 1 GG nicht um ein Verbotsgesetz handelt. Die **Grundrechte
der Arbeitnehmer** sind aber bei der Ausfüllung der unbestimmten Rechtsbegrif-
fe sowie der arbeitsrechtlichen Generalklauseln zu berücksichtigen (mittelbare
Drittwirkung). D. h., eine private Meinungsäußerung, die zwar von dem Arbeitgeber missbilligt wird, aber nicht zu einer Störung des Betriebsfriedens geführt hat,
kann im Hinblick auf die durch das Grundgesetz garantierte Meinungsfreiheit
kein wichtiger Grund i. S. des § 626 Abs. 1 BGB für eine außerordentliche Kündigung sein, und die private Meinungsäußerung ist auch nicht geeignet, eine Kündigung aus verhaltensbedingten Gründen nach dem Kündigungsschutzgesetz zu
rechtfertigen. Im Ergebnis hat der Arbeitgeber die Grundrechte der Arbeitnehmer
bei allen betrieblichen Maßnahmen zu wahren.[22] So begrenzt z. B. das informationelle Selbstbestimmungsrecht auch das Fragerecht des Arbeitgebers gegenüber
den Bewerbern um einen Arbeitsplatz.[23]

035   Das **Diskriminierungsverbot** des Art. 3 GG ist außerdem bei der Ausgestaltung
verschiedener gesetzlicher Regelungen berücksichtigt worden. Im Zuge der Anpassung des deutschen Arbeitsrechts an die Richtlinien der Europäischen Gemeinschaft[24] wurde das Allgemeine Gleichbehandlungsgesetz (AGG) erlassen. Gemäß
§ 7 AGG wird dem Arbeitgeber jede Benachteiligung eines Arbeitnehmers wegen
eines der in § 1 AGG genannten Merkmale verboten, und zwar nicht nur bei Vereinbarungen und Maßnahmen im Rahmen eines bestehenden Arbeitsverhältnisses, sondern auch schon bei dessen Begründung. Außerdem ist die Gleichbehand-

---

20 Vgl. Abschnitt C. Rz. 2 ff. zur Koalitionsfreiheit.
21 BAG, NZA 2000, 1294 ff.
22 BAG, NZA 1999, 1209 ff; BAG, NZA 2003, 483 ff., allein das religiös motivierte Tragen eines Kopftuchs rechtfertigt die
    ordentliche Kündigung einer Verkäuferin im Kaufhaus nicht.
23 Vgl. die Abschnitte B. Rz. 16 zum arbeitsvertraglichen Anbahnungsverhältnis und B. Rz. 41 ff. zu den Mängeln des Ar-
    beitsvertrags.
24 Thüsing, Europäisches Arbeitsrecht, Rn. 11 ff.

lung bei einem beruflichen Aufstieg Gegenstand der gesetzlichen Regelung.[25] Des Weiteren muss der Arbeitgeber einen Arbeitsplatz gem. § 11 AGG diskriminierungsfrei ausschreiben. Auch das TzBfG enthält eine Spezialregelung zum Gleichheitsgrundsatz, und zwar für Teilzeitbeschäftigte und befristet beschäftigte Arbeitnehmer. Ein Arbeitgeber darf teilzeitbeschäftigte und befristet beschäftigte Arbeitnehmer nicht wegen der Teilzeitarbeit bzw. der Befristung schlechter behandeln als vergleichbare vollzeitbeschäftigte oder unbefristet beschäftigte Arbeitnehmer, wenn dies nicht durch sachliche Gründe gerechtfertigt ist.

2.2 Gesetze und Verordnungen

Arbeitsrechtliche Regelungen sind in zahlreichen Gesetzen und Verordnungen aus den Bereichen bürgerliches und öffentliches Recht enthalten. Das Arbeitsvertragsrecht ist in dem Bürgerlichen Gesetzbuch (BGB) nur unvollkommen geregelt, es wird daher durch weitere Gesetze ergänzt. Darüber hinaus enthalten die öffentlich-rechtlichen Gesetze zahlreiche Schutzvorschriften zu Gunsten der Arbeitnehmer, deren Einhaltung von den staatlichen Behörden überwacht wird. Verstöße des Arbeitgebers gegen grundlegende gesetzliche Regelungen gelten als Ordnungswidrigkeiten und werden mit Geldbußen geahndet. **036**

❏ **Beispiele für bürgerlich-rechtliche Arbeitsgesetze**:
§§ 611 ff. BGB, Kündigungsschutzgesetz, Bundesurlaubsgesetz, Teilzeit- und Befristungsgesetz, Entgeltfortzahlungsgesetz

❏ **Beispiele für öffentlich-rechtliche Arbeitsschutzgesetze:**
Arbeitszeitgesetz, Jugendarbeitsschutzgesetz, Heimarbeitsgesetz, Arbeitssicherheitsgesetz, Arbeitsschutzgesetz

Es sind **zwingende und dispositive Rechtsnormen** zu unterscheiden. Zwingend sind alle Regelungen, von denen nicht durch Individual- oder Kollektivvereinbarung abgewichen werden kann. Dispositive Regelungen lassen dagegen abweichende Vereinbarungen zu. Enthält ein Arbeitsvertrag eine Klausel, die gegen eine zwingende Rechtsnorm verstößt, ist diese Regelung gem. § 134 BGB nichtig, Abweichungen zu Gunsten der Arbeitnehmer sind allerdings möglich (Günstigkeitsprinzip). **037**

Beispiele:

Gem. § 15 S. 1 JArbSchG dürfen Jugendliche nur an fünf Tagen in der Woche beschäftigt werden. Bei dieser Vorschrift handelt es sich um eine zwingende Rechtsnorm, sodass eine Vereinbarung, nach der ein 17-jähriger Arbeitnehmer sechs Tage in der Woche arbeiten soll, nichtig ist.

Gem. § 622 Abs. 1 BGB kann ein Arbeitsverhältnis unter Einhaltung einer Kündigungsfrist von vier Wochen zum Fünfzehnten oder zum Ende eines Kalendermonats gekündigt

---

25 Der Schadensersatzanspruch wegen eines Verstoßes gegen das Benachteiligungsverbot bei der Begründung eines Arbeitsverhältnisses und bei dem beruflichen Aufstieg ist auf eine Kompensation in Geld beschränkt, ein Einstellungs- oder Beförderungsanspruch des betroffenen Arbeitnehmers besteht nicht, vgl. § 15 Abs. 1 und 2 AGG.

werden. Diese Vorschrift ist teilweise dispositiv, denn gem. § 622 Abs. 4 und Abs. 5 BGB können kürzere Kündigungsfristen durch Tarifvertrag oder in einem Arbeitsvertrag verein- bart werden.

038 **Rechtsverordnungen** sind verbindliche Anordnungen der Bundes- oder einer Landesregierung, von staatlichen Verwaltungsbehörden oder der Selbstverwal- tungskörperschaften, in denen die Durchführung der formellen Gesetze näher be- stimmt wird. Voraussetzung für den Erlass einer Rechtsverordnung ist eine ent- sprechende Ermächtigung, die regelmäßig in dem zu konkretisierenden Gesetz enthalten ist. Insbesondere in der Sozialversicherung und in den Bereichen Be- rufsausbildung, Arbeitssicherheit und Unfallverhütung sind Einzelheiten häufig in Rechtsverordnungen geregelt. Da Rechtsverordnungen nicht in einem zeitrau- benden formellen Gesetzgebungsverfahren erlassen werden, ist eine schnelle An- passung der Rechtslage an veränderte Umstände möglich, z. B. durch Ergänzung oder Anpassung der Berufsausbildungsverordnungen und der Berufskrankheiten- verordnung sowie durch die jährliche Anpassung der Jahresarbeitsentgeltgrenze zur Bestimmung der Versicherungspflicht in der Kranken- und Rentenversiche- rung.

2.3 Tarifverträge

039 Ein **Tarifvertrag** kann nur zwischen den in § 2 TVG genannten Tarifvertrags- parteien, also einem Arbeitgeberverband oder einem Arbeitgeber einerseits und einer Gewerkschaft andererseits, abgeschlossen werden. Tarifverträge dienen dem Interessenausgleich zwischen Arbeitgeber und Arbeitnehmer. Wenn bei einem Ver- tragsabschluss ein einzelner Arbeitnehmer dem Arbeitgeber gegenübertritt, kann sich wegen des wirtschaftlich ungleichen Kräfteverhältnisses der Interessenkon- flikt[26] zu Lasten des schwächeren Arbeitnehmers auswirken. Tarifverträge wer- den dagegen von Gewerkschaften mit Arbeitgeberverbänden oder einzelnen Ar- beitgebern ausgehandelt, und diese Organisationen können die Interessen ihrer Mitglieder effektiver vertreten als ein einzelner Arbeitnehmer seine individuellen Interessen.

Charakteristisch für einen Tarifvertrag ist, dass nicht nur Vereinbarungen über die Rechte und Pflichten der Tarifvertragsparteien getroffen werden, sondern gem. § 1 Abs. 1 TVG Rechtsnormen aufgenommen werden können, die u. a. **den Inhalt, den Abschluss und die Beendigung von Arbeitsverhältnissen** regeln. Die Vereinbarungen gehen also über die rechtlichen Beziehungen zwischen den Ver- tragspartnern hinaus. Damit diese Vereinbarungen Rechtswirkungen für die nicht an dem Vertragsabschluss beteiligten Dritten, also die Arbeitnehmer und evtl. auch Arbeitgeber, entfalten, ordnet § 4 Abs. 1 S. 1 TVG an, dass die in einem Tarif- vertrag enthaltenen Rechtsnormen **unmittelbar und zwingend** für die Arbeits- verhältnisse der tarifgebundenen Arbeitgeber und Arbeitnehmer gelten, die unter

---

26 Vgl. zu den Interessengegensätzen im Arbeitsleben die Übersicht 01.

den Geltungsbereich des Tarifvertrags fallen. Voraussetzung für die Anwendung eines Tarifvertrags[27] auf ein Arbeitsverhältnis ist also insbesondere, dass

❏ der Arbeitnehmer Mitglied der Gewerkschaft ist, die den Tarifvertrag abgeschlossen hat, und

❏ der Arbeitgeber den Tarifvertrag selbst abgeschlossen hat oder Mitglied des Arbeitgeberverbandes ist, der den Tarifvertrag abgeschlossen hat.

Mit Tarifverträgen werden lediglich **Mindestarbeitsbedingungen** geschaffen.   **040**
Tarifverträge sollen sich nur zum Vorteil, nicht aber zum Nachteil der Arbeitnehmer auswirken. Die Vertragsfreiheit wird daher nur teilweise eingeschränkt. § 4 Abs. 3 TVG regelt, dass abweichende Abmachungen zulässig sind, soweit sie eine Änderung der tariflichen Regelungen zu Gunsten des Arbeitnehmers enthalten. Für das Verhältnis Tarifvertrag/Arbeitsvertrag gilt also das Günstigkeitsprinzip – der Vorrang einer für den Arbeitnehmer günstigeren Vereinbarung. Besteht zwischen mehreren tarifvertraglichen Regelungen ein Sachzusammenhang, sind aber die zusammen gehörenden Bereiche in einem Gruppenvergleich gegenüberzustellen (z. B. Weihnachts- und Urlaubsgeld). Der Arbeitnehmer kann sich also nicht nach dem „Rosinenprinzip" die jeweils günstigere Einzelregelung aussuchen.

Außerdem können Tarifverträge **Öffnungsklauseln** enthalten. Gem. § 4 Abs. 3 TVG sind von den Regelungen eines Tarifvertrags abweichende Abmachungen auch zulässig, soweit sie durch den Tarifvertrag gestattet sind. Eine Öffnungsklausel ermöglicht Abweichungen von tariflichen Regelungen zum Nachteil der Arbeitnehmer. Da eine Öffnungsklausel damit dem Zweck des Tarifvertrags, einheitliche Mindestarbeitsbedingungen zu schaffen, zuwiderläuft, betreffen Öffnungsklauseln überwiegend nur einzelne Teilbereiche eines Tarifvertrags wie z. B. ein Urlaubs- oder Weihnachtsgeld. Außerdem gestatten Öffnungsklauseln regelmäßig nur, dass von den Regelungen des Tarifvertrags durch Betriebsvereinbarung abgewichen werden kann. Abweichende Vereinbarungen in Arbeitsverträgen werden dagegen üblicherweise nicht zugelassen.

2.4 Betriebsvereinbarungen

Eine **Betriebsvereinbarung** ist eine Vereinbarung zwischen Arbeitgeber und Be-   **041**
triebsrat zur Regelung innerbetrieblicher Angelegenheiten, die auf der Grundlage der Regelungen des Betriebsverfassungsgesetzes abgeschlossen wird. Betriebsvereinbarungen können in zahlreichen betrieblichen Angelegenheiten getroffen werden.[28]

Es ist zwischen **freiwilligen und erzwingbaren Betriebsvereinbarungen** zu   **042**
unterscheiden. Freiwillige Betriebsvereinbarungen können in allen betrieblichen Angelegenheiten getroffen werden, in denen dem Betriebsrat keine zwingenden

---

27 Weitere Einzelheiten z. B. zu dem Geltungsbereich von Tarifverträgen und ihren Auswirkungen auf die einzelnen Arbeitsverhältnisse werden im kollektiven Arbeitsrecht näher behandelt, vgl. Abschnitt C. Rz. 8 ff.zum Tarifvertragsrecht.
28 Vgl. Abschnitt C. Rz. 92 f zu den Aufgaben des Betriebsrats.

Mitbestimmungsrechte zustehen.Voraussetzung für eine freiwillige Betriebsvereinbarung ist eine Einigung zwischen Arbeitgeber und Betriebsrat. Können sich Arbeitgeber und Betriebsrat nicht über den Inhalt einer Betriebsvereinbarung verständigen, kommt keine Betriebsvereinbarung zu Stande, es sei denn, dass sich beide Parteien einem Einigungsstellenverfahren unterwerfen. In den betrieblichen Angelegenheiten, in denen dem Betriebsrat zwingende Mitbestimmungsrechte zustehen, kann dagegen jede Partei eine Betriebsvereinbarung erzwingen, wenn keine Einigung über den Inhalt möglich ist. Kommt eine Einigung nicht zu Stande, kann die Einigungsstelle[29] angerufen werden, und der Spruch der Einigungsstelle ersetzt die Einigung zwischen Arbeitgeber und Betriebsrat. Zahlreiche betriebliche Angelegenheiten, in denen dem Betriebsrat ein zwingendes Mitbestimmungsrecht zusteht, sind in § 87 Abs. 1 BetrVG aufgeführt. Der Betriebsrat kann daher z. B. eine Arbeitszeitregelung, die Aufstellung von Urlaubsgrundsätzen und Regelungen über das betriebliche Vorschlagswesen durch Betriebsvereinbarungen erzwingen. Dagegen können z. B. Betriebsvereinbarungen über die Errichtung von Sozialeinrichtungen nur freiwillig abgeschlossen werden, vgl. § 88 Nr. 2 BetrVG.

043   Betriebsvereinbarungen[30] dienen zwar insbesondere

❏ der generellen Regelung der betrieblichen Ordnung.

Dabei wird aber auch

❏ auf die individuellen Rechtsbeziehungen zwischen Arbeitgeber und Arbeitnehmer Einfluss genommen.

Beispiel:

Arbeitgeber und Betriebsrat vereinbaren gem. § 87 Abs. 1 Nr. 2 BetrVG, dass die Mittagspause freitags von 60 Min. auf 45 Min. verkürzt wird. Die Ordnungsfunktion einer solchen Betriebsvereinbarung kommt nur zum Tragen, wenn die in dem Betrieb beschäftigten Arbeitnehmer ihre Mittagspause freitags tatsächlich verkürzen.

In Betriebsvereinbarungen werden also nicht nur Regelungen über die Rechte und Pflichten der Parteien getroffen, sondern auch Vereinbarungen, die die Rechte und Pflichten der in dem Betrieb beschäftigten Arbeitnehmer berühren. Damit dieser Teil der Betriebsvereinbarungen Rechtswirkungen für die nicht an dem Vertragsabschluss beteiligten Arbeitnehmer entfaltet, ordnet § 77 Abs. 4 S. 1 BetrVG an, dass Betriebsvereinbarungen für die in dem Betrieb beschäftigten Arbeitnehmer **unmittelbar und zwingend** gelten.

Wie bei den Tarifverträgen wird die Vertragsfreiheit durch Betriebsvereinbarungen aber nur teilweise eingeschränkt. Auch in dem Verhältnis Betriebsvereinbarung/Arbeitsvertrag gilt das Günstigkeitsprinzip. Eine günstigere einzelvertragliche Abrede geht daher regelmäßig der in einer Betriebsvereinbarung enthaltenen Bestimmung vor.

---

29 Vgl. Abschnitt C. Rz. 87 ff.
30 Weitere Einzelheiten zu den Betriebsvereinbarungen werden im kollektiven Arbeitsrecht behandelt, vgl. Abschnitt C.
    Rz. 86.

Beispiel:

In einer Betriebsvereinbarung gem. § 87 Abs. 1 Nr. 2 BetrVG ist geregelt, dass freitags eine Mittagspause von 45 Min. gemacht wird. Der Arbeitgeber kann mit einer Arbeitnehmerin, die zur Kinderbetreuung eine längere Mittagspause benötigt, vereinbaren, dass sie 60 Min. Mittagspause machen kann.

Wenn für den gesamten Betrieb geltende **einheitliche arbeitsvertragliche Regelungen durch eine Betriebsvereinbarung abgelöst** werden sollen, gilt das Günstigkeitsprinzip allerdings nur eingeschränkt. Bei einer solchen umstrukturierenden Betriebsvereinbarung darf die Neuregelung durch Betriebsvereinbarung nur für die Gesamtheit der in dem Betrieb beschäftigten Arbeitnehmer nicht ungünstiger sein als die bisherige arbeitsvertragliche Einheitsregelung. Einzelne Arbeitnehmer müssen eine Verschlechterung ihrer Rechtsposition dagegen hinnehmen, wenn der kollektive Günstigkeitsvergleich positiv ausfällt.[31]

Im Verhältnis zu Tarifverträgen sind Betriebsvereinbarungen nachrangig; nach **044** dem Rangprinzip gehen die in einem Tarifvertrag getroffenen Regelungen vor. Gem. § 77 Abs. 3 S. 1 BetrVG besteht sogar eine **Sperrwirkung des Tarifvertrags**. Da der Tarifautonomie der Vorrang gebührt, können Arbeitsentgelte und sonstige Arbeitsbedingungen, die durch Tarifvertrag geregelt sind oder auch nur üblicherweise geregelt werden, nicht Gegenstand einer freiwilligen Betriebsvereinbarung sein. Etwas anderes gilt gem. § 77 Abs. 3 S. 2 BetrVG nur dann, wenn ein Tarifvertrag den Abschluss einer ergänzenden Betriebsvereinbarung ausdrücklich zulässt, also eine **Öffnungsklausel** enthält. § 77 Abs. 3 S. 1 BetrVG verhindert in den Betrieben der tarifgebundenen Arbeitgeber, wo tarifliche Regelungen gem. § 4 Abs. 1 S. 1 TVG gelten, den Abschluss von gegenüber dem Tarifvertrag günstigeren Betriebsvereinbarungen. Die Vorschrift gilt aber auch für die Betriebe von nicht tarifgebundenen Arbeitgebern, sodass dort keine Betriebsvereinbarungen über Arbeitsentgelte und sonstige Arbeitsbedingungen abgeschlossen werden können, wenn für die Branche ein Tarifvertrag besteht, der entsprechende Regelungen trifft. Die in § 77 Abs. 3 BetrVG getroffene Regelung ist daher rechtspolitisch umstritten.

Beispiel:

In dem Manteltarifvertrag für die Metallindustrie des Landes Bayern ist vereinbart, dass die wöchentliche Arbeitszeit 35 Stunden beträgt. In allen Betrieben der bayerischen Metallindustrie können wegen § 77 Abs. 3 S. 1 BetrVG in einer Betriebsvereinbarung keine Vereinbarungen über die wöchentliche Arbeitszeit getroffen werden. Es kommt nicht darauf an, ob der Arbeitgeber tarifgebunden ist oder ob die Regelung in der Betriebsvereinbarung für die Arbeitnehmer günstiger oder ungünstiger ist. Nur wenn der Tarifvertrag eine entsprechende Öffnungsklausel enthält, kann in dem Betrieb eines tarifgebundenen Arbeitgebers eine von der tariflichen Arbeitszeit abweichende wöchentliche Arbeitszeit von z. B. 37 Stunden in einer Betriebsvereinbarung festgelegt werden.

---

31 BAG, NZA 1987, 168 ff.

Gem. § 87 Abs. 1 BetrVG (mitbestimmungspflichtige soziale Angelegenheiten, hier können Betriebsvereinbarungen erzwungen werden[32]) besteht ebenfalls eine Sperrwirkung des Tarifvertrags. Diese Sperrwirkung ist aber auf diejenigen sozialen Angelegenheiten beschränkt, die in einem für den Betrieb geltenden Tarifvertrag geregelt, also nicht bloß üblich sind. Wenn die Sperrwirkung gem. § 87 Abs. 1 BetrVG zum Tragen kommt, sind auch für die Arbeitnehmer günstigere Betriebsvereinbarungen ausgeschlossen.

Beispiel:

In dem Manteltarifvertrag für das Bankgewerbe des Landes Bayern ist vereinbart, dass die Mitarbeiter der Geschäftsstellen ihre Arbeitspflicht in der Zeit von montags bis freitags erfüllen. In den Betrieben der tarifgebundenen Arbeitgeber des bayerischen Bankgewerbes kann keine Betriebsvereinbarung gem. § 87 Abs. 1 Nr. 2 BetrVG abgeschlossen werden, die beinhaltet, dass die Mitarbeiter der Geschäftsstellen samstags arbeiten müssen. Eine solche Vereinbarung ist nur möglich, wenn der Tarifvertrag eine entsprechende Öffnungsklausel enthält oder der Arbeitgeber nicht tarifgebunden ist.

Wäre in dem Manteltarifvertrag für das Bankgewerbe des Landes Bayern vereinbart, dass die Mitarbeiter der Geschäftsstellen ihre Arbeitspflicht in der Zeit von montags bis samstags erfüllen, kann in den Betrieben der tarifgebundenen Arbeitgeber des bayerischen Bankgewerbes keine Betriebsvereinbarung gem. § 87 Abs. 1 Nr. 2 BetrVG abgeschlossen werden, die beinhaltet, dass die Mitarbeiter der Geschäftsstellen nur von montags bis freitags arbeiten müssen. Eine solche Vereinbarung wäre nur möglich, wenn der Tarifvertrag eine entsprechende Öffnungsklausel enthält oder der Arbeitgeber nicht tarifgebunden ist.

2.5 Arbeitsverträge

045 Arbeitgeber und Arbeitnehmer können gem. § 105 S. 1 GewO Abschluss, Inhalt und Form des Arbeitsvertrags frei vereinbaren, soweit nicht zwingende gesetzliche Vorschriften, Bestimmungen eines anwendbaren Tarifvertrags oder eine Betriebsvereinbarung entgegenstehen. Der **Einzelarbeitsvertrag** zwischen dem Arbeitgeber und dem Arbeitnehmer unterliegt damit zwar dem Grundsatz der Vertragsfreiheit, dieser wird aber durch Gesetze, Rechtsverordnungen, Tarifverträge und Betriebsvereinbarungen erheblich eingeschränkt. Die Bedeutung des Arbeitsvertrags ist daher immer dann gering, wenn der Inhalt eines Arbeitsverhältnisses bereits weitgehend durch Tarifverträge und Betriebsvereinbarungen bestimmt wird. In diesen Fällen kann es ausreichend sein, wenn in dem Arbeitsvertrag im Wesentlichen der Einstellungstermin und die Funktion des Arbeitnehmers im Betrieb festgelegt wird. Ein übertarifliches Entgelt muss allerdings immer arbeitsvertraglich vereinbart werden.

Beispiel:

Frau ...., wohnhaft in ...., wird ab dem .... als Sachbearbeiterin eingestellt.

---

32 Vgl. Abschnitt A. Rz. 42.

Für das Arbeitsverhältnis gelten die jeweiligen Regelungen des Manteltarifvertrags für Angestellte der ......industrie und des ergänzenden Gehaltstarifvertrags.

Bei Angestellten in höheren Positionen ist der Inhalt des Arbeitsvertrags für die Ausgestaltung des Arbeitsverhältnisses dagegen regelmäßig von grundlegender Bedeutung, die getroffenen Vereinbarungen werden lediglich durch die auf das Arbeitsverhältnis anzuwendenden Rechtsnormen ergänzt.

2.6 Allgemeine Arbeitsbedingungen

Allgemeine Arbeitsbedingungen sind Standardbedingungen, die ein Arbeit-   **046**
geber formularmäßig jedenfalls einem Teil der von ihm abgeschlossenen Arbeitsverträge zu Grunde legt. Es handelt sich um Allgemeine Vertragsbedingungen für das Arbeitsverhältnis, die zur einheitlichen Vertragsgestaltung verwendet werden. Allgemeine Arbeitsbedingungen werden von dem Arbeitgeber häufig nicht in dem Arbeitsvertrag selbst, sondern separat niedergelegt und in diesen Fällen durch Bezugnahme in dem Arbeitsvertrag Gegenstand des Arbeitsvertrags. Allgemeine Arbeitsbedingungen können aber auch in einen Formularvertrag aufgenommen werden.

Beispiel:

Der nicht tarifgebundene Arbeitgeber A, in dessen Betrieb kein Betriebsrat besteht, beabsichtigt, den Arbeitsverträgen, die er in Zukunft mit gewerblichen Arbeitnehmern abschließt, einheitliche Vertragsbedingungen zu Grunde zu legen. Er kann separate Allgemeine Arbeitsbedingungen aufstellen (lassen), in denen z. B. die regelmäßige Arbeitszeit, die Verpflichtung des Arbeitnehmers, Überstunden zu leisten, die Verschwiegenheitspflicht des Arbeitnehmers und die Anzeige- und Nachweispflicht des Arbeitnehmers bei Arbeitsverhinderung geregelt ist. Bei dieser Vorgehensweise bedarf es einer Bezugnahme in dem Arbeitsvertrag auf die Allgemeinen Arbeitsbedingungen, damit diese zwischen den Vertragsparteien Geltung erlangen. A kann aber auch einen Formularvertrag erstellen (lassen), der sowohl die vorstehend aufgeführten Regelungen enthält als auch Raum für individuelle Vereinbarungen, z. B. zur Vergütung des Arbeitnehmers, eröffnet.

Allgemeine Arbeitsbedingungen können nur vereinbart werden, soweit ein ent-   **047**
sprechender Gestaltungsspielraum besteht. Bei der Erstellung Allgemeiner Arbeitsbedingungen ist daher vor allem zu berücksichtigen, dass von gesetzlichen, tarifvertraglichen und in Betriebsvereinbarungen getroffenen Regelungen regelmäßig allenfalls zu Gunsten der Arbeitnehmer abgewichen werden kann. Außerdem ist bei der Erstellung von Formulararbeitsverträgen das **Mitbestimmungsrecht des Betriebsrates** gem. § 94 Abs. 2 BetrVG zu beachten, soweit sich die formularmäßigen Vertragsbedingungen auf die persönlichen Verhältnisse der Arbeitnehmer beziehen.

Seit dem 01.01.2002 gilt das Recht der Allgemeinen Geschäftsbedingungen bis auf § 305 Abs. 2 und Abs. 3 BGB auch für Arbeitsverträge. Auf Arbeitsverträge, die vor diesem Zeitpunkt abgeschlossen worden sind, finden die §§ 305 ff. BGB seit dem 01.01.2003 Anwendung. Bei der Verwendung Allgemeiner Arbeitsbedingun-

gen muss daher auch berücksichtigt werden, dass es sich bei Allgemeinen Arbeitsbedingungen unabhängig davon, ob sie durch Bezugnahme in einen Arbeitsvertrag einbezogen werden oder ob sie in einem Formular-Arbeitsvertrag enthalten
sind, um **Allgemeine Geschäftsbedingungen** gem. § 305 Abs. 1 BGB handelt.
Einzelne Klauseln können also z. B. gem. § 308 oder § 309 BGB unwirksam sein.
Außerdem ist das Recht der Allgemeinen Geschäftsbedingungen insgesamt stren-
ger als die bisherige Inhaltskontrolle durch die Rechtsprechung gem. §§ 315, 242
BGB. So ist insbesondere die geltungserhaltende Reduktion unwirksamer Klauseln auf einen gerade noch zulässigen Inhalt, die von der Rechtsprechung vor der
Schuldrechtsreform bei Arbeitsverträgen vorgenommen wurde, bei Allgemeinen
Geschäftsbedingungen nicht möglich. Wenn eine Klausel unwirksam ist, gilt gem.
§ 306 Abs. 2 BGB die gesetzliche Regelung (sofern eine solche besteht).

Gem. § 310 Abs. 4 S. 2 BGB sind bei der Anwendung der §§ 305 ff. BGB auf Ar-
beits-verträge zwar **die im Arbeitsrecht geltenden Besonderheiten angemessen zu berücksichtigen**. Dies kann dazu führen, dass in Arbeitsverträgen
AGB in weiterem Umfang zulässig sind, als es die §§ 307 bis 309 BGB vermuten
lassen. So können trotz des Verbots in § 309 Nr. 6 BGB Vertragsstrafeklauseln in
Arbeitsverträgen wegen § 310 Abs. 4 S. 2 BGB zulässig sein.[33] Eine Verschärfung
der Rechtslage zu Lasten der Arbeitgeber ist allerdings trotz der in § 310 Abs. 4
S. 2 BGB getroffenen Regelung zu verzeichnen.

2.7 Gleichbehandlungsgrundsatz

048   Der von der Rechtsprechung entwickelte arbeitsrechtliche **Gleichbehandlungsgrundsatz** verpflichtet den Arbeitgeber, gleich gelagerte Sachverhalte einheitlich
zu behandeln und Differenzierungen nicht willkürlich, sondern nur aus sachlichen
Gründen vorzunehmen. Der Gleichbehandlungsgrundsatz findet vor allem auf die
Gewährung freiwilliger Sozialleistungen Anwendung, z. B. auf Gratifikationen und
Versorgungsleistungen. Eine differenzierte Behandlung einzelner Arbeitnehmergruppen kann durch den Zweck der Maßnahme gerechtfertigt sein.

Beispiele:

*Die Dauer der Betriebszugehörigkeit ist ein sachlicher Grund für eine Differenzierung
bei der Gewährung von Gratifikationen, wenn mit der Sonderzahlung zurückliegende
Betriebstreue belohnt werden soll. Auch der Bestand des Arbeitsverhältnisses über einen
Stichtag hinaus kann eine unterschiedliche Behandlung der Arbeitnehmer bei der Gewährung von Gratifikationen rechtfertigen, sofern mit der Gratifikation ein Anreiz für zukünftige Betriebstreue geschaffen werden soll.*

049   Der Gleichbehandlungsgrundsatz ist nicht anzuwenden, wenn Arbeitsbedingungen zwischen dem Arbeitgeber und dem Arbeitnehmer individuell und einzeln
ausgehandelt werden. Auf vertraglich vereinbarte Arbeitsentgelte ist der Gleichbe-

---

33 Vgl. etwa BAG EzA-SD 2009, Nr. 19.

handlungsgrundsatz daher regelmäßig nicht anzuwenden.[34] Anders ist die Situation dagegen bei allgemeinen Erhöhungen des Arbeitsentgelts. Wenn eine Entgelterhöhung generell vorgenommen wird („Lohnwelle"-Fälle)[35] oder der Arbeitgeber Leistungen nach einem erkennbaren und generalisierenden Prinzip gewährt,[36] muss der arbeitsrechtliche Gleichbehandlungsgrundsatz beachtet werden.

Beispiel:

Ein Arbeitgeber kann mit verschiedenen Arbeitnehmern unterschiedliche Vergütungen vereinbaren, selbst wenn sie die gleiche Arbeit verrichten. Bei Tarifbindung darf lediglich die in dem Tarifvertrag vorgesehene Vergütung nicht unterschritten werden. Wenn ein nicht tarifgebundener Arbeitgeber dagegen die Löhne und Gehälter (fast) aller Arbeitnehmer in Anlehnung an eine tarifvertragliche Erhöhung der Vergütungen erhöht, darf er nach dem Gleichbehandlungsgrundsatz einzelne Arbeitnehmer nicht von dieser allgemeinen „Lohnwelle" ausschließen.

Im Einzelfall ist also zu prüfen, ob der Gleichbehandlungsgrundsatz anzuwenden **050** ist und weiter, ob die von dem Arbeitgeber vorgenommene Differenzierung durch einen sachlichen Grund – bezogen auf den Leistungszweck – gerechtfertigt ist. Ein sachlicher Grund für eine unterschiedliche Behandlung fehlt z. B., wenn nach dem Geschlecht oder wegen religiöser oder politischer Anschauungen differenziert wird. Dagegen kann ein Arbeitgeber ohne Verstoß gegen den Gleichbehandlungsgrundsatz nach der Betriebszugehörigkeit, nach der Art der Tätigkeit im Betrieb und nach vergleichbaren Kriterien differenzieren.

2.8 Betriebliche Übung

Als „betriebliche Übung" wird ein wiederholtes tatsächliches Verhalten des Arbeit- **051** gebers verstanden, aus dem der Arbeitnehmer schließen darf, dass dieses Verhalten dauerhaft beibehalten wird. Liegen diese Voraussetzungen vor, entsteht ein vertraglicher Anspruch des Arbeitnehmers auf Beibehaltung dieses Verhaltens für die Zukunft. Das Verhalten des Arbeitgebers stellt ein schlüssiges Angebot zur Änderung des Arbeitsvertrags dar, welches von den Arbeitnehmern stillschweigend angenommen wird, ohne dass es eines Zugangs der Annahme beim Arbeitgeber bedarf (§ 151 BGB). Häufig betrifft die betriebliche Übung vertraglich nicht vereinbarte Sonderleistungen des Arbeitgebers wie Boni oder sonstige Gratifikationen, ist jedoch nicht hierauf beschränkt. Auch eine Verkürzung der Arbeitszeiten an Heiligabend oder am Rosenmontag kann Gegenstand der betrieblichen Übung sein.

Ob Arbeitnehmer auf die Beibehaltung einer bestimmten Praxis vertrauen bzw. das Verhalten des Arbeitgebers als Angebot einer Vertragsänderung interpretieren dürfen, ist grundsätzlich unter Berücksichtigung aller Umstände des Einzelfalls zu prüfen. Schwanken etwa die Leistungen des Arbeitgebers erkennbar, so kann

---

34 BAG, NZA 1993, 171 ff.
35 BAG, NJW 1976, 1551; 1979, 181 ff.
36 BAG, NZA 1993, 171 ff.

der Arbeitnehmer nicht annehmen, dass der Arbeitgeber sich für die Zukunft binden will.[37] Nach der Rechtsprechung des BAG entsteht ein schutzwürdiges Vertrauen der Arbeitnehmer allerdings bei gleichen jährlichen Leistungen an die gesamte Belegschaft regelmäßig dann, wenn der Arbeitgeber diese Leistungen dreimal vorbehaltlos gewährt hat.[38]

052   Der Arbeitgeber kann das Entstehen einer betrieblichen Übung dadurch verhindern, dass er die Leistung ausdrücklich mit einem Freiwilligkeitsvorbehalt versieht und erklärt, dass hieraus keine Rechtsansprüche auf zukünftige Leistungen entstehen sollen. Eine solche Erklärung kann zusammen mit der Zahlung erfolgen,[39] aber auch schon im Arbeitsvertrag enthalten sein.[40]

Der durch die betriebliche Übung begründete vertragliche Anspruch kann nur durch die Änderung oder Kündigung des Arbeitsvertrags wieder beseitigt werden. Nach einer bereits früher umstrittenen Rechtsprechung des BAG sollte auch eine gegenläufige betriebliche Übung eine bestehende betriebliche Übung beseitigen können.[41] Diese Rechtsprechung hat das BAG mittlerweile unter Berufung auf § 308 Nr. 5 BGB aufgegeben.[42] Stellt also der Arbeitgeber nach dem Entstehen einer betrieblichen Übung eine Leistung einseitig wieder ein, so kann aus dem bloßen Schweigen der Arbeitnehmer nicht darauf geschlossen werden, dass sie mit der für sie nachteiligen Änderung ihres Arbeitsvertrags einverstanden sind. Sie behalten also entsprechend der betrieblichen Übung ihre Ansprüche.

2.9 Direktionsrecht

053   Da der Arbeitsvertrag regelmäßig nur allgemeine Angaben über die Art der Tätigkeit des Arbeitnehmers enthält, ist es erforderlich, dass der Arbeitgeber die Arbeitspflicht des Arbeitnehmers konkretisiert, indem er ihm bestimmte Arbeiten zuweist. Diese Zuweisung erfolgt durch die Ausübung des Direktionsrechts. Gem. § 106 S. 1 GewO kann der Arbeitgeber Inhalt, Ort und Zeit der Arbeitsleistung nach billigem Ermessen näher bestimmen, soweit diese Arbeitsbedingungen nicht durch den Arbeitsvertrag, Bestimmungen einer Betriebsverfassung, eines anwendbaren Tarifvertrags oder gesetzliche Vorschriften festgelegt sind. Das **Direktionsrecht** des Arbeitgebers ist ein Leistungsbestimmungsrecht und beinhaltet die **Weisungsbefugnis des Arbeitgebers** hinsichtlich der im Einzelnen zu erbringenden Arbeitsleistung sowie die Festlegung der Umstände, unter denen die Arbeitsleistung zu erbringen ist. Der Arbeitgeber kann infolge seines Direktionsrechtes anordnen, was der Arbeitnehmer im Einzelnen zu erledigen hat und in welcher Weise dies geschehen soll. Der Umfang des Direktionsrechts richtet sich nach dem Inhalt des Arbeitsvertrags.

---

37 BAG, BB 1996, 1387.
38 Zuletzt BAG, NZA 2009, 601; 2008, 1173, jeweils m. w. N.
39 BAG, BB 2009, 1366.
40 BAG BB 2008, 2465.
41 BAG, NZA 1997, 1007.
42 BAG, NZA 2009, 601.

Beispiel:

Der Arbeitnehmer A ist als „kaufmännischer Angestellter" ohne nähere Festlegung seines Aufgabengebietes von einer Bausparkasse eingestellt worden. Er war zunächst in einer Beratungsstelle als Kreditsachbearbeiter tätig und übte eine Bürotätigkeit mit Kundenberatung aus. Wegen wiederholter Fehlleistungen wird A ohne Veränderung seiner sonstigen Arbeitsbedingungen nur noch für die Bürotätigkeit eingesetzt. Diese Festlegung seiner Verwendung liegt im Rahmen der Weisungsbefugnis des Arbeitgebers.[43]

In dem Arbeitsvertrag werden auch die **Grenzen des Direktionsrechts** festge- **054** legt. Der Arbeitgeber darf die Tätigkeit des Arbeitnehmers nur innerhalb des vereinbarten Berufsbildes konkretisieren. Er kann keine andere als die geschuldete Arbeitsleistung von dem Arbeitnehmer fordern. Der Arbeitgeber kann allerdings verlangen, dass der Arbeitnehmer an einer Schulung teilnimmt, wenn der Arbeitnehmer wegen der Entwicklung neuer Techniken nicht über die Fähigkeiten und Kenntnisse verfügt, die zu seinem Berufsbild gehören.[44] Nebenarbeiten, wie z. B. Aufräum- und Säuberungsarbeiten, Pflege der Waren und Arbeitsgeräte und ähnliche Tätigkeiten, muss der Arbeitnehmer verrichten, wenn die Erledigung solcher Arbeiten dem vereinbarten Berufsbild entspricht. Daneben ist zu beachten, dass insbesondere dann, wenn einem Arbeitnehmer auf Dauer eine höherwertige Tätigkeit zugewiesen wird, regelmäßig eine einvernehmliche Änderung des Arbeitsvertrags vorgenommen worden ist, und der Arbeitgeber sich daher bei der Ausübung des Direktionsrechts an den veränderten Umständen orientieren muss. Die Befugnis, kraft Direktionsrechts Ort und Zeit der Arbeitsleistung festzulegen, wird aber nicht dadurch eingeschränkt, dass ein Arbeitgeber bei Abschluss des Arbeitsvertrags auf die zurzeit geltende betriebliche Regelung hinweist und danach längere Zeit keinen Gebrauch von seinem Direktionsrecht macht.[45]

Der Arbeitgeber muss sich bei seinen Weisungen nicht nur an dem **Inhalt des** **055** **Arbeitsvertrags** orientieren, er darf darüber hinaus auch nicht gegen Gesetze oder Kollektivvereinbarungen verstoßen und muss bei der Ausübung des Direktionsrechts betriebliche Übungen sowie den Gleichbehandlungsgrundsatz beachten. Außerdem muss der Arbeitgeber sein Direktionsrecht nach billigem Ermessen ausüben. Nur in außergewöhnlichen Fällen kann der Arbeitgeber aufgrund seines Direktionsrechts dem Arbeitnehmer vorübergehend eine andersartige Tätigkeit als die vertraglich geschuldete Arbeit zuweisen. Bei Erkrankung, Urlaub oder einem sonstigen Ausfall eines Kollegen muss der Arbeitnehmer zwar unter Umständen vorübergehend sowohl geringer- als auch höherwertigere Arbeiten verrichten. Als außergewöhnliche Fälle gelten jedoch nur unvorhersehbare und durch rechtzeitige Personalplanung nicht behebbare Personalengpässe. In Notfällen muss der Arbeitnehmer allerdings auch Arbeiten verrichten, die der Schadensminderung dienen. Diese Verpflichtung besteht aber unabhängig von einer Weisung des Arbeitgebers aufgrund der arbeitsvertraglichen Treuepflicht.

---

43 BAG, BB 1980, 1267 ff. = DB 1980, 1603
44 ArbG Bonn, NZA 1991, 512 zur Einweisung in ein BTX-System.
45 BAG, NZA 2001, 780 ff.

B. Das Individualarbeitsrecht

Das Individualarbeitsrecht umfasst alle Regelungen, die das Arbeitsverhältnis **001** zwischen Arbeitgeber und Arbeitnehmer und die daraus erwachsenden Rechte und Pflichten der Arbeitsvertragsparteien betreffen, und damit vor allem das **Arbeitsvertragsrecht**, also die Rechtsnormen über das Zustandekommen, den Inhalt und die Abwicklung sowie die Beendigung des Arbeitsverhältnisses. Außerdem gehört das **Arbeitnehmerschutzrecht** zu dem Individualarbeitsrecht, z. B. die Vorschriften über die Entgeltfortzahlung im Krankheitsfall und den gesetzlichen Mindesturlaub nach dem Bundesurlaubsgesetz.

In der betrieblichen Praxis werden die einzelnen Rechtsgebiete[1] vielfach nicht unterschieden, da die Personalverwaltung ohnehin eine Vielzahl von Rechtsnormen zu beachten hat. Auch bei den folgenden Ausführungen werden insbesondere die Beteiligungsrechte des Betriebsrats bei der Einstellung und der Kündigung von Arbeitnehmern wegen des Sachzusammenhangs bei der Begründung und bei der Beendigung des Arbeitsverhältnisses behandelt. Außerdem wird das gesamte Arbeitnehmerschutzrecht einschließlich des Rechts der **Arbeitssicherheit**, also z. B. der Arbeitsschutz und der Schutz einzelner Arbeitnehmergruppen sowie der Gesundheitsschutz, im Rahmen des Individualarbeitsrechts angesprochen, obwohl ein Teil der Vorschriften öffentlich-rechtlichen Charakter hat. Die öffentlich-rechtlichen Rechtsnormen sind bei der Abwicklung der Arbeitsverhältnisse ebenso zu beachten wie diejenigen Arbeitnehmerschutzvorschriften, die zivilrechtliche Ansprüche der Arbeitnehmer gegen den Arbeitgeber begründen. Es kommt lediglich hinzu, dass die Einhaltung öffentlich-rechtlicher Vorschriften behördlich überwacht wird und die Verletzung einer in öffentlichem Interesse erlassenen Arbeitnehmerschutzregelung regelmäßig eine Ordnungswidrigkeit darstellt, die mit einer Geldbuße geahndet wird, evtl. sogar eine Straftat, für die eine Geld- oder Freiheitsstrafe verhängt werden kann.[2]

1. Die Begründung des Arbeitsverhältnisses

Das Arbeitsverhältnis entsteht durch den Abschluss eines Arbeitsvertrags. Die **002** dem Vertragsabschluss vorausgehende Personalentscheidung wird zwar grundsätzlich von dem Arbeitgeber getroffen, das Betriebsverfassungsrecht gewährt dem Betriebsrat jedoch verschiedene Mitwirkungsbefugnisse.[3] Die Begründung des Arbeitsverhältnisses erfolgt in drei Phasen:

Mit der Kontaktaufnahme zwischen dem Bewerber und dem Arbeitgeber entsteht zunächst **ein vorvertragliches Anbahnungsschuldverhältnis** gem. § 311

---

1   Vgl. Abschnitt A. Rz. 2 zur Einteilung des Arbeitsrechts.
2   Vgl. Abschnitt A. Rz. 36 zu den bürgerlich-rechtlichen und öffentlich-rechtlichen Gesetzen.
3   Vergleichbare Mitwirkungs- und Mitbestimmungsrechte entstehen bei der Begründung von Arbeitsverhältnissen im öffentlichen Dienst für den Personalrat. Das Personalvertretungsrecht wird im Rahmen dieses Kompendiums allerdings nicht behandelt.

Abs. 2 BGB. Werden vorvertragliche Verpflichtungen aus dem Anbahnungsschuld-verhältnis verletzt, können zwar Schadensersatzansprüche, aber noch kein An-spruch des Bewerbers auf Einstellung entstehen. Erst nach der endgültigen Ent-scheidung des Arbeitgebers über die Auswahl einer geeigneten Person für den Arbeitsplatz und der Beteiligung des Betriebsrats folgt der **Abschluss des Ar-beitsvertrags** sowie die Arbeitsaufnahme.

Skizze 03: Begründung des Arbeitsverhältnisses		
1. Phase:	2. Phase:	3. Phase:
Anbahnungsverhältnis durch Kontaktaufnahme zwischen dem Bewerber und dem Arbeitgeber	**Abschluss des Arbeits-vertrags** nach den Grundsätzen der Vertragsfreiheit	**Arbeitsaufnahme** durch den Arbeitnehmer im Betrieb des Arbeitgebers

003 Durch den Vertragsabschluss werden zunächst die Hauptleistungspflichten aus dem Arbeitsvertrag begründet, nämlich die Verpflichtung des Arbeitnehmers zur Erbringung der vereinbarten Arbeitsleistung und die Verpflichtung des Arbeitge-bers zur Zahlung der vereinbarten Vergütung. Mit der zeitlich auf den Vertragsab-schluss folgenden **Arbeitsaufnahme** wird sodann mit der Erfüllung der arbeits-vertraglichen Verpflichtungen begonnen.

1.1 Beteiligung des Betriebsrats

004 Die Mitwirkungsrechte des Betriebsrats in **allgemeinen personellen Angele-genheiten** gem. §§ 92 ff BetrVG sind bereits im Rahmen der Personalplanung zu beachten. Der Arbeitgeber hat den Betriebsrat gem. § 92 Abs. 1 S. 1 BetrVG über die **Personalplanung**, insbesondere über den gegenwärtigen und zukünftigen Personalbedarf sowie über die sich daraus ergebenden personellen Maßnahmen, rechtzeitig und umfassend zu unterrichten. Außerdem kann der Betriebsrat z. B. verlangen, dass **Arbeitsplätze**, die besetzt werden sollen, zunächst **innerhalb des Betriebes ausgeschrieben** werden, vgl. § 93 BetrVG.

Die interne Ausschreibung darf keine strengeren Anforderungen aufstellen als eine später durchgeführte externe Ausschreibung. Der Betriebsrat kann daher die Zustimmung zu der Einstellung eines außerbetrieblichen Bewerbers verweigern, der sich auf die Stellenanzeige mit den geringeren Anforderungen beworben hat.[4]

005 Der Arbeitgeber kann **Personalfragebogen und Auswahlrichtlinien** einfüh-ren, diese sind aber gem. §§ 94 Abs. 1, 95 Abs. 1 BetrVG inhaltlich mit dem Be-triebsrat abzustimmen. In Betrieben mit mehr als 500 Arbeitnehmern kann der Betriebsrat die Aufstellung von Auswahlrichtlinien sogar verlangen.[5]

---

4   BAG, NZA 1988, 551 f.
5   Vgl. Abschnitt C. Rz. 126.

In Betrieben mit mehr als 20 Arbeitnehmern hat der Betriebsrat gem. § 99 BetrVG **006**
ein Mitbestimmungsrecht bei **personellen Einzelmaßnahmen**, also nicht nur bei
Einstellungen, sondern auch bei Eingruppierungen, Umgruppierungen und Versetzungen von Arbeitnehmern.[6] Der Arbeitgeber muss den Betriebsrat daher gem.
§ 99 Abs. 1 BetrVG vor jeder Einstellung unterrichten und ihm die **Bewerbungs-unterlagen aller Bewerber vollständig vorlegen**. Eine Vorauswahl unter den
Bewerbern darf nicht getroffen werden.[7] Der Arbeitgeber kann dem Betriebsrat
also z. B. nicht nur die Bewerbungsunterlagen derjenigen Bewerber vorlegen, die
er zu einem Vorstellungsgespräch eingeladen hat.

Der Betriebsrat kann seine **Zustimmung** zu einer geplanten Einstellung verwei- **007**
gern, wenn einer der in § 99 Abs. 2 BetrVG aufgeführten Gründe vorliegt, insbesondere also wenn die personelle Maßnahme gegen ein Gesetz oder gegen eine
Auswahlrichtlinie verstößt oder wenn die in dem Betrieb beschäftigten Arbeitnehmer durch die beabsichtigte Einstellung Nachteile erleiden könnten oder zu erwarten ist, dass der Bewerber den Betriebsfrieden stört.[8] Wenn der Betriebsrat seine
Zustimmung zu der geplanten Einstellung verweigern will, muss er dies dem Arbeitgeber gem. § 99 Abs. 3 S. 1 BetrVG unter Angabe der Gründe innerhalb einer
Woche nach der Unterrichtung schriftlich mitteilen. Anderenfalls gilt die Zustimmung gem. § 99 Abs. 3 S. 2 BetrVG als erteilt.

Hat der Betriebsrat keine Bedenken gegen eine geplante Einstellung, braucht er **008**
sich also nicht zu äußern. Das Gesetz knüpft an das Verstreichen der Wochenfrist
die **Fiktion einer Zustimmung** des Betriebsrats. Die Wochenfrist beginnt allerdings nicht zu laufen, wenn der Arbeitgeber den Betriebsrat über die geplante Einstellung nur unvollständig informiert hat.[9]

Verweigert der Betriebsrat seine Zustimmung zu der geplanten Einstellung, kann **009**
der Arbeitgeber gem. § 99 Abs. 4 BetrVG bei dem Arbeitsgericht die **Ersetzung
der Zustimmung** beantragen. Ein entsprechender Antrag hat aber nur dann Erfolg, wenn der Betriebsrat ordnungsgemäß unterrichtet worden ist und die Zustimmung verweigert worden ist, ohne dass einer der in § 99 Abs. 2 BetrVG aufgeführten Gründe vorlag.

| *Fall 2: Vorauswahl unter den Bewerbern* | *Seite 349* |

Der Arbeitgeber hat den Betriebsrat bei personellen Einzelmaßnahmen nach Maß- **010**
gabe des Betriebsverfassungsgesetzes zu beteiligen. Eine Einstellung, die der Arbeitgeber ohne Mitwirkung des Betriebsrats vornimmt, ist aber **zivilrechtlich
wirksam**. Der Arbeitgeber kann also auch ohne die Mitwirkung des Betriebsrats
einen wirksamen Arbeitsvertrag mit einem Bewerber abschließen.

6	Vgl. Abschnitt C. Rz. 128 ff.
7	BAG, NZA 1986, 335 = NJW 1986, 1709. Eine Ausnahme von diesem Grundsatz besteht allerdings dann, wenn der Ar-
	beitgeber ein Personalberatungsunternehmen beauftragt hat, ihm geeignete Bewerber für eine freie Stelle vorzuschla-
	gen. Vgl. LAG Köln, NZA 1988, 589; BAG, NZA 1991, 482 ff sowie Fall 2.
8	Vgl. § 99 Abs. 2 Nr. 1 bis Nr. 6 BetrVG.
9	BAG, NZA 1991, 482 ff.

Beispiel:

Arbeitgeber A stellt ohne Anhörung des Betriebsrats den Arbeitnehmer B ein, weil er glaubt, dieser gehöre zu der Gruppe der leitenden Angestellten, auf die das Betriebsverfassungsgesetz nicht anzuwenden ist, vgl. § 5 Abs. 3 BetrVG. Der Betriebsrat behauptet dagegen, B sei kein leitender Angestellter, A habe daher das Mitbestimmungsrecht des Betriebsrats bei personellen Einzelmaßnahmen missachtet. Selbst wenn die Bewertung des Betriebsrats zutreffend ist, ist der zwischen A und B abgeschlossene Arbeitsvertrag wirksam.

011   Das Mitbestimmungsrecht des Betriebsrats bei personellen Einzelmaßnahmen wird allerdings durch die §§ 100, 101 BetrVG gesichert. Der Betriebsrat kann gem. § 101 S. 1 BetrVG bei dem zuständigen Arbeitsgericht beantragen, dass dem Arbeitgeber die **Aufhebung einer personellen Einzelmaßnahme**, also z. B. einer Einstellung, aufgegeben wird, wenn der Arbeitgeber ihn nicht unterrichtet hat oder wenn der Arbeitgeber die Maßnahme ohne Zustimmung des Betriebsrats durchführt. Hebt der Arbeitgeber trotz einer rechtskräftigen gerichtlichen Entscheidung die personelle Maßnahme nicht auf, wird dem Arbeitgeber gem. § 101 S. 2 BetrVG auf Antrag des Betriebsrats von dem Arbeitsgericht ein Zwangsgeld auferlegt.

1.2 Anbahnungsverhältnis

012   Die Anbahnung eines Arbeitsverhältnisses beginnt regelmäßig mit der Suche nach einem geeigneten Bewerber z. B. durch Einschaltung der Arbeitsämter,[10] dem Aushang von Stellenangeboten im Betriebsgebäude, der Beauftragung von Unternehmensberatern, der Aufgabe von Zeitungsinseraten oder der Inanspruchnahme anderer Medien. Eine **Ausschreibung von Arbeitsplätzen** muss gem. § 11 AGG diskriminierungsfrei erfolgen. Die unterschiedliche Behandlung von Männern und Frauen ist nur dann ausnahmsweise zulässig, wenn ein bestimmtes Geschlecht Voraussetzung für die angestrebte Tätigkeit ist, wie z. B. bei der Einstellung von Mannequins und Dress-Men, Tänzerinnen und Tänzern, Schauspielerinnen und Schauspielern und in ähnlichen Fällen, vgl. § 8 Abs. 1 AGG. Wenn ein Arbeitsplatz nicht diskriminierungsfrei ausgeschrieben wird, kann der Betriebsrat seine Zustimmung zu der personellen Einzelmaßnahme wegen eines Verstoßes gegen ein Gesetz gem. § 99 Abs. 2 Nr. 1 BetrVG verweigern.

013   Mit dem Eingang einer Bewerbung auf ein Stellenangebot wird von der an dem Arbeitsplatz interessierten Person ein auf eine Vertragsanbahnung gerichteter und damit geschäftlicher Kontakt mit dem Arbeitgeber aufgenommen. Durch diesen geschäftlichen Kontakt wird gem. § 311 Abs. 2 Nr. 3 BGB ein gesetzliches Schuldverhältnis begründet, das Anbahnungsverhältnis genannt wird. Während der Dauer des Anbahnungsverhältnisses, das mit dem Abschluss eines Arbeitsvertrags oder mit der endgültigen Ablehnung des Bewerbers wieder endet, sind sowohl der Bewerber als auch der Arbeitgeber gem. § 241 Abs. 2 BGB verpflichtet, auf die Rechte, Rechtsgüter und Interessen des anderen Teils Rücksicht zu nehmen. Wird

---

10   Vgl. Abschnitt D. Rz. 140 ff zur Berufsberatung und Arbeitsvermittlung durch die Bundesagentur für Arbeit.

eine solche Pflicht von einem der Beteiligten schuldhaft[11] verletzt, kann der andere Beteiligte gem. § 280 Abs. 1 BGB Schadensersatz verlangen.[12] Dem Geschädigten ist allerdings lediglich der Vertrauensschaden zu erstatten, d. h. der Geschädigte ist so zu stellen, wie er ohne die Pflichtverletzung stehen würde. Nur wenn der Arbeitsvertrag ohne die Pflichtverletzung sicher zu Stande gekommen wäre, ist der Geschädigte ausnahmsweise so zu stellen, als sei ein Arbeitsvertrag abgeschlossen worden.[13] Selbst wenn ausnahmsweise das Erfüllungsinteresse zu ersetzen ist, kann aber nur Schadensersatz in Geld und nicht der Abschluss eines Arbeitsvertrags verlangt werden.

Eine **Pflichtverletzung im Anbahnungsverhältnis** kann also für beide Vertragsparteien Schadensersatzfolgen nach sich ziehen. Allerdings ist die Verletzung einer objektiven Rechtspflicht erforderlich, subjektive Vorstellungen über den Ablauf des Bewerbungsverfahrens sind unerheblich. In der betrieblichen Praxis ist daher bei der Anbahnung eines Arbeitsverhältnisses insbesondere Folgendes zu beachten: 014

❑ Beiden Beteiligten obliegen **Mitteilungs- und Offenbarungspflichten**,

❑ das **Fragerecht des Arbeitgebers** ist beschränkt, allerdings besteht eine **Wahrheitspflicht des Bewerbers** bei zulässigen Fragen,

❑ der Arbeitgeber ist bei der **Auswahl der Methode zur Eignungsfeststellung** eingeschränkt,

❑ beiden Beteiligten obliegen **Verschwiegenheitspflichten**,

❑ insbesondere dem Arbeitgeber obliegen **Obhutspflichten**,

❑ beiden Beteiligten obliegen **Schutzpflichten**.

Mit der Aufnahme von Vertragsverhandlungen entstehen **Mitteilungs- und Offenbarungspflichten** sowohl des Arbeitgebers als auch der Bewerber. Jeder Verhandlungspartner hat die Verpflichtung, den anderen über sämtliche Umstände aufzuklären, die für den Vertragsabschluss erkennbar von besonderer Bedeutung sind, also insbesondere über solche Umstände, die der Erfüllung des Vertrags entgegenstehen oder die den Entschluss des Verhandlungspartners zum Vertragsabschluss maßgebend beeinflussen. Die Verletzung vorvertraglicher Mitteilungspflichten kann dazu führen, dass der Arbeitsvertrag anfechtbar ist.[14]   015

Beispiel:

Der Arbeitgeber muss den Bewerber auf überdurchschnittliche Anforderungen im Arbeitsverhältnis hinweisen, während dieser nicht verschweigen darf, dass er für die ausgeschriebene Stelle ungeeignet ist, weil er z. B. eine Eignungsprüfung nicht bestanden hat. Der Bewerber muss den Arbeitgeber aufklären, falls er wegen einer Erkrankung oder aus anderen Gründen die Arbeit nicht zu dem vereinbarten Zeitpunkt aufnehmen kann oder falls der Arbeitsaufnahme ein Wettbewerbsverbot entgegensteht.

---

11   Also fahrlässig oder vorsätzlich, vgl. § 276 BGB, außerdem muss der Arbeitgeber sich das Verschulden seiner Angestellten zurechnen lassen, vgl. § 278 BGB.
12   Vgl. *Steckler*, Kompendium Wirtschaftsrecht, Abschnitt B. Rz. 137 ff..
13   Vgl. *Schaub*, Arbeitsrechts-Handbuch, § 25 Rz. 10.
14   Vgl. Abschnitt B. Rz. 44 zu den Mängeln des Arbeitsvertrags.

016 Bei der Verwendung eines Einstellungsfragebogens sowie bei Vorstellungsgesprächen bestehen **Beschränkungen des Fragerechts des Arbeitgebers**, denn der Arbeitgeber muss bereits im Rahmen des Anbahnungsverhältnisses das allgemeine Persönlichkeitsrecht des Bewerbers gem. Art. 2 Abs. 1 GG achten. Der Arbeitgeber darf nur solche Fragen stellen, die mit dem Arbeitsplatz oder der zu leistenden Arbeit in Zusammenhang stehen.[15] Stellt ein Arbeitgeber eine unzulässige Frage, kann der Bewerber daher die Antwort verweigern. Wird er deshalb nicht eingestellt, kann er wegen der Pflichtverletzung durch den Arbeitgeber gem. §§ 311 Abs. 2, 241 Abs. 2, 280 Abs. 1 BGB, § 7 Abs. 3 AGG Schadensersatz verlangen. Da dies in der Praxis wenig hilfreich für die betroffenen Arbeitnehmer ist, können sie bei unzulässigen Fragen aber auch eine unrichtige Antwort geben. Kommt ein Arbeitsvertrag zu Stande, berechtigt die unrichtige Antwort auf eine unzulässige Frage den Arbeitgeber nicht zu einer Anfechtung des abgeschlossenen Arbeitsvertrags gem. §§ 119, 123 BGB. Der Arbeitnehmer muss nur die zulässigen Fragen wahrheitsgemäß beantworten.

017 Da der Arbeitgeber bereits im Rahmen des Anbahnungsverhältnisses das allgemeine Persönlichkeitsrecht des Bewerbers gem. Art. 2 Abs. 1 GG achten muss, bedürfen die Durchführung **ärztlicher Einstellungsuntersuchungen und psychologischer Eignungstests** sowie die Erstellung **grafologischer Gutachten** der Einwilligung des Bewerbers. Wenn der Bewerber sein Einverständnis erklärt, darf die von dem Arbeitgeber vorgeschlagene Vorgehensweise außerdem ausschließlich der Eignungsfeststellung für die zu besetzende Stelle dienen. Ein Arbeitgeber darf z. B. nicht mit einer Einstellungsuntersuchung den allgemeinen Gesundheitszustand eines Bewerbers ausforschen. Allerdings ist in einigen Sondergesetzen, z. B. im Jugendarbeitsschutzgesetz und im Bundesseuchengesetz die Vornahme von ärztlichen Untersuchungen ausdrücklich vorgesehen, in diesen Fällen kann der Arbeitgeber die ärztliche Untersuchung verlangen.

Ein **psychologischer Eignungstest** ist außerdem nur zulässig, wenn

❑ der Bewerber über Art und Umfang des Tests aufgeklärt wird,

❑ der Test durch einen ausgebildeten Psychologen durchgeführt wird und

❑ sachliche Gründe die Durchführung des Eignungstests rechtfertigen; dies kann insbesondere bei Intelligenz-, Persönlichkeits- und Kreativitätstests ausgeschlossen sein.

Ein **grafologisches Gutachten** über die Handschrift des Bewerbers ist nur zulässig, wenn

❑ der Bewerber ausdrücklich seine Zustimmung erteilt hat und

❑ das Gutachten für das Arbeitsverhältnis von Bedeutung ist.

---

15 Vgl. Abschnitt B. Rz. 41 ff zur Anfechtung des Arbeitsvertrags wegen arglistiger Täuschung mit Beispielen für zulässige und unzulässige Fragen bei Vorstellungsgesprächen und in Einstellungsfragebögen; eingehend *Hausmann*, Die Reaktion auf Willensmängel beim Arbeitsvertragsschluss, 2008.

Die **Anforderung eines handgeschriebenen Lebenslaufes** ist zur Vervollständigung des Persönlichkeitsbildes in der betrieblichen Praxis teilweise üblich und auch rechtlich nicht zu beanstanden. Soll der handgeschriebene Lebenslauf allerdings der Einholung eines grafologischen Gutachtens dienen, muss der Arbeitgeber die ausdrückliche Einwilligung des Bewerbers einholen.[16] Erteilt der Bewerber sein Einverständnis mit der Einholung eines grafologischen Gutachtens, muss der handschriftliche Lebenslauf auch eigenhändig geschrieben sein, andernfalls ist der Arbeitgeber zur Anfechtung des Arbeitsvertrags wegen arglistiger Täuschung berechtigt.[17]

Sofern der Arbeitgeber eine medizinische Untersuchung oder einen psychologischen Eignungstest durchführt oder ein grafologisches Gutachten einholt, ohne dass die genannten Voraussetzungen vorliegen, kann der Bewerber wegen der Verletzung seines allgemeinen Persönlichkeitsrechts gem. Art. 2 Abs. 1 GG einen Schadensersatzanspruch gem. §§ 311 Abs. 2, § 241 Abs. 2, § 280 Abs. 1 BGB geltend machen, daneben kommen Ansprüche auf Schadensersatz und Schmerzensgeld aus unerlaubter Handlung gem. §§ 823, 847 BGB in Betracht.

Außerdem begründet das Anbahnungsverhältnis **Verschwiegenheitspflichten.** 018
Beide Verhandlungspartner haben über die ihnen anlässlich des Bewerbungsverfahrens bekannt gewordenen personen- und betriebsbezogenen Umstände Stillschweigen zu bewahren. Der Arbeitgeber darf z. B. den Gesundheitszustand des Bewerbers nicht offenbaren und dieser darf wiederum keine Angaben über Betriebsgeheimnisse machen.

Ferner bestehen **Obhutspflichten** des Arbeitgebers hinsichtlich der ordnungsge- 019
mäßen Aufbewahrung der ihm zugesandten Bewerbungsunterlagen. Der Arbeitgeber hat dafür zu sorgen, dass unbefugte Personen keine Einsicht in die persönlichen Unterlagen der Bewerber erlangen, er hat diese nach Abschluss des Bewerbungsverfahrens zurückzusenden, Personalfragebögen zu vernichten und anlässlich des Bewerbungsverfahrens gespeicherte Daten zu löschen.

Schließlich obliegen den Beteiligten am Anbahnungsverhältnis **Schutzpflichten.** 020
Sie dürfen weder die Person noch das Eigentum noch sonstige Rechtsgüter des anderen verletzen.

Vorstellungskosten hat der Arbeitgeber nur dann gem. §§ 662, 670 BGB zu er- 021
setzen, wenn er den Bewerber zu einer persönlichen Vorstellung aufgefordert hat.
Ist ein Bewerber von einem von dem Arbeitgeber beauftragten Unternehmensberater zu einem Vorstellungsgespräch gebeten worden, besteht der Ersatzanspruch des Bewerbers hinsichtlich seiner Vorstellungskosten gegen den Arbeitgeber und nicht gegen den Unternehmensberater.[18] Der Höhe nach erstreckt sich der Aufwendungsersatzanspruch auf alle Kosten, die der Bewerber den Umständen nach für erforderlich halten durfte. Dazu gehören insbesondere die Kosten der Anreise,

---

16 BAG, NJW 1984, 446.
17 BAG, NJW 1984, 446.
18 BAG, NZA 1989, 468.

bei größeren Entfernungen aber auch die Kosten einer Übernachtung sowie die
Mehrkosten für die Verpflegung. Der Umfang der Erstattungspflicht ist also von
dem Wohnort des Bewerbers, dem vereinbarten Vorstellungstermin und der ausgeschriebenen Stelle abhängig. Der Aufwendungsersatzanspruch kann allerdings
durch Vereinbarung ausgeschlossen oder der Höhe nach beschränkt werden. Will
ein Arbeitgeber grundsätzlich keine Vorstellungskosten erstatten, kann er dies bereits durch einen entsprechenden Hinweis in dem Stellenangebot bekannt geben.

Beispiel:

*Arbeitgeber A in Hamburg sucht eine/n Leiter/in der Marketingabteilung. Er möchte, dass
Frau B aus Nürnberg sich vorstellt. Wenn Frau B nur aufgefordert wird, sich an einem bestimmten Tag um 10:00 Uhr bei A in Hamburg vorzustellen, kommen beträchtliche Kosten
auf A zu. Frau B könnte z. B. mit dem Flugzeug anreisen und vom Flughafen mit dem Taxi
zu A fahren. Auch eine Anreise mit der Bahn in der 1. Klasse und eine Hotelübernachtung
vor dem Vorstellungsgespräch wären aufgrund der Umstände dieses Einzelfalls erforderlich und angemessen. A hat jedoch die Möglichkeit, in dem Einladungsschreiben bekannt
zu geben, welche Kosten er erstatten wird, oder die Vorstellungskosten auf einen bestimmten Höchstbetrag zu beschränken. Selbst ein völliger Ausschluss des Aufwendungsersatz-
anspruchs wäre möglich, würde die Bewerberin aber möglicherweise von einer Vorstellung
abhalten.*

022   Der Bewerber hat gegen seinen bisherigen Arbeitgeber einen **Anspruch auf Freistellung für ein Vorstellungsgespräch**, wenn es sich um ein Ausbildungsverhältnis handelt, das demnächst endet, oder wenn ein dauerndes Arbeitsverhältnis
von einem der Vertragspartner gekündigt worden ist, vgl. § 629 BGB. Besteht ein
ungekündigtes Arbeitsverhältnis oder nur ein Probe- oder Aushilfsarbeitsverhältnis, muss der Bewerber für ein Vorstellungsgespräch dagegen erforderlichenfalls
Urlaub nehmen.[19]

1.3 Abschluss des Arbeitsvertrags

023   Der Arbeitsvertrag ist ein schuldrechtlicher Vertrag, der den allgemeinen Regeln
des bürgerlichen Rechts unterliegt. Er kommt daher durch zwei übereinstimmen-
de Willenserklärungen zu Stande. Arbeitgeber und Arbeitnehmer einigen sich über
die wesentlichen Bestandteile des Arbeitsvertrags gem. § 611 BGB, indem sie vereinbaren, dass der Arbeitnehmer ein unselbstständiges und entgeltliches Beschäftigungsverhältnis im Betrieb des Arbeitgebers aufnimmt. Dabei ist nicht erforderlich, dass der Vertrag als Arbeitsvertrag bezeichnet wird. Ob ein Arbeitsverhältnis
vorliegt, ist nicht von den vertraglichen Vereinbarungen abhängig, maßgebend
sind vielmehr die tatsächlichen Verhältnisse.[20] Auch eine Vereinbarung über die
Vergütung ist gem. § 612 Abs. 1 BGB regelmäßig entbehrlich. Ein Arbeitsvertrag
kann also allein dadurch zu Stande kommen, dass Arbeitgeber und Arbeitnehmer
vereinbaren, dass der Arbeitnehmer Dienste leisten wird und dabei als weisungs-

---

19   Vgl. zuletzt BAG, Urt. v. 20. 5. 2009 - 5 AZR 31/08, ArbRB 2009, 262.
20   Vgl. Abschnitt B. Rz. 6 ff.

gebundener Dienstnehmer in die betriebliche Organisation des Arbeitgebers eingegliedert wird.

Der zivilrechtliche **Grundsatz der Vertragsfreiheit** erstreckt sich auch auf das Arbeitsverhältnis. Bei dem Abschluss eines Arbeitsvertrags besteht daher nach den allgemeinen Regeln der Privatautonomie **024**

❑ **Abschlussfreiheit,**

❑ **Formfreiheit und**

❑ **Gestaltungsfreiheit.**

Der **Grundsatz der Abschlussfreiheit** beinhaltet die unternehmerische Entscheidungsfreiheit des Arbeitgebers bei der Personalauswahl. Diese wird zum Schutz der Arbeitnehmer allerdings durch **Abschlussverbote** und **Abschlussgebote** eingeschränkt, die unterschiedliche gesetzliche Rechtsfolgen haben: **025**

❑ Die Nichtbeachtung besonderer **Beschäftigungsverbote** z. B. für Kinder und Jugendliche gem. §§ 5, 7 JArbSchG kann zu einer Nichtigkeit oder Teilnichtigkeit des Arbeitsvertrags gem. § 134 BGB führen.

❑ Der **Betriebsrat** ist gem. § 99 BetrVG u. a. bei Einstellungen zu beteiligen;[21] er kann seine Zustimmung aus den im Gesetz genannten Gründen verweigern. Schließt der Arbeitgeber einen Arbeitsvertrag ohne Mitwirkung des Betriebsrats oder trotz einer Verweigerung der Zustimmung ab, ist der Arbeitsvertrag zivilrechtlich wirksam. Der Betriebsrat kann jedoch bei dem Arbeitsgericht die Aufhebung der personellen Maßnahme verlangen, vgl. § 101 BetrVG.

❑ Das Fehlen einer **Arbeitserlaubnis** bei ausländischen Arbeitnehmern führt zu einem öffentlich-rechtlichen Beschäftigungsverbot; der Arbeitsvertrag ist jedoch wirksam.

❑ Arbeitgeber, die über mindestens 20 Arbeitsplätze verfügen, haben auf 5 % der Arbeitsplätze **Schwerbehinderte** zu beschäftigen, vgl. § 71 Abs. 1, Abs. 2 S. 1 SGB IX. Eine entsprechende Beschäftigungspflicht besteht aber nicht, so weit keine Schwerbehinderten beschäftigt werden, ist von dem Arbeitgeber eine Ausgleichsabgabe zu entrichten.

❑ Nach dem Grundsatz der **Gleichbehandlung von Männern und Frauen am Arbeitsplatz** dürfen Arbeitgeber einen Arbeitnehmer u. a. bei der Begründung eines Arbeitsverhältnisses nicht wegen seines Geschlechts benachteiligen, vgl. § 7 AGG. Wird gegen das Benachteiligungsverbot verstoßen, besteht ein Anspruch auf angemessene Entschädigung in Geld, vgl. § 15 Abs. 1, 2 AGG.

Der **Grundsatz der Formfreiheit** beinhaltet, dass die Einigung von Arbeitgeber und Arbeitnehmer über den Vertragsabschluss formlos und daher nach Wahl der Vertragsparteien schriftlich, mündlich oder durch konkludentes (= schlüssiges) Verhalten erfolgen kann. Ein Arbeitsvertrag kann daher auch per Telefax oder E-Mail abgeschlossen werden. Da kein allgemeines Schriftformerfordernis für Ar- **026**

---

21 Vgl. Abschnitt B. Rz. 6 ff.

beitsverträge besteht, muss bei einem Vertragsabschluss per E-Mail die elektronische Form gem. § 126 a BGB nicht eingehalten werden. Der Grundsatz der Formfreiheit gilt nicht nur für den Abschluss, sondern auch für nachträgliche Änderungen und Ergänzungen des Arbeitsvertrags.

Beispiel:

Der arbeitslose Bauhilfsarbeiter B war bereits mehrfach bei dem Bauunternehmer A beschäftigt. Als B erfährt, dass A für ein umfangreiches Bauvorhaben Arbeiter sucht, geht B zu der Baustelle und trifft dort den Polier P, der ihm wortlos eine Schaufel in die Hand drückt. Wenn P zur Einstellung von Arbeitnehmern bevollmächtigt war, ist ein wirksamer Arbeitsvertrag durch konkludentes Verhalten abgeschlossen worden. Die Konditionen dieses Arbeitsverhältnisses werden durch die Rechtsnormen des Arbeitsrechts, insbesondere durch Gesetze und Tarifverträge, sowie durch das Direktionsrecht des Arbeitgebers näher bestimmt.

027 Arbeitsverträge sind allerdings nur formfrei wirksam, soweit kein **Schriftformerfordernis** besteht. Schriftformerfordernisse für den Arbeitsvertrag können sich vor allem aus Gesetzen ergeben. Insbesondere besteht gem. § 14 Abs. 4 TzBfG ein Schriftformerfordernis für **Befristungsklauseln in Arbeitsverträgen**. Außerdem sind **nachvertragliche Wettbewerbsverbote** (= Konkurrenzklauseln) gem. § 74 Abs. 1 HGB schriftlich niederzulegen. Wird eine gesetzlich vorgesehene Schriftform nicht eingehalten, ist die getroffene Vereinbarung gem. § 125 S. 1 BGB nichtig.

Das Gesetz über den Nachweis der für ein Arbeitsverhältnis geltenden wesentlichen Bedingungen vom 20.07.1995 (**Nachweisgesetz** – NachwG) enthält dagegen keine gesetzlichen Formvorschriften, deren Nichteinhaltung die Nichtigkeit eines abgeschlossenen Vertrags gem. § 125 S. 1 BGB zur Folge hat. Das Nachweisgesetz begründet lediglich eine Dokumentationspflicht. Gem. §§ 1, 2 Abs. 1 S. 1 NachwG kann jeder Arbeitnehmer, der länger als einen Monat beschäftigt wird, verlangen, dass die wesentlichen Arbeitsbedingungen schriftlich niedergelegt werden und die Niederschrift von dem Arbeitgeber unterzeichnet wird. In einem schriftlichen Arbeitsvertrag sollten daher zu allen in § 2 Abs. 1 S. 2 NachwG aufgeführten Punkten Regelungen getroffen werden, damit die Nachweispflicht des Arbeitgebers gleichzeitig erfüllt wird. Wurde der Arbeitsvertrag nicht schriftlich abgeschlossen, müssen die wesentlichen Arbeitsbedingungen nachträglich schriftlich dokumentiert werden. Die Verwendung der elektronischen Form ist gem. § 2 Abs. 2 S. 1 NachwG ausgeschlossen.

§ 11 BBiG ist ebenfalls keine gesetzliche Formvorschrift, deren Nichteinhaltung die Nichtigkeit eines formlos abgeschlossenen **Berufsausbildungsvertrags** gem. § 125 S. 1 BGB zur Folge hat. Der Ausbildende ist lediglich verpflichtet, unverzüglich nach Abschluss des Ausbildungsvertrags und spätestens vor Beginn der Berufsausbildung den in § 11 Abs. 1 S. 2 BBiG im Einzelnen aufgeführten wesentlichen Inhalt des Ausbildungsvertrags schriftlich niederzulegen. Die Niederschrift ist allerdings nicht nur von dem Ausbilder, sondern auch von dem Auszubildenden und – bei minderjährigen Auszubildenden – zusätzlich von seinem gesetzlichen Vertreter zu unterzeichnen.

Auch ein Verstoß gegen **Ordnungsvorschriften** berührt die Wirksamkeit des Arbeitsvertrags nicht. Der Arbeitgeber hat bei der Einstellung von Arbeitnehmern einschließlich der Auszubildenden zwar zahlreiche Regelungen zu beachten, er muss z. B. verschiedene gesetzliche Meldevorschriften einhalten[22] und die Lohnsteuerkarte entgegennehmen. Mit diesen Vorschriften wird aber lediglich eine ordnungsgemäße Abwicklung eines bereits begründeten Arbeitsverhältnisses bezweckt. **028**

In **Tarifverträgen** sind relativ häufig Schriftformklauseln für Arbeitsverträge enthalten. Diese Regelungen haben aber überwiegend deklaratorischen Charakter. Die Arbeitsvertragsparteien sollen zwar veranlasst werden, Arbeitsverträge schriftlich abzufassen, eine Nichtbeachtung der Schriftform führt aber nicht dazu, dass ein mündlich oder konkludent abgeschlossener Arbeitsvertrag nichtig ist. **029**

In der betrieblichen Praxis sollten Arbeitsverträge im Interesse der Rechtssicherheit regelmäßig schriftlich abgeschlossen werden. Außerdem können **Schriftformklauseln** für Änderungen und Ergänzungen in Einzelarbeitsverträge aufgenommen werden. Einfache Schriftformklauseln können allerdings jederzeit durch eine mündlich oder konkludent getroffene Vereinbarung wieder aufgehoben werden. Mündlich vereinbarte Änderungen und Ergänzungen des Arbeitsvertrags sind daher trotz einer Schriftformklausel auch dann wirksam, wenn die Vertragsparteien die mündlich getroffene Vereinbarung gewollt und bei der Vereinbarung nicht an die Schriftformklausel gedacht haben. **030**

Eine zusätzliche Abrede, wonach die Aufhebung der vereinbarten Schriftformklausel selbst nur schriftlich erfolgen kann („doppelte Schriftformklausel"), ist in Arbeitsverträgen regelmäßig unwirksam.[23]

Der **Grundsatz der Gestaltungsfreiheit** beinhaltet, dass die Vertragsparteien den Vertragsinhalt nach freiem Ermessen festlegen können. Wegen des wirtschaftlich ungleichen Kräfteverhältnisses ist die Gestaltungsfreiheit bei Arbeitsverträgen aber durch zahlreiche zwingende gesetzliche Vorschriften, z. B. durch das Arbeitszeit- und das Bundesurlaubsgesetz sowie die §§ 305 ff. BGB eingeschränkt. Hinzu kommen ggf. weitere Einschränkungen durch in Tarifverträgen enthaltene Mindestarbeitsbedingungen und durch Betriebsvereinbarungen.[24] Die Gestaltungsfreiheit hat daher bei dem Abschluss von Arbeitsverträgen nur eine untergeordnete Bedeutung. **031**

---

22   Vgl. z. B. § 28 a SGB IV.
23   BAG, BB 2008, 2242 = NZA 2008, 1233.
24   Vgl. Abschnitt A. Rz. 39 ff.

1.4 Arbeitsaufnahme

032 Mit dem Abschluss des Arbeitsvertrags werden die Rechte und Pflichten der Arbeitsvertragsparteien begründet. Anschließend folgt die tatsächliche Arbeitsaufnahme im Betrieb des Arbeitgebers. Der Arbeitnehmer beginnt mit der Erfüllung seiner Hauptleistungspflicht aus dem eingegangenen Arbeitsvertrag. Das Arbeitsverhältnis wird durch die Arbeitsaufnahme in Vollzug gesetzt. Mit dieser **Aktualisierung durch Arbeitsaufnahme** kommt insbesondere die Treuepflicht des Arbeitnehmers und die Fürsorgepflicht des Arbeitgebers zum Tragen. Außerdem wird erst mit der Arbeitsaufnahme ein sozialversicherungspflichtiges Beschäftigungsverhältnis begründet.[25]

033 Eine **Kündigung** des Arbeitsverhältnisses kann schon vor der Arbeitsaufnahme ausgesprochen werden; sie ist wirksam, wenn die formalen Voraussetzungen erfüllt sind.[26] Das Recht zur Kündigung vor der Arbeitsaufnahme wird allerdings häufig durch eine arbeitsvertragliche Vereinbarung ausgeschlossen. Mit einer solchen Regelung soll erreicht werden, dass ein Arbeitnehmer die Arbeit tatsächlich aufnimmt und sich nicht bei anderen Arbeitgebern um den Abschluss eines Arbeitsvertrags zu besseren Konditionen bemüht.

034 Die Bedeutung der Aktualisierung des Arbeitsverhältnisses liegt – abgesehen von der Begründung eines sozialversicherungsrechtlichen Beschäftigungsverhältnisses – vor allem darin, dass nach der Arbeitsaufnahme eine **Lösung nur noch mit Wirkung für die Zukunft** möglich ist. Dies wirkt sich aus, wenn der Arbeitsvertrag nichtig oder anfechtbar ist, also z. B. dann, wenn ein Arbeitsvertrag wegen arglistiger Täuschung angefochten werden kann.

035 Die **Anfechtung** eines Rechtsgeschäfts wirkt gem. § 142 Abs. 1 BGB auf den Zeitpunkt des Vertragsabschlusses zurück; ein wirksam angefochtener Arbeitsvertrag wäre also von Anfang an nichtig. Sind bereits Leistungen zur Erfüllung eines nichtigen Rechtsgeschäfts erbracht worden, erfolgt eine Rückabwicklung gem. §§ 812 ff. BGB. Für Arbeitsverträge gilt dies jedoch nur, so lange sie noch nicht durch die Arbeitsaufnahme aktualisiert worden sind.

036 Wenn ein Arbeitnehmer seine Arbeit aufgenommen hat, werden im Rahmen eines Arbeitsverhältnisses Leistungen erbracht, die einer Rückabwicklung nicht zugänglich sind. Die Sozialversicherungspflicht knüpft z. B. an die tatsächliche Beschäftigung und nicht an die Wirksamkeit des Arbeitsvertrags an. Außerdem können einem Arbeitnehmer, der auf die Wirksamkeit des Vertrags vertraut hat, die gesetzlich garantierten Ansprüche, z. B. auf Urlaub und Entgeltfortzahlung im Krankheitsfall, nicht entzogen werden. Die Anfechtung eines Arbeitsvertrags entfaltet daher **nur für die Zukunft Rechtswirkungen**, wenn die Anfechtung erst nach der Arbeitsaufnahme erklärt wird. Auch bei einer Nichtigkeit des Arbeitsver-

---

[25] Vgl. Abschnitt D. Rz. 11 zum sozialversicherungsrechtlichen Beschäftigungsverhältnis und die folgenden Abschnitte zur Versicherungspflicht.
[26] BAG, NZA 1986, 671 ff.

trags aus anderen Gründen tritt nach einer Arbeitsaufnahme die Nichtigkeitsfolge
erst dann ein, wenn eine Vertragspartei sich auf die Nichtigkeit des Arbeitsvertrags beruft.[27]

Wenn ein Arbeitnehmer aufgrund eines nichtigen oder anfechtbaren Arbeitsver-   **037**
trags die Arbeit aufnimmt und seine Arbeitsleistung in gleicher Weise erbringt wie
wenn ein wirksamer Arbeitsvertrag vorliegen würde, entsteht ein **fehlerhaftes
Arbeitsverhältnis**. Der fehlerhafte Arbeitsvertrag kann zwar keine rechtliche
Bindung für die Zukunft entfalten, sodass sich bei Nichtigkeit des Arbeitsvertrags
jede Vertragspartei form- und fristlos durch einseitige Erklärung und bei Anfechtbarkeit des Arbeitsvertrags der Anfechtungsberechtigte durch eine Anfechtungs-
erklärung von dem faktischen Arbeitsverhältnis lossagen kann. Für die Vergangenheit wird das fehlerhafte Arbeitsverhältnis aber so behandelt, als habe für den
Zeitraum von der Arbeitsaufnahme bis zur **Lossagung von dem faktischen
Arbeitsverhältnis** ein wirksamer Arbeitsvertrag bestanden. Alle Ansprüche der
Vertragsparteien entstehen in einem faktischen Arbeitsverhältnis in gleicher Weise wie in einem fehlerfreien Arbeitsverhältnis.

1.5 Mängel des Arbeitsvertrags

Wie bei jedem anderen Rechtsgeschäft können auch bei einem Arbeitsvertrag Män-   **038**
gel zu einer **Nichtigkeit oder Anfechtbarkeit sowie zu einer Teilnichtigkeit**
des Vertrags führen. Ein fehlerhafter Arbeitsvertrag liegt insbesondere in den folgenden Fällen vor:

❑ **Fehlende Vertretungsmacht eines Vertreters des Arbeitgebers**, also wenn
   der Mitarbeiter, der den Arbeitsvertrag abgeschlossen hat, hierzu nicht bevollmächtigt war;

❑ **fehlende oder beschränkte Geschäftsfähigkeit des Arbeitnehmers**, also
   z. B. wenn ein beschränkt geschäftsfähiger Minderjähriger einen Arbeitsvertrag
   ohne Einwilligung seines gesetzlichen Vertreters abgeschlossen hat;

❑ **Anfechtbarkeit des Arbeitsvertrags** wegen Irrtums oder wegen arglistiger
   Täuschung gem. §§ 119, 123 BGB;

❑ **Nichtigkeit oder Teilnichtigkeit wegen eines Verstoßes gegen zwingende gesetzliche Vorschriften** zum Schutz der Arbeitnehmer;

❑ **Nichtigkeit oder Teilnichtigkeit wegen eines Formmangels** gem. § 125
   S. 1 BGB wegen Nichtbeachtung eines Schriftformerfordernisses.[28]

In der betrieblichen Praxis werden Arbeitsverträge häufig nicht von dem Unter-   **039**
nehmer selbst und auch nicht von vertretungsberechtigten Gesellschaftern bzw.
Organmitgliedern einer Gesellschaft, sondern von Mitarbeitern der Personalabteilung und damit von Arbeitnehmern abgeschlossen. Diese Arbeitnehmer können
nicht ohne weiteres Rechtsgeschäfte für den Arbeitgeber abschließen, sie müs-

---

27 Vgl. hierzu etwa Hromadka/Maschmann, Arbeitsrecht, Band 1, 4. Auflage, § 5, Rn. 167 ff.
28 Vgl. Abschnitt B. Rz. 26 ff.

sen vielmehr bevollmächtigt worden sein. Durch die Erteilung einer Vollmacht zum Abschluss von Arbeitsverträgen entsteht die **Vertretungsmacht** gem. § 164 Abs. 1 BGB als Voraussetzung für einen Vertragsabschluss im Namen des Arbeitgebers.[29] Entsprechendes gilt für Vertragsänderungen und für die Beendigung des Arbeitsvertrags, insbesondere durch eine Kündigung.

Wenn ein Vertreter einen Vertrag abschließt, ohne über eine entsprechende Vertretungsmacht zu verfügen, kann der **Mangel der Vertretungsmacht** durch eine nachträgliche Genehmigung des Vertretenen geheilt werden, vgl. § 177 Abs. 1 BGB. Dies hat zur Folge, dass ein von einem Mitarbeiter ohne Vertretungsmacht abgeschlossener Arbeitsvertrag von Anfang an wirksam wird, wenn der Arbeitgeber den Vertragsabschluss nachträglich billigt. Sofern der Arbeitgeber den Arbeitsvertrag nicht nachträglich genehmigt, besteht für den Zeitraum zwischen der Arbeitsaufnahme und der Berufung des Arbeitgebers auf den Mangel der Vertretungsmacht ein faktisches Arbeitsverhältnis.

Beispiel:

Der Geschäftsführer G einer GmbH ist verreist. Während seiner Abwesenheit stellt der Mitarbeiter M die Sekretärin S ein, ohne über eine entsprechende Vollmacht zu verfügen. Der Arbeitsvertrag zwischen der GmbH und S ist wegen fehlender Vertretungsmacht zunächst gem. § 177 Abs. 1 BGB schwebend unwirksam. Als G von seiner Reise zurückkommt, genehmigt er den Abschluss des Arbeitsvertrags nicht. Dadurch wird der Arbeitsvertrag endgültig unwirksam. Sofern S ihre Tätigkeit bereits aufgenommen hat, ist aber ein faktisches Arbeitsverhältnis entstanden, S kann daher für den zurückliegenden Zeitraum in gleicher Weise wie aus einem wirksamen Arbeitsvertrag Ansprüche geltend machen. Da das faktische Arbeitsverhältnis keine Bindungswirkung für die Zukunft hat, kann sich G allerdings durch eine einseitige, form- und fristlose Erklärung von dem faktischen Arbeitsverhältnis lossagen.

040   Der wirksame Abschluss eines Arbeitsvertrags setzt **Geschäftsfähigkeit** beider Vertragspartner voraus. Ist eine Vertragspartei geschäftsunfähig, ist der Arbeitsvertrag gem. § 105 Abs. 1 BGB unwirksam. Schließt ein beschränkt geschäftsfähiger **Minderjähriger** einen Arbeitsvertrag ab, kommt gem. §§ 107, 108 Abs. 1 BGB – wie bei der Vertretung – ein wirksamer Arbeitsvertrag zu Stande, wenn der gesetzliche Vertreter des Minderjährigen dem Vertragsabschluss bereits vorab zugestimmt oder ihn nachträglich genehmigt hat.

Gestattet ein gesetzlicher Vertreter einem beschränkt geschäftsfähigen Minderjährigen, ein Arbeitsverhältnis einzugehen, wird der Minderjährige gem. § 113 Abs. 1 BGB teilgeschäftsfähig. Er kann aufgrund der Erlaubnis zur Arbeitsaufnahme nicht nur einen wirksamen Arbeitsvertrag abschließen, sondern ist für alle Folgegeschäfte geschäftsfähig und damit zur Vertragsabwicklung, zur Eröffnung eines Gehaltskontos, zum Gewerkschaftsbeitritt, zum Kauf von Berufskleidung und Arbeitsmaterial sowie zur Kündigung des Arbeitsvertrags und zur Eingehung eines neuen Arbeitsverhältnisses ohne weitere Einwilligung des gesetzlichen Vertreters

---

[29] *Steckler*, Kompendium Wirtschaftsrecht, Abschnitt B. Rz. 65 ff zum Vertretungsrecht.

berechtigt. Wenn einem beschränkt geschäftsfähigen Minderjährigen gestattet wird, sich einen Ausbildungsplatz zu suchen, ist § 113 Abs. 1 BGB allerdings nicht anwendbar. Ein beschränkt geschäftsfähiger Minderjähriger kann ohne Einwilligung seiner Eltern daher weder den Berufsausbildungsvertrag kündigen noch ein anderes Berufsausbildungs- oder Arbeitsverhältnis eingehen. Ob und inwieweit die Einwilligung zur Aufnahme einer Berufsausbildung die Verfügung über die Ausbildungsvergütung und die Vornahme sonstiger Rechtsgeschäfte wie z. B. die Eröffnung eines Kontos deckt, ist von den Umständen des Einzelfalls abhängig.

Die **Anfechtung** eines Arbeitsvertrags kann insbesondere wegen Irrtums gem.   **041** § 119 BGB oder wegen arglistiger Täuschung gem. § 123 BGB erfolgen. Die Anfechtung wegen Irrtums hat bei Arbeitsverträgen keine nennenswerte Bedeutung. Dagegen kommt eine Anfechtung wegen arglistiger Täuschung vor allem dann in Betracht, wenn ein Bewerber bewusst falsche Angaben macht. Im Vorstellungsgespräch werden Bewerbern üblicherweise zahlreiche Fragen zum beruflichen Werdegang, zu ihrer Eignung für den ausgeschriebenen Arbeitsplatz und zu ihrer Motivation für die Bewerbung in diesem konkreten Betrieb gestellt. Häufig sind von den Bewerbern auch Einstellungsfragebögen auszufüllen, es werden Eignungstests gemacht etc. In dieser Situation kann es vorkommen, dass ein Bewerber falsche Angaben macht, um einen Arbeitsplatz zu erhalten. Bei bewusst falschen Antworten des Bewerbers auf zulässige Fragen des Arbeitgebers, kann der daraufhin abgeschlossene Arbeitsvertrag angefochten werden. Bei unzulässigen Fragen des Arbeitgebers darf der Bewerber allerdings die Unwahrheit sagen, ohne rechtliche Konsequenzen befürchten zu müssen.

Ein Arbeitsvertrag ist also nur dann wegen **arglistiger Täuschung** durch den Bewerber anfechtbar, wenn

❑ die **Frage zulässig** war,

❑ der Bewerber sie **bewusst falsch beantwortet** hat,

❑ die **Antwort** für die **Entscheidung des Arbeitgebers ursächlich** war und der **Bewerber dies erkennen** konnte.

Beispiele für **zulässige Fragen** im Vorstellungsgespräch oder im Einstellungsfrage-   **042** bogen:[30]

❑ Ausbildung, Prüfungs- und Zeugnisnoten,

❑ beruflicher Werdegang und berufliche Fähigkeiten,

❑ Erkrankungen und Körperbehinderungen, die die Eignung für die vorgesehene Tätigkeit beeinträchtigen,[31]

❑ einschlägige Vorstrafen, z. B. Verkehrsdelikte bei Kraftfahrern,

❑ Wettbewerbsverbote.

---

30 *Braun*, Fragerecht und Auskunftspflicht – Neue Entwicklungen in Gesetzgebung und Rechtsprechung, MDR 2004, 64 ff.; zum AGG VG Hannover, Urt. v. 27.5.2009 - 2 A 1621/08, LAG Hamm, Urt. v. 19.10.2006 – 15 Sa 740/06.
31 BAG, DB 1984, 2706 = NJW 1985, 645.

Beispiele für **unzulässige Fragen** im Vorstellungsgespräch oder im Einstellungs-
fragebogen:[32]

❑ Absicht einer Eheschließung, Kinderwunsch,

❑ Schwangerschaft,

❑ Gewerkschaftszugehörigkeit, Parteizugehörigkeit, Religionszugehörigkeit,

❑ Erkrankungen ohne Auswirkung auf das Arbeitsverhältnis,

❑ Vermögensverhältnisse.

043   Bei der Beurteilung der **Zulässigkeit von Fragen** des Arbeitgebers im Vorstellungsgespräch ist aber immer auf die Umstände des Einzelfalles abzustellen. Wenn
kein Zusammenhang zwischen der Frage und der zu besetzenden Position besteht,
liegt eine Verletzung des allgemeinen Persönlichkeitsrechts des Bewerbers gem.
Art. 2 Abs. 1 GG und damit eine unzulässige Frage vor. Der Arbeitgeber darf daher
nur solche Fragen stellen, die sachlich geboten sind, um einen geeigneten Bewerber auszuwählen. Die Frage nach der **bisherigen Lohn- oder Gehaltshöhe** wird
im rechtswissenschaftlichen Schrifttum überwiegend als zulässig angesehen[33] und
muss daher wahrheitsgemäß beantwortet werden. Sofern die bisherige Vergütung
keine Aussagekraft für die angestrebte Stelle hat und der Bewerber die bisherige
Vergütung nicht als Mindestvergütung fordert, wird die Frage von der Rechtsprechung allerdings als unzulässig erachtet.[34] Die Frage nach den **Vermögensver-
hältnissen** ist nur bei Angestellten in leitender Position oder bei einer Bewerbung
für eine besondere Vertrauensstellung zulässig, z. B. bei Kassierern sowie Filiallei-
tern einer Bank oder Sparkasse. Auch die Frage nach **Vorstrafen** darf der Arbeitgeber nur stellen, wenn ein Zusammenhang mit dem Arbeitsverhältnis besteht,
sodass sich dieser Umstand auf die Einstellungsentscheidung auswirkt.

Zu der Frage nach einer **Schwangerschaft** hat sich die Rechtsprechung unter
Berücksichtigung des Gleichbehandlungsgrundsatzes gewandelt. Der Arbeitgeber
darf entgegen früherer Rechtsprechung[35] eine Bewerberin nicht nach einer bestehenden Schwangerschaft fragen, und zwar selbst dann nicht, wenn die Bewerberin
wegen eines mutterschutzrechtlichen Beschäftigungsverbots[36] ihre Tätigkeit während der Schwangerschaft vorübergehend nicht ausüben kann.[37] Die Frage nach
einer Schwangerschaft ist eine verbotene Diskriminierung wegen des Geschlechts
und kann daher unzutreffend beantwortet werden, ohne dass der Arbeitgeber den
Arbeitsvertrag wegen arglistiger Täuschung anfechten kann. Ähnlich ist die Situation bei der Frage nach der **Schwerbehinderteneigenschaft** gem. § 2 Abs. 2
SGB IX. Ein berechtigtes Interesse des Arbeitgebers an einer zutreffenden Information über die Schwerbehinderteneigenschaft eines Bewerbers wurde bisher in

---

32   *Braun*, Fragerecht und Auskunftspflicht – Neue Entwicklungen in Gesetzgebung und Rechtsprechung, MDR 2004,
    64 ff.
33   *Schaub*, Arbeitsrechts-Handbuch, § 26 Rz. 17.
34   BAG AP Nr. 25 zu § 123 BGB = DB 1984, 298 ff.
35   Vgl. z. B. BAG, NZA 1993, 257 ff.
36   Vgl. z. B. § 4 MuSchG sowie Abschnitt B. Rz. 160.
37   Der EuGH hatte zunächst festgestellt, dass die Übernahme einer bisher befristet beschäftigten Krankenschwester in
    ein unbefristetes Arbeitsverhältnis nicht im Hinblick auf ein Beschäftigungsverbot während einer bereits bestehenden
    Schwangerschaft abgelehnt werden kann, EuGH, NZA 2000, 255 ff; das BAG hat daraufhin seine Rechtsprechung zur
    Zulässigkeit der Frage nach einer Schwangerschaft geändert, BAG, NZA 2003, 848 f = BB 2003, 1734 ff.

Rechtsprechung und Literatur nahezu einhellig bejaht. Inzwischen besteht jedoch gem. §§ 81 Abs. 2 SGB IX, 7 AGG ein Diskriminierungsverbot für Schwerbehinderte. Die Frage nach der Schwerbehinderung eines Bewerbers wird daher überwiegend als unzulässig angesehen.[38]

Ein Arbeitnehmer ist zwar grundsätzlich nicht verpflichtet, ohne eine entsprechende Frage des Arbeitgebers für ihn nachteilige Umstände zu offenbaren. Er muss aber die **Mitteilungspflichten im Anbahnungsverhältnis**[39] beachten und den Arbeitgeber über solche Umstände informieren, die für das Arbeitsverhältnis wesentlich sind, z. B. über ansteckende Krankheiten oder über Hinderungsgründe, die der Erfüllung der Arbeitspflicht entgegenstehen. Wird die Mitteilungspflicht verletzt, kann der Arbeitgeber den abgeschlossenen Arbeitsvertrag wegen arglistiger Täuschung anfechten. **044**

Ein Vertrag, der gegen ein Gesetz verstößt, ist gem. §§ 134, 139 BGB im Zweifel insgesamt nichtig. Ein **Verstoß gegen zwingende gesetzliche Vorschriften zum Schutz der Arbeitnehmer** hat allerdings nur ausnahmsweise die Gesamtnichtigkeit des Arbeitsvertrags zur Folge, denn der mit diesen Vorschriften bezweckte Schutz würde bei einer Gesamtnichtigkeit nicht mehr zum Tragen kommen. Wenn in einem Arbeitsvertrag einzelne Vertragsklauseln enthalten sind, die gegen zwingende gesetzliche Vorschriften zum Schutz der Arbeitnehmer verstoßen, sind nur diese Klauseln unwirksam. Es tritt eine **Teilnichtigkeit des Arbeitsvertrags** ein; die unzulässigen Vereinbarungen werden durch die gesetzlichen Regelungen ersetzt und der Vertrag bleibt im Übrigen wirksam. **045**

Beispiele für Verstöße gegen zwingende gesetzliche Vorschriften zum Schutz der Arbeitnehmer sind:

❑ **Verstöße gegen das Arbeitszeitgesetz**, z. B. durch die Vereinbarung einer unzulässigen Arbeitszeit,[40]

❑ **Verstöße gegen das Bundesurlaubsgesetz**, z. B. durch die Vereinbarung eines Urlaubsverzichts oder einer unzulässigen Urlaubsabgeltung,[41]

❑ **Verstöße gegen das Jugendarbeitsschutzgesetz oder gegen das Mutterschutzgesetz**, z. B. durch die Vereinbarung einer unzulässigen Arbeitszeit[42] oder einer Beschäftigung während der Schutzfrist gem. § 6 Abs. 1 S. 1 MuSchG.

Ein Vertrag, der gegen die guten Sitten verstößt, ist gem. §§ 138, 139 BGB im Zweifel ebenfalls insgesamt nichtig. Auch ein **Verstoß gegen die guten Sitten** hat bei Arbeitsverträgen aber keine Gesamtnichtigkeit, sondern lediglich eine **Teilnichtigkeit des Arbeitsvertrags** zur Folge, wenn ein sittenwidrig niedriger Lohn vereinbart wird. Sittenwidrigkeit liegt nach der Rechtsprechung in der Regel vor, **046**

---

38 Vgl. zum Stand der Diskussion z. B. *Braun*, Fragerecht und Auskunftspflicht – Neue Entwicklungen in Gesetzgebung und Rechtsprechung, MDR 2004, 64 ff. (S. 68 f.), jüngst *Hitzig*, Das Fragerecht des Arbeitgebers gegenüber Arbeitnehmern mit Sonderkündigungsschutz, 2008.
39 Vgl. Abschnitt B. Rz. 15.
40 Vgl. Abschnitt B. Rz. 154 f.
41 Vgl. Abschnitt B. Rz. 149.
42 Vgl. Abschnitt B. Rz. 408 f.

wenn der Tariflohn um ein Drittel unterschritten wird. In diesem Fall ist die Lohn-
vereinbarung nach § 138 BGB nichtig und gemäß § 612 Abs. 2 BGB tritt der Tariflohn an die Stelle des vereinbarten Lohns.[43] Die unzulässige Vereinbarung ist
nichtig, der Vertrag im Übrigen bleibt dagegen wirksam. Gesamtnichtigkeit tritt
allerdings dann ausnahmsweise ein, wenn der Arbeitsvertrag insgesamt als sittenwidrig bewertet werden muss, z. B. weil der Arbeitnehmer eine sittenwidrige
Tätigkeit ausüben soll.

2. Rechte und Pflichten aus dem Arbeitsverhältnis

047   Durch den zwischen Arbeitgeber und Arbeitnehmer abgeschlossenen Arbeitsver-
       trag entstehen Rechtspflichten der Vertragsparteien. **Hauptpflichten** sind gem.
       § 611 BGB die Arbeitspflicht des Arbeitnehmers und die Entgeltzahlungspflicht des
       Arbeitgebers. Außerdem ergeben sich aus §§ 241 Abs. 2, 242 BGB **Nebenpflich-
       ten**. Die Nebenpflichten des Arbeitgebers und des Arbeitnehmers in einem Ar-
       beitsverhältnis werden unter den Oberbegriffen Fürsorgepflicht und Treuepflicht
       zusammengefasst (vgl. die Skizze 04 und Übersicht 05).

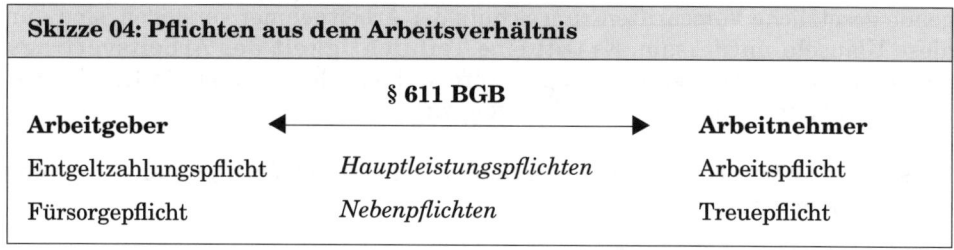

Skizze 04: Pflichten aus dem Arbeitsverhältnis

§ 611 BGB

Arbeitgeber	◄——————————————►	Arbeitnehmer
Entgeltzahlungspflicht	*Hauptleistungspflichten*	Arbeitspflicht
Fürsorgepflicht	*Nebenpflichten*	Treuepflicht

048   Der Arbeitsvertrag ist ein gegenseitiger Vertrag, sodass die Hauptleistungspflichten
       in einem **Gegenseitigkeitsverhältnis** (= Synallagma) zueinander stehen. Leis-
       tung und Gegenleistung im Arbeitsvertrag werden ausgetauscht wie die Haupt-
       leistungspflichten in anderen Austauschverträgen, z. B. der Kaufgegenstand gegen
       den Kaufpreis bei einem Kaufvertrag gem. § 433 BGB. Daher findet das **Recht der
       Leistungsstörungen** auch auf den Arbeitsvertrag Anwendung. Die zivilrechtli-
       chen Leistungsstörungsregeln bei Nichtleistung, Zuspätleistung und bei Schlecht-
       leistung wurden allerdings durch Spezialregelungen sowie die Rechtsprechung der
       Arbeitsgerichte den Besonderheiten des Arbeitsverhältnisses angepasst.[44]

---

43   BAG NZA 2009, 837 = DB 2009, 1599.
44   Die Leistungsstörungen werden nach dem jeweiligen Sachzusammenhang an anderer Stelle dargestellt, z. B. in Ab-
     schnitt B. 3.3. die Folgen der Nichtleistung am Beispiel der Entgeltfortzahlung ohne Arbeitsleistung und in Abschnitt
     B. 4. die Pflichtverletzungen im Arbeitsverhältnis.

2.1 Arbeitspflicht des Arbeitnehmers

Die **Hauptleistungspflicht** des Arbeitnehmers aus dem Arbeitsvertrag ist die Arbeitspflicht. Rechtsgrundlage für die Verpflichtung des Arbeitnehmers zur Erbringung der vereinbarten Arbeitsleistung ist § 611 BGB i. V. mit dem Arbeitsvertrag (ggf. einschließlich der Allgemeinen Arbeitsbedingungen), ergänzt und konkretisiert durch Gesetze, ggf. durch den für das Arbeitsverhältnis geltenden Tarifvertrag sowie durch Betriebsvereinbarungen, außerdem durch den Gleichbehandlungsgrundsatz und durch die betriebliche Übung, und nicht zuletzt auch durch das Direktionsrecht des Arbeitgebers (vgl. die Übersicht 05).   **049**

Beispiel:

Der Ingenieur D ist in der Betriebsabteilung für Werkzeugmaschinen beschäftigt. Einige Tage nachdem der Abteilungsleiter eine Kur angetreten hat, erleidet der stellvertretende Abteilungsleiter einen Unfall und wird arbeitsunfähig. Die Personalabteilung weist D an, für diese Zeit die Leitung der Werkzeugmaschinenabteilung zu übernehmen. Dies bedeutet zwar eine erheblich höhere Arbeitsbelastung, D muss den Weisungen seines Arbeitgebers aber Folge leisten, weil sie sich im Rahmen des Direktionsrechts halten. Im Fall einer unvorhersehbaren Stellenvakanz ist jeder Arbeitnehmer verpflichtet, ohne Anspruch auf zusätzliche Vergütung zeitweise höher- oder geringwertigere Arbeiten auszuführen.

Die **Arbeitsleistung ist höchstpersönlich** zu erbringen, sodass sich der Arbeitnehmer nur mit Zustimmung des Arbeitgebers vertreten lassen darf, vgl. § 613 BGB. Eine Vertretungsvereinbarung der Arbeitsvertragsparteien kann allerdings im Rahmen eines Job-sharing-Vertrags getroffen werden, § 13 Abs. 1 TzBfG.[45]   **050**

Die Arbeitsleistung kann nur innerhalb der vereinbarten Zeit erbracht werden. Bei der vertraglichen Vereinbarung der Arbeitszeit muss aber der durch die für das Arbeitsverhältnis geltenden Rechtsnormen, z. B. durch die Arbeitszeitgesetze, durch Tarifverträge und durch Betriebsvereinbarungen, geschaffene Rahmen eingehalten werden. Der **Fixschuldcharakter der Arbeitsleistung** bewirkt, dass diese nur während der betrieblichen Arbeitszeit ordnungsgemäß erbracht werden kann. Sofern der Arbeitnehmer die Arbeitspflicht nicht zu dem vereinbarten Zeitpunkt erfüllt, verliert er den Gegenanspruch auf Zahlung der Arbeitsvergütung. Die Nichterfüllung der Arbeitspflicht stellt eine Leistungsstörung – und zwar einen Fall der Nichtleistung – dar, sodass der Anspruch auf die Gegenleistung nach den Regeln der Unmöglichkeit gemäß § 326 Abs. 1 BGB entfällt.[46]   **051**

Beispiel:

In dem Betrieb des A wird montags bis donnerstags von 7:00 – 15:45 Uhr und freitags von 7:00 – 12:15 Uhr gearbeitet. Der Arbeitnehmer A geht an einem Donnerstag zwei Stunden früher nach Hause und will die ausgefallene Arbeit am Freitag ab 12:45 Uhr nachholen. Er verliert seinen Anspruch auf die Arbeitsvergütung für die beiden Stunden am Donnerstag wegen des Fixschuldcharakters der Arbeitsleistung, wenn er keine besondere Vereinbarung mit dem Arbeitgeber trifft.

---

45 Vgl. Abschnitt B. Rz. 346 ff zur Arbeitsplatzteilung.
46 Vgl. Abschnitt B. Rz. 198 ff zur Nichterfüllung der Arbeitspflicht.

052 Zu beachten ist, dass der Anspruch des Arbeitnehmers auf das Arbeitsentgelt nicht in allen Fällen der Nichtleistung entfällt. Der Arbeitnehmer wird durch verschiedene arbeitsrechtliche Regelungen von seiner Verpflichtung zur Arbeitsleistung ohne Verlust seines Entgeltanspruchs befreit, z. B. bei einer Inanspruchnahme des ihm zustehenden Urlaubs, an gesetzlichen Feiertagen, bei Krankheit und bei vorübergehender Verhinderung aus persönlichen Gründen.[47]

053 Der Anspruch des Arbeitgebers gegen den Arbeitnehmer auf die Arbeitsleistung ist vor den Arbeitsgerichten einklagbar, jedoch wegen § 888 Abs. 3 ZPO nicht vollstreckbar. Auch ein Antrag des Arbeitgebers gem. § 61 Abs. 2 ArbGG führt lediglich dazu, dass der Arbeitgeber nach einer erfolgreichen Erfüllungsklage eine von dem Gericht festgesetzte Entschädigung erhält, wenn der Arbeitnehmer trotz des Urteils nicht zur Arbeit erscheint. Der Arbeitgeber kann die Erfüllung der Arbeitspflicht also nicht erzwingen. Erfüllungsklagen werden deshalb selten erhoben. Die schuldhafte **Nichterfüllung der Arbeitspflicht** durch den Arbeitnehmer ist aber ein wichtiger Grund für eine außerordentliche Kündigung, sodass der Arbeitgeber den Arbeitsvertrag wegen der Nichtleistung gem. § 626 BGB fristlos kündigen und Schadensersatz gem. § 628 Abs. 2 BGB verlangen kann.[48]

054 Sofern ein Arbeitnehmer zwar einen Arbeitsvertrag abgeschlossen hat, die Arbeit zu dem vereinbarten Zeitpunkt aber nicht aufnimmt, liegt ebenfalls ein Fall der Nichtleistung[49] vor. Der Arbeitgeber kann das Arbeitsverhältnis also gem. § 626 BGB kündigen und Schadensersatz gem. § 628 Abs. 2 BGB verlangen. Der Schadensersatzanspruch erstreckt sich gem. §§ 249, 252 BGB auch auf den entgangenen Gewinn. Der Arbeitnehmer muss insbesondere dann Schadensersatz leisten, wenn wegen des **Nichtantritts der Arbeit** Aufträge nicht rechtzeitig ausgeführt werden konnten und der Arbeitgeber hierdurch einen Schaden erleidet, z. B. weil er an seinen Auftraggeber eine Vertragsstrafe entrichten muss. Kosten, die durch die Suche nach einem anderen Arbeitnehmer entstehen, z. B. für Zeitungsinserate und Vorstellungsgespräche, muss der säumige Arbeitnehmer dagegen nicht ersetzen. Insoweit kann er sich bei der Berechnung der Schadenshöhe auf **rechtmäßiges Alternativverhalten** berufen. Denn die Kosten für die Suche nach einem neuen Arbeitnehmer wären auch entstanden, wenn er die Arbeit wie vereinbart aufgenommen hätte, das Arbeitsverhältnis aber von ihm ordentlich gekündigt worden wäre. Diese Kosten sind also kein Schaden, weil sie auch bei ordnungsgemäßer Arbeitsaufnahme entstanden wären. Der vertragsbrüchige Arbeitnehmer muss dem Arbeitgeber nur den Schaden ersetzen, der diesem durch die Verletzung der Arbeitspflicht entstanden ist, bei vertragsgemäßer Einhaltung der Kündigungsfrist aber nicht entstanden wäre.[50]

055 Voraussetzung für die Geltendmachung eines Schadensersatzanspruchs durch den Arbeitgeber ist jedoch, dass der Arbeitgeber den ihm entstandenen **Schaden beziffern und nachweisen** kann. Es ist daher bisher empfohlen worden, in den

---

47 Vgl. Abschnitt B. Rz. 118 ff.
48 Vgl. Abschnitt B. Rz. 258 ff zur fristlosen Kündigung.
49 *Herbert/Oberrath*, Rechtsprobleme des Nichtvollzugs eines abgeschlossenen Arbeitsvertrags, NZA 2004, 121 ff.
50 Vgl. BAG, BB 1981, 1898 = DB 1981, 1832 = NJW 1981, 2430.

Arbeitsverträgen eine **Vertragsstrafe** gem. § 339 BGB für den Fall des Vertragsbruchs zu vereinbaren. Vertragsstrafen werden bereits bei einer Vertragsverletzung fällig, ohne dass ein Schaden dargelegt werden muss. Für den Fall der Nichtleistung wurden Vertragsstrafen bis zur Höhe eines Bruttomonatsentgelts für zulässig erachtet.[51] Dies hat sich inzwischen geändert, da alle nicht individuell ausgehandelten Klauseln in Arbeitsverträgen und damit der weit überwiegende Teil der vereinbarten Vertragsstrafeklauseln seit dem 01.01.2002 **Allgemeine Geschäftsbedingungen** gem. § 305 Abs. 1 BGB sind. Das BAG hat zwar bereits entschieden, dass die Vereinbarung einer Vertragsstrafe für den Fall, dass der andere Vertragspartner sich von dem Vertrag löst, nicht gem. § 309 Nr. 6 BGB unwirksam ist, weil gem. § 310 Abs. 4 S. 2 BGB bei der Anwendung der §§ 305 ff. BGB auf Arbeitsverträge die im Arbeitsrecht geltenden Besonderheiten angemessen zu berücksichtigen sind. Die Vertragsstrafe darf aber nicht den Betrag überschreiten, den der Arbeitnehmer bis zum Zeitpunkt einer rechtmäßigen Beendigung des Vertrags verdient hätte.[52]

Dem Anspruch des Arbeitgebers gegen den Arbeitnehmer auf die Arbeitsleistung **056** entspricht eine Beschäftigungspflicht des Arbeitgebers, sodass der Arbeitnehmer gegen den Arbeitgeber einen **Anspruch auf Beschäftigung** hat. Dieser Beschäftigungsanspruch des Arbeitnehmers wird aus dem allgemeinen Persönlichkeitsrecht gem. Art. 2 Abs. 1 GG hergeleitet. Der Arbeitgeber kann den Arbeitnehmer also nicht ohne weiteres von seiner Verpflichtung zur Arbeitsleistung freistellen. Die Beschäftigungspflicht entfällt nur dann, wenn überwiegende schutzwürdige Interessen des Arbeitgebers entgegenstehen, z. B. bei Wegfall der Vertrauensgrundlage, bei Auftragsmangel, bei einem demnächst zur Konkurrenz abwandernden Arbeitnehmer aus Gründen der Wahrung von Betriebsgeheimnissen oder bei einem in der EDV-Branche beschäftigten und gekündigten Arbeitnehmer als Schutzmaßnahme gegen eine mögliche Schadensverursachung durch fehlerhafte Programmierung.[53] Wird ein Arbeitnehmer zulässigerweise nicht beschäftigt, behält er dennoch seinen Vergütungsanspruch.

2.2 Treuepflicht des Arbeitnehmers

Die Treuepflicht ist der Oberbegriff für alle Nebenpflichten des Arbeitnehmers aus **057** § 241 Abs. 2 BGB. **Inhalt der Treuepflicht** ist die allgemeine Verpflichtung des Arbeitnehmers, die Interessen des Arbeitgebers bzw. des Betriebs zu achten und zu wahren sowie diesen vor Schäden zu bewahren. Diese allgemeine Verpflichtung beinhaltet zahlreiche einzelne Verpflichtungen, die im Wesentlichen allen Arbeitnehmern obliegen. Je nach der Bedeutung einer einzelnen Verpflichtung für das jeweilige Vertrauensverhältnis zu dem Arbeitgeber kann die Verletzung einer Treuepflicht aber für verschiedene Arbeitnehmer desselben Betriebes unterschiedliche Auswirkungen haben. Eine kreditschädigende Äußerung eines Prokuristen ist z. B.

---

51 Vgl. Abschnitt B. Rz 221 ff.
52 BAG, BB 2004, 1740.
53 BAG, NJW 1985, 2968 = BB 1985, 1978 = DB 1985, 2197.

eine schwerwiegendere Pflichtverletzung als eine entsprechende Äußerung durch einen angelernten Arbeiter.

058 Die Treuepflicht umfasst insbesondere die folgenden Handlungs- und Unterlassungspflichten:

❑ **Wahrung des Betriebsfriedens,**

❑ **Unterlassung von Meinungsäußerungen** bei einer Gefährdung des Betriebsfriedens,

❑ **Einhaltung der betrieblichen Ordnung,** z. B. von Regelungen über das Abstellen von Fahrzeugen und die Telefonbenutzung sowie von Rauch- und Alkoholverboten,

❑ **sorgfältige Behandlung von Arbeitsgeräten** und Arbeitsstoffen,

❑ **Mitteilungs- und Anzeigepflichten** bei drohenden Schäden,

❑ **Erbringung von Überstunden und Mehrarbeit** in dringenden Fällen,

❑ **Unterlassung von ruf- oder kreditschädigenden Äußerungen,**

❑ **Mitteilung vorhersehbarer Arbeitsverhinderung,**

❑ **Hinnahme von Gratifikationskürzungen** bei betrieblichen Notlagen,

❑ **Unterlassung der Übernahme von Nebentätigkeiten,** die die Arbeitsleistung beeinträchtigen,

❑ **Unterlassung der Schmiergeldannahme, Unterlassung des Aufrufs zu rechtswidrigen Arbeitskämpfen** oder Arbeitsniederlegungen,

❑ **Unterlassung von Wettbewerb,**

❑ **Verschwiegenheitspflicht.**

059 Im Rahmen seiner arbeitsvertraglichen Treuepflicht hat der Arbeitnehmer die Interessen des Arbeitgebers zu wahren und bei seinem Verhalten auf den Gesamtzweck des Arbeitsvertrags und die unternehmerische Zielsetzung des Betriebs Rücksicht zu nehmen. Die Treuepflicht des Arbeitnehmers kann auch eine Einschränkung der verfassungsrechtlich garantierten Meinungsfreiheit mit sich bringen. Dies gilt insbesondere für Tendenzbetriebe gem. § 118 Abs. 1 BetrVG. In derartigen Betrieben wird durch die Tätigkeit des Arbeitnehmers eine politische oder weltanschauliche Tendenz verwirklicht, sodass entgegenstehende Äußerungen eines Arbeitnehmers in der Öffentlichkeit geeignet sind, das Ansehen des Arbeitgebers und die betrieblichen Ziele zu beeinträchtigen (z. B. bei Parteien oder Zeitungen).

060 Außerdem haben Arbeitnehmer in allen Betrieben aufgrund ihrer arbeitsvertraglichen Treuepflicht solche Betätigungen zu unterlassen, die den **Betriebsfrieden** stören. Sofern das Verhalten eines Arbeitnehmers Auswirkungen auf die Arbeitsleistung anderer Arbeitnehmer hat, indem z. B. Unaufmerksamkeit, Überziehen der Pausenzeiten, Schlechterfüllung der Arbeitspflicht oder Streitigkeiten hervorgerufen werden oder die betriebliche Zusammenarbeit beeinträchtigt wird, ist der ordnungsgemäße Betriebsablauf gestört. Auch Meinungsäußerungen und politische Diskussionen können sich im Einzelfall auf den Betriebsfrieden störend auswirken, z. B. wenn Arbeitnehmer im direkten Kundenkontakt tätig sind, wenn das einheitliche äußere Erscheinungsbild der Mitarbeiter beeinträchtigt wird oder wenn Plaketten provokativen Charakter haben.

Beispiel:

Ein Arbeitnehmer in der stahlverarbeitenden Industrie trug auf seinem Arbeitsanzug eine Plakette mit der Aufschrift „Stoiber – Nein Danke". Dies wurde von der Betriebsleitung als störendes Verhalten abgemahnt. Nach mehrmaliger Aufforderung zur Entfernung der Plakette wurde dem Arbeitnehmer fristlos gekündigt. Das Tragen der auffälligen Plakette während der Arbeitszeit im Betrieb, durch das eine parteipolitische Meinung bewusst und herausfordernd zum Ausdruck gebracht wird, kann ähnlich wie eine ständige verbale Agitation eine provozierende parteipolitische Betätigung und damit einen wichtigen Grund zur außerordentlichen Kündigung darstellen, wenn dadurch der Betriebsablauf konkret gestört und die Erfüllung der Arbeitspflicht beeinträchtigt wird.[54]

Die Annahme von Vergünstigungen, die dem Arbeitnehmer als Gegenleistung gewährt werden, wenn er im geschäftlichen Verkehr einem Dritten zum Nachteil des Arbeitgebers Vorteile verschafft oder diesen bei dem Bezug von Waren oder gewerblichen Leistungen bevorzugt, ist gem. § 299 StGB strafbar. Die an den Arbeitnehmer gezahlten **Schmiergelder** sind gem. § 687 Abs. 2 BGB an den Arbeitgeber herauszugeben. Die Annahme gebräuchlicher Gelegenheitsgeschenke – und in manchen Berufszweigen auch die Annahme von Trinkgeldern – ist dagegen gestattet. Die Abgrenzung von erlaubten Geschenken und verbotenen Schmiergeldern ist nach den Umständen des Einzelfalles vorzunehmen. **061**

Während des Bestehens eines Arbeitsverhältnisses unterliegen alle Arbeitnehmer aufgrund der arbeitsvertraglichen Treuepflicht einem **Wettbewerbsverbot**. Die für kaufmännische Angestellte in den §§ 60, 61 HGB getroffenen gesetzlichen Regelungen werden auf sonstige Arbeitnehmer entsprechend angewandt. Arbeitnehmer dürfen daher ohne Einwilligung des Arbeitgebers in dessen Branche weder eine selbstständige noch ein unselbstständige Tätigkeit aufnehmen. Werden dennoch Konkurrenzgeschäfte getätigt, kann der Arbeitgeber gem. § 61 Abs. 1 HGB Schadensersatz verlangen oder in die von dem Arbeitnehmer abgeschlossenen Geschäfte eintreten. **062**

Nach der Beendigung des Arbeitsverhältnisses besteht dagegen kein Wettbewerbsverbot mehr, es sei denn, dass ein **nachvertragliches Wettbewerbsverbot** wirksam vereinbart worden ist. Nachvertragliche Wettbewerbsverbote können mit allen Arbeitnehmern mit Ausnahme der Auszubildenden (vgl. § 5 Abs. 1 BBiG) vereinbart werden. Jedes nachvertragliche Wettbewerbsverbot muss aber gem. § 110 GewO den folgenden, in den §§ 74 bis 75 d HGB für kaufmännische Angestellte aufgestellten Anforderungen genügen: **063**

❏ **Schriftform**
und Aushändigung einer von dem Arbeitgeber unterzeichneten Urkunde,

---

54 BAG, BAGE 41, 150 = AP Nr. 73 zu § 626 BGB = NJW 1984, 1142 = BB 1983, 2257.

❑ **Karenzentschädigung**
in Höhe von mindestens 50 % des von dem Arbeitnehmer zuletzt bezogenen Arbeitsentgelts,

❑ **Zeitdauer von maximal zwei Jahren.**

Ein mündlich vereinbartes Wettbewerbsverbot ist gem. § 125 S. 1 BGB nichtig. Auch im Übrigen sind die in den §§ 74 ff HGB für nachvertragliche Wettbewerbsverbote aufgestellten Regelungen zwingend. Der Arbeitgeber kann sich gem. § 75 d S. 1 HGB nicht auf Vereinbarungen berufen, in denen von diesen Grundsätzen abgewichen wird. Von den gesetzlichen Regelungen abweichende nachvertragliche Wettbewerbsverbote sind für den Arbeitnehmer unverbindlich. Dem Arbeitnehmer steht ein Wahlrecht zu, ob er das Wettbewerbsverbot einhält oder auf die Karenzentschädigung verzichtet.

> ***Fall 3: Karenzentschädigung bei Wettbewerbsverbot***   ***Seite 350***

---

064 Dem Arbeitnehmer obliegt aufgrund seiner arbeitsvertraglichen Treuepflicht eine **Verschwiegenheitspflicht** hinsichtlich der Geschäfts- und Betriebsgeheimnisse des Arbeitgebers. Zu den Geschäfts- und Betriebsgeheimnissen gehören alle Tatsachen über die betriebliche Organisation einschließlich der persönlichen und wirtschaftlichen Verhältnisse des Arbeitgebers. Verschwiegenheitspflichten sind teilweise gesetzlich vorgesehen, vgl. z. B. § 13 Nr. 6 BBiG, und werden häufig arbeitsvertraglich vereinbart. Eine arbeitsvertraglich vereinbarte Verschwiegenheitspflicht kann sich auch auf die vertraglichen Vereinbarungen, insbesondere auf die Vergütung des Arbeitnehmers, erstrecken. Ob die Verschwiegenheitspflicht mit der Beendigung des Arbeitsverhältnisses endet oder nicht, ist umstritten.[55] Es kann aber arbeitsvertraglich vereinbart werden, dass die Verschwiegenheitspflicht nach der Beendigung des Arbeitsverhältnisses andauert.

---

55   Vgl. *Schaub*, Arbeitsrechts-Handbuch, § 54 Rz. 9 ff.

Übersicht 05: Pflichten des Arbeitnehmers aus dem Arbeitsverhältnis	
Hauptleistungspflicht = Arbeitspflicht gem. § 611 BGB	**Nebenpflichten = Treuepflicht gem. § 241 Abs. 2 BGB**
- Art der Arbeit laut Arbeitsvertrag i. V. mit dem Direktionsrecht - Arbeitszeit laut Arbeitsvertrag i. V. mit mit dem Arbeitszeitgesetz, ggf. dem Jugendarbeitsschutzgesetz und anderen Arbeitszeitregelungen - Höchstpersönlichkeit und Unübertragbarkeit der Verpflichtung zur Erbringung der Arbeitsleistung gem. § 613 BGB	- Wahrung des Betriebsfriedens - Einhaltung der betrieblichen Ordnung - Unterlassen schädigender Handlungen - Verschwiegenheit und Geheimhaltung - Unterlassen von Wettbewerb - Anzeige drohender Schäden etc.
Wegfall der Arbeitspflicht: - Unmöglichkeit gem. § 275 BGB - Annahmeverzug gem. § 615 BGB - Verhinderung gem. § 616 BGB - gesetzliche Freistellungsregelungen - rechtmäßiger Streik etc.	
Rechtsfolgen bei Verletzung der Arbeitspflicht: - Verlust des Vergütungsanspruchs gem. § 326 Abs. 1 BGB - Kündigung des Arbeitsverhältnisses gem. § 626 BGB oder aus verhaltensbedingten Gründen - Schadensersatzanspruch gem. § 628 Abs. 2 BGB oder gem. § 280 Abs. 1 BGB	**Rechtsfolgen bei Verletzung der Treuepflicht:** - Unterlassungsanspruch - nach vorheriger Abmahnung Kündigung des Arbeitsverhältnisses aus verhaltensbedingten Gründen - Schadensersatzanspruch gem. § 280 Abs. 1 BGB unter Beachtung der Haftungsbegrenzung für Arbeitnehmer

2.3 Entgeltzahlungspflicht des Arbeitgebers

065 Die **Hauptleistungspflicht des Arbeitgebers** aus dem Arbeitsvertrag ist die Entgeltzahlungspflicht. Rechtsgrundlage für diese Verpflichtung ist § 611 BGB i. V. mit dem Arbeitsvertrag, ggf. ergänzt und konkretisiert durch den für das Arbeitsverhältnis geltenden Tarifvertrag, durch Betriebsvereinbarungen, durch den Gleichbehandlungsgrundsatz und durch die betriebliche Übung.

066 Sofern auf das Arbeitsverhältnis ein Tarifvertrag Anwendung findet, ist das **Günstigkeitsprinzip** des § 4 Abs. 3 TVG zu beachten. Der Tarifvertrag legt nur die Mindestarbeitsbedingungen unmittelbar und zwingend fest, sodass eine günstigere einzelvertragliche Vereinbarung über das Arbeitsentgelt möglich und vorrangig ist. Das **Rangprinzip** findet nur Anwendung, wenn das einzelarbeitsvertraglich vereinbarte Arbeitsentgelt niedriger ist als die für die Tätigkeit des Arbeitnehmers zu entrichtende tarifliche Vergütung.[56]

Beispiel:

In einem Arbeitsvertrag wird ein Stundenlohn von 10,00 € vereinbart. Arbeitgeber und Arbeitnehmer sind tarifgebunden; der Tariflohn beträgt 9,90 €. Nach dem Günstigkeitsprinzip hat der Arbeitnehmer Anspruch auf 10,00 € Stundenlohn gem. § 611 BGB i. V. mit dem Arbeitsvertrag.

Der Tariflohn wird um 0,20 € angehoben. Nach dem Rangprinzip hat der Arbeitnehmer jetzt Anspruch auf einen Stundenlohn von 10,10 € gem. § 611 BGB i. V. mit dem Tarifvertrag.

067 Wenn die Vergütung des Arbeitnehmers nicht in dem Arbeitsvertrag vereinbart worden ist und mangels Tarifbindung beider Arbeitsvertragsparteien kein Tarifvertrag anzuwenden ist, gilt gem. § 612 Abs. 1 BGB eine Vergütung als stillschweigend vereinbart, wenn den Umständen nach zu erwarten ist, dass die Dienstleistung nur gegen eine Vergütung erbracht wird. Der Arbeitgeber hat in diesen Fällen gem. § 612 Abs. 2 BGB die übliche Vergütung für die Arbeitsleistung zu entrichten. Dabei ist Ausgangspunkt für die Bestimmung des üblichen Lohns wiederum der Tariflohn, sofern keine Anhaltspunkte dafür vorliegen, dass die üblichen Löhne unterhalb des Tariflohns liegen.[57]

068 Der Anspruch auf die Arbeitsvergütung wird gem. § 614 BGB erst nach der Erbringung der Arbeitsleistung fällig, der Arbeitnehmer ist also vorleistungspflichtig. Im Übrigen richtet sich die **Fälligkeit (= Leistungszeit)** nach den Zeitabschnitten, die für die Bemessung der Vergütung maßgebend sind. Die Vergütung wird nach dem Ablauf eines Bemessungszeitraums, bei einem Monatsgehalt also am Monatsende, zur Zahlung fällig. Da § 614 BGB dispositiv ist, wird in Arbeits- oder in Tarifverträgen allerdings häufig ein anderer Leistungszeitpunkt bestimmt, z. B. der 20. oder 25. eines Kalendermonats. Bei kaufmännischen Angestellten verbietet § 64 S. 2 HGB eine Vergütung nach Zeitabschnitten, die einen Monat übersteigen.

069 Der gesetzliche **Leistungsort** für die Entrichtung der Arbeitsvergütung ist gem. §§ 269, 270 BGB der Sitz des Betriebs, und ein Geldbetrag müsste von dem Arbeitgeber auf seine Gefahr und seine Kosten an den Wohnsitz des Arbeitnehmers übermittelt werden. In der Praxis hat sich jedoch weitgehend die bargeldlose Entrichtung durch Überweisung der Arbeitsvergütung auf ein Konto des Arbeitnehmers durchgesetzt. Entsprechende Vereinbarungen werden insbesondere in Arbeitsverträgen, aber auch in Tarifverträgen regelmäßig getroffen. Außerdem hat der Betriebsrat gem. § 87 Abs. 1 Nr. 4 BetrVG ein zwingendes Mitbestimmungsrecht hinsichtlich Zeit, Ort und Art der Auszahlung der Arbeitsentgelte.[58]

---

56   Vgl. Abschnitt A. Rz. 27, 40.
57   BAG, NZA 2009, 837 = DB 2009, 1599.
58   Vgl. Abschnitt C. Rz. 106.

Bei der Zahlung des Arbeitsentgelts ist dem Arbeitnehmer gem. § 108 Abs. 1 GewO eine **Abrechnung** in Textform zu erteilen, die mindestens Angaben über den Abrechnungszeitraum und die Zusammensetzung des Arbeitsentgelts enthalten muss. Die Verpflichtung zur Abrechnung entfällt allerdings gem § 108 Abs. 2 GewO, wenn sich die Angaben gegenüber der letzten Abrechnung nicht geändert haben.

Es gibt unterschiedliche **Formen der Arbeitsvergütung**, zu unterscheiden sind insbesondere der Geld- und der Naturallohn. Die Vergütung für die Arbeitsleistung wird regelmäßig in Form von **Geldlohn** erbracht. Das Arbeitsentgelt ist gem. § 107 Abs. 1 GewO in Euro zu berechnen und auszuzahlen. Sachbezüge als Teil des Arbeitsentgelts können gem. § 107 Abs. 2 S. 1 GewO nur vereinbart werden, wenn dies dem Interesse des Arbeitnehmers oder der Eigenart des Arbeitsverhältnisses entspricht. Diese Beschränkung soll unter anderem einer früher vorkommenden Praxis entgegenwirken, Arbeitnehmer mit Waren zu entlohnen, deren Wert höher angesetzt wurde, als er tatsächlich war. Bei einem Geldlohn besteht die Möglichkeit, einen Zeit- oder einen Leistungslohn zu vereinbaren. **070**

Skizze 05: Hauptformen der Arbeitsvergütung		
Geldlohn		**Naturallohn**
Zeitlohn bemessen nach Zeit- abschnitten	**Leistungs- lohn** - Geldakkord - Zeitakkord	- Produkte aus eigener Herstellung - Aufnahme in die häusliche Gemeinschaft - Überlassung von Wohnraum - Überlassung eines Dienstwagens zur privaten Nutzung - sonstige Sachbezüge

Bei einem **Zeitlohn** wird ein bestimmtes Stunden-, Tages-, Wochen- oder Monatsentgelt vereinbart, das unabhängig von der Quantität und der Qualität der Arbeitsleistung zu zahlen ist. Bei einem **Leistungslohn** ist das Arbeitsentgelt dagegen von der erbrachten Arbeitsleistung abhängig; hierzu gehören insbesondere Akkordlöhne und Prämienlöhne. **071**

Ein **Akkordlohn** liegt vor, wenn sich das Arbeitsentgelt nach dem Arbeitsergebnis richtet, wobei als Bemessungsgrundlage z. B. ein Stück-, Gewichts- oder Flächenakkord vereinbart werden kann. Die Festlegung der Akkordsätze einschließlich des Geldfaktors unterliegt der zwingenden Mitbestimmung des Betriebsrats gem. § 87 Abs. 1 Nr. 11 BetrVG. Nach der Art der Berechnung des Akkordlohns sind der **Geld- und der Zeitakkord** zu unterscheiden.[59] Der **Geldakkordlohn** wird berechnet, indem die festgestellte Arbeitsmenge als Bemessungsgrundlage mit dem Geldfaktor multipliziert wird. **072**

---

59   Schaub, Arbeitsrechts-Handbuch, § 64 Rz. 9 ff.

Beispiel:

Bei der Vereinbarung eines Geldfaktors von 0,04 € pro Stück erhält der Arbeitnehmer nach der Erstellung von 100 Stücken 4,00 € Akkordlohn.

Der **Zeitakkord** erfordert eine Vorgabezeitermittlung nach arbeitswissenschaftlichen Methoden, z. B. nach den Refa-Grundsätzen (= Zeitermittlungsverfahren nach dem Reichsausschuss für Arbeitszeitermittlung). Diese berücksichtigen neben der Zeit für das Ausführen eines Auftrags – Rüst- und Ausführungszeiten – auch die Verteilzeiten zur planmäßigen Durchführung des Arbeitsablaufs und Arbeitsunterbrechungen durch Erholungszeiten. Der Akkordlohn wird ermittelt, indem die Arbeitsmenge mit der Vorgabezeit und dem Akkordrichtsatz multipliziert und das Ergebnis durch 60 dividiert wird. Der Akkordrichtsatz ist der Stundenlohn eines Akkordarbeiters bei Normalleistung.

Beispiel:

Als Vorgabezeit, die ein Arbeitnehmer zur Ausführung einer Tätigkeit unter betriebsüblichen Bedingungen benötigt, werden 6 Minuten ermittelt. Der Akkordrichtsatz beträgt 9,00 €. Wenn der Arbeitnehmer in einer Stunde 10 Teile fertigt, erhält er den Akkordrichtsatz von 9,00 € (= 10 x 6 x 9 : 60), fertigt er 11 Teile, erhält er einen Stundenlohn von 11 x 6 x 9 : 60 = 9,90 €, fertigt er 12 Teile, erhält er 12 x 6 x 9 : 60 = 10,80 €.

073   Ein **Naturallohn** wird in der betrieblichen Praxis regelmäßig nur als weitere Vergütung neben einem Geldlohn vereinbart. Naturallohn sind alle **Sachbezüge**, z. B. die Überlassung von Wohnraum, die Aufnahme des Arbeitnehmers in die häusliche Gemeinschaft, die Überlassung eines Kraftfahrzeugs zur privaten Nutzung oder die Überlassung von Produkten aus eigener Herstellung. In dem letztgenannten Fall ist das **Truckverbot** gem. § 107 Abs. 2 S. 2 – S. 5 GewO zu beachten, wonach Arbeitnehmern keine Waren kreditiert werden dürfen. Dadurch wird aber weder die Vereinbarung einer Naturalvergütung noch der Verkauf von Waren aus eigener Herstellung ausgeschlossen. Der Arbeitgeber darf dem Arbeitnehmer lediglich Waren nur in eingeschränktem Umfang auf Kredit überlassen. Die Berechtigung des Arbeitnehmers, **betriebliche Sozialeinrichtungen** wie z. B. Betriebskindergärten oder -sportstätten zu nutzen, ist dagegen kein Naturallohn.

074   Daneben haben sich **Sonderformen der Arbeitsvergütung** herausgebildet. Im Einzelnen handelt es sich insbesondere um Zulagen und Zuschläge, Erfolgsvergütungen, Gratifikationen, vermögenswirksame Leistungen und die betriebliche Altersversorgung.

Skizze 06: Sonderformen der Arbeitsvergütung			
Zulagen und Zuschläge	**Erfolgs- vergütungen**	**Gratifikationen**	**Vermögenswirk- same Leistungen**
- Mehrarbeit - Überstunden - Nachtarbeit - Schichtarbeit - Sonn- und Feier- tagsarbeit - Erschwernis- zulagen - Leistungszulagen	- Provisionen - Prämien - Gewinn- und Umsatz- beteiligungen	- Urlaubsgeld - Weihnachtsgeld - Sonderzahlungen	sowie **Betriebliche Altersversorgung**

Zulagen und Zuschläge werden als Entgelt für besondere Leistungen des Ar- **075** beitnehmers oder aufgrund seiner sozialen Verhältnisse (z. B. Ehegatten- oder Kin- derzulage) gezahlt. Rechtsgrundlage sind häufig Tarifverträge oder Regelungen in Einzelarbeitsverträgen, es kommt aber auch die betriebliche Übung in Betracht.

Überstunden des Arbeitnehmers sind angemessen zu vergüten, wenn in dem **076** Arbeitsvertrag nicht vereinbart ist, dass Überstunden mit dem regelmäßigen Ar- beitsentgelt abgegolten sind. Die Vergütung von Mehr- und Überarbeit wird häufig in dem Arbeitsvertrag oder in einem Tarifvertrag geregelt. Dabei kann vorgesehen werden, dass der Arbeitnehmer für die Zeit, die er über die vertraglich geschul- dete Arbeitszeit hinaus arbeitet, ein um einen Überstundenzuschlag erhöhtes Ar- beitsentgelt erhält. Es kann aber auch vereinbart werden, dass die Überstunden durch Freizeit ausgeglichen werden. Gleitzeitregelungen dienen dagegen u. a. der Vermeidung von Überstunden; bei der Einführung und der Änderung der Gleitzeit ist das zwingende Mitbestimmungsrecht des Betriebsrats gem. § 87 Abs. 1 Nr. 2 BetrVG zu beachten.

Neben den Zulagen und Zuschlägen gibt es **Erfolgsvergütungen**. Im Einzelnen **077** handelt es sich insbesondere um Provisionen, Prämien sowie Gewinn- und Um- satzbeteiligungen.

Die **Provision** ist kein Entgelt für eine Tätigkeit, sondern eine Erfolgsvergütung **078** und damit ein Leistungslohn. Provisionen erhalten vor allem Arbeitnehmer, die eine Handelsvertretertätigkeit ausüben, für die Vermittlung oder den Abschluss eines Vertrags zu Gunsten des Arbeitgebers. In diesen Fällen sind gem. § 65 HGB die §§ 87 ff. HGB anzuwenden.[60] Entsprechendes gilt für Arbeitnehmer, die eine vergleichbare Tätigkeit ausüben. Die Vorschriften des Handelsgesetzbuchs kom- men allerdings dann nicht zur Anwendung, wenn hinsichtlich der Fälligkeit einer Provision nicht an einen Vertragsabschluss, sondern an andere Umstände ange- knüpft wird.

---

60 Vgl. *Steckler*, Kompendium Wirtschaftsrecht, Abschnitt F. Rz. 142 ff. zu den Provisionen des Handelsvertreters.

079 Mit **Prämien** werden besondere Leistungen des Arbeitnehmers honoriert, insbesondere die Arbeitsmenge oder die Arbeitsqualität. Prämien können sowohl an einzelne Arbeitnehmer als auch an Arbeitnehmergruppen gezahlt werden. Beispiele für Prämien sind Anwesenheitsprämien, Mengenprämien, Qualitäts- und Güteprämien sowie Terminprämien. Prämien können insbesondere tarif- oder einzelvertraglich vereinbart, von dem Arbeitgeber aber auch als freiwillige Leistung gewährt werden.

080 Eine **Gewinn- oder Umsatzbeteiligung** ist eine ergebnis- oder umsatzabhängige zusätzliche Vergütung. Sie wird nach dem jährlichen Geschäftsergebnis oder dem Umsatz eines Unternehmens, einer Betriebsabteilung oder einer Filiale berechnet. Früher wurden überwiegend nur leitende oder außertarifliche Angestellte an dem Ergebnis oder dem Umsatz eines Unternehmens beteiligt. Gewinn- oder Umsatzbeteiligungen wurden also nur an einzelne Arbeitnehmer oder Arbeitnehmergruppen gezahlt, weil sie zu einem günstigen Geschäftsergebnis beigetragen hatten. Inzwischen werden Gratifikationen gern durch ergebnisabhängige Zahlungen ersetzt. In diesen Fällen erhalten alle in einem Unternehmen oder Betrieb beschäftigten Arbeitnehmer eine Gewinn- oder Umsatzbeteiligung. Auch Gewinn- oder Umsatzbeteiligungen können insbesondere einzelvertraglich vereinbart oder von dem Arbeitgeber als freiwillige Leistung gewährt werden.

081 **Gratifikationen** sind Sonderzuwendungen, die aus einem bestimmten Anlass entrichtet werden, insbesondere das **Weihnachts- und Urlaubsgeld**, aber auch Sonderzahlungen anlässlich eines Betriebsjubiläums und aus ähnlichen betrieblichen Gründen. Rechtsgrundlage kann eine tarif- oder einzelvertragliche Vereinbarung sein. Aus der **betrieblichen Übung** können sich ebenfalls Ansprüche ergeben, wenn der Arbeitgeber über einen längeren Zeitraum hinweg freiwillige Zahlungen aus einem bestimmten Anlass geleistet hat. Ein Rechtsanspruch aus betrieblicher Übung entsteht, wenn ein Arbeitgeber wiederholt und vorbehaltlos Arbeitnehmern unter einheitlichen Voraussetzungen z. B. eine Weihnachtsgratifikation gewährt. Daneben kommen Betriebsvereinbarungen als Rechtsgrundlage in Betracht, z. B. wenn eine Öffnungsklausel in einem Tarifvertrag eine Betriebsvereinbarung über eine Gratifikation zulässt.

Sofern sich nicht aus einer Rechtsgrundlage eine entsprechende Verpflichtung des Arbeitgebers ergibt, steht die Gratifikationszahlung zwar im Ermessen des Arbeitgebers. Nach dem **Gleichbehandlungsgrundsatz** dürfen einzelne Arbeitnehmer aber nicht willkürlich und ohne sachlichen Grund von der Zahlung ausgenommen werden.[61]

082 Der Anspruch des Arbeitnehmers auf eine Gratifikation wird in der betrieblichen Praxis gern davon abhängig gemacht, dass an einem bestimmten Stichtag ein ungekündigtes Arbeitsverhältnis besteht. Außerdem kann die Entrichtung einer Gratifikation an eine bestimmte Dauer der Betriebszugehörigkeit geknüpft werden.

---

61 Vgl. jüngst BAG BB 2009, 1413 = NZG 2009, 943.

Beispiel:

„Jedem Arbeitnehmer, dessen Beschäftigungsverhältnis am 30.11. des laufenden Kalenderjahres mindestens 12 Monate ununterbrochen besteht und arbeitnehmerseitig nicht gekündigt ist, ist eine Jahressondervergütung – zahlbar spätestens mit der fälligen Novemberabrechnung – zu gewähren. Die Jahressonderzuwendung beträgt 100 % des tariflichen Monatsverdienstes."[62]

> **Fall 4: Gratifikation trotz Kündigung** **Seite 352**

Da die Gratifikation nur teilweise eine Anerkennung für die in der Vergangen- **083**
heit geleistete Arbeit ist, sondern auch einen Anreiz für zukünftige Betriebstreue
schaffen soll, werden in der Praxis häufig **Rückzahlungsvereinbarungen** für
den Fall des Ausscheidens des Arbeitnehmers aus dem Betrieb getroffen. Derartige Rückzahlungsklauseln erschweren die Kündigung und den Arbeitsplatzwechsel
des Arbeitnehmers und sind deshalb nicht uneingeschränkt zulässig. Soweit sie in
einem Arbeitsvertrag enthalten sind, können zu weit gehende Rückzahlungsklauseln eine unangemessene Benachteiligung des Arbeitnehmers im Sinne des § 307
Abs. 1 BGB darstellen. Rückzahlungsklauseln in Tarifverträgen unterliegen nach
§ 310 Abs. 4 S. 1 BGB keiner Inhaltskontrolle.[63]

Das Bundesarbeitsgericht hat zu der Wirksamkeit von Rückzahlungsklauseln für
Weihnachtsgratifikationen Grundsätze entwickelt, nach denen auf die Höhe der
Gratifikation und die Dauer der vertraglichen Bindung abzustellen ist:[64]

❏ Bei **Gratifikationen bis zu 100,00 €** ist eine Rückzahlungsklausel unzulässig.

❏ Beträgt die Gratifikation **mehr als 100 €, aber weniger als eine Monatsvergütung**, darf die Rückzahlungsklausel den Arbeitnehmer höchstens bis zum
31.03. des Folgejahres binden; der Arbeitnehmer kann also zum 31.03. kündigen, ohne dass die Rückzahlungspflicht zum Tragen kommt.[65]

❏ Beträgt die Gratifikation **eine Monatsvergütung und mehr**, sind Bindungen
über den 31.03. des Folgejahres hinaus zulässig, wenn der Arbeitnehmer bis
zum 31.03. des Folgejahres nur eine Kündigungsmöglichkeit hat; eine Rückzahlungsklausel darf ihn aber höchstens bis zum 30.06. des Folgejahres binden.

❏ Im Übrigen muss die Dauer der Bindung in einem **angemessenen Verhältnis**
zur Höhe der Gratifikation stehen; eine Rückzahlungsklausel ist immer unzulässig, wenn sie den Arbeitnehmer über den 30.9. des Folgejahres hinaus bindet.

Zu beachten ist, dass das Bundesarbeitsgericht bei der Entwicklung dieser Grund- **084**
sätze u. a. die Anzahl der **Kündigungsmöglichkeiten** bis zu dem Stichtag be-

---

62 § 14 Rahmentarifvertrag für die gewerblichen Arbeitnehmer des Betonsteingewerbes Nordwestdeutschland vom
    29.4.1982.
63 BAGE 122, 174 = NZA 2007, 875.
64 Vgl. BAGE 122, 174 = NZA 2007, 875.
65 BAG AP Nr. 22 und 23 zu § 611 BGB – Gratifikation; BAG, NZA 1993, 935; NZA 2007, 875.

rücksichtigt hat. Seit der Vereinheitlichung der Kündigungsfristen für Arbeiter und Angestellte haben aber auch Angestellte gem. § 622 Abs. 1 BGB bis zum 31.03. des Folgejahres mehrere Kündigungsmöglichkeiten. Bei einem Arbeitnehmer, der als Weihnachtsgratifikation ein Monatsentgelt erhält, ist eine Bindung über den 31.03. hinaus daher nur noch dann gerechtfertigt, wenn die gesetzliche Kündigungsfrist durch eine tarif- oder einzelvertragliche Vereinbarung mindestens auf 6 Wochen zum Ende eines Kalendervierteljahres verlängert worden ist. Hat ein Arbeitnehmer dagegen bis zum 31.03. des Folgejahres mehrere Kündigungsmöglichkeiten, kann er bei einer Weihnachtsgratifikation von einem Monatsentgelt nicht über den 31.03. des Folgejahres hinaus durch eine Rückzahlungsklausel gebunden werden.

085 Neben den Lohnzuschlägen, den Erfolgsvergütungen und den Gratifikationen gibt es weitere Sonderformen der Arbeitsvergütung. **Vermögenswirksame Leistungen** sind Geldbeträge, die dem Arbeitnehmer nicht zur freien Verfügung ausgezahlt werden, sondern die er nur erhält, wenn sie zur Vermögensbildung verwendet werden. Es ist also erforderlich, dass der Arbeitnehmer diese Beträge langfristig anlegt, z. B. durch den Abschluss eines Konten- oder Bausparvertrags oder einer Lebensversicherung, daneben können Sparverträge über Wertpapiere oder sonstige Vermögensbeteiligungen abgeschlossen werden. Einzelheiten sind in dem 5. Vermögensbildungsgesetz geregelt. Nach den Vorschriften des 5. Vermögensbildungsgesetzes ist der Arbeitgeber allerdings nicht verpflichtet, sich mit einer Zahlung an der Vermögensbildung durch den Arbeitnehmer zu beteiligen. Rechtsgrundlage für die Entrichtung vermögenswirksamer Leistungen sind vielmehr tarif- oder einzelvertragliche Vereinbarungen. Aus einer betrieblichen Übung können sich ebenfalls Ansprüche ergeben, wenn der Arbeitgeber über einen längeren Zeitraum hinweg freiwillig vermögenswirksame Leistungen erbracht hat.

086 Da die von der gesetzlichen Rentenversicherung entrichteten Renten niedriger sind als das zuletzt bezogene Arbeitseinkommen, werden Arbeitnehmern häufig anlässlich des Arbeitsverhältnisses Leistungen der Alters-, Invaliditäts- und Hinterbliebenenversorgung zugesagt. Sofern der Arbeitgeber nicht an einen Tarifvertrag oder eine Betriebsvereinbarung gebunden ist, steht es ihm frei, ob er eine **betriebliche Altersversorgung** der bei ihm beschäftigten Arbeitnehmer mit eigenen Mitteln finanziert oder nicht. Werden Leistungen der betrieblichen Altersversorgung gewährt, sind allerdings die Vorschriften des Gesetzes zur Verbesserung der betrieblichen Altersversorgung (insbesondere die Unverfallbarkeitsregelung des § 1 b Abs. 1 S. 1 BetrAVG und die Beitragspflicht zur Insolvenzsicherung gem. § 10 BetrAVG) sowie der Gleichbehandlungsgrundsatz zu beachten.

087 Leistungen der betrieblichen Altersversorgung können in verschiedenen Formen erbracht werden,[66] und zwar insbesondere durch

---

66 Vgl. *Clemens*, BeckOk, § 1 BetrAVG, Rn. 31 ff.

❏ eine **Direktzusage**: der Arbeitgeber selbst verpflichtet sich gegenüber dem Arbeitnehmer, nach dem Eintritt des Versorgungsfalls die vereinbarten Leistungen zu erbringen;

❏ eine **Direktversicherung**: der Arbeitgeber schließt mit einem Versicherungsunternehmen einen Lebensversicherungsvertrag zu Gunsten einzelner, mehrerer oder aller Arbeitnehmer (Einzel- oder Gruppenversicherung) ab, nach Eintritt des Versorgungsfalls erhält der Arbeitnehmer (bzw. seine Hinterbliebenen) die Leistungen aus dem Versicherungsvertrag;

❏ eine **Pensionskasse**: der Arbeitnehmer wird anlässlich der Begründung des Arbeitsverhältnisses Mitglied einer Pensionskasse, nach Eintritt des Versorgungsfalls erhält der Arbeitnehmer (bzw. seine Hinterbliebenen) Leistungen der Pensionskasse;

❏ einen **Pensionsfonds**: ein Pensionsfonds ist eine selbstständige Versorgungseinrichtung, die im Wege des Kapitaldeckungsverfahrens Altersversorgungsleistungen für einen oder mehrere Arbeitgeber erbringt, Pensionsfonds haben größere Freiheiten bei der Vermögensanlage als Lebensversicherungen und Pensionskassen, nach Eintritt des Versorgungsfalls erhält der Arbeitnehmer (bzw. seine Hinterbliebenen) die Leistungen aus dem Pensionsfonds.

Erfolgt die betriebliche Altersversorgung nicht unmittelbar durch den Arbeitgeber, sondern über eine Direktversicherung, eine Pensionskasse oder einen Pensionsfonds, hat der Arbeitgeber bereits während des Bestands des Arbeitsverhältnisses Beiträge zu entrichten. Wird eine Direktzusage erteilt, muss der Arbeitgeber dagegen erst ab dem Eintritt des Versorgungsfalls Leistungen erbringen. **088**

Seit dem 01.01.2002 kann eine betriebliche Altersversorgung auch ohne zusätzliche Leistungen des Arbeitgebers zum Arbeitsentgelt finanziert werden. Gem. § 1 a BetrAVG besteht ein Anspruch der Arbeitnehmer auf betriebliche Altersversorgung durch **Entgeltumwandlung**. Jeder Arbeitnehmer kann daher verlangen, dass ein bestimmter Betrag des vereinbarten Arbeitsentgelts von dem Arbeitgeber zur Begründung einer Anwartschaft auf eine betriebliche Altersversorgung verwendet wird. Bei einer betrieblichen Altersversorgung durch Entgeltumwandlung sind die hierdurch erworbenen Anwartschaftsrechte des Arbeitnehmers sofort unverfallbar. Der Arbeitnehmer behält diese Anwartschaftsrechte daher auch dann, wenn das Arbeitsverhältnis vor Ablauf von 5 Jahren endet. **089**

2.4 Fürsorgepflicht des Arbeitgebers

Die Fürsorgepflicht ist der Oberbegriff für alle Nebenpflichten des Arbeitgebers aus § 241 Abs. 2 BGB und umfasst verschiedene einzelne Verpflichtungen. **Inhalt der Fürsorgepflicht** ist die allgemeine Verpflichtung des Arbeitgebers, die persönlichen Belange des Arbeitnehmers zu achten und zu wahren sowie diesen vor Schäden zu bewahren. Im Einzelnen werden vor allem Handlungspflichten des Arbeitgebers zum Schutz der Persönlichkeit des Arbeitnehmers, seines Eigentums und seines Vermögens begründet. Die Verpflichtung des Arbeitgebers zum Schutz von Leben und Gesundheit des Arbeitnehmers ist zwar weitgehend gesetzlich ge- **090** regelt, wird aber unabhängig hiervon überwiegend der Fürsorgepflicht zugeordnet. Auch im Übrigen wird zwischen gesetzlich vorgesehenen Nebenpflichten und der allgemeinen Fürsorgepflicht keine strenge Abgrenzung vorgenommen.

091 Die Fürsorgepflicht umfasst insbesondere die folgenden Handlungs- und Unterlassungspflichten:

❑ **Schutz der Persönlichkeit des Arbeitnehmers**, z. B. der körperlichen und geistigen Integrität, der persönlichen und beruflichen Ehre, der Meinungsfreiheit und der Glaubens- und Gewissensfreiheit,

❑ **Schutz des Arbeitnehmers vor Mobbing**, also insbesondere Schutz der Stellung und des Ansehens des Arbeitnehmers im Betrieb,

❑ **Wahrung des informationellen Selbstbestimmungsrechts**, z. B. durch sorgfältige Verwahrung der Personalakte,

❑ **Sicherung der von dem Arbeitnehmer eingebrachten Sachen** am Arbeitsplatz,

❑ **Wahrung der vermögensrechtlichen Interessen** des Arbeitnehmers, z. B. durch Erstattung einer Unfallanzeige,

❑ **Abführung von Lohnsteuer und Sozialversicherungsbeiträgen** unter Beachtung der steuer- und sozialversicherungsrechtlichen Vorschriften,

❑ **Information und Belehrung**, z. B. durch Erläuterung der Entgeltabrechnung,

❑ **Förderung des wirtschaftlichen Fortkommens**, z. B. durch Erteilung eines Zwischenzeugnisses,

❑ **Erteilung von Zeugnissen und Bescheinigungen** über Art und Dauer der Beschäftigung sowie über die Höhe des Arbeitsentgelts, z. B. für Anträge auf Berufsausbildungsbeihilfe oder Wohngeld.

092 Die Pflicht des Arbeitgebers zur **Wahrung der Persönlichkeitsrechte** des Arbeitnehmers kann eine Einschränkung des Direktionsrechts des Arbeitgebers mit sich bringen. Der Arbeitgeber hat z. B. die Glaubens- und Gewissensfreiheit des Arbeitnehmers u. a. in der Weise zu achten, dass er Arbeiten, die der religiösen oder weltanschaulichen Überzeugung eines Arbeitnehmers widersprechen, einem anderen Arbeitnehmer überträgt. Zu dem Bereich Persönlichkeitsschutz des Arbeitnehmers gehören weiterhin auch die Beschäftigungspflicht und die Wahrung des informationellen Selbstbestimmungsrechts im Betrieb durch einen sorgfältigen Umgang mit den persönlichen Daten des Arbeitnehmers[67] sowie der Schutz des Arbeitnehmers vor Mobbing. Der Arbeitgeber hat den Arbeitnehmer vor Diskriminierungen zu schützen und muss Maßnahmen gegen mobbende Kollegen und Vorgesetzte ergreifen.[68]

---

67 Vgl. zum Arbeitnehmerdatenschutz Abschnitt E. Rz. 4 ff.
68 Vgl. Schaub, Arbeitsrechts-Handbuch, § 108 Rz. 57 ff.

Die Verpflichtung des Arbeitgebers, den Arbeitnehmer vor **Gefahren für Leben** 093
und Gesundheit zu schützen, ist in den §§ 618, 619 BGB gesetzlich niedergelegt.
Der Arbeitgeber hat Räume, Vorrichtungen oder Gerätschaften, die zur Erbringung der Arbeitsleistung erforderlich sind, grundsätzlich so einzurichten und zu
unterhalten, dass der Arbeitnehmer nicht gefährdet wird. Detailliertere Regelungen zum technischen Arbeitsschutz und zur Unfallverhütung sind in den Arbeitssicherheitsgesetzen enthalten.[69] Daneben bestehen Sondervorschriften für bestimmte Arbeitnehmergruppen, z. B. für Jugendliche gem. §§ 22 ff JArbSchG.

Beispiel:

*Der Arbeitgeber hat nach der ArbeitsstättenVO dafür zu sorgen, dass Arbeitsräume, Ne-
benräume, Zugänge und Treppen gut beleuchtet, ausreichend belüftet und beheizt sind und
dass Wasch- und Umkleideräume und gegebenenfalls auch Schränke vorhanden sind.*

Die Fürsorgepflicht des Arbeitgebers umfasst auch die **Sicherung des Eigen-** 094
tums des Arbeitnehmers, insbesondere der Gegenstände, die der Arbeitnehmer
an den Arbeitsplatz mitbringt, also z. B. Fahrzeuge und Kleidungsstücke. Der Arbeitgeber hat für eine sichere Aufbewahrung der Gegenstände zu sorgen, die der
Arbeitnehmer üblicherweise mit an den Arbeitsplatz nimmt. Zum Zweck der Begrenzung seiner Schadensersatzpflicht kann der Arbeitgeber aber anordnen, in
welcher Weise Gegenstände aufzubewahren sind. Ferner hat der Arbeitgeber dafür
zu sorgen, dass Abstellmöglichkeiten für Fahrräder und Krafträder sowie ein Betriebsparkplatz in verkehrssicherem Zustand sind, wenn derartige Abstellmöglichkeiten zur Verfügung gestellt werden.

Beispiel:

*Der Betriebsparkplatz weist als Folge von Witterungseinflüssen zahlreiche Schlaglöcher
auf. Ein Arbeitnehmer gerät beim Überqueren des Parkplatzes mit seinem Fahrrad in ein
Schlagloch und stürzt, wobei er verletzt und sein Fahrrad beschädigt wird. Für den Perso-
nenschaden kommen die Träger der Unfallversicherung auf.[70] Hinsichtlich des Sachscha-
dens hat der Arbeitnehmer einen Schadensersatzanspruch gegen den Arbeitgeber wegen
Verletzung der Fürsorgepflicht als Nebenpflicht aus dem Arbeitsvertrag. Anspruchsgrundlage ist § 280 Abs. 1 BGB i. V. m. § 241 Abs. 2 BGB.*

Da der Arbeitgeber auch zur **Wahrung der vermögensrechtlichen Interessen** 095
der Arbeitnehmer verpflichtet ist, hat er den öffentlich-rechtlichen Anmelde- und
Beitragspflichten zur Sozialversicherung nachzukommen und muss für ein Verschulden seiner Erfüllungsgehilfen, z. B. des Lohnbuchhalters, gem. § 278 BGB
einstehen. Daneben beinhaltet die Fürsorgepflicht die Verpflichtung des Arbeitgebers zur richtigen Berechnung und Abführung der Lohnsteuer an die Finanzbehörden. Außerdem ist der Arbeitgeber verpflichtet, dem Arbeitnehmer auf Wunsch
Bescheinigungen über die Beschäftigung und die Höhe des Entgelts zu erteilen,
damit der Arbeitnehmer z. B. Sozialleistungen in Anspruch nehmen kann.

---

69 Vgl. Abschnitt B. Rz. 172 ff. zur Arbeitssicherheit.
70 Vgl. Abschnitt D. Rz. 75 f.

Übersicht 06: Pflichten des Arbeitgebers aus dem Arbeitsverhältnis	
Hauptleistungspflicht: **Entgeltzahlungspflicht gem. § 611 BGB**	**Nebenpflichten:** **Fürsorgepflicht gem. § 241 Abs. 2 BGB**
- Zahlung der Vergütung in der vereinbarten Form - weitergehende freiwillige Leistungen sind möglich	- Schutz der Persönlichkeit des Arbeitnehmers, insbesondere Wahrung des allgemeinen Persönlichkeitsrechts - Beachtung der Unfallverhütungs- und der Arbeitsschutzvorschriften
Entgeltzahlungspflicht ohne Arbeitsleistung:	- Beschäftigungspflicht
- Betriebsstörungen, wenn der Arbeitgeber das Betriebsrisiko zu tragen hat - Annahmeverzug des Arbeitgebers gem. § 615 BGB - unverschuldete Krankheit des Arbeitnehmers - Urlaub - Feiertage - vorübergehende Verhinderung des Arbeitnehmers gem. § 616 BGB - Mutterschaft - Betriebsratstätigkeit - Freistellung des Arbeitnehmers von der Arbeitspflicht - Weiterbildung (Bildungsurlaub) nach Maßgabe der Ländergesetze	- Abführung von Lohnsteuer und Sozialversicherungsbeiträgen - Wahrung des informationellen Selbstbestimmungsrechts, z. B. durch sorgfältige Verwahrung der Personalakte - Sicherung des Arbeitnehmereigentums - Wahrung der vermögensrechtlichen Interessen

3. Arbeitnehmerschutzrecht

096   Das Arbeitnehmerschutzrecht ist kein eigenständiges Rechtsgebiet. Schutzvorschriften zu Gunsten der Arbeitnehmer bestehen in vielen Bereichen. Zu den gesetzlichen Regelungen, mit denen der Schutz der Arbeitnehmer bezweckt wird, gehören z. B. die Vorschriften über den Arbeitszeitschutz und die Urlaubsgewährung ebenso wie die Vorschriften über die Entgeltfortzahlung und die Kündigungsschutzvorschriften. Neben den materiell-rechtlichen Arbeitnehmerschutzvorschriften, die Ansprüche der Arbeitnehmer gegen den Arbeitgeber begründen, ist auch der technische Arbeitsschutz mit den Vorschriften über die Arbeitssicherheit ein Teil des Arbeitnehmerschutzrechts, denn mit diesen Regelungen wird der Schutz der Gesundheit der Arbeitnehmer bezweckt.

Skizze 07: Arbeitnehmerschutzrecht und Arbeitssicherheit	
materiell-rechtlicher Arbeitnehmerschutz	**technischer Arbeitsschutz (= Arbeitssicherheit)**
- Arbeitszeitschutz - Urlaub und Freistellung - Lohnsicherung - Arbeitnehmererfindungen etc. - Kündigungsschutz - Sonderschutz einzelner Arbeitnehmergruppen, z. B. Jugendarbeitsschutz, Mutterschutz	- Schutz von Leben und Gesundheit der Arbeitnehmer - Sicherheit der Arbeitsstätten, Produktionsanlagen, Maschinen und Geräte sowie der Arbeitsmaterialien - Unfallverhütung

Der überwiegende Teil der Arbeitnehmerschutzvorschriften gilt für alle Arbeitnehmer. Einzelne Arbeitnehmergruppen genießen darüber hinaus Sonderschutz durch besondere Regelungen, z. B. werdende Mütter, Auszubildende und Jugendliche, Schwerbehinderte und Wehrpflichtige.

3.1 Rechte am Arbeitsergebnis

Da der Arbeitgeber aus dem Arbeitsvertrag Anspruch auf die Arbeitsleistung des Arbeitnehmers hat, wird er **Eigentümer neuer Sachen**, sofern durch die Arbeitsleistung des Arbeitnehmers neue Sachen entstehen. Gem. § 950 BGB erwirbt derjenige das Eigentum an der neuen Sache, der durch Verarbeitung oder Umbildung eines oder mehrerer Stoffe eine neue bewegliche Sache herstellt. Hersteller einer neuen Sache, die im betrieblichen Produktionsverfahren entsteht, ist der Arbeitgeber, weil er auf seine Kosten die Herstellung veranlasst und das unternehmerische Risiko einer fehlerhaften oder unwirtschaftlichen Produktion trägt. **097**

Auch wenn ein Arbeitnehmer während der Erfüllung seiner Arbeitspflicht eine Sache findet, stehen ihm keine **Rechte an der Fundsache** zu. Da der Arbeitnehmer im Rahmen des Arbeitsverhältnisses Besitzdiener des Arbeitgebers gem. § 855 BGB ist, ist nicht der Arbeitnehmer, sondern der Arbeitgeber Finder. Der Arbeitnehmer hat den Fund an den Arbeitgeber herauszugeben und der Arbeitgeber erwirbt als Finder gem. § 973 BGB mit dem Ablauf von 6 Monaten nach der Anzeige des Fundes bei der zuständigen Behörde das Eigentum an der Sache, wenn der Berechtigte sich nicht meldet. **098**

Anders ist die Situation dagegen, wenn durch die Tätigkeit des Arbeitnehmers Rechte entstehen. Hinsichtlich der Rechte sind unterschiedliche Rechtsfolgen vorgesehen. **099**

Skizze 08: Rechte am Arbeitsergebnis		
Eigentumserwerb (Arbeitgeber)	**Nutzungsrechte an nichttechnischen Neuerungen** (keine gesetzliche Regelung, evtl. Betriebsvereinbarung)	**Urheberrechte** (Arbeitnehmer)
Nutzungsrechte an technischen Neuerungen		
- die nicht patent- oder gebrauchsmusterfähig sind (Arbeitgeber) - die patent- oder gebrauchsmusterfähig sind, werden unterteilt in		
Diensterfindungen (Arbeitgeber)		**freie Erfindungen** (Arbeitnehmer)
Inanspruchnahme oder Freigabe durch den Arbeitgeber		Mitteilungs- und Anbietungspflicht des Arbeitnehmers

100 **Urheberrechte** an allen durch das Urheberrechtsgesetz geschützten Werken, z. B. der Literatur, Wissenschaft und Kunst, stehen grundsätzlich dem Urheber zu, auch wenn dieser das Werk in Erfüllung seiner Verpflichtungen aus einem Arbeitsvertrag geschaffen hat, vgl. § 43 UrhG. Sofern die Arbeitsleistung des Arbeitnehmers darin besteht, entsprechende Werke für den Arbeitgeber zu erstellen, werden dem Arbeitgeber aber jedenfalls stillschweigend die **Werknutzungsrechte** eingeräumt. Eine besondere Vergütung hierfür kann der Arbeitnehmer nur verlangen, wenn dies zwischen ihm und dem Arbeitgeber vereinbart worden ist. Der Umfang der Nutzungsrechte des Arbeitgebers sollte jedoch unabhängig hiervon zum Zweck der Vermeidung von Auseinandersetzungen arbeitsvertraglich festgelegt werden. Für die **Urheber von Computerprogrammen** ist inzwischen in § 69 b Abs. 1 UrhG ausdrücklich geregelt, dass ausschließlich der Arbeitgeber zur Ausübung aller vermögensrechtlichen Befugnisse an dem Computerprogramm berechtigt ist, wenn das Computerprogramm von dem Arbeitnehmer in Wahrnehmung seiner Aufgaben oder nach den Anweisungen des Arbeitgebers geschaffen worden ist und keine abweichenden Vereinbarungen getroffen worden sind.

101 Bei **patent- oder gebrauchsmusterfähigen Erfindungen** des Arbeitnehmers sind die Diensterfindungen und die freien Erfindungen des Arbeitnehmers zu unterscheiden.[71] **Diensterfindungen** oder gebundene Erfindungen sind während der Dauer des Arbeitsverhältnisses entstandene Erfindungen, die entweder aus der dem Arbeitnehmer im Betrieb obliegenden Tätigkeit hervorgegangen sind oder maßgeblich auf Erfahrungen oder Arbeiten des Betriebes beruhen, vgl. § 4 Abs. 2 ArbNErfG. Hinsichtlich der gebundenen Erfindungen obliegen dem Arbeitnehmer

❑ eine Meldepflicht gegenüber dem Arbeitgeber gem. § 5 ArbNErfG,

❑ ein Verfügungsverbot gem. § 7 Abs. 3 ArbNErfG und

❑ eine Geheimhaltungspflicht gem. § 24 Abs. 2 ArbNErfG.

---

71 Vgl. *Steckler*, Grundzüge des gewerblichen Rechtsschutzes, Abschnitt III. zu den Arbeitnehmererfindungen.

Der Arbeitgeber kann die Diensterfindung eines Arbeitnehmers gem. § 6 ArbNErfG
in Anspruch nehmen. Eine Inanspruchnahme wird gemäß § 6 Abs. 2 ArbNErfG fin-
giert, wenn der Arbeitgeber die Erfindung nicht innerhalb von vier Monaten nach
der Meldung durch den Arbeitnehmer in Textform (§ 126 b BGB) freigegeben hat.
Bei einer Inanspruchnahme gehen alle Rechte an der Diensterfindung gem. § 7
Abs. 1 ArbNErfG auf den Arbeitgeber über, es entstehen aber Ansprüche des Arbeitnehmers auf Zahlung einer angemessenen Vergütung gem. §§ 9 ff ArbNErfG
sowie auf die namentliche Bezeichnung als Erfinder gem. § 37 PatG. Die Höhe des
Vergütungsanspruchs richtet sich nach der wirtschaftlichen Verwertbarkeit der
Diensterfindung, nach der Stellung des Arbeitnehmers im Betrieb und nach sei-
nem Anteil an dem Zustandekommen der Erfindung.

Als **freie Erfindungen** gelten alle während der Dauer des Arbeitsverhältnisses entstandenen Erfindungen, die keine Diensterfindungen sind, vgl. § 4 Abs. 3
ArbNErfG. Sie stehen grundsätzlich dem **Arbeitnehmer** zu, es besteht aber gegenüber dem Arbeitgeber eine Mitteilungs- und Anbietungspflicht, vgl. §§ 18, 19
ArbNErfG.

Technische Verbesserungsvorschläge des Arbeitnehmers, die wegen man-   **102**
gelnder Erfindungshöhe nicht patent- oder gebrauchsmusterfähig sind, kann der
Arbeitgeber gegen Zahlung einer angemessenen Vergütung verwerten, vgl. § 20
ArbNErfG. Wie bei **nichttechnischen Verbesserungsvorschlägen** der Arbeitnehmer, an denen regelmäßig weder gewerbliche Schutzrechte noch Urheberrechte
erworben werden können, zu verfahren ist, ist dagegen gesetzlich nicht geregelt. Es
besteht aber ein zwingendes Mitbestimmungsrecht des Betriebsrats bei der Aufstellung von Grundsätzen über das betriebliche Vorschlagswesen gem. § 87 Abs. 1
Nr. 12 BetrVG, das sich auf das gesamte betriebliche Vorschlagswesen und damit
sowohl auf technische als auch auf nichttechnische Verbesserungsvorschläge erstreckt. Betriebsvereinbarungen können daher Regelungen über die Behandlung
von Verbesserungsvorschlägen der Arbeitnehmer enthalten. In einer Betriebsvereinbarung getroffene Regelungen über die Übernahme eines Vorschlags durch den
Arbeitgeber und die Honorierung des Arbeitnehmers sind bei allen Verbesserungsvorschlägen anzuwenden.

3.2 Entgeltsicherung, Betriebsübergang und Insolvenz

Die Arbeitsvergütung ist regelmäßig die wirtschaftliche Existenzgrundlage für   **103**
den Arbeitnehmer und seine Familie. Damit das Arbeitsentgelt für den Unterhalt
des Arbeitnehmers und seiner Familie zur Verfügung steht, ist der Vergütungsanspruch des Arbeitnehmers gesetzlich besonders geschützt, und zwar insbesondere
vor Zugriffen des Arbeitgebers, gegen Vorausverfügungen des Arbeitnehmers und
vor dem Zugriff dritter Personen. Die Entgeltansprüche des Arbeitnehmers unterliegen nur in begrenztem Umfang der Aufrechnung, dem Zurückbehaltungsrecht,
der Abtretung und der Pfändung. Außerdem sind sie bei einem Betriebsübergang
und bei Insolvenz des Arbeitgebers besonders abgesichert.

Skizze 09: Lohnschutz und Lohnsicherung		
Beschränkung der **Pfändung** durch Gläubiger des Arbeitnehmers	Beschränkung der **Aufrechnung** und der **Zurückbehaltung** durch den Arbeitgeber	Beschränkung der **Abtretung** und der **Verpfändung** durch den Arbeitnehmer
Erhalt des Arbeitsverhältnisses im Fall eines **Betriebsübergangs** mit dem Eintritt des Erwerbers in die Haftung	Anspruch auf **Insolvenzgeld**	

104   Der **Pfändungsschutz für Arbeitseinkommen** gem. §§ 850 ff ZPO gilt für alle Vergütungen, die dem Arbeitnehmer als Entgelt für seine Arbeitsleistung zustehen. Neben dem laufenden Arbeitsentgelt werden z. B. auch Karenzentschädigungen für Wettbewerbsverbote und Renten, die zur Versorgung des Arbeitnehmers oder seiner Angehörigen gewährt werden, erfasst. Insbesondere die Hälfte der Vergütung für Mehrarbeit, das zusätzliche Urlaubsgeld, Aufwandsentschädigungen und Zulagen für auswärtige Beschäftigungen, die Hälfte des Weihnachtsgeldes, soweit sie einen bestimmten Betrag, zurzeit 500,00 €, nicht übersteigt, sowie Erziehungsgelder und Studienbeihilfen sind gem. § 850 a ZPO von vornherein **unpfändbare Bezüge**. Im Übrigen ist das Arbeitseinkommen nur insoweit pfändbar, als es die in § 850 c ZPO niedergelegten Pfändungsgrenzen übersteigt.

Bei der **Berechnung des pfändbaren Arbeitseinkommens** sind zunächst die Lohnsteuer und die Sozialversicherungsbeiträge von dem Arbeitseinkommen abzuziehen, ebenso die unpfändbaren Bezüge. Hinzuzurechnen ist allerdings das verschleierte Arbeitseinkommen. Es handelt sich dabei um Zahlungen, die der Arbeitgeber als Entgelt für die Arbeitsleistung des Arbeitnehmers nicht an diesen selbst, sondern an dritte Personen auszahlt, vgl. § 850 h ZPO.

Anschließend ist die **gesetzliche Pfändungsgrenze** für Arbeitseinkommen gem. § 850 c ZPO zu ermitteln. Die Pfändungsgrenze für Arbeitseinkommen sichert dem Arbeitnehmer die Existenzgrundlage, sie ist von der Höhe des Einkommens und der Anzahl der unterhaltsberechtigten Personen abhängig. Der im Einzelfall pfändbare Betrag kann der Anlage zu § 850 c ZPO entnommen werden. Zurzeit verbleiben einem allein stehenden Arbeitnehmer mindestens 939,99 €, einem Arbeitnehmer mit einer Unterhaltsverpflichtung gegenüber zwei Personen mindestens 1.479,99 € von seinem Arbeitseinkommen. Zu beachten ist, dass die gesetzlichen Pfändungsgrenzen nicht bei allen Pfändungen gelten. Sie können insbesondere bei einer Vollstreckung wegen Unterhaltsansprüchen gem. § 850 d ZPO überschritten werden. Im Übrigen kann die Pfändungsgrenze auf Antrag des Arbeitnehmers herauf- und auf Antrag seines Gläubigers herabgesetzt werden, vgl. § 850 f ZPO.

105   Soweit das Arbeitseinkommen unpfändbar ist, unterliegt es außerdem nicht der Aufrechnung, dem Zurückbehaltungsrecht und der Abtretung. Hat der Arbeitgeber Ansprüche gegen den Arbeitnehmer, darf er nicht gegen den unpfändbaren Teil des

Arbeitseinkommens aufrechnen; insoweit besteht ein gesetzliches **Aufrechnungsverbot** gem. § 394 S. 1 BGB.

Beispiele:

Sofern der Arbeitgeber dem Arbeitnehmer ein zinsgünstiges Darlehen gewährt hat, welches zur Rückzahlung fällig ist, kann er mit dem Rückzahlungsanspruch aus dem Darlehensvertrag nur gegen den pfändbaren Teil des Arbeitseinkommens aufrechnen.

Falls aus dem Arbeitsverhältnis ein Schadensersatzanspruch des Arbeitgebers gegen den Arbeitnehmer gem. § 280 Abs. 1 BGB besteht, weil der Arbeitnehmer grob fahrlässig ein Arbeitsgerät beschädigt hat, kann der Arbeitgeber mit diesem Schadensersatzanspruch ebenfalls nur gegen den pfändbaren Teil des Arbeitseinkommens aufrechnen.

Auch ein **Zurückbehaltungsrecht** gem. § 273 Abs. 1 BGB wegen eines fälligen **106** Zahlungsanspruchs gegen den Arbeitnehmer steht dem Arbeitgeber nur hinsichtlich des pfändbaren Teils des Arbeitseinkommens zu, weil die Zurückbehaltung des Arbeitsentgelts wirtschaftlich einer Aufrechnung gleichkommt. Der Arbeitgeber kann allerdings dann ein Zurückbehaltungsrecht gem. § 273 Abs. 1 BGB an dem Arbeitseinkommen geltend machen, wenn sich ungleichartige Forderungen, z. B. ein Herausgabeanspruch und eine Geldforderung, gegenüberstehen. Die Ausübung des Zurückbehaltungsrechts darf aber nicht gegen Treu und Glauben verstoßen.

Beispiel:

Der ausgeschiedene Arbeitnehmer A hat es versäumt, Arbeitskleidung im Wert von ca. 100,00 € zurückzugeben. Der Arbeitgeber kann unabhängig von der Pfändungsfreigrenze ein Zurückbehaltungsrecht gem. § 273 Abs. 1 BGB an dem Arbeitseinkommen des A geltend machen, weil sich ungleichartige Forderungen, nämlich ein Herausgabeanspruch und eine Geldforderung, gegenüberstehen. Die Ausübung eines Zurückbehaltungsrechts hinsichtlich des gesamten Arbeitsentgelts des A für den letzten Monat der Beschäftigung würde aber gegen Treu und Glauben verstoßen.

Der Arbeitnehmer kann über den unpfändbaren Teil seines Arbeitseinkommens **107** gem. § 400 BGB nicht durch **Abtretung** und gem. § 1274 Abs. 2 BGB auch nicht durch **Verpfändung** verfügen. Dies kommt insbesondere dann zum Tragen, wenn der Arbeitnehmer einen Kredit aufnimmt. Den pfändbaren Teil seines Arbeitseinkommens kann der Arbeitnehmer allerdings auch im Voraus abtreten.

Beispiel:

Arbeitnehmer werden regelmäßig gebeten, ihre Ansprüche auf Arbeitsentgelt an das Kreditinstitut abzutreten, wenn sie ein Darlehen aufnehmen. Durch eine Vorausabtretung der in Zukunft fällig werdenden Ansprüche auf Arbeitsentgelt wird eine Kreditsicherung vorgenommen. Die Vorausabtretung umfasst auch künftige Ansprüche gegen andere Arbeitgeber, wenn der Arbeitnehmer seinen Arbeitsplatz wechselt. Die Abtretung ist aber nur insoweit wirksam, als das Arbeitseinkommen der Pfändung unterliegt. Wird der Kredit notleidend, kann das Kreditinstitut auf der Grundlage der Abtretung nicht verlangen, dass der Arbeitgeber das gesamte Arbeitsentgelt an das Kreditinstitut überweist. Der Arbeitgeber muss vielmehr – wie bei einer Pfändung – den pfändbaren Teil des Arbeitseinkommens des Ar-

beitnehmers errechnen und er darf nur den pfändbaren Teil an das Kreditinstitut weiter-
leiten.

108   Bei einem **Betriebsübergang** geht ein Betrieb oder ein Betriebsteil auf einen
neuen Inhaber über. Für den Fall, dass dabei der Betrieb oder Betriebsteil als organisatorische Einheit erhalten bleibt, ordnet § 613 a BGB verschiedene Rechtsfolgen für die Arbeitsverhältnisse an, u. a. den **Eintritt des neuen Inhabers in
die im Zeitpunkt des Betriebsübergangs bestehenden Arbeitsverhältnisse.** Außerdem haftet der neue Inhaber für alle Verbindlichkeiten aus den Arbeitsverhältnissen, die auf ihn übergegangen sind, und zwar unabhängig davon, ob die
Verbindlichkeiten vor oder nach dem Betriebsübergang entstanden sind.

Voraussetzung für einen **Betriebsübergang** i. S. des § 613 a BGB ist:

❑ **Der Übergang eines Betriebs oder Betriebsteils**

❑ **durch Rechtsgeschäft auf einen neuen Inhaber.**

109   Ein **Betrieb** ist eine organisatorische Einheit von sächlichen, immateriellen und
personellen Betriebsmitteln, mit der ein bestimmter arbeitstechnischer Zweck verfolgt wird. Ein Betriebsübergang i. S. des § 613 a BGB liegt vor, wenn der Betrieb
als organisatorische Einheit trotz des Übergangs auf einen anderen Inhaber seine Identität bewahrt hat. Es muss also die betriebliche Tätigkeit im Wesentlichen
fortgeführt werden. Dass sämtliche sächlichen Betriebsmittel übernommen werden, ist dagegen nicht erforderlich.

Ein **Betriebsteil** ist eine organisatorische Untergliederung eines Betriebs, mit der
ein bestimmter arbeitstechnischer Teilzweck verfolgt wird. Charakteristisch für
einen Betriebsteil ist, dass es sich um eine von dem Gesamtbetrieb abtrennbare
und selbstständige Einheit handelt. Bei den verfolgten Teilzwecken kann es sich
auch um untergeordnete Hilfsfunktionen handeln. Ein Übergang eines Betriebsteils liegt vor, wenn der arbeitstechnische Teilzweck weiterverfolgt wird und die
wesentlichen Betriebsmittel auf einen anderen Inhaber übergehen, sodass der Betriebsteil als organisatorische Einheit seine Identität bewahrt.

110   Ob ein **Übergang** eines Betriebs oder Betriebsteils vorliegt, ist aufgrund einer
Würdigung sämtlicher Umstände des Einzelfalls festzustellen. Bei Produktionsbe-
trieben ist erforderlich, dass wesentliche Produktionsmittel übernommen werden.
Bei Handels- und Dienstleistungsbetrieben sind die materiellen Betriebsmittel
dagegen von untergeordneter Bedeutung. Es ist daher vorrangig auf die immateriellen Betriebsmittel, also z. B. den Kundenstamm und das Goodwill, abzustellen.
Außerdem muss der Gesamtcharakter des Betriebs erhalten bleiben.

Nach der neueren Rechtsprechung des EuGH[72] liegt ein Übergang eines Betriebs
oder Betriebsteils dagegen nicht vor, wenn lediglich ein bestimmter arbeitstechnischer Zweck oder Teilzweck ohne eine Übernahme von Betriebsmitteln weiterver-

---

72   EuGH, NZA 1994, 1370 = BB 1994, 500.

folgt wird. Zu beachten ist allerdings, dass die Übernahme eines nicht nur uner-heblichen Teils der Belegschaft einen Übergang von personellen Betriebsmitteln darstellt und damit ein Betriebsübergang vorliegen kann.[73]

Beispiel:

Unternehmer U hat die erforderlichen Reinigungsarbeiten bisher von teilzeitbeschäftig-ten Arbeitnehmern ausführen lassen. U kündigt diese Arbeitsverhältnisse und erteilt dem Reinigungsunternehmen R einen Reinigungsauftrag. Mit den Arbeitnehmern wurde der arbeitstechnische Teilzweck „Reinigung des Betriebs" verfolgt; es handelte sich also um einen Betriebsteil. Erledigt R in Zukunft den Reinigungsauftrag mit anderen Arbeitneh-mern, geht der Teilbetrieb als organisatorische Einheit nicht auf R über, es liegt ein Fall der reinen Funktionsnachfolge vor. Übernimmt R dagegen einen nach Zahl und Sachkunde wesentlichen Teil der bisher von U beschäftigten Arbeitnehmer und beschäftigt R diese Arbeitnehmer zu unveränderten Arbeitsbedingungen weiter, geht der Teilbetrieb wegen des Übergangs personeller Betriebsmittel auf R über. Durch die Weiterbeschäftigung unter Beibehaltung der Arbeitsorganisation wird die Identität der bisherigen organisatorischen Einheit gewahrt.

Ein **Rechtsgeschäft** i. S. des § 613 a Abs. 1 S. 1 BGB liegt immer dann vor, wenn **111** aufgrund einer privatrechtlichen Vereinbarung ein Betrieb oder Betriebsteil auf einen anderen Rechtsträger übertragen wird. Ob der neue Inhaber Eigentümer der Betriebsmittel wird, ist unerheblich. Rechtsgeschäfte, die zu einem Betriebs-übergang führen können, sind daher nicht nur Kauf und Schenkung, sondern z. B. auch eine Verpachtung. Außerdem ist zu beachten, dass das Rechtsgeschäft nicht zwischen dem alten und dem neuen Inhaber des Betriebs oder Betriebsteils abge-schlossen werden muss. Dies hat insbesondere zur Folge, dass ein Betriebsüber-gang vorliegen kann, wenn der Verpächter z. B. einer Gaststätte nach der Be-endigung eines Pachtverhältnisses einen Pachtvertrag mit einem neuen Pächter abschließt. Auch ein reiner Auftragnehmerwechsel kann einen Betriebsübergang darstellen.

Beispiel:

Unternehmer U hat die erforderlichen Reinigungsarbeiten bisher von dem Reinigungsun-ternehmen A durchführen lassen. A hat zur Erledigung der Arbeiten teilzeitbeschäftige Ar-beitnehmer eingesetzt. U kündigt den Vertrag mit A und erteilt dem Reinigungsunterneh-men B einen Reinigungsauftrag. Mit den Arbeitnehmern wurde von A der arbeitstechnische Zweck „Reinigung des Betriebs des U" verfolgt, es handelte sich also um einen Betriebsteil. Erledigt B in Zukunft den Reinigungsauftrag mit anderen Arbeitnehmern, geht der Teil-betrieb des A nicht auf B über. Übernimmt B dagegen einen nach Zahl und Sachkunde wesentlichen Teil der bisher von A beschäftigten Arbeitnehmer und beschäftigt B diese Ar-beitnehmer zu unveränderten Arbeitsbedingungen weiter, geht der Teilbetrieb als organi-satorische Einheit ohne vertragliche Vereinbarung zwischen A und B auf B über. Rechtsge-schäft i. S. des § 613 a BGB ist der Reinigungsvertrag zwischen U und B.

Liegt ein rechtsgeschäftlicher Betriebsübergang i. S. des § 613 a Abs. 1 S. 1 BGB **112** vor, tritt der neue Inhaber des Betriebs oder Betriebsteils in alle Rechte und Pflich-

---

73   EuGH, NZA 1997, 433 = BB 1997, 735.

ten aus den im Zeitpunkt des Übergangs bestehenden Arbeitsverhältnissen ein. Diese Rechtsfolge kommt mit der **Übernahme der betrieblichen Organisation** durch den neuen Inhaber zum Tragen. Es ist also auf den Zeitpunkt abzustellen, in dem der neue Inhaber die Leitungsmacht erhält. Der Zeitpunkt des Vertragsabschlusses ist dagegen unerheblich. Außerdem werden nur die im Zeitpunkt der Übernahme der betrieblichen Organisation bestehenden Arbeitsverhältnisse von der Regelung erfasst. Vor diesem Zeitpunkt beendete Arbeitsverhältnisse sind von dem Betriebsübergang selbst dann nicht betroffen, wenn nachvertragliche Verpflichtungen bestehen.

Hinsichtlich der im Zeitpunkt der Übernahme der betrieblichen Organisation bestehenden Arbeitsverhältnisse tritt der neue Inhaber in die **Arbeitgeberstellung** ein. Es erfolgt kraft Gesetzes ein vollständiger Austausch des Vertragspartners Arbeitgeber; der bisherige Betriebsinhaber verliert die Arbeitgeberstellung, sie wird im Wege der Sonderrechtsnachfolge dem neuen Inhaber zugewiesen. Der neue Inhaber übernimmt die Arbeitsverhältnisse in dem Zustand, in dem er sie im Zeitpunkt der Übernahme der betrieblichen Organisation vorfindet. Er ist also insbesondere an alle getroffenen vertraglichen Vereinbarungen gebunden und muss auch eine bei dem bisherigen Betriebsinhaber zurückgelegte Betriebszugehörigkeit z. B. bei der Berechnung von Kündigungsfristen berücksichtigen.

113 Tritt der neue Inhaber mit der Übernahme der betrieblichen Organisation gem. § 613 a Abs. 1 S. 1 BGB in die Stellung des Arbeitgebers ein, haftet er nicht nur für die ab diesem Zeitpunkt entstehenden **Ansprüche der übernommenen Arbeitnehmer**, sondern darüber hinaus auch für alle in der Vergangenheit bereits entstandenen, aber noch nicht erfüllten Ansprüche dieser Arbeitnehmer. Der neue Inhaber hat daher insbesondere Lohn- und Gehaltsrückstände auszugleichen. Daneben haftet der bisherige Arbeitgeber gem. § 613 a Abs. 2 S. 1 BGB für Verpflichtungen aus übergegangenen Arbeitsverhältnissen, wenn diese Verpflichtungen vor dem Übergang entstanden sind und vor Ablauf eines Jahres nach dem Übergang fällig werden. Der bisherige Arbeitgeber und der neue Inhaber haften in diesen Fällen als Gesamtschuldner gem. §§ 421 ff. BGB.

114 Gem. § 613 a Abs. 4 BGB ist die **Kündigung** eines Arbeitsverhältnisses durch den bisherigen Arbeitgeber oder durch den neuen Inhaber wegen des Übergangs eines Betriebs oder Betriebsteils unwirksam. Das Recht zur Kündigung eines Arbeitsverhältnisses aus anderen Gründen bleibt allerdings unberührt. Eine Kündigung wegen des Betriebsübergangs liegt immer dann vor, wenn der Betriebsübergang die tragende Ursache für den Ausspruch der Kündigung ist, z. B. wenn eine Kündigung dazu dienen soll, den Eintritt eines (potenziellen) neuen Inhabers in die Arbeitgeberstellung zu vermeiden oder der neue Inhaber Arbeitnehmer ohne sachlichen Grund nicht übernehmen will. Sowohl der bisherige als auch der neue Inhaber können aber im Rahmen der insbesondere durch § 1 KSchG eröffneten Möglichkeiten Kündigungen aussprechen. Wenn von dem neuen Inhaber betriebliche Umstrukturierungsmaßnahmen mit Auswirkungen auf den Personalbestand durchgeführt werden, kann er also die hiervon betroffenen Arbeitsverhältnisse unabhängig von dem Betriebsübergang aus betriebsbedingten Gründen kündigen. § 613 a Abs. 4 BGB will also lediglich sicherstellen, dass keine Arbeitnehmer anlässlich des Betriebsübergangs entlassen werden, obwohl auch nach dem Übergang noch Bedarf für sie vorhanden wäre („Aufhübschen" des Betriebs für den Erwerber).

Außerdem besteht bei einem Betriebsübergang eine **Informationspflicht** gegenüber den Arbeitnehmern. Der bisherige Arbeitgeber oder der neue Inhaber haben die von dem Betriebsübergang betroffenen Arbeitnehmer gem. § 613 a Abs. 5 BGB vor dem Übergang über den Zeitpunkt und den Grund für den Übergang sowie die rechtlichen, wirtschaftlichen und sozialen Folgen für die Arbeitnehmer zu unterrichten. Sind Umstrukturierungen beabsichtigt, muss auch über die gegenüber den Arbeitnehmern beabsichtigten Maßnahmen informiert werden.

Den von einem Betriebsübergang betroffenen Arbeitnehmern steht gem. § 613 a Abs. 6 BGB ein **Widerspruchsrecht** zu. Ein Arbeitnehmer kann dem Übergang seines Arbeitsverhältnisses auf den neuen Betriebsinhaber innerhalb eines Monats nach Zugang der Unterrichtung gem. § 613 a Abs. 5 BGB gegenüber dem bisherigen Arbeitgeber oder gegenüber dem neuen Inhaber schriftlich widersprechen. Widerspricht der betroffene Arbeitnehmer, geht das Arbeitsverhältnis nicht auf den neuen Inhaber über. Das Arbeitsverhältnis mit dem bisherigen Arbeitgeber bleibt dann zwar bestehen, es kann aber regelmäßig aus betriebsbedingten Gründen gekündigt werden, wenn der Betriebsübergang dazu führt, dass der bisherige Arbeitgeber keine Einsatzmöglichkeit mehr für den Arbeitnehmer hat.

Bei **Insolvenz des Arbeitgebers** haben Arbeitnehmer gem. §§ 183 ff SGB III Anspruch auf Insolvenzgeld. Voraussetzung für einen Anspruch auf Insolvenzgeld ist vor allem ein **Insolvenzereignis**. Insolvenzereignisse sind: **115**

❑ Die Eröffnung des Insolvenzverfahrens über das Vermögen des Arbeitgebers,

❑ die Abweisung des Antrags auf Eröffnung des Insolvenzverfahrens mangels Masse und

❑ die vollständige Beendigung der Betriebstätigkeit im Inland, wenn ein Antrag auf Eröffnung des Insolvenzverfahrens nicht gestellt worden ist und ein Insolvenzverfahren mangels Masse offensichtlich nicht durchgeführt werden kann.

Insolvenzgeld wird nur für den **Zeitraum vor dem Insolvenzereignis** entrichtet. Arbeitnehmer erhalten Insolvenzgeld, wenn sie wegen der Zahlungsschwierigkeiten ihres Arbeitgebers in den letzten drei Monaten vor dem Insolvenzereignis ihr Arbeitsentgelt nicht oder nicht vollständig erhalten haben. Die **Bundesagentur für Arbeit** zahlt das von dem Arbeitgeber in den letzten drei Monaten vor dem Insolvenzereignis nicht mehr entrichtete Netto-Arbeitsentgelt an die betroffenen Arbeitnehmer und leistet insoweit auch Pflichtbeiträge zur Sozialversicherung. Soweit die Bundesagentur für Arbeit Zahlungen leistet, gehen die entsprechenden Ansprüche der Arbeitnehmer gegen den Arbeitgeber gem. § 187 SGB III auf die Bundesagentur über.   **116**

Das Insolvenzgeld erstreckt sich nur auf diejenigen Bezüge des Arbeitnehmers, bei denen es sich um eine **Gegenleistung für die Arbeitsleistung** handelt. Zahlungsansprüche der Arbeitnehmer, die anlässlich der Beendigung des Arbeitsverhältnisses entstanden sind, z. B. auf Abfindung oder eine Karenzentschädigung, werden von dem Insolvenzgeld nicht umfasst, ebenso sonstige Ansprüche wie z. B. ein Anspruch auf Schadensersatz oder auf Erstattung von Rechtsverfolgungskosten. Hat ein Arbeitnehmer vor dem Insolvenzereignis länger als drei Monate kein Arbeitsentgelt erhalten oder stehen ihm sonstige, vor dem Insolvenzereignis entstandene Ansprüche gegen den Arbeitgeber zu, muss er diese gegenüber dem zahlungsunfähigen Arbeitgeber oder – wenn ein Insolvenzverfahren eröffnet worden ist – gem. §§ 38, 87 InsO im Insolvenzverfahren als Insolvenzgläubiger geltend machen.

117 Wenn das **Arbeitsverhältnis über das Insolvenzereignis hinaus** andauert, ist ebenfalls danach zu unterscheiden ob ein Insolvenzverfahren eröffnet worden ist oder nicht. Wurde kein Insolvenzverfahren eröffnet, kann der Arbeitnehmer auch seine weiteren Ansprüche aus dem Arbeitsverhältnis nur gegenüber dem zahlungsunfähigen Arbeitgeber geltend machen. Sofern ein Insolvenzverfahren eröffnet worden ist und das Arbeitsverhältnis über die Eröffnung hinaus andauert, sind dagegen alle Ansprüche auf Arbeitsentgelt, die bis zum Ablauf der Kündigungsfrist oder anlässlich einer Weiterbeschäftigung durch den Insolvenzverwalter entstehen, Masseverbindlichkeiten gem. §§ 108 Abs. 1, 55 Abs. 1 Nr. 2 InsO. Die Masseverbindlichkeiten müssen von dem Insolvenzverwalter kraft Amtes vorrangig befriedigt werden. In beiden Fällen kann sich der Arbeitnehmer allerdings dann, wenn er nicht mehr weiterbeschäftigt wird, sofort arbeitslos melden und Arbeitslosengeld beziehen, weil er trotz des Fortbestands des Arbeitsverhältnisses dem Arbeitsmarkt zur Verfügung steht.

3.3 Entgeltfortzahlung ohne Arbeitsleistung

118 Rechtsgrundlage für den Vergütungsanspruch des Arbeitnehmers ist § 611 BGB in Verbindung mit dem Arbeitsvertrag, bei Tarifbindung beider Arbeitsvertragsparteien auch mit dem Tarifvertrag. Der Anspruch auf das Arbeitsentgelt entfällt nach § 326 Abs. 1 BGB, wenn der Arbeitnehmer seine Arbeitsleistung nicht erbringt, denn der Vergütungsanspruch steht in einem Abhängigkeitsverhältnis (= Synallagma) zu der Arbeitsleistung. Wegen des **Fixschuldcharakters der Arbeitspflicht** ist jede Nichterbringung der Arbeit ein Fall der Unmöglichkeit, weil die Arbeitsleistung nur zu dem vertraglich vereinbarten Zeitpunkt vorgenommen werden kann. Außerhalb der festgelegten Arbeitszeit ist die Arbeitsleistung nicht ohne weiteres im Betrieb verwertbar.

119 Wegen der besonderen Interessenlage der Vertragsparteien im Arbeitsverhältnis werden die **Leistungsstörungsregeln des bürgerlichen Rechts**, wonach der Anspruch auf Vergütung entfällt, wenn die Arbeitsleistung nicht erbracht wird,

– „ohne Arbeit kein Lohn" –

durch zahlreiche Sonderregelungen des Arbeitsrechts ergänzt und abgeändert. Es entsteht deshalb in zahlreichen Fällen der Nichtleistung ein **Entgeltfortzahlungsanspruch** des Arbeitnehmers. Sofern dagegen keine Rechtsgrundlage für einen Entgeltfortzahlungsanspruch besteht, bleibt es bei den allgemeinen Regeln für Austauschverträge, mit der Folge, dass der Arbeitnehmer auch bei unverschuldeter Unmöglichkeit der Arbeitsleistung seinen Vergütungsanspruch gem. § 326 Abs. 1 S. 1 BGB verliert.

Beispiel:

An einem Montag in der Zeit von 14 bis 15 Uhr haben die Arbeitnehmer eines Betriebs wegen eines Energieausfalls nicht arbeiten können. Die für diesen Zeitraum geschuldete Arbeit ist unmöglich geworden. Gem. §§ 275 Abs. 1, 326 Abs. 1 S. 1 BGB sind die Arbeitnehmer nicht verpflichtet, die ausgefallene Arbeit nachzuholen, haben aber auch keinen Anspruch auf Zahlung der Arbeitsvergütung. Nur weil der Arbeitgeber gemäß § 615 S. 3 BGB das Betriebsrisiko zu tragen hat,[74] bleibt den Arbeitnehmern der Anspruch auf Vergütung erhalten. Sofern der Arbeitgeber anordnet, dass die ausgefallene Arbeit zu einem späteren Zeitpunkt nachgeholt werden soll, handelt es sich nicht mehr um die ursprünglich geschuldete Arbeitsleistung, sondern um Überstunden.

Beispiele für Ereignisse, bei denen der Arbeitnehmer Anspruch auf Vergütung ohne Arbeit hat: **120**

❑ unverschuldete **vorübergehende Verhinderung des Arbeitnehmers** aus einem in seiner Person liegenden Grund gem. § 616 S. 1 BGB,

❑ **Krankheit** gem. § 3 EntgeltfortzahlungsG,

❑ **Feiertage** gem.§ 2 EntgeltfortzahlungsG,

❑ **Urlaub** gem. §§ 1 ff.BUrlG, 19 JArbSchG, 125 SGB IX sowie nach Tarifverträgen und Arbeitsverträgen,

❑ **Schwangerschaft und Mutterschaft** gem. §§ 11, 14 MuSchG,

❑ **Betriebsstörungen** gem. § 615 BGB,[75]

❑ **Tätigkeit als Betriebs- oder Personalrat**, als Jugend- und Auszubildendenvertreter, als Vertrauensmann der Schwerbehinderten oder als Sprecher der leitenden Angestellten, §§ 37 Abs. 2, Abs. 3, Abs. 6, 38 Abs. 1, 65 Abs. 1 BetrVG, 96 Abs. 4 SGB IX, 14 Abs. 1 SprecherausschussG.

Der Arbeitnehmer behält gem. § 616 S. 1 BGB seinen Vergütungsanspruch bei einer **vorübergehenden Verhinderung** für eine verhältnismäßig nicht erhebliche Zeit durch einen in seiner Person liegenden Grund. Hierzu gehören z. B. folgende Sachverhalte: **121**

❑ Eheschließung, Umzug,

❑ Arztbesuche, deren Termin nicht beeinflussbar ist,

---

74 Vgl. Abschnitt B. Rz. 201 ff.zum Betriebs-, Wirtschafts- und Arbeitskampfrisiko.
75 Vgl. Abschnitt B. Rz. 201 f.

❑ Todesfälle, Begräbnisse, Geburten und ähnliche außerordentliche familiäre Ereignisse,

❑ Krankheiten und Unfälle nahe stehender Personen,

❑ gesundheitspolizeiliche Untersuchungen in Lebensmittelbetrieben,

❑ Religionsausübung.[76]

Da nach dem Wortlaut des Gesetzes die Gründe für die vorübergehende Verhinderung in der **Person des Arbeitnehmers** liegen müssen, besteht kein Anspruch auf Entgeltfortzahlung bei objektiven Leistungshindernissen, also wenn der Arbeitnehmer die Arbeitsstätte z. B. wegen Verkehrsstörungen, Schnee- und Eisglätte, Überschwemmungen, Demonstrationen oder ähnlichen Ereignissen nicht erreichen kann.[77] Der Verhinderungsgrund muss ohne Verschulden des Arbeitnehmers eingetreten sein und darf sich nur auf eine verhältnismäßig nicht erhebliche Zeit erstrecken. Sofern das persönliche Leistungshindernis in die Urlaubszeit fällt, hat der Arbeitnehmer keinen Anspruch auf eine Urlaubsverlängerung.

122   Der Anspruch auf **Entgeltfortzahlung im Krankheitsfall und an Feiertagen** ist seit dem 01.06.1994 für alle Arbeitnehmer und für Auszubildende einheitlich in dem Entgeltfortzahlungsgesetz geregelt. Die Vorschriften des Entgeltfortzahlungsgesetzes sind unabdingbar; nur hinsichtlich der Höhe des fortzuzahlenden Arbeitsentgelts besteht gem. §§ 12, 4 Abs. 4 EntgeltfortzahlungsG die Möglichkeit, in Tarifverträgen von den gesetzlichen Regelungen abzuweichen. Machen die Tarifvertragsparteien von dieser Möglichkeit Gebrauch, kann allerdings im Geltungsbereich eines solchen Tarifvertrags auch zwischen nicht tarifgebundenen Arbeitgebern und Arbeitnehmern in einem Einzelarbeitsvertrag vereinbart werden, dass für das Arbeitsverhältnis die von den gesetzlichen Regelungen abweichende tarifvertragliche Regelung gelten soll.

123   Der Anspruch auf **Entgeltfortzahlung im Krankheitsfall** wird erst nach vierwöchigem Bestand des Arbeitsverhältnisses erworben. Im Übrigen besteht bei Krankheit gem. § 3 Abs. 1 S. 1 EntgeltfortzahlungsG bis zur Dauer von **sechs Wochen** Anspruch auf Entgeltfortzahlung, wenn den Arbeitnehmer an der krankheitsbedingten Arbeitsunfähigkeit kein Verschulden trifft. Die Arbeitsverhinderung wegen eines Schwangerschaftsabbruchs gilt als unverschuldet, sofern es sich um einen nicht strafbaren Schwangerschaftsabbruch handelt, vgl. § 3 Abs. 2 EntgeltfortzahlungsG. Die Vorschriften über die Entgeltfortzahlung im Krankheitsfall gelten gem. § 9 EntgeltfortzahlungsG entsprechend, wenn dem Arbeitnehmer eine Vorbeugungs-, Heil- oder Genesungskur verordnet worden ist.

124   Ein **Verschulden des Arbeitnehmers** an der Arbeitsunfähigkeit i. S. des § 3 Abs. 1 S. 1 EntgeltfortzahlungsG liegt nicht bereits dann vor, wenn einem Arbeitnehmer eine fahrlässige Gefährdung seiner Gesundheit vorgehalten werden kann. Es muss vielmehr ein gröblicher Verstoß gegen das von einem verständigen Men-

---

76   BAG, NJW 1983, 2600.
77   BAG, NJW 1983, 1078 f.

schen im eigenen Interesse zu erwartende Verhalten vorliegen. Voraussetzung für den Ausschluss des Entgeltfortzahlungsanspruchs ist also ein **„Verschulden gegen sich selbst"**, das zur Folge hat, dass es unbillig wäre, die Folgen dem Arbeitgeber aufzuerlegen.[78] Treibt ein Arbeitnehmer Sport, liegt ein solches Verschulden nur vor, wenn

- ❑ **extrem gefährliche Sportarten** betrieben werden oder

- ❑ ein **leichtsinniger und/oder grober Regelverstoß** des Sportlers zu dem Unfall geführt hat oder

- ❑ die Ausübung der **Sportart** die **Kräfte und Fähigkeiten** des Sportlers bei Weitem **übersteigt**.

Sportunfälle bei der Ausübung nicht ganz ungefährlicher Sportarten, wie der Teilnahme an einem Moto-Cross-Rennen, am Drachenfliegen, Fallschirmspringen, Boxen oder Skispringen können ein Verschulden des Arbeitnehmers an seiner Arbeitsunfähigkeit regelmäßig nicht begründen.[79] Unfälle bei der Teilnahme am Straßenverkehr schließen den Entgeltfortzahlungsanspruch aus, wenn sie auf Alkoholmissbrauch oder auf grobe Verstöße gegen Sicherheits- oder Verkehrsbestimmungen zurückzuführen sind, z. B. das Nichtanlegen von Sicherheitsgurten, das Fahren ohne Sturzhelm oder bei Übermüdung. Selbst verschuldet ist die Arbeitsunfähigkeit außerdem, wenn sich bei einer verbotenen oder besonders gefährlichen Nebentätigkeit (Schwarzarbeit) ein Unfall ereignet. Nach der Rechtsprechung des Bundesarbeitsgerichts wird die Drogen- und Alkoholabhängigkeit sowie ein Suizidversuch und seine Folgen dagegen überwiegend als unverschuldete Krankheit angesehen.[80]

Fall 5: Entgeltfortzahlung bei Alkoholabhängigkeit   *Seite 354*

Wenn die Arbeitsunfähigkeit ganz oder teilweise durch das **Verschulden eines Dritten** verursacht worden ist, hat der Arbeitgeber unabhängig hiervon Entgeltfortzahlung zu leisten. Die Schadensersatzansprüche des Arbeitnehmers gegen den Schädiger gehen jedoch gem. § 6 Abs. 1 EntgeltfortzahlungsG kraft Gesetzes auf den Arbeitgeber über, sodass der Arbeitgeber verlangen kann, dass der Schädiger ihm die entrichteten Beträge einschließlich der Beiträge zur Sozialversicherung erstattet. Ausgenommen hiervon sind lediglich die Beiträge zur Unfallversicherung, die der Arbeitgeber weiter selbst tragen muss.[81]   **125**

Bei **wiederholter krankheitsbedingter Arbeitsunfähigkeit** entsteht erneut   **126**
ein Entgeltfortzahlungsanspruch für die Dauer von 6 Wochen, wenn die Arbeitsunfähigkeit auf medizinisch unterschiedlichen Krankheiten beruht. Sofern die erneute Arbeitsunfähigkeit auf dieselbe Krankheit zurückzuführen ist, muss der Arbeitgeber dagegen gem. § 3 Abs. 1 S. 2 EntgeltfortzahlungsG nur ausnahmsweise

---

78 *Schaub*, Arbeitsrechts-Handbuch, § 98 Rz. 31 ff. mit zahlreichen Rechtsprechungshinweisen.
79 Vgl. z. B. BAG, BB 1982, 494 f.
80 BAG, BB 1982, 616; BAG, DB 1983, 2420; 1987, 2156.
81 BAG, NJW 1976, 326; ErfK-Dörner, § 6 EFZG, Rn. 12 f.

wiederum für die Dauer von höchstens sechs Wochen Entgeltfortzahlung leisten, und zwar wenn

❏ der Arbeitnehmer vor der erneuten Arbeitsunfähigkeit mindestens sechs Monate nicht wegen dieser Krankheit arbeitsunfähig war oder

❏ seit Beginn der ersten Arbeitsunfähigkeit wegen dieser Krankheit mindestens 12 Monate verstrichen sind.

127 Wenn ein Arbeitnehmer erkrankt und deshalb nicht zur Arbeit erscheinen kann, besteht gegenüber dem Arbeitgeber sowohl eine **Anzeigepflicht** als auch eine **Nachweispflicht**. Der Arbeitnehmer ist gem. § 5 Abs. 1 S. 1 EntgeltfortzahlungsG verpflichtet, dem Arbeitgeber die Arbeitsunfähigkeit und deren voraussichtliche Dauer **unverzüglich** mitzuteilen. An welcher Krankheit er leidet, braucht der Arbeitnehmer dem Arbeitgeber dabei nicht bekannt zu geben. Eine **ärztliche Bescheinigung** über das Bestehen der Arbeitsunfähigkeit sowie deren voraussichtliche Dauer muss der Arbeitnehmer dem Arbeitgeber gem. § 5 Abs. 1 S. 2 EntgeltfortzahlungsG **erst nach Ablauf von drei Kalendertagen**, also am 4. Krankheitstag, vorlegen. Der Arbeitgeber kann aber gem. § 5 Abs. 1 S. 3 EntgeltfortzahlungsG verlangen, dass eine ärztliche Bescheinigung über die Arbeitsunfähigkeit bereits früher vorgelegt wird. Daher wird in zahlreichen Arbeitsverträgen vereinbart, dass die Vorlage einer ärztlichen Bescheinigung bereits am 1., 2. oder 3. Krankheitstag zu erfolgen hat. Wird die erforderliche ärztliche Bescheinigung von dem Arbeitnehmer nicht vorgelegt, kann der Arbeitgeber gem. § 7 Abs. 1 Nr. 1 EntgeltfortzahlungsG die Entgeltfortzahlung im Krankheitsfall so lange verweigern, bis der Arbeitnehmer seiner Verpflichtung nachgekommen ist. Dabei handelt es sich aber lediglich um ein Zurückbehaltungsrecht. Wird die ärztliche Bescheinigung nachgereicht, muss die Entgeltfortzahlung rückwirkend vorgenommen werden.

128 Für die **Berechnung der Krankenvergütung** gilt das Lohnausfallprinzip. Es ist gem. § 4 Abs. 1 EntgeltfortzahlungsG das regelmäßige Arbeitsentgelt fortzuzahlen. Dabei wird diejenige Vergütung zu Grunde gelegt, die der Arbeitnehmer erhalten hätte, wenn er nicht arbeitsunfähig geworden wäre. Die Grundbezüge sowie Zuschläge, Leistungszulagen, Prämien und Sachbezüge sind in gleicher Höhe fortzuzahlen, ebenso die vermögenswirksamen Leistungen, außerdem Provisionen, in diesem Fall ist der Durchschnittsverdienst zu berechnen. Dagegen gehören Aufwendungsersatzansprüche, Auslösungen, Schmutzzulagen und ähnliche Zahlungen sowie die Überstunden gem. § 4 Abs. 1a EntgeltfortzahlungsG nicht zu dem Arbeitsentgelt.

129 Der Anspruch des Arbeitnehmers auf **Entgeltfortzahlung an Feiertagen** ist in § 2 EntgeltfortzahlungsG geregelt. Danach ist für die Arbeitszeit, die wegen eines gesetzlichen Feiertags ausfällt, von dem Arbeitgeber das Arbeitsentgelt zu zahlen, das der Arbeitnehmer ohne den Arbeitsausfall erhalten hätte. Welcher Tag ein Feiertag ist, ergibt sich im Wesentlichen aus den Feiertagsgesetzen der Länder.

Es kann daher zu regionalen Unterschieden kommen. Der Entgeltfortzahlungsanspruch richtet sich nach dem Leistungsort für die Arbeitspflicht und damit regelmäßig nach dem Sitz der betrieblichen Niederlassung des Arbeitgebers. Falls der Arbeitnehmer nicht an dem Sitz des Betriebs, sondern an einem anderen Ort arbeitet, ist nach dem Territorialprinzip das Recht des Arbeitsorts für den Entgeltfortzahlungsanspruch an Feiertagen maßgeblich.

3.4 Urlaub und Freistellung

In der betrieblichen Praxis sind verschiedene Formen des Urlaubs zu unterscheiden: **130**

❏ **Erholungsurlaub,**

❏ **unbezahlter Urlaub,**

❏ **Bildungsurlaub,**

❏ **Elternzeit.**

Erholungsurlaub ist die Freistellung des Arbeitnehmers von der Arbeitspflicht   **131**
für eine bestimmte Zeit zum Zweck der Erholung und unter Fortzahlung des Arbeitsentgelts. Der Urlaubsanspruch ergibt sich aus dem **Bundesurlaubsgesetz (BUrlG)**, wonach jeder Arbeitnehmer in jedem Kalenderjahr Anspruch auf einen bezahlten Erholungsurlaub von 24 Werktagen hat, vgl. §§ 1 ff. BUrlG. Sonderregelungen für einzelne Arbeitnehmergruppen finden sich z. B. in den §§ 19 JArbSchG und 125 SGB IX. Weitergehende Ansprüche auf Erholungsurlaub können sich aus einem Tarifvertrag oder aus dem Einzelarbeitsvertrag ergeben. Ein Anspruch des Arbeitnehmers auf zusätzlichen **unbezahlten Urlaub** bedarf dagegen stets einer besonderen **Vereinbarung** mit dem Arbeitgeber.

Ein gesetzlicher Anspruch des Arbeitnehmers auf **Bildungsurlaub** unter Fort   **132**
zahlung des Arbeitsentgelts besteht insbesondere für Betriebsratsmitglieder und Sicherheitsbeauftragte (vgl. §§ 37 Abs. 6 und 7 BetrVG, 5 Abs. 3 ASiG). In einigen Bundesländern gewähren Weiterbildungs- und Qualifizierungsgesetze den Arbeitnehmern Freistellungsansprüche für die Teilnahme an anerkannten Bildungsveranstaltungen.[82] Auch Tarifverträge können derartige Freistellungsregelungen enthalten.

Ein Anspruch auf **Elternzeit** nach dem Bundeselterngeld- und Elternzeitgesetz   **133**
besteht gem. § 15 Abs. 2 S. 1 BEEG bis zur Vollendung des dritten Lebensjahres eines Kindes, wenn der Arbeitnehmer das Kind selbst betreut und erzieht. Der Anspruch auf Elternzeit kann sowohl von dem Vater als auch von der Mutter eines Kindes geltend gemacht werden. Es ist also möglich, dass beide Elternteile (gleichzeitig oder abwechselnd) Elternzeit in Anspruch nehmen. Außerdem ist es nicht zwingend erforderlich, dass ein Elternteil, das eine Elternzeit nimmt, während der Elternzeit seine Tätigkeit für den Arbeitgeber vollständig einstellt. Die Elternzeit

---

82 Es bestehen z. B. in den Ländern Berlin, Bremen, Hamburg, Hessen, Niedersachsen, Nordrhein-Westfalen und Schleswig-Holstein Gesetze, die einen Anspruch des Arbeitnehmers auf Bildungsurlaub enthalten.

kann auch in der Weise genommen werden, dass die bisherige Arbeitszeit für die Dauer der Elternzeit lediglich verringert wird. Ein Anspruch auf Verringerung der Arbeitszeit besteht allerdings nur dann, wenn die zusätzlichen Voraussetzungen des § 15 Abs. 7 BEEG vorliegen. Soweit ein Elternteil Elternzeit nimmt, ruhen die Hauptpflichten aus dem Arbeitsverhältnis, sodass auch der Anspruch auf Zahlung des Arbeitsentgelts jedenfalls teilweise entfällt.

134 Der **Erholungsurlaub** ist in dem Bundesurlaubsgesetz gesetzlich geregelt. Danach haben alle Arbeitnehmer, alle Auszubildenden sowie alle arbeitnehmerähnlichen Personen ohne Rücksicht auf die Höhe des Arbeitsentgelts und auf die vereinbarte Arbeitszeit Anspruch auf Erholungsurlaub in jedem **Kalenderjahr**, vgl. §§ 1, 2 BUrlG. Es haben also auch Aushilfskräfte, Teilzeitbeschäftigte und Arbeitnehmer, die einer geringfügigen Beschäftigung nachgehen, einen gesetzlichen Anspruch auf Erholungsurlaub unter Fortzahlung des Arbeitsentgelts. Arbeitnehmer mit mehreren Arbeitsverhältnissen haben Urlaubsansprüche gegen jeden ihrer Arbeitgeber, und Arbeitnehmer mit Nebentätigkeiten haben auch im Nebenberuf einen Urlaubsanspruch.

135 Zu Beginn eines Beschäftigungsverhältnisses entsteht der volle Urlaubsanspruch erst nach einer **Wartezeit von sechs Monaten**, vgl. § 4 BUrlG. Da der Urlaub gem. § 7 Abs. 2 BUrlG grundsätzlich zusammenhängend gewährt werden muss, entsteht nur ausnahmsweise ein Anspruch des Arbeitnehmers auf Teilurlaub, und zwar gem. § 5 BUrlG nach dem **Zwölftelungsprinzip**, wenn

❑ der Arbeitnehmer die Wartezeit während eines Kalenderjahres nicht erfüllt, weil er erst in der zweiten Jahreshälfte eingestellt worden ist,

❑ der Arbeitnehmer vor Ablauf der Wartezeit aus dem Arbeitsverhältnis ausscheidet oder

❑ der Arbeitnehmer nach erfüllter Wartezeit in der ersten Hälfte eines Kalenderjahres aus dem Arbeitsverhältnis ausscheidet.

Entstehen bei der Berechnung des Teilurlaubs eines Arbeitnehmers nach dem Zwölftelungsprinzip Bruchteile von Urlaubstagen, ist der Teilurlaub gem. § 5 Abs. 2 BUrlG auf volle Urlaubstage aufzurunden, wenn der Bruchteil sich mindestens auf einen halben Tag beläuft.

Beispiel:

Mit einem Arbeitnehmer wurde vertraglich ein Urlaubsanspruch von 30 Tagen pro Kalenderjahr vereinbart. Das Arbeitsverhältnis dauert vom 1. Januar bis zum 31. März. Der Teilurlaub gem. § 5 Abs. 1 Buchst. b BUrlG beträgt (30 : 12 x 3 =) 7,5 Tage. Der Urlaubsanspruch ist gem. § 5 Abs. 2 BUrlG auf 8 Urlaubstage aufzurunden.

Außerdem ist bei der Berechnung des Teilurlaubs zu beachten, dass nur volle Monate zu berücksichtigen sind.

Beispiel:

Mit einem Arbeitnehmer wurde vertraglich ein Urlaubsanspruch von 30 Tagen pro Kalenderjahr vereinbart. Das Arbeitsverhältnis dauert vom 1. Januar bis zum 15. März. Der Teilurlaub gem. § 5 Abs. 1 Buchst. b BUrlG beträgt (30 : 12 x 2 =) 5 Tage.

Wenn das Arbeitsverhältnis länger als sechs Monate bestanden hat, ist die War- **136**
tezeit erfüllt und der volle Urlaubsanspruch entsteht. Bei länger andauernden
Arbeitsverhältnissen entsteht der volle Urlaubsanspruch jeweils zu Beginn eines
Kalenderjahres. Als Urlaubsjahr gilt das Kalenderjahr, vgl. § 7 Abs. 3 BUrlG.

Beispiel:

Ein Arbeitnehmer ist seit drei Jahren bei einem Arbeitgeber beschäftigt. Im Februar will er seinen gesamten Jahresurlaub nehmen. Der Arbeitgeber muss ihm den vollen Jahresurlaub gewähren, da der Urlaubsanspruch bereits am 1. Januar entstanden ist.

Abwandlung: Der Arbeitnehmer kündigt das Arbeitsverhältnis vor der Urlaubsgewährung zum 30. Juni. Es liegt ein Anwendungsfall des § 5 Abs. 1 Buchst. c BUrlG vor, wonach der Arbeitnehmer pro Beschäftigungsmonat nur einen Anspruch auf ein Zwölftel seines Jahresurlaubs hat, wenn er in der ersten Jahreshälfte aus dem Arbeitsverhältnis ausscheidet. Endet das Arbeitsverhältnis am 30. Juni, hat der Arbeitnehmer Anspruch auf sechs Zwölftel seines Jahresurlaubs.

Abwandlung: Der Arbeitgeber hat dem Arbeitnehmer bereits vor der Kündigung zum 30. Juni den gesamten Jahresurlaub gewährt. Der Arbeitgeber kann das dafür gezahlte Urlaubsentgelt nicht zurück verlangen, vgl. § 5 Abs. 3 BUrlG.

Um bei einem Arbeitsplatzwechsel Doppelansprüche der Arbeitnehmer auszu- **137**
schließen, sieht § 6 BUrlG vor, dass kein Anspruch auf Urlaub besteht, soweit dem
Arbeitnehmer für das laufende Kalenderjahr bereits von einem früheren Arbeitgeber Urlaub gewährt worden ist. Der Arbeitgeber ist verpflichtet, dem Arbeitnehmer bei Beendigung des Arbeitsverhältnisses eine Bescheinigung über den im laufenden Kalenderjahr gewährten oder abgegoltenen Urlaub auszuhändigen.

Beispiel:

Einem Arbeitnehmer wurde vor seinem Ausscheiden aus dem Betrieb der gesamte Jahresurlaub gewährt. Er kann für das laufende Kalenderjahr bei einem neuen Arbeitgeber keinen Urlaub mehr beanspruchen.

Abwandlung: Sofern der Arbeitnehmer vor seinem Ausscheiden aus dem Betrieb nur anteiligen Urlaub erhalten hat, steht ihm nach Ablauf der Wartezeit der restliche Urlaubsanspruch gegen den neuen Arbeitgeber zu.

Die **gesetzliche Mindestdauer** des Erholungsurlaubs beträgt für erwachsene Ar- **138**
beitnehmer **jährlich 24 Werktage**, vgl. § 3 BUrlG. Bei der **Urlaubsberechnung**
ist darauf zu achten, dass das Bundesurlaubsgesetz **Werktage** zu Grunde legt.
Als Werktage gelten gem. § 3 Abs. 2 BUrlG alle Kalendertage, die nicht Sonn- und

Feiertage sind, also die Wochentage von Montag bis Sonnabend. Bei einer **5-Tage-Woche** sind die Werktage in Arbeitstage umzurechnen. Dabei wird die Anzahl der Werktage durch sechs geteilt und mit der Anzahl der Arbeitstage multipliziert. 24 Werktage ergeben somit 20 Arbeitstage (24 : 6 x 5 = 20). Bei Teilzeitarbeitsverhältnissen kann der Urlaub entsprechend berechnet werden.

Beispiel:

Eine Arbeitnehmerin arbeitet wöchentlich 3 Tage. Ihr Urlaubsanspruch beträgt 24 : 6 x 3 = 12 Arbeitstage jährlich.

139 Die **Dauer des Urlaubs** kann durch Tarifvertrag und durch Einzelarbeitsvertrag zwar verlängert, aber nicht verkürzt werden, denn das Bundesurlaubsgesetz regelt die Mindestdauer des Erholungsurlaubs zwingend, vgl. § 13 BUrlG. Sofern von der Möglichkeit einer Verlängerung des Erholungsurlaubs Gebrauch gemacht wird, haben entsprechende Vereinbarungen nach dem Günstigkeitsprinzip Vorrang.[83]

140 Der **Zeitpunkt des Urlaubs** wird von dem Arbeitgeber aufgrund seines Direktionsrechts unter Berücksichtigung der Urlaubswünsche der Arbeitnehmer festgelegt, vgl. § 7 Abs. 1 BUrlG. Falls ein Arbeitnehmer ohne Einverständnis des Arbeitgebers seinen Urlaub antritt, liegt ein Fall der Arbeitsverweigerung vor, der den Arbeitgeber zu einer fristlosen Kündigung des Arbeitsverhältnisses berechtigt. Der Arbeitgeber kann in Notfällen ausnahmsweise, z. B. bei Erkrankungen von Kollegen oder bei einem plötzlichen Ausscheiden anderer Arbeitnehmer von der festgelegten Urlaubszeit abweichen, solange der Arbeitnehmer den Urlaub noch nicht angetreten hat. Sofern dem Arbeitnehmer durch die Änderung der Urlaubszeit Kosten entstehen, etwa wegen eines Rücktritts von einer gebuchten Reise, hat der Arbeitgeber diese Kosten zu erstatten. Der Arbeitgeber ist aufgrund seines Direktionsrechts auch berechtigt, **Betriebs- oder Werksferien** anzuordnen.

141 Die **Aufstellung allgemeiner Urlaubsgrundsätze und des Urlaubsplans** gehört zu den sozialen Angelegenheiten, in denen der Betriebsrat gem. § 87 Abs. 1 Nr. 5 BetrVG ein zwingendes **Mitbestimmungsrecht** hat. Die Festsetzung der zeitlichen Lage des Urlaubs für einzelne Arbeitnehmer ist dagegen nur mitbestimmungspflichtig, wenn zwischen dem Arbeitgeber und dem Arbeitnehmer kein Einverständnis erzielt werden kann.

142 Der Urlaub ist gem. § 7 Abs. 2 BUrlG grundsätzlich zusammenhängend und in vollen Tagen zu gewähren, es sei denn, dass dringende betriebliche Gründe oder solche, die in der Person des Arbeitnehmers liegen, eine Teilung des Urlaubs erforderlich machen. Sofern der Urlaub nicht zusammenhängend gewährt werden kann, muss einer der Urlaubsteile mindestens 12 aufeinander folgende Werktage umfassen. Außerdem muss der Urlaub gem. § 7 Abs. 3 BUrlG im laufenden Kalenderjahr gewährt und genommen werden. Eine **Übertragung des Urlaubs** auf das nächste Kalenderjahr kann nur vorgenommen werden, wenn dringende betriebliche oder in der Person des Arbeitnehmers liegende Gründe dies rechtfertigen. Bei

---

83   Vgl. Abschnitt A. Rz. 27.

einer Übertragung muss der Urlaub in den ersten 3 Monaten des folgenden Kalenderjahres gewährt und genommen werden. Etwas gilt allerdings nach der Rechtsprechung, falls der Arbeitnehmer krankheitsbedingt den Urlaub nicht innerhalb dieser Frist nehmen kann. In diesem Fall hat der Arbeitgeber den Urlaub auch später zu gewähren oder abzugelten.[84] Bedeutung hat dies vor allem für langzeiterkrankte Arbeitnehmer, deren Ansprüche nicht mehr verfallen.

Bei einer **Erkrankung des Arbeitnehmers** während des Urlaubs ist diese Zeit **143** nicht auf den Urlaub anzurechnen, wenn ein ärztliches Attest über die Arbeitsunfähigkeit vorgelegt wird, vgl. § 9 BUrlG. Der Arbeitnehmer kann seinen Urlaub aber nicht um die Krankheitstage verlängern, vielmehr muss der wegen Krankheit nicht in Anspruch genommene Urlaub im Einverständnis mit dem Arbeitgeber neu festgesetzt werden.

Der Urlaub dient grundsätzlich der **Erholung**, d. h., Urlaub ist bezahlte Freizeit. **144** Diese gesetzliche Zweckbindung des Urlaubs ist zwingend und nicht abdingbar. Daher darf der Arbeitnehmer während des Urlaubs keine dem Urlaubszweck widersprechende Erwerbstätigkeit ausüben, also nicht gegen Entgelt für einen anderen Arbeitgeber tätig werden, vgl. § 8 BUrlG. Ein Verstoß gegen das Verbot anderweitiger Erwerbstätigkeit liegt nicht vor, wenn der Arbeitnehmer eine leichte Tätigkeit in zeitlich geringem Umfang ausübt, etwa einige Stunden bei der Weinlese aushilft. Falls der Arbeitnehmer dagegen einer verbotenen Erwerbstätigkeit während des Urlaubs nachgeht, kann der Arbeitgeber das Arbeitsverhältnis kündigen. Den Anspruch auf Urlaubsentgelt verliert der Arbeitnehmer jedoch nicht.

> **Fall 6: Erwerbstätigkeit während des Urlaubs** *Seite 356*

Bei der **Vergütung des Arbeitnehmers** für die Dauer des Erholungsurlaubs sind **145** zu unterscheiden:

❑ **der Anspruch auf Urlaubsentgelt,**

❑ **der Anspruch auf Urlaubsgeld und**

❑ **der Anspruch auf Urlaubsabgeltung.**

Der Anspruch des Arbeitnehmers auf **Urlaubsentgelt** ergibt sich aus § 1 BUrlG, **146** der Arbeitgeber hat dem Arbeitnehmer bezahlten Erholungsurlaub zu gewähren. Es handelt sich um einen Fall der Entgeltfortzahlung ohne Arbeitsleistung. Die Höhe des Urlaubsentgelts richtet sich nach dem durchschnittlichen Arbeitsverdienst des Arbeitnehmers in den letzten 13 Wochen vor dem Beginn des Urlaubs. Bei monatlicher Abrechnung sind die letzten 3 Monate zu berücksichtigen. Die Berechnung des Urlaubsentgelts erfolgt nach dem Lohnausfallprinzip, vgl. § 11 BUrlG.

---

84 EuGH, NJW 2009, 495; BAG NZA 2009, 538.

147 Dagegen besteht kein gesetzlicher Anspruch auf **Urlaubsgeld**, hierbei handelt es sich um eine zusätzliche Sonderzahlung des Arbeitgebers. Rechtsgrundlage für einen Anspruch des Arbeitnehmers auf Urlaubsgeld kann vor allem ein Tarifvertrag oder der Einzelarbeitsvertrag sein. Falls der Arbeitgeber regelmäßig ein zusätzliches Urlaubsgeld ohne besondere Vereinbarung zahlt, wird ein Anspruch des Arbeitnehmers aus betrieblicher Übung begründet. Sofern von der Zahlung des Urlaubsgelds einzelne Arbeitnehmer willkürlich ausgenommen werden, entsteht ein Anspruch aus dem Gleichbehandlungsgrundsatz.[85]

148 Der Erholungsurlaub ist wegen der zwingenden Zweckbindung grundsätzlich in Form von bezahlter Freizeit zu gewähren. Daher kann der Urlaub nur ausnahmsweise durch Zahlung eines dem Arbeitsentgelt entsprechenden Betrags abgegolten werden, wenn er wegen **Beendigung des Arbeitsverhältnisses** ganz oder teilweise nicht mehr gewährt werden kann, vgl. § 7 Abs. 4 BUrlG. Ein Anspruch auf **Urlaubsabgeltung** entsteht insbesondere dann, wenn ein Arbeitsverhältnis durch fristlose Kündigung endet und der Erholungsurlaub noch nicht oder nur teilweise gewährt worden ist. Endet das Arbeitsverhältnis aus anderen Gründen, z. B. durch eine ordentliche Kündigung, durch Fristablauf oder durch einen Aufhebungsvertrag, besteht grundsätzlich die Möglichkeit, dem Arbeitnehmer bezahlte Freizeit zu gewähren, sodass die Voraussetzungen für eine Urlaubsabgeltung nur vorliegen, wenn wegen dringender betrieblicher Erfordernisse kein Urlaub gewährt werden kann.

149 Im Übrigen besteht ein **Abgeltungsverbot**; eine Urlaubsabgeltung kommt nicht in Betracht, so lange der Erholungsurlaub durch die Gewährung von Freizeit erteilt werden kann. Verstößt ein Arbeitgeber gegen das Abgeltungsverbot, zahlt er dem Arbeitnehmer also eine Urlaubsabgeltung, statt ihm Urlaub zu gewähren, bleibt er zur Urlaubsgewährung verpflichtet und kann die Abgeltung nicht zurückverlangen. Nur wenn im Einzelfall die Abgeltung auf Verlangen des Arbeitnehmers ausgezahlt worden ist, muss dieser sich den Abgeltungsanspruch auf das Urlaubsentgelt anrechnen lassen.

Da der gesetzliche Abgeltungsanspruch ein Surrogat für den entstandenen Urlaubsanspruch ist, welcher gem. § 13 BUrlG unabdingbar ist, kann der Arbeitnehmer auch auf den Abgeltungsanspruch nicht wirksam verzichten.[86] Der Abgeltungsanspruch unterliegt aber der Verjährung und kann durch den Ablauf einer tariflichen Ausschlussfrist verfallen.[87]

150 Der Arbeitnehmer hat in einigen Fällen unabhängig von dem Anspruch auf Erholungsurlaub einen Anspruch auf **Freistellung** von der Arbeitspflicht unter Fortzahlung seines Arbeitsentgelts, der sich insbesondere aus Gesetzen und Tarifverträgen ergeben kann. Beispiele für Ansprüche auf Freistellung sind:

---

85 Vgl. Abschnitt A. Rz. 52 ff. zur Betriebsübung und A. Rz. 49 ff. zum Gleichbehandlungsgrundsatz.
86 Der Arbeitnehmer kann über seinen Anspruch auf den gesetzlichen Mindesturlaub weder durch Erlassvertrag noch durch ein negatives Schuldanerkenntnis verzichten, BAG, NZA 1990, 935.
87 Vgl. Abschnitt B. 310 f zu den Ausschlussfristen.

❑ **Sonderurlaub** z. B. bei Umzug, Eheschließung etc., insbesondere aufgrund tarifvertraglicher Regelungen,

❑ **Arbeitsbefreiung** gem. § 629 BGB zur Stellungssuche, damit der Arbeitnehmer sich nach einer Kündigung anderweitig vorstellen kann,

❑ **Betriebsrats- und Sprechertätigkeit** sowie Jugend- und Auszubildendenvertretertätigkeit gem. §§ 37, 38, 65 BetrVG, 14 Abs. 1 SprecherausschussG,

❑ **Sonderfreistellungen** für ärztliche Untersuchungen, z. B. im Rahmen von Schwangerschaft und Mutterschaft gem. § 16 MuSchG, für Untersuchungen Jugendlicher gem. § 43 JArbSchG und für Gesundheitsüberprüfungen nach den Arbeitssicherheitsgesetzen.

Außerdem haben **Auszubildende** einen Anspruch auf Freistellung für die Teilnahme am Berufsschulunterricht, an Prüfungen und an Ausbildungsmaßnahmen außerhalb der Ausbildungsstätte gem. § 15 BBiG. **Jugendliche Arbeitnehmer** haben auch außerhalb von Berufsausbildungsverhältnissen einen Anspruch auf Freistellung für die Teilnahme am Berufsschulunterricht und an Prüfungen, vgl. §§ 9, 10 JArbSchG.   **151**

3.5 Arbeitszeitschutz

Die Dauer und die Lage der Arbeitszeit richtet sich insbesondere nach den in Tarif-   **152**
verträgen, Betriebsvereinbarungen und Arbeitsverträgen getroffenen Regelungen, im Übrigen kommt das Direktionsrecht des Arbeitgebers zum Tragen. Nach dem Rangprinzip sind dabei aber die Grenzen des Arbeitszeitschutzes zu beachten, die sich aus zwingenden gesetzlichen Vorschriften ergeben. Dazu gehören:

❑ das Arbeitszeitgesetz (ArbZG),

❑ das Mutterschutzgesetz (MuSchG),

❑ das Jugendarbeitsschutzgesetz (JArbSchG).

Die Festsetzung der **betrieblichen Arbeitszeit** unterliegt der zwingenden Mitbe-   **153**
stimmung des Betriebsrats gem. § 87 Abs. 1 Nr. 2 und Nr. 3 BetrVG. Danach hat der Betriebsrat ein Mitbestimmungsrecht bei der Festlegung von Beginn und Ende der täglichen Arbeitszeit einschließlich der Pausen und der Verteilung der Arbeitszeit auf die einzelnen Wochentage sowie bei einer vorübergehenden Verkürzung oder Verlängerung der betriebsüblichen Arbeitszeit. Die Arbeitszeit wird daher häufig durch **Betriebsvereinbarungen** geregelt. Arbeitgeber und Betriebsrat können auch eine gleitende Arbeitszeit oder eine bedarfsabhängige variable Arbeitszeit (auch: kapazitätsorientierte variable Arbeitszeit = KAPOVAZ)[88] vereinbaren. **Tarifverträge** regeln dagegen überwiegend nur den Umfang der Wochenarbeitszeit,[89] leisten teilweise aber ebenfalls einen Beitrag zu der Flexibilisierung der Arbeits-

---

88 Vgl. Abschnitt B. Rz. 340 ff. zu den variablen Arbeitszeitsystemen.
89 Die Arbeitszeitregelungen in Tarifverträgen müssen mit den Arbeitszeitgesetzen vereinbar sein. Im Einzelfall kann aber sogar eine regelmäßige wöchentliche Arbeitszeit von 54 Stunden möglich sein, z. B. wenn eine Auslandstätigkeit bei einem Projekt in Saudi-Arabien dies erfordert, vgl. MTV Nr. 2 für die Auslandsmitarbeiter der Deutschen Gesellschaft für Technische Zusammenarbeit (GTZ), BAG, NZA 1991, 386.

zeit. Innerhalb des gesetzlich vorgegebenen Rahmens sind eine Vielzahl von Arbeitszeitmodellen entstanden, die auf die jeweiligen betrieblichen Bedürfnisse abgestimmt sind, z. B. die Freischichtmodelle in der Metallindustrie.

154 Mit der Neuordnung des Arbeitszeitrechts durch das Arbeitszeitgesetz (ArbZG) ist 1994 eine **Vereinheitlichung und Flexibilisierung** vorgenommen worden.[90] Das Arbeitszeitgesetz gilt für alle erwachsenen Arbeitnehmer in Betrieben und Verwaltungen aller Art mit nur wenigen Ausnahmen, insbesondere für leitende Angestellte, vgl. § 18 ArbZG. Die zulässige Höchstarbeitszeit für erwachsene Arbeitnehmer beträgt gem. § 3 ArbZG zwar nur 8 Stunden pro Werktag. Die Arbeitszeit kann aber auf bis zu 10 Stunden pro Werktag verlängert werden, wenn innerhalb von sechs Kalendermonaten oder innerhalb von 24 Wochen im Durchschnitt 8 Stunden werktäglich nicht überschritten werden. Damit beträgt lediglich die **regelmäßige werktägliche Arbeitszeit 8 Stunden.** Hierdurch entstehen weite Gestaltungsspielräume für Arbeitszeitmodelle, die eine Anpassung der Arbeitszeit an schwankende Auftragsvolumina ermöglichen.

155 Das Arbeitszeitgesetz enthält ferner Vorschriften über **Ruhepausen und Ruhezeiten** sowie über Nacht- und Schichtarbeit, daneben auch über die Sonn- und Feiertagsruhe und die Sonn- und Feiertagsbeschäftigung. Arbeitnehmer dürfen gem. § 4 ArbZG nicht länger als sechs Stunden ohne Ruhepause beschäftigt werden. Die Arbeit ist bei einer Arbeitszeit von sechs bis neun Stunden durch Ruhepausen von mindestens 30 Minuten und bei einer Arbeitszeit von mehr als neun Stunden durch Ruhepausen von mindestens 45 Minuten zu unterbrechen. Die Ruhepausen müssen im Voraus festgelegt sein, können in Zeitabschnitte von 15 Minuten aufgeteilt werden und dürfen keinen längeren Abstand als sechs Stunden aufweisen. Die Arbeitnehmer müssen nach Beendigung der täglichen Arbeitszeit eine ununterbrochene Ruhezeit von mindestens elf Stunden haben, vgl. § 5 Abs. 1 ArbZG. Außerdem müssen selbst dann, wenn eine Sonn- und Feiertagsbeschäftigung zulässig ist, mindestens 15 Sonntage im Jahr beschäftigungsfrei bleiben, vgl. § 11 Abs. 1 ArbZG.

156 Daneben enthält das **Mutterschutzgesetz** verschiedene Arbeitszeitregelungen speziell für werdende und stillende Mütter. Werdende und stillende Mütter dürfen – von einigen Ausnahmen abgesehen – gem. § 8 MuschG nicht mit Mehrarbeit, nicht in der Nacht zwischen 20 und 6 Uhr und nicht an Sonn- und Feiertagen beschäftigt werden. Mehrarbeit liegt allerdings nur dann vor, wenn erwachsene Frauen über 8 1/2 Stunden täglich oder über 90 Stunden in der Doppelwoche beschäftigt werden.

Der besondere Arbeitszeitschutz für Kinder und jugendliche Arbeitnehmer ist in dem **Jugendarbeitsschutzgesetz** (JArbSchG) geregelt. Für Kinder unter 15 Jahren besteht ein Beschäftigungsverbot. Jugendlicher i. S. dieses Gesetzes ist, wer 15, aber noch nicht 18 Jahre alt ist und nicht der Vollzeitschulpflicht unterliegt. Jugendliche dürfen nicht mehr als 8 Stunden täglich, nicht mehr als 40 Stunden

---

90   Vgl. Anzinger, Das neue Arbeitszeitgesetz, AuA 1994, 5 ff.

wöchentlich und nur an 5 Tagen in der Woche beschäftigt werden, vgl. §§ 8, 15 JArbSchG. Ferner enthält das Jugendarbeitsschutzgesetz Regelungen über Ruhepausen und Arbeitsräume, Schichtzeiten, tägliche Freizeit und Nachtruhe sowie Samstags-, Sonntags- und Feiertagsruhe, außerdem werden zusätzliche Ansprüche auf Erholungsurlaub gewährt.[91]

In dem **Teilzeit- und Befristungsgesetz** sind verschiedene Regelungen zur Teilzeitarbeit, zur Anpassung der Arbeitszeit an den Arbeitsanfall (Arbeit auf Abruf) und zur Arbeitsplatzteilung enthalten.[92]

Die Einhaltung der zwingenden gesetzlichen Vorschriften über die Arbeitszeit wird **157** insbesondere von den Gewerbeaufsichtsämtern überwacht. Zuwiderhandlungen gelten nach Maßgabe der jeweiligen Gesetze überwiegend als **Ordnungswidrigkeiten**, teilweise sogar als Straftaten und werden mit Geldbußen und Geld- oder Freiheitsstrafen geahndet.[93]

Beispiel:

Ein Arbeitgeber, der einen Arbeitnehmer über die Grenzen des Arbeitszeitgesetzes hinaus beschäftigt, kann wegen dieser Ordnungswidrigkeit mit einer Geldbuße von bis zu 15.000 € belegt werden, bei vorsätzlichen Verstößen unter Gefährdung der Arbeitskraft oder Gesundheit der Arbeitnehmer wird er mit einer Freiheitsstrafe bis zu einem Jahr oder mit einer Geldstrafe bestraft, vgl. §§ 22, 23 ArbZG.

Dem Arbeitgeber obliegen **Dokumentations- und Aufbewahrungspflichten**, welche die Überwachung durch die Aufsichtsbehörden erleichtern, vgl. § 16 ArbZG. Entsprechende Regelungen bestehen nach dem Jugendarbeitsschutzgesetz und nach dem Mutterschutzgesetz, vgl. §§ 49, 50 JArbSchG, 19 MuSchG.

3.6 Mutterschutz und Elternzeit

Das **Mutterschutzgesetz** enthält zahlreiche Vorschriften zum Schutz werdender **158** und stillender Mütter, darunter insbesondere die folgenden Regelungen:

❏ **Kündigungsverbot**, § 9 MuSchG,

❏ **Beschäftigungsverbote**, §§ 3 ff. MuSchG,

❏ **Arbeitsentgeltschutz**, z. B. bei einem Beschäftigungsverbot oder einer Einschränkung, §§ 11 ff. MuSchG.

Die Möglichkeit, ein bestehendes Arbeitsverhältnis zu kündigen, wird durch die **159** Regelungen des Mutterschutzgesetzes für den Arbeitgeber erschwert und für die Arbeitnehmerin erleichtert. Eine Frau kann das Arbeitsverhältnis während der Schwangerschaft und während der Schutzfrist nach der Entbindung gem. § 10 Abs. 1 MuSchG ohne Einhaltung einer Frist zum Ende der Schutzfrist kündigen.

---

91 Vgl. Abschnitt B. Rz. 407 ff. zum Jugendarbeitsschutz.
92 Vgl. Abschnitte B. Rz. 328 ff. zur Teilzeitarbeit, zur variablen Arbeitszeit und zur Arbeitsplatzteilung.
93 Ordnungswidrigkeiten sind u. a. enthalten in den §§ 22 ArbZG, 21 MuSchG, 58 ff.JArbSchG.

Die Frau kann sich also bis zum Ende der Schutzfrist überlegen, ob sie das Arbeitsverhältnis fortsetzen möchte oder nicht. Da sie aber auch Elternzeit in Anspruch nehmen kann, ist dieses Kündigungsrecht heute von untergeordneter Bedeutung.

Die **Kündigung** gegenüber einer Frau ist gem. § 9 Abs. 1 S. 1 MuSchG

❏ während der **Schwangerschaft** und

❏ bis zum Ablauf von **vier Monaten nach der Entbindung**

❏ unzulässig, wenn dem **Arbeitgeber**

❏ die **Schwangerschaft** oder Entbindung im Zeitpunkt der Kündigung **bekannt** war oder

❏ die Schwangerschaft oder Entbindung **innerhalb von zwei Wochen** nach Zugang der Kündigung **mitgeteilt** wird.

Außerdem ist eine Fristüberschreitung unschädlich, wenn die Frau die Fristüberschreitung nicht zu vertreten hat und die Mitteilung unverzüglich nachgeholt wird. In der betrieblichen Praxis kann es also vorkommen, dass eine Kündigung gegenüber einer Frau sich als unwirksam erweist, weil die Personalabteilung im Zeitpunkt des Ausspruchs der Kündigung noch nicht über eine bereits bestehenden Schwangerschaft informiert war.

Gem. § 9 Abs. 3 MuSchG ist eine Kündigung ausnahmsweise möglich, wenn

❏ ein **besonderer Fall** vorliegt,

❏ die Kündigung **nicht mit dem Zustand der Frau** während der Schwangerschaft oder ihrer Lage bis zum Ablauf von vier Monaten nach der Entbindung **in Zusammenhang steht** und

❏ die zuständige **Behörde** der Kündigung **zugestimmt** hat.

Eine Kündigung kann daher insbesondere wegen einer Betriebsstilllegung oder einem sonstigen schwerwiegenden Ereignis ausgesprochen werden, wenn die Zustimmung der zuständigen Behörde (in den meisten Bundesländern das Gewerbeaufsichtsamt) eingeholt worden ist.

160 **Beschäftigungsverbote** für werdende und junge Mütter bestehen insbesondere

❏ in den letzten **sechs Wochen vor der Entbindung**, § 3 Abs. 2 MuSchG,

❏ bis zum Ablauf von **acht Wochen nach der Entbindung**, bei Vorliegen besonderer Umstände ist die Frist länger, § 6 Abs. 1 MuSchG,

❏ wenn die werdende oder stillende Mutter **schwere körperliche Arbeiten** zu verrichten hat oder **schädlichen Einwirkungen** von gesundheitsgefährdenden Stoffen oder Strahlen, von Staub, Gasen oder Dämpfen, von Hitze, Kälte oder Nässe, von Erschütterungen oder Lärm ausgesetzt ist, §§ 4 Abs. 1, Abs. 2, 6 Abs. 3 MuSchG,

❏ wenn die werdende oder stillende Mutter **Akkordarbeit** oder vergleichbare Arbeit sowie Fließarbeit zu verrichten hat, §§ 4 Abs. 3, 6 Abs. 3 MuSchG,

❏ wenn **Leben oder Gesundheit von Mutter oder Kind** durch die Beschäftigung während der Schwangerschaft **gefährdet** werden, § 3 Abs. 1 MuSchG,

❏ wenn die Frau in den ersten Monaten **nach der Geburt noch nicht voll leistungsfähig** ist und ihre Leistungsfähigkeit übersteigende Arbeiten zu verrichten hat, § 6 Abs. 2 MuSchG.

Die Vorschriften des Mutterschutzgesetzes zu den Beschäftigungsverboten werden durch verschiedene Verordnungen, insbesondere die **Verordnung zum Schutz der Mütter am Arbeitsplatz** vom 15.04.1997, ergänzt und konkretisiert. Außerdem dürfen werdende und stillende Mütter gem. § 8 MuSchG nicht mit Mehrarbeit, Nacht- und Sonntagsarbeit beschäftigt werden. Dabei ist zu beachten, dass Mehrarbeit und Nachtarbeit in § 8 Abs. 1, Abs. 2 MuSchG abweichend von den Regelungen des Arbeitszeitgesetzes definiert sind.

Da ein Arbeitgeber insbesondere die Beschäftigungsverbote nur einhalten kann, wenn ihm die Schwangerschaft bekannt ist, sollen werdende Mütter gem. § 5 Abs. 1 S. 1 MuSchG dem Arbeitgeber ihre Schwangerschaft und den mutmaßlichen Tag der Entbindung mitteilen, sobald ihnen ihr Zustand bekannt ist. Eine Rechtspflicht zur **Information des Arbeitgebers** besteht dagegen nur in Ausnahmefällen aufgrund der arbeitsvertraglichen Treuepflicht.

Für die Berechnung der 6-wöchigen **Schutzfrist** vor der Entbindung (§ 3 Abs. 2 MuSchG) ist gem. § 5 Abs. 2 S. 1 MuSchG die Bescheinigung eines Arztes oder einer Hebamme über den errechneten Geburtstermin maßgebend. Wird das Kind früher oder später geboren, verkürzt oder verlängert sich diese Schutzfrist gem. § 5 Abs. 2 S. 2 MuSchG entsprechend, nur bei Frühgeburten und sonstigen vorzeitigen Entbindungen verlängert sich gem. § 6 Abs. 1 S. 2 MuSchG die Schutzfrist von sechs bzw. acht Wochen nach der Entbindung.

161 Das Mutterschutzgesetz gewährt den betroffenen Frauen vollständigen **Entgeltschutz**. Während der **allgemeinen Schutzfristen** gem. §§ 3 Abs. 2 und 6 Abs. 1 MuSchG beziehen Frauen üblicherweise **Mutterschaftsgeld** in Höhe von max. 13,00 € pro Kalendertag. Wenn eine Frau Mutterschaftsgeld bezieht, hat der Arbeitgeber zurzeit gem. § 14 Abs. 1 S. 1 MuSchG einen **Zuschuss zum Mutterschaftsgeld** an die betroffene Frau zu entrichten, und zwar in Höhe des kalendertäglichen Netto-Durchschnittsverdienstes abzüglich eines Betrags von 13,00 €. Die Frau erhält damit ihr bisheriges Netto-Arbeitsentgelt auch während der Schutzfristen, beträgt es mehr als 13,00 €, hat der Arbeitgeber die Differenz zu zahlen (Sozialabgaben und Lohnsteuer sind während dieser Zeit nicht zu entrichten).

§ 14 Abs. 1 S. 1 MuSchG ist allerdings vom BVerfG als verfassungswidrig bewertet worden, da die Zahlungspflicht des Arbeitgebers zu einer Diskriminierung von Frauen im Erwerbsleben führen können. Das Bundesverfassungsgericht hat dem Gesetzgeber aufgegeben, § 14 Abs. 1 S. 1 MuSchG bis zum 31.12.2005 verfassungskonform abzuändern. Der Gesetzgeber ist diese Aufgabe bisher (Stand März 2010) nicht nachgekommen.[94]

Wenn eine Frau

❑ kein Mutterschaftsgeld bezieht

❑ und wegen eines **sonstigen Beschäftigungsverbots** ganz oder teilweise mit der Arbeit aussetzen muss oder die Beschäftigung oder die Entlohnungsart wechselt

❑ und hierdurch eine Minderung des bisherigen Verdienstes eintritt,

hat die betroffene Frau Anspruch auf Entgeltfortzahlung. Der Arbeitgeber hat **Mutterschutzlohn** gem. § 11 Abs. 1 S. 1, S. 2 MuSchG zu entrichten, und zwar mindestens in Höhe des Durchschnittsverdienstes der letzten 3 Monate bzw. 13 Wochen. Der Arbeitgeber muss also das bisherige Brutto-Arbeitsentgelt weiterzahlen. Er kann der Frau allerdings eine andere zumutbare Arbeit zuweisen.

Im Übrigen hat der Arbeitgeber der Frau gem. § 16 MuSchG ohne Entgeltausfall Freizeit für ärztliche Untersuchungen zu gewähren. Stillenden Müttern ist gem. § 7 Abs. 1, Abs. 2 MuSchG ohne Entgeltausfall Stillzeit zu gewähren.

Die Ausfallzeiten wegen eines Beschäftigungsverbots gelten gem. § 17 S. 1 MuSchG bei der Berechnung des Urlaubsanspruchs als Beschäftigungszeiten; außerdem kann der Urlaub gem. § 17 S. 2 MuSchG in das nächste Kalenderjahr übertragen werden.

162 Daneben enthält das Mutterschutzgesetz insbesondere die folgenden **sonstigen Schutzbestimmungen**:

Wer eine werdende oder stillende Mutter beschäftigt, hat die in § 2 Abs. 1 – Abs. 3 MuSchG vorgesehenen Verpflichtungen bei der Gestaltung des Arbeitsplatzes zu beachten. Eine Verordnung gem. § 2 Abs. 4 MuSchG ist bisher nicht erlassen worden, Regelungen zum Schutz werdender und stillender Mütter finden sich aber z. B. in § 31 ArbeitsstättenVO.

Hat eine werdende Mutter den Arbeitgeber gem. § 5 Abs. 1 S. 1 MuSchG von der Schwangerschaft unterrichtet, hat der Arbeitgeber

❑ gem. § 5 Abs. 1 S. 3 MuSchG die Aufsichtsbehörde unverzüglich zu benachrichtigen und

❑ gem. § 5 Abs. 3 MuSchG die Kosten für die von ihm angeforderten (ärztlichen) Zeugnisse zu tragen.

Kündigt eine schwangere Frau, hat der Arbeitgeber gem. §§ 9 Abs. 2, 5 Abs. 1 S. 3 MuSchG die Aufsichtsbehörde unverzüglich zu benachrichtigen.

---

94 BVerfG, NJW 2004, 146 ff.

Das **Bundeselterngeld- und Elternzeitgesetz** enthält insbesondere Regelun- **163**
gen über

❑ den Anspruch auf **Elterngeld** (= Sozialleistung),

❑ den Anspruch auf **Elternzeit** (= Anspruch gegen den Arbeitgeber) und

❑ den **Kündigungsschutz** während der Elternzeit.

Die Vorschriften über die **Elternzeit** (einschließlich Kündigungsschutz) gelten **164**
unabhängig von dem Geschlecht für

❑ **Arbeitnehmer**, § 15 Abs. 1 BEEG,

❑ **Auszubildende**, § 20 Abs. 1 BEEG,

❑ **Heimarbeiter** und den Heimarbeitern gleichgestellte Personen, § 20 Abs. 2
BEEG.

Der Anspruch auf **Elternzeit** ist gem. § 15 Abs. 2 S. 4 BEEG **unabdingbar**. Er
besteht, wenn die folgenden **Voraussetzungen** gem. § 15 Abs. 1 S. 1 BEEG erfüllt
sind:

❑ der/die Berechtigte lebt mit einem Kind in **einem Haushalt**,

❑ der/die Berechtigte **betreut oder erzieht dieses Kind selbst**,

❑ dem/der Berechtigten steht die **Personensorge** für dieses Kind zu **oder**

❑ der Sorgeberechtigte hat der Inanspruchnahme von Elternzeit zugestimmt,

❑ es handelt sich um ein **Kind des Ehegatten oder Lebenspartners** des/der
Berechtigten **oder**

❑ es handelt sich um ein Kind, das der/die Berechtigte mit dem **Ziel der Annahme als Kind** in seine **Obhut aufgenommen** hat **oder**

❑ unter bestimmten Voraussetzungen betreuen Großeltern ihre Enkel.

Der Anspruch auf Elternzeit ist gem. § 15 Abs. 2 S. 1 BErzGG zeitlich befristet,
und zwar auf einen Zeitraum **bis zur Vollendung des 3. Lebensjahres** des Kindes; es ist lediglich ein Anteil von bis zu 12 Monaten mit Zustimmung des Arbeitgebers auf die Zeit bis zur Vollendung des 8. Lebensjahres übertragbar. Für Adop-
tivkinder gilt § 15 Abs. 2 S. 2 BEEG.

Elternzeit kann gem. § 15 Abs. 3 S. 1, S. 2 BEEG nach **Wahl der Eltern**

❑ von **einem Elternteil allein**,

❑ von **einem Elternteil anteilig**,

❑ von **beiden Elternteilen anteilig** und

❑ von **beiden Elternteilen gemeinsam**

genommen werden, sie darf **lediglich 3 Jahre pro Kind** (abzüglich der Mutterschutzfrist gem. § 6 Abs. 1 MuSchG) nicht überschreiten. Damit hat jeder Elternteil Anspruch auf insgesamt 3 Jahre Elternzeit. Wegen der Beschränkung auf den
Zeitraum bis zur Vollendung des 3. Lebensjahres des Kindes ist aber nur dann

sowohl der Mutter als auch dem Vater eine Elternzeit von 3 Jahren zu gewähren, wenn beide Elternteile für den gesamten Zeitraum gemeinsam Elternzeit nehmen. Im Übrigen können die Eltern die Verteilung der Elternzeit auf Mutter und Vater nach ihren Wünschen vornehmen. Insbesondere kann das Kind z. B. nach seiner Geburt zunächst für einen gewissen Zeitraum von der Mutter und anschließend von dem Vater betreut werden. Wenn sich die Eltern bei der Betreuung des Kindes abwechseln wollen, ist lediglich zu beachten, dass die Elternzeit gem. § 16 Abs. 1 S. 4 BEEG nur auf maximal 4 Zeitabschnitte verteilt werden kann.

165   Wer Elternzeit in Anspruch nehmen will, muss die **Ankündigungsfristen** des § 16 Abs. 1 S. 1, S. 2, Abs. 2 BEEG einhalten. Die Ankündigung muss schriftlich erfolgen, und zwar

❑ spätestens **8 Wochen** vor Beginn der Elternzeit,

❑ wenn die Elternzeit unmittelbar **nach der Geburt des Kindes** oder im Anschluss an die Mutterschutzfrist gem. § 6 Abs. 1 MuSchG beginnen soll, spätestens **6 Wochen** vor Beginn der Elternzeit.

Die Ankündigungsfrist dient dem **Dispositionsinteresse des Arbeitgebers**; die Elternzeit kann daher nur ausnahmsweise, wenn ein dringender bzw. nicht zu vertretender Grund vorliegt, mit einer angemessenen kürzeren Frist angekündigt werden, vgl. § 16 Abs. 1 S. 2, Abs. 2 BEEG. Wenn die Elternzeit unmittelbar nach der Geburt des Kindes genommen werden soll, ist der bescheinigte Geburtstermin für die Fristberechnung maßgebend. Wird das Kind vor oder nach dem errechneten Geburtstermin geboren, verschiebt sich die Elternzeit entsprechend; die sich hieraus ergebenden Nachteile sind von dem Arbeitgeber hinzunehmen.

Wer Elternzeit in Anspruch nehmen will, muss gem. § 16 Abs. 1 S. 1 BEEG mit der Ankündigung erklären, für welche Zeiten innerhalb von zwei Jahren Elternzeit genommen wird. Der Elternteil, der Elternzeit in Anspruch nehmen will, muss sich also für einen Zeitraum von **zwei Jahren** ab Beginn der Elternzeit **im Voraus festlegen**. Mit der Verpflichtung zur Festlegung soll dem Arbeitgeber Planungssicherheit gewährt werden; die Erklärung bindet den Arbeitnehmer für den Zeitraum von zwei Jahren ab Beginn der Elternzeit, auch wenn nicht für den gesamten Zeitraum Elternzeit in Anspruch genommen wird.

Ein Elternteil muss die angekündigte Elternzeit tatsächlich in Anspruch nehmen und kann bis zum Ablauf der Zweijahresfrist keine weitere Elternzeit in Anspruch nehmen. Ob die Bindungswirkung auch dann eintritt, wenn ein Elternteil sogleich eine längere Elternzeit in Anspruch genommen hat, ist offen. Eine **vorzeitige Beendigung der Elternzeit** tritt nur in den folgenden Fällen ein:

❑ bei **Beendigung des Arbeitsverhältnisses**,
❑ bei **Tod des Kindes**, § 16 Abs. 4 BEEG,
❑ bei **Zustimmung des Arbeitgebers**, § 16 Abs. 3 S. 1 BEEG.

Bei der **Geburt eines weiteren Kindes** oder bei einem **besonderen Härtefall** gem. § 1 Abs. 5 BEEG kann der Arbeitgeber die Zustimmung zu einer vorzeitigen

Beendigung der Elternzeit gem. § 16 Abs. 3 S. 2 BEEG aber nur bei Vorliegen dringender betrieblicher Erfordernisse innerhalb von vier Wochen schriftlich ablehnen. Einer schwangeren Frau wird hierdurch aber nicht die Möglichkeit eröffnet, trotz einer Elternzeit wegen eines bereits geborenen Kindes die Vorzüge der Schutzfristen gem. §§ 3 Abs. 2, 6 Abs. 1 MuSchG in Anspruch zu nehmen. Wegen der Mutterschutzfristen kann die Elternzeit gem. § 16 Abs. 3 S. 3 BEEG nur ausnahmsweise vorzeitig beendet werden, wenn eine Frau zulässigerweise Teilzeitarbeit leistet.

Teilzeitarbeit während der Elternzeit ist gem. § 15 Abs. 4 S. 1 BEEG zulässig, **166** so lange die wöchentliche Arbeitszeit (für jeden Elternteil, der Elternzeit nimmt) nicht mehr als 30 Stunden beträgt. Teilzeitarbeit bei einem anderen Arbeitgeber oder als Selbständiger bedarf zwar gem. § 15 Abs. 4 S. 2 BEEG der Zustimmung des Arbeitgebers; er kann die Zustimmung gem. § 15 Abs. 4 S. 3 BEEG aber nur binnen vier Wochen aus dringenden betrieblichen Gründen ablehnen. Grundsätzlich sollen sich Arbeitgeber und Arbeitnehmer gem. § 15 Abs. 5 S. 1 BEEG über einen Antrag des Arbeitnehmers auf Verringerung der Arbeitszeit während der Elternzeit innerhalb von vier Wochen einigen. Kommt eine Einigung nicht zu Stande, hat der Arbeitnehmer gem. § 15 Abs. 6 BEEG während der Elternzeit zweimal Anspruch auf Verringerung seiner Arbeitszeit, wenn die Voraussetzungen des § 15 Abs. 7 S. 1 BEEG vorliegen. Der Arbeitgeber kann die beanspruchte Verringerung gem. § 15 Abs. 7 S. 2 BEEG nur innerhalb von vier Wochen und nur mit schriftlicher Begründung ablehnen.

Während der Elternzeit besteht **Sonderkündigungsschutz** gem. § 18 BEEG. Das **167** Arbeitsverhältnis darf von dem Arbeitgeber gem. § 18 Abs. 1 S. 1 – 3 BEEG nur ausnahmsweise mit Zustimmung der zuständigen Behörde gekündigt werden. Der Sonderkündigungsschutz beginnt, wenn Elternzeit verlangt wird, höchstens aber acht Wochen vor Beginn der Elternzeit. Der Sonderkündigungsschutz besteht gem. § 18 Abs. 2 Nr. 1 und Nr. 2 BEEG auch dann, wenn

❏ **während der Elternzeit Teilzeitarbeit** geleistet wird, oder

❏ **Teilzeitarbeit** geleistet wird, **ohne** dass **Elternzeit** in Anspruch genommen worden ist, aber grundsätzlich Anspruch auf **Erziehungsgeld** besteht.

Da **Erziehungsgeld** nur bis zur Vollendung des 24. Lebensmonats des Kindes geleistet wird, besteht der Sonderkündigungsschutz gem. § 18 Abs. 2 Nr. 2 BEEG nur bis zu diesem Zeitpunkt. Außerdem gilt in diesem Fall die Zwei-Wochen-Frist des § 9 Abs. 1 S. 1 MuSchG analog.

Im Übrigen enthält das Bundeserziehungsgeldgesetz noch die folgenden Vorschriften zur Elternzeit: **168**

❏ Eine **Kündigung zum Ende der Elternzeit** durch den/die Arbeitnehmer/in ist gem. § 19 BEEG nur unter Einhaltung einer Frist von drei Monaten möglich.

❏ § 17 BEEG regelt die Ansprüche des/der Arbeitnehmers/in auf **Urlaub**.

❏ § 21 BEEG regelt **befristete Arbeitsverträge**, die für die Dauer einer Elternzeit abgeschlossen werden.

3.7 Arbeitsplatzschutz

169 Das Arbeitsplatzschutzgesetz regelt die arbeitsrechtlichen Folgen, die bei der Einberufung eines Arbeitnehmers zum **Wehr- oder Zivildienst** eintreten. Wird ein Arbeitnehmer von der Erfassungs- oder Wehrersatzbehörde aufgefordert, sich persönlich zu melden oder vorzustellen, hat er die Ladung unverzüglich seinem Arbeitgeber vorzulegen und ist von diesem unter Fortzahlung des Arbeitsentgelts freizustellen, vgl. § 14 ArbPlSchG. Auch der Einberufungsbescheid ist dem Arbeitgeber unverzüglich vorzulegen. Bei einer **Einberufung zum Grundwehrdienst oder zu einer Wehrübung** ruht das Arbeitsverhältnis während der Dauer des Wehrdienstes bzw. der Wehrübung, § 1 ArbPlSchG. Das **Ruhen des Arbeitsverhältnisses** hat zur Folge, dass der Arbeitnehmer nicht zur Arbeitsleistung und der Arbeitgeber nicht zur Entgeltzahlung verpflichtet ist.

Außerdem genießen Wehrpflichtige einen besonderen **Kündigungsschutz**. Die ordentliche Kündigung eines Arbeitsverhältnisses ist von der Zustellung des Einberufungsbescheides bis zu der Beendigung des Grundwehrdienstes unzulässig, vgl. § 2 ArbPlSchG. Dagegen kann das Arbeitsverhältnis durch fristlose Kündigung aus wichtigem Grund beendet werden, ebenso wie ein befristetes Arbeitsverhältnis während der Dauer des Wehrdienstes durch Fristablauf enden kann. Der Arbeitgeber darf das Arbeitsverhältnis allerdings nicht wegen des bevorstehenden Wehrdienstes kündigen und die Übernahme eines Auszubildenden in ein Arbeitsverhältnis nicht wegen des bevorstehenden Wehrdienstes ablehnen. Nimmt der Arbeitnehmer im Anschluss an den Grundwehrdienst in seinem bisherigen Betrieb die Arbeit wieder auf, so darf ihm aus seiner Abwesenheit in beruflicher und betrieblicher Hinsicht kein Nachteil entstehen. Dies hat insbesondere zur Folge, dass die Zeiten des Grundwehrdienstes auf die Berufs- und Betriebszugehörigkeit angerechnet werden, vgl. § 6 ArbPlSchG.

170 Die **Einberufung zu Kurzwehrübungen**, die nicht länger als drei Tage dauern, führt nicht zu einem Ruhen des Arbeitsverhältnisses. Vielmehr hat der Arbeitgeber den Arbeitnehmer unter Fortzahlung des Entgelts für die Zeit der Kurzwehrübung von der Arbeit freizustellen. Der Arbeitgeber kann aber die Erstattung des Arbeitsentgelts sowie der Arbeitgeberanteile zur Sozialversicherung bei der zuständigen Wehrbereichsverwaltung beantragen, vgl. § 11 ArbPlSchG.

171 Die Vorschriften des Arbeitsplatzschutzgesetzes gelten auch für **Soldaten auf Zeit**, die sich freiwillig verpflichten, für eine begrenzte Zeit von bis zu zwei Jahren Wehrdienst zu leisten. Die für den Grundwehrdienst geltenden Vorschriften sind mit wenigen Ausnahmen entsprechend anzuwenden, vgl. § 16 a ArbPlSchG.

3.8 Arbeitssicherheit

172 Das Recht der Arbeitssicherheit dient dem **Gesundheits- und Gefahrenschutz** der Arbeitnehmer und Auszubildenden. Zu dem Recht der Arbeitssicherheit gehört insbesondere der **technische Arbeitsschutz**, der vor den Gefahren schützt, die von Betriebsanlagen und Produktionsweisen ausgehen, aber auch der **medizinische Arbeitsschutz**. Die Vorschriften über die Arbeitssicherheit sind öffentlich-rechtliche Regelungen. Arbeitgeber und Arbeitnehmer sind verpflichtet, diese Vorschriften zu beachten, und die Einhaltung wird von den Gewerbeaufsichtsämtern und den sonstigen zuständigen Behörden überwacht. Die Regelungen über die Arbeitssicherheit haben aber auch Einfluss auf die privatrechtlichen Beziehungen zwischen Arbeitgeber und Arbeitnehmer. Verletzt der Arbeitgeber Vorschriften über die Arbeitssicherheit, kann den betroffenen Arbeitnehmern ein Zurückbehaltungsrecht gem. § 273 BGB hinsichtlich der Arbeitsleistung zustehen. Außerdem kann eine Verletzung von Vorschriften über die Arbeitssicherheit Schadensersatzansprüche der Arbeitsvertragsparteien begründen.

Die **Regelung und Überwachung der Arbeitssicherheit** ist ein verfassungs- **173** rechtlicher Auftrag des Staates gem. Art. 2 Abs. 2 GG, wonach das Recht des Arbeitnehmers auf Leben und Gesundheit zu schützen ist. Daraus folgt eine staatliche Verpflichtung, die Risiken für Leben und Gesundheit der Arbeitnehmer nach dem gegenwärtigen Erkenntnisstand im Rahmen des Möglichen und Zumutbaren zu verringern. Die Maßnahmen der Arbeitssicherheit tragen zu einer Humanisierung der Arbeitswelt bei, indem durch Verbesserungen der Arbeitsverfahren und der Arbeitsabläufe die Belastungen der Arbeitnehmer verringert oder vermieden werden.

Der Arbeitssicherheit dienen insbesondere die folgenden **Gesetze**:

❑ das **Arbeitsschutzgesetz** (ArbSchG),

❑ das **Gerätesicherheitsgesetz** (GSG),

❑ das Gesetz zum Schutz vor gefährlichen Stoffen (**Chemikaliengesetz**) und

❑ das **Arbeitssicherheitsgesetz** (ASiG).

Ergänzt werden diese Gesetze durch zahlreiche **Verordnungen**, z. B.:

❑ die **Arbeitsstättenverordnung** (ergänzt das ArbSchG),

❑ die **Betriebssicherheitsverordnung** (ArbSchG, GSG),

❑ die **Bildschirmarbeitsverordnung** (ArbSchG),

❑ die **Baustellenverordnung** (ArbSchG) und

❑ die **Gefahrstoffverordnung** (ChemikalienG).

Neben den staatlichen Vorschriften zum technischen Arbeitsschutz, deren Über- **174** wachung insbesondere der Gewerbeaufsicht obliegt, bestehen die **Unfallverhütungsvorschriften**, die von den Berufsgenossenschaften erlassen werden, und deren Einhaltung ebenfalls von den **Berufsgenossenschaften** überwacht wird. Die staatlichen Rechtsvorschriften und die Unfallverhütungsvorschriften bestehen nebeneinander, dadurch wird ein umfassendes System des Arbeitsschutzes geschaffen (vgl. die Übersicht 06).

Übersicht 06: System des technischen Arbeitsschutzes (= Arbeitssicherheit)

Gewerbeaufsicht	**Berufsgenossenschaften**
Verfassungsrechtlicher Auftrag, gem. Art. 2 Abs. 2 GG für den Schutz von Leben und Gesundheit der Arbeitnehmer zu sorgen.	Unfallversicherung und -verhütung nach dem SGB zum Schutz der Arbeitnehmer vor Verletzungen (= Unfallschutz) und vor Erkrankungen (= Berufskrankheiten).
Überwachung der **Einhaltung von Arbeitsschutzvorschriften** in den Betrieben nach Arbeitsschutzgesetzen, z. B. - ArbeitsschutzG, - ArbeitssicherheitsG, - ArbeitsstättenVO, - Arbeitszeitgesetz, - ChemikalienG, - GerätesicherheitsG, - BetriebssicherheitsG, - MutterschutzG.	Überwachung des technischen Arbeitsschutzes, insbes. der **Einhaltung von Unfallverhütungsvorschriften** für den gewerblichen, landwirtschaftlichen und öffentlichen Bereich, z. B. für - Wärmekraftwerke, - elektrische Anlagen, - Druck- und Papierverarbeitung, - Metallverarbeitung, Stahlwerke, - Holzverarbeitung, Hoch- und Tiefbau, - Müllbeseitigung, Straßenreinigung, - Kanalisationsanlagen.
Allgemeine Verwaltungsvorschriften und Durchführungsrichtlinien zu den Gesetzen und Verordnungen, z. B. Arbeitsstättenrichtlinien über Lüftung, Raumtemperaturen, Beleuchtung, Fußböden, Dächer, Türen, Tore, Feuerlöscheinrichtungen, Verkehrswege, Treppen, Pausenräume, Waschräume, Toiletten, Sanitätsräume.	**Durchführungsanweisungen** zu den Unfallverhütungsvorschriften der Berufsgenossenschaften, z. B. sicherheitstechnische Grundsätze über Werkstoffe, Standsicherheit, transportgerechte Gestaltung, Oberflächen und Kanten, Tritt- und Standsicherheit, Stäube, Gase, Dämpfe, Lärm und Erschütterungen, elektrische Energie, Warneinrichtungen.

Allgemein anerkannte Regeln der Technik und gesicherte arbeitswissenschaftliche Erkenntnisse, z. B.

- DIN (Deutsches Institut für Normung e. V.),
- VDE-Bestimmungen,
- Technische Regeln und Richtlinien des Bundesministers für Arbeit.

---

175 Die **Unfallverhütungsvorschriften der Berufsgenossenschaften** betreffen im Wesentlichen den Betriebs- und Gefahrenschutz im Unternehmen. Durch die Neuordnung des Unfallversicherungsrechts, das als SGB VII in das Sozialgesetzbuch aufgenommen wurde, sind auch die Maßnahmen der Prävention erweitert worden, vgl. §§ 14 ff. SGB VII. Die Unfallverhütungsvorschriften betreffen im Einzelnen

- ❑ Einrichtungen, Anordnungen und Maßnahmen, welche die Unternehmer zur Verhütung von Arbeitsunfällen, Berufskrankheiten und arbeitsbedingten Gesundheitsgefahren zu treffen haben,

- ❑ das Verhalten der Versicherten zur Verhütung von Arbeitsunfällen, Berufskrankheiten und arbeitsbedingten Gesundheitsgefahren,

- ❑ vom Unternehmer zu veranlassende arbeitsmedizinische Untersuchungen,

❏ Sicherstellung einer wirksamen Ersten Hilfe,

❏ Maßnahmen, die der Unternehmer zur Erfüllung der sich aus dem Gesetz über Betriebsärzte, Sicherheitsingenieure und andere Fachkräfte für Arbeitssicherheit ergebenden Pflichten zu treffen hat.

Das SGB VII regelt mit dem Unfallversicherungsrecht nunmehr auch die Grundsätze der Prävention, insbesondere einen Gefahrenschutz zur Verhütung von Arbeitsunfällen und Berufskrankheiten, die Überwachung und Beratung, die Aufsichtspersonen und ihre Befugnisse, die Verantwortung des Unternehmers und die Mitwirkungspflichten der Arbeitnehmer sowie die Bestellung von Sicherungsbeauftragten.

Die wichtigsten **staatlichen Rechtsvorschriften** zum technischen Arbeitsschutz **176** sind in dem **Arbeitsschutzgesetz** (= Gesetz über die Durchführung von Maßnahmen des Arbeitsschutzes zur Verbesserung der Sicherheit und des Gesundheitsschutzes der Beschäftigten bei der Arbeit) niedergelegt. Mit dem Arbeitsschutzgesetz wurden 1996 die Grundpflichten der Arbeitgeber neu geordnet und durch Umsetzung europäischer Richtlinien in den Mitgliedstaaten der Europäischen Union harmonisiert.[95]

Das Arbeitsschutzgesetz gilt gem. § 1 Abs. 1 S. 2, Abs. 2 ArbSchG mit wenigen Ausnahmen in allen Tätigkeitsbereichen. Maßnahmen des Arbeitsschutzes sind gem. § 2 Abs. 1 ArbSchG alle Maßnahmen zur

❏ Verhütung von Unfällen bei der Arbeit,

❏ Verhütung von arbeitsbedingten Gesundheitsgefahren und

❏ menschengerechten Gestaltung der Arbeit.

In den §§ 3 ff. ArbSchG sind die allgemeinen Grundpflichten des Arbeitgebers niedergelegt. Zu den Grundpflichten des Arbeitgebers gehört, auf seine Kosten Maßnahmen und Vorkehrungen für den Arbeitsschutz durchzuführen, dabei allgemeine Grundsätze des Gesundheits- und Gefahrenschutzes zu beachten und gefährliche Arbeitsbedingungen zu beurteilen und zu dokumentieren. Dies erfolgt im Rahmen einer betrieblichen Arbeitsschutzorganisation, aber auch durch Zusammenarbeit mehrerer Arbeitgeber.

Die §§ 15 ff. ArbSchG regeln die Rechte und Pflichten der Beschäftigten. Die Beschäftigten sind insbesondere verpflichtet, nach ihren Möglichkeiten für ihre Sicherheit und Gesundheit bei der Arbeit Sorge zu tragen. § 17 ArbSchG gewährt den Arbeitnehmern Vorschlags- und Beschwerderechte in Fragen der Sicherheit und des Gesundheitsschutzes. Für die Überwachung der Einhaltung der Vorschriften des Arbeitsschutzgesetzes zuständig sind grundsätzlich die Länder, in der Regel handelnd durch die staatlichen Gewerbeaufsichtsämter. Betreffend Betriebe und Verwaltungen des Bundes besteht eine Sonderregelung in § 21 Abs. 5 ArbSchG.

---

95 Wank, Kommentar zum technischen Arbeitsschutz, a.a.O., S. 51 ff.

177 Inhaltlich lassen sich die Arbeitsschutz- und Arbeitssicherheitsgesetze sowie Verordnungen und Unfallverhütungsvorschriften zum Betriebs- und Gefahrenschutz in fünf Sachgebiete einteilen:

❏ **Arbeitsstätten,**

❏ **Werkzeuge, Geräte, Maschinen, technische Anlagen und Fahrzeuge,**

❏ **gefährliche Stoffe,**

❏ **persönliche Schutzausrüstungen,**

❏ **betriebliche Arbeitsschutzorganisation.**

178 Die Arbeitssicherheit beginnt bei der **Arbeitsstätte**, deren baulicher Beschaffenheit und dem Umfeld der Arbeitsplätze. Neben der allgemeinen Regelung im Arbeitsschutzgesetz ist in diesem Bereich die Arbeitsstättenverordnung (ArbeitsstättenVO) zu beachten, die eine Konkretisierung der Ziele des technischen Arbeitsschutzes darstellt. Daneben beziehen sich zahlreiche Unfallverhütungsvorschriften auf sicherheitstechnische Anforderungen der Arbeitsstätten.

Die **Arbeitsstättenverordnung** gilt für alle Betriebe, in denen das Arbeitsschutzgesetz Anwendung findet. Begrifflich erfasst die Arbeitsstätte Arbeits- und Ausbildungsräume in Gebäuden, Arbeitsplätze auf dem Betriebsgelände und außerhalb der Gebäude, Baustellen, Verkaufsstände im Freien, Wasserfahrzeuge und schwimmende Anlagen auf Binnengewässern, ferner auch Räume und bauliche Anlagen im Zusammenhang mit der Arbeitsstätte, wie Verkehrswege, Lager-, Maschinen- und Nebenräume, Pausen-, Umkleide- und Sanitätsräume sowie Sanitäranlagen. Im Einzelnen regelt die Arbeitsstättenverordnung z. B.

❏ die Beschaffenheit und **Größe der Arbeitsräume**, insbesondere deren Belegung,

❏ die **Beleuchtung**, insbesondere ausreichende natürliche und blendfreie künstliche Beleuchtung sowie das Vorhandensein einer Sicherheitsbeleuchtung bei Störungsfällen,

❏ die **Lüftung**, insbesondere natürliche Belüftung und lüftungstechnische Anlagen mit Luftbefeuchtung,

❏ die **Raumtemperaturen**,

❏ die **Einrichtung von Sozialräumen**, insbesondere Pausenräume, Umkleide-, Wasch- und Toilettenräume, Liegeräume für werdende und stillende Mütter, Sanitätsräume,

❏ Einrichtungen zur **Ersten Hilfe**.

Auch die Unfallverhütungsvorschriften der Berufsgenossenschaften enthalten für zahlreiche Arbeitsstätten bauliche und sicherheitstechnische Anforderungen, u. a. für Wärmekraftwerke, Walzwerke, Kälteanlagen, chemische Reinigungen, Fleischereien und Sprengstofffabriken.

Die **sicherheitstechnischen Grundsätze für Werkzeuge, Geräte, Maschi-** 179
nen, technische Anlagen und Fahrzeuge sind in verschiedenen Rechtsvorschriften enthalten. Dazu gehören das Gesetz über technische Arbeitsmittel (=
Gerätesicherheitsgesetz), die Betriebssicherheitsverordnung und die Unfallverhütungsvorschriften. Im Verlauf der Produktion und der Verwendung technischer
Erzeugnisse sind zahlreiche sicherheitstechnische Grundsätze zu beachten, die
sich auf Werkstoffe, Standsicherheit, bewegte Teile, transportgerechte Gestaltung,
Oberflächen, Ecken und Kanten, Stäube, Gase und Dämpfe, Lärm und Erschütterungen, Wärme und Kälte, elektrische Energie, Einrichtungen zum Schalten, Steuern und Regeln, Warneinrichtungen, Störungsbeseitigung, Instandhaltung und er-
gonomische Gestaltung beziehen.

Das Beherrschen der Antriebsenergie ist in der Sicherheitstechnik von erheblicher
Bedeutung. Deshalb müssen Schaltungen, Steuerungen und Regeleinrichtungen so
gestaltet und angeordnet sein, dass der Sinn der Schaltbewegung erkennbar ist, dass
sie vom Bedienungsplatz aus leicht und gefahrlos erreicht werden, und dass die zu
steuernden Bewegungen gesehen werden können. Durch das Abschalten dürfen keine
gefahrdrohenden Bewegungen ausgelöst werden, z. B. beim Hochhalten schwerer
Teile durch Industrieroboter.

Das **Gesetz über technische Arbeitsmittel (= Gerätesicherheitsgesetz)** dient 180
sowohl der Produktsicherheit als auch der betrieblichen Arbeitssicherheit, denn es
gilt für Hersteller und Importeure von technischen Arbeitsmitteln sowie für Betreiber überwachungsbedürftiger Anlagen. Technische Arbeitsmittel sind alle ver-
wendungsfertigen Arbeitseinrichtungen, vor allem Werkzeuge und Arbeitsgeräte
aller Art einschließlich der Beförderungsmittel. Den Arbeitseinrichtungen gleich-
gestellt sind z. B. Schutzausrüstungen, Einrichtungen zum Beleuchten, Beheizen,
Kühlen sowie Be- und Entlüften, Haushaltsgeräte, Sport-, Freizeit- und Bastelge-
räte sowie Spielzeug.

Das Gerätesicherheitsgesetz verpflichtet **Hersteller und Importeure**, nur sol- 181
che technischen Arbeitsmittel in den Verkehr zu bringen, die nach den Arbeits-
sicherheitsvorschriften, den Unfallverhütungsbestimmungen und den allgemein
anerkannten Regeln der Technik so beschaffen sind, dass Benutzer und Dritte bei
bestimmungsgemäßer Verwendung gegen Unfallgefahren geschützt sind. Hierbei geht es um die Verminderung des Produkthaftungsrisikos und nicht in erster
Linie um die Arbeitssicherheit. Welche Verpflichtungen Arbeitgebern und Arbeitnehmern bezüglich der Arbeitsmittel obliegen, ist in der **Betriebssicherheitsver-**
ordnung geregelt.

Die Überwachung der Einhaltung des Gerätesicherheitsgesetzes obliegt den Ge- 182
werbeaufsichtsämtern, die durch **Untersagungsverfügung** das Inverkehrbringen sicherheitstechnisch mangelhafter Geräte verbieten können. Hersteller und
Importeure können Baumuster ihrer technischen Arbeitsmittel durch eine vom
Bundesministerium für Arbeit bestimmte Prüfstelle prüfen lassen. Die geprüften
Erzeugnisse werden mit dem Zeichen **GS = geprüfte Sicherheit** versehen. Diese
freiwillige Sicherheitskontrolle erlangt zunehmende Bedeutung, weil die Bauart-

prüfung das Risiko der Hersteller und Importeure mindert, dass die Vermarktung ihrer Produkte wegen sicherheitstechnischer Mängel untersagt wird.

183 Die **Errichtung und der Betrieb von überwachungsbedürftigen Anlagen** werden in den §§ 11 ff. GSG sowie §§ 12 ff. BetrSichVO geregelt, die sicherheitstechnische Anforderungen sowie technische und behördliche Präventivmaßnahmen enthalten. In diesen Vorschriften sind Erlaubnispflichten, Prüfungen vor der Inbetriebnahme und bei wesentlichen Änderungen sowie wiederkehrende und besonders angeordnete Prüfungen vorgesehen. Die Prüfungen werden durch amtliche oder amtlich anerkannte Sachverständige nach festgelegten Prüfrichtlinien vorgenommen. Die Gewerbeaufsichtsbehörde kann Verstöße gegen die Sicherheitsvorschriften für überwachungsbedürftige Anlagen mit Bußgeldern ahnden und sogar gem. § 12 Abs. 2 GSG die Stillegung oder die Beseitigung einer Anlage anordnen.

184 Das **Gesetz zum Schutz vor gefährlichen Stoffen (= Chemikaliengesetz)** verpflichtet Hersteller und Importeure von Stoffen, die giftig, ätzend, reizend, explosionsgefährlich, brandfördernd, entzündlich, krebserzeugend oder auf andere Weise für den Menschen gefährlich sind, zu einer Prüfung und Anmeldung vor dem erstmaligen Inverkehrbringen. Die Prüf- und Anmeldepflichten gelten in allen Mitgliedstaaten der Europäischen Gemeinschaft. Im Zuge der Umsetzung von EG-Richtlinien zum Arbeitsschutz wurde die **Gefahrstoffverordnung** zum Schutz der Arbeitnehmer und der Bevölkerung vor gefährlichen Stoffen erlassen. Darin wird das Inverkehrbringen und der innerbetriebliche Umgang mit gefährlichen Stoffen geregelt, insbesondere die Herstellung, Wiedergewinnung, Vernichtung, Lagerung, Abfüllung, Beförderung, verschiedene Arten der Verwendung und der Kennzeichnung.

Die Verpackung gefährlicher Stoffe muss so beschaffen sein, dass der Inhalt nicht nach außen dringen kann. Ferner muss durch die Wahl der Form und durch die Bezeichnung sichergestellt werden, dass gefährliche Stoffe nicht mit Lebensmitteln verwechselt werden.

Die Kennzeichnung gefährlicher Stoffe durch Gefahrensymbole, Gefahrenbezeichnungen, Gefahrenhinweise ist ebenso vorgeschrieben wie einzelne Sicherheitsratschläge. Zusätzliche Kennzeichnungsvorschriften gelten z. B. für krebserzeugende Stoffe, für asbesthaltige oder für formaldehydhaltige Produkte.

185 Die Gefahrstoffverordnung enthält eine Liste der eingestuften gefährlichen Stoffe und Zubereitungen, die nur von Beschäftigten abgegeben werden dürfen, welche besondere Sachkenntnisse nachgewiesen und das 18. Lebensjahr vollendet haben. Über die **Abgabe von giftigen Stoffen** müssen im Einzelhandel Aufzeichnungen geführt werden. Es ist ferner eine Erlaubnis der zuständigen Behörde erforderlich.

186 Der Arbeitgeber hat die Verpflichtung, sich darüber zu informieren, ob die Stoffe oder Erzeugnisse, die in seinem Betrieb eingesetzt werden, zu den Gefahrstoffen gehören, und sofern dies der Fall ist, muss er weiter prüfen, ob Stoffe oder Erzeugnisse mit geringerem Gesundheitsrisiko erhältlich und für seine Zwecke verwendbar sind. Kann aus produktions- oder betriebstechnischen Gründen auf den Umgang mit Gefahrstoffen nicht verzichtet werden, treffen den Arbeitgeber weitere Pflichten zur **Einhaltung und Überwachung von Schutzmaßnahmen**, z. B. die Überwachung der höchstzulässigen Konzentration eines Stoffes

❑ in der Luft am Arbeitsplatz
  (= **Arbeitsplatzgrenzwert [AGW]**),

❑ im menschlichen Körper ohne Gesundheitsgefährdung
  (= **biologischer Grenzwert [BGW]**),

Einzelheiten sind in dem umfangreichen „Technischen Regelwerk zur Gefahrstoffverordnung" (TRGS) geregelt.

Beim Umgang mit Gefahrstoffen sind außerdem zahlreiche **Maßnahmen der Betriebshygiene** zu erfüllen, z. B. die Einrichtung von Aufenthalts- oder Pausenräumen, Wasch- und Umkleideräumen sowie die Anschaffung und Reinigung von Arbeits- und Schutzkleidung. **187**

Arbeitnehmer, die Umgang mit giftigen, krebserzeugenden, fruchtschädigenden oder erbgutverändernden Gefahrstoffen haben, dürfen in Arbeitsräumen nicht essen, trinken, rauchen oder schnupfen. Für diese Arbeitnehmer sind Bereiche einzurichten, in denen sie ohne Beeinträchtigung ihrer Gesundheit essen und trinken können.

Der Arbeitgeber hat eine **Betriebsanweisung über die Gefahren** im Umgang mit Gefahrstoffen, die erforderlichen Schutzmaßnahmen, Verhaltensregeln, die sachgerechte Entsorgung und Erste-Hilfe-Maßnahmen in verständlicher Sprache abzufassen und an geeigneter Stelle in der Arbeitsstätte auszuhängen. Es sind die Beschäftigungsbeschränkungen für werdende und junge Mütter sowie Jugendliche zu beachten und die gesetzlich vorgeschriebenen gesundheitlichen Überwachungsmaßnahmen durchführen zu lassen. **188**

Der **Betriebsrat** ist bei der Festlegung von Maßnahmen zum Schutz der Arbeitnehmer gegen Gefahrstoffe zu beteiligen, Abschriften der Messprotokolle sind ihm zugänglich zu machen und auf Verlangen zu überlassen. Er hat darüber hinaus das Recht, zusätzliche Schutzmaßnahmen zur Abwendung gesundheitlicher Schäden vorzuschlagen. **189**

Falls Unfallgefahren durch technische Maßnahmen nicht ausgeschlossen werden können, z. B. bei Schweißarbeiten, Gerüstbauarbeiten, auf Baustellen, im Schiffbau, bei Arbeiten mit feuerflüssigen Massen, in Tiefkühlräumen, in Schächten und Kanälen, beim Umgang mit strahlenden Materialien, bei Arbeiten des Bodenpersonals auf Flughäfen und in ähnlichen Fällen, sind **persönliche Schutzmittel** einzusetzen. Dazu gehören Kopfschutz, Fuß- oder Beinschutz, Augen- oder Gesichtsschutz, Atemschutz, Gehörschutz, Wetterschutz, Warnkleidung und ähnliche Einrichtungen, die auf Kosten des Arbeitgebers bereitzustellen sind. **190**

191 Grundsätzlich ist der **Arbeitgeber** für die **Durchführung der Arbeitssicherheitsmaßnahmen** zuständig. Er ist gesetzlich verpflichtet, Arbeitsstätten, Werkzeuge, Geräte, Maschinen, technische Anlagen und Fahrzeuge und den Umgang mit gefährlichen Stoffen so zu gestalten, dass die Arbeitnehmer vor Gefahren für Leben und Gesundheit geschützt sind. Ferner hat er die Arbeitsabläufe in der Weise zu organisieren, dass die zum Schutz der Arbeitnehmer erlassenen Rechtsvorschriften und die allgemein anerkannten sicherheitstechnischen, arbeitsmedizinischen, hygienischen und arbeitswissenschaftlichen Regeln und Erkenntnisse in seinem Betrieb eingehalten werden. Er kann dabei **Fachkräfte für Arbeitssicherheit** hinzuziehen:

❑ **Betriebsärzte,**

❑ **Sicherheitsingenieure,**

❑ **andere Fachkräfte für Arbeitssicherheit,** z. B. Sicherheitsbeauftragte in kleineren Betrieben.

192 Eine innerbetriebliche Arbeitsschutzorganisation, bestehend aus dem Arbeitgeber, dem Betriebsrat, dem Betriebsarzt, der Fachkraft für Arbeitssicherheit und dem Sicherheitsbeauftragten, ist nur in größeren Betrieben erforderlich, vgl. § 22 SGB VII. Die näheren Einzelheiten regelt das Gesetz über Betriebsärzte, Sicherheitsingenieure und andere Fachkräfte für Arbeitssicherheit (= **Arbeitssicherheitsgesetz**). Danach ist der Arbeitgeber unter bestimmten Voraussetzungen verpflichtet, Betriebsärzte und Fachkräfte für Arbeitssicherheit zu bestellen. Diese haben die Aufgabe,

❑ den Arbeitgeber und sonstige für den Arbeitsschutz und die Unfallverhütung verantwortlichen Personen zu beraten,

❑ die Durchführung des Arbeitsschutzes und der Unfallverhütung zu beobachten, z. B. durch regelmäßige Begehung der Arbeitsstätten,

❑ darauf hinzuwirken, dass sich die Arbeitnehmer entsprechend den Anforderungen des Arbeitsschutzes und der Unfallverhütung verhalten, beispielsweise durch Belehrungen über Gefahrenabwendung und durch Schulungen,

❑ der Betriebsarzt hat die Arbeitnehmer zu untersuchen und arbeitsmedizinisch zu beurteilen,

❑ der Sicherheitsingenieur hat Betriebsanlagen und technische Arbeitsmittel sicherheitstechnisch zu überprüfen.

193 Die erforderlichen **Einsatzzeiten der Fachkräfte für Arbeitssicherheit** werden aufgrund von Tabellen in den einschlägigen Unfallverhütungsvorschriften nach Jahreseinsatzstunden pro Arbeitnehmer im Einzelbetrieb errechnet. In kleineren und mittleren Betrieben sind Arbeitnehmer als Sicherheitsbeauftragte zu bestellen, die den Arbeitgeber bei der Durchführung des Unfallschutzes unterstützen sollen.

Im Interesse der Arbeitnehmer hat der **Betriebsrat** im Bereich des Arbeitsschut- **194**
zes besondere Aufgaben zur Bekämpfung von Unfall- und Gesundheitsgefahren im
Betrieb, vgl. §§ 80 Abs. 1 Nr. 1, 87 Abs. 1 Nr. 7 und 89, 90 BetrVG.

❏ **Überwachungsauftrag:**

Der Betriebsrat hat u. a. darüber zu wachen, dass die zu Gunsten der Arbeitnehmer erlassenen Gesetze, Verordnungen und Unfallverhütungsvorschriften
eingehalten und durchgeführt werden. Er hat einerseits den Arbeitgeber auf
Unzulänglichkeiten im Arbeits- und Unfallschutz hinzuweisen, aber auch die
Arbeitnehmer zur Beachtung der Schutzvorschriften anzuhalten.

❏ **Gestaltungsauftrag:**

Der Betriebsrat ist von dem Arbeitgeber bei der Planung von Neu-, Um- und Erweiterungsbauten betrieblicher Räume, technischer Anlagen, Arbeitsverfahren
und Arbeitsabläufen und Arbeitsplätzen zu beteiligen.

❏ **Mitbestimmungsrecht:**

Der Betriebsrat hat ein erzwingbares Mitbestimmungsrecht bei Regelungen
über die Verhütung von Arbeitsunfällen und Berufskrankheiten sowie über den
Gesundheitsschutz im Rahmen der gesetzlichen Vorschriften oder der Unfallverhütungsvorschriften.

❏ **Unterstützungsauftrag:**

Der Betriebsrat hat die Arbeitsschutzbehörden durch Anregung, Beratung und
Auskunft zu unterstützen.

❏ **Informationsrecht:**

Der Arbeitgeber hat dem Betriebsrat unverzüglich die den Arbeitsschutz und die
Unfallverhütung betreffenden Anordnungen und Auflagen der Arbeitsschutzbe-
hörde mitzuteilen.

Der **Betriebsrat** nimmt an den Betriebsbesichtigungen der Aufsichtsbehörden **195**
und an den Besprechungen des Arbeitgebers mit den Sicherheitsbeauftragten oder
mit dem Sicherheitsausschuss teil und erhält Niederschriften über diese Vorgänge, ebenso über Unfalluntersuchungen und Unfallanzeigen. Die **Arbeitnehmer**
haben die der Arbeitssicherheit dienenden Maßnahmen zu unterstützen, die Ar-
beitsschutz- und Unfallverhütungsvorschriften einzuhalten, die diesbezüglichen
Weisungen des Arbeitgebers zu befolgen und sicherheitstechnische Mängel unverzüglich mitzuteilen.

4. Pflichtverletzungen im Arbeitsverhältnis

In der betrieblichen Praxis können zahlreiche Störungen auftreten, die einer ord- **196**
nungsgemäßen Erfüllung der Arbeitsleistung durch den Arbeitnehmer entgegenstehen. Da die Arbeitspflicht eine Hauptleistungspflicht aus dem Arbeitsvertrag
ist, finden die bürgerlich-rechtlichen Regeln über die **Leistungsstörungen** Anwendung, soweit nicht wegen der besonderen Interessenlage der Arbeitsvertrags-

parteien besondere Vorschriften anzuwenden oder von der Rechtsprechung abweichende Grundsätze entwickelt worden sind. Die **Pflichtverletzung**[96] ist zu einem zentralen Begriff des Bürgerlichen Rechts geworden. Die interessengerechte Regelung von Störungen der vertraglichen Leistungspflichten erfolgt durch Schadensersatzansprüche sowie durch Rücktritts- und Kündigungsrechte.

197   Schadensersatzansprüche entstehen schon bei Pflichtverletzungen während des vorvertraglichen Anbahnungsverhältnisses (§ 311 BGB) und sind deshalb bereits bei der Begründung des Arbeitsverhältnisses angesprochen worden.[97] Eine **Zweckstörung** führt nach den allgemeinen Regeln des bürgerlichen Rechts zu einer Anpassung des Vertrags an die veränderte Situation oder zu einer Beendigung des Vertrags (§§ 313, 314 BGB). Die Regeln über die Störung der Geschäftsgrundlage sind auf Arbeitsverträge aber nicht anwendbar, es muss vielmehr unter Beachtung der bestehenden Beschränkungen eine Kündigung bzw. eine Änderungskündigung ausgesprochen werden.[98]

4.1 Nichterfüllung der Arbeitspflicht

198   Sofern der Erfüllung der Arbeitspflicht durch den Arbeitnehmer ein endgültiges Leistungshindernis entgegensteht, liegt ein Fall der **Unmöglichkeit** vor. Da die Hauptleistungspflichten bei einem Arbeitsvertrag wie bei anderen Austauschverträgen in einem Abhängigkeitsverhältnis (= Synallagma) zueinander stehen, kommen die §§ 275, 326 BGB zur Anwendung, wenn der Arbeitnehmer seine Arbeitsleistung nicht erbringen kann und keine arbeitsrechtlichen Sondervorschriften bestehen, z. B. Ansprüche des Arbeitnehmers auf Entgeltfortzahlung ohne Arbeitsleistung.[99]

199   In den Fällen des Ausschlusses der Leistungspflicht erfolgt die Vertragsabwicklung nach den Regeln der Unmöglichkeit. Der Arbeitsvertrag ist wirksam. Allerdings ist der Anspruch auf die Arbeitsleistung ausgeschlossen, soweit diese für den Schuldner oder für jedermann unmöglich ist, vgl. § 275 BGB. Schuldner der Arbeitsleistung ist der Arbeitnehmer. Ein **subjektives Unvermögen** ist gegeben, wenn die Arbeitsleistung zwar erbracht werden kann, der eingestellte Arbeitnehmer sie aber nicht erbringen kann, z. B. weil ihm eine behördliche Genehmigung fehlt. In diesem Fall ist der Arbeitsvertrag rechtswirksam und es entstehen Schadensersatzansprüche des Arbeitgebers, weil der Arbeitnehmer mit dem Vertragsabschluss ein Leistungsversprechen gegeben hat, das er nicht erfüllen kann.

Beispiele:

Nach der Einstellung eines Arbeitnehmers als LKW-Fahrer stellt sich heraus, dass dieser bereits bei Vertragsabschluss nicht über eine entsprechende Fahrerlaubnis verfügt hat. Der

---

96 *Steckler,* Kompendium Wirtschaftsrecht, Abschnitt B. Rz. 98 ff. zu den Pflichtverletzungen.
97 Vgl. Abschnitt B. 1.2. zum arbeitsrechtlichen Anbahnungsverhältnis.
98 Zweckstörungen werden daher nicht gesondert behandelt, sondern gehen in die Darstellung der Kündigungsgründe ein, vgl. die Abschnitte B. 5.1. und B. 5.2. zur Kündigung des Arbeitsverhältnisses und zum Kündigungsschutz.
99 Vgl. insbesondere Abschnitt B. 3.3. zur Entgeltfortzahlung ohne Arbeitsleistung.

*Arbeitnehmer hat mangels Arbeitsleistung keinen Vergütungsanspruch und wird schadens-
ersatzpflichtig, sofern dem Arbeitgeber durch den Arbeitsausfall ein Schaden entsteht. Der
Arbeitsvertrag ist wirksam, kann aber gekündigt und evtl. auch angefochten werden.*

*Ein neuer Mitarbeiter ruft kurz vor dem vereinbarten Termin zur Arbeitsaufnahme an
und teilt mit, dass er seine Arbeit nicht antreten kann, weil er anderweitig eine besser bezahlte Tätigkeit aufgenommen hat. Der Arbeitnehmer hat mangels Arbeitsleistung keinen
Vergütungsanspruch und wird schadensersatzpflichtig, sofern dem Arbeitgeber durch den
Arbeitsausfall ein Schaden entsteht. Aufwendungen für die Suche nach einem Nachfolger
sind jedoch nicht ersatzfähig, da diese auch angefallen wären, wenn der Arbeitnehmer ordnungsgemäß gekündigt hätte. Der Arbeitsvertrag ist wirksam, kann aber gekündigt werden.*

Falls die bürgerlich-rechtlichen Regelungen über Pflichtverletzungen im Arbeits-   **200**
verhältnis uneingeschränkt angewendet werden, ergibt sich folgende Rechtslage
im Hinblick auf den Vergütungsanspruch des Arbeitnehmers:

Die Rechte des Arbeitgebers als Gläubiger der Arbeitsleistung bestimmen sich
nach den §§ 280, 283 – 285, 311 a und 326 BGB. Danach kann der Arbeitgeber im
Fall eines Schadens infolge der Nichterfüllung der Arbeitspflicht durch den Arbeitnehmer Schadensersatz oder auch Aufwendungsersatz verlangen. Der Anspruch
auf die Gegenleistung entfällt, wenn der Arbeitgeber (Schuldner der Arbeitsleistung) den Ausschluss der Leistungspflicht nicht zu vertreten hat. Sofern dagegen
der Arbeitgeber (Gläubiger der Arbeitsleistung) allein oder überwiegend für den
Ausschluss der Leistungspflicht verantwortlich ist, bleibt der Anspruch des Arbeitnehmers auf die Gegenleistung (Arbeitsvergütung) bestehen.

Diejenigen Fälle, in denen keine Vertragspartei die Unmöglichkeit der Arbeitsleistung zu vertreten hat, werden überwiegend durch arbeitsrechtliche Sondervorschriften geregelt, z. B. behält der Arbeitnehmer bei einer Erkrankung trotz
fehlender Arbeitsleistung seinen Vergütungsanspruch.[100] Nur soweit keine besonderen Regelungen bestehen, bleibt es bei dem allgemeinen Grundsatz, dass der
Schuldner ein Leistungsverweigerungsrecht hat und der Gläubiger einen Schadensersatzanspruch, vgl. §§ 275, 280 ff.BGB.

4.2 Betriebs-, Wirtschafts- und Arbeitskampfrisiko

Nach den Regeln über die Pflichtverletzungen kann der Arbeitnehmer den An-   **201**
spruch auf die Arbeitsvergütung verlieren, wenn er seine Arbeitspflicht nicht erfüllt, vgl. § 326 Abs. 1 BGB. Ein Anspruchsverlust tritt dagegen nicht ein, wenn
das Gesetz dem Arbeitnehmer aus persönlichen oder sozialen Gründen für eine
vorübergehende Zeit den Vergütungsanspruch erhält, z. B. für die Zeit seines Erholungsurlaubs und im Krankheitsfall.[101]

---

100 Vgl. die Abschnitte B. 3.3. und B. 3.4. zu Krankheit und Urlaub.
101 Vgl. die Fälle der Entgeltfortzahlung ohne Arbeitsleistung in Abschnitt B. 3.3.

Die Rechtsfolgen von **Betriebsstörungen** sind gesetzlich unvollständig geregelt, daher wurden durch die Rechtsprechung Grundsätze zu der **Zurechenbarkeit** des Betriebs-, Wirtschafts- und Arbeitskampfrisikos entwickelt. Danach haben Arbeitsausfälle wegen Betriebsstörungen grundsätzlich keine Auswirkungen auf den Fortbestand des Arbeitsverhältnisses. Außerdem bleibt der Arbeitgeber zur Fortzahlung der Vergütung auch dann verpflichtet, wenn er die Arbeitnehmer in seinem Betrieb nicht wie vorgesehen beschäftigen kann und diese ihre Arbeitsleistung daher nicht erbringen, vgl. § 615 Satz 3 BGB.

202 Der Arbeitgeber hat als Unternehmer das **Betriebsrisiko** zu tragen. Verwirklicht sich ein Betriebsrisiko, muss der Arbeitgeber daher die vereinbarte Vergütung entrichten, wenn der Arbeitnehmer zwar zur Arbeit fähig und bereit ist, der Arbeitgeber ihn aber nicht einsetzen kann, auch wenn keiner von beiden die Leistungsstörung zu vertreten hat. Beispiele für Betriebsrisiken sind:

❑ **Energieausfall, Heizungsausfall im Winter,**

❑ **Brände, Überschwemmungen, Schadstoffemissionen**

❑ **und ähnliche Katastrophen,**

❑ **Maschinenschaden, Transportmittelausfall,**

❑ **Mangel an Rohstoffen, Inventur usw.**

Bei derartigen Störungen im Produktionsablauf oder in der Organisation des Unternehmens ist es betriebstechnisch nicht möglich, die Arbeit durchführen zu lassen. Eine Anwendung der Regeln über die Unmöglichkeit führt aber nicht zu einer angemessenen Lösung dieser Fälle.[102] Da die Arbeitnehmer schutzbedürftig sind, hat der Arbeitgeber das **Betriebsrisiko** zu tragen. Er leitet das Unternehmen und trägt die Verantwortung für die organisatorische Gestaltung des betrieblichen Ablaufs. Das Betriebsrisiko fällt in die Verantwortungssphäre des Arbeitgebers, denn es ist ihm zuzumuten, entsprechende technische und organisatorische Sicherungsmaßnahmen zu treffen. Verwirklicht sich das Betriebsrisiko, muss er die vereinbarte Vergütung an die Arbeitnehmer entrichten, auch wenn er die ihm hinsichtlich des Betriebsablaufs obliegenden Sorgfaltspflichten beachtet hat.

203 Die Arbeitsvertragsparteien und auch die Tarifvertragsparteien dürfen das Betriebsrisiko nicht entgegen dieser Wertung zu Lasten des Arbeitnehmers auf diesen verlagern. Der Vergütungsanspruch entfällt nur ausnahmsweise, wenn die Existenz des Unternehmens wegen der Betriebsstörung gefährdet oder die Betriebsstörung den Arbeitnehmern zuzurechnen ist.

Beispiel:

Das Betriebsgebäude wird durch einen Brand vollständig zerstört, sodass die Produktion für mehrere Monate eingestellt werden muss. Der Betriebsinhaber kann zwar das Kapital für den Wiederaufbau des Betriebsgebäudes beschaffen, müsste das Unternehmen aber aufgeben, wenn er während der Dauer des Wiederaufbaus Vergütungen an die Arbeitnehmer

---

102 Vgl. die Darstellung von Dassow, Das Smogalarmrisiko – Leistungspflicht bei smogbedingter Arbeitsstörung, BB 1988, 2455.

zu entrichten hätte. Obwohl das Betriebsrisiko grundsätzlich dem Arbeitgeber zuzurechnen ist, entfallen ausnahmsweise die Vergütungsansprüche der Arbeitnehmer wegen der nachgewiesenen Existenzgefährdung des Unternehmens.

Eine Betriebsstörung kann den Arbeitnehmern zuzurechnen sein, wenn **Fernwir-** **204**
kungen von Arbeitskämpfen eintreten. Sofern der Arbeitsausfall auf Störungen durch einen Streik in Zuliefer- oder Abnahmebetrieben zurückzuführen ist, hat sich in dem nicht bestreikten Betrieb das Arbeitskampfrisiko realisiert. In den bestreikten Unternehmen werden die Lohnzahlungsansprüche nach den Grundsätzen des Arbeitskampfrechts suspendiert. Ob der Arbeitgeber in einem von den Fernwirkungen des Streiks betroffenen Unternehmen weiterhin zur Zahlung der Arbeitsvergütungen verpflichtet ist, ist dagegen davon abhängig, wem das Arbeitskampfrisiko zuzurechnen ist.

Nach der Sphärentheorie sind Arbeitskämpfe grundsätzlich der Sphäre der Arbeitnehmer zuzurechnen. Auch wenn sie nicht selbst streiken, ist es angemessen und zumutbar, sie an dem **Arbeitskampfrisiko** zu beteiligen, sofern eine für den Betrieb zuständige Gewerkschaft zu den unmittelbar kämpfenden Verbänden gehört oder mit diesen organisatorisch eng verbunden ist.[103] Besteht ein solcher tarifpolitischer Zusammenhang, ist die Fernwirkung des Streiks geeignet, die Kampfparität der Arbeitskampfparteien zu beeinflussen. Es ist daher sachlich gerechtfertigt, das Arbeitskampfrisiko den Arbeitnehmern zuzurechnen. Dies hat zur Folge, dass die Arbeitnehmer für die Dauer der Störung ihre Vergütungs- und Beschäftigungsansprüche verlieren. Allerdings haben selbst andauernde Betriebsstörungen keine Auswirkungen auf den Fortbestand der Arbeitsverhältnisse.[104] Anhaltspunkte, wann Arbeitnehmer das Arbeitskampfrisiko tragen müssen, ergeben sich aus § 146 SGB III. Die Bundesagentur für Arbeit darf nach dieser Vorschrift nicht in Arbeitskämpfe eingreifen, indem sie Arbeitnehmern Arbeitslosengeld zahlt, deren Lohnanspruch infolge von Arbeitskämpfen entfallen ist.

Beispiel:

In einem Zulieferbetrieb des Automobilherstellers F wird gestreikt, sodass die Fertigung bei F zum Erliegen kommt. Sowohl der Zulieferbetrieb als auch der Hersteller gehören zu dem Bereich Metallindustrie. In dem Zulieferbetrieb werden die Vergütungsansprüche der Arbeitnehmer nach Streikrecht suspendiert. Aber auch bei dem Automobilhersteller verlieren die Arbeitnehmer ihren Anspruch auf Vergütung, weil die Betriebsstörung der Sphäre der Arbeitnehmer zuzurechnen ist. Wegen der Tarifbindung an die IG Metall besteht ein tarifpolitischer Zusammenhang Dies gilt auch für nichtorganisierte Arbeitnehmer.

Das **Wirtschaftsrisiko** verwirklicht sich, wenn die betrieblichen Abläufe und die **205**
Erfüllung der arbeitsvertraglichen Pflichten zwar nicht gehemmt werden, die Fortsetzung der betrieblichen Tätigkeit aber wirtschaftlich sinnlos ist. Beispiele für Wirtschaftsrisiken sind:

---

103 BAG NJW 1981, 937.
104 Vgl. Abschnitt C. 3.3. zu den Auswirkungen des Arbeitskampfes auf das Arbeitsverhältnis.

❏ **Auftragsmangel,**

❏ **keine Absatzmöglichkeiten.**

Der Arbeitgeber trägt als Unternehmer das Wirtschaftsrisiko in vollem Umfang. Verwirklicht sich das Wirtschaftsrisiko, bleiben die Vergütungsansprüche der Arbeitnehmer bestehen. Der Arbeitgeber muss in diesen Fällen Arbeitsverhältnisse betriebsbedingt kündigen.[105] Sofern die Produktion nur vorübergehend reduziert oder eingestellt werden muss, kommt daneben allenfalls die Einführung von Kurzarbeit in Betracht.[106]

4.3 Annahmeverzug des Arbeitgebers

206   Der Arbeitgeber kann nach den allgemeinen Regeln des bürgerlichen Rechts gem. § 293 ff. BGB in **Annahmeverzug** geraten, wenn er die ihm von dem Arbeitnehmer angebotene Arbeitsleistung nicht annimmt.

Beispiel:

Wenn der Arbeitgeber es unterlässt, Arbeitsgeräte und Arbeitsmaterial bereitzustellen, oder falls er die Weiterbeschäftigung eines Arbeitnehmers nach Ablauf der Kündigungsfrist ablehnt und sich herausstellt, dass die Kündigung unwirksam war, gerät er in Annahmeverzug, sofern ihm die Arbeitsleistung von dem Arbeitnehmer angeboten worden ist.

Bei Dienst- und Arbeitsverträgen treten bei Annahmeverzug des Dienstberechtigten bzw. des Arbeitgebers die in § 615 Satz 1 und 2 BGB vorgesehenen **Rechtsfolgen** ein. Der Arbeitnehmer wird von der Verpflichtung zur Arbeitsleistung frei, während er seinen Anspruch auf die Arbeitsvergütung behält. Er muss sich jedoch den Wert desjenigen anrechnen lassen, was er infolge des Unterbleibens der Arbeitsleistung erspart oder durch anderweitige Arbeit erwirbt oder zu erwerben böswillig unterlässt.

Voraussetzung für den Annahmeverzug des Arbeitgebers ist:

❏ **das Bestehen eines Arbeitsverhältnisses,**

❏ **das Angebot der Arbeitsleistung durch den Arbeitnehmer,**

❏ **und zwar in eigener Person, zur rechten Zeit, am rechten Ort**

❏ **und in der rechten Art und Weise (= tatsächliches Angebot).**

207   Der Arbeitnehmer muss dem Arbeitgeber regelmäßig **ein tatsächliches Leistungsangebot** machen. Er muss also persönlich zu der vereinbarten Zeit an dem Arbeitsplatz erscheinen und die vertraglich geschuldete Arbeitsleistung anbieten, vgl. § 613 BGB. Ein **wörtliches Angebot** des Arbeitnehmers reicht allerdings aus, wenn zur Erbringung der Arbeitsleistung die Mitwirkung des Arbeitgebers erforderlich ist, z. B. durch die Bereitstellung von Arbeitsräumen. Ein wörtliches An-

---

105 Vgl. Abschnitt B. 5.2. zum Anwendungsbereich des Kündigungsschutzgesetzes.
106 Vgl. § 87 Abs. 1 Nr. 3 BetrVG sowie Abschnitt D. 8.2. zum Kurzarbeitergeld.

gebot ist auch dann ausreichend, wenn der Arbeitgeber erklärt hat, er werde die Arbeitsleistung nicht annehmen, vgl. § 295 BGB.

Kündigt der Arbeitgeber das Arbeitsverhältnis, erklärt er damit gleichzeitig, dass er die Arbeitsleistung des Arbeitnehmers nach Ablauf der Kündigungsfrist nicht mehr annehmen werde. Erhebt der Arbeitnehmer eine Kündigungsschutzklage, wird dem Arbeitgeber damit die weitere Erbringung der Arbeitsleistung angeboten. Da es in solchen Fällen zu einem vorübergehenden Wegfall des Vergütungsanspruchs kommen kann, wendet die neuere Rechtsprechung § 296 BGB an. Man geht von einem **überflüssigen Angebot** aus, weil der Arbeitgeber dem Arbeitnehmer einen Arbeitsplatz zuweisen müsste. Bei einer unwirksamen Kündigung gerät der Arbeitgeber deshalb in Annahmeverzug, wenn er den Arbeitnehmer nicht aufgefordert hat, die Arbeit wieder aufzunehmen.[107]

> **Fall 7: Annahmeverzug bei unwirksamer Kündigung**   **Seite 358**

Für die Dauer des Annahmeverzugs bleibt der Anspruch des Arbeitnehmers auf **208** Fortzahlung der **Arbeitsvergütung** gem. § 615 S. 1 BGB bestehen, während der Arbeitgeber keinen Anspruch auf Nachholung der Arbeitsleistung hat. Der Annahmeverzug endet, wenn der Arbeitgeber die Arbeitsleistung wieder annimmt oder das Arbeitsverhältnis endet. Steht dem Arbeitnehmer nach dem Zugang der Kündigungserklärung ein Weiterbeschäftigungsanspruch zu, gerät der Arbeitgeber in Annahmeverzug, wenn er die Weiterbeschäftigung ablehnt. Sofern der Arbeitnehmer das Weiterbeschäftigungsangebot des Arbeitgebers ausschlägt, verliert er dagegen seinen Vergütungsanspruch.

Auf den Vergütungsanspruch des Arbeitnehmers bei Annahmeverzug des Arbeitgebers sind gem. § 615 S. 2 BGB vor allem ersparte Aufwendungen und anderweitige Arbeitsvergütungen anzurechnen, daneben aber auch diejenigen Beträge, die der Arbeitnehmer hätte verdienen können, wenn er es nicht böswillig unterlassen hätte, eine ihm zumutbare Arbeit anzunehmen. Eine vergleichbare Regelung ist in § 11 KSchG getroffen worden, die dann zur Anwendung kommt, wenn das Arbeitsgericht im Kündigungsschutzprozess feststellt, dass das Arbeitsverhältnis fortbesteht.

4.4 Schlechterfüllung der Arbeitspflicht

Erfüllt der Arbeitnehmer seine Arbeitspflicht nicht ordnungsgemäß, hat der Ar- **209** beitgeber nicht das Recht, die Vergütung des Arbeitnehmers zu mindern. Gewährleistungsansprüche, wie sie im Kauf-, Werk- und Mietvertragsrecht vorgesehen sind, entstehen im Arbeitsverhältnis nicht, sodass der Arbeitgeber zu einer Minderung der Vergütung nicht berechtigt ist. Dagegen kommt ein Schadensersatzanspruch wegen **Pflichtverletzung**[108] grundsätzlich in Betracht, vgl. § 280 BGB.

---

107 BAGE 46, 234 = NZA 1985, 119; NZA 1985, 778; NZA 1991, 227; NZA 1992, 403; NZA 1993, 550.
108 *Steckler*, Kompendium Wirtschaftsrecht, Abschnitt B. Rz. 137 ff.

Besteht ein entsprechender Schadensersatzanspruch, kann der Arbeitgeber gegen den Vergütungsanspruch des Arbeitnehmers gem. §§ 387 ff. BGB aufrechnen, soweit die Pfändungsfreigrenzen beachtet werden.[109]

Bei einer Schlechterfüllung der Arbeitspflicht besteht eine Schadensersatzpflicht des Arbeitnehmers wegen Pflichtverletzung unter den folgenden Voraussetzungen:

❑ **Bestehen eines Arbeitsverhältnisses,**
❑ **Verletzung einer Sorgfaltspflicht durch den Arbeitnehmer**
❑ **(objektive Pflichtverletzung),**
❑ **Vorsatz oder mindestens mittlere Fahrlässigkeit des Arbeitnehmers.**

In der betrieblichen Praxis werden Schadensersatzansprüche wegen Pflichtverletzung bei einer Schlechtleistung des Arbeitnehmers nur in Ausnahmefällen geltend gemacht, weil der Arbeitnehmer nur bei Vorsatz und grober Fahrlässigkeit uneingeschränkt schadensersatzpflichtig ist.

Beispiel:

Ein Fahrer, der mit einem Fahrzeug des Arbeitgebers unterwegs ist, um Waren an Kunden auszuliefern, überquert absichtlich eine Kreuzung, obwohl die Ampel gerade auf Rot umgeschaltet hat. Kommt es zu einem Unfall, muss der Fahrer dem Arbeitgeber die Kosten für die Reparatur des Fahrzeugs wegen Pflichtverletzung gem. § 280 BGB erstatten.

210   Ein Anspruch auf Schadensersatz wegen Pflichtverletzung kann auch bei einer Verletzung vertraglicher Nebenpflichten entstehen. Bei Verstößen des Arbeitnehmers gegen arbeitsvertragliche Nebenpflichten liegt ebenfalls eine **objektive Pflichtverletzung** vor.

Beispiel:

Wegen des Verrats eines Geschäftsgeheimnisses durch den Arbeitnehmer an einen Konkurrenten entsteht dem Arbeitgeber ein Schaden. Es ist ein Schadensersatzanspruch gem. § 280 BGB gegeben.

Sowohl Schlechtleistungen als auch sonstige Pflichtverletzungen werden häufig dadurch verursacht, dass der Arbeitnehmer seiner Aufgabe nicht gewachsen ist. Ein Arbeitgeber sollte daher stets darauf achten, dass er dem Arbeitnehmer eine Arbeit zuweist, die dieser auch erfüllen kann.

4.5 Haftungsbegrenzung für Arbeitnehmer

211   Nach den allgemeinen Regeln des Leistungsstörungsrechts haftet jeder Vertragspartner wegen **Pflichtverletzung** für schuldhafte Sorgfaltspflichtverletzungen. Auch ein Arbeitnehmer müsste daher gem. §§ 280, 276 BGB für alle vorsätzlich

---

109 Vgl. Abschnitt B. 3.2. zur Sicherung des Arbeitseinkommens durch den Pfändungsschutz.

oder fahrlässig herbeigeführten Schäden einstehen, wenn er bei der Verrichtung seiner Arbeitsleistung z. B. Werkzeuge, Geräte, Maschinen, Fahrzeuge oder Arbeitsmaterial beschädigt. Arbeitnehmer sind jedoch hohen Schadensersatzrisiken ausgesetzt, denn sie haben mit erheblichen Vermögenswerten zu tun, und in vielen Bereichen ist es unvermeidlich, dass auch einem sorgfältig arbeitenden Arbeitnehmer gelegentlich Fehler unterlaufen. Während der Arbeitgeber diese Schäden voraussehen und organisatorische Maßnahmen zur Vermeidung oder Absicherung treffen kann, z. B. durch den Abschluss von Versicherungsverträgen oder durch Berücksichtigung bei der Preiskalkulation, kann der Arbeitnehmer diesen Risiken nicht ausweichen, obwohl sie zu Schadensersatzpflichten führen können, deren Umfang in keinem angemessenen Verhältnis zu dem Arbeitsentgelt steht.

Das Bundesarbeitsgericht hat daher bereits vor vielen Jahren zunächst den Grundsatz entwickelt, dass bei einer **schadensgeneigten Arbeit** (auch: gefahrgeneigten Arbeit), das **Haftungsrisiko des Arbeitnehmers auf Vorsatz und grobe Fahrlässigkeit beschränkt** ist, während alle anderen Schäden entsprechend § 254 BGB (Mitverschulden) dem Betriebsrisiko des Arbeitgebers zuzurechnen sind. Nach dieser Rechtsprechung galten die Haftungserleichterungen aber nur für Arbeitnehmer mit einer schadensgeneigten Tätigkeit, also z. B. für Kraftfahrer, Maschinenmeister, Straßenbahn-, Kran- und Lokomotivführer, die Bauaufsicht und den Geldtransport sowie für Arbeitnehmer, die stark überlastet oder mit eilbedürftigen und weitreichenden Entscheidungen befasst sind. Alle übrigen Arbeitnehmer hatten das volle Haftungsrisiko auch innerhalb der betriebsbedingten Aufgaben zu tragen.[110]

Diese Rechtsprechung wurde inzwischen weiterentwickelt, sodass nunmehr bei allen von Arbeitnehmern verursachten **Schäden, die bei betrieblich veranlassten Tätigkeiten entstehen, eine Beschränkung der Arbeitnehmerhaftung** besteht.[111] Verursacht ein Arbeitnehmer einen Schaden, ist analog § 254 BGB das Betriebsrisiko des Arbeitgebers zu berücksichtigen. Der Arbeitgeber nimmt die Erfolge des betrieblichen Geschehens für sich in Anspruch, gestaltet den Arbeitsablauf und kann die Schadensrisiken beeinflussen. Aus seiner Personal- und Organisationshoheit ergeben sich Möglichkeiten der Gestaltung des Betriebsablaufs und der Tätigkeit der Arbeitnehmer, sodass es zumutbar ist, ihm auch das Schadensrisiko aufzubürden. Demgegenüber kann der Arbeitnehmer den vorgegebenen Arbeitsbedingungen weder tatsächlich noch rechtlich ausweichen. Allein der Arbeitgeber schafft aufgrund seiner Organisationsgewalt die Bedingungen für Schadensrisiken und kann diese beibehalten oder verändern, Sicherheitsvorkehrungen treffen, den Arbeitsablauf beeinflussen etc.

212

Die **Beschränkung der Schadenshaftung** gilt nunmehr für alle Arbeitnehmer bei der Ausführung betriebsbedingter Tätigkeiten. Im Übrigen sind die in der Ver-

---

110 BAGE 7, 290 = AP Nr. 8 zu § 611 BGB – Haftung des Arbeitnehmers; BAG AP Nr. 33 zu § 611 BGH – Haftung des Arbeitnehmers.
111 BAG AP Nr. 101 zu § 611 BGB – Haftung des Arbeitnehmers = NZA 1993, 547; *Richardi*, Abschied von der gefahrgeneigten Arbeit als Voraussetzung für die Arbeitnehmerhaftung, NZA 1994, 241; *Schaub*, Die Haftungsbegrenzung des Arbeitnehmers, WiB 1993, 227.

gangenheit von der Rechtsprechung entwickelten Grundsätze zur gefahrgeneigten Arbeit weiterhin anzuwenden. Danach haften Arbeitnehmer bei leichter Fahrlässigkeit für auftretende Schäden überhaupt nicht, und bei einem mittleren Grad der Fahrlässigkeit erfolgt eine Schadensteilung nach den jeweiligen Umständen des Einzelfalles. Bei der Ausübung von betrieblich veranlassten Aufgaben hat der Arbeitnehmer deshalb nur für vorsätzliches und grob fahrlässiges Handeln uneingeschränkt einzustehen.

213 **Vorsatz** liegt vor, wenn der Arbeitnehmer durch sein Handeln bewusst und gewollt einen Schaden herbeiführt. In diesem Fall haftet er für den gesamten Schaden, denn für eine vorsätzliche Schädigung fremden Eigentums muss auch ein Arbeitnehmer ohne Einschränkungen aufkommen. Eine Haftungserleichterung tritt nach dem arbeitsrechtlichen Grundsatz gefahrgeneigter Tätigkeit nur bei einer fahrlässigen Schadensverursachung ein.

214 **Fahrlässigkeit** ist das außer Acht lassen der im Verkehr erforderlichen Sorgfalt, vgl. § 276 Abs. 2 BGB. Bei fahrlässigem Handeln wird nach dem Grad der Fahrlässigkeit zwischen leichter, mittlerer und grober Fahrlässigkeit unterschieden.

Bei **leichter Fahrlässigkeit** des Arbeitnehmers ist seine Haftung für auftretende Schäden ausgeschlossen. Leichte Fahrlässigkeit liegt immer dann vor, wenn auch einem aufmerksamen Arbeitnehmer gelegentlich derartige Fehler unterlaufen. Bedienungsfehler an einer Maschine oder an einer technischen Anlage beruhen häufig auf leichter Fahrlässigkeit.

Bei **grober Fahrlässigkeit** haftet der Arbeitnehmer wie bei Vorsatz uneingeschränkt. Grobe Fahrlässigkeit liegt vor, wenn die im Verkehr erforderliche Sorgfalt in besonderem Maße außer Acht gelassen wird. In der betrieblichen Praxis kommt ein grob fahrlässiges Handeln insbesondere bei der Teilnahme am Straßenverkehr durch Berufskraftfahrer vor, z. B. durch Alkoholgenuss, gravierende Geschwindigkeitsüberschreitungen, Missachtung von Vorfahrtszeichen, Missachtung einer Ampel, Überholen trotz eines Überholverbots oder an unübersichtlichen Stellen. Lediglich in Ausnahmefällen, wenn eine volle Haftung den Arbeitnehmer krass überfordern würde und ihm unzumutbar ist, kommt eine Reduktion der Schadensersatzpflicht in Betracht.[112]

215 Bei **mittlerer Fahrlässigkeit**, also wenn weder leichte noch grobe Fahrlässigkeit vorliegt, wird der Schaden zwischen dem Arbeitnehmer und dem Arbeitgeber nach Billigkeitsgrundsätzen geteilt. Dabei sind sämtliche Umstände des Einzelfalles zu berücksichtigen. Im Einzelfall zu berücksichtigende Umstände können z. B. die folgenden Umstände sein:

❏ Gefahrgeneigtheit der Tätigkeit nach Häufigkeit und Umfang,

❏ Voraussehbarkeit,

❏ Unternehmerrisiko,

---

112 Vgl. BAG, NZA 1990, 97 = DB 1990, 48.

❏ Monotonie der Arbeitsleistung,

❏ Dauer der Betriebszugehörigkeit,

❏ Lebensalter des Arbeitnehmers,

❏ Stellung des Arbeitnehmers im Betrieb,

❏ Höhe des Arbeitsentgelts,

❏ Versicherbarkeit des Risikos durch den Arbeitgeber.

Bei mittlerer Fahrlässigkeit hat der Arbeitnehmer für den entstandenen Schaden nicht in voller Höhe, sondern nur anteilig einzustehen. Sofern der Arbeitgeber es versäumt hat, sich gegen den Schadenseintritt zu versichern, z. B. durch den Abschluss einer Kaskoversicherung für Kraftfahrzeugschäden, haftet der Arbeitnehmer nur bis zur Höhe der Selbstbeteiligung.[113]

Beispiel:

Der Arbeitnehmer führt mit einem firmeneigenen LKW Lieferaufträge durch und fährt in eine zu niedrige Eisenbahnunterführung. Der Sachschaden am LKW beträgt 14.000,00 €. Da der Unfall bei einer betrieblichen Tätigkeit geschah, fällt er unter das Haftungsprivileg. Die Nichtbeachtung des auf die Höhe der Eisenbahnunterführung hinweisenden Verkehrszeichens ist eine mittlere Fahrlässigkeit, sodass der Arbeitnehmer zur Hälfte an dem Schaden zu beteiligen wäre. Da der Arbeitgeber eine Kaskoversicherung mit einer Selbstbeteiligung von 2.000,00 € hätte abschließen können, muss der Arbeitnehmer aber nur diesen Betrag als Schadensanteil zahlen.[114]

Die von der Rechtsprechung entwickelten Grundsätze zur **Haftungsbegrenzung** **216** für Arbeitnehmer gelten **nur im Arbeitsverhältnis**. Sofern durch die Tätigkeit eines Arbeitnehmers ein betriebsfremder Dritter geschädigt wird, z. B. weil dieser Eigentümer der von dem Arbeitnehmer genutzten Sache ist, haften im Außenverhältnis gegenüber dem Dritten Arbeitnehmer und Arbeitgeber als Gesamtschuldner.[115] Der Arbeitnehmer hat im Innenverhältnis aber einen Freistellungsanspruch gegen den Arbeitgeber nach § 257 BGB, wenn der Schaden z. B. durch leichte Fahrlässigkeit entstanden ist. Dies hat zur Folge, dass der Arbeitnehmer trotz der Haftungsbeschränkung für den gesamten Schaden aufkommen muss, wenn der Arbeitgeber, insbesondere bei Insolvenz, nicht in der Lage ist, den Arbeitnehmer von der Haftung freizustellen.

Fall 8: Leasing mit Schadensfolgen	*Seite 360*

Die Haftungsbegrenzung für Arbeitnehmer kommt vor allem bei **Sachschäden** **217** zum Tragen. Personenschäden, die durch Arbeitsunfälle entstehen, werden regelmäßig von dem zuständigen Unfallversicherungsträger übernommen.[116] Ein verletzter Kollege kann daher nur ausnahmsweise Schadensersatzansprüche geltend

---

113 BAG DB 1988, 1606.
114 LAG München, NZA 1989, 218.
115 BAG NJW 1986, 3104.
116 Vgl. Abschnitt D. 5. zur gesetzlichen Unfallversicherung.

machen. Entsteht einem anderen Arbeitnehmer ein Sachschaden, ist der schadensverursachende Kollege diesem gegenüber dagegen grundsätzlich verpflichtet,
Schadensersatz in voller Höhe zu leisten. Der schadensverursachende Arbeitnehmer hat im Innenverhältnis aber einen Freistellungsanspruch gegen den Arbeitgeber, wenn der Schaden z. B. durch leichte Fahrlässigkeit entstanden ist.

4.6 Mankohaftung des Arbeitnehmers

218 Das Manko ist die **Differenz zwischen dem Ist- und dem Sollbestand**, die z. B.
bei einer Abrechnung oder einer Inventur festgestellt wird. Dem Arbeitgeber kann
durch Fehlbeträge im Kassen- oder Warenbestand ein erheblicher Schaden entstehen. Sofern ein **Kassenmanko** vorliegt, ist der fehlende Geldbetrag zu ersetzen,
während bei einem **Warenmanko** die Wiederbeschaffungskosten anfallen.

219 Eine Mankohaftung des Arbeitnehmers – z. B. eines Filialleiters oder eines Kassie-
rers – kann sich aus einer vertraglichen Mankovereinbarung ergeben, außerdem
kann eine Schadensersatzpflicht wegen positiver Vertragsverletzung oder aus unerlaubter Handlung gem. § 823 BGB bestehen, wenn dem Arbeitnehmer ein Verschulden nachzuweisen ist. Zu beachten ist, dass eine vertragliche **Mankoabrede
gem. § 138 BGB unwirksam** ist, wenn der Arbeitnehmer dadurch übermäßig benachteiligt wird. In der Rechtsprechung wird eine sittenwidrige Benachteiligung
des Arbeitnehmers durch eine Mankovereinbarung angenommen,

❑ **wenn der Arbeitnehmer für die Übernahme der Mankohaftung, die ein
  zusätzliches Risiko darstellt, nicht gleichzeitig entsprechende wirtschaftliche Vorteile erhält,**[117]

❑ **wenn die Haftung zu einer Minderung des Tariflohns führt,**

❑ **wenn der Arbeitnehmer nicht die Möglichkeit hat, das Auftreten eines
  Mankos wirksam zu verhindern.**

220 Außerdem kann die Haftung des Arbeitnehmers wegen Mitverschuldens des Arbeitgebers gem. § 254 BGB gemindert oder ganz ausgeschlossen sein, u. a. bei Or-
ganisationsmängeln oder fehlender Überwachung, wenn der Arbeitgeber keine
regelmäßigen Inventuren vornimmt oder keine Sicherungsmaßnahmen für die
Warenaufbewahrung trifft.

4.7 Vertragsstrafen

221 Da die Geltendmachung eines Schadensersatzanspruchs voraussetzt, dass der Arbeitgeber den ihm entstandenen Schaden beziffern und im Fall einer Auseinandersetzung auch nachweisen kann, werden in der betrieblichen Praxis gern Vertragsstrafeversprechen in die Arbeitsverträge aufgenommen. Vertragsstrafen werden
bereits bei einer Vertragsverletzung fällig, ohne dass ein Schaden dargelegt werden muss. **Vertragsstrafeversprechen** lauten etwa wie folgt:

---

117 BAG AP Nr. 54 zu § 611 Haftung des Arbeitnehmers.

Beispiel:

„Tritt der Arbeitnehmer das Arbeitsverhältnis nicht an, beendet er das Arbeitsverhältnis unter Vertragsbruch oder wird der Arbeitgeber durch schuldhaftes vertragswidriges Verhalten des Arbeitnehmers zur fristlosen Kündigung veranlasst, hat der Arbeitnehmer an den Arbeitgeber eine Vertragsstrafe in Höhe eines Bruttomonatsentgelts zu zahlen. Der Arbeitgeber kann einen weitergehenden Schaden geltend machen."[118]

Mit einem Vertragsstrafeversprechen können Arbeitnehmer zur Einhaltung der **222** arbeitsvertraglichen Pflichten angehalten werden. Da Vertragsstrafeversprechen in Arbeitsverträgen regelmäßig Allgemeine Geschäftsbedingungen darstellen, fallen sie an sich unter das Verbot des § 309 Nr. 6 BGB. Gemäß § 310 Abs. 4 S. 2 BGB sind bei der Anwendung der AGB-rechtlichen Vorschriften jedoch die Besonderheiten im Arbeitsleben zu berücksichtigen. Zu diesen zählt nach Auffassung des BAG, dass die Arbeitspflicht gemäß § 888 Abs. 3 ZPO nicht gerichtlich vollstreckt werden kann und daher ein besonderes Bedürfnis für eine Vertragsstrafe besteht.

Tritt der Arbeitnehmer vertragswidrig die Stelle nicht an oder bleibt er der Arbeit vertragswidrig ohne Einhaltung von Kündigungsfristen fern, so kann hierfür als Vertragsstrafe ein Betrag vereinbart werden, den der Arbeitnehmer bis zum nächsten regulären Beendigungszeitpunkt (also bis zum Ablauf der Kündigungsfrist) verdient hätte.[119] Als Vertragsstrafe kann auch der Verlust eines dem Arbeitnehmer ansonsten von dem Arbeitgeber gewährten Vorteils vereinbart werden. Die Vertragsstrafe muss aber in jedem Einzelfall in einem angemessenen Verhältnis zu der Pflichtverletzung stehen. Ist sie zu hoch und deshalb nach § 307 Abs. 1 S. 1 BBG unwirksam, kommt eine Reduktion durch das Gericht nach § 343 BGB wegen § 306 I BGB nicht in Betracht.[120]

Beispiele für Vertragsstrafen sind:

❏ **Geldzahlungen** wegen eines Verstoßes gegen ein Wettbewerbsverbot,[121]

❏ **Geldzahlungen** wegen Nichtaufnahme der Arbeit,

❏ **Geldzahlungen** wegen vertragswidriger Beendigung des Arbeitsverhältnisses.

Verstößt ein Vertragsstrafeversprechen gegen ein Gesetz, ist es allerdings gem. **223** § 134 BGB nichtig. Daher sind Vertragsstrafeabreden unwirksam, durch die das Kündigungsrecht des Arbeitnehmers ausgeschlossen wird oder die in einem Berufsausbildungsverhältnis vereinbart werden, vgl. § 12 Abs. 2 Nr. 2 BBiG. Außerdem ist ein Vertragsstrafeversprechen wegen Verstoßes gegen die guten Sitten gem. § 138 BGB unwirksam, wenn dadurch die Haftungsbegrenzung des Arbeitnehmers bei Sorgfaltspflichtverletzungen umgangen wird. Es kann also z. B. nicht vereinbart werden, dass ein Arbeitnehmer bei einer leicht fahrlässigen Beschädi-

---

118 BAG NJW 1985, 91.
119 Vgl. zuletzt BAG, DB 2009, 2269; BB 2004, 1740.
120 BAG DB 2009, 2269 = NZA-RR 2009, 519.
121 Vgl. Abschnitt B. 2.2. zu der Treuepflicht des Arbeitnehmers.

gung von Arbeitsmaterial oder Arbeitsgeräten eine Vertragsstrafe zu entrichten hat.

5. Die Beendigung des Arbeitsverhältnisses

224 Ein bestehendes Arbeitsverhältnis kann auf unterschiedliche Weise beendet werden, beispielsweise durch eine Kündigung, aber auch durch Zeitablauf, durch einen Auflösungsvertrag oder durch zahlreiche weitere Beendigungsmöglichkeiten:

- ❑ **Aufhebungsvertrag,**
- ❑ **Kündigung,**
- ❑ **Zeitablauf,**
- ❑ **Zweckerreichung,**
- ❑ **Eintritt einer auflösenden Bedingung,**
- ❑ **Anfechtung des Arbeitsvertrags,**[122]
- ❑ **Lossagung von einem faktischen Arbeitsverhältnis,**[123]
- ❑ **Auflösung durch das Arbeitsgericht,**
- ❑ **lösende Aussperrung,**
- ❑ **Tod des Arbeitnehmers.**

225 Das Arbeitsverhältnis endet nicht durch den Tod des Arbeitgebers; es endet auch nicht im Fall einer Betriebs- oder Unternehmensveräußerung oder bei Insolvenz des Arbeitgebers.[124] Auf der Seite des Arbeitnehmers führen die Ableistung des Wehrdienstes, eine Erkrankung, der Eintritt der Erwerbs- oder Berufsunfähigkeit oder das Erreichen des Rentenalters nicht zu einer Beendigung des Arbeitsverhältnisses. Da die Arbeitsleistung eine höchstpersönliche Leistungspflicht des Arbeitnehmers ist, vgl. § 613 BGB, bewirkt nur der **Tod des Arbeitnehmers** die Beendigung des Arbeitsverhältnisses.

226 Das **Erreichen des Rentenalters** durch den Arbeitnehmer kann infolge einer Vereinbarung im Arbeitsvertrag oder in einem Tarifvertrag das Arbeitsverhältnis beenden. Der Anspruch des Arbeitnehmers auf eine Altersrente ist aber kein Grund zur Kündigung des Arbeitsverhältnisses aus dringenden betrieblichen Erfordernissen, vgl. § 41 S. 1 SGB VI.

227 In der betrieblichen Praxis ist der **Aufhebungsvertrag** die einfachste Möglichkeit der Beendigung eines Arbeitsverhältnisses. Zwar erfordert der Abschluss eines Aufhebungsvertrags wie jeder andere Vertragsabschluss eine entsprechende **Einigung der Vertragsparteien** und kommt deshalb nur in Frage, wenn die Arbeitsvertragsparteien das Arbeitsverhältnis einvernehmlich auflösen wollen. Außerdem bedarf der Auflösungsvertrag gem. § 623 BGB der **Schriftform**. Zu den

---

122 Vgl. Abschnitt B. 1.5. zu den Mängeln des Arbeitsvertrags, die einen Anfechtungsgrund darstellen.
123 Abschnitt B. 1.5.: Bei Unwirksamkeit des Arbeitsvertrags entsteht ein faktisches Arbeitsverhältnis.
124 Vgl. Abschnitt B. 3.2. zu den Rechtsfolgen des Betriebsübergangs und der Insolvenz des Arbeitgebers.

wichtigsten Punkten, die regelmäßig in einem Aufhebungsvertrag geregelt werden sollten, gehören:

❑ der Beendigungszeitpunkt,

❑ eine Abrede über die Einhaltung einer der gesetzlichen Kündigungsfrist entsprechenden Frist,

❑ die mögliche Gewährung von Resturlaub,

❑ die Höhe der Abfindung,

❑ der Inhalt eines qualifizierenden Zeugnisses,

❑ die Verpflichtungserklärung des Arbeitgebers, nur im Sinne des erteilten Zeugnisses Auskunft über den Arbeitnehmer zu erteilen,

❑ eine Vereinbarung über etwaige Ansprüche aus der betrieblichen Altersversorgung,

❑ eine Vereinbarung über ein mögliches nachvertragliches Wettbewerbsverbot,

❑ eine Abgeltungsklausel mit dem Inhalt, dass mit dem Aufhebungsvertrag alle wechselseitigen Ansprüche erloschen sind.

Ein Aufhebungsvertrag kann sowohl für den Arbeitgeber als auch für den Arbeitnehmer im Gegensatz zu einer Kündigung erhebliche Vorteile haben. Für beide Parteien wird zunächst das Risiko eines Kündigungsschutzprozesses vermieden.

Der Arbeitgeber bedarf darüber hinaus keiner behördlichen Zustimmung durch das Integrationsamt bei Abschlüssen von Aufhebungsverträgen mit schwangeren oder behinderten Arbeitnehmern/innen. Ferner muss der Arbeitgeber nicht den Betriebsrat vor Abschluss eines Aufhebungsvertrages, anders als bei jeder Kündigung, vgl. § 102 I BetrVG, hören. Weiterhin muss er nicht die gesetzlichen und die zum Teil sehr viel längeren tarifvertraglichen Kündigungsfristen einhalten.

Für den Arbeitnehmer ermöglicht ein Aufhebungsvertrag die Möglichkeit eines schnellen Wechsels und er kann gegebenenfalls für den freiwilligen Verlust seines Arbeitsplatzes eine Abfindung aushandeln. Der Arbeitnehmer sollte sich aber nicht vorschnell zum Abschluss eines Aufhebungsvertrages entscheiden, sondern auch mögliche sozialrechtliche Nachteile eines Aufhebungsvertrages prüfen lassen. Geht die Initiative zum Abschluss eines Aufhebungsvertrages auf den Arbeitgeber zurück, muss er den Arbeitnehmer über eventuelle sozialrechtliche Nachteile – z. B. eine Sperrfrist des Arbeitslosengeldes, Verlust der betrieblichen Alterversorgung – vor Abschluss des Aufhebungsvertrages aufklären. Ein Aufhebungsvertrag kann für den Arbeitnehmer auch dann vorteilhaft sein, wenn der Arbeitgeber das Recht zu einer außerordentlichen Kündigung hat. Die Chancen auf dem Arbeitsmarkt sind nach Abschluss eines Aufhebungsvertrages in der Regel besser als nach einer Beendigung des Arbeitsverhältnisses durch eine außerordentliche Kündigung.

228 Die Beendigung des Arbeitsverhältnisses durch **Kündigung** wird in den folgenden Abschnitten erörtert.[125] Bei einer Kündigung wird das Arbeitsverhältnis durch eine einseitige und empfangsbedürftige Willenserklärung beendet, sodass aus Gründen des Arbeitnehmerschutzes zahlreiche Wirksamkeitsvoraussetzungen zu beachten sind, so die Kündigungsverbote und -beschränkungen, die Anhörung des Betriebsrates und der Kündigungsschutz nach dem Kündigungsschutzgesetz.

229 Ein Arbeitsverhältnis kann ohne Kündigung durch **Zeitablauf** oder **Zweckerreichung** enden, falls es für eine bestimmte Zeit oder im Hinblick auf einen bestimmten Zweck eingegangen worden ist. Da hierdurch der Kündigungsschutz umgangen wird, ist für eine zulässige Befristung eines Arbeitsverhältnisses gem. § 14 TzBfG ein sachlicher Grund für die Befristung erforderlich. Außerdem bedarf auch die Befristung eines Arbeitsverhältnisses gem. § 14 Abs. 4 TzBfG der **Schriftform**.

230 Sachliche Gründe für die Rechtfertigung der Befristung eines Arbeitsvertrages liegen gem. § 14 Abs. 1 TzBfG in folgenden Situationen vor:

❑ Der betriebliche Bedarf an Arbeitsleistung ist vorübergehender Natur (Aushilfsarbeitsverhältnis), z. B. im Saisongewerbe, bei nachfragebedingter zeitweiliger Produktionserhöhung, bei starkem Kundenandrang vor Wochenenden oder Feiertagen.

❑ Der Arbeitnehmer wird zur Vertretung eines anderen Arbeitnehmers beschäftigt (Vertretungsarbeitsverhältnis), z. B. in den Fällen von Krankheit, Urlaub, Mutterschaft, Erziehungszeiten und Wehrdienst.

❑ Die Befristung ist durch die Eigenart der Arbeitsleistung gerechtfertigt, z. B. im bereich der Medien, in künstlerischen Berufen oder im Unterhaltungsgewerbe.

❑ Es liegen Gründe in der Person des Arbeitnehmers vor, z. B. die Beschäftigung Studierender während der Semesterferien oder die Befristung erfolgt aus anderen Gründen auf besonderen Wunsch des Arbeitnehmers.

❑ Das Haushaltsrecht erfordert die befristete Beschäftigung, z. B. Tätigkeiten im Rahmen von Arbeitsbeschaffungsmaßnahmen oder andere beschränkte Drittmittelfinanzierung, so bei Forschungs- und Entwicklungsprojekten, Einsatz ausländischer Lehrer oder Dozenten etc.

❑ Die Befristung beruht auf einem gerichtlichen Vergleich.

Berufsausbildungsverhältnisse sind eine Sonderform des befristeten Arbeitsverhältnisses. Sie enden mit dem Bestehen der Abschlussprüfung.[126]

Außerdem ist die Befristung eines Arbeitsverhältnisses aus arbeitsmarktpolitischen Gründen gesetzlich zugelassen worden. Danach ist die Befristung eines Arbeitsvertrags **bis zur Dauer von 2 Jahren** auch ohne sachlichen Grund möglich. Außerdem kann ein befristetes Arbeitsverhältnis bis zu drei Mal verlängert wer-

---

125 Vgl. Abschnitte B. 5.1. zu den Voraussetzungen der ordentlichen und der außerordentlichen Kündigung, B. 5.2. zum Kündigungsschutzgesetz, B. 5.3. zur Änderungskündigung und B. 5.4. zur Anhörung des Betriebsrats.
126 Vgl. Abschnitt B. 7. zum Berufsausbildungsverhältnis.

den, allerdings nur bis zu einer Gesamtdauer von 2 Jahren. Sofern der Arbeitnehmer das 58. Lebensjahr vollendet hat, ist eine Befristung sogar uneingeschränkt möglich. Bis zum Jahr 2006 gilt diese Regelung für die Einstellung von Arbeitnehmern, die das 52. Lebensjahr vollendet haben.

Im Fall der Neugründung eines Unternehmens ist die kalendermäßige Befristung eines Arbeitsvertrages bis zur Dauer von vier Jahren zulässig. Während dieser Zeit darf ein Arbeitsverhältnis höchstens mehrfach befristet werden.

Tarifvertragliche Regelungen können die Befristung von Arbeitsverhältnissen allerdings weiter einschränken. Die Anzahl der Verlängerungen oder die Höchstdauer der Befristung kann durch Tarifvertrag abweichend geregelt werden. **231**

Sofern die Befristung unwirksam ist, bleibt dennoch der Arbeitsvertrag im Übrigen wirksam, mit der Folge, dass ein unbefristeter Arbeitsvertrag vorliegt. Der Arbeitnehmer muss aber gem. § 17 TzBfG die Unwirksamkeit der Befristung innerhalb von drei Wochen nach dem vereinbarten Ende des Arbeitsvertrags geltend machen. **232**

Die Vereinbarung einer Befristung beinhaltet die Abrede, dass das Arbeitsverhältnis grundsätzlich durch Fristablauf enden soll. Die Möglichkeit, das Arbeitsverhältnis ordentlich zu kündigen, wird daher mit der Befristung ausgeschlossen. Abweichende Vereinbarungen können aber durch einen Einzelarbeitsvertrag oder durch einen Tarifvertrag getroffen werden. Dagegen ist die außerordentliche Kündigung aus wichtigem Grund auch in einem befristeten Arbeitsverhältnis jederzeit möglich. **233**

Sofern das befristete Arbeitsverhältnis nach Fristablauf von den Arbeitsvertragsparteien einvernehmlich fortgesetzt wird, gilt es als auf unbestimmte Zeit verlängert. Denn die Vereinbarung eines unbefristeten Arbeitsverhältnisses kann auch stillschweigend erfolgen. Danach ist für den **Fortfall der Befristung** ausreichend, dass der Arbeitnehmer mit Kenntnis des Arbeitgebers im Betrieb weiterarbeitet, vgl. § 625 BGB. **234**

Abgesehen von dem Abschluss eines Arbeitsverhältnisses auf bestimmte Zeit kann sich eine Beendigung auch durch den **Zweck des Arbeitsvertrages** ergeben, z. B. bei der Einstellung einer Krankheits-, Schwangerschafts- oder Urlaubsvertretung. In diesen Fällen wird der Arbeitsvertrag, falls er nicht von vornherein befristet wird, durch die Zweckerreichung zeitlich begrenzt. In vielen Fällen kann der Arbeitsvertrag aber auch **unter einer auflösenden Bedingung** abgeschlossen werden; er endet dann mit dem Eintritt der Bedingung, vgl. § 158 Abs. 2 BGB. **235**

Beispiel:

Ein Arbeitsvertrag wird für die Dauer der Erkrankung eines Arbeitnehmers abgeschlossen. Durch die Genesung des erkrankten Arbeitnehmers und die Wiedererlangung der Arbeitsfähigkeit tritt die Bedingung ein, die das Aushilfsarbeitsverhältnis auflöst.

Die dem Arbeitgeber obliegenden Kündigungsbeschränkungen dürfen durch eine auflösende Bedingung aber nicht umgangen werden. Auch eine auflösende Bedingung bedarf daher eines sachlichen Grundes. Besteht kein sachlicher Grund, kommt ein unbefristetes Arbeitsverhältnis zu Stande.

236 Die Beendigung des Arbeitsverhältnisses erfolgt auch durch die weiteren aufgeführten Rechtsgründe, darunter die **Anfechtung des Arbeitsvertrags** wegen arglistiger Täuschung im vorvertraglichen Anbahnungsschuldverhältnis und durch die **Lossagung von dem faktischen Arbeitsverhältnis**, sofern Arbeitsleistungen erbracht werden, ohne dass ein wirksamer Arbeitsvertrag abgeschlossen worden ist.[127] Außerdem kann im Verlauf eines Rechtsstreits zwischen den Arbeitsvertragsparteien auf Antrag die **Auflösung des Arbeitsverhältnisses durch das Arbeitsgericht** ausgesprochen werden. Diese Möglichkeit ist in den §§ 9, 10 KSchG vorgesehen.[128]

237 Nach den Grundsätzen des Arbeitskampfrechts hat die Aussperrung regelmäßig nur suspendierende Wirkung und hebt lediglich die Hauptleistungspflichten auf, während die Arbeitsverträge der von der Aussperrung betroffenen Arbeitnehmer unberührt bleiben. Nur ausnahmsweise kann einer **Aussperrung lösende Wirkung** zukommen.[129]

5.1 Kündigung und Kündigungsfristen

238 In vielen Fällen wird das Arbeitsverhältnis durch eine Kündigung des Arbeitgebers oder des Arbeitnehmers beendet. Die Kündigung ist eine einseitige, empfangsbedürftige Willenserklärung, die das Arbeitsverhältnis aus wichtigem Grund mit sofortiger Wirkung oder zum Ablauf einer Kündigungsfrist beendet. Die Beendigung des Arbeitsverhältnisses durch Kündigung setzt voraus:

❑ **Zugang einer schriftlichen Kündigungserklärung,**

❑ **Ablauf der Kündigungsfrist (= ordentliche Kündigung) oder**

❑ **Vorhandensein eines wichtigen Kündigungsgrundes (= außerordentliche Kündigung).**

239 Jede Kündigung bedarf gem. § 623 BGB der Schriftform. Es ist zwischen der ordentlichen und der außerordentlichen Kündigung zu unterscheiden. Im Fall einer **ordentlichen Kündigung** endet das Arbeitsverhältnis mit Ablauf der gesetzlichen, tarifvertraglichen oder arbeitsvertraglichen Kündigungsfrist. Ein Kündigungsgrund ist nicht erforderlich, die Kündigung eines Arbeitgebers bedarf aber einer sozialen Rechtfertigung nach dem Kündigungsschutzgesetz, sofern das Arbeitsverhältnis in den Anwendungsbereich dieses Gesetzes fällt. Im Fall einer **außerordentlichen Kündigung** endet das Arbeitsverhältnis mit sofortiger Wirkung, in aller Regel daher fristlos, die außerordentliche Kündigung kann aber auch

---

127 Vgl. Abschnitte B. 1.2. zum Anbahnungsverhältnis, B. 1.4. zur Arbeitsaufnahme und B. 1.5. zu den Mängeln des Arbeitsvertrags und den Rechtsfolgen der Anfechtung.
128 Vgl. Abschnitt B. 5.5. zum Kündigungsschutzprozess.
129 Vgl. Abschnitt C. 3.2. zur Aussperrung.

mit einer Auslauffrist ausgesprochen werden. Die außerordentliche Kündigung unterscheidet sich von der ordentlichen Kündigung dadurch, dass ein wichtiger Kündigungsgrund vorliegen muss, vgl. § 626 BGB.

Die **Wirksamkeit der Kündigung** unterliegt weiteren Form- und Fristerfordernissen; ferner sind zahlreiche Kündigungsschutzvorschriften zu beachten sowie die Beteiligungsrechte des Betriebsrats, vgl. die Übersicht 08. Eine Kündigung ist nicht in jedem Arbeitsverhältnis ohne weiteres zulässig. Vielmehr kann die Kündigung im Einzelfall ausgeschlossen sein, außerdem können besondere Zustimmungserfordernisse bestehen: **240**

❑ **Kündigungsverbot** für werdende Mütter gem. § 9 MuSchG,

❑ **Kündigungsverbot** für Erziehungsurlaubsberechtigte gem. § 18 BEEG,

❑ **Ausschluss der ordentlichen Kündigung** bei Wehrpflichtigen, § 2 Arb-PlSchG,

❑ **Ausschluss der ordentlichen Kündigung** bei Berufsausbildungsverhältnissen gem. § 22 BBiG,[130]

❑ **Ausschluss der ordentlichen Kündigung** für Mitglieder des Betriebsrats, der Jugend- und Auszubildendenvertretung, der Bordvertretung oder eines Seebetriebsrats gem. § 15 KSchG,

❑ **Zustimmungserfordernis** des Betriebsrats zur außerordentlichen Kündigung von Mitgliedern des Betriebsrats, der Jugend- und Auszubildendenvertretung und anderer Mitglieder der Betriebsvertretung gem. § 103 BetrVG,

❑ **Zustimmungserfordernis** des Integrationsamtes bei der Kündigung eines Schwerbehinderten gem. § 85 SGB IX,

❑ **Kündigungsschutz** nach dem Kündigungsschutzgesetz,[131]

❑ **Anzeigepflicht** bei Massenentlassungen, §§ 17 ff. KSchG,[132]

❑ **Ausschluss der ordentlichen Kündigung** in dem Arbeitsvertrag, beispielsweise durch die Vereinbarung einer Befristung.

Die Kündigung gegenüber einer **Arbeitnehmerin während der Schwangerschaft** und bis zum Ablauf von vier Monaten nach der Entbindung ist unzulässig, wenn dem Arbeitgeber zur Zeit der Kündigung die Schwangerschaft oder die Entbindung bekannt war oder ihm dies innerhalb von zwei Wochen nach Zugang der Kündigung mitgeteilt wird. Die für den Arbeitsschutz zuständige Behörde, regelmäßig das Gewerbeaufsichtsamt, kann in besonderen Fällen ausnahmsweise die Kündigung für zulässig erklären, vgl. § 9 MuSchG. **241**

Die außerordentliche **Kündigung von Mitgliedern des Betriebsrats**, der Jugend- und Auszubildendenvertretung, der Bordvertretung und des Seebetriebsrats, des Wahlvorstands sowie von Wahlbewerbern bedarf der Zustimmung des Betriebs- **242**

---

130 Vgl. Abschnitt B. 7. zum Berufsausbildungsverhältnis.
131 Vgl. Abschnitt B. 5.2. zum Anwendungsbereich des Kündigungsschutzgesetzes.
132 Vgl. Abschnitt B. 5.5. zum Kündigungsschutzprozess und den Anzeigepflichten des Arbeitgebers bei Massenentlassungen.

rats. Sofern der Betriebsrat seine Zustimmung verweigert, kann sie auf Antrag des Arbeitgebers durch das Arbeitsgericht ersetzt werden, vgl. § 103 BetrVG.

243   Ein **Berufsausbildungsverhältnis** kann nach Ablauf der Probezeit, die zwischen einem und vier Monaten betragen kann, nur aus wichtigem Grund gekündigt werden sowie von dem Auszubildenden, wenn er die Berufsausbildung aufgeben will oder sich für eine andere Berufsausbildung entscheidet, vgl. § 22 BBiG.

244   Neben den aufgeführten gesetzlichen Kündigungshindernissen können die Arbeitsvertragsparteien strengere Voraussetzungen für eine Kündigung vereinbaren. Außerdem enthalten Tarifverträge teilweise Regelungen über die Kündigungsmodalitäten. Während die ordentliche Kündigung vertraglich sogar ausgeschlossen werden kann, ist das **Recht zur außerordentlichen Kündigung für beide Arbeitsvertragsparteien aber unabdingbar**. Auch die Kündigungsfristen können einzelvertraglich und tarifvertraglich verlängert werden.

Übersicht 08: Ablauf der Kündigung im Arbeitsverhältnis	
ordentliche Kündigung gem. §§ 622 BGB Beendigung eines unbefristeten Arbeitsverhältnisses zum Ablauf der gesetzlichen, tarifvertraglichen oder einzelvertraglichen **Kündigungsfrist.**	**außerordentliche Kündigung gem. § 626 BGB** Beendigung eines Arbeitsverhältnisses - befristet oder unbefristet - mit sofortiger Wirkung oder mit einer Auslauffrist **aus wichtigem Grund.**

1. Beachtung von Kündigungsverboten, z. B. nach dem Mutterschutzgesetz.

2. Beachtung besonderer Kündigungsausschlüsse,
z. B. für die ordentliche Kündigung von Berufsausbildungsverhältnissen durch den Ausbildungsbetrieb nach Ablauf der Probezeit.

3. Beachtung besonderer Zustimmungserfordernisse,
z. B. bei einer außerordentlichen Kündigung von Mitgliedern der Betriebsvertretungen Einholung der Zustimmung des Betriebsrats gem. § 103 BetrVG.

4. Beachtung von Kündigungsfristen und Kündigungsschutz:

Soziale Rechtfertigung der Kündigung nach dem **Kündigungsschutzgesetz:** Überprüfung der Weiterbeschäftigungsmöglichkeiten (Änderungskündigung), Rechtfertigungsgründe für die personenbedingte, die verhaltensbedingte oder die betriebsbedingte Kündigung.	Einhaltung der Kündigungserklärungsfrist von **2 Wochen** nach Kenntnisnahme von dem wichtigen Grund. **Interessenabwägung**, ob die Fortsetzung des Arbeitsverhältnisses bis zum Ablauf der Kündigungsfrist oder bis zu dem vereinbarten Beendigungszeitpunkt nicht zumutbar ist.

5. Abmahnung im Fall der verhaltensbedingten Kündigung,

6. Sozialauswahl im Fall einer betriebsbedingten Kündigung.

7. Anhörung des Betriebsrats gem. § 102 BetrVG:

Widerspruchsfrist von einer Woche	Widerspruchsfrist von drei Tagen

8. Abgabe und Zugang einer schriftlichen Kündigungserklärung

9. Kündigungsschutzklage
binnen 3 Wochen nach Zugang der Kündigungserklärung.

Die **ordentliche Kündigung** beendet das Arbeitsverhältnis mit dem **Ablauf**   245
der gesetzlichen oder vertraglichen Kündigungsfrist. Die Dauer der Kündigungsfristen regelt § 622 BGB für alle Arbeitnehmer einheitlich. Danach kann das Beschäftigungsverhältnis eines Arbeitnehmers von beiden Vertragsparteien mit einer **Kündigungsfrist von 4 Wochen** zum 15. oder zum Ende eines Monats gekündigt werden. Daraus folgt, dass in jedem Jahr vierundzwanzig Kündigungsmöglichkeiten bestehen. Die gesetzlichen Kündigungsfristen verlängern sich gem. § 622 Abs. 2 BGB mit zunehmender Dauer des Beschäftigungsverhältnisses. Bei

der Berechnung der Beschäftigungsdauer werden Zeiten, die vor der Vollendung des 25. Lebensjahres liegen, allerdings nicht berücksichtigt, vgl. die Übersicht 09. Diese längeren Kündigungsfristen gelten nur für die arbeitgeberseitige Kündigung, da sie den Arbeitnehmer schützen, ihn aber nicht in seinem beruflichen Fortkommen einschränken sollen.

Übersicht 09: Kündigungsfristen für die ordentliche Kündigung	
Gesetzliche Kündigungsfristen gem. § 622 BGB	
Allgemeine Kündigungsfrist für Arbeitgeber und Arbeitnehmer gem. § 622 Abs. 1 BGB:	**4 Wochen** **zum 15. oder zum Monatsende**
Fristen für die Arbeitgeber-Kündigung gem. § 622 Abs. 2 BGB:	

Dauer des Arbeitsverhältnisses	Mindest-Lebensalter des Arbeitnehmers	Kündigungsfrist
2 Jahre	27 Jahre	1 Monat zum Monatsende
5 Jahre	30 Jahre	2 Monate zum Monatsende
8 Jahre	33 Jahre	3 Monate zum Monatsende
10 Jahre	35 Jahre	4 Monate zum Monatsende
12 Jahre	37 Jahre	5 Monate zum Monatsende
15 Jahre	40 Jahre	6 Monate zum Monatsende
20 Jahre	45 Jahre	7 Monate zum Monatsende

Vertragliche Kündigungsfristen:	
Tarifvertrag gem. § 622 Abs. 4 BGB	Kündigungsfrist beliebig

Mindestkündigungsfristen im Einzelarbeitsvertrag gem. § 622 Abs. 3 und 5 BGB:	
Probezeit bis zu 6 Monaten	2 Wochen Kündigungsfrist
Aushilfsarbeitsverhältnis bis zu 3 Monaten	Kündigungsfrist beliebig
Betriebe bis zu 20 Beschäftigten (ohne Auszubildende und Teilzeitbeschäftigte)	4 Wochen Kündigungsfrist

Für die Kündigung des Arbeitsverhältnisses durch den Arbeitnehmer darf keine längere Frist vereinbart werden als für die Kündigung durch den Arbeitgeber.

246   In einem **Einzelarbeitsvertrag** kann eine kürzere Kündigungsfrist vereinbart werden, wenn ein Arbeitnehmer bis zu drei Monaten zur Aushilfe eingestellt wird. Auch für kleinere Betriebe bis 20 Arbeitnehmer gilt eine Ausnahme, hier kann einzelvertraglich von den gesetzlichen Kündigungsfristen abgewichen werden, wenn vier Wochen nicht unterschritten werden. Falls die Vertragsparteien eine

Probezeit festgelegt haben, kann das Arbeitsverhältnis mit einer Frist von zwei Wochen gekündigt werden.[133] In Tarifverträgen können die gesetzlichen Mindestkündigungsfristen weiter unterschritten werden. Sofern Tarifverträge längere Kündigungsfristen vorsehen, ist darauf zu achten, ob sie nur die Kündigung des Arbeitsverhältnisses durch den Arbeitgeber erfassen oder auch diejenige des Arbeitnehmers. Die Wirksamkeit einer vertraglichen Kündigungsfrist hängt in jedem Fall davon ab, dass diese den Arbeitnehmer nicht länger bindet als den Arbeitgeber.

Beispiel:

Das Beschäftigungsverhältnis eines 40-jährigen Arbeitnehmers, der 10 Jahre in demselben Unternehmen tätig war, kann vom Arbeitgeber mit einer Frist von vier Monaten zum Monatsende, vom Arbeitnehmer mit einer Frist von vier Wochen zum 15. oder zum Ende des Kalendermonats gekündigt werden. Sofern der Arbeitgeber am 25. August kündigt, endet das Arbeitsverhältnis am 31. Dezember desselben Jahres. Kündigt der Arbeitnehmer am 25. August, wird es bereits zum 30. September beendet.

Der maßgebliche Zeitpunkt für den Beginn der Kündigungsfrist ist der **Zugang**   **247** **der schriftlichen Kündigungserklärung**. Sofern die Kündigungserklärung der anderen Vertragspartei vier Wochen vor dem 15. oder vor dem Ende des Kalendermonats zugeht, endet das Arbeitsverhältnis mit Ablauf der gesetzlichen Kündigungsfrist. Die Vierwochenfrist muss jeweils zwischen dem Zugang der Kündigungserklärung und dem vorgesehenen Beendigungszeitpunkt liegen. Wenn die Kündigungserklärung nicht rechtzeitig zugeht, endet das Arbeitsverhältnis erst zum nächsten gesetzlichen Beendigungstermin.

Der Betriebsrat ist vor jeder Kündigung unter Mitteilung der Kündigungsgrün-   **248** de zu hören. **Eine ohne Anhörung des Betriebsrats ausgesprochene Kündigung ist unwirksam, vgl. § 102 Abs. 1 BetrVG.** Danach muss der Arbeitgeber den Betriebsrat zwingend vor Ausspruch der Kündigungserklärung anhören. Soweit dies erforderlich erscheint, soll der Betriebsrat vor seiner Stellungnahme den betroffenen Arbeitnehmer hören, vgl. § 102 Abs. 2 BetrVG. Falls der Betriebsrat gegen die Kündigung Bedenken hat, muss er diese unter Angabe der Gründe dem Arbeitgeber schriftlich mitteilen. Der Betriebsrat hat für diese Mitteilung gesetzliche Fristen einzuhalten. Bei der außerordentlichen Kündigung muss er seine Bedenken spätestens innerhalb von 3 Tagen mitteilen, bei der ordentlichen Kündigung innerhalb von einer Woche. Sofern sich der Betriebsrat innerhalb dieser Fristen nicht zu der Kündigung äußert, gilt seine Zustimmung als erteilt. Um dem Betriebsrat die Gelegenheit zu einer Beschlussfassung zu geben, darf der Arbeitgeber erst nach Ablauf dieser Fristen von einer Woche bzw. von drei Tagen die Kündigungserklärung aussprechen.[134]

Die schriftliche Kündigungserklärung muss dem anderen Vertragsteil zugegangen   **249** sein, um die Wirkung einer Beendigung des Arbeitsverhältnisses auszulösen. Der

---

133 Vgl. Abschnitt B. 6.2. zum Probearbeitsverhältnis.
134 Vgl. Abschnitt B. 5.4. zu den Mitwirkungsrechten des Betriebsrats.

Zugang der Kündigungserklärung ist erst erfolgt, wenn sie in verkehrsüblicher Weise in die tatsächliche Verfügungsgewalt des Empfängers oder eines Empfangsberechtigten gelangt ist, und wenn der Kündigungsempfänger die Möglichkeit der Kenntnisnahme von dem Inhalt des Kündigungsschreibens erhält.

Beispiele:

Die Kündigungserklärung gilt nicht als zugegangen, wenn sie dem Vermieter des Arbeitnehmers übergeben wurde; sie wäre aber an einen Empfangsboten zugegangen bei Übergabe an Angehörige, mit denen der Arbeitnehmer in einer Wohnungs- oder Hausgemeinschaft lebt.[135]

Im Urlaub des Arbeitnehmers gilt ein Kündigungsschreiben des Arbeitgebers als zugegangen, wenn es in der Wohnung des Arbeitnehmers zugestellt wird und ein Nachsendeantrag nicht vorliegt. Sofern der Arbeitnehmer verreist ist und der Arbeitgeber die Urlaubsanschrift kennt, muss die Kündigung in den Urlaub nachgesandt werden oder sie geht erst bei Rückkehr des Arbeitnehmers zu.[136]

Die Kündigungserklärung gegenüber einem ausländischen Arbeitnehmer gilt erst als zugegangen, wenn er deren Inhalt – Rechtsfolge der Vertragsbeendigung – erfassen kann, so dass bei sprachlichen Schwierigkeiten eine Übersetzung erforderlich wird.

250   Die **Kündigung bedarf der Schriftform, vgl. § 623 BGB.** Aus Beweisgründen für den Zugang sollte die Kündigungserklärung in der betrieblichen Praxis dem Arbeitnehmer regelmäßig in Anwesenheit eines Zeugen übergeben werden. Denn bei der Zustellung per Einschreiben/Rückschein kann es zu Verzögerungen kommen und bei einer Übermittlung durch einen einfachen Brief kann der Zugang nicht nachgewiesen werden.

251   Der Kündigungsgrund braucht in der Kündigungserklärung nicht angegeben zu werden. Die **Mitteilung des Kündigungsgrundes** ist nur bei der außerordentlichen Kündigung eines Berufsausbildungsverhältnisses gesetzlich vorgeschrieben, vgl. § 22 Abs. 3 BBiG. In anderen Fällen der außerordentlichen Kündigung kann der Arbeitnehmer jedoch die Mitteilung des Kündigungsgrundes verlangen, vgl. § 626 Abs. 2 S. 3 BGB. Die Kündigungsgründe sind lediglich dem Betriebsrat bei dessen Anhörung mitzuteilen, nicht dagegen dem Arbeitnehmer in der Kündigungserklärung. Allerdings können Tarifverträge oder Betriebsvereinbarungen eine Mitteilungspflicht hinsichtlich des Kündigungsgrundes enthalten.

252   Die **Kündigungserklärung** muss deutlich und zweifelsfrei erkennen lassen, dass und zu welchem Zeitpunkt das Arbeitsverhältnis beendet werden soll. Mithin muss sich aus der Kündigungserklärung ergeben, ob eine ordentliche Kündigung oder eine außerordentliche Kündigung ausgesprochen wird.

253   Während die Anhörung des Betriebsrates zwingend geboten ist, muss der Arbeitgeber den Arbeitnehmer vor Abgabe der Kündigungserklärung weder befragen noch

---

135 BAG NZA 1993, 259.
136 LAG Hamm, NZA 1988, 807.

zu einer Stellungnahme auffordern. Eine **Pflicht zur Anhörung des Arbeitnehmers** besteht lediglich in dem Sonderfall der Verdachtskündigung,[137] um den Grundsatz des rechtlichen Gehörs zu wahren. Wenn der Verdacht einer strafbaren Handlung besteht, ist zwar ein ausreichender Kündigungsgrund gegeben, doch muss der Arbeitnehmer die Gelegenheit erhalten, sich zu diesem Tatverdacht zu äußern, bevor die Kündigung ausgesprochen wird.

Es ist auch darauf zu achten, dass die Kündigungserklärung nur von dem Arbeit-   **254** geber persönlich oder einem von diesem bevollmächtigten Vertreter wirksam abgegeben werden kann. Der Vertreter muss zur Abgabe der Kündigungserklärung bevollmächtigt sein; das sind in aller Regel Prokuristen, Leiter der Personalabteilung, evtl. auch ein Rechtsanwalt, nicht dagegen ein Personalsachbearbeiter oder der unmittelbare Vorgesetzte des Arbeitnehmers. Kündigt ein Vertreter des Arbeitgebers, muss er seine Vertretungsmacht durch Vorlage der schriftlichen Vertretungsurkunde nachweisen, andernfalls kann der Kündigungsempfänger die Kündigung zurückweisen, vgl. § 174 S. 1 BGB. Dies gilt nicht für Prokuristen, weil die Belegschaft gem. § 174 S. 2 BGB über die von der Prokura umfasste Kündigungsberechtigung durch Handelsregister-Eintragung in Kenntnis gesetzt wurde.[138]

Der Arbeitnehmer hat nach alledem zahlreiche Möglichkeiten, die **Unwirksam-**   **255** **keit der Kündigung** zu rügen, beispielsweise

❑ **wegen fehlender Anhörung des Betriebsrats**, § 102 BetrVG,[139]

❑ **wegen fehlender Vollmacht des Kündigenden,**

❑ **wegen fehlender Vorlage der schriftlichen Vertretungsurkunde** bei Kündigungen durch einen Vertreter gem. § 174 BGB,

❑ **wegen Versäumnisses einer Anhörung des Arbeitnehmers** im Sonderfall einer Verdachtskündigung,

❑ **wegen Nichteinhaltung der Kündigungserklärungsfrist** gem. § 626 BGB bei einer außerordentlichen Kündigung,

❑ **wegen Versäumnisses der Mitteilung von Kündigungsgründen** bei der außerordentlichen Kündigung eines Berufsausbildungsverhältnisses,

❑ **wegen Verstoßes gegen ein gesetzliches Verbot** gem. § 134 BGB, z. B. gegen das Kündigungsverbot gem. § 9 MuSchG,

❑ **wegen Verstoßes gegen die guten Sitten** gem. § 138 BGB, z. B. um das Eintreten des Kündigungsschutzes zu verhindern,

❑ **wegen fehlender Abmahnung** bei einer außerordentlichen oder bei einer ordentlichen verhaltensbedingten Kündigung,

❑ **wegen fehlender Sozialauswahl** im Fall einer betriebsbedingten Kündigung, vgl. § 1 Abs. 3 KSchG,

---

137 Schwerdtner, Münchener Kommentar, a.a.O, § 626 Rn. 56 ff.
138 BAG NZA 1992, 449.
139 Vgl. den Abschnitt B. 5.4. zu den Mitwirkungsrechten des Betriebsrats bei einer Kündigung des Arbeitsverhältnisses und den Übungsfall 10 (Anhörung des Betriebsrats zur Kündigung) im Anhang.

❏ **wegen Verstoßes gegen die Anzeigepflicht** bei Massenentlassungen gem. § 18 KSchG.

256   Die **außerordentliche Kündigung** beendet das Arbeitsverhältnis mit sofortiger Wirkung im Zeitpunkt des Zugangs der Kündigungserklärung und kann deshalb nur **aus wichtigem Grund** erfolgen, vgl. § 626 BGB. Regelmäßig hat der Kündigung eine Abmahnung vorauszugehen, worin der Arbeitgeber Leistungsmängel beanstandet und für den Wiederholungsfall Rechtsfolgen androht. Die Abmahnung setzt aber voraus, dass der Arbeitnehmer sein vertragswidriges Verhalten auch ändern kann und ist daher bei groben Verstößen im Vertrauensbereich entbehrlich, z. B. bei einer Straftat des Arbeitnehmers am Arbeitsplatz. **Beispiele für wichtige Gründe**, die eine außerordentliche Kündigung des Arbeitsverhältnisses durch den Arbeitgeber rechtfertigen sind:

❏ **Abwerbung** anderer Arbeitnehmer,

❏ **Alkoholmissbrauch**, insbesondere bei Vorgesetzten und bei Kraftfahrern, während Trunksucht als Krankheit gilt und regelmäßig nur eine ordentliche Kündigung rechtfertigt,

❏ **Arbeitsverweigerung**, beispielsweise durch längere und wiederholte unentschuldigte Fehlzeiten,

❏ schwerwiegende Nichteinhaltung von **Arbeitssicherheitsbestimmungen**,

❏ **Beleidigungen** schwerwiegender Art und sonstige kränkende Äußerungen über den Arbeitgeber, die Vorgesetzten oder Mitarbeiter,

❏ **Ferngespräche** in größerem Umfang zu privaten Zwecken,

❏ **Krankheit** nur, wenn diese vorgetäuscht wurde oder wenn die Arbeitsunfähigkeitsbescheinigung nicht vorgelegt wird,

❏ **Meinungsäußerungen** politischer oder weltanschaulicher Art nur bei Beeinträchtigung des Arbeitsverhältnisses, beispielsweise in Tendenzbetrieben,

❏ **Nebentätigkeit** während des Urlaubs oder in größerem Umfang unter Verstoß gegen ein vertragliches Nebentätigkeitsverbot,

❏ **Schmiergeldannahme** und Bestechlichkeit,

❏ Spesenbetrug und sonstige **Straftaten**, die das Arbeitsverhältnis beeinträchtigen, beispielsweise Missbrauch von Kontrolleinrichtungen, Tätlichkeiten im Betrieb, Eigentumsdelikte im Betrieb, Verkehrsdelikte von Kraftfahrern usw.,

❏ **Urlaubsüberschreitungen** und eigenmächtiger Urlaubsantritt,

❏ **Verdacht** einer strafbaren Handlung bei objektiv begründeten Tatsachen und einer vorherigen Anhörung des Arbeitnehmers,

❏ schwerwiegende Verletzung der **Verschwiegenheitspflicht**,

❏ Verstoß gegen ein **Wettbewerbsverbot**.

Auch der Arbeitnehmer kann das Arbeitsverhältnis im Einzelfall aus wichtigem **257** Grund außerordentlich kündigen. Hierzu gehören beispielsweise die folgenden Gründe:

☐ **Lohnrückstände** nach vorheriger Aufforderung zur Zahlung,

☐ **Insolvenz des Arbeitgebers**, sofern die Vergütung des Arbeitnehmers nicht gezahlt werden kann,

☐ **Vertragsverletzungen**, wenn z. B. der Arbeitgeber dem Arbeitnehmer unzulässige Mehrarbeit zuweist, ihm eine versprochene Prokura nicht erteilt oder einem Außendienstmitarbeiter den zugesagten Bezirk nicht zuteilt.

Die außerordentliche Kündigung kann nur innerhalb einer **Kündigungserklä-** **258** **rungsfrist von zwei Wochen** ausgesprochen werden, nachdem der Kündigende von dem wichtigen Grund erfahren hat, der ihn zur Kündigung berechtigt. Ferner ist eine umfassende **Abwägung der Interessen beider Arbeitsvertragsparteien** erforderlich, da die außerordentliche Kündigung voraussetzt, dass dem Kündigenden unter Berücksichtigung aller Umstände des Einzelfalles die Fortsetzung des Arbeitsverhältnisses bis zum Ablauf der Kündigungsfrist nicht zugemutet werden kann.

Fall 9: Kündigung wegen Unpünktlichkeit *Seite 363*

Sofern im Zeitpunkt der Kündigung ein wichtiger Grund fehlt, kann eine außer- **259** ordentliche Kündigung gem. § 140 BGB in eine ordentliche Kündigung umgedeutet werden, wenn die Kündigungserklärung erkennen lässt, dass das Arbeitsverhältnis auch in diesem Fall beendet werden soll. Allerdings muss der Betriebsrat auch zu der ordentlichen Kündigung angehört worden sein, anderenfalls ist sie unwirksam. Dies gilt selbst dann, wenn der Betriebsrat der außerordentlichen Kündigung widerspricht. Umgekehrt ist die Umdeutung einer ordentlichen Kündigung in eine außerordentliche Kündigung ausgeschlossen. Allerdings kann im Einzelfall in einer Kündigungserklärung auch das Angebot zum Abschluss eines Auflösungsvertrags liegen, das jedoch einer Annahme bedarf, um das Arbeitsverhältnis zu beenden.

Eine Kündigung kann trotz vorliegender Rechtsmängel wirksam werden, wenn **260** der Arbeitnehmer nicht **binnen drei Wochen nach Zugang der Kündigungserklärung Kündigungsschutzklage** vor dem Arbeitsgericht erhebt. Dieser in § 4 KSchG für die sozial ungerechtfertigte Kündigung geregelte Grundsatz wird von der Rechtsprechung weit ausgelegt und erstreckt sich auch auf die Geltendmachung der Unwirksamkeit einer außerordentlichen Kündigung oder einer unzulässigen Befristung.[140]

---

140 *Hueck/v. Hoyningen-Huene*, Kündigungsschutzgesetz, § 4 Rn. 9.

5.2 Kündigungsschutz nach dem Kündigungsschutzgesetz

261 Der allgemeine Kündigungsschutz nach dem Kündigungsschutzgesetz betrifft alle Arbeitsverhältnisse, während der besondere Kündigungsschutz für einige Arbeitnehmergruppen in Spezialgesetzen für Jugendliche, Mütter und Schwerbehinderte geregelt ist. Daneben können Kündigungsschutzregelungen in Tarifverträgen zu beachten sein. Der **Anwendungsbereich des Kündigungsschutzgesetzes** erstreckt sich auf Arbeitsverhältnisse,

❑ **die länger als 6 Monate bestanden haben,** § 1 Abs. 1 KSchG,

❑ **in Betrieben mit mehr als 5 Beschäftigten**, wobei Auszubildende nicht mitgerechnet werden, während teilzeitbeschäftigte Arbeitnehmer anteilig berücksichtigt werden, § 23 Abs. 1 KSchG. Sofern das Arbeitsverhältnis nach dem 31.12.2003 begonnen hat, besteht der Kündigungsschutz erst ab einer Anzahl von 10,25 Beschäftigten.

262 Gem. § 1 Abs. 1 KSchG ist die Kündigung eines Arbeitsverhältnisses, das diese Voraussetzungen erfüllt, unwirksam, wenn sie sozial ungerechtfertigt ist. Eine **soziale Rechtfertigung fehlt** nach dem Kündigungsschutzgesetz

❑ **wenn keine personenbedingte Kündigung vorliegt,**

❑ **wenn keine verhaltensbedingte Kündigung vorliegt** oder die erforderliche Abmahnung des vertragswidrigen Verhaltens fehlt,

❑ **wenn keine betriebsbedingte Kündigung vorliegt** oder die erforderliche Sozialauswahl fehlt,

❑ wenn in privatrechtlichen Betrieben die Kündigung gegen eine **Auswahlrichtlinie** nach § 95 BetrVG verstößt und der Betriebsrat innerhalb der Frist des § 102 BetrVG schriftlich widerspricht,

❑ wenn in privatrechtlichen Betrieben der Arbeitnehmer an einem anderen Arbeitsplatz in demselben Betrieb oder in einem anderen Betrieb des Unternehmens **weiterbeschäftigt werden kann** und der Betriebsrat innerhalb der Frist des § 102 BetrVG schriftlich widerspricht,

❑ wenn in öffentlich-rechtlichen Betrieben die Kündigung gegen eine **Richtlinie über die Personalauswahl** verstößt und die zuständige Personalvertretung aus diesem Grund fristgerecht gegen die Kündigung Einwendungen erhoben hat,

❑ wenn in öffentlich-rechtlichen Betrieben und Verwaltungen der Arbeitnehmer an einem anderen Arbeitsplatz in derselben Dienststelle oder in einer anderen Dienststelle desselben Verwaltungszweiges an demselben Dienstort einschließlich seines Einzugsgebietes **weiterbeschäftigt werden kann** und die zuständige Personalvertretung aus diesem Grund fristgerecht gegen die Kündigung Einwendungen erhoben hat.

Die soziale Rechtfertigung einer Kündigung wird im Arbeitsgerichtsverfahren **263** überprüft, sofern der Arbeitnehmer sich mit einer Kündigungsschutzklage gegen die Wirksamkeit der Kündigung wendet. Die Kündigung gilt aber als rechtswirksam, wenn ihre mangelnde soziale Rechtfertigung nicht innerhalb von **drei Wochen nach Zugang der Kündigungserklärung** durch eine **Kündigungsschutzklage vor dem Arbeitsgericht** geltend gemacht wird, vgl. § 4 KSchG. Der allgemeine Kündigungsschutz bezieht sich nur auf die ordentliche Kündigung des Arbeitsverhältnisses durch den Arbeitgeber. In der betrieblichen Praxis wird die außerordentliche Kündigung gem. § 626 BGB aber häufig vorsorglich mit einer ordentlichen Kündigung verbunden, denn weil die außerordentliche Kündigung einen wichtigen Grund erfordert, wird sie in aller Regel jedenfalls sozial gerechtfertigt sein.

Ein verbreiteter Irrtum besteht dahingehend, dass der Arbeitnehmer sich bereits **264** mit der **Einlegung eines Einspruchs gegen die Kündigung bei dem Betriebsrat** hinreichend verteidigt hat. Hierdurch werden zwar die betriebsinternen Verständigungsmöglichkeiten ausgeschöpft, vgl. § 3 KSchG, doch die dreiwöchige Klagefrist zur Anrufung des Arbeitsgerichts gem. § 4 KSchG läuft unabhängig davon ab Zustellung der Kündigungserklärung. Sofern sich der Arbeitnehmer gegen die Kündigung wenden will, bleibt ihm der Weg zum Arbeitsgericht innerhalb der gesetzlichen Frist nicht erspart.

Personenbedingte Kündigungsgründe beruhen auf persönlichen Eigenschaf- **265** ten und Fertigkeiten des Arbeitnehmers. Aus dem Grundsatz der Verhältnismäßigkeit, wonach die Kündigung das letzte Mittel zur Lösung eines arbeitsrechtlichen Konflikts darstellt (= **ultima-ratio-Prinzip**), bedarf es in diesen Fällen einer sorgfältigen Abwägung der Interessen des Arbeitnehmers und des Betriebs. Insbesondere ist dabei zu berücksichtigen, ob dem Arbeitgeber die Kündigungsgründe bereits bei der Einstellung des Arbeitnehmers bekannt waren oder ob sie später aufgetreten sind, ferner, ob die Gründe eine Folge langjähriger Beschäftigung darstellen und der Arbeitnehmer den Belastungen des Arbeitsplatzes infolge seines Alters und der Entwicklung neuer Techniken nicht mehr gewachsen ist. Der Arbeitgeber muss vor dem Ausspruch einer Kündigung stets die Möglichkeiten zumutbarer Fortbildungs- und Umschulungsmaßnahmen sowie Versetzungsmöglichkeiten prüfen und gegebenenfalls vorrangig eine Änderungskündigung aussprechen.[141]

Beispiele für personenbedingte Gründe für eine Kündigung:

❑ fehlende Arbeitserlaubnis bei ausländischen Arbeitnehmern,[142]

❑ fehlende Eignung für die Arbeitsleistung,
    z. B. mangelhafte Kenntnisse und Fähigkeiten, Nichtbestehen von Prüfungen,

---

141 Vgl. Abschnitt B. 5.3. zur Änderungskündigung.
142 Eine Kündigung wegen fehlender Arbeitserlaubnis wäre sozial gerechtfertigt, falls die Behörde die Erteilung der Arbeitserlaubnis bereits versagt hat, denn der Arbeitnehmer wäre zur Leistung der vertraglich geschuldeten Dienste dauernd außer Stande. Falls die Arbeitserlaubnis erst beantragt wurde, aber noch keine behördliche Entscheidung vorliegt, wäre zu prüfen, ob mit der Erteilung der Erlaubnis in absehbarer Zeit zu rechnen ist und der Arbeitsplatz für den Arbeitnehmer ohne erhebliche betriebliche Beeinträchtigung offen gehalten werden kann, BAG NZA 1991, 341.

mangelnde fachliche Qualifikationen, Entzug der Fahrerlaubnis bei Kraftfahrern,

❑ fehlende gesundheitliche oder charakterliche Eignung für die Arbeitsleistung,

❑ besondere Eignungsmängel in Tendenzbetrieben,[143]

❑ Krankheit, Trunk- und Drogensucht, sofern dadurch betriebliche Interessen beeinträchtigt werden, beispielsweise bei lange andauernden Erkrankungen, häufigen Kurzerkrankungen und bei krankheitsbedingter Leistungsminderung.[144]

266 **Verhaltensbedingte Kündigungsgründe** sind regelmäßig schuldhafte Vertragsverletzungen oder schädigendes dienstliches oder außerdienstliches Verhalten des Arbeitnehmers, sofern letzteres für das Arbeitsverhältnis von Bedeutung ist. Aus dem Grundsatz der Verhältnismäßigkeit ist vor dem Ausspruch der Kündigung eine Abmahnung erforderlich und ebenso wie bei der personenbezogenen Kündigung eine Interessenabwägung zwischen den betrieblichen Belangen und denen des Arbeitnehmers. Die **Abmahnung** enthält die Aufforderung, ein bestimmtes Verhalten vorzunehmen oder zu unterlassen unter Androhung von Rechtsfolgen. Daher kommen der Abmahnung des vertragswidrigen Verhaltens des Arbeitnehmers verschiedene Funktionen zu:[145]

❑ **Hinweis- und Ermahnungsfunktion:**
Die Abmahnung soll den Arbeitnehmer darauf hinweisen, dass sein Verhalten als Verletzung arbeitsvertraglicher Pflichten angesehen wird und ihn zu vertragsgemäßem Verhalten ermahnen.

❑ **Androhungs- und Warnfunktion:**
Die Abmahnung soll dem Arbeitnehmer die möglichen Folgen eines weiteren vertragswidrigen Verhaltens androhen, – z. B. eine Kündigung des Arbeitsverhältnisses – und ihn damit vor den nachteiligen Konsequenzen warnen.

❑ **Dokumentationsfunktion:**
Die Abmahnung dokumentiert durch eine Abschrift in der Personalakte die Verfehlungen des Arbeitnehmers und erleichtert eine spätere Kündigung wegen gleichartiger Vertragsverstöße. Der Arbeitgeber kann sich darauf berufen, dass das vertragswidrige Verhalten zu einem früheren Zeitpunkt bereits aufgetreten ist und erfolglos abgemahnt wurde.

Eine Abmahnung ist entbehrlich, wenn das künftige Verhalten des Arbeitnehmers die Störung des Arbeitsverhältnisses nicht mehr zu beseitigen vermag, insbesondere bei einer Verletzung des Vertrauensverhältnisses zwischen Arbeitgeber und Arbeitnehmer, z. B. bei Untreue oder Unterschlagung im Betrieb. Ferner erübrigt sich die Abmahnung, wenn die rechtlichen Folgen eines Fehlverhaltens dem Arbeitnehmer bekannt sind, indem z. B. am schwarzen Brett darauf hingewiesen wird. Wegen der Androhungs- und Warnfunktion der Abmahnung ist die Kündi-

---

143 *Hueck/v.Hoyningen-Huene*, Kündigungsschutzgesetz, § 1 Rn. 434.
144 BAG NZA 1990, 727 zur krankheitsbedingten Unmöglichkeit der Arbeitsleistung einer Küchenhilfskraft durch eine Wirbelsäulenerkrankung. Weitere Beispiele bei *Hueck / v. Hoyningen-Huene*, Kündigungsschutzgesetz, § 1 Rn. 291 ff. für Aids, Alkohol- und Drogensucht; ders. § 1 Rn. 335 ff. zu den Voraussetzungen der krankheitsbedingten Kündigung.
145 *Hueck / v. Hoyningen-Huene*, KündigungsschutzG, § 1 Rn. 478 ff.; Schmidt, Die Abmahnung und ihre rechtliche Problematik, NZA 1985, 409.

gung erst bei einem wiederholten Verstoß gegen die arbeitsvertraglichen Pflichten zulässig. Ein Mitbestimmungsrecht des Betriebsrates vor dem Ausspruch einer Abmahnung besteht nicht.

Beispiele für verhaltensbedingte Kündigungsgründe: **267**

❏ Arbeitsverweigerung, z. B. wiederholte, unentschuldigte Fehlzeiten (in schweren Fällen evtl. auch außerordentliche Kündigung möglich),

❏ Alkoholmissbrauch (evtl. auch außerordentliche Kündigung möglich),

❏ fehlender Leistungswille,

❏ Verletzung vertraglicher Treuepflichten, z. B. Nichtvorlage der Arbeitspapiere oder wiederholte Nichtvorlage einer Arbeitsunfähigkeitsbescheinigung bei Erkrankungen,

❏ Verletzung eines Alkohol- oder Rauchverbots im Betrieb,

❏ Beleidigungen oder Bedrohungen des Arbeitgebers oder der Vorgesetzten (evtl. auch außerordentliche Kündigung möglich),

❏ Störung des Betriebsfriedens oder des Betriebsablaufs,[146]

❏ häufige Lohnpfändungen, die beim Arbeitgeber zu erheblichen Störungen der betrieblichen Organisation führen,

❏ Schlecht- oder Fehlleistungen nach vorheriger Abmahnung,

❏ Annahme von Schmiergeldern oder unüblichen Geschenken (evtl. auch außerordentliche Kündigung möglich),

❏ Verweigerung oder Missbrauch betrieblicher Kontrollmaßnahmen, z. B. durch Umgehung von Torkontrollen oder Stempeluhren, durch Manipulation von Gleitzeitformularen etc. (evtl. auch außerordentliche Kündigung möglich),

❏ Auftreten wiederholter Mankobeträge,

❏ Aufnahme einer vertragswidrigen Nebentätigkeit,

❏ Straftaten ohne Rücksicht auf den Wert des Gegenstands (rechtfertigen regelmäßig auch eine außerordentliche Kündigung),

❏ private Ferngespräche (rechtfertigen in größerem Umfang auch eine außerordentliche Kündigung),

❏ Meinungsäußerung gegen Tendenzbetriebe,

❏ Verweigerung der Über- und Mehrarbeit in Notfällen,

❏ Unpünktlichkeit nach Abmahnung,

❏ eigenmächtiger Urlaubsantritt und Urlaubsüberschreitung (evtl. auch außerordentliche Kündigung möglich),

---

146 Betriebs- oder Produktionsablaufstörungen sind eine häufige Folge von Fehlzeiten eines Arbeitnehmers im Arbeitsverhältnis. Sie liegen z. B. vor, wenn ein Arbeitnehmer als Montageschlosser in der Vorderachsmontage eines Fahrzeugherstellers beschäftigt ist, wobei die Arbeitsgänge gemeinsam mit einem zweiten Arbeitnehmer ausgeführt werden. Im entschiedenen Einzelfall kam es pro Fehltag zu einem Produktionsausfall von 270 Achsköpfen, vgl. BAG NZA 1991, 557.

❑ Verdacht einer Straftat bei objektiv nachweisbaren Tatsachen,

❑ unbefugtes Verlassen des Arbeitsplatzes.

Fall 10: Fragen zur verhaltensbedingten Kündigung	**Seite 365**

268 **Betriebsbedingte Kündigungsgründe** erfordern betriebliche Gegebenheiten, die einer Weiterbeschäftigung des Arbeitnehmers entgegenstehen.[147] Die betriebsbedingte Kündigung beruht deshalb auf einer unternehmerischen Entscheidung, durch die der Personalbestand einem veränderten Arbeitsbedarf angepasst wird, beispielsweise bei Veränderungen der betrieblichen Struktur, des Produktionsablaufs oder des Produktionszieles. Ein dringendes betriebliches Bedürfnis zur Kündigung eines oder mehrerer Arbeitnehmer kann betriebliche oder außerbetriebliche Ursachen haben. Der Betriebsübergang rechtfertigt keine betriebsbedingte Kündigung, vgl. § 613 a BGB; es müssen im Einzelfall andere sachliche Gründe für die betriebsbedingte Kündigung vorliegen.[148]

Beispiele für betriebsbedingte Kündigungsgründe:

❑ Einschränkung, Umstrukturierung oder Stilllegung des Betriebs,[149]

❑ Einstellung oder Umstellung der Produktion,

❑ Änderung der Arbeits- oder Produktionsmethoden,

❑ Rationalisierungsmaßnahmen, z. B. Änderung der Fertigungstechnik oder Einführung neuer Maschinen,

❑ Absatzschwierigkeiten oder Auftragsmangel, sofern diese Umstände nicht nur vorübergehender Art sind und durch die Einführung von Kurzarbeit überbrückt werden können, sondern zum Wegfall von Arbeitsplätzen führen,

❑ Senkung der Personalkosten, falls dadurch die Stilllegung des Betriebs verhindert werden kann,[150]

❑ Umsatzrückgang mit Anpassung des Personalbestands,

❑ Rohstoffmangel.

269 Nach dem **Grundsatz der Verhältnismäßigkeit** ist eine betriebsbedingte Kündigung ausgeschlossen, wenn der Arbeitnehmer auf einen anderen gleichwertigen Arbeitsplatz im Betrieb versetzt werden kann. Dann ist eine **Änderungskündigung** der Beendigungskündigung vorzuziehen.[151] Allerdings ist der Arbeitgeber bei Wegfall des bisherigen Arbeitsgebiets nicht gehalten, den Arbeitnehmer zur Vermeidung einer Beendigungskündigung auf einen höherwertigen freien Arbeitsplatz zu besseren Bedingungen weiterzubeschäftigen.[152] In den Fällen der betriebsbedingten Kündigung hat der Arbeitgeber zusätzlich unter den für eine Kündigung

---

147 *Schaub*, Die betriebsbedingte Kündigung in der Rechtsprechung des BAG, NZA 1987, 217.
148 *Hueck/v. Hoyningen-Huene*, Kündigungsschutzgesetz, § 1 Rn. 818.
149 BAG NZA 1989, 265.
150 BAG NZA 1986, 824.
151 Vgl. den nachfolgenden Abschnitt B. 5.3. zur Änderungskündigung.
152 BAG NZA 1991, 181.

in Frage kommenden Arbeitnehmern eine **Sozialauswahl** zu treffen, § 1 Abs. 3
S. 1 KSchG. Die Kündigung ist unwirksam, wenn die erforderliche Sozialauswahl
fehlt oder die sozialen Gesichtspunkte nicht hinreichend geprüft wurden.[153] **Die
Sozialauswahl erfolgt in drei Stufen:**

❏ Es ist der Arbeitnehmerkreis festzustellen, der in die Sozialauswahl einzubeziehen ist, denn es können vergleichbare Arbeitnehmer ausgewählt werden.
Arbeitnehmer mit Sonderkündigungsschutz und befristet Beschäftigte sind auszuschließen.

❏ Es sind die relevanten Sozialdaten der Arbeitnehmer und ihre Gewichtung festzustellen. Auswahlkriterien sind insbesondere Betriebszugehörigkeit, Lebensalter und Unterhaltspflichten.

❏ Es ist zu entscheiden, welche Arbeitnehmer für den Betrieb notwendig sind, so
gehen wichtige betriebliche Belange zur Sicherung einer ausgewogenen Perso-
nalstruktur in die Bewertung ein.

Als **Entscheidungskriterien für die Sozialauswahl** kommen in erster Linie
die Dauer der Betriebszugehörigkeit, das Lebensalter und die Unterhaltsverpflich-
tungen des Arbeitnehmers in Betracht, ferner auch die Einkommenssituation der
gesamten Familie, das Vorhandensein von Vermögen oder Schulden, der Gesundheitszustand, eine eventuelle Pflegebedürftigkeit von Angehörigen und zuletzt ar-
beitsmarktpolitische Aspekte. Auf Verlangen des Arbeitnehmers hat der Arbeitgeber ihm die Gründe mitzuteilen, die zu der sozialen Auswahlentscheidung bei der
betriebsbedingten Kündigung geführt haben, vgl. § 1 Abs. 3 S. 1 KSchG.[154]

In Betrieben mit mehr als 1.000 Arbeitnehmern kann der Betriebsrat die **Aufstel-**   **270**
lung von Auswahlrichtlinien[155] verlangen, die u. a. die sozialen Gesichtspunkte für die personelle Auswahl bei Kündigungen beinhalten. Kommt eine Einigung
zwischen dem Arbeitgeber und dem Betriebsrat über die Auswahlrichtlinien nicht
zu Stande, entscheidet die Einigungsstelle. Auch in kleineren Betrieben können
Auswahlrichtlinien zwischen dem Arbeitgeber und dem Betriebsrat in freiwilligen Betriebsvereinbarungen niedergelegt werden. Gelegentlich enthalten auch
Tarifverträge Rechtsnormen zur Auswahlentscheidung des Arbeitgebers. Der Vorrang des Tarifrechts und des Betriebsverfassungsrechts ergibt sich aus § 1 Abs. 4
KSchG.

Im Fall einer betriebsbedingten Kündigung besteht ein gesetzlicher **Abfindungs-**   **271**
anspruch unter den Voraussetzungen des § 1 a KSchG. Der Anspruch setzt voraus, dass der Arbeitnehmer keine Kündigungsschutzklage erhoben hat. Zudem
muss die Kündigungserklärung einen Hinweis enthalten, dass die Kündigung auf
dringende betriebliche Erfordernisse gestützt ist und der Arbeitnehmer nach Ablauf der Klagefrist die Abfindung beanspruchen kann. Die Höhe der Abfindung

---

153 Selbst eine Massenkündigung enthebt den Arbeitgeber nicht von der Verpflichtung zur Sozialauswahl, BAG NJW 1986,
274.
154 Vgl. auch den Übungsfall 10 (Anhörung des Betriebsrats zur Kündigung) mit Lösung im Anhang.
155 Derartige Auswahlrichtlinien betreffen nicht nur die soziale Auswahl bei Kündigungen, sondern werden auch für Einstellungen, Versetzungen und Umgruppierungen vereinbart, vgl. § 95 BetrVG.

beträgt 0,5 Monatsverdienste für jedes Jahr des Bestehens des Arbeitsverhältnisses.

5.3 Die Änderungskündigung

272   Aus dem Grundsatz der Verhältnismäßigkeit (= ultima-ratio-Prinzip) folgt, dass der Arbeitgeber vor dem Ausspruch einer Kündigung prüfen muss, ob eine Weiterbeschäftigung des Arbeitnehmers zu veränderten Arbeitsbedingungen möglich ist.[156] In diesem Fall hat der Arbeitgeber eine **Änderungskündigung** auszusprechen. Die Änderungskündigung enthält eine Kündigungserklärung verbunden mit einem Angebot zur Fortsetzung des Arbeitsverhältnisses zu veränderten Bedingungen.

273   Der Arbeitnehmer hat im Fall einer Änderungskündigung die Möglichkeit, das neue Vertragsangebot anzunehmen, dann verliert er seinen alten Arbeitsplatz und erhält einen neuen Arbeitsplatz zu veränderten Konditionen. Er kann aber auch das neue Vertragsangebot ablehnen, dann endet sein bestehendes Arbeitsverhältnis mit Ablauf der Kündigungsfrist. Nur wenn er im Kündigungsschutzprozess obsiegt, stellt das Arbeitsgericht fest, dass sein Arbeitsverhältnis fortbesteht.[157] Falls er den Kündigungsschutzprozess verliert, steht fest, dass sein bisheriges Arbeitsverhältnis durch wirksame Kündigung beendet worden ist. Nachdem er das Angebot eines neuen Arbeitsvertrags abgelehnt hat, würde auch unter geänderten Konditionen kein Arbeitsverhältnis bestehen. Dieser Situation des Arbeitnehmers nach einer Änderungskündigung trägt § 2 KSchG Rechnung:

„Kündigt der Arbeitgeber das Arbeitsverhältnis und bietet er dem Arbeitnehmer im Zusammenhang der Kündigung die Fortsetzung des Arbeitsverhältnisses zu geänderten Arbeitsbedingungen an, so kann der Arbeitnehmer dieses Angebot **unter dem Vorbehalt** annehmen, dass die Änderung der Arbeitsbedingungen nicht sozial ungerechtfertigt ist … Diesen Vorbehalt muss der Arbeitnehmer dem Arbeitgeber innerhalb der Kündigungsfrist, spätestens jedoch innerhalb von drei Wochen nach Zugang der Kündigung erklären."

274   Danach kann der Arbeitnehmer bei einer Änderungskündigung das Angebot des Arbeitgebers gem. § 2 KSchG unter dem Vorbehalt annehmen, dass die Änderung der Arbeitsbedingungen nicht sozial ungerechtfertigt ist. Die **Vorbehaltserklärung** des Arbeitnehmers muss hinreichend bestimmt sein und innerhalb der Kündigungsfrist erklärt werden, spätestens jedoch innerhalb von drei Wochen nach Zugang der Kündigung. Damit die Kündigung nicht wirksam wird, muss der Arbeitnehmer außerdem Kündigungsschutzklage vor dem Arbeitsgericht erheben. Das Arbeitsgericht überprüft die Frage, ob die Kündigung sozial ungerechtfertigt ist, und je nach dem Ausgang des Verfahrens behält der Arbeitnehmer entweder

---

156 Die gerichtliche Überprüfung organisatorischer Unternehmensentscheidungen beschränkt sich auf die Missbrauchskontrolle, vgl. BAGE 55, 262 = NZA 1987, 776.
157 Vgl. Abschnitt B. 5.5. zum Kündigungsschutzprozess.

seinen ursprünglichen Arbeitsplatz oder er arbeitet unter veränderten Arbeitsbedingungen auf dem neuen Arbeitsplatz weiter.

Beispiel:

*Ein Versicherungsunternehmen will einen Mitarbeiter von der Zentrale in Hamburg nach
Kassel versetzen und spricht eine Änderungskündigung aus. Der Mitarbeiter lehnt das darin enthaltene Vertragsangebot ausdrücklich ab und erhebt Kündigungsschutzklage, die
als unbegründet abgewiesen wird. In diesem Fall verliert der Mitarbeiter nicht nur seinen
alten Arbeitsplatz in Hamburg, sondern hat auch keinen Anspruch auf die Stelle in Kassel.
Diese für ihn nachteilige Folge hätte er durch einen Vorbehalt gem. § 2 KSchG vermeiden
können.*

Änderungskündigungen werden in der betrieblichen Praxis als Folge von Rationa-   **275**
lisierungsmaßnahmen oder von Umstrukturierungen zumeist als betriebsbedingte
Kündigungen erklärt. Dabei steht es dem Arbeitgeber frei, die notwendige Organi-
sationsentscheidung in der Weise zu treffen, anstelle einzelner Beendigungskündi-
gungen eine größere Zahl von Änderungskündigungen mit dem Ziel von Halbtags-
beschäftigungen auszusprechen.[158]

Da es sich auch bei der Änderungskündigung um eine Kündigung handelt, hat   **276**
der Arbeitgeber alle formalen Voraussetzungen einer Kündigung zu beachten,
insbesondere die Kündigungsfristen einzuhalten und den Betriebsrat gem. § 102
BetrVG anzuhören. Das mit der Änderungskündigung verbundene Angebot zum
Abschluss eines neuen Arbeitsvertrags unter veränderten Bedingungen unterliegt
der Mitbestimmung des Betriebsrats gem. § 99 BetrVG.[159]

5.4 Mitwirkungsrechte des Betriebsrats

Der Betriebsrat ist vor jeder Kündigung eines Arbeitnehmers zu hören, vgl. § 102   **277**
BetrVG. Eine ohne Anhörung des Betriebsrats ausgesprochene Kündigung ist unwirksam. Die **Anhörung des Betriebsrates vor einer Kündigung** ist nur entbehrlich

❑ in Betrieben, in denen ein Betriebsrat nicht besteht, und

❑ bei der Kündigung leitender Angestellter i. S. von § 5 Abs 3 und Abs. 4
   BetrVG.[160]

Der Arbeitgeber muss den Betriebsrat zum Zweck der Anhörung über die Person   **278**
des Arbeitnehmers, dessen Kündigung beabsichtigt ist, informieren, ferner darüber, ob eine ordentliche Kündigung, eine außerordentliche Kündigung oder eine
Änderungskündigung ausgesprochen und zu welchem Zeitpunkt das Arbeitsverhältnis beendet werden soll. Darüber hinaus sind dem Betriebsrat alle in Erwä-
gung gezogenen Kündigungsgründe mitzuteilen, insbesondere auch die Gründe

---

158 BAG NZA 1993, 1075.
159 Abschnitt B. 1.1. zur Beteiligung des Betriebsrats bei der Begründung eines Arbeitsverhältnisses.
160 In diesen Fällen wäre aber § 31 Abs. 2 SprAuG zu beachten.

für die soziale Auswahl bei einer betriebsbedingten Kündigung. Die Nachricht von der beabsichtigten Kündigung ist an den Betriebsratsvorsitzenden zu richten. Falls der Arbeitgeber den Betriebsrat nicht hinreichend informiert, ist die Anhörung nicht ordnungsgemäß durchgeführt worden und damit auch die Kündigung unwirksam. Ein Arbeitgeber muss daher vermeiden, dass im Anhörungsverfahren Fehler unterlaufen, die zu seinem Verantwortungsbereich gehören.

Fall 11: Anhörung des Betriebsrates zur Kündigung   *Seite 371*

---

279 Der Betriebsrat kann innerhalb einer **Wochenfrist der ordentlichen Kündigung** oder einer **3-Tages-Frist der außerordentlichen Kündigung** widersprechen, wenn

❏ der Arbeitgeber bei der Auswahl des zu kündigenden Arbeitnehmers soziale Gesichtspunkte nicht oder nicht ausreichend berücksichtigt hat,

❏ die Kündigung gegen eine Richtlinie nach § 95 BetrVG verstößt,

❏ der zu kündigende Arbeitnehmer an einem anderen Arbeitsplatz im selben Betrieb oder in einem anderen Betrieb des Unternehmens weiterbeschäftigt werden kann,

❏ die Weiterbeschäftigung des Arbeitnehmers nach zumutbaren Umschulungs- oder Fortbildungsmaßnahmen möglich ist oder

❏ eine Weiterbeschäftigung des Arbeitnehmers unter geänderten Vertragsbedingungen möglich ist und der Arbeitnehmer sein Einverständnis hiermit erklärt hat.

280 Das **Widerspruchsrecht des Betriebsrats** besteht nur aus diesen gesetzlich festgelegten Gründen, die der Sozialwidrigkeit einer Kündigung nach dem Kündigungsschutzgesetz entsprechen, vgl. §§ 102 Abs. 3 BetrVG, 1 Abs. 2 KSchG. Die Stellungnahme des Betriebsrats, in der er die Gründe für seinen Widerspruch darlegt, bedarf der **Schriftform** und ist in Abschrift dem Arbeitnehmer zuzuleiten, wenn der Arbeitgeber das Arbeitsverhältnis kündigt. Durch dieses Verfahren wird der Arbeitnehmer in die Lage versetzt, seine **Kündigungsschutzklage** auf die Widerspruchsgründe des Betriebsrates zu stützen. Ferner soll der Betriebsrat vor seiner Stellungnahme den betroffenen Arbeitnehmer zu der Kündigung hören.

281 Sofern der Betriebsrat einer ordentlichen Kündigung frist- und ordnungsgemäß widersprochen und der Arbeitnehmer Kündigungsschutzklage erhoben hat, besteht ein gesetzlicher **Weiterbeschäftigungsanspruch** zu unveränderten Arbeitsbedingungen bis zum rechtskräftigen Abschluss des Rechtsstreits, vgl. § 102 Abs. 5 BetrVG.

282 Von dem Widerspruch des Betriebsrats gegen eine Kündigung ist der **Einspruch des Arbeitnehmers bei dem Betriebsrat** zu unterscheiden, mit dem sich der Arbeitnehmer selbst gegen die Kündigung wendet. Sofern der Arbeitnehmer eine Kündigung für sozial ungerechtfertigt hält, kann er binnen einer Wochenfrist nach

Zugang der Kündigungserklärung Einspruch bei dem Betriebsrat einlegen. Erachtet der Betriebsrat den Einspruch für begründet, wird er versuchen, eine **Verständigung mit dem Arbeitgeber** herbeizuführen, vgl. § 3 KSchG. Das innerbetriebliche Kündigungseinspruchsverfahren verfolgt den Zweck, unter Einschaltung des Betriebsrats eine einverständliche Regelung zwischen dem Arbeitnehmer und dem Arbeitgeber zu erreichen, z. B. eine Zurücknahme der Kündigung, eine Verlängerung der Kündigungsfrist oder die Zahlung einer Abfindung.

5.5 Kündigungsschutzprozess

Im Wege der Klage vor dem Arbeitsgericht kann der Arbeitnehmer die Unwirksamkeit einer Kündigung geltend machen. Mit der **Kündigungsschutzklage (auch: Kündigungsgegenklage)** beruft sich der Arbeitnehmer darauf, dass die Kündigung sozial ungerechtfertigt sei und begehrt die Feststellung, dass das Arbeitsverhältnis durch die Kündigung nicht aufgelöst worden ist. Im Fall einer Änderungskündigung wird die Klage auf Feststellung erhoben, dass die Änderung der Arbeitsbedingungen sozial ungerechtfertigt ist, § 4 KSchG. Es handelt sich um eine **negative Feststellungsklage**, die auf den Fortbestand des Arbeitsverhältnisses zu unveränderten Konditionen bzw. auf die Nichtbeendigung durch die Kündigung gerichtet ist. Der Klageantrag lautet wie folgt: **283**

> Der Kläger (= Arbeitnehmer) ..... beantragt festzustellen, dass das Arbeitsverhältnis durch die Kündigung des Beklagten (= Arbeitgebers) ..... vom .... – zugegangen am............... – nicht aufgelöst worden ist. ...

Die Parteien können den **Rechtsstreit vor den Arbeitsgerichten** selbst führen oder sich von einem Rechtsanwalt oder durch Vertreter der Gewerkschaften bzw. der Arbeitgeberverbände vertreten lassen. Da die Kündigungsschutzklage auch von prozess-unerfahrenen Personen geführt werden kann, muss die Form der Klage zwar den allgemeinen Erfordernissen des § 253 ZPO genügen, doch ist ausreichend, wenn die Klage Namen und Anschriften der **Prozessparteien** enthält und den **Streitgegenstand** erkennen lässt, mithin den Willen des Klägers, sich gegen die Kündigung seines Arbeitsverhältnisses zu wenden. Hat der Arbeitnehmer Einspruch beim Betriebsrat eingelegt, soll er der Kündigungsschutzklage die Stellungnahme des Betriebsrats beifügen. **284**

Die Kündigungsschutzklage muss innerhalb einer **Frist von drei Wochen nach Zugang der Kündigungserklärung** beim Arbeitsgericht erhoben werden. Andernfalls wird die Kündigung wirksam mit der Folge, dass das Arbeitsverhältnis zu dem vorgesehenen Zeitpunkt endet. Die Klagefrist beginnt mit dem Zugang der schriftlichen Kündigungserklärung. Falls die Kündigung der Zustimmung einer Behörde bedarf, z. B. bei Schwerbehinderten oder bei Schwangeren läuft die Frist zur Anrufung des Arbeitsgerichts erst von der Bekanntgabe der behördlichen Entscheidung an den Arbeitnehmer, vgl. § 4 KSchG. **285**

Sofern der Arbeitnehmer die Klagefrist versäumt hat, wird die Kündigung gem. § 7
KSchG wirksam. Nach Ablauf der Dreiwochenfrist kann die Klage allenfalls noch
auf andere Gründe als auf die Sozialwidrigkeit der Kündigung gestützt werden.
Nur in Ausnahmefällen wird das Arbeitsgericht bei **Versäumung der Klagefrist**
eine verspätete Kündigungsschutzklage gem. § 5 KSchG zulassen, wenn der Arbeitnehmer trotz Anwendung aller ihm nach Lage der Umstände zuzumutenden
Sorgfalt verhindert war, die Klage zu erheben.

Beispiel:

*Ein 46-jähriger Arbeitnehmer mit gesetzlicher Kündigungsfrist, dessen Arbeitsverhältnis
seit 9 Jahren besteht, erhält am 24 Juni, einem Freitag, die ordentliche Kündigung persönlich von dem Arbeitgeber ausgehändigt. Gem. § 622 Abs. 2 Nr. 3 BGB endet das Beschäftigungsverhältnis am 30. September. Die Klagefrist läuft gem. §§ 4 KSchG, 188 Abs. 2 BGB
am Freitag, dem 15. Juli, ab. Der Arbeitnehmer ist rechtsschutzversichert und wendet sich
deshalb an seine Versicherung mit der Bitte um eine Bestätigung der Prozesskostenüber-
nahme. Er will die Kündigungsschutzklage erst erheben, nachdem er die Prozesskostenzu-
sage der Versicherung erhalten hat, die am 25. Juli bei ihm eingeht. Da die Klagefrist zu
diesem Zeitpunkt bereits abgelaufen ist, wurde die Kündigung gem. § 7 KSchG wirksam.
Wenn er nun mit der Kündigungsschutzklage die Sozialwidrigkeit der Kündigung geltend
macht, wird das Arbeitsgericht die Klage wegen Fristversäumnis abweisen.*

286   Falls der Arbeitnehmer die Kündigungsschutzklage form- und fristgerecht bei dem
Arbeitsgericht erhoben hat, wird nach Möglichkeit **innerhalb von zwei Wochen
eine Güteverhandlung** durchgeführt. In der Güteverhandlung wird der Sach-
und Streitstand mit den Parteien erörtert, um eine einvernehmliche Beilegung des
Rechtsstreits zu erreichen, §§ 54, 61 a ArbGG. Erst nach erfolgloser Güteverhandlung findet das streitige Prozessverfahren statt.

287   Häufig wird mit der Kündigungsschutzklage ein **Antrag auf Weiterbeschäftigung des Arbeitnehmers** verbunden. Der Weiterbeschäftigungsanspruch ist nur
begründet, wenn der Betriebsrat der Kündigung wirksam widersprochen hat. Außerhalb des Kündigungsschutzprozesses kann der Weiterbeschäftigungsanspruch
von dem Arbeitnehmer auch im Wege der einstweiligen Verfügung verfolgt werden, ebenso wie das Arbeitsgericht den Arbeitgeber im Wege der einstweiligen
Verfügung von der Pflicht zur Weiterbeschäftigung des Arbeitnehmers entbinden
kann. Dieser Antrag des Arbeitgebers ist beispielsweise begründet, wenn die Kündigungsschutzklage keine hinreichende Erfolgsaussicht bietet, wenn die Weiterbeschäftigung des Arbeitnehmers zu unzumutbaren wirtschaftlichen Belastungen
führen würde oder wenn der Widerspruch des Betriebsrats offensichtlich unbegründet ist, vgl. § 102 Abs. 5 BetrVG.

288   Ergibt sich im Kündigungsschutzprozess, dass die Kündigung sozial ungerechtfertigt ist, weil keine ausreichenden Kündigungsgründe vorlagen oder der Arbeitgeber solche nicht nachweisen kann, stellt das Arbeitsgericht durch Urteil fest, dass
das Arbeitsverhältnis durch die Kündigung nicht aufgelöst worden ist. In diesem
Fall hat der Arbeitgeber dem Arbeitnehmer das Arbeitsentgelt nach den Grundsätzen des Annahmeverzugs auch für die Zeiten der Nichtbeschäftigung zu zahlen.
Nach der Rechtsprechung der Arbeitsgerichte gerät der Arbeitgeber bei unberech-

tigter fristloser Kündigung sofort in Annahmeverzug, bei unberechtigter ordentlicher Kündigung erst nach Ablauf der Kündigungsfrist. Danach ist ein wörtliches Angebot der Arbeitsleistung durch den Arbeitnehmer, das in der Erhebung der Kündigungsschutzklage liegt, nicht mehr erforderlich.[161]

Da den Parteien nach Beendigung des Kündigungsschutzverfahrens die Fortsetzung des Arbeitsverhältnisses nicht in jedem Fall zuzumuten ist, können sie noch in der letzten mündlichen Verhandlung, also vor der Urteilsverkündung, einen **Antrag auf Auflösung des Arbeitsverhältnisses** gegen Zahlung einer angemessenen Abfindung stellen, die bis zu zwölf Monatsverdienste betragen kann, vgl. §§ 9, 10 KSchG. Insbesondere wenn der Arbeitnehmer im Verlauf des Kündigungsschutzverfahrens bereits einen anderen Arbeitsplatz gefunden hat und ein neues Arbeitsverhältnis eingegangen ist, wird er diesen Antrag stellen. Stellt der Arbeitgeber einen Auflösungsantrag, wird dem allerdings nur dann stattgegeben, wenn Gründe vorliegen, die eine den Betriebszwecken dienliche weitere Zusammenarbeit zwischen Arbeitgeber und Arbeitnehmer nicht erwarten lassen. **289**

Sofern die Überprüfung der Kündigung ergibt, dass die Kündigung nicht sozial ungerechtfertigt ist, weist das Arbeitsgericht die Kündigungsschutzklage durch Urteil ab. Mit Rechtskraft des Urteils steht fest, dass das Arbeitsverhältnis durch die Kündigung zum Ablauf der gesetzlichen oder vertraglichen Frist beendet wurde. **290**

5.6 Anzeigepflichten

Aus arbeitsmarktpolitischen Gründen bestehen bei Massenentlassungen Mitteilungs- und **Anzeigepflichten des Arbeitgebers gegenüber dem Arbeitsamt,** vgl. §§ 17 ff.KSchG. Falls in Betrieben mit mehr als 20 Arbeitnehmern innerhalb von 30 Tagen eine größere Anzahl von Arbeitnehmern entlassen werden, muss der Arbeitgeber nicht nur den Betriebsrat rechtzeitig über die Gründe, die Zahl der betroffenen Arbeitnehmer und den Zeitraum der Entlassungen informieren, sondern auch dem Arbeitsamt hiervon Mitteilung machen. Die Anzeigepflicht entsteht gem. § 17 KSchG **291**

❏ in Betrieben mit 21 bis 59 Arbeitnehmern bei der Entlassung von mehr als 5 Arbeitnehmern,

❏ in Betrieben mit 60 bis 499 Arbeitnehmern bei der Entlassung von 10 % der Arbeitnehmer oder von mehr als 25 Arbeitnehmern,

❏ in Betrieben mit mindestens 500 Arbeitnehmern bei der Entlassung von mindestens 30 Arbeitnehmern.

Die Anzeigepflicht bezieht sich auf Entlassungen und damit auf die tatsächliche Beendigung von Arbeitsverhältnissen, gleich aus welchem Rechtsgrund. Infolge dessen sind nicht nur die ordentlichen arbeitgeberseitigen Kündigungen, sondern auch Änderungskündigungen, Aufhebungsverträge und Befristungen zu berück- **292**

---

161 BAG BB 1985, 399; DB 1985, 1744; vgl. Abschnitt B. 4.3. zum Annahmeverzug des Arbeitgebers.

sichtigen, wenn die Beendigung des Arbeitsverhältnisses auf Veranlassung des Arbeitgebers erfolgt. Lediglich außerordentliche Kündigungen sind von der Anzeigepflicht ausdrücklich ausgenommen. Die Anzeigepflicht gilt ferner nicht für Saison- und Kampagnebetriebe, z. B. Skiliftunternehmen, jahreszeitlich geöffnete Hotelbetriebe, Weihnachtsgeschäfte, Zuckerfabriken und andere von der Landwirtschaft abhängige Unternehmen, vgl. § 22 KSchG.

293 Die Anzeige von Massenentlassungen bei dem Arbeitsamt hat zur Folge, dass gem. § 18 KSchG eine **einmonatige Sperrfrist** für die Beendigung von Arbeitsverhältnissen eintritt. Sofern die Anzeige bei dem Arbeitsamt unterlassen oder nicht ordnungsgemäß erstattet wurde, läuft diese Sperrfrist nicht, und es sind sämtliche Kündigungen unwirksam. Allerdings muss sich der Arbeitnehmer gegenüber dem Arbeitgeber im Einzelfall auf die Unwirksamkeit der Kündigung ausdrücklich berufen und die Fortsetzung des Arbeitsverhältnisses verlangen.

5.7 Zeugnisanspruch

294 Der Arbeitnehmer hat aus dem Arbeitsverhältnis einen Anspruch gegen den Arbeitgeber auf Erteilung eines Zeugnisses über seine Tätigkeit. Der Zeugnisanspruch ergibt sich für die unterschiedlichen Arbeitnehmergruppen aus verschiedenen Rechtsgrundlagen,

❏ für Arbeitnehmer aus § 630 BGB,

❏ für Auszubildende aus § 16 BBiG.

295 Danach hat der Arbeitgeber dem Arbeitnehmer ein einfaches Zeugnis zu erteilen, das sich auf das Arbeitsverhältnis und dessen Dauer bezieht. Er hat auf Verlangen des Arbeitnehmers ein qualifiziertes Zeugnis auszustellen, das sich auch auf die Leistungen und auf die Führung des Arbeitnehmers erstreckt. **Das einfache Zeugnis** enthält neben den Angaben zur Person des Arbeitnehmers die Art und Dauer der Beschäftigung. Es ist dabei von dem rechtlichen Bestand des Arbeitsverhältnisses auszugehen, sodass Fehlzeiten grundsätzlich unberücksichtigt bleiben, ebenso wie der Beendigungsgrund.

Beispiel:

Herr/Frau ...., geboren am ...., wohnhaft in .... war vom .... bis zum .... bei uns als Kraftfahrer/in beschäftigt.

296 **Das qualifizierte Zeugnis** wird nur auf Verlangen des Arbeitnehmers ausgestellt und erstreckt sich auch auf dessen Führung und Leistung. Es soll dem Arbeitnehmer als Unterlage für eine neue Bewerbung dienen und gleichzeitig auch den zukünftigen Arbeitgeber über die bisherige Beschäftigung des Arbeitnehmers und seine Qualifikation unterrichten. Daraus folgt, dass das qualifizierte Zeugnis einerseits vom Wohlwollen des bisherigen Arbeitgebers getragen sein sollte, der das Fortkommen des Arbeitnehmers nicht unnötig erschweren darf, während andererseits auch die Belange des künftigen Arbeitgebers nicht verletzt werden dür-

fen, indem der Arbeitnehmer überbewertet wird. Der **Grundsatz der Zeugniserteilung**, der sich aus der arbeitsvertraglichen Fürsorgepflicht des Arbeitgebers ergibt, lautet daher:

❑ **Das Zeugnis muss wahr sein.**

Der Grundsatz der Zeugniswahrheit wirkt sich in der betrieblichen Praxis dahingehend aus, dass das Zeugnis **alle wesentlichen Tatsachen und Bewertungen** enthalten muss, die für die Gesamtbeurteilung des Arbeitnehmers von Bedeutung sind. Somit sind alle charakteristischen Vorfälle aus dem Ablauf des Arbeitsverhältnisses aufzunehmen, unabhängig davon, ob sie für den Arbeitnehmer vorteilhaft oder nachteilig sind. Dagegen dürfen einmalige Begebenheiten nicht im Zeugnis enthalten sein. Auch ein **Kündigungsgrund** darf nur in das Zeugnis aufgenommen werden, wenn der Umstand sich als typisch für das Gesamtbild des Arbeitsverhältnisses darstellt. Insgesamt muss das Zeugnis klar und unmissverständlich formuliert sein, es sollte keine Mehrdeutigkeiten enthalten, darf nicht zu Irrtümern führen und keine geheimen Informationen oder Zeichen wiedergeben. **297**

Beispiel:

Frau ...., geb. am. ...., war in der Zeit vom .... bis .... als Sachbearbeiterin in der Personalabteilung tätig. Sie war für die Personalaktenführung und für die Lohn- und Gehaltsabrechnung zuständig. Die ihr übertragenen Aufgaben erledigte sie selbstständig und mit großer Sorgfalt und Gewissenhaftigkeit. Sie zeichnete sich durch eine konstruktive Zusammenarbeit mit der Betriebsleitung aus. Ihr freundliches Wesen machte sie bei Mitarbeitern und Vorgesetzen beliebt. Frau .... scheidet auf eigenen Wunsch aus familiären Gründen aus unserem Betrieb aus. Wir bedauern, in Frau .... eine schwer zu ersetzende Mitarbeiterin zu verlieren und wünschen ihr für die Zukunft alles Gute. ...

Der Arbeitnehmer hat einen **Zeugnisberichtigungsanspruch**, wenn das Zeugnis unrichtige Beurteilungen oder Tatsachen enthält. Dieser Anspruch kann vor den Arbeitsgerichten eingeklagt werden mit der Folge, dass der Arbeitgeber das Zeugnis neu formulieren oder einzelne Passagen herausstreichen muss. **298**

> **Fall 12: Wahrheitspflicht im qualifizierten Zeugnis** **Seite 373**

Der Zeugnisanspruch entsteht bereits vor der Beendigung des Arbeitsverhältnisses, regelmäßig mit Beginn der gesetzlichen Kündigungsfristen, weil das Zeugnis dem Arbeitnehmer die Suche eines neuen Arbeitsplatzes erleichtern soll. Bei verschuldeter Nichterteilung, unrichtiger oder verspäteter Zeugniserteilung kann der Arbeitnehmer Schadensersatz wegen positiver Vertragsverletzung verlangen. **299**

5.8 Ausgleichsquittung und Verzicht

Die Ausgleichsquittung ist eine Bestätigung, dass keine Ansprüche mehr aus dem Arbeitsverhältnis bestehen. Die Rechtsnatur einer Ausgleichsquittung ist nach dem Willen der Vertragsparteien auszulegen. Es handelt sich je nach den Umständen des Einzelfalls um **300**

❑ **einen Erlassvertrag gem. § 397 Abs. 1 BGB,**
   wenn die Vertragsparteien meinen, dass noch vorhandene Forderungen aus dem
   Arbeitsvertrag nicht mehr erfüllt werden sollen,

❑ **ein deklaratorisches negatives Schuldanerkenntnis gem. § 397 Abs. 2
   BGB,** wenn die Vertragsparteien davon ausgehen, dass keine Forderungen aus
   dem Arbeitsverhältnis mehr bestehen,

❑ **ein konstitutives negatives Schuldanerkenntnis,**
   wenn die Vertragsparteien nicht nur die ihnen bekannten, sondern auch die ihnen unbekannten Forderungen aus dem Arbeitsverhältnis zum Erlöschen bringen wollen,

❑ **einen Vergleich gem. § 779 BGB,**
   wenn sich die Vertragsparteien darüber streiten, in welcher Höhe noch Forderungen aus dem Arbeitsverhältnis bestehen, und diesen Streit im Wege beider-
   seitigen Nachgebens beenden wollen.

301 Die rechtliche Tragweite der Ausgleichsquittung ist durch Auslegung zu ermitteln. Häufig liegt ein **Verzicht** des Arbeitnehmers auf bestehende Ansprüche vor,
sodass die Ausgleichsquittung rechtlich als Erlassvertrag einzuordnen ist. Bei
entsprechender Formulierung kann die Ausgleichsquittung durchaus auch einen
Aufhebungsvertrag beinhalten mit der Folge, dass das Arbeitsverhältnis einverständlich beendet und eine Kündigungsschutzklage ausgeschlossen wird. Minderjährige können eine Ausgleichsquittung nur dann rechtswirksam unterzeichnen,
wenn sie von dem gesetzlichen Vertreter ermächtigt waren, ein Arbeitsverhältnis
einzugehen, vgl. § 113 BGB.

302 Die Ausgleichsquittung ist unwirksam, soweit sie sich auf unabdingbare Ansprüche bezieht, beispielsweise auf Urlaub oder Urlaubsabgeltung, auf Ansprüche aus
einem Tarifvertrag oder auf Ansprüche aus einer Betriebsvereinbarung, vgl. §§ 4
Abs. 4 TVG, 77 Abs. 4 BetrVG.

Beispiel:

*Der Arbeitnehmer unterschreibt bei Beendigung des Arbeitsverhältnisses eine Ausgleichs-
quittung mit folgendem Inhalt: „Hiermit bestätige ich, dass ich keine weiteren Ansprüche
aus dem am … beendeten Arbeitsverhältnis habe." Dadurch hat der Arbeitnehmer auf sämtliche noch bestehenden Ansprüche aus dem Arbeitsverhältnis verzichtet, ausgenommen Ansprüche aus Tarifverträgen und Betriebsvereinbarungen sowie dem Bundesurlaubsgesetz,
die unverzichtbar sind. Falls sich herausstellt, dass der Arbeitnehmer bei Unterzeichnung
der Ausgleichsquittung noch einen Anspruch auf die Zahlung tariflicher Zulagen hatte,
kann er diesen noch geltend machen, sofern der Anspruch nicht verjährt oder durch den
Ablauf einer tariflichen Ausschlussfrist untergegangen ist.*

303 In einzelnen Tarifverträgen ist eine Regelung enthalten, wonach die Ausgleichsquittung innerhalb einer bestimmten Frist widerrufen werden kann. Im Übrigen
gibt es nur die Möglichkeit der Anfechtung des in der Ausgleichsquittung enthaltenen Rechtsgeschäfts wegen Irrtums gem. § 119 BGB oder wegen arglistiger Täuschung oder Drohung gem. § 123 BGB. Ein Erklärungsirrtum liegt allerdings nicht

vor, wenn der Arbeitnehmer die Ausgleichsquittung ungelesen unterzeichnet, sondern z. B. dann, wenn der Arbeitnehmer glaubt, er unterzeichne eine Empfangsquittung über seine restliche Vergütung oder über seine Arbeitspapiere.

5.9 Verjährung, Verwirkung und Ausschlussfristen

Auch arbeitsrechtliche Ansprüche können nach den allgemeinen Regeln des bürgerlichen Rechts verjähren, verwirkt sein oder ausgeschlossen werden. Ein Anspruch, wonach der Gläubiger von dem Schuldner ein Tun oder Unterlassen verlangen kann, unterliegt gem. §§ 194 ff BGB der Verjährung. Nach dem Ablauf der gesetzlichen Verjährungsfrist ist der Schuldner berechtigt, die Leistung zu verweigern, vgl. § 214 BGB. Die **Einrede der Verjährung ist ein Leistungsverweigerungsrecht**, welches der Schuldner einem Anspruch des Gläubigers entgegenhalten kann. Der Ablauf der Verjährungsfrist berührt den Anspruch nicht in seinem Fortbestand, sondern gibt dem Schuldner lediglich die Einrede der Verjährung als Gegenrecht. Erhebt der Schuldner die Verjährungseinrede nicht, bleibt er zur Erfüllung des Anspruchs verpflichtet. Der Schuldner kann Zahlungen, die er zur Erfüllung einer verjährten Forderung bereits erbracht hat, auch nicht mehr zurückfordern. **304**

Der **Anspruch des Arbeitnehmers auf die Arbeitsvergütung** verjährt nach den Regeln des bürgerlichen Rechts **in drei Jahren**, beginnend mit dem Ende des Jahres, in dem er fällig geworden ist, §§ 195, 199 BGB. Diese gesetzliche Verjährungsfrist gilt für alle Formen des Arbeitsentgelts, z. B. auch für **305**

❏ einmalige Vergütungen, z. B. Zahlungen nach dem ArbNErfG,

❏ Ansprüche aus Pflichtverletzung, z. B. Schadensersatzansprüche wegen Verletzung der arbeitsvertraglichen Treue- und Fürsorgepflichten,

❏ Rückerstattungsansprüche wegen überzahlter Lohnsteuern,

❏ Bereicherungsansprüche des Arbeitgebers wegen versehentlicher Lohnüberzahlungen,

❏ Zeugnisansprüche und andere nicht auf Vergütungen gerichtete Ansprüche, z. B. auf Erfüllung von Treue- und Fürsorgepflichten.

Der **Lauf der Verjährungsfrist** kann gem. § 203 BGB gehemmt sein, beispielsweise durch eine Stundungsvereinbarung oder Klageerhebung. Allerdings reicht die Erhebung einer Kündigungsschutzklage, die auf die Feststellung der Unwirksamkeit einer Kündigung gerichtet ist, nicht aus, um den Ablauf der Verjährungsfrist für einen Vergütungsanspruch des Arbeitnehmers zu hemmen. Vielmehr muss der Arbeitnehmer eine Zahlungsklage erheben oder dem Arbeitgeber wegen des Zahlungsanspruchs einen gerichtlichen Mahnbescheid zustellen lassen, vgl. § 204 BGB. **306**

Die **Verwirkung** ist ein Fall der unzulässigen Rechtsausübung. Sie kommt zum Tragen, wenn eine Vertragspartei ein ihr zustehendes Recht über längere Zeit **307** nicht wahrnimmt, die andere Vertragspartei aufgrund dieses Verhaltens damit rechnen kann, dass das Recht auch in Zukunft nicht mehr geltend gemacht wird und ihr die Erfüllung des Anspruchs deshalb nicht mehr zugemutet werden kann. Unter diesen Voraussetzungen verstößt die Geltendmachung eines Anspruchs schon vor Ablauf der Verjährungsfrist gegen den Grundsatz von Treu und Glauben gem. § 242 BGB. Der Verwirkung unterliegen beispielsweise die Ansprüche auf Lohnzahlung und Urlaub, auf Bezahlung von Überstunden und Mehrarbeit, auf die Zeugniserteilung sowie auf die Geltendmachung von Unwirksamkeitsgründen bei einer Kündigung. Nach § 4 Abs. 4 S. 2 TVG ist die Verwirkung tariflicher Ansprüche allerdings ausgeschlossen.

308 **Ausschlussfristen (auch: Verfallfristen)** werden häufig tarifvertraglich oder auch einzelvertraglich vereinbart und bewirken das **Erlöschen eines Rechts nach Fristablauf.** Während der Ablauf der Verjährungsfrist ein Leistungsverweigerungsrecht begründet und der Anspruch fortbesteht, bewirkt der Ablauf einer Ausschlussfrist den Untergang des Anspruchs. Daher sind Verjährungsfristen im Einzelfall nur relevant, wenn der Anspruchsgegner die Verjährungseinrede erhebt, während Ausschlussfristen von Amts wegen geprüft werden. Ein Beispiel für eine gesetzliche Ausschlussfrist ist die in § 626 BGB enthaltene Kündigungserklärungsfrist für die außerordentliche Kündigung.

Beispiel:

Der Arbeitgeber erwischt einen Arbeitnehmer, der als Programmierer in der EDV-Abteilung arbeitet, beim unzulässigen Kopieren einiger Computerprogramme für private Zwecke. Da der Programmierer als Spezialist an einem bedeutenden Terminauftrag arbeitet, kündigt der Arbeitgeber erst nach vier Wochen, als die Programmierarbeiten abgeschlossen sind, wegen Diebstahls fristlos. Die Kündigung ist unwirksam, weil das außerordentliche Kündigungsrecht mit dem Verstreichen der Kündigungserklärungsfrist erloschen ist.

Nach § 4 Abs. 4 Nr. 3 TVG können Ausschlussfristen für die Geltendmachung tariflicher Rechte nur in Tarifverträgen vereinbart werden. Einzelvertraglich vereinbarte Ausschlussfristen erfassen daher nur außertarifliche Ansprüche oder die Ansprüche nicht tarifgebundener Parteien.

Fall 13: Die tarifliche Ausschlussfrist	**Seite 375**

309 Im Einzelfall ist stets genau zu prüfen, wann eine Ausschlussfrist beginnt. Ausschlussfristen können nach jeweiliger Vereinbarung mit Entstehung oder mit Fälligkeit des Anspruchs, aber auch mit Beendigung des Arbeitsverhältnisses zu laufen beginnen. In aller Regel laufen die Ausschlussfristen ohne Rücksicht auf die Kenntnis der Arbeitsvertragsparteien vom Vorhandensein einer Ausschlussklausel, die beispielsweise in einem Tarifvertrag oder in einem Formulararbeitsvertrag enthalten ist. Da der Anspruch mit Fristablauf untergeht, kann der Einwand fehlender Kenntnis von der Ausschlussfrist nicht berücksichtigt werden.

6. Besondere Formen von Arbeitsverhältnissen

Da auch im Arbeitsvertragsrecht der Grundsatz der Vertragsfreiheit gilt, können **310** die Arbeitsvertragsparteien ihr Rechtsverhältnis den jeweiligen wirtschaftlichen Interessen anpassen. Infolge der Gestaltung der Arbeitsverträge unter Berücksichtigung betrieblicher und privater Belange der Vertragsparteien haben sich besondere Formen von Arbeitsverhältnissen gebildet, die gesetzlich nur unvollständig geregelt sind.

6.1 Aushilfsarbeitsverhältnis

In aller Regel werden Arbeitsverträge unbefristet und nicht zweckgebunden ab- **311** geschlossen. Doch können die Arbeitsvertragsparteien aus einer besonderen Interessenlage heraus einen Aushilfszweck vereinbaren, z. B. in Saisonbetrieben, beim Auftreten einer Auftragsschwemme oder einer Produktionserhöhung infolge kurzfristig gestiegener Nachfrage, bei vorübergehenden Personalengpässen, zur Vertretung im Urlaubs- oder Krankheitsfall und in ähnlichen betrieblichen Situationen. Auch auf den besonderen Wunsch des Arbeitnehmers wird ein Aushilfsarbeitsverhältnis abgeschlossen, z. B. weil ein Arbeitnehmer die Beschäftigungszeit zum Nachweis eines Praktikums benötigt.

Das Aushilfsarbeitsverhältnis kann nach Bedarf sowohl befristet als auch unbe- **312** fristet abgeschlossen werden. Ein **Aushilfsarbeitsverhältnis mit unbestimmter Vertragsdauer** wird als normales Arbeitsverhältnis behandelt, wenn nicht der Aushilfszweck eindeutig vertraglich festgelegt wurde. In einem Aushilfsarbeitsverhältnis können kürzere als die gesetzlichen Kündigungsfristen einzelvertraglich vereinbart werden, sofern die Vertragsdauer nicht über drei Monate hinausgeht, vgl. § 622 Abs. 5 Nr. 1 BGB. Bei länger dauernden Aushilfsarbeitsverhältnissen ist die Verkürzung der gesetzlichen Kündigungsfristen unwirksam nach § 134 BGB.

Sofern das Aushilfsarbeitsverhältnis befristet abgeschlossen wird, muss für die **313** **Befristung ein sachlicher Grund** vorliegen, der sich aber bereits durch die vertragliche Festlegung eines Aushilfszwecks ergibt. Eine gesetzliche Regelung für die Befristung von Arbeitsverhältnissen besteht aus arbeitsmarktpolitischen Gründen nach dem Gesetz über Teilzeitarbeit und befristete Arbeitsverträge (TzBfG). § 14 TzBfG ist sehr weit gefasst, sodass eine Befristung des Arbeitsverhältnisses fast immer möglich ist, vgl. § 14 Abs. 1 Nrn. 1 – 7 TzBefG.

Während ein unbefristetes Arbeitsverhältnis durch Kündigung beendet werden **314** kann, wird mit der Vereinbarung einer Befristung **die ordentliche Kündigung ausgeschlossen**. Die außerordentliche Kündigung aus wichtigem Grund ist dagegen bei befristeten Arbeitsverhältnissen weiterhin zulässig. Das befristete Aushilfsarbeitsverhältnis endet ohne Rücksicht auf Kündigungsschutzbestimmungen mit **Ablauf der vertraglich vereinbarten Frist** oder mit **Zweckerreichung**.

Beispiel:

Ein Unternehmer hat in seinem Betrieb Hochsaison, sodass er mehrere Aushilfskräfte einstellt. Er schließt mit einer Arbeitnehmerin einen befristeten Aushilfsarbeitsvertrag für die Zeit vom 01. September bis zum 31. Dezember ab. Am 03. Dezember teilt ihm die Arbeitnehmerin mit, dass sie schwanger sei und beruft sich auf das Mutterschutzgesetz. Das Arbeitsverhältnis ist ungeachtet des gem. § 9 MuSchG bestehenden Kündigungsverbots durch Fristablauf zum 31.12. beendet. Es bedarf keiner Kündigung.

315   Die Arbeitsvertragsparteien können bei Ablauf der vertraglich vorgesehenen Frist eine neue Befristung vereinbaren, sofern sie sich an die Vorgaben des TzBfG halten. Werden allerdings mehrere befristete Arbeitsverträge aneinandergereiht, liegt ein **Kettenarbeitsverhältnis** vor, das wegen der Umgehung des Kündigungsschutzgesetzes als unbefristetes Arbeitsverhältnis gilt, falls ein sachlicher Grund für die erneute Befristung nicht vorliegt. Da § 14 TzBfG tatbestandlich sehr weit gefasst ist, ist faktisch eine Befristung in der Praxis fast immer möglich. Auch wenn das Aushilfsarbeitsverhältnis über den vorgesehenen Zeitpunkt hinaus einverständlich fortgesetzt wird, ist ein unbefristetes Arbeitsverhältnis gegeben, vgl. § 625 BGB.

6.2 Probearbeitsverhältnis

316   Die Vereinbarung eines Probearbeitsverhältnisses gibt den Vertragsparteien die Möglichkeit der Erprobung im Hinblick auf eine längerfristige Zusammenarbeit. Rechtsgrundlage einer Probeanstellung kann ein Tarifvertrag, eine Betriebsvereinbarung oder eine besondere Vereinbarung im Arbeitsvertrag sein. Nur im Ausbildungsverhältnis ist eine gesetzliche Mindestprobezeit von einem Monat zwingend vorgeschrieben, die bis zur Höchstdauer von vier Monaten verlängert werden kann, vgl. § 20 BBiG. Während der Probezeit kann das Ausbildungsverhältnis jederzeit fristlos gekündigt werden, § 22 Abs. 1 BBiG.

317   Im Übrigen kann ein Probearbeitsverhältnis in jedem Arbeitsvertrag grundsätzlich befristet oder unbefristet abgeschlossen werden. Die **Dauer der Probezeit** beträgt regelmäßig drei bis vier Monate, nach Art der jeweiligen Tätigkeiten auch bis zu sechs Monaten, danach tritt der allgemeine Kündigungsschutz nach dem KSchG ein. Ausnahmsweise kann im Einzelfall eine längere Probezeit bis zur Dauer eines Jahres vereinbart werden, um eine Beurteilung der Arbeitsleistung zu ermöglichen, z. B. für künstlerische und wissenschaftliche Berufe.

318   Während der Dauer eines befristeten Probearbeitsverhältnisses ist wie bei anderen befristeten Arbeitsverträgen die ordentliche Kündigung ausgeschlossen, dagegen ist die außerordentliche Kündigung jederzeit möglich. Die Erprobung ist als sachlicher Grund für eine Befristung des Arbeitsvertrages gemäß § 14 Abs. 1 Nr. 5 TzBfG anerkannt, sodass das Arbeitsverhältnis mit Ablauf der vereinbarten Probezeit endet, ohne dass es einer Kündigung bedarf.

319   In der betrieblichen Praxis wird regelmäßig ein Arbeitsverhältnis auf unbestimmte Dauer mit der **Vereinbarung einer Probezeit** zu Beginn des Arbeitsverhält-

nisses abgeschlossen. In diesem Fall kann das Arbeitsverhältnis während der Probezeit mit einer Frist von 2 Wochen gem. § 622 Abs. 3 BGB gekündigt werden. In Tarifverträgen sind für die Probezeit häufig kürzere als die gesetzlichen Mindestkündigungsfristen vorgesehen, vgl. § 622 Abs. 4 BGB. Dies ist zulässig, da § 622 Abs. 4 BGB den Tarifvertragsparteien einen umfassenden Spielraum zur Regelung ihrer Kündigungsfristen zur Verfügung stellt.

| *Fall 14: Kündigung während der Probezeit* | *Seite 377* |

In den Fällen eines unbefristeten Probearbeitsverhältnisses schließt sich ohne Unterbrechung nach Ablauf der Probezeit das Arbeitsverhältnis mit den gesetzlichen oder tariflichen Kündigungsfristen an. Wird ein befristetes Probearbeitsverhältnis nach Ablauf der Probezeit von den Vertragsparteien stillschweigend fortgesetzt, ist ebenfalls ein unbefristetes Arbeitsverhältnis zu Stande gekommen, auf das die Regeln über die gesetzliche Kündigung Anwendung finden, vgl. § 625 BGB. Der Betriebsrat ist gem. § 99 BetrVG erneut zu beteiligen, wenn ein befristetes Probearbeitsverhältnis verlängert oder in ein Arbeitsverhältnis auf unbestimmte Zeit umgedeutet wird.[162]

320

6.3 Heimarbeitsverhältnis

Die in Heimarbeit Beschäftigten gelten als **arbeitnehmerähnliche Personen**, auf die neben den besonderen Schutzbestimmungen des Heimarbeitsgesetzes (HAG) die allgemeinen arbeitsrechtlichen Regelungen anzuwenden sind. Neben den traditionellen Formen der Heimarbeit haben sich neue Bereiche ergeben, z. B. ist eine deutliche Zunahme der Heimarbeit bei der Telearbeit zu verzeichnen.

321

In Heimarbeit Beschäftigte sind Heimarbeiter und Hausgewerbetreibende. Als Heimarbeiter gilt, wer in selbstgewählter Arbeitsstätte allein oder mit seinen Familienangehörigen im Auftrag von Gewerbetreibenden oder Zwischenmeistern erwerbsmäßig arbeitet, jedoch die Verwertung der Arbeitsergebnisse dem Auftraggeber überlässt. Als Hausgewerbetreibender gilt, wer in eigener Arbeitsstätte (Wohnung oder Betriebsstätte) mit nicht mehr als zwei fremden Hilfen oder Heimarbeitern im Auftrag von Gewerbetreibenden oder Zwischenmeistern Waren herstellt, bearbeitet oder verpackt, wobei er selbst wesentlich am Stück mitarbeitet, jedoch die Verwertung der Arbeitsergebnisse dem unmittelbar oder mittelbar auftraggebenden Gewerbetreibenden überlässt, vgl. § 2 Abs. 1 und 2 HAG.

222

Für die Gewerbezweige und Beschäftigungsarten, in denen Heimarbeit in nennenswertem Umfang geleistet wird, werden **Heimarbeitsausschüsse** errichtet, deren Aufgaben im Bereich der Entgeltregelung und der Gleichstellung liegen. Die Heimarbeitsausschüsse bestehen aus je drei Beisitzern der Auftraggeber und der Beschäftigten und einem Vorsitzenden, der von der zuständigen Arbeitsbehörde bestimmt wird. Sie haben auf das Zustandekommen von Tarifverträgen hin-

323

---

162 BAG NZA 1991, 150; BeckAK/Maurer § 99 BetrVG Rn. 3.

zuwirken, zur Vermeidung von Streitigkeiten Vorschläge für den Abschluss eines Tarifvertrages zu unterbreiten, bindende Festsetzungen für Entgelte und sonstige Vertragsbedingungen zu treffen und den Arbeitszeitschutz für Heimarbeiter zu überwachen.

324 Wer Heimarbeit ausgibt oder weitergibt, hat verschiedene Pflichten gem. §§ 6 ff. HAG:

❑ **Mitteilungspflicht:**
  Wer erstmalig Personen mit Heimarbeit beschäftigen will, hat dies der zuständigen Landesarbeitsbehörde mitzuteilen.

❑ **Listenführung:**
  Wer Heimarbeit ausgibt oder weitergibt, hat jeden, den er mit Heimarbeit beschäftigt oder dessen er sich zur Weitergabe von Heimarbeit bedient, in Listen auszuweisen.

❑ **Unterrichtungspflicht:**
  Die Heimarbeiter sind vor Aufnahme der Beschäftigung über die Art und Weise der zu verrichtenden Arbeit, die Unfall- und die Gesundheitsgefahren, denen sie bei der Beschäftigung ausgesetzt sind sowie über Maßnahmen der Gefahrenabwehr zu unterrichten.

❑ **Entgeltverzeichnisse:**
  In den Ausgaberäumen sind Entgeltverzeichnisse und Nachweise über die sonstigen Vertragsbedingungen, gegebenenfalls auch Musterbücher, offen auszulegen oder den Heimarbeitern zur Einsichtnahme vorzulegen. Die Entgeltverzeichnisse müssen die Entgelte für jedes einzelne Arbeitsstück enthalten. Die Preise für mitzuliefernde Roh- und Hilfsstoffe sind besonders auszuweisen.

❑ **Entgeltbelege:**
  Den Heimarbeitern sind Entgeltbücher, Entgelt- oder Arbeitszettel auszuhändigen, in die bei jeder Ausgabe und Abnahme von Arbeit ihre Art und ihr Umfang, die Entgelte, die Tage der Ausgabe und der Lieferung einzutragen sind.

325 Das Heimarbeitsgesetz regelt einen besonderen **Arbeitszeit- und Gefahrenschutz** gem. §§ 10 f HAG. Danach haben Auftraggeber und Zwischenmeister dafür zu sorgen, dass unnötige Zeitversäumnis bei der Ausgabe oder Abnahme der Heimarbeit vermieden wird. Wer Heimarbeit an mehrere Beschäftigte ausgibt, soll die Arbeitsmenge auf die Beschäftigten gleichmäßig unter Berücksichtigung ihrer Leistungsfähigkeit verteilen. Ferner müssen die Arbeitsstätten der Heimarbeiter einschließlich der Maschinen, Werkzeuge und Geräte so beschaffen, eingerichtet und unterhalten werden, dass keine Gefahr für Leben, Gesundheit und Sittlichkeit der Beschäftigten und ihrer Mitarbeiter entsteht. Die allgemeinen Regeln der Arbeitssicherheit, z. B. die Gefahrstoffverordnung gelten auch für den Arbeitsschutz der Heimarbeitnehmer.[163] Eine Verbesserung der wirtschaftlichen Sicherung der Heimarbeitnehmer wurde durch Sondervorschriften im Entgeltfortzahlungsgesetz für den Krankheitsfall und für Feiertage geschaffen, vgl. §§ 10, 11 EntgeltFG.

---

163 Vgl. Abschnitt B.3.7. zur Arbeitssicherheit.

6.4 Teilzeitarbeitsverhältnis

Die Förderung der Teilzeitarbeit und der Schutz teilzeitbeschäftigter Arbeitneh-   **326**
mer ist Gegenstand des Teilzeit- und Befristungsgesetzes (TzBfG). Der Arbeitgeber
hat den Arbeitnehmern auch in leitenden Positionen Teilzeitarbeit nach Maßgabe
dieses Gesetzes zu ermöglichen, vgl. § 6 TzBfG.

Die Einführung von Teilzeitarbeit erfolgt aus Gründen der Arbeitsaufteilung auf
mehrere Arbeitnehmer, der Arbeitszeitverkürzung und der Arbeitszeitflexibilisie-
rung, insbesondere zum gleitenden Übergang in den Ruhestand oder zum Einsatz
auf Arbeitsplätzen mit hohem Ermüdungskoeffizienten.

Als Teilzeitarbeit gilt die Vereinbarung einer Arbeitszeit, die kürzer ist als die re-   **327**
gelmäßige Arbeitszeit vergleichbarer vollzeitbeschäftigter Arbeitnehmer eines Betriebes, vgl. § 2 TzBfG. Der **Vergleichsmaßstab ist grundsätzlich die betriebs-**
übliche Wochenarbeitszeit, nicht dagegen die tarifliche oder die gesetzliche
Arbeitszeit. In Teilzeitarbeitsverhältnissen ist üblicherweise die Tagesarbeitszeit
verkürzt, im Einzelfall kann ein Teilzeitbeschäftigter aber auch an einzelnen Tagen in der Woche oder im Monat in unregelmäßigem Rhythmus arbeiten, vgl. § 8
Abs. 4 TzBfG. Da die Verkürzung der Wochenarbeitszeit von Teilzeitbeschäftigten
dauerhaft erfolgt, liegt im Fall der Kurzarbeit keine Teilzeitarbeit vor.

Für alle Teilzeitarbeitsverhältnisse gilt **ein gesetzliches Gleichbehandlungs-**   **328**
gebot gem. § 4 TzBfG. Danach darf der Arbeitgeber einen teilzeitbeschäftigten
Arbeitnehmer nicht gegenüber vollzeitbeschäftigten Arbeitnehmern wegen der
Teilzeitarbeit unterschiedlich behandeln, es sei denn, dass sachliche Gründe eine
unterschiedliche Behandlung rechtfertigen. Das Gleichbehandlungsgebot gilt deshalb nicht,

❑ wenn die unterschiedliche Behandlung wegen der Teilzeitarbeit, sondern aus
   anderen Gründen erfolgt, z. B. wegen verschiedener Arbeitsleistungen, Qualifikationen, Berufserfahrungen oder Arbeitsplatzanforderungen,

❑ wenn die unterschiedliche Behandlung zwar wegen der Teilzeitarbeit erfolgt,
   aber durch sachliche Gründe gerechtfertigt ist, z. B. Differenzierungen bei Zusatzleistungen oder bei der Vergabe von Werkswohnungen.

In der unterschiedlichen Behandlung von Teil- und Vollzeitbeschäftigten kann eine   **329**
verdeckte Diskriminierung wegen des Geschlechts enthalten sein, wenn in Teilzeitarbeitsverhältnissen überwiegend Frauen beschäftigt sind. Ein Verstoß gegen
Art. 3 Abs. 2 GG, Art. 119 EWG-Vertrag sowie gegen das AGG führt zur Nichtigkeit
dieser Regelung gem. § 134 BGB.

Beispiel:

Ein Arbeitgeber, der Teilzeitbeschäftigte von der betrieblichen Altersversorgung ausschließt,
verletzt das Gleichbehandlungsgebot, wenn diese Maßnahme wesentlich mehr Frauen als
Männer trifft, falls der Arbeitgeber nicht darlegen kann, dass diese Maßnahme objektiv ge-
rechtfertigt ist. Eine derartige Rechtfertigung kann darin liegen, dass der Arbeitgeber mög-

lichst wenige Teilzeitkräfte beschäftigen will, sofern diese Maßnahme zur Erreichung seiner Unternehmensziele geeignet ist.

330 Im Übrigen sind auf die Teilzeitarbeit grundsätzlich die arbeitsrechtlichen Vorschriften anzuwenden, selbst wenn die Teilzeitarbeitnehmer infolge geringfügiger Beschäftigung nicht sozialversicherungspflichtig sind. Der **Vergütungsanspruch** des Arbeitnehmers in einem Teilzeitarbeitsverhältnis entspricht seiner Arbeitszeitdauer. Der Teilzeitarbeitnehmer hat ebenso einen Anspruch auf **Entgeltfortzahlung im Krankheitsfall** wie jeder andere Arbeitnehmer. Der Teilzeitarbeitnehmer hat ebenso einen Anspruch auf Feiertagsvergütung, falls seine Arbeit an einem Feiertag ausfällt.

Beispiel:

Im Arbeitsvertrag wird vereinbart, dass der Arbeitnehmer wöchentlich drei Tage, nämlich Montag, Dienstag und Mittwoch jeweils acht Stunden arbeiten soll. Fällt ein Feiertag auf den Montag, z. B. der Ostermontag, erhält der Arbeitnehmer die Feiertagsbezahlung gem. § 2 EntgeltFG, ohne dass er verpflichtet ist, die ausgefallene Arbeitszeit vor- oder nachzuarbeiten. Sofern dagegen ein Feiertag auf einen Freitag fällt, z. B. am Karfreitag, entsteht kein Anspruch auf Feiertagsvergütung.

Beispiel:

Ein im Angestelltenverhältnis beschäftiger Professor bekommt als Teilzeitbeschäftigter keine Forschungsfreistellung. Zur Begründung wird darauf abgestellt, dass er, im Gegensatz zu den vollzeitbeschäftigten Professoren/innen, wegen des geringeren Lehrdeputates ausreichend Zeit zum Forschen hätte.

331 Der **Urlaubsanspruch im Teilzeitarbeitsverhältnis** entsteht in gleicher Weise wie in anderen Arbeitsverhältnissen. Die geringeren Beschäftigungszeiten wirken sich zwar bei der Höhe des Urlaubsentgelts aus, nicht jedoch auf die Berechnung der Urlaubsdauer nach dem BUrlG. Danach hat auch ein Teilzeitarbeitnehmer einen gesetzlichen Mindesturlaubsanspruch von 24 Werktagen im Kalenderjahr, der nach der Formel des BAG auf die Wochenarbeitszeit umzurechnen ist.[164] Sofern der Arbeitnehmer nur an einigen Tagen in der Woche voll oder teilweise beschäftigt wird, wäre er vier Wochen von der Arbeit freizustellen.

332 Bei der **Berechnung des Urlaubsentgelts** ist der Durchschnittsverdienst der letzten drei Monate oder 13 Wochen zu Grunde zu legen. Dieser Bezugszeitraum wird verlängert, wenn die Arbeitszeit auf bestimmte Zeiten des Jahres verteilt werden soll, beispielsweise weil der Arbeitnehmer aus familiären Gründen nur vorübergehend Teilzeitarbeit geleistet hat, § 11 BUrlG. Falls aufgrund tarifvertraglicher oder arbeitsvertraglicher Vereinbarung ein **Anspruch auf zusätzliches Urlaubsgeld** besteht, ist dieser bei Teilzeitbeschäftigten im Verhältnis zu ihrer tatsächlichen Beschäftigungszeit zu kürzen.

---

164 Vgl. Abschnitt B.3.4. zum Urlaubsanspruch.

Ein **Anspruch auf freiwillige Sozialleistungen** kann für Teilzeitbeschäftigte 333
vollständig entfallen, wenn deren Gewährung mit der Arbeitszeitdauer im Zusammenhang steht, z. B. eine Teilnahme am Mittagessen in der Betriebskantine. Sofern die Sozialleistungen Entgeltcharakter haben, dies ist insbesondere bei Gratifikationen und Ruhegeldern der Fall, dürfen Teilzeitbeschäftigte unter Beachtung des Gleichbehandlungsgrundsatzes nicht von einer betrieblichen Regelung ausgenommen werden, dagegen kann eine Differenzierung nach sachlichen Gründen erfolgen.

Die Einführung der Teilzeitarbeit im Betrieb gehört zu den Maßnahmen, die der 334
zwingenden **Mitbestimmung des Betriebsrats** gem. § 87 Abs. 1 Nr. 2 BetrVG
unterliegen. Auch die Dauer der Teilzeitarbeit in Arbeitsverhältnissen ist mitbestimmungspflichtig, vgl. § 87 Abs. 1 Nr. 3 BetrVG. Teilzeitbeschäftigte haben nach dem Betriebsverfassungsrecht die gleichen Rechte wie Vollzeitbeschäftigte, sie haben aktives und passives Wahlrecht zum Betriebsrat und sie werden daher auch mitgerechnet bei der Errichtung von Betriebsräten gem. § 1 BetrVG.

Die Vereinbarung eines Teilzeitarbeitsverhältnisses schließt in aller Regel aus, 335
dass der Arbeitnehmer verpflichtet ist, **Überstunden bzw. Mehrarbeit** zu leisten. Sofern der Arbeitgeber teilzeitbeschäftigte Arbeitnehmer zum Zweck der Urlaubs- oder Krankheitsvertretung oder zur Bewältigung zusätzlichen Arbeitsanfalls über das vertraglich vereinbarte Arbeitsvolumen hinaus heranzieht, entsteht ein Mitbestimmungsrecht des Betriebsrats gem. § 87 Abs. 1 Nr. 3 BetrVG. Selbst wenn für die Teilzeitbeschäftigten unterschiedliche Wochenarbeitszeiten gelten, handelt es sich um einen kollektiven Tatbestand, weil ein zusätzlicher Arbeitsbedarf die Frage aufwirft, ob und in welchem Umfang und von wem Überstunden geleistet werden sollen oder ob die Neueinstellung eines Arbeitnehmers zweckmäßiger wäre.[165]

Der Arbeitgeber hat einen Arbeitsplatz, den er öffentlich oder betriebsintern ausschreibt, auch als Teilzeitarbeitsplatz auszuschreiben, wenn sich der Arbeitsplatz dafür eignet, vgl. § 7 Abs. 1 TzBfG.

Der Arbeitgeber hat einen Arbeitnehmer, der ihm gegenüber den **Wunsch nach** 336
einer Veränderung von Dauer oder Lage seiner Arbeitszeit angezeigt hat,
über entsprechende Arbeitsplätze zu unterrichten, die in dem Betrieb besetzt werden sollen, vgl. § 7 Abs. 2 TzBfG. Ein Anspruch des Arbeitnehmers darauf, dass sein Arbeitsverhältnis in ein Teilzeitverhältnis umgewandelt wird, besteht nur dann nicht, wenn betriebliche Gründe entgegen stehen, vgl. § 8 Abs. 4 TzBfG. Falls in dem Betrieb Teilzeitarbeitsplätze vorhanden sind und der Arbeitnehmer aus berechtigtem Grund eine Umsetzung verlangt, kann sich aber ein Anspruch auf Versetzung aus der Fürsorgepflicht des Arbeitgebers ergeben.

Für die **Beendigung von Teilzeitarbeitsverhältnissen** gelten die allgemeinen 337
Kündigungsbestimmungen einschließlich der Vorschriften über den Kündigungs-

---

schutz. Der zeitliche Bestand des Arbeitsverhältnisses ist unabhängig von der Dauer der Wochenarbeitszeit zu berücksichtigen, sodass der Teilzeitbeschäftigte wie jeder andere Arbeitnehmer nach sechs Monaten den vollen **Kündigungsschutz** nach dem Kündigungsschutzgesetz genießt. Eine betriebsbedingte Kündigung von Teilzeitbeschäftigten ist nach dem Kündigungsschutzgesetz gerechtfertigt, wenn aufgrund einer unternehmerischen Maßnahme die Zahl der Teilzeitbeschäftigten im Betrieb reduziert wird oder zum Wegfall der Teilzeitarbeitsplätze führt und eine Versetzung oder eine Umsetzung in Vollzeittätigkeit nicht möglich ist.

6.5 Variable Arbeitszeitsysteme

338   Nach Maßgabe des Beschäftigungsförderungsgesetzes kann die Arbeitszeit flexibilisiert werden, indem sowohl die Lage als auch die Dauer der Arbeitszeit an den Arbeitsanfall angepasst wird. Die **kapazitätsorientierte variable Arbeitszeit** (Arbeit auf Abruf) ist als Arbeitszeitsystem der bedarfsabhängigen Erfüllung der Arbeitsleistung gem. § 12 TzBfG unter folgenden Voraussetzungen zulässig:

- ❏ **Vereinbarung der Arbeitsdauer der wöchentlichen und täglichen Arbeitszeit,**

- ❏ **Ankündigung der Arbeit unter Einhaltung einer Abruffrist von vier Tagen,**

- ❏ **Mindestarbeitsdauer von drei aufeinanderfolgenden Stunden.**

339   Nach dieser Regelung hat der Arbeitgeber allgemeine Einschränkungen zu beachten. Im Rahmen der Vereinbarung, dass der Arbeitnehmer seine Arbeitsleistung entsprechend dem Arbeitsanfall zu erbringen hat, muss zugleich eine **bestimmte Dauer der Arbeitszeit** festgelegt werden. Falls Arbeitgeber und Arbeitnehmer dieses versäumt haben, gilt eine wöchentliche Arbeitszeit von 10 Stunden als vereinbart. Als Vereinbarung einer bestimmten Dauer der Arbeitszeit gilt nur die **Angabe einer konkreten Stundenzahl**, nicht aber eine Mindestarbeitszeit, die entsprechend dem Arbeitsanfall vom Arbeitgeber einseitig erhöht werden könnte.

340   Der Arbeitnehmer ist zur Arbeitsleistung im Rahmen einer derartigen Arbeitszeitvereinbarung nur dann verpflichtet, wenn der Arbeitgeber ihm die Lage seiner Arbeitszeit jeweils **mindestens vier Tage im Voraus** mitteilt. Sofern der Arbeitgeber diese Abruffrist nicht einhält, kann der Arbeitnehmer die Arbeitsleistung verweigern. Bei der Fristberechnung wird der Tag der Ankündigung nicht mitgezählt. Zwischen der Ankündigung und dem Arbeitstag müssen jeweils vier volle Kalendertage liegen. Erfolgt die Mitteilung an einem Samstag, Sonntag oder an einem gesetzlichen Feiertag, tritt an die Stelle dieses Tages der folgende Werktag, sodass eine am Samstag erfolgte Ankündigung erst am Montag als abgegeben gilt, vgl. §§ 187, 193 BGB.

Beispiel:

Eine für Montag geplante Arbeitsleistung ist am vorausgehenden Mittwoch anzukündigen, die Arbeitsleistung für Dienstag am Donnerstag, die Arbeitsleistung für Mittwoch, Donners-

tag und Freitag spätestens am Freitag der vorangegangenen Woche, die Arbeitsleistung für Samstag am Montag und die Arbeitsleistung für Sonntag am Dienstag.

Ist in der Vereinbarung über die Anpassung der Arbeitszeit an den Arbeitsanfall **341** die tägliche Dauer der Arbeitszeit nicht festgelegt, so ist der Arbeitgeber verpflichtet, den Arbeitnehmer jeweils für **mindestens drei aufeinanderfolgende Stunden** zur Arbeitsleistung in Anspruch zu nehmen. Dadurch wird nicht ausgeschlossen, dass eine kürzere tägliche Arbeitszeit vereinbart werden kann, vgl. § 12 Abs. 1 S. 4 TzBfG.

Der **Vergütungsanspruch des Arbeitnehmers** richtet sich grundsätzlich nach **342** der vereinbarten Arbeitszeit. Es entstehen Ansprüche auf Entgeltfortzahlung an Feiertagen, wenn der Arbeitnehmer an diesen Tagen zur Arbeit eingeteilt worden wäre und im Krankheitsfall, ohne dass der Arbeitnehmer zur Nacharbeit verpflichtet ist.

Da es sich bei dem System variabler Arbeitszeitanpassung um eine Sonderform **343** des Teilzeitarbeitsverhältnisses handelt, entstehen die erzwingbaren **Mitbestimmungsrechte des Betriebsrats** bei der Festsetzung von Beginn und Ende der Arbeitszeiten und der Veränderung der Dauer der Arbeitszeit gem. § 87 Abs. 1 Nr. 2 und 3 BetrVG. Infolgedessen werden die Rahmenbedingungen für Arbeitszeitsysteme regelmäßig in einer **Betriebsvereinbarung** festgelegt, die sich aber an die gesetzlichen und tarifvertraglichen Vorgaben halten muss.

6.6 Arbeitsplatzteilung

Die **Arbeitsplatzteilung (auch: Jobsharing)** ist ebenfalls eine Sonderform der **344** Teilzeitbeschäftigung. Danach vereinbart der Arbeitgeber mit mehreren Arbeitnehmern, dass diese sich die Arbeitszeit an einem Arbeitsplatz teilen. Der geteilte Arbeitsplatz muss nicht einem Vollzeitarbeitsplatz entsprechen, teilbar sind alle betrieblichen Arbeitsplätze, auch Teilzeit- und Nachtarbeitsplätze.

Der Jobsharing-Vertrag kann nach dem Grundsatz der Vertragsfreiheit unter- **345** schiedlich ausgestaltet werden, z. B. in der Form des **Jobpairing** oder des **Jobsplitting**. Wenn mehrere Arbeitnehmer sich einen Arbeitsplatz zu festgelegten Zeitanteilen im Rahmen eines von ihnen selbst aufgestellten Arbeitsplatzes teilen, aber gemeinsam für die Erledigung der übertragenen Arbeiten verantwortlich sind, liegt ein Jobpairing vor. Sofern dagegen mehrere Arbeitnehmer einen Arbeitsplatz in der Weise übernehmen, dass sie die anfallenden Arbeiten in einem vorgegebenen Zeitabschnitt erledigen, handelt es sich um Jobsplitting. In diesem Fall ist der Arbeitnehmer jeweils nur für die Arbeitsleistung in dem für ihn vorgegebenen Zeitabschnitt verantwortlich, sodass zwei miteinander verbundene Teilzeitarbeitsverhältnisse gegeben sind.

Nach § 13 Abs. 1 TzBfG ist eine Arbeitsplatzteilung nur in der Weise zulässig, dass **346** der Arbeitgeber mit mehreren Arbeitnehmern eine Arbeitszeitteilung an einem Arbeitsplatz vereinbart, ohne dass bei Ausfall eines Arbeitnehmers die anderen in die Arbeitsplatzteilung einbezogenen Arbeitnehmer zu seiner Vertretung verpflichtet sind. Sofern daher ein Arbeitnehmer auf dem geteilten Arbeitsplatz ausfällt, muss für diesen Einzelfall eine **besondere Vertretungsvereinbarung** getroffen werden. Nur für den Fall eines dringenden betrieblichen Erfordernisses kann die Arbeitsplatzteilungsvereinbarung eine generelle Vertretungsregelung enthalten. Aber selbst dann ist der Arbeitnehmer zur Vertretung nur verpflichtet, soweit diese im Einzelfall zumutbar ist.

Beispiel:

Der Arbeitgeber vereinbart mit zwei Arbeitnehmern eine Arbeitsplatzteilung, worin eine Vertretungsregelung für dringende betriebliche Erfordernisse vorgesehen ist. Einer der beiden Arbeitnehmer ist erkrankt. Wegen unaufschiebbarer Verladearbeiten von Frischgemüse ordnet der Arbeitgeber die Vertretung durch den zweiten Arbeitnehmer an. Der zweite Arbeitnehmer ist aufgrund der in der Arbeitsplatzteilungsvereinbarung enthaltenen Vertretungsregelung zur Arbeitsleistung verpflichtet. Im Einzelfall könnte die Vertretungsübernahme unzumutbar sein, wenn der Arbeitnehmer einen nahen Angehörigen zu betreuen hätte oder wenn er ein Kleinkind vom Kindergarten abholen müsste.

347   Im Fall einer Arbeitsplatzteilung ist die Kündigung durch den Arbeitgeber wegen des Ausscheidens eines anderen Arbeitnehmers aus der Arbeitsplatzteilung unwirksam, vgl. § 13 Abs. 2 TzBfG. Der Arbeitgeber ist zunächst gehalten, den aus der Arbeitsplatzteilung ausgetretenen Arbeitnehmer zu ersetzen. Falls ihm dies nicht gelingt oder die Arbeitsplatzteilung im Betrieb aufgegeben wird, besteht die Möglichkeit einer Änderungskündigung oder einer betriebsbedingten Kündigung gem. § 1 KSchG.

6.7 Gruppenarbeitsverhältnis

348   In aller Regel handelt es sich bei dem Arbeitsvertrag um ein Rechtsverhältnis zwischen zwei Vertragsparteien. Sofern der Arbeitgeber für seinen Betrieb mehrere Arbeitsverhältnisse abschließt, bestehen diese rechtlich nebeneinander und begründen unabhängig voneinander Rechte und Pflichten der jeweiligen Arbeitnehmer. In der betrieblichen Praxis kann sich die Notwendigkeit von Gruppenarbeitsverträgen dadurch ergeben, dass ein Bedürfnis besteht, die einzelnen Arbeitsverträge miteinander zu verbinden. Es gibt drei Erscheinungsformen von Gruppenarbeitsverhältnissen, die nach dem Grundsatz der Privatautonomie zulässig sind:

❑ **Betriebsgruppen,**

❑ **Eigengruppen,**

❑ **Gehilfenverhältnisse.**

349   Die Mitglieder einer **Betriebsgruppe** schließen ihre Arbeitsverträge einzeln mit dem Arbeitgeber, der aus arbeitsorganisatorischen Gründen zur Erreichung eines bestimmten Arbeitserfolges die Arbeitnehmer zu einer Gruppe zusammenfasst, beispielsweise beim Gruppenakkord oder bei der Gruppenprämie. Während die Zusammenfassung der Arbeitnehmer zu einer Betriebsgruppe durch das Direkti-

onsrecht des Arbeitgebers erfolgt, ist die Gruppenentlohnung vom Einverständnis des einzelnen Arbeitnehmers abhängig, falls nicht eine tarifvertragliche Regelung vorliegt. Das Einverständnis des Arbeitnehmers kann auch stillschweigend bei Vertragsabschluss erteilt werden. Die Betriebsgruppenmitglieder behalten ihren Lohnzahlungsanspruch, wenn ein Gruppenmitglied ausfällt und der Arbeitgeber die Zuweisung eines Arbeitnehmers unterlässt oder der Gruppe einen ungeeigneten Arbeitnehmer zuweist.

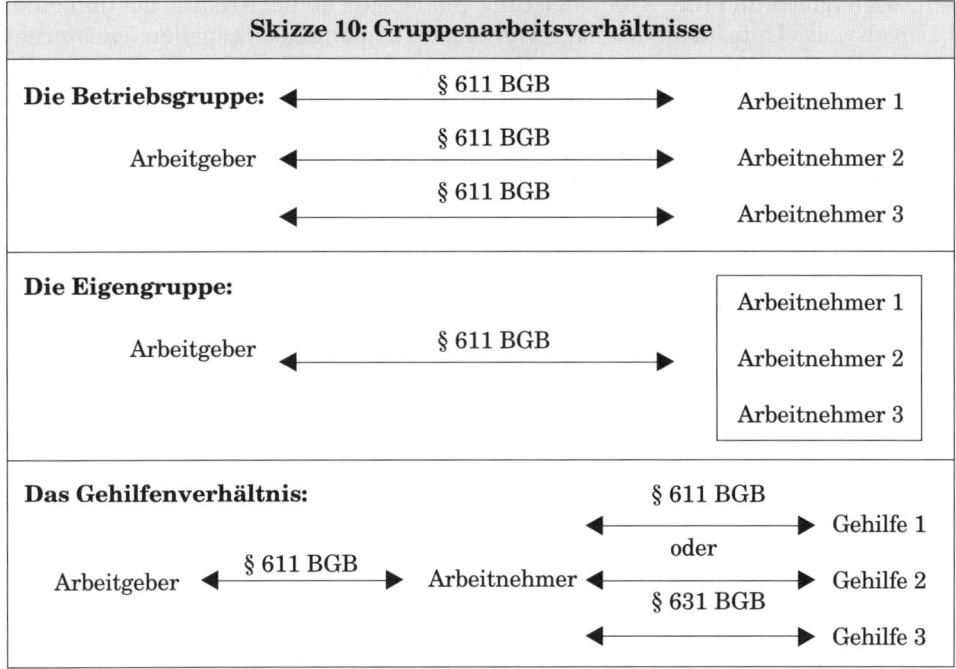

Jedes einzelne Betriebsgruppenmitglied hat gegenüber dem Arbeitgeber einen ei-   **350**
genen **Lohnzahlungsanspruch**. Besteht eine leistungsabhängige Gruppenentlohnung, vermindert sich bei geringerer Arbeitsleistung der Betriebsgruppe der
Lohnanspruch der Gruppenmitglieder. Die Zahlung erfolgt nach Vereinbarung an
die einzelnen Arbeitnehmer oder an den bevollmächtigten Gruppensprecher. Für
den Fall der Schlechtleistung der Betriebsgruppe kann vereinbart werden, dass
nur einwandfrei abgelieferte Arbeitsstücke der Lohnberechnung unterliegen (=
Akkord), beispielsweise im Baugewerbe. Andernfalls besteht der Lohnanspruch in
voller Höhe und der Arbeitgeber hat Schadensersatzansprüche wegen Vertragspflichtverletzung gem § 280 BGB. Die Gruppenarbeit unterliegt gemäß § 87 Nr. 13
BetrVG der Mitbestimmung des Betriebsrates.

Beispiel:

*Eine Fliesenleger-Akkordgruppe erhält eine Aufgabe zugewiesen, wobei es der Gruppe über-
lassen bleibt, die Arbeitsgänge und Arbeitsabschnitte unter den einzelnen Gruppenmitgliedern aufzuteilen. Jeder einzelne Fliesenleger hat die auf ihn entfallene Teilaufgabe sachge-*

recht zu erfüllen und darüber hinaus Mängel zu beseitigen und Gefahren abzuwenden, die das Gruppenergebnis gefährden könnten. Bei Feststellung etwaiger Arbeitsmängel haften die Arbeitnehmer auf Schadensersatz, falls sie nicht den Nachweis der mangelfreien Erfüllung ihrer einzelnen Arbeitsverpflichtung erbringen können. In aller Regel werden die verbleibenden Gruppenmitglieder für den aufgetretenen Schaden anteilig haften.

351   Eine **Eigengruppe** entsteht, wenn sich die Arbeitnehmer schon vor Abschluss ihrer jeweiligen Arbeitsverträge zur Erbringung gemeinsamer Arbeit zusammengeschlossen haben und ihre Arbeitsleistung gemeinsam einem Arbeitgeber anbieten, beispielsweise Unternehmens- oder Werbeberatungen, Musikkapellen, Theateransemble, Putz- und Maurerkolonnen oder Gedingekameradschaften im Bergbau. Es ist bei Vertragsabschluss der Arbeitsvertrag vom Werkvertrag abzugrenzen. Die Arbeitsverträge werden durch den Arbeitgeber entweder mit der Eigengruppe oder mit den einzelnen Gruppenmitgliedern abgeschlossen oder als Doppelrechtsbeziehung gleichzeitig sowohl mit der Gruppe als auch mit den Gruppenmitgliedern. In den Fällen der Leistungsstörungen haftet die Gruppe aus dem Arbeitsvertrag nach den Regeln über die Vertragspflichtverletzungen, z B. auf Schadensersatz wegen Verzugs mit der Leistungspflicht. Falls die Gruppenmitglieder in der Form einer Gesellschaft bürgerlichen Rechts verbunden sind, haften sie als Gesamtschuldner.

352   Ein **Gehilfenverhältnis** liegt vor, wenn sich der Arbeitnehmer zur Arbeitsleistung nicht allein verpflichtet, sondern zur Erfüllung der Arbeitspflicht einen oder mehrere Gehilfen einsetzt. Da auch insoweit gesetzliche Regelungen fehlen, hängen Rechte und Pflichten der Vertragsparteien von den einzelvertraglichen Vereinbarungen ab.

353   Bei der **Beendigung eines Gruppenarbeitsverhältnisses** bestehen für die Kündigung rechtliche Besonderheiten, indem diese grundsätzlich nur gegenüber der gesamten Gruppe oder von der gesamten Gruppe erfolgen kann. Genießt ein Gruppenmitglied einen besonderen Kündigungsschutz, z. B. die Ehefrau eines Hausmeisterehepaars im Fall der Schwangerschaft, so wirkt sich dieser auf die gesamte Gruppe aus. Auch die soziale Rechtfertigung nach dem Kündigungsschutzgesetz muss gegenüber allen Gruppenmitgliedern erfüllt sein. Sofern allerdings ein Gruppenmitglied die Arbeitsleistung verweigert, entsteht ein Recht des Arbeitgebers zur außerordentlichen Kündigung der Gesamtgruppe, wenn für ihn die Arbeitsleistung der Restgruppe ohne Interesse ist.

6.8 Arbeitnehmerüberlassung

354   Als **Arbeitnehmerüberlassung (auch: Leiharbeitsverhältnis)** wird ein Rechtsverhältnis bezeichnet, durch das ein Unternehmer (= Verleiher) einen oder mehrere Arbeitnehmer einem anderen Unternehmer (= Entleiher) gewerbsmäßig zur Verfügung stellt. Die Leiharbeitnehmer werden für den vereinbarten Zeitraum in den Betrieb des Entleihers wie eigene Arbeitnehmer eingegliedert und verrichten ihre Arbeitsleistung nach dessen Weisungen. Die Abgrenzung zwischen einer Arbeitnehmerüberlassung und einer bloßen Entsendung von Arbeitnehmern im

Rahmen der Erfüllung eines Arbeits- oder Werkvertrags entscheidet sich im Einzelfall nach dem Geschäftsinhalt.[166]

Sofern ein Unternehmen einen oder mehrere seiner Arbeitnehmer nur vorübergehend an ein anderes Unternehmen abordnet, handelt es sich nicht um gewerbsmäßige Arbeitnehmerüberlassung. Derartige echte Leiharbeitsverhältnisse sind gesetzlich nicht geregelt; meist liegt ein Dienst- oder Werkvertrag zweier Unternehmen vor, wobei die Arbeitnehmer als Erfüllungsgehilfen eingesetzt werden. Die vertragliche Festlegung eines zeitlichen Rahmens für die Erbringung der Arbeitsleistung im Betrieb und die Vorgabe, wann und wo die geschuldeten Arbeiten durchzuführen sind, reicht noch nicht aus, um eine Eingliederung in die betriebliche Organisation und damit eine Arbeitnehmerüberlassung zu begründen.[167] Das Arbeitnehmerüberlassungsgesetz (AÜG) betrifft dagegen die Zulässigkeit eines unechten Leiharbeitsverhältnisses, wonach der Arbeitnehmer zum Zweck der Ausleihe eingestellt und gewerbsmäßig an Dritte überlassen wird, vgl. § 1 AÜG. Dieses Gesetz soll die Arbeitnehmer vor missbräuchlicher Umgehung arbeits- und sozialrechtlicher Regelungen durch unseriöse Verleihunternehmen schützen und die rechtliche Stellung der Leiharbeitnehmer verbessern. **355**

Das AÜG ist nicht anzuwenden auf die Arbeitnehmerüberlassung zwischen Arbeitgebern desselben Wirtschaftszweiges zur Vermeidung von Kurzarbeit oder Entlassungen bei bestehender tariflicher Regelung und auf die Arbeitnehmerüberlassung zwischen Konzernunternehmen i.S. von § 18 AktG. Begrifflich ist auch die Abordnung von Arbeitnehmern zu einer Arbeitsgemeinschaft gleicher Tarifzugehörigkeit keine Arbeitnehmerüberlassung, vgl. § 1 Abs. 1 Satz 2 AÜG. Daher ergeben sich z. B. für **Arbeitsgemeinschaften im Baugewerbe** verschiedene Möglichkeiten der Vertragsgestaltung. Wird ein Arbeitnehmer an die Arbeitsgemeinschaft (ARGE) zur Erfüllung eines Dienst- oder Werkvertrags abgesandt oder abgeordnet, bleibt der Arbeitsvertrag unverändert bestehen und eine Arbeitnehmerüberlassung liegt nicht vor. Wird der Arbeitnehmer freigestellt, tritt er vorübergehend in ein Arbeitsverhältnis bei der ARGE ein, während das ursprüngliche Arbeitsverhältnis ruht. Daneben besteht aber durchaus die Möglichkeit der Arbeitnehmerüberlassung an die ARGE nach den Vorschriften des AÜG, wobei die Einschränkung des § 1 b AÜG zu beachten ist. Danach ist die gewerbsmäßige Arbeitnehmerüberlassung in Betriebe des Baugewerbes für Arbeiten, die üblicherweise von Arbeitern verrichtet werden, unzulässig. Ausnahmen hiervon können durch Tarifverträge bestimmt werden. Im Baugewerbe ist die Arbeitnehmerüberlassung zu Recht eingeschränkt, da in diesem Gewerbszweig besonders schwerwiegende Missstände festgestellt wurden. **356**

---

166 BAG NZA 1992, 19.
167 BAG NZA 1993, 357.

357 Der **Leiharbeitgeber (auch: Zeitarbeitgeber oder Verleiher)** bedarf zum Zweck der gewerbsmäßigen Arbeitnehmerüberlassung einer behördlichen Erlaubnis der Bundesagentur für Arbeit, die auf schriftlichen Antrag zunächst befristet für die Dauer eines Jahres erteilt wird und mit Auflagen verbunden werden kann. Die Zuverlässigkeit des Verleihers wird jährlich neu geprüft und erst nach dreijähriger unbeanstandeter Verleihtätigkeit kann eine unbefristete Erlaubnis erteilt werden. Die Erlaubnis ist an die Person des Antragstellers gebunden, sodass im Fall des Inhaberwechsels eines Unternehmens eine neue Erlaubnis erforderlich wird, vgl. §§ 1 ff. AÜG. Keiner Erlaubnis bedürfen Arbeitgeber mit weniger als 50 Beschäftigten, die zur Vermeidung von Kurzarbeit oder Entlassungen an Arbeitgeber desselben Wirtschaftszweiges in der Region Arbeitnehmer bis zur Dauer von 12 Monaten überlassen, vgl. § 1 a AÜG.

358 Die **Rechtsbeziehungen zwischen dem Verleiher und dem Entleiher** werden durch einen Arbeitnehmerüberlassungsvertrag begründet. Dieser Vertrag bedarf zu seiner Wirksamkeit der Schriftform gem. § 12 AÜG. Durch den Arbeitnehmerüberlassungsvertrag verpflichtet sich der Verleiher gegenüber dem Entleiher, diesem zur vereinbarten Zeit und am vereinbarten Ort Leiharbeitskräfte mit den vorausgesetzten beruflichen und fachlichen Qualifikationen zur Verfügung zu stellen. Der Verleiher haftet im Fall des Verzugs mit der Arbeitnehmerüberlassung nach den allgemeinen Regeln des bürgerlichen Rechts; dagegen hat er für das Arbeitsergebnis nicht einzustehen. Er haftet nur für ein Verschulden bei der Auswahl der verliehenen Arbeitnehmer. Die Hauptleistungspflicht des Entleihers besteht in der Zahlung des vereinbarten Arbeitsentgelts an den Arbeitnehmer. Der Arbeitnehmerüberlassungsvertrag kann wie jedes andere Dauerschuldverhältnis

durch Befristung, durch Aufhebungsvertrag, durch ordentliche oder durch außerordentliche Kündigung beendet werden. Als Höchstgrenze für die Arbeitnehmerüberlassung gilt ein Zeitraum von 12 Monaten. Wird diese Zeitgrenze überschritten, kommt ein Arbeitsverhältnis mit dem Entleiher zu Stande, § 10 AÜG.

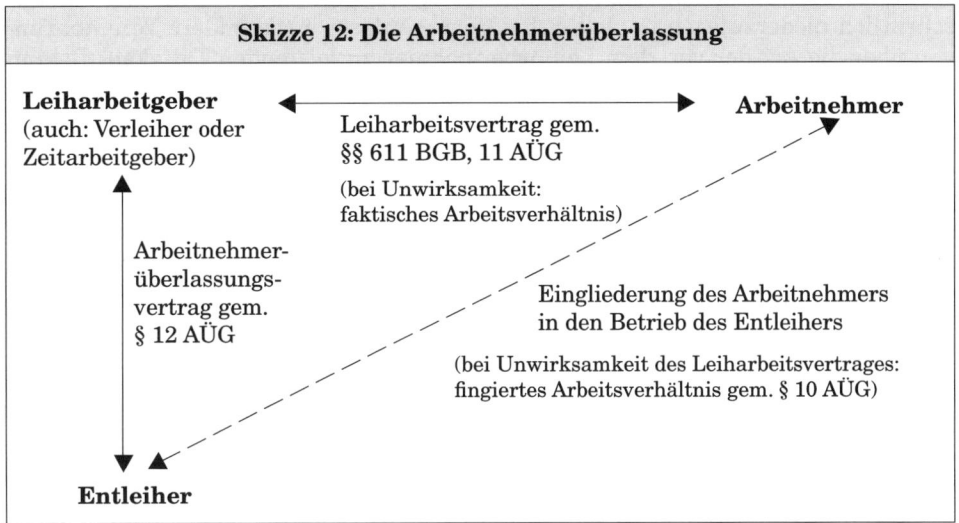

Skizze 12: Die Arbeitnehmerüberlassung

Leiharbeitgeber (auch: Verleiher oder Zeitarbeitgeber) ←——— Leiharbeitsvertrag gem. §§ 611 BGB, 11 AÜG ———→ **Arbeitnehmer**

(bei Unwirksamkeit: faktisches Arbeitsverhältnis)

Arbeitnehmerüberlassungsvertrag gem. § 12 AÜG

Eingliederung des Arbeitnehmers in den Betrieb des Entleihers

(bei Unwirksamkeit des Leiharbeitsvertrages: fingiertes Arbeitsverhältnis gem. § 10 AÜG)

Entleiher

In der Praxis sind Arbeitnehmerüberlassungsverträge von Werkverträgen abzugrenzen, z. B. von Subunternehmerverhältnissen zur Durchführung von Bau-, Reparatur- oder Montagearbeiten, von Arbeitsverhältnissen mit Personalführungsgesellschaften, zu denen sich mehrere Arbeitgeber zusammengeschlossen haben, von Maschinenüberlassungsverträgen mit dem dazugehörigen Personal, z. B. Baumaschinen, EDV-Anlagen, Flugzeuge usw., von Selbsthilfeorganisationen der Landwirtschaft und von ähnlichen Rechtsverhältnissen. Diese Abgrenzung ist insbesondere aus der Sicht des Entleiherbetriebes erforderlich, um das Entstehen eines faktischen oder fingierten Arbeitsverhältnisses gem. § 10 AÜG zu vermeiden.[168] Die Arbeitnehmerüberlassung wird im Einzelfall nach Art und Ausgestaltung der Rechtsbeziehung von Werkverträgen unterschieden.   **359**

Ein Werkvertrag i. S. des § 631 BGB liegt vor, wenn Vertragsgegenstand die Herstellung eines Werks oder die Herbeiführung eines Erfolges ist, wobei der Werkunternehmer gegenüber dem Besteller eigenverantwortlich tätig wird. Er bleibt hinsichtlich seiner im Betrieb des Bestellers tätigen Arbeitnehmer ausschließlich weisungsbefugt und trägt auch das Unternehmerrisiko i. S. des werkvertraglichen Gewährleistungsrechts.[169] Dagegen ist von einer Arbeitnehmerüberlassung auszugehen, wenn sich die Tätigkeit des Unternehmers auf die Entsendung der Arbeitnehmer beschränkt, während der Besteller das Weisungsrecht erhält und die Arbeitnehmer in seine betriebliche Organisation eingegliedert werden. Ein weiteres Unterscheidungskriterium betrifft die Vergütungsregelung, die bei einem   **360**

168 *Becker, Friedrich*, Grenzfälle erlaubter Arbeitnehmerüberlassung, Personalwirtschaft 1988, 261.
169 *Steckler*, Kompendium Wirtschaftsrecht, a.a.O., Abschnitt C.5. zum Werkvertragsrecht.

Werkvertrag herstellungsbezogen ist, während bei der Arbeitnehmerüberlassung regelmäßig eine zeitbezogene Vergütung gezahlt wird.

361 Die **Rechtsbeziehung zwischen dem Verleiher und dem Leiharbeitnehmer** wird durch einen Leiharbeitsvertrag begründet, dessen wesentlicher Inhalt schriftlich niederzulegen ist. Die Schriftform umfasst insbesondere Vereinbarungen über die Art der von dem Leiharbeitnehmer zu leistenden Tätigkeit, Beginn und Dauer des Arbeitsverhältnisses, Kündigungsfristen, Höhe des Arbeitsentgelts und Leistungen bei Krankheit, Urlaub und vorübergehender Nichtbeschäftigung, § 11 AÜG. Die **Wirksamkeit des Leiharbeitsvertrags** richtet sich nach § 9 AÜG. Danach sind unwirksam:

❑ Verträge zwischen Verleihern und Entleihern sowie zwischen Verleihern und Leiharbeitnehmern, wenn der Verleiher nicht die nach § 1 AÜG erforderliche Erlaubnis hat,

❑ Vereinbarungen, die für den Leiharbeitnehmer für die Zeit der Überlassung an einen Entleiher schlechtere als die im Betrieb des Entleihers für einen vergleichbaren Arbeitnehmer geltenden wesentlichen Arbeitsbedingungen einschließlich des Arbeitsentgelts vorsehen (equal pay §§ 3 Abs. 1 Nr. 3, 9 Nr. 2 AÜG),

❑ Vereinbarungen, die dem Entleiher untersagen, den Leiharbeitnehmer zu einem Zeitpunkt einzustellen, in dem dessen Arbeitsverhältnis zum Verleiher nicht mehr besteht,

❑ Vereinbarungen, die dem Leiharbeitnehmer untersagen, mit dem Entleiher zu einem Zeitpunkt, in dem das Arbeitsverhältnis zwischen Verleiher und Leiharbeitnehmer nicht mehr besteht, ein Arbeitsverhältnis einzugehen.

362 Mit Ausnahme der Sonderregeln im Arbeitnehmerüberlassungsgesetz wird das Leiharbeitsverhältnis wie ein normales Arbeitsverhältnis behandelt. Es kann vom Verleiher wie vom Leiharbeitnehmer ordentlich oder außerordentlich gekündigt werden, wobei das Kündigungsschutzgesetz Anwendung findet. Eine betriebsbedingte Kündigung kann nur durch Gründe im Betrieb des Verleihers gerechtfertigt werden. Die fehlende Einsatzmöglichkeit ist nur dann ein dringendes betriebliches Erfordernis zur Rechtfertigung einer betriebsbedingten Kündigung, wenn die Auftragslücke länger als drei Monate andauert. Nach Beendigung des Arbeitsverhältnisses besteht ein Zeugnisanspruch des Leiharbeitnehmers.

363 Grundsätzlich ist deshalb der **Verleiher als alleiniger Arbeitgeber des Leiharbeitnehmers anzusehen**, sodass er aufgrund seiner arbeitsvertraglichen Fürsorgepflicht zur Sozialversicherung des Arbeitnehmers verpflichtet ist. Infolgedessen obliegen die sozialversicherungsrechtlichen Meldepflichten[170] dem Verleiher, der zum Schutz des Arbeitnehmers als selbstschuldnerischer Bürge für die Abführung der Sozialversicherungsbeiträge haftet. Der Leiharbeitnehmer wird auch betriebsverfassungsrechtlich dem Betrieb des Verleihers zugeordnet, § 14 AÜG. Es bestehen Tarifverträge zur Regelung der Zeitarbeit, die im Verleiherunternehmen

---

170 Vgl. Abschnitt D. 2. zum Meldeverfahren in der Sozialversicherung.

wirksam werden, sofern die Tarifbindung gegeben ist. Die im Entleiherbetrieb geltenden Tarifverträge kommen dagegen nicht zur Anwendung.

Die **Rechtsbeziehungen zwischen dem Entleiher und dem Leiharbeitnehmer** bestehen nicht auf vertraglicher, wohl aber auf tatsächlicher Grundlage: **364**

❑ Dem Entleiher steht das Direktionsrecht zu, weil der Leiharbeitnehmer mit seinem Einverständnis in den Entleiherbetrieb eingegliedert wird.

❑ Der Leiharbeitnehmer ist im Rahmen der vereinbarten Höchstarbeitszeit an die Lage der Arbeitszeit im Entleiherbetrieb gebunden und unterliegt der dortigen Betriebsordnung.

❑ Dem Entleiher obliegen sowohl die sozialversicherungsrechtlichen, als auch die steuerrechtlichen Verpflichtungen.

❑ Die arbeitsrechtlichen Fürsorge- und Treuepflichten entstehen zwischen dem Entleiher und dem Leiharbeitnehmer.

❑ Hat der Leiharbeitnehmer während der Dauer seiner Tätigkeit bei dem Entleiher eine Erfindung oder einen technischen Verbesserungsvorschlag gemacht, gilt der Entleiher als Arbeitgeber i.S. des Arbeitnehmererfindungsgesetzes, vgl. § 11 Abs. 7 AÜG.

❑ Sofern das Arbeitsverhältnis zwischen dem Verleiher und dem Leiharbeitnehmer unwirksam wird, gilt kraft einer gesetzlichen Fiktion ein Arbeitsverhältnis zwischen dem Entleiher und dem Leiharbeitnehmer als zu Stande gekommen, vgl. § 10 Abs. 1 AÜG. Für die Beendigung des fingierten Arbeitsverhältnisses finden die für den Betrieb des Entleihers geltenden rechtlichen Regelungen Anwendung.

Vor der Übernahme eines Leiharbeitnehmers zur Arbeitsleistung ist der **Betriebsrat des Entleiherbetriebs** nach § 99 BetrVG zu beteiligen. Danach hat der Entleiher den Betriebsrat unter Vorlage des schriftlichen Arbeitnehmerüberlassungsvertrags von der Einstellung des Leiharbeitnehmers zu unterrichten und die Zustimmung des Betriebsrats zu dieser geplanten Maßnahme einzuholen.[171] **365**

Zuwiderhandlungen gegen die Vorschriften des Arbeitnehmerüberlassungsgesetzes insbesondere die Überlassung und die Beschäftigung von Leiharbeitnehmern ohne die erforderliche Erlaubnis, werden mit hohen Geldbußen geahndet.[172] Die Überlassung und die Beschäftigung eines ausländischen Arbeitnehmers ohne Arbeitserlaubnis wird mit Freiheitsstrafe, in schweren Fällen bis zu fünf Jahren bestraft, vgl. §§ 15, 15 a AÜG. Einen Ordnungswidrigkeiten-Katalog mit Verstößen gegen die Vorschriften dieses Gesetzes enthält § 16 AÜG. **366**

---

171 Bauer NJW 2003, 357.
172 Ein Ordnungswidrigkeitenkatalog ist in § 16 AÜG enthalten.

6.9 Arbeitsverhältnisse ausländischer Arbeitnehmer

367 In der Europäischen Union besteht eine generelle **Freizügigkeit der Arbeitneh-mer** aus anderen Mitgliedstaaten.[173] Staatsangehörige aus den Ländern der Europäischen Union bedürfen bei Abschluss eines Arbeitsvertrages im Bundesgebiet keiner Arbeitserlaubnis. Sie benötigen für die Einreise und für die Arbeitssuche auch keine Aufenthaltserlaubnis der Ausländerbehörde, sondern nur einen gültigen Reisepass bzw. Personalausweis.

368 Für Ausländer, die nicht Bürger eines EU-Staates sind, regelt seit dem 1.1.2005 das Zuwanderungsgesetz die Zulassung zu einer Beschäftigung in Deutschland. Dem Zuwanderungsgesetz gingen lange politische Auseinandersetzungen voraus, da lange Zeit in weiten Teilen der Bevölkerung und der politischen Parteien die Überzeugung bestand, die Bundesrepublik Deutschland sei kein Einwanderungs-land. Die Wirklichkeit sah und sieht allerdings anders aus. Im Jahr 2006 lebten in der Bundesrepublik Deutschland 7,3 Mio. Ausländer, das sind bei einer Gesamtbe-völkerung von 82,4 Mio. Einwohnern 8,9 % der Bevölkerung.

Teil des Zuwanderungsgesetzes ist das Aufenthaltsgesetz (AufenthG), welches die Steuerung und Begrenzung des Zuzuges von Ausländern in die Bundesrepublik Deutschland regelt. Dieses Gesetz ermöglicht und gestaltet die Zuwanderung un-ter Berücksichtigung der Aufnahme- und Integrationsfähigkeit der Ausländer so-wie der arbeitsmarktpolitischen Interessen der Bundesrepublik Deutschland.

Einem Ausländer, der nicht Bürger eines EU-Staates ist, kann zur Ausübung einer Beschäftigung zum Zwecke der Erwerbstätigkeit ein Aufenthaltstitel erteilt wer-den, wenn die Bundesagentur für Arbeit dem zugestimmt hat oder eine Rechtsver-ordnung oder zwischenstaatliche Vereinbarung bestimmt, dass die Ausübung der Beschäftigung auch ohne Zustimmung der Bundesagentur für Arbeit möglich ist, vgl. §§ 18 Abs. 2, 39 AufenthG.

Das Zustimmungsverfahren der Bundesagentur für Arbeit wird von Amts wegen von der Ausländerbehörde in Gang gesetzt und nicht erst durch einen entspre-chenden Antrag des Ausländers (sog. „One-stop-Government").

369 Die Zulassung ausländischer Beschäftigter zum Zweck der Erwerbstätigkeit soll sich gem. § 18 Abs. 1 AufenthG an den Erfordernissen des Wirtschaftsstandortes Deutschland unter Berücksichtigung der Verhältnisse auf dem Arbeitsmarkt und dem Erfordernis, die Arbeitslosigkeit wirksam zu bekämpfen, ausrichten.

Das AufenthG unterscheidet folgende Beschäftigungsverhältnisses zum Zwecke einer Erwerbstätigkeit:

---

173 Art. 48 EWG-Vertrag wird durch Verordnungen und Richtlinien ergänzt, z. B. EWG 1612/68 über die Freizügigkeit der Arbeitnehmer innerhalb der EG. Im nationalen Recht der BRD gilt das Aufenthaltsgesetz/EWG vom 31.1.1980, BGBl. I, 116. Ferner ist die Gemeinschaftscharta der Sozialen Grundrechte der Arbeitnehmer vom 9.12.1989 zu beachten, Kom 89/248.

❏ Beschäftigungsverhältnisse mit und ohne qualifizierte Berufsausbildung, vgl. § 18 Abs. 2 und Abs. 3 AufenthG,

❏ Niederlassungserlaubnis für Hochqualifizierte, vgl. § 19 AufenthG. Hierzu gehören insbesondere Wissenschaftler, Lehrpersonen in herausgehobenen Funktionen sowie leitende Angestellte, vgl. § 19 Abs. 2 AufenthG,

❏ eine Aufenthaltserlaubnis zum Zweck der Forschung, vgl. § 20 AufenthG.

❏ Eine Aufenthaltserlaubnis zum Zweck einer selbstständigen Tätigkeit, vgl. § 21 AufenthG. Diese setzt voraus, dass ein übergeordnetes wirtschaftliches Interesse oder besonderes regionales Bedürfnis an der selbstständigen Tätigkeit des Ausländers besteht und die selbstständige Tätigkeit positive Auswirkungen auf die Wirtschaft erwarten lässt sowie die Finanzierung der beabsichtigten Tätigkeit durch Eigenkapital oder durch Kreditzusage gesichert ist, vgl. § 21 Abs. Nr. 1 – 3 AufenthG. Weiter einschränkend wirkt § 21 Abs. 3 AufenthG, der bestimmt, dass Ausländer aus Drittstaaten, die älter als 45 Jahre sind, eine Aufenthaltsgenehmigung nur erhalten sollen, wenn sie über eine angemessene Altersversorgung verfügen.

Ein Beschäftigungsverbot für ausländische Arbeitnehmer ohne einen Aufenthalts-titel führt nicht zwangsläufig zur Nichtigkeit des Arbeitsvertrages, sondern lediglich zu einem absoluten Beschäftigungsverbot für den Arbeitgeber. Der Arbeitsvertrag muss daher durch eine ordentliche personenbedingte Kündigung beendet werden.   **370**

Das AufenthG sieht ferner den Aufenthalt zum Zwecke der Ausbildung vor, vgl. § 16 AufenthG. Hiernach kann einem Ausländer zum Zweck der Studienbewerbung und des Studiums einer staatlichen oder staatlich anerkannten Hochschule eine Aufenthaltserlaubnis erteilt werden, vgl. § 16 Abs. 1 AufenthG. Eine solche Aufenthaltserlaubnis berechtigt gem. § 16 Abs. 3 AufenthG den Studenten/in auch zu einer Ausübung einer Beschäftigung in begrenztem Umfang.

Sofern der Arbeitgeber einen Arbeitnehmer ohne die erforderliche Arbeitserlaubnis einstellt, weiterbeschäftigt oder in ein Arbeitsverhältnis vermittelt, liegt gem. § 404 Abs. 2 Nr. 3 SGB III eine Ordnungswidrigkeit vor, die mit Geldbußen geahndet wird. Diese Fälle werden im Arbeitsalltag als **illegale Beschäftigung von Arbeitnehmern** bezeichnet.   **371**

Im Zusammenhang mit der illegalen Beschäftigung von Arbeitnehmern ist insbesondere auch das **Gesetz zur Bekämpfung der Schwarzarbeit** zu beachten. Danach wird mit Freiheits- oder Geldstrafe bestraft, wer vorsätzlich eine in § 404 Abs. 2 Nr. 3 SGB III bezeichnete Handlung begeht und Ausländer zu Arbeitsbedingungen beschäftigt, die in einem auffälligen Missverhältnis zu den Arbeitsbedingungen deutscher Arbeitnehmer stehen, die eine vergleichbare Tätigkeit ausüben, vgl. § 10 SchwarbG. Ferner wird gem. § 11 Abs. 1 Nrn. 1 und 2 SchwarbG mit Freiheits- oder Geldstrafe bestraft, wer mehr als fünf Ausländer entgegen § 4 Abs. 3 S. 2 AufenthG (Beschäftigungsverbot für Ausländer ohne Aufenthaltstitel)   **372** beschäftigt oder wer vorsätzlich eine in § 404 Abs. 2 Nr. 3 oder 4 SBG III bezeichnete Handlung beharrlich wiederholt.

373 Im Bereich der **Arbeitnehmerüberlassung** werden Arbeitgeber, die keine Erlaubnis der Bundesagentur für Arbeit zur gewerbsmäßigen Arbeitnehmerüberlassung besitzen und ausländische Arbeitnehmer ohne die erforderliche Arbeitserlaubnis an Entleiher überlassen, ebenfalls mit Geld- oder Freiheitsstrafe bestraft, vgl. §§ 15, 15 a AÜG.

7. Das Berufsausbildungsverhältnis

374 Das Berufsbildungsgesetz (BBiG) enthält eine einheitliche Regelung der verschiedenen betrieblichen Ausbildungsformen. Dazu gehört in erster Linie das Berufsausbildungsverhältnis, während Teilbereiche des Berufsbildungsgesetzes auch auf andere Ausbildungsverhältnisse Anwendung finden, z. B. auf die berufliche Fortbildung und die berufliche Umschulung, vgl. § 1 BBiG. Vom Geltungsbereich des Berufsbildungsgesetzes ausgenommen ist ausdrücklich die Berufsbildung in einem öffentlich-rechtlichen Dienstverhältnis und auf Kauffahrteischiffen, die die Bundesflagge führen, soweit es sich nicht um Schiffe der kleinen Hochseefischerei oder der Küstenfischerei handelt, vgl. § 3 BBiG. Im Bereich der privatrechtlichen Aus- und Fortbildung sind folgende Rechtsverhältnisse zu unterscheiden:

❑ **das Berufsausbildungsverhältnis,**

❑ **das Praktikum,**

❑ **das Volontariat,**

❑ **das Berufsanwärterverhältnis,**

❑ **das Anlernverhältnis,**

❑ **die berufliche Fortbildung,**

❑ **die berufliche Umschulung.**

375 Das **Berufsausbildungsverhältnis** dient der Vorbereitung einer Tätigkeit in einem staatlich anerkannten Ausbildungsberuf. Im Rahmen der ersten Berufsausbildung werden eine breit angelegte berufliche Grundbildung und die für die Ausbildung einer qualifizierten beruflichen Tätigkeit notwendigen fachlichen Fertigkeiten und Kenntnisse in einem geordneten Ausbildungsgang vermittelt. Ferner soll der Erwerb der erforderlichen Berufserfahrungen ermöglicht werden, § 1 Abs. 2 BBiG. Auf das Berufsausbildungsverhältnis finden neben den besonderen Vorschriften des Berufsbildungsgesetzes auch die allgemeinen Grundsätze des Arbeitsrechts Anwendung.

376 Bei einem **Praktikum** handelt es sich um ein Ausbildungsverhältnis im Rahmen einer schulischen Ausbildung, z. B. zur Erlangung der Zulassung zum Studium oder zu einer Hochschulprüfung. Sofern das Praktikantenverhältnis Bestandteil des Studiums ist, findet das BBiG keine Anwendung.[174] Das Praktikantenverhält-

---

174 BeckAK/Hagen § 26 BBiG Rn. 5.

nis kann aber durchaus als Ausbildungsverhältnis nach § 1 BBiG ausgestaltet sein mit der Folge, dass das Arbeitsrecht einschließlich des Berufsbildungsgesetzes anzuwenden ist. Der Arbeitgeber ist ohne besondere Vereinbarung nicht zur Ausbildung verpflichtet, sondern soll dem Praktikanten Gelegenheit geben, sich die erforderlichen Kenntnisse zu verschaffen, die dem Nachweis der Praktikantenzeit als Zulassungsvoraussetzung genügen. Der Praktikant hat einen Anspruch auf eine dem Praktikum angemessene Vergütung.

Als **Volontariat** wird ein Ausbildungsverhältnis bezeichnet, das keine Berufsaus- **377** bildung zum Inhalt hat. Es dient vielmehr der Vorbereitung auf Erwerbstätigkeiten, die nicht zu den Ausbildungsberufen gehören, wie beispielsweise im Bereich der Medien oder als Einstieg in eine unternehmerische Tätigkeit. Auf das Volontariat findet das Berufsbildungsgesetz Anwendung mit der Folge, dass der Volontär einen Vergütungsanspruch gem. § 17 BBiG erhält. In einzelnen Bereichen gibt es Tarifverträge, z. B. für Redaktionsvolontäre. Die Abgrenzung des Volontariats zum Arbeitsverhältnis ist unter Berücksichtigung aller Umstände des Einzelfalles vorzunehmen.

Ein **Berufsanwärterverhältnis (auch: Aspirantenverhältnis)** wird insbeson- **378** dere mit ausländischen Jugendlichen vereinbart, um ihnen durch Sprachunterricht und sonstige Anpassungsmaßnahmen eine Ausgangsposition zu vermitteln, die den deutschen Jugendlichen entspricht. Es handelt sich dabei nicht um ein Ausbildungsverhältnis im Sinne des Berufsbildungsgesetzes.

Das **Anlernverhältnis** ist ein Ausbildungsverhältnis, in dem eine Spezialausbil- **379** dung in einem engen Fachgebiet stattfindet, beispielsweise eine Unterweisung in einem besonderen Arbeitsverfahren, nicht dagegen eine umfassende Berufsausbildung.

Die **berufliche Fortbildung** soll ermöglichen, die beruflichen Kenntnisse und **380** Fertigkeiten zu erhalten, zu erweitern, der technischen Entwicklung anzupassen oder beruflich aufzusteigen, § 1 Abs. 4 BBiG. Die berufliche Fortbildung ist in den §§ 53 bis 57 BBiG geregelt.

Die **berufliche Umschulung** soll zu einer anderen beruflichen Tätigkeit befähi- **381** gen, § 1 Abs. 5 BBiG. Die Maßnahmen der beruflichen Umschulung müssen nach Inhalt, Art, Ziel und Dauer den besonderen Erfordernissen der beruflichen Erwachsenenbildung entsprechen, § 58 BBiG. Die berufliche Umschulung ist in den §§ 58 bis 63 BBiG geregelt.

7.1 Berufsausbildung

Das Berufsausbildungsverhältnis vermittelt die Grundausbildung zu einem aner- **382** kannten Ausbildungsberuf.[175] Der Schwerpunkt der Berufsausbildung liegt in der

---

175 Eine alphabethische Zusammenstellung der staatlich anerkannten Ausbildungsberufe wird im Bundesanzeiger veröffentlicht und kann bei den Industrie- und Handelskammern und bei den Arbeitsämtern eingesehen werden; vgl. auch Schaub, Arbeitsrechtshandbuch, a.a.O., im Anhang.

betrieblichen Ausbildung, die **im dualen System** durch eine schulische Ausbildung ergänzt wird. Die Verpflichtung zum Berufsschulbesuch ergibt sich aus der öffentlich-rechtlichen Schulpflicht auf der Grundlage der jeweiligen Landesgesetze und gleichzeitig als vertragliche Verpflichtung aus dem Berufsausbildungsverhältnis.

383   Das Berufsausbildungsverhältnis wird durch den Abschluss eines Vertrages zwischen dem Ausbildenden und dem Auszubildenden – bei Minderjährigen der gesetzlichen Vertreter – begründet, § 10 BBiG. Dieser Vertrag ist formlos wirksam, doch hat der Ausbildende die Verpflichtung, den wesentlichen Inhalt des Berufsausbildungsvertrags spätestens vor Beginn der Berufsausbildung schriftlich niederzulegen und in das von der zuständigen Stelle für anerkannte Ausbildungsberufe eingerichtete **Verzeichnis der Berufsausbildungsverhältnisse** einzutragen, §§ 34 ff. BBiG. Die Vertragsniederschrift dient sowohl der Überwachung einer geordneten Berufsausbildung als auch dem Schutz des Auszubildenden, der eine Vertragsausfertigung ausgehändigt erhält, aus der er seine Rechte und Pflichten im Berufsausbildungsverhältnis entnehmen kann.

Skizze 13: Pflichten aus dem Berufsausbildungsverhältnis		
Ausbildender (**= Ausbildungs- betrieb und Ausbilder**)	← § 10 BBiG →	**Auszubildender**
Ausbildungspflicht	Hauptleistungspflichten	Lernpflicht
§§ 14 ff. BBiG und arbeitsrechtliche Fürsorgepflichten	Nebenleistungspflichten	§ 13 BBiG und arbeitsrechtliche Treuepflichten

384   Der gesetzlich vorgeschriebene **Mindestinhalt des Berufsausbildungsvertrages** besteht gem. § 11 BBiG aus folgenden Angaben:

❑ Art, sachliche und zeitliche Gliederung sowie Ziel der Berufsausbildung, insbesondere die Berufstätigkeit, für die ausgebildet werden soll,

❑ Beginn und Dauer der Berufsausbildung,

❑ Ausbildungsmaßnahmen außerhalb der Ausbildungsstätte,

❑ Dauer der regelmäßigen täglichen Ausbildungszeit,

❑ Dauer der Probezeit,

❑ Zahlung und Höhe der Vergütung,

❑ Dauer des Urlaubs,

❑ Voraussetzungen, unter denen der Berufsausbildungsvertrag gekündigt werden kann,

❏ ein in allgemeiner Form gehaltener Hinweis auf die Tarifverträge, Betriebs- oder Dienstvereinbarungen, die auf das Berufsausbildungsverhältnis anzuwenden sind.

Die **Wirksamkeit des Berufsausbildungsvertrages** richtet sich nach den allgemeinen Bestimmungen des bürgerlichen Rechts, insbesondere nach den Vorschriften des Arbeitsrechts.[176] Sofern der Auszubildende minderjährig ist, bedarf der Berufsausbildungsvertrag der Zustimmung der gesetzlichen Vertreter, §§ 107 ff. BGB. Da die Teilgeschäftsfähigkeit Minderjähriger gem. § 113 BGB für Berufsausbildungsverhältnisse nicht gilt,[177] ist für alle Folgeverträge, insbesondere für Änderungen des Berufsausbildungsvertrages,[178] jeweils die erneute Zustimmung der gesetzlichen Vertreter erforderlich. Hinsichtlich der Wirksamkeit des Berufsausbildungsvertrages enthält das Berufsbildungsgesetz einige Sonderregelungen. **385**

Nach § 12 BBiG sind **Vereinbarungen in Berufsausbildungsverträgen nichtig**, wenn sie folgenden Inhalt haben: **386**

❏ **Beschränkung der beruflichen Tätigkeit des/der Auszubildenden für die Zeit nach Beendigung der Ausbildung, es sei denn, der/die Auszubildende verpflichtet sich innerhalb der letzten sechs Monate der Ausbildung zu einer Weiterbeschäftigung, vgl. § 12 Abs. 1 Satz 2 BBiG,[179]**

❏ **Verpflichtung des Auszubildenden, für die Berufsausbildung eine Entschädigung zu zahlen,**

❏ **Vertragsstrafen und Schadensersatzpauschalen,**

❏ **Ausschluss oder Beschränkung von Schadensersatzansprüchen.**

Die **Rechte und Pflichten der Parteien des Berufsausbildungsvertrages** sind nach Maßgabe der §§ 13 ff. BBiG bestimmt. Da der hauptsächliche Inhalt des Berufsausbildungsverhältnisses in der Vermittlung einer beruflichen Grundausbildung besteht, sind die Hauptleistungspflichten aus dem Berufsausbildungsvertrag die **Ausbildungspflicht des Ausbildenden** und die **Lernpflicht des Auszubildenden**. **387**

Die **Lernpflicht des Auszubildenden** besteht in seinem Bemühen, die Fertigkeiten und Kenntnisse zu erwerben, die erforderlich sind, um das Ausbildungsziel zu erreichen. Im Übrigen hat der Auszubildende die Nebenleistungspflichten gem. § 13 BBiG, **388**

❏ **die ihm im Rahmen seiner Berufsausbildung aufgetragenen Verrichtungen sorgfältig auszuführen,**

---

176 Vgl. Abschnitt B. 1. zur Begründung des Arbeitsverhältnisses.
177 BAG NJW 2004, 1405.
178 Jede Änderung des Berufsausbildungsvertrages ist wiederum schriftlich niederzulegen, dem Auszubildenden und seinen gesetzlichen Vertretern auszuhändigen und in das Verzeichnis der Berufsausbildungsverhältnisse eintragen zu lassen.
179 Weiterarbeitsklauseln für die Zeit nach dem Ende der Berufsausbildung sind nur zulässig, wenn sie inhaltlich § 12 Abs. 1 Satz 2 Nr. 1 und 2 BBiG entsprechen und innerhalb der letzten 6 Monate vor Beendigung des Ausbildungsverhältnisses vereinbart wurden.

❏ an **Ausbildungsmaßnahmen teilzunehmen**, insbesondere am Berufsschulunterricht und an Prüfungen,

❏ den **Weisungen zu folgen**, die ihm im Rahmen der Berufsausbildung vom Ausbildenden, vom Ausbilder oder von anderen weisungsberechtigten Personen erteilt werden,

❏ die für die Ausbildungsstätte geltende **Ordnung zu beachten**,

❏ Werkzeug, Maschinen und sonstige **Einrichtungen pfleglich zu behandeln**,

❏ **Betriebs- und Geschäftsgeheimnisse** zu wahren,

❏ die **arbeitsrechtliche Treuepflicht zu beachten**, beispielsweise dem Ausbildenden ein Fernbleiben von der Ausbildung unverzüglich mitzuteilen usw.

389 Die **Pflichten des Ausbildenden aus dem Berufsausbildungsverhältnis** bestehen nach dem Berufsbildungsgesetz darin, dafür zu sorgen, dass dem Auszubildenden die Fertigkeiten und Kenntnisse vermittelt werden, die zum **Erreichen des Ausbildungszieles** erforderlich sind und die Berufsausbildung in einer durch ihren Zweck gebotenen Form planmäßig, zeitlich und sachlich gegliedert so durchzuführen, dass das Ausbildungsziel in der vorgesehenen Ausbildungszeit erreicht werden kann. Darüber hinaus hat der Ausbildende die Verpflichtungen,

❏ selbst auszubilden oder **einen Ausbilder** damit zu beauftragen,

❏ dem Auszubildenden **kostenlos die Ausbildungsmittel**, insbesondere Werkzeuge und Werkstoffe zur Verfügung zu stellen, die zur Berufsausbildung erforderlich sind,

❏ den Auszubildenden zum **Besuch der Berufsschule** sowie zum **Führen von Berichtsheften** anzuhalten und dies durchzusehen,

❏ dem Auszubildenden nur Verrichtungen zu übertragen, die dem **Ausbildungszweck** dienen und seinen körperlichen Kräften angemessen sind,

❏ dafür zu sorgen, dass der Auszubildende **charakterlich gefördert** sowie sittlich und körperlich nicht gefährdet wird, § 14 Abs. 1 Nr. 5 BBiG,

❏ den Auszubildenden für die Teilnahme am Berufsschulunterricht und an Prüfungen **freizustellen**, § 15 BBiG,

❏ dem Auszubildenden bei der Beendigung des Berufsausbildungsverhältnisses ein **Zeugnis** auszustellen, § 16 BBiG,

❏ dem Auszubildenden eine angemessene, jährlich ansteigende **Vergütung** zu zahlen, §§ 17, 18 BBiG,

❏ **Vergütungsfortzahlung** für die Zeit der Freistellung zur Teilnahme am Berufsschulunterricht und an Prüfungen zu leisten, ferner auch im Krankheitsfall und bei unverschuldeter Verhinderung der Teilnahme an der Berufsausbildung, § 19 BBiG,

❏ die **Vorschriften des Jugendarbeitsschutzgesetzes** einzuhalten.

390 Falls der Ausbildende seinen Verpflichtungen aus dem Berufsausbildungsverhältnis nicht nachkommt, kann dies unterschiedliche Folgen haben. Sofern es sich

um die Verletzung einer vertraglichen Nebenleistungspflicht handelt, entsteht ein Schadensersatzanspruch des Auszubildenden wegen Vertragspflichtverletzung gem. § 280 BGB.

Da die Erfüllung der vertraglichen Pflichten des Ausbildenden im Berufsausbil- **391** dungsverhältnis auch im öffentlichen Interesse liegt, enthält das Berufsbildungsgesetz einen Ordnungswidrigkeitenkatalog, wonach Zuwiderhandlungen gegen die Vorschriften des Berufsbildungsgesetzes mit **Geldbußen** bis zur Höhe von 5.000,– € geahndet werden, vgl. § 102 BBiG. In besonders schweren Fällen kann die nach jeweiligem Landesrecht zuständige Behörde dem Ausbildenden die **Ausbildereignung** untersagen, weil die persönliche oder fachliche Eignung nicht mehr vorliegt, vgl. § 33 BBiG.

Der Ausbildende muss eine **persönliche und fachliche Eignung zur Ausbil- 392 dung** haben, die in der Regel durch die Ausbildereignung nachgewiesen wird, § 28 BBiG. Für die **fachliche Eignung des Ausbilders** ist gem. § 30 BBiG Voraussetzung:

❏ Abschlussprüfung in einer dem Ausbildungsberuf entsprechenden Fachrichtung oder an einer deutschen Hochschule, Ingenieurschule oder Höheren Wirtschaftsfachschule in einer dem Ausbildungsberuf entsprechenden Fachrichtung und angemessene Zeit der Berufstätigkeit oder eine vergleichbare Qualifikation,

❏ Vorhandensein der erforderlichen berufs- und arbeitspädagogischen Kenntnisse.

Der Inhaber eines Ausbildungsbetriebes wird die fachliche Ausbildungseignung re- 393 gelmäßig nur in seinem eigenen Ausbildungsberuf nachweisen können. Infolgedessen ist der Ausbildende nicht verpflichtet, die Berufsausbildung persönlich durchzuführen, sondern kann sich eines von ihm beauftragten Ausbilders bedienen. In größeren Betrieben werden deshalb für verschiedene Ausbildungsrichtungen auch mehrere Ausbilder beauftragt. Dennoch gilt als Ausbildender i. S. des Berufsbildungsgesetzes der Betriebsinhaber, der auch Partei des Berufsausbildungsvertrages ist und dem auch die Pflichten aus diesem Vertrag obliegen. Der Ausbildende oder der von ihm beauftragte Ausbilder muss eine **persönliche Eignung zur Ausbildung** haben, deren Fehlen gem. § 29 BBiG angenommen wird,

❏ nach rechtskräftiger Verurteilung wegen Straftaten oder wegen Ordnungswidrigkeiten, insbesondere aus dem Berufsbildungsgesetz und aus dem Jugendarbeitsschutzgesetz,

❏ nach wiederholten schweren Verstößen gegen das BBiG.

Darüber hinaus muss auch die **Eignung der Ausbildungsstätte** gem. § 27 BBiG 394 vorliegen. Danach dürfen Auszubildende nur eingestellt werden, wenn die Ausbildungsstätte nach Art und Einrichtung für die Berufsausbildung geeignet ist und die Zahl der Auszubildenden in einem angemessenen Verhältnis zur Zahl der Ausbildungsplätze oder zur Zahl der beschäftigten Fachkräfte steht. Sofern diese Voraussetzungen nicht erfüllt sind, können die Mängel durch **Ausbildungsmaßnahmen außerhalb der Ausbildungsstätte** behoben werden.

395 Grundlage für eine geordnete und einheitliche Berufsausbildung und für die Anpassung an die technischen, wirtschaftlichen und gesellschaftlichen Erfordernisse und deren Entwicklung ist die **staatliche Anerkennung des Ausbildungsberufs durch Rechtsverordnung.** Für die jeweiligen Ausbildungsgänge werden Ausbildungsordnungen mit folgendem Mindestinhalt erlassen:

❑ **Bezeichnung des Ausbildungsberufes,**

❑ **Ausbildungsdauer,** regelmäßig 2 bis 3 Jahre,

❑ **Ausbildungsberufsbild,** d. h. die Fertigkeiten und Kenntnisse, die Gegenstand der Berufsausbildung sind,

❑ **Ausbildungsrahmenplan,** d. h. eine Anleitung zur sachlichen und zeitlichen Gliederung der Fertigkeiten und Kenntnisse,

❑ **Prüfungsanforderungen,** vgl. § 47 Abs. 2 BBiG.

396 Der **Beginn des Berufsausbildungsverhältnisses** wird in dem Ausbildungsvertrag durch die Vertragsparteien vereinbart. Am Anfang des Berufsausbildungsverhältnisses steht die **Probezeit,** die mindestens einen Monat und höchstens vier Monate beträgt, § 20 BBiG. Während der Dauer der Probezeit kann das Berufsausbildungsverhältnis von beiden Vertragsparteien jederzeit ohne Einhaltung einer Kündigungsfrist gekündigt werden. Denn die Probezeit dient dem Zweck, festzustellen, ob der Auszubildende sich für die vorgesehene Berufsausbildung eignet. Die **Dauer der Ausbildung** ergibt sich aus der für das jeweilige Berufsausbildungsverhältnis erlassenen Ausbildungsordnung. Nach Maßgabe verschiedender Anrechnungsverordnungen kann die Ausbildungszeit verkürzt werden, insbesondere nach einer Teilnahme am Berufsgrundbildungsjahr, am Besuch einer gewerblichen oder kaufmännischen Berufsfachschule sowie am Besuch einer sonstigen berufsbildenden Schule, wobei jeweils eine Mindeststundenzahl in fachbezogenen Fächern unterrichtet worden sein muss.

397 Das Berufsausbildungsverhältnis endet mit dem **Ablauf der Ausbildungszeit** und ist deshalb als befristetes Rechtsverhältnis anzusehen. Besteht der Auszubildende vor Ablauf der Ausbildungszeit die Abschlussprüfung, so endet das Berufsausbildungsverhältnis mit dem Bestehen dieser Prüfung. Besteht der Auszubildende die Abschlussprüfung nicht, muss er eine **Verlängerung des Berufsausbildungsverhältnisses** bis zur nächstmöglichen Wiederholungsprüfung ausdrücklich verlangen, wenn er die Beendigung durch Zeitablauf vermeiden will. Die Verlängerung der Ausbildungsdauer wird durch die **Antragstellung des Auszubildenden** unmittelbar ausgelöst und gilt jeweils bis zur nächstmöglichen Wiederholungsprüfung, höchstens jedoch für die Dauer eines Jahres.[180] Das Berufsausbildungsverhältnis endet gem. §§ 21, 22 BBiG aus folgenden Gründen:

❑ **Ablauf der Ausbildungszeit,**

❑ **Bestehen der Abschlussprüfung vor Ablauf der Ausbildungszeit,**

---

180 Da die Verlängerung des Berufsausbildungsverhältnisses eine Vertragsänderung darstellt, ist sie vom Ausbildenden schriftlich niederzulegen und unverzüglich zur Eintragung in das Verzeichnis der Berufsausbildungsverhältnisse anzumelden.

❑ **Ablauf eines Jahres nach der regelmäßigen Ausbildungsdauer bei Nichtbestehen der Abschlussprüfung und der Wiederholungsprüfungen,**

❑ **Kündigung während der Probezeit ohne Kündigungsfrist,**

❑ **Kündigung aus wichtigem Grund nach der Probezeit ohne Kündigungsfrist,**

❑ **Kündigung vom Auszubildenden nach der Probezeit mit einer Kündigungsfrist von 4 Wochen, wenn er die Berufsausbildung aufgeben oder sich für eine andere Ausbildungstätigkeit ausbilden lassen will.**

Die gesetzlich vorgesehenen Möglichkeiten einer Beendigung des Berufsausbildungsverhältnisses lassen deutlich erkennen, dass eine Lösung der Vertragsparteien vom Berufsausbildungsverhältnis nur **während der Probezeit ohne Einhaltung von Fristen** und ohne Angabe von Gründen jederzeit möglich ist. Nach Ablauf der Probezeit ist das Berufsausbildungsverhältnis bis zur Beendigung durch die Prüfung durchzuführen und gilt als grundsätzlich unkündbar, weil die ordentliche Kündigung durch den Ausbildenden ausgeschlossen und durch den Auszubildenden nur ausnahmsweise zulässig ist. Zudem entsteht bei vorzeitiger Lösung von der vertraglichen Bindung ein Schadensersatzanspruch gem. § 23 BBiG, wenn der andere Vertragspartner den Grund für die Auflösung zu vertreten hat. Mit dieser Regelung wird der Zweck des Berufsausbildungsverhältnisses – das Erreichen des Ausbildungszieles – abgesichert.

398

Das Berufsbildungsgesetz sieht gemäß § 22 Abs. 2 Nr. 2 BBiG lediglich eine Kündigungsmöglichkeit seitens des Auszubildenden mit einer **Kündigungsfrist von vier Wochen** vor, wenn er die Berufsausbildung aufgeben oder sich für eine andere Ausbildungstätigkeit ausbilden lassen will. In der Rechtsprechung der Arbeitsgerichte wurden diese im Gesetz genannten Gründe des Berufswechsels und der Berufsaufgabe ergänzt, z. B. bei mangelhafter Ausbildung. Als Kündigungsgründe wurden beispielsweise das Fehlen der Freistellung zu notwendigen überbetrieblichen Bildungsmaßnahmen anerkannt, ferner auch planmäßiges Abhalten vom Berufsschulbesuch, schwere oder wiederholte Verstöße gegen Bestimmungen des Jugendarbeitsschutzgesetzes, Tätlichkeiten am Arbeitsplatz oder wenn dem Ausbildenden die Ausbildungseignung entzogen wird.

399

Im Übrigen kann das Berufsausbildungsverhältnis sowohl vom Auszubildenden als auch vom Ausbildenden gemäß § 22 Abs. 1 Nr. 1 BBiG nach der Probezeit nur aus einem wichtigen Grund fristlos gekündigt werden. Die außerordentliche Kündigung durch den Ausbildenden darf als letztes Erziehungsmittel nur dann erfolgen, wenn alle möglichen und zumutbaren Versuche, die Ausbildung fortzusetzen, endgültig gescheitert sind oder durch den Auszubildenden, wenn ihm die Ausbildung verweigert wird.[181] Im Kündigungsschutzprozess wird darzulegen sein, dass das Ausbildungsziel nicht mehr erreicht werden kann. Als **wichtige Gründe für eine außerordentliche Kündigung des Berufsausbildungsverhältnisses** sind von der Rechtsprechung anerkannt worden:

400

---

181 BAG NZA 1988, 93.

❑ **betriebsbedingte Gründe,**
   z. B. Verlegung oder Stilllegung des Ausbildungsbetriebes,

❑ **personenbedingte Gründe,**
   z. B. Krankheiten, Konzentrationsschwächen, körperliche Nichteignung des
   Auszubildenden, die erkennen lassen, dass der Auszubildende das Ausbildungsziel nicht erreichen wird oder in seinem Ausbildungsberuf nicht tätig werden
   kann,

❑ **verhaltensbedingte Gründe,**
   z. B. beharrliche Lernverweigerung, schlechtes Benehmen infolge von Ungehor-
   sam oder Beleidigungen, laufende Verstöße gegen Unfallverhütungsvorschriften, unentschuldigtes Fehlen im Betrieb oder die Begehung von Straftaten.

401 Die Kündigung genügt den gesetzlichen Formerfordernissen nur dann, wenn sie
schriftlich und unter Angabe aller Kündigungsgründe in verständlicher Art
und Weise erfolgt. Das Nachschieben von Kündigungsgründen ist bei der Kündigung eines Berufsausbildungsverhältnisses nicht zulässig. Handelt es sich um
einen Ausbildungsvertrag mit einem minderjährigen Auszubildenden, kann die
Kündigung rechtswirksam nur gegenüber dem gesetzlichen Vertreter erklärt werden.

402 Im **Fall einer außerordentlichen Kündigung aus wichtigem Grund** müsste der Ausbildungsbetrieb darlegen, dass wegen des wichtigen Grundes – z. B. ein
fortgesetztes pflichtwidriges Verhalten des Auszubildenden – das Ausbildungsziel
nicht erreicht werden kann. Es müssen auch alle zumutbaren Erziehungsmittel
ausgeschöpft worden sein, um den Auszubildenden zur Pflichterfüllung anzuhalten. Dies gilt selbst dann, wenn der wichtige Grund in einer nachgewiesenen Straftat besteht, nachdem der Auszubildende z. B. einen Diebstahl begangen hat. Da
bei der außerordentlichen Kündigung eines Auszubildenden neben dem wichtigen
Grund auch die im Zeitpunkt der Kündigung bereits zurückgelegte Ausbildungszeit zu berücksichtigen ist, wird selbst die außerordentliche Kündigung mit zunehmender Dauer der Ausbildung erheblich eingeschränkt. Die Kündigung aus einem
wichtigen Grund ist auch dann unwirksam, wenn die ihr zugrunde liegenden Tatsachen dem zur Kündigung Berechtigten länger als **zwei Wochen** bekannt sind.
Der Lauf der Kündigungserklärungsfrist ist gehemmt, wenn ein Güteverfahren
von einer außergerichtlichen Stelle eingeleitet wird, § 22 Abs. 4 BBiG. Ein außergerichtliches **Schlichtungsverfahren** wird nach vertraglicher Vereinbarung von
den zuständigen Kammern durchgeführt, die dafür sorgen, dass ein erheblicher
Teil der Streitigkeiten ohne Anrufung der Arbeitsgerichte einvernehmlich beige-
legt wird.[182]

403 Für die Berufsausbildung in der gewerblichen Wirtschaft, insbesondere für die
Durchführung der Abschlussprüfungen, sind die **Industrie- und Handelskammern** zuständig, für die Berufsausbildung in Handwerksbetrieben die **Hand-
werkskammern** und in den freien Berufen die berufsständischen Kammern. In
ihrem jeweiligen Bereich überwachen und fördern die Kammern die Berufsausbil-

---

182 Vgl. Abschnitt F. 1. zu den arbeitsrechtlichen Schieds- und Schlichtungsverfahren.

dung durch Ausbildungsberater. Darüber hinaus ist ein **Berufsausbildungsausschuss** zu bilden, dem je sechs Beauftragte der Arbeitgeber, der Arbeitnehmer und mit beratender Stimme ein Lehrer an berufsbildenden Schulen angehören. Der Berufsbildungsausschuss ist in allen wichtigen Fragen der beruflichen Bildung zu unterrichten und zu hören. Im Bereich der Europäischen Gemeinschaft wurde **ein europäisches Zentrum für die Berufsbildung** gegründet, das der gemeinsamen Bildungspolitik der Mitgliedstaaten dient.

7.2 Jugendarbeitsschutz

Jugendliche, die als Auszubildende oder Arbeitnehmer oder als arbeitnehmerähnliche Personen tätig sind, stehen unter dem besonderen Schutz des Jugendarbeitsschutzgesetzes (JArbSchG).[183] Als **Jugendlicher i. S. des Jugendarbeitsschutzgesetzes** gilt, wer 15, aber noch nicht 18 Jahre alt ist. Die 14-jährigen Kinder, die der Vollzeitschulpflicht nicht mehr unterliegen, dürfen in einem **Berufsausbildungsverhältnis** beschäftigt werden oder außerhalb eines Berufsausbildungsverhältnisses mit leichten und für sie geeigneten Tätigkeiten bis zu sieben Stunden täglich und 35 Stunden wöchentlich. Die Beschäftigung Jugendlicher in einem Arbeitsverhältnis ist erst ab 15 Jahren erlaubt, § 7 JArbSchG. Im Übrigen besteht ein grundsätzliches **Verbot der Kinderarbeit**, indem die Beschäftigung von Personen, die noch nicht 14 Jahre alt sind, gem. §§ 2, 5 JArbSchG unzulässig ist. Von dem Verbot der Kinderarbeit sind zahlreiche Tätigkeiten ausgenommen.[184] Das **Jugendarbeitsschutzgesetz** regelt hinsichtlich der Arbeitsverhältnisse jugendlicher Arbeitnehmer insbesondere

□ **Arbeitszeit und Urlaub,**

□ **Freistellung** zur Teilnahme am Berufsschulunterricht, an Prüfungen und für ärztliche Untersuchungen,

□ **Beschäftigungsverbote,**

□ besondere **Fürsorgepflichten,** z. B. Arbeitsplatzgestaltung, Unterweisung zur Gefahrenverhütung, Verbot der Ausgabe von Alkohol und Tabak,

□ die **gesundheitliche Betreuung** Jugendlicher.

Die **höchstzulässige Arbeitszeit** Jugendlicher beträgt acht Stunden täglich und nicht mehr als 40 Stunden wöchentlich, § 8 JArbSchG. Nur in Ausnahmefällen, wenn an einzelnen Werktagen die Arbeitszeit auf weniger als acht Stunden ver-

404

405

---

183 Vom Anwendungsbereich dieses Gesetzes sind lediglich geringfügige Hilfeleistungen ausgenommen, die gelegentlich aus Gründen der Gefälligkeit, familienrechtlicher Bindungen oder in Einrichtungen der Jugendhilfe bzw. zur Eingliederung Behinderter oder im Familienhaushalt erbracht werden.
184 Ausgenommen vom Verbot der Kinderarbeit sind die Teilnahme an einer Beschäftigungs- und Arbeitstherapie, an einem Betriebspraktikum während der Vollzeitschulpflicht und die Erfüllung einer richterlichen Weisung. Ferner gilt das Verbot der Kinderarbeit nicht für die Beschäftigung von Kindern über 13 Jahren durch die Personensorgeberechtigten in der eigenen Landwirtschaft bis zu drei Stunden täglich, mit dem Austragen von Zeitungen und von Zeitschriften bis zu zwei Stunden werktäglich oder mit Handreichungen beim Sport bis zu drei Stunden täglich. Diese Beschäftigungen dürfen nicht zwischen 18:00 und 8:00 Uhr erfolgen und das Fortkommen in der Schule darf hierdurch nicht beeinträchtigt werden. Darüber hinaus gibt es behördliche Ausnahmegenehmigungen für die Beschäftigung von Kindern bei Theater- und Musikaufführungen, bei Werbeveranstaltungen sowie Aufnahmen in Hörfunk, im Fernsehen und beim Film innerhalb der Zeitgrenzen gem. § 6 JArbSchG.

kürzt oder in Verbindung mit Feiertagen an Werktagen nicht gearbeitet und infolgedessen die ausgefallene Arbeitszeit verteilt wird, darf ein Jugendlicher an einem Tag 8½ Stunden beschäftigt werden. Außerdem ist die Beschäftigung Jugendlicher über 16 Jahre in der Landwirtschaft während der Erntezeit erlaubt.[185] Als besonderen **Arbeitszeitschutz jugendlicher Arbeitnehmer** enthält das Jugendarbeitsschutzgesetz Regelungen über

❑ Ruhepausen und Arbeitsräume,

❑ Schichtzeit bis höchstens 10 Stunden mit Ausnahmen,

❑ tägliche Freizeit von mindestens 12 Stunden,

❑ Nachtruhe in der Zeit von 6 bis 20 Uhr mit Ausnahmen,

❑ 5-Tage-Woche mit Ausnahmen,

❑ Sonntagsruhe mit Ausnahmen,

❑ Feiertagsruhe mit Ausnahmen,

❑ Anspruch auf Erholungsurlaub.

406 Den jugendlichen Arbeitnehmern müssen feststehende **Ruhepausen von angemessener Dauer** gewährt werden, die bei der Berechnung der täglichen Arbeitszeit nicht mitzählen. Die Ruhepausen müssen mindestens 30 Minuten bei einer Arbeitszeit von mehr als 4½ bis zu sechs Stunden und 60 Minuten bei einer Arbeitszeit von mehr als sechs Stunden betragen. Als Ruhepause gilt nur eine **Arbeitsunterbrechung von mindestens 15 Minuten**. Die Ruhepausen müssen in angemessener zeitlicher Lage gewährt werden, beispielsweise sollen sie frühestens eine Stunde nach Beginn und spätestens eine Stunde vor Ende der Arbeitszeit liegen. Länger als 4½ Stunden hintereinander dürfen Jugendliche nicht ohne Ruhepause beschäftigt werden. Bei der Festlegung der Ruhepausen entsteht ein zwingendes Mitbestimmungsrecht des Betriebsrates gem. § 87 Abs. 1 Nr. 2 BetrVG. Sofern in dem Betrieb regelmäßig mehr als 10 Arbeitnehmer beschäftigt werden, sind für den Aufenthalt während der Pausen besondere **Aufenthaltsräume** bereitzustellen, § 29 Abs. 1 ArbStättVO. Der Aufenthalt während der Ruhepausen in Arbeitsräumen darf den Jugendlichen nur gestattet werden, wenn die Arbeit in diesen Räumen während der Pausen eingestellt ist und auch sonst die notwendige Erholung nicht beeinträchtigt wird, § 11 Abs. 3 JArbSchG.

407 Der besondere **Gesundheitsschutz jugendlicher Arbeitnehmer** erfordert nicht nur eine Begrenzung der Arbeitszeit, sondern auch ein angemessenes Verhältnis zwischen der Anwesenheit am Arbeitsplatz und der Freizeit. Infolgedessen dürfen Jugendliche nach Beendigung der täglichen Arbeitszeit nicht vor Ablauf einer ununterbrochenen Freizeit von mindestens 12 Stunden beschäftigt werden, § 13 JArbSchG. Ferner darf die **Schichtzeit** Jugendlicher 10 Stunden, im Berg-

---

185 Als tägliche Arbeitszeit gilt die Zeit vom Beginn bis zum Ende der täglichen Beschäftigung ohne die Ruhepause, während bei Schichtzeit eine Hinzurechnung der Ruhepausen erforderlich wird. Für die Berechnung der wöchentlichen Arbeitszeit ist als Woche die Zeit von Montag bis einschließlich Sonntag zu Grunde zu legen. Die Arbeitszeit, die an einem Werktag infolge eines gesetzlichen Feiertags ausfällt, wird auf die wöchentliche Arbeitszeit angerechnet, § 4 JArbSchG.

bau unter Tage acht Stunden und im Gaststättengewerbe, in der Landwirtschaft, in der Tierhaltung, auf Bau- und Montagestellen 11 Stunden nicht überschreiten, § 12 JArbSchG. Die Regelung einer **Nachtruhe** verbietet die Beschäftigung Jugendlicher in der Zeit von 20:00 bis 6:00 Uhr, § 14 JArbSchG.[186]

Das Jugendarbeitsschutzgesetz regelt für Jugendliche zwingend die **5-Tage-Woche**. Nach § 15 JArbSchG dürfen Jugendliche nur an fünf Tagen in der Woche beschäftigt werden, sodass sich infolge des grundsätzlichen Verbots der Samstags- und Sonntagsarbeit für Jugendliche regelmäßig eine Arbeitswoche von Montag bis Freitag ergibt. Wiederum sind zahlreiche Ausnahmen von dem Grundsatz der 5-Tage-Woche vorgesehen. **408**

Beispiel:

Ein 16-jähriger Jugendlicher ist als Verkäufer in einem Lebensmittelgeschäft tätig. Er ist am Samstag während der üblichen Ladenöffnungszeiten und danach mit Aufräumarbeiten beschäftigt. Dies ist eine zulässige Ausnahme von der grundsätzlichen Samstagsruhe für Jugendliche in offenen Verkaufsstellen gem. § 16 Abs. 2 Nr. 2 JArbSchG. Wenn der Jugendliche am Samstag beschäftigt wird, ist ihm die gesetzliche 5-Tage-Woche durch Freistellung an einem anderen berufsschulfreien Arbeitstag derselben Woche sicherzustellen, vgl. § 16 Abs. 3 JArbSchG. Bei der Berechnung der höchstzulässigen Arbeitszeit gem. § 8 Abs. 1 JArbSchG ist zu beachten, dass Tarifverträge in der Regel kürzere Arbeitszeiten vorsehen.

Das Jugendarbeitsschutzgesetz sieht ein grundsätzliches **Verbot der Samstags- und Sonntagsarbeit** von Jugendlichen und eine **Feiertagsruhe** vor, §§ 16 ff. JArbSchG. Gleichzeitig sind in diesen Bestimmungen die Ausnahmekataloge aufgeführt, wobei zu beachten ist, dass Jugendliche mindestens zwei Samstage und zwei Sonntage im Monat beschäftigungsfrei bleiben müssen. Die Beschäftigung Jugendlicher ist an Samstagen und teilweise auch an Sonntagen beispielsweise zulässig in Krankenanstalten, Alten-, Pflege- und Kinderheimen, in offenen Verkaufsstellen, in Bäckereien und Konditoreien, im Friseurhandwerk und im Marktverkehr, im Verkehrswesen, in der Landwirtschaft und Tierhaltung, im Familienhaushalt, im Gaststätten- und Schaustellergewerbe, bei Musikaufführungen, Theatervorstellungen und ähnlichen Veranstaltungen, bei außerbetrieblichen Ausbildungsmaßnahmen, beim Sport, im ärztlichen Notdienst und in Reparaturwerkstätten für Kraftfahrzeuge. **409**

Die gesetzlichen Regelungen der Höchstdauer der täglichen und wöchentlichen Arbeitszeit, der Dauer und Lage der Ruhepausen, der Dauer der Schichtzeit, der Dauer der täglichen Freizeit und der Beschäftigungsverbote finden keine Anwendung, wenn Jugendliche mit vorübergehenden und unaufschiebbaren **Arbeiten in Notfällen** beschäftigt werden und erwachsene Arbeitnehmer nicht zur Verfügung stehen. Sofern Jugendliche in Notfällen Mehrarbeit leisten, ist durch entsprechen- **410**

---

186 In Einzelfällen erlaubt das Jugendarbeitsschutzgesetz ausnahmsweise eine Beschäftigungsdauer über 20:00 Uhr hinaus oder in der Zeit vor 6:00 Uhr, z. B. im Gaststätten- und Schaustellergewerbe, in mehrschichtigen Betrieben, in der Landwirtschaft, in Bäckereien und Konditoreien und bei der Mitwirkung an Musikaufführungen, Theatervorstellungen, Aufnahmen in Hörfunk und Fernsehen, Film- und Photoaufnahmen und ähnlichen Veranstaltungen. Diese Ausnahmeregelungen sind der Aufsichtsbehörde anzuzeigen und teilweise auch genehmigungspflichtig.

de Verkürzung der Arbeitszeit innerhalb der folgenden drei Wochen ein Ausgleich vorzunehmen, § 21 JArbSchG.

411 **Tarifverträge und Betriebsvereinbarungen** können innerhalb der gesetzlichen Grenzen von den Vorschriften des Jugendarbeitsschutzgesetzes abweichen, vgl. § 21a JArbSchG. Um den **Bedürfnissen flexibler Arbeitszeitgestaltung** in bestimmten Wirtschaftszweigen Rechnung zu tragen, sind nach dieser Öffnungsklausel Vereinbarungen zulässig über

❑ **abweichende Verteilung der Arbeitszeit** bis zu neun Stunden täglich, 44 Stunden wöchentlich und bis zu 5 ½ Tagen in der Woche, sofern eine durchschnittliche Wochenarbeitszeit von 40 Stunden in einem Ausgleichszeitraum von zwei Monaten eingehalten wird,

❑ **abweichende Regelung der Ruhepausen**, insbesondere eine Verkürzung bis zu 15 Minuten und eine andere Lage der Pausen,

❑ **Verlängerung der täglichen Schichtzeit** bis zu einer Stunde mit Ausnahme des Bergbaus unter Tage,

❑ **abweichende Vereinbarung der Samstags-, Sonntags- und Feiertagsruhe**,

❑ **abweichende Einzelregelungen** für Jugendliche im Gaststätten- und Schaustellergewerbe wie in der Landwirtschaft.

412 Das Jugendarbeitsschutzgesetz enthält ergänzend zum Bundesurlaubsgesetz einen Anspruch jugendlicher Arbeitnehmer auf bezahlten Erholungsurlaub, der länger ist als der gesetzliche Mindesturlaub erwachsener Arbeitnehmer. Gem. § 19 JArbSchG beträgt der **Urlaubsanspruch eines Jugendlichen** jährlich

❑ mindestens 30 Werktage, wenn der Jugendliche zu Beginn des Kalenderjahres noch nicht 16 Jahre alt ist,

❑ mindestens 27 Werktage, wenn der Jugendliche zu Beginn des Kalenderjahres noch nicht 17 Jahre alt ist,

❑ mindestens 25 Werktage, wenn der Jugendliche zu Beginn des Kalenderjahres noch nicht 18 Jahre alt ist,

❑ einen zusätzlichen Urlaub von drei Werktagen für Jugendliche, die im Bergbau unter Tage beschäftigt werden.

413 Der Urlaub soll Berufsschülern in der Zeit der Berufsschulferien gegeben werden. Soweit der Urlaub nicht in den Berufsschulferien gewährt wird, ist für jeden Berufsschultag, an dem die Berufsschule während des Urlaubs besucht wird, ein weiterer Urlaubstag zu geben, § 19 JArbSchG. Der Jugendliche hat ferner **Freistellungsansprüche** für die Teilnahme am Berufsschulunterricht nach Maßgabe von § 9 JArbSchG.

414 Das Jugendarbeitsschutzgesetz enthält **Beschäftigungsverbote für Jugendliche**, die insbesondere gefährliche Arbeiten, Akkordarbeit und tempoabhängige Arbeiten sowie Arbeiten unter Tage betreiben. Gem. §§ 22 ff. JArbSchG dürfen ju-

gendliche Arbeitnehmer aus Gründen des Gesundheitsschutzes nicht beschäftigt werden

❏ **mit gefährlichen Arbeiten**, die ihre Leistungsfähigkeit überschreiten, bei denen sie sittlichen Gefahren oder Unfallgefahren ausgesetzt sind, die gesundheitsgefährdend und mit schädlichen Einwirkungen von Lärm, Erschütterungen, Strahlen oder von giftigen, ätzenden oder reizenden Stoffen verbunden sind,

❏ **mit Akkordarbeit und tempoabhängigen Arbeiten**, bei denen durch ein gesteigertes Arbeitstempo ein höheres Entgelt erzielt werden kann,

❏ **mit Arbeiten unter Tage.**

Das Jugendarbeitsschutzgesetz enthält Ausnahmen von den genannten Beschäftigungsverboten und -beschränkungen, insbesondere, wenn die Tätigkeiten für Auszubildende zur **Erreichung ihres Ausbildungszieles** erforderlich sind, wenn Jugendliche eine Berufsausbildung für diese Beschäftigung abgeschlossen haben und ihr Schutz durch die Aufsicht eines Fachkundigen gewährleistet ist. Bei der ausnahmsweisen Beschäftigung Jugendlicher mit gefährlichen Arbeiten muss ihre betriebsärztliche und sicherheitstechnische Betreuung sichergestellt sein. **415**

Zum Schutz jugendlicher Arbeitnehmer ist bestimmten Personen untersagt, diese zu beschäftigen, auszubilden oder anzuweisen, § 25 JArbSchG. Hierzu gehören Personen, die vorbestraft sind, insbesondere wegen einer vorsätzlichen Straftat, die sie unter Verletzung der ihnen als Arbeitgeber, Ausbildender oder Ausbilder obliegenden Pflichten zum Nachteil von Kindern oder Jugendlicher begangen haben, wegen bestimmter Straftaten nach dem Betäubungsmittelgesetz, nach dem Jugendschutzgesetz und nach dem Gesetz über die Verbreitung jugendgefährdender Schriften und bei wiederholten Verstößen gegen das Jugendarbeitsschutzgesetz. **416**

Infolge der Beschäftigung jugendlicher Arbeitnehmer entstehen **besondere Fürsorgepflichten des Arbeitgebers**. Diese betreffen die Gestaltung des Arbeitsplatzes, die Unterweisung über die Gefahren ihrer Beschäftigung, den besonderen Schutz bei Aufnahme in die häusliche Gemeinschaft, das Verbot der Züchtigung sowie der Ausgabe von Alkohol und Tabak und die gesundheitliche Betreuung der Jugendlichen. **417**

Der Arbeitgeber hat bei der **Einrichtung und Unterhaltung der Arbeitsstätte** einschließlich der Maschinen, Werkzeuge und Geräte und bei der Regelung der Beschäftigung die Vorkehrungen und Maßnahmen zu treffen, die zum Schutze der Jugendlichen gegen Gefahren für Leben und Gesundheit sowie zur Vermeidung einer Beeinträchtigung der körperlichen oder seelisch-geistigen Entwicklung der Jugendlichen erforderlich sind. Hierbei sind das mangelnde Sicherheitsbewusstsein, die mangelnde Erfahrung und der Entwicklungsstand der Jugendlichen zu berücksichtigen und die allgemein anerkannten sicherheitstechnischen und arbeitsmedizinischen Regeln sowie die sonstigen gesicherten arbeitswissenschaftlichen Erkenntnisse zu beachten, § 28 JArbSchG. Die Aufsichtsbehörde kann in Einzelfällen **418** ergänzend anordnen, welche Vorkehrungen und Maßnahmen zur Durchführung der Arbeitsplatzgestaltung Jugendlicher zu treffen sind.

419 Noch vor der Arbeitsaufnahme hat der Arbeitgeber die Jugendlichen über **Unfall- und Gesundheitsgefahren** an ihrem Arbeitsplatz sowie über die Einrichtungen und Maßnahmen zur Abwendung dieser Gefahren zu unterweisen. Ferner hat er jugendliche Arbeitnehmer vor der erstmaligen Beschäftigung an Maschinen oder an gefährlichen Arbeitsstellen oder mit Arbeiten, bei denen sie mit gesundheitsgefährdenden Stoffen in Berührung kommen, über die besonderen Gefahren dieser Arbeiten und über das bei ihrer Verrichtung erforderliche Verhalten zu unterweisen. Diese Unterweisungen sind in angemessenen Zeitabständen, mindestens halbjährlich zu wiederholen, vgl. § 29 JArbSchG.

420 Besondere Vorschriften enthält das Jugendarbeitsschutzgesetz zur gesundheitlichen Betreuung der jugendlichen Arbeitnehmer. Danach ist eine **Erstuntersuchung** Jugendlicher vorgesehen, die in das Berufsleben eintreten und **Nachuntersuchungen** in jährlichen Abständen. Der Arbeitgeber darf einen Jugendlichen, der erstmalig in das Berufsleben eintritt, nur beschäftigen, wenn der Jugendliche innerhalb der letzten 14 Monate von einem Arzt untersucht worden ist und dem Arbeitgeber eine von diesem Arzt ausgestellte Bescheinigung vorlegt.[187]

421 Zur **Durchführung der Bestimmungen des Jugendarbeitsschutzgesetzes** bestehen besondere Verpflichtungen des Arbeitgebers gem. §§ 47 ff. JArbSchG:

❏ **Bekanntgabe des Jugendarbeitsschutzgesetzes** und der Aufsichtsbehörde im Betrieb, falls regelmäßig mindestens ein Jugendlicher beschäftigt wird.

❏ **Aushang über Beginn und Ende der regelmäßigen täglichen Arbeitszeit und der Pausen** der Jugendlichen im Betrieb, falls regelmäßig mindestens drei Jugendliche beschäftigt werden.

❏ **Führung von Verzeichnissen der jugendlichen Arbeitnehmer** unter Angabe des Vor- und Familiennamens, des Geburtsdatums, der Wohnanschrift und des Datums des Beschäftigungsbeginns.

422 Der Arbeitgeber ist verpflichtet, der Aufsichtsbehörde auf Verlangen die zur Erfüllung ihrer Aufgabe erforderlichen Angaben wahrheitsgemäß und vollständig zu machen und die Verzeichnisse und Unterlagen, aus denen sich Name, Beschäftigungsart und -zeiten der Jugendlichen sowie Lohn- und Gehaltszahlungen ergeben, zur Einsicht vorzulegen oder einzusenden.

---

187 Ein Jahr nach Aufnahme der ersten Beschäftigung hat sich der Arbeitgeber die Bescheinigung eines Arztes darüber vorlegen zu lassen, dass der Jugendliche die erste Nachuntersuchung durchgeführt hat. Der Jugendliche darf nach Ablauf von 14 Monaten nach Aufnahme der ersten Beschäftigung nicht weiterbeschäftigt werden, solange er die Bescheinigung nicht vorgelegt hat. Hierzu ist er durch den Arbeitgeber schriftlich aufzufordern, wobei eine Durchschrift des Aufforderungsschreibens dem Personensorgeberechtigten und dem Betriebs- oder Personalrat zuzusenden ist, §§ 32 ff. JArbSchG. Der Inhalt und die Durchführung der ärztlichen Untersuchungen und die Verpflichtung des Arztes zur schriftlichen Mitteilung, u.U. mit einem Gefährdungsvermerk, ist gesetzlich festgelegt. Enthält die Bescheinigung des Arztes einen Vermerk über Arbeiten, durch deren Ausführung er die Gesundheit oder die Entwicklung des Jugendlichen für gefährdet hält, so darf der Jugendliche mit solchen Arbeiten nicht beschäftigt werden. Der Arbeitgeber hat den Jugendlichen für die ärztlichen Untersuchungen nach dem Jugendarbeitsschutzgesetz freizustellen. Ein Entgeltausfall darf hierdurch nicht eintreten, § 43 JArbSchG.

Die **Aufsicht über die Ausführung des Jugendarbeitsschutzgesetzes** und   423
der aufgrund dieses Gesetzes erlassenen Rechtsverordnungen obliegt der nach
Landesrecht zuständigen Aufsichtsbehörde. Diese erteilt auch die Ausnahmebe-
willigungen nach Maßgabe des Jugendarbeitsschutzgesetzes. In den §§ 58 und 59
JArbSchG ist ein Katalog von **Ordnungswidrigkeiten** enthalten, wonach Zuwiderhandlungen der Arbeitgeber gegen das Jugendarbeitsschutzgesetz mit **Geldbußen** geahndet werden. In besonders schweren Fällen, beispielsweise bei Gefährdung der Gesundheit oder der Arbeitskraft der Jugendlichen, ist eine Bestrafung
mit Freiheits- oder Geldstrafe vorgesehen.

7.3 Jugend- und Auszubildendenvertretung

Jugendliche Arbeitnehmer haben aufgrund ihres Alters keine Wahlberechtigung   424
zum Betriebsrat, da das aktive Wahlrecht erst mit Vollendung des 18. Lebensjahres vorliegt, vgl. § 7 BetrVG. Um den Jugendlichen eine Mitwirkung an den betrieblichen Angelegenheiten zu ermöglichen, werden in Betrieben mit in der Regel mindestens fünf Arbeitnehmern, die das 18. Lebensjahr nicht vollendet haben
oder die zu ihrer Berufsausbildung beschäftigt sind und das 25. Lebensjahr noch
nicht vollendet haben, Jugend- und Auszubildendenvertretungen gewählt, §§ 60 ff.
BetrVG. Wählbar sind alle Arbeitnehmer und Auszubildende des Betriebs, die das
25. Lebensjahr noch nicht vollendet haben.

Die **Zahl der Jugend- und Auszubildendenvertreter** richtet sich nach der An-   425
zahl der in dem Betrieb beschäftigten Jugendlichen und Auszubildenden, wobei
nach einer gesetzlichen Staffelung zwischen 1 und 15 Jugend- und Auszubilden-
denvertretern gewählt werden. Die Jugend- und Auszubildendenvertretung soll
sich möglichst aus Vertretern der verschiedenen Beschäftigungsarten und Ausbildungsberufe der im Betrieb tätigen jugendlichen und auszubildenden Arbeitnehmer zusammensetzen. Auch die Geschlechter sollen entsprechend ihrem zahlenmäßigen Verhältnis vertreten sein.

Die Jugend- und Auszubildendenvertretung dient dem Zweck, den Jugendlichen   426
und Auszubildenden die Möglichkeit zu geben, ihre besonderen Interessen in die
Betriebsratstätigkeit einzubringen. Infolgedessen kann die Jugend- und Auszubildendenvertretung zu allen Betriebsratssitzungen einen Vertreter entsenden. Sofern Angelegenheiten behandelt werden, die speziell die Jugendlichen und Auszubildenden betreffen, hat die gesamte Jugend- und Auszubildendenvertretung ein
Teilnahmerecht an Betriebsratssitzungen und im Einzelfall auch ein Stimmrecht.
Ferner kann die Jugend- und Auszubildendenvertretung beim Betriebsrat beantragen, die Angelegenheiten der Jugendlichen und Auszubildenden auf die nächste Tagesordnung des Betriebsrats zu setzen. Sofern in diesen Angelegenheiten
Besprechungen zwischen Arbeitgeber und Betriebsrat stattfinden, ist die Jugend-
und Auszubildendenvertretung vom Betriebsrat einzuziehen.

Die Jugend- und Auszubildendenvertretung hat folgende allgemeine Auf-   427
gaben:

❑ **Antragsrecht beim Betriebsrat** hinsichtlich Maßnahmen, die den Jugendlichen und Auszubildenden dienen, insbesondere in Fragen der Berufsbildung,

❑ **Überwachungsrecht** bei der Durchführung der Gesetze, Verordnungen, Unfallverhütungsvorschriften, Tarifverträge und Betriebsvereinbarungen, die für Jugendliche und Auszubildende gelten,

❑ **Entgegennahme von Anregungen der Jugendlichen und Auszubildenden**, insbesondere in Fragen der Berufsausbildung und Hinwirkung auf deren Erledigung beim Betriebsrat.

Zur Durchführung ihrer Aufgaben ist die Jugend- und Auszubildendenvertretung durch den Betriebsrat rechtzeitig und umfassend zu unterrichten. Die Jugend- und Auszubildendenvertretung kann verlangen, dass ihr der Betriebsrat die zur Durchführung ihrer Aufgaben erforderlichen Unterlagen zur Verfügung stellt. Sie kann vor oder nach jeder Betriebsversammlung im Einvernehmen mit dem Betriebsrat eine betriebliche **Jugend- und Auszubildendenversammlung** einberufen. In Betrieben, die in der Regel mehr als 50 Jugendliche und Auszubildende beschäftigen, kann die Jugend- und Auszubildendenvertretung **Sprechstunden** während der Arbeitszeit einrichten.

428 Bestehen in einem Unternehmen mehrere Jugend- und Auszubildendenvertretungen, so ist eine **Gesamt-Jugend- und Auszubildendenvertretung** zu errichten. Dorthin entsendet jede Jugend- und Auszubildendenvertretung ein Mitglied. Die Zuständigkeit dieser Gesamt-Jugend- und Auszubildendenvertretung ist dann gegeben, wenn eine Angelegenheit der Jugendlichen und Auszubildenden des gesamten Unternehmens oder mehrerer Betriebe zu regeln ist und wenn die Interessen der Jugendlichen und Auszubildenden einheitlich auf der Unternehmensebene wahrgenommen werden sollen.

429 Die Mitglieder der Jugend- und Auszubildendenvertretung haben aufgrund ihrer Mitwirkung an der Betriebsverfassung eine besondere **Rechtsstellung**:

❑ Die Jugend- und Auszubildendenvertreter genießen den besonderen **Kündigungsschutz gem. § 15 KSchG**. Danach ist ihre ordentliche Kündigung durch den Arbeitgeber unzulässig, während die außerordentliche Kündigung aus wichtigem Grund der Zustimmung des Betriebsrates gem. § 103 BetrVG bedarf.

❑ Beabsichtigt der Arbeitgeber, einen Auszubildenden, der Mitglied der Jugend- und Auszubildendenvertretung, des Betriebsrates, der Bordvertretung oder des Seebetriebsrats ist, nach Beendigung des Berufsausbildungsverhältnisses **nicht in ein Arbeitsverhältnis auf unbestimmte Zeit zu übernehmen**, so hat er dies drei Monate vor Beendigung des Berufsausbildungsverhältnisses dem Auszubildenden **schriftlich mitzuteilen**, § 78 a BetrVG.

❑ Verlangt ein Auszubildender, der Mitglied der Jugend- und Auszubildendenvertretung, des Betriebsrates, der Bordvertretung oder des Seebetriebsrates ist, innerhalb der letzten drei Monate vor Beendigung des Berufsausbildungsverhältnisses schriftlich vom Arbeitgeber die **Weiterbeschäftigung**, so gilt zwischen dem Auszubildenden und dem Arbeitgeber im Anschluss an das Berufsausbildungsverhältnis ein **Vollzeit-Arbeitsverhältnis auf unbestimmte Zeit** als begründet, § 78 a Abs. 2 BetrVG.[188]

Demgegenüber kann der Arbeitgeber, dem die Weiterbeschäftigung nicht zugemutet werden kann, spätestens bis zum Ablauf von zwei Wochen nach Beendigung des Berufsausbildungsverhältnisses beim Arbeitsgericht beantragen, das bereits begründete Arbeitsverhältnis aufzulösen oder festzustellen, dass ein solches Arbeitsverhältnis nicht begründet wurde.

Fall 15: Übernahme des Auszubildenden   **_Seite 379_**

Den Mitgliedern der Jugend- und Auszubildendenvertretung obliegt eine Geheimhaltungspflicht hinsichtlich der Betriebs- oder Geschäftsgeheimnisse, die ihnen im Rahmen ihrer Aufgaben bekannt geworden und vom Arbeitgeber ausdrücklich als geheimhaltungsbedürftig bezeichnet worden sind. Dies gilt auch nach ihrem Ausscheiden aus der Jugend- und Auszubildendenvertretung, § 79 BetrVG.

---

188 BAG NZA 1987, 818; 1989, 239; 1992, 174.

C. Das kollektive Arbeitsrecht

Das kollektive Arbeitsrecht ist – ähnlich wie das Arbeitnehmerschutzrecht – ent- **001**
standen, weil der Arbeitgeber – z. B. bei Verhandlungen über die Höhe des Arbeitsentgelts und die einzelnen Arbeitsbedingungen – regelmäßig der stärkere
Vertragspartner ist und die Arbeitnehmer ihre Interessen daher nicht durchsetzen
können, wenn sie dem Arbeitgeber als Einzelne gegenüberstehen. Durch das kollektive Arbeitsrecht werden den Arbeitnehmern aber – anders als im Arbeitnehmerschutzrecht – nicht durch Spezialgesetze individuelle Rechte gegenüber dem
Arbeitgeber eingeräumt. Das kollektive Arbeitsrecht garantiert vielmehr, dass bestimmte Organisationen und Institutionen die Interessen der Arbeitnehmer wahren können. Es schafft damit die Möglichkeit zur Selbsthilfe.

Die ältesten Organisationen, die sich für die Interessen der Arbeitnehmer einsetzen, sind die Gewerkschaften. Grundlage für ihre Betätigung ist die verfassungsrechtlich garantierte **Koalitionsfreiheit**, wichtige Bereiche ihrer Tätigkeit sind
durch das **Tarifvertragsrecht** und das **Arbeitskampfrecht** geregelt. Institutionen, die der Wahrung von Arbeitnehmerinteressen dienen, sind insbesondere der
Betriebsrat, dessen Aufgaben und Befugnisse das **Betriebsverfassungsrecht** regelt, sowie der Sprecherausschuss, der die Interessen der nicht dem Betriebsverfassungsrecht unterliegenden leitenden Angestellten wahrnimmt. Daneben haben
die Arbeitnehmer aufgrund der Gesetze über die Unternehmensmitbestimmung
in zahlreichen Unternehmen die Möglichkeit, Vertreter in den Aufsichtsrat einer
Kapitalgesellschaft zu entsenden.

Ein wichtiges Mittel, das das kollektive Arbeitsrecht zur Selbsthilfe zur Verfügung
stellt, ist der Abschluss von **Kollektivvereinbarungen**. Gewerkschaften und Betriebsräte können **Tarifverträge** bzw. **Betriebsvereinbarungen** abschließen,
die kraft Gesetzes für die von den Vereinbarungen erfassten Arbeitsverhältnisse
gelten und damit Rechte und Pflichten der Arbeitsvertragsparteien begründen,
ohne dass diese individuell zwischen Arbeitgeber und Arbeitnehmer ausgehandelt
worden sind. Kollektivvereinbarungen sind damit autonom gesetzte Rechtsquellen
des deutschen Arbeitsrechts.[1]

1. Die Koalitionsfreiheit

Der Bestands- und Betätigungsschutz der Koalitionen schafft die Möglichkeit ei- **002**
nes Zusammenschlusses zur Förderung der Arbeits- und Wirtschaftsbedingungen
und damit die Voraussetzung für den Abschluss von Tarifverträgen. Die Koalitionsfreiheit ist auf internationaler Ebene in der Allgemeinen Erklärung der Men-
schenrechte der Vereinten Nationen, in der Europäischen Menschenrechtskonven-
tion und in der Europäischen Sozialcharta enthalten.

---

1 Vgl. auch Abschnitt A. Rz. 39 ff.

Das Grundrecht der **Koalitionsfreiheit** war bereits Bestandteil der Weimarer Verfassung und wird heute durch Art. 9 Abs. 3 GG garantiert. Danach ist das Recht, zur **Wahrung und Förderung der Arbeits- und Wirtschaftsbedingungen** Vereinigungen zu bilden, für jedermann und für alle Berufe gewährleistet.

003   **Koalitionen** sind **Zusammenschlüsse von Arbeitnehmern oder von Arbeitgebern** zur Wahrung und Förderung der Arbeits- und Wirtschaftsbedingungen. Koalitionen müssen insbesondere

❏ eine körperschaftliche Struktur aufweisen, d. h. sie müssen auf Dauer angelegt sein, unabhängig von einem Mitgliederwechsel sein und über Organe verfügen,

❏ privatrechtlich organisiert sein,

❏ auf **freiwilliger Mitgliedschaft** beruhen,

❏ eine **demokratische Organisationsstruktur** aufweisen,

❏ **gegnerfrei** sein,

❏ **überbetrieblich organisiert** sein und

❏ **unabhängig** von Dritten (z. B. Parteien) sein.

Die wichtigsten Koalitionen sind die **Gewerkschaften** und die **Arbeitgeberverbände,**[2] die Tarifverträge abschließen und Arbeitskämpfe führen können. Tarifwilligkeit und Arbeitskampffähigkeit sind aber nicht Voraussetzung für das Vorliegen einer Koalition; die Tariffähigkeit ist nicht mit dem Koalitionsbegriff identisch.[3] Der Schutz des Art. 9 Abs. 3 GG erstreckt sich also auch auf solche Vereinigungen von Arbeitnehmern oder von Arbeitgebern, die z. B. aufgrund einer zu geringen Mitgliederzahl keinen Arbeitskampf zur Erzwingung eines Tarifvertrags führen können oder die nach den in ihrer Satzung getroffenen Regelungen die Arbeits- und Wirtschaftsbedingungen ihrer Mitglieder auf andere Weise fördern wollen.

004   Art. 9 Abs. 3 S. 1 GG gewährt jedermann (und damit insbesondere auch Ausländern) und für alle Berufe **individuelle Koalitionsfreiheit**. Die individuelle Koalitionsfreiheit umfasst die positive und die negative Koalitionsfreiheit.[4]

Die **positive Koalitionsfreiheit** beinhaltet das Recht eines jeden Arbeitgebers und eines jeden Arbeitnehmers,

❏ sich an der Gründung einer Koalition zu beteiligen,

❏ einer bestehenden Koalition beizutreten,

❏ bei einem Beitritt zwischen mehreren Koalitionen zu wählen und

❏ sich als Mitglied einer Koalition zu betätigen.

---

2   Vgl. Abschnitt C. Rz. 11 f.
3   Vgl. Abschnitt C. Rz. 9 f.
4   BAG NZA 2002, 1112.

Die **negative Koalitionsfreiheit** beinhaltet das Recht eines jeden Arbeitgebers und eines jeden Arbeitnehmers,

❑ einer Koalition fernzubleiben und

❑ aus einer Koalition wieder auszutreten.

Nach Art. 9 Abs. 3 S. 2 GG sind Abreden, welche die Koalitionsfreiheit einschrän- **005** ken oder zu behindern suchen, nichtig, hierauf gerichtete Maßnahmen sind rechtswidrig. Art. 9 Abs. 3 S. 1 GG entfaltet damit gem. Art. 9 Abs. 3 S. 2 GG **unmittelbare Drittwirkung** im Privatrecht.[5]

Beispiele:

Ein Arbeitsvertrag darf keine Klausel enthalten, wonach sich der Arbeitnehmer verpflichtet, der im Betrieb vertretenen Gewerkschaft nicht beizutreten. Eine solche Vertragsklausel wäre wegen einer Beschränkung der durch Art. 9 Abs. 3 S. 1 GG geschützten positiven Koalitionsfreiheit gem. Art. 9 Abs. 3 S. 2 GG nichtig.

Falls ein Arbeitnehmer, der bisher nicht Gewerkschaftsmitglied war, nach der Arbeitsaufnahme in die Gewerkschaft eintritt und der Arbeitgeber daraufhin kündigt, wäre die Kündigung wegen einer Beschränkung der Koalitionsfreiheit gem. Art. 9 Abs. 3 S. 2 GG rechtswidrig. Der Arbeitnehmer könnte gem. §§ 1004 Abs. 1 S. 2, 823 Abs. 1 BGB Unterlassung verlangen, da es sich bei der Koalitionsfreiheit um ein sonstiges Recht handelt.

In der betrieblichen Praxis ist die individuelle Koalitionsfreiheit von einem Arbeitgeber vor allem zu respektieren, wenn Arbeitnehmer im Betrieb

❑ für einen Gewerkschaftsbeitritt werben oder

❑ über eine Gewerkschaft oder ihre aktuellen Veranstaltungen informieren,

so lange diese Betätigung verhältnismäßig ist.

Durch Art. 9 Abs. 3 GG wird nicht nur die individuelle Koalitionsfreiheit des ein- **006** zelnen Arbeitgebers und des einzelnen Arbeitnehmers geschützt. Das Grundgesetz garantiert außerdem die **kollektive Koalitionsfreiheit** und damit den Bestand der Koalitionen und die freie koalitionsspezifische Betätigung der Koalition. Dieser Bestands- und Betätigungsschutz bedeutet, dass weder der Staat noch Dritte noch die Koalitionsmitglieder selbst die Existenz, die organisatorische Autonomie und die Betätigungsfreiheit der Koalition beeinträchtigen oder gefährden dürfen.[6]

Beispiel:

Ein Arbeitgeber verlangt von einem Arbeitnehmer, aus der Gewerkschaft auszutreten. Bei solchen Beeinträchtigungen der Koalitionsfreiheit kann nicht nur der Arbeitnehmer selbst

---

5 BVerfG NZA 2003, 959.
6 Vgl. zu den Betätigungsrechten der Gewerkschaften in Betrieben die umfassende Darstellung von Däubler DB 1998, 2014.

Unterlassung verlangen. Auch die betroffene Gewerkschaft kann sich mit einer Unterlassungsklage gegen den rechtswidrigen Angriff auf ihr Koalitionsbetätigungsrecht wehren.[7]

Der verfassungsrechtlich garantierte Betätigungsschutz der Koalitionen bezieht sich vor allem auf die **Tarifautonomie**, da das Recht, zur Wahrung und Förderung der Arbeits- und Wirtschaftsbedingungen Tarifverträge abzuschließen, der Kernbereich der Koalitionsfreiheit ist. Zu dem Grundrecht der Koalitionsfreiheit gehört auch das Recht der Koalitionen, im Verlauf von Tarifverhandlungen **Arbeitskämpfe** zu führen.[8] In der betrieblichen Praxis ist die kollektive Koalitionsfreiheit von einem Arbeitgeber vor allem zu respektieren, wenn Gewerkschaften oder sonstige Koalitionen im Betrieb

❑ für einen Beitritt werben,

❑ über eine Koalition oder ihre aktuellen Veranstaltungen informieren oder

❑ z. B. vor einer Betriebsratswahl Wahlpropaganda betreiben,

so lange diese Betätigung verhältnismäßig ist. Insbesondere der Aushang von Plakaten ist daher auch gegen den Willen eines Arbeitgebers möglich.[9]

007   Die **Mitgliedschaft in einer Koalition** wird durch den freiwilligen Beitritt der Arbeitnehmer zu den Arbeitnehmerkoalitionen, insbesondere den Gewerkschaften, und der Arbeitgeber zu den Arbeitgeberkoalitionen, insbesondere den Arbeitgeberverbänden erworben, teilweise bedarf es nach der jeweiligen Satzung noch eines Verbandsbeschlusses. Die Mitglieder sind zur **Förderung des Koalitionszwecks** und zur Zahlung der Beiträge verpflichtet. Sie sind berechtigt, an den Beschlüssen und Entscheidungen mitzuwirken und insbesondere die Einrichtungen des Verbands in Anspruch zu nehmen, dazu gehören Rechtsschutzeinrichtungen, eine umfassende Beratung, Information und weitere Unterstützung, z. B. durch Fortbildungs- und Schulungsveranstaltungen, Streikkassen und vieles mehr. Die Mitgliedschaft in den Koalitionen endet durch Austritt, regelmäßig unter Einhaltung einer Kündigungsfrist, oder durch einen Ausschluss aus dem Verband nach Maßgabe der jeweiligen Satzung.

2. Das Tarifvertragsrecht

008   Die Befugnis, die Arbeits- und Wirtschaftsbedingungen unabhängig von staatlicher Einflussnahme durch Tarifverträge (gesetzesgleich) zu regeln, wird **Tarifautonomie** genannt. Die Tarifautonomie ist Bestandteil der kollektiven Koalitionsfreiheit und damit durch Art. 9 Abs. 3 GG garantiert. Der Abschluss von Tarifverträgen gehört zu dem Kernbereich der Koalitionsfreiheit. Das Tarifvertragsrecht ist im Tarifvertragsgesetz (TVG) geregelt.

---

7   BAG, NJW 1987, 2893.
8   Maßnahmen der Behörden oder der Streitkräfte zur Aufrechterhaltung der öffentlichen Ordnung und der Gefahrenabwehr dürfen sich daher nicht gegen Arbeitskämpfe richten, die zur Wahrung und Förderung der Arbeits- und Wirtschaftsbedingungen geführt werden. Die Zulässigkeit von Arbeitskämpfen wird im Einzelfall von den Arbeitsgerichten nach den von dem Bundesarbeitsgericht aufgestellten Grundsätzen überprüft.
9   BAG, DB 1984, 462 f.

2.1 Die Tarifvertragsparteien

Tarifverträge können nur von tariffähigen Parteien abgeschlossen werden. Wer ta- **009**
riffähig ist, ist im Wesentlichen in § 2 TVG geregelt. **Tariffähig** sind

❏ die **Gewerkschaften**, § 2 Abs. 1 TVG,

❏ jeder **Arbeitgeber**, § 2 Abs. 1 TVG,

❏ die **Arbeitgeberverbände**, § 2 Abs. 1 TVG,

❏ die **Spitzenorganisationen** von Gewerkschaften und die Spitzenorganisationen von Arbeitgeberverbänden, § 2 Abs. 3 TVG, und

❏ die **Handwerksinnungen**, §§ 54 Abs. 3 Nr. 1, 82 S. 2 Nr. 3, 85 Abs. 2 HwO.

Es sind also **nicht nur Koalitionen** tariffähig, außerdem ist **nicht jede Koali-** **010**
tion tariffähig.

Der wesentliche Teil der Tarifverträge wird entweder zwischen einer Gewerkschaft und einem Arbeitgeberverband oder zwischen einer Gewerkschaft und einem einzelnen Arbeitgeber abgeschlossen. Gewerkschaften und Arbeitgeberverbände sind **Koalitionen**. Sie sind **tariffähig**, wenn sie

❏ **tarifwillig** sind,

❏ **arbeitskampfbereit** sind und

❏ das geltende Tarif-, Schlichtungs- und Arbeitskampfrecht anerkennen.

Arbeitnehmerkoalitionen müssen außerdem über **Durchsetzungskraft (soziale Mächtigkeit)** verfügen, um tariffähig zu sein.

Eine Arbeitnehmerorganisation ist also nur dann eine tariffähige Arbeitnehmer- **011**
koalition und damit eine Gewerkschaft, wenn sie die folgenden Anforderungen erfüllt:

❏ **Eine Gewerkschaft ist ein freiwilliger und überbetrieblicher Zusammenschluss von Arbeitnehmern.** Deswegen gelten betriebliche Arbeitnehmervereinigungen und öffentlich-rechtliche Zwangsverbände nicht als Gewerkschaften.

❏ **Eine Gewerkschaft ist eine dauernde Verbindung** einer größeren Anzahl von Mitgliedern in körperschaftlicher Organisation.

❏ **Eine Gewerkschaft gilt als soziale Gegenspielerin des Arbeitgeberverbands** und darf daher nur Arbeitnehmer als Mitglieder aufnehmen. Gemischte Vereinigungen aus Arbeitnehmern und Arbeitgebern sind auch dann keine Gewerkschaften, wenn ihre Aufgabe darin besteht, die Arbeits- und Wirtschaftsbedingungen zu fördern.

❏ **Eine Gewerkschaft muss demokratischen Erfordernissen entsprechen** und die Mitglieder an der Willensbildung beteiligen.

❑ **Eine Gewerkschaft muss** das geltende Tarifrecht als für sich verbindlich anerkennen und **den Abschluss von Tarifverträgen zur Verbesserung der wirtschaftlichen und der sozialen Lage der Arbeitnehmer als ihre Aufgabe ansehen.**

❑ **Eine Gewerkschaft muss arbeitskampfbereit sein und über Durchsetzungskraft (soziale Mächtigkeit) verfügen.** Sie muss also nach den in ihrer Satzung getroffenen Regelungen grundsätzlich bereit sein, den Abschluss von Tarifverträgen erforderlichenfalls durch einen Streik zu erzwingen. Außerdem muss sie insbesondere aufgrund ihrer Mitgliederzahl tatsächlich so mächtig sein, dass Arbeitgeber bzw. Arbeitgeberverbände Tarifvertragsverhandlungen führen, um Streiks zu vermeiden.[10]

Die wichtigsten Gewerkschaften in der Bundesrepublik Deutschland sind insbesondere die IG Metall, die IG Bergbau, Chemie, Energie, die IG Bau und die 2001 durch Fusion von mehreren mitgliederstarken Einzelgewerkschaften entstandene Dienstleistungsgewerkschaft ver.di. Die Spitzenorganisation dieser und anderer Gewerkschaften ist der Deutsche Gewerkschaftsbund (DGB). Obwohl die Anzahl der in Gewerkschaften organisierten Arbeitnehmer seit mehr als 10 Jahren rückläufig ist, verfügten die im DGB zusammengeschlossenen Einzelgewerkschaften 2002 nach wie vor über 7,7 Mio. Mitglieder.[11] Die IG Metall und die Gewerkschaft ver.di haben jeweils mehr als 2,5 Mio. Mitglieder.

012 Eine Arbeitgeberorganisation muss im Wesentlichen entsprechende Voraussetzungen erfüllen, um eine tariffähige Arbeitgeberkoalition und damit ein **Arbeitgeberverband** zu sein. Es müssen die allgemeinen Anforderungen an eine Koalition[12] vorliegen, und daneben muss die Bereitschaft bestehen, Tarifverträge abzuschließen und Arbeitskämpfe zu führen. Lediglich die Durchsetzungskraft ist nicht erforderlich, da jeder einzelne Arbeitgeber tariffähig ist.

Die Arbeitgeberverbände sind überwiegend fachlich nach dem Industrieverbandsprinzip organisiert. Die Fachverbände einer Region sind in Landesverbänden zusammengeschlossen, die Landesverbände wiederum auf Bundesebene zu einem Bundesverband. Daneben bestehen Arbeitgeberverbände, die verschiedenen Gewerben einer Wirtschaftsregion offen stehen. So kann z. B. ein Arbeitgeber, dessen Betriebssitz sich in Hamburg befindet, nach seiner Wahl einem Fachverband oder dem regionalen Arbeitgeberverband beitreten. Die Spitzenorganisationen der Arbeitgeberverbände ist die Bundesvereinigung der Deutschen Arbeitgeberverbände. Dazu gehören z. B. die Fachverbände der Industrie und des Bergbaus, der Banken und des Handels.

013 Die wichtigste **Aufgabe aller Koalitionen** ist die Wahrnehmung der Interessen ihrer Mitglieder durch Wahrung und Förderung der Arbeits- und Wirtschaftsbedingungen. Die tariffähigen Koalitionen haben darüber hinaus die folgenden Aufgaben:

---

10 BAG, NZA 2001, 160 ff; BAG, NZA 2001, 156 ff.
11 Quelle: Der Spiegel 27/2003.
12 Vgl. Abschnitt C. Rz. 3.

❏ **Abschluss von Tarifverträgen,**

❏ **Durchführung von Arbeitskämpfen,**

❏ **Beteiligung an der Betriebsverfassung,**

❏ **Mitbestimmung und Mitwirkung im Rahmen der Unternehmensverfassung,**

❏ **Vertretung der Mitglieder vor den Arbeits- und Sozialgerichten.**

Die tariffähigen Koalitionen werden im Rahmen der Gesetzgebungsverfahren, die arbeits- und sozialpolitische Gesetzentwürfe betreffen, ebenso angehört wie bei der Festsetzung von Mindestarbeitsbedingungen, sie haben Mitwirkungsrechte im Rahmen der Betriebs- und Unternehmensverfassung sowie Prozessführungsbefugnis vor den Arbeitsgerichten und sind an der Arbeits- und Sozialgerichtsbarkeit beteiligt, indem sie ehrenamtliche Richter benennen und entsenden. Außerdem entsenden die Koalitionen Mitglieder in die Verwaltungsräte und Ausschüsse der Körperschaften der sozialen Selbstverwaltung, z. B. der Bundesagentur für Arbeit, und ferner in die internationalen Einrichtungen, z. B. den Sozialausschuss der Europäischen Gemeinschaft und die Internationale Arbeitsorganisation (IAO), die wiederum mit dem Wirtschafts- und Sozialrat der UNO zusammenarbeitet.

2.2 Tarifverträge

Ein Tarifvertrag ist gem. § 1, § 2 Abs. 1, Abs. 3, § 4 Abs. 2 TVG   **014**

❏ ein **schriftlicher Vertrag**

❏ zwischen **tariffähigen Parteien,**[13] häufig zwischen einem Arbeitgeber oder einem Arbeitgeberverband und einer Gewerkschaft,

❏ in dem **Rechte und Pflichten der Tarifvertragsparteien** vereinbart werden und

❏ in dem **Rechtsnormen** enthalten sein können, die den **Inhalt**, den **Abschluss** und die **Beendigung** von **Arbeitsverhältnissen** sowie **betriebliche** und **betriebsverfassungsrechtliche Fragen** regeln, und

❏ in dem **gemeinsame Einrichtungen** der Tarifvertragsparteien vorgesehen werden können.

Der Tarifvertrag ist also ein privatrechtliches Rechtsgeschäft, das gem. § 1 Abs. 2 TVG der Schriftform bedarf. Er kommt regelmäßig nach teilweise langwierigen Vertragsverhandlungen durch eine Einigung der Tarifvertragsparteien zu Stande.

Charakteristisch für einen Tarifvertrag ist, dass er nur von tariffähigen Parteien abgeschlossen werden kann und neben dem schuldrechtlichen Teil,[14] in dem die Rechte und Pflichten der Tarifvertragsparteien vereinbart werden, einen norma-

---

13 Vgl. Abschnitt C. Rz. 9 f.
14 Vgl. Abschnitt C. Rz. 20 ff.

tiven Teil enthält.[15] Der normative Teil besteht aus Rechtsnormen, die den Inhalt, den Abschluss und die Beendigung von Arbeitsverhältnissen sowie betriebliche und betriebsverfassungsrechtliche Fragen regeln. Diese Rechtsnormen sind im Geltungsbereich eines Tarifvertrags[16] auf alle Arbeitsverhältnisse anzuwenden, obwohl die Arbeitnehmer und evtl. auch die Arbeitgeber nicht persönlich an dem Vertragsabschluss beteiligt waren.[17]

015   Nach den **Parteien** eines Tarifvertrags unterscheidet man insbesondere

❏ **Verbandstarifverträge** bzw. **Flächentarifverträge** zwischen einer Gewerkschaft und einem Arbeitgeberverband sowie

❏ **Firmentarifverträge** zwischen einer Gewerkschaft und einem einzelnen Arbeitgeber.

Nach dem **Inhalt** eines Tarifvertrags unterscheidet man insbesondere

❏ **Lohn- und Gehaltstarifverträge** bzw. **Entgelttarifverträge**, in denen die Höhe der Arbeitsentgelte geregelt sind,

❏ **Lohn- und Gehaltsrahmentarifverträge** bzw. **Entgeltrahmentarifverträge**, in denen die Lohn- und Gehaltsgruppen bzw. die Entgeltgruppen sowie die Entgeltarten geregelt sind,

❏ **Manteltarifverträge**, in denen die allgemeinen Arbeitsbedingungen (z. B. Wochenarbeitszeit, Urlaub) geregelt sind.

Außerdem werden häufig **spezielle Tarifverträge** abgeschlossen, in denen nur Regelungen über einzelne Arbeitsbedingungen getroffen werden, z. B. über die betriebliche Altersversorgung oder die Vermögensbildung.

016   Bei dem für Arbeit zuständigen Bundesministerium wird gem. § 6 TVG ein **Tarifregister** geführt, in das insbesondere der Abschluss, die Änderung und die Aufhebung von Tarifverträgen eingetragen werden. Ende 2007 waren dort 64.300 geltende Tarifverträge registriert. Ca. 30.000 dieser Tarifverträge sind Firmentarifverträge, der Rest Verbandstarifverträge.[18]

017   Im Arbeitsleben haben Tarifverträge vier wesentliche Funktionen:[19]

❏ **Schutzfunktion:**

Tarifverträge schützen den einzelnen Arbeitnehmer davor, dass der Arbeitgeber wegen seiner wirtschaftlichen Überlegenheit die Arbeitsvertragsbedingungen einseitig festlegt. Nach § 4 Abs. 1 TVG gelten die Rechtsnormen der Tarifverträge zur Regelung der Arbeitsbedingungen unmittelbar und zwingend für die Arbeitsverhältnisse tarifgebundener Arbeitgeber und Arbeitnehmer.

---

15 Vgl. Abschnitt C. Rz. 23 ff.
16 Vgl. Abschnitt C. Rz. 28 ff.
17 Vgl. Abschnitt C. Rz. 35 ff.
18 Quelle: Bundesministerium für Wirtschaft und Arbeit, Tarifvertragliche Arbeitsbedingungen im Jahr 2008.
19 *Schaub*, Arbeitsrechts-Handbuch, § 198 Rz. 4 ff.

❑ **Verteilungsfunktion:**
Tarifverträge enthalten nach Tätigkeitsbereichen differenzierte Lohn- und Gehaltsgruppen und regeln dadurch die Einkommensverteilung zwischen den Arbeitnehmern.

❑ **Ordnungsfunktion:**
Tarifverträge führen durch Abschluss-, Inhalts- und Beendigungsnormen zu einer Typisierung der Arbeitsverträge. Dadurch wird der Arbeitsvertragsabschluss erleichtert und die Personalkosten werden für die Laufzeit des Tarifvertrags kalkulierbar.

❑ **Friedensfunktion:**
Tarifverträge verhindern für den Zeitraum ihrer Geltung Arbeitskämpfe, sodass die Arbeitsbedingungen für diesen Zeitraum feststehen.

Bei dem Abschluss von Tarifverträgen besteht Vertragsfreiheit, d. h., die Tarifvertragsparteien können grundsätzlich nach freiem Ermessen beliebige Vereinbarungen treffen. Höherrangiges Recht muss allerdings beachtet werden. Daher sind insbesondere **Differenzierungs- oder Außenseiterklauseln** unwirksam, weil sie gegen das Grundrecht der negativen Koalitionsfreiheit verstoßen.[20] Eine Differenzierungs- oder Außenseiterklausel enthält eine Regelung, wodurch Gewerkschaftsmitgliedern Sondervorteile eingeräumt werden oder Nichtmitglieder von der Einbeziehung in tarifliche Regelungen ausdrücklich ausgeschlossen werden.
018

Beispiel:

In einem Tarifvertrag wird die folgende Regelung getroffen: „Das Urlaubsgeld für Gewerkschaftsmitglieder muss 50,– € über dem Urlaubsgeld für nicht organisierte Arbeitnehmer liegen. Diese Differenz darf nicht durch andere zusätzliche Leistungen an die nicht organisierten Arbeitnehmer ausgeglichen werden." Diese Klausel ist unwirksam.

Durch eine solche Differenzierungsklausel wird das Grundrecht der **negativen Koalitionsfreiheit** verletzt, weil auf die Arbeitnehmer ein Druck zum Gewerkschaftsbeitritt ausgeübt wird, wenn die Gewährung einer tariflichen Leistung von der Frage der Organisationszugehörigkeit abhängig gemacht wird.

2.3 Der schuldrechtliche und der normative Teil des Tarifvertrags

Der Tarifvertrag hat in rechtlicher Hinsicht eine **Doppelnatur**, denn er ist einerseits ein schuldrechtlicher Vertrag, der Rechte und Pflichten der Tarifvertragsparteien regelt, und andererseits handelt es sich wegen der unmittelbaren und zwingenden Auswirkung auf die Arbeitsverhältnisse um einen für Dritte rechtsverbindlichen Normenvertrag (vgl. Skizze 14). Wegen der unterschiedlichen Rechtswirkungen ist der schuldrechtliche Teil des Tarifvertrags von dem normativen Teil zu unterscheiden.
019

---

20 BAG, NJW 1968, 1903.

020   In dem **schuldrechtlichen Teil**, der teilweise auch obligatorischer Teil genannt
      wird, werden die **Rechte und Pflichten** der **Tarifvertragsparteien selbst** be-
      gründet. Der schuldrechtliche Teil eines Tarifvertrags enthält vor allem Regelungen
      über die **Kündigungsmöglichkeiten**. Außerdem können z. B. Schlichtungsver-
      einbarungen für den Fall des Scheiterns zukünftiger Tarifvertragsverhandlungen
      und Schiedsvereinbarungen für den Fall von Auseinandersetzungen über die Aus-
      legung des Tarifvertrags getroffen werden. Regelungen über die Friedenspflicht
      sowie die Durchführungs- und Einwirkungspflicht können, müssen aber nicht ent-
      halten sein.

021   Die **Friedenspflicht** verpflichtet die Tarifvertragsparteien während der Laufzeit
      eines Tarifvertrags den Arbeitsfrieden zu wahren, sodass Forderungen einer Ta-
      rifvertragspartei nicht durch Kampfmaßnahmen durchgesetzt werden dürfen. Die
      absolute Friedenspflicht hat die Unzulässigkeit jeder Arbeitskampfmaßnahme
      während der Laufzeit eines Tarifvertrags zur Folge, insbesondere die Verpflich-
      tung zur Beachtung einer Vereinbarung, wonach ein Streik erst nach Durchfüh-
      rung eines Schlichtungsverfahrens zulässig ist. Eine absolute Friedenspflicht der
      Tarifvertragsparteien besteht nur aufgrund einer besonderen Vereinbarung. Dage-
      gen sind die Tarifvertragsparteien nach Abschluss eines Tarifvertrags auch ohne
      besondere Abreden an die **relative Friedenspflicht** gebunden, wonach Arbeits-
      kämpfe um tariflich geregelte Fragen während der Laufzeit eines Tarifvertrags zu
      unterlassen sind.

022   Die **Durchführungs- und Einwirkungspflicht** der Tarifvertragsparteien ge-
      währleistet, dass die in einem Tarifvertrag getroffenen Vereinbarungen in der be-
      trieblichen Praxis auch tatsächlich beachtet werden. Jede Tarifvertragspartei ist
      verpflichtet, für die Durchführung der Bestimmungen des Tarifvertrags zu sorgen
      und erforderlichenfalls auf ihre Mitglieder einzuwirken, wenn diese die Tarifnor-
      men nicht einhalten. Die tariffähigen Verbände müssen dabei die ihnen zur Ver-
      fügung stehenden verbandsrechtlichen Mittel einsetzen und bei äußerst schwer-
      wiegenden Verstößen sogar Mitglieder ausschließen. Die Durchführungs- und
      Einwirkungspflicht ist eine allgemeine schuldrechtliche Nebenpflicht gem. §§ 241
      Abs. 2, 242 BGB, sie besteht daher auch ohne eine ausdrückliche Vereinbarung in
      dem schuldrechtlichen Teil eines Tarifvertrags.

023   Die in dem **normativen Teil** eines Tarifvertrags getroffenen Vereinbarungen kom-
      men nicht im Verhältnis der Tarifvertragsparteien untereinander zur Anwendung,
      sie gestalten vielmehr die Arbeitsverhältnisse. Zu dem normativen Teil eines Ta-
      rifvertrags gehören die **Rechtsnormen**

      ❏ über den **Abschluss** von **Arbeitsverträgen**,

      ❏ über den **Inhalt** und die **Beendigung** von **Arbeitsverhältnissen**,

      ❏ über **betriebliche Fragen**,

      ❏ über **betriebsverfassungsrechtliche Fragen** und

      ❏ über **gemeinsame Einrichtungen** der Tarifvertragsparteien.

Abschlussnormen sind Regelungen über das Zustandekommen von Arbeitsver- **024** trägen, insbesondere **Formvorschriften, Abschlussverbote und Abschlussgebote.** Tarifverträge können beispielsweise für den Abschluss eines Arbeitsvertrags die Schriftform vorsehen, die sich dann auch auf Nebenabreden erstreckt. Daneben sind Abschlussverbote möglich, wonach die Beschäftigung bestimmter Arbeitnehmer auf bestimmten Arbeitsplätzen, z. B. aus Gründen des Gesundheitsschutzes, zu unterlassen ist. Durch Abschlussgebote werden die Arbeitgeber zur Einstellung bestimmter Arbeitnehmer verpflichtet, sodass der Arbeitnehmer einen Anspruch auf Neu- oder Wiedereinstellung erlangt, z. B. nach betriebsbedingten Kündigungen oder nach Abschluss der Berufsausbildung.

Inhalts- und Beendigungsnormen sind Bestimmungen des Tarifvertrags, die **025** den Inhalt und die Beendigung der tarifgebundenen Arbeitsverhältnisse regeln, beispielsweise die Art und Höhe der Entlohnung, die Sonderzuwendungen wie Weihnachtsgratifikationen oder vermögenswirksame Leistungen, die vorübergehende Freistellung von der Arbeit und den Urlaub, die Dauer der wöchentlichen Arbeitszeit sowie die Kündigungsvoraussetzungen und -fristen. Aufgrund der Vielfalt der möglichen inhaltlichen Regelungen werden regelmäßig für verschiedene Bereiche gesonderte Tarifverträge mit unterschiedlicher Laufzeit abgeschlossen.

Beispiele:

Ein Lohn- und Gehalts-Rahmentarifvertrag mit einer Laufzeit von z. B. drei Jahren enthält eine Lohngruppeneinteilung mit sechs Lohngruppen. Die Einteilung erfolgt nach den Kenntnissen und der auftretenden Belastung von Lohngruppe eins (Arbeiten mit geringer Belastung ohne Vorkenntnisse) bis Lohngruppe sechs (Facharbeiten mit hervorragenden Kenntnissen, Dispositionsvermögen und Verantwortung). Der Lohngruppenschlüssel wird entsprechend gestaffelt und beträgt in Lohngruppe eins 75 % vom Ecklohn, in Lohngruppe vier (Facharbeiten nach Erwerb des Ausbildungsabschlusses) 100 % und in Lohngruppe sechs 135 %.

In dem Lohn- und Gehaltstarifvertrag, mit einer Laufzeit von z. B. 18 Monaten wird der Ecklohn als mittlerer Tariflohn von 100 % festgesetzt, aus dem sich der individuelle Lohn sowie eine individuelle Lohnerhöhung errechnen lässt.

Die tarifvertraglichen Inhaltsnormen können zu Gunsten der Arbeitnehmer von **026** gesetzlichen Regelungen abweichen, so kann z. B. eine längere Entgeltfortzahlung im Krankheitsfall vorgesehen werden. Eine Abweichung zum Nachteil der Arbeitnehmer ist dagegen nur dann zulässig, wenn dies in der gesetzlichen Regelung ausdrücklich zugelassen ist, z. B. bei den gesetzlichen Kündigungsfristen gem. § 622 Abs. 4 BGB und im Urlaubsrecht. Die Rechtsnormen eines Tarifvertrags über den Abschluss von Arbeitsverträgen, den Inhalt von Arbeitsverhältnissen und die Beendigung von Arbeitsverhältnissen gelten gem. § 4 Abs. 1 S. 1 TVG zwischen den beiderseits Tarifgebundenen, die unter den Geltungsbereich des Tarifvertrags fallen,[21] unmittelbar und zwingend.[22]

---

21 Vgl. Abschnitt C. Rz. 28 ff.
22 Vgl. Abschnitt C. Rz. 35 ff.

027 **Normen über betriebliche Fragen** (auch: Betriebs- oder Solidarnormen) sind Regelungen über die Ordnung im Betrieb, über den Arbeitsschutz oder die Gründung besonderer Sozialeinrichtungen. Im Einzelnen kann es sich z. B. um Regelungen über Anwesenheits- und Torkontrollen, ein Rauchverbot in bestimmten Arbeitsräumen oder eine Betriebsbußenregelung handeln. Die Betriebsnormen gelten gem. § 3 Abs. 2 TVG für alle Arbeitnehmer des Betriebs gleichermaßen, und zwar auch für die nicht gewerkschaftlich organisierten Arbeitnehmer, sofern der Arbeitgeber tarifgebunden ist.

Normen über betriebsverfassungsrechtliche Fragen betreffen die Rechtsstellung der Organe der Arbeitnehmer im Betrieb. Die Normen des Betriebsverfassungsrechts können allerdings nicht zum Nachteil der Arbeitnehmerschaft abgeändert werden. Eine Erweiterung der Mitbestimmungsrechte ist dagegen zulässig. Auch die betriebsverfassungsrechtlichen Normen sind im Geltungsbereich eines Tarifvertrags[23] in allen Betrieben, deren Arbeitgeber tarifgebunden ist, anzuwenden, vgl. § 3 Abs. 2 TVG.

Normen über gemeinsame Einrichtungen der Tarifvertragsparteien können ebenfalls in Tarifverträgen vorgesehen werden. Dabei handelt es sich insbesondere um Lohnausgleichs- und Urlaubskassen, vgl. § 4 Abs. 2 TVG.

2.4 Der Geltungsbereich der Tarifnormen

028 Mit dem Inkrafttreten eines Tarifvertrags gestalten die Tarifnormen insbesondere den Inhalt von Arbeitsverhältnissen.[24] Die in dem normativen Teil eines Tarifvertrags getroffenen Vereinbarungen gelten allerdings nur für diejenigen Arbeitsverhältnisse, auf die sich der Geltungsbereich des Tarifvertrags erstreckt. Ein Arbeitsverhältnis muss daher in persönlicher, sachlicher, zeitlicher und räumlicher Hinsicht von dem Geltungsbereich eines Tarifvertrags erfasst sein, damit die Tarifnormen im Einzelfall zur Anwendung kommen.

029 ❑ Der **persönliche Geltungsbereich** eines Tarifvertrags richtet sich nach den in § 3 Abs. 1, Abs. 2 und § 4 Abs. 1 TVG getroffenen Regelungen. Tarifgebunden sind die Mitglieder der Tarifvertragsparteien und der Arbeitgeber, der selbst Partei des Tarifvertrags ist. Danach sind alle Arbeitnehmer tarifgebunden, die Mitglied der vertragschließenden Gewerkschaft sind, sowie alle Arbeitgeber, die Mitglied des vertragschließenden Arbeitgeberverbandes sind, und außerdem der Arbeitgeber, der selbst an dem Abschluss eines Firmentarifvertrags beteiligt ist. Die beiderseitige Tarifbindung ist aber nur Voraussetzung für die unmittelbare und zwingende Geltung derjenigen Rechtsnormen eines Tarifvertrags, die den Inhalt, den Abschluss oder die Beendigung von Arbeitsverhältnissen betreffen. Diejenigen Rechtsnormen des Tarifvertrags, die betriebliche und betriebs-

---

23 Vgl. Abschnitt C. Rz. 28 ff.
24 Vgl. Abschnitt C. Rz. 35 ff.

verfassungsrechtliche Fragen regeln, gelten für alle Betriebe, deren Arbeitgeber tarifgebunden ist.[25]

Die persönliche Tarifgebundenheit bleibt gem. § 3 Abs. 3 TVG bestehen, bis der Tarifvertrag endet. Daher kann ein Arbeitgeber während der Laufzeit eines Tarifvertrags seine Tarifgebundenheit nicht durch den Austritt aus dem Arbeitgeberverband beenden.

❏ Der **sachliche Geltungsbereich** eines Tarifvertrags (auch betrieblicher oder   **030**
fachlicher Geltungsbereich genannt) wird von den Tarifvertragsparteien in dem Tarifvertrag vereinbart. Die tariffähigen Koalitionen bestimmen in ihrer Satzung den Geschäftsbereich, in dem sie Tarifverträge abschließen wollen (**Tarifzuständigkeit**), und wählen auf dieser Grundlage zunächst geeignete Verhandlungspartner aus. Bei den Tarifvertragsverhandlungen wird sodann u. a. der sachliche Geltungsbereich gemeinschaftlich festgelegt. Wenn beide Tarifvertragsparteien nach dem Industrieverbandsprinzip organisiert sind, erstreckt sich der sachliche Geltungsbereich eines Tarifvertrags regelmäßig auf einen Wirtschaftszweig, z. B. die chemische Industrie, die Papierindustrie, die Textilindustrie usw. Bei Firmentarifverträgen zwischen einer Gewerkschaft und einem einzelnen Arbeitgeber kann der sachliche Geltungsbereich dagegen nicht über das Unternehmen des vertragsschließenden Arbeitgebers hinausgehen.

Sowohl Arbeitgeberverbände als auch Gewerkschaften können im Rahmen ihrer Tarifzuständigkeit Tarifverträge mit unterschiedlichen Vertragspartnern abschließen. Nach dem Grundsatz der **Tarifeinheit** kommt in einem Betrieb allerdings regelmäßig nur ein Tarifvertrag zur Anwendung.[26] Bei Mischbetrieben ist entscheidend, mit welchen Aufgaben die Arbeitnehmer überwiegend beschäftigt werden.[27]

❏ Der **zeitliche Geltungsbereich** eines Tarifvertrags wird von den Tarifver-   **031**
tragsparteien in dem Tarifvertrag durch Vereinbarung einer Laufzeit festgelegt. Lohn- und Gehaltstarifverträge werden regelmäßig für eine Laufzeit von ein bis zwei Jahren abgeschlossen, Rahmen- und Manteltarifverträge dagegen meistens für mindestens drei Jahre.

Nach Ablauf eines Tarifvertrags gelten seine Rechtsnormen gem. § 4 Abs. 5 TVG weiter, bis sie durch eine andere Abmachung ersetzt werden.[28] Die Nachwirkung dient der Überbrückung eines tariflosen Zustands. Insbesondere der Inhalt eines Arbeitsverhältnisses soll nicht ungeregelt sein, wenn sich der Abschluss eines Anschluss-Tarifvertrags verzögert.

❏ Der **räumliche Geltungsbereich** eines Tarifvertrags wird ebenfalls von den   **032**
Tarifvertragsparteien in dem Tarifvertrag vereinbart. Grundlage hierfür ist die regionale Zuständigkeit der vertragsschließenden Koalitionen. Bei Firmentarif-

---

25 Vgl. Abschnitt C. Rz. 27 und Skizze 14.
26 Der sachliche Geltungsbereich des Tarifvertrags erstreckt sich auf den gesamten Betrieb, sodass beispielsweise der Kantinenkoch, der in einem Betrieb der Metallindustrie tätig ist, den Inhaltsnormen des Metalltarifvertrags unterliegt, wenn sowohl er als auch sein Arbeitgeber tarifgebunden sind. Wechselt der Kantinenkoch in einen Betrieb der chemischen Industrie, wäre der Chemietarifvertrag für sein Arbeitsverhältnis maßgeblich, falls auch sein neuer Arbeitgeber tarifgebunden ist und er Mitglied der IG Chemie wird.
27 BAG, NZA 1989, 561 ff; BAG, NZA 1988, 317 ff; BAG, NZA 1991, 202 ff.
28 Vgl. Abschnitt C. Rz. 37, 42.

verträgen zwischen einer Gewerkschaft und einem einzelnen Arbeitgeber kann der räumliche Geltungsbereich nicht über das Unternehmen des vertragsschließenden Arbeitgebers hinausgehen. Außendienstmitarbeiter oder Montagearbeiter, die außerhalb des Tarifgebiets eingesetzt werden, unterliegen dem für den Sitz ihres Betriebs geltenden Tarifvertrag.

033 Der persönliche Geltungsbereich eines Tarifvertrags kann gem. § 5 TVG durch eine staatliche **Allgemeinverbindlicherklärung** auch auf nicht tarifgebundene Arbeitgeber und Arbeitnehmer erstreckt werden. Der allgemeinverbindliche Tarifvertrag hat für Außenseiter, also für nicht tarifgebundene Arbeitgeber und Arbeitnehmer, unmittelbare und zwingende Wirkung wie wenn eine Tarifbindung bestünde.[29] Nicht tarifgebundene Arbeitgeber müssen daher prüfen, ob ihr Betrieb von dem sachlichen und räumlichen Geltungsbereich eines für allgemeinverbindlich erklärten Tarifvertrags erfasst wird. Ein Verzeichnis der für allgemeinverbindlich erklärten Tarifverträge wird von dem für Arbeit zuständigen Bundesministerium kostenlos versandt.

Voraussetzung für eine Allgemeinverbindlicherklärung ist insbesondere, dass sie im öffentlichen Interesse geboten oder zur Behebung eines sozialen Notstands erforderlich ist. Dementsprechend waren am 01.01.2008 nur 460 von 64.300 Tarifverträgen allgemeinverbindlich.[30] Eine Allgemeinverbindlicherklärung erfolgt vor allem dann, wenn es erforderlich erscheint, in Branchen mit zahlreichen nicht tarifgebundenen Kleinbetrieben angemessene **Mindestarbeitsbedingungen** für alle Beschäftigten zu schaffen. Zurzeit sind insbesondere verschiedene Lohn-, Gehalts- oder Ausbildungsvergütungstarifverträge des Friseurhandwerks, des Gebäudereinigerhandwerks, des Wach- und Sicherheitsgewerbes sowie des Baugewerbes für allgemeinverbindlich erklärt.

034 Daneben kann sowohl der Geltungsbereich eines Tarifvertrags oder der Geltungsbereich mehrerer Tarifverträge als Ganzes als auch der Geltungsbereich einzelner tarifvertraglicher Regelungen durch eine **Bezugnahme in einem Arbeitsvertrag** auf beliebige Arbeitsverhältnisse erstreckt werden. Dabei wird insbesondere bei dem Abschluss eines Arbeitsvertrags z. B vereinbart, dass für die Vergütung des Arbeitnehmers ein bestimmter Entgelttarifvertrag sowie der dazugehörige Entgeltrahmentarifvertrag gelten soll. Der normative Teil dieser Tarifverträge wird damit zum Inhalt des Arbeitsvertrags gemacht. Die Rechtsnormen eines Tarifvertrags gelten dann aber nicht unmittelbar und zwingend für das Arbeitsverhältnis, sondern aufgrund schuldrechtlicher Vereinbarung zwischen Arbeitgeber und Arbeitnehmer.[31]

Es ist in der betrieblichen Praxis weit verbreitet, in Arbeitsverträgen auf Tarifverträge Bezug zu nehmen. Insbesondere tarifgebundene Arbeitgeber nehmen regelmäßig eine Bezugnahme auf die für sie geltenden Tarifverträge in ihre Arbeitsverträge auf und schaffen damit einheitliche Arbeitsbedingungen für alle bei ihnen

---

29 Vgl. Abschnitt C. Rz. 43.
30 Quelle: Bundesministerium für Wirtschaft und Arbeit, Tarifvertragliche Arbeitsbedingungen im Jahr 2008.
31 Vgl. Abschnitt C. Rz. 44 und Skizze 14.

beschäftigten Arbeitnehmer. Dies ist auch sinnvoll, denn z. B. eine schlechtere Bezahlung der nicht tarifgebundenen Arbeitnehmer wäre zwar rechtlich möglich, hätte aber zur Folge, dass die Mehrzahl der betroffenen Arbeitnehmer sich durch einen Gewerkschaftsbeitritt Anspruch auf die tarifliche Leistung verschaffen würde. Auch für nicht tarifgebundene Arbeitgeber sind die für den Wirtschaftszweig abgeschlossenen Tarifverträge häufig ein sinnvoller Orientierungsrahmen für die inhaltliche Ausgestaltung von Arbeitsverträgen. So erspart z. B. die Bezugnahme auf einen Entgeltrahmentarifvertrag die Erarbeitung eines betrieblichen Entlohnungssystems und die Bezugnahme auf einen Entgelttarifvertrag kann die Abwanderung qualifizierter Arbeitnehmer zu tarifgebundenen Arbeitgebern sowie häufige Diskussionen um individuelle Lohn- und Gehaltserhöhungen vermeiden. Derartige Vorteile können die mit der schuldrechtlichen Bindungswirkung verbundenen Nachteile ausgleichen.

2.5 Die Wirkung der Tarifnormen

Wie bereits mehrfach angesprochen, gelten die **Rechtsnormen eines Tarifvertrags**, die den Inhalt, den Abschluss oder die Beendigung von Arbeitsverhältnissen ordnen, gem. § 4 Abs. 1 S. 1 TVG unmittelbar und zwingend zwischen den beiderseits Tarifgebundenen, die unter den Geltungsbereich des Tarifvertrags[32] fallen. Diejenigen Rechtsnormen des Tarifvertrags, die betriebliche und betriebsverfassungsrechtliche Fragen regeln, gelten gem. § 3 Abs. 2 TVG sogar für alle Betriebe, deren Arbeitgeber tarifgebunden ist, sofern sich der Geltungsbereich des Tarifvertrags auf den Arbeitgeber erstreckt. Die Wirkungen eines Tarifvertrags entsprechen also den **Wirkungen eines Gesetzes**, denn sie gestalten unmittelbar und zwingend die Arbeitsverhältnisse insbesondere der tarifgebundenen Arbeitsvertragsparteien (vgl. Skizze 14 zu den Auswirkungen des Tarifvertrags).

035

Diese gesetzesgleiche Wirkung der Tarifnormen tritt aber nur dann ein, wenn die folgenden Voraussetzungen erfüllt sind:

❑ **Der Tarifvertrag ist rechtswirksam**, d. h., die Tarifvertragsparteien waren tariffähig und die Regelungen halten sich im Rahmen der Tarifzuständigkeit und des geltenden Rechts.

❑ **Der Arbeitsvertrag ist rechtswirksam**, ausgenommen sind die faktischen Arbeitsverhältnisse, in denen für die zurückliegende Zeit ebenfalls Ansprüche auf die tarifvertraglichen Leistungen erworben werden können.

❑ **Die Parteien des Arbeitsvertrags sind tarifgebunden**, diese Voraussetzung besteht aber nur bei Abschluss-, Inhalts- und Beendigungsnormen, während bei betrieblichen und betriebsverfassungsrechtlichen Normen die Tarifbindung des Arbeitgebers ausreicht.

❑ **Der sachliche, räumliche und zeitliche Geltungsbereich des Tarifvertrags erstreckt sich auf das Arbeitsverhältnis.**

---

32 Vgl. Abschnitt C. Rz. 28 ff.

036 Die **unmittelbare Wirkung** der Tarifnormen besteht darin, dass sie wie ein Gesetz ohne Rücksicht auf die Kenntnis der Arbeitsvertragsparteien deren Arbeitsverhältnis gestalten und zwingend die Mindestarbeitsbedingungen festlegen.

Beispiel:

Die tarifgebundenen Arbeitsvertragsparteien vereinbaren als Arbeitsentgelt den Tariflohn von 12,00 € pro Stunde. Sofern durch einen neuen Tarifvertrag der Tariflohn um 3 % erhöht wird, erhält der Arbeitnehmer mit dem Inkrafttreten des Tarifvertrags Anspruch auf 12,36 € Stundenlohn, ohne dass eine entsprechende Vereinbarung in dem Einzelarbeitsvertrag getroffen werden muss.

Tarifgebundene Arbeitgeber sind wegen der unmittelbaren Wirkung der Tarifnormen gem. § 8 TVG verpflichtet, die für ihren Betrieb geltenden Tarifverträge an geeigneter Stelle im Betrieb auszulegen. Dies gilt gem. § 9 Abs. 2 DVO-TVG auch dann, wenn ein Tarifvertrag für allgemeinverbindlich erklärt worden ist. Die Auslegungspflicht entbindet den Arbeitnehmer aber nicht von seiner Verpflichtung, sich erforderlichenfalls selbst über seine Rechte und Pflichten aus dem Arbeitsverhältnis zu informieren. Eine Verletzung der Auslegungspflicht führt daher regelmäßig nicht zu Schadensersatzansprüchen der Arbeitnehmer, wenn diese die Geltendmachung tariflicher Ansprüche versäumen.[33]

037 Die unmittelbare Wirkung des Tarifvertrags endet nicht, wenn die Laufzeit des Tarifvertrags endet. Wegen der gesetzlichen **Nachwirkung** der Tarifverträge gelten die Rechtsnormen des Tarifvertrags auch nach dessen Ablauf weiter, bis sie durch eine andere Abmachung ersetzt werden, vgl. § 4 Abs. 5 TVG. Die Nachwirkung eines Tarifvertrags gilt für diejenigen Arbeitsverhältnisse, die bereits während der Laufzeit des Tarifvertrags von dem Geltungsbereich erfasst waren. Dann haben Arbeitnehmer aber auch Anspruch auf Leistungen, die erst während der Nachwirkung entstehen.[34]

Beispiel:

In dem abgelaufenen Tarifvertrag war ein Stundenlohn für eine bestimmte Lohngruppe von 9,00 € festgelegt. Ein tarifgebundener Arbeitnehmer wird nach Ablauf des Tarifvertrags versetzt und auf einem Arbeitsplatz, der dieser Lohngruppe unterfällt, weiterbeschäftigt. Der Arbeitnehmer hat Anspruch auf den tariflichen Stundenlohn von 9,00 €.

Die Nachwirkung endet, wenn der abgelaufene Tarifvertrag durch einen neuen Tarifvertrag ersetzt wird. Wann der neue Tarifvertrag in Kraft tritt, ist davon abhängig, ob die Tarifvertragsparteien eine Rückwirkung des neuen Tarifvertrags vereinbaren. Dies ist bis zum Ablauf des vorangegangenen Tarifvertrags möglich.

038 Die **zwingende Wirkung** der Tarifnormen besteht in der Unabdingbarkeit dieser Regelungen. Grundsätzlich kann daher von den Bestimmungen des Tarifvertrags

---

33 BAG, NZA 2002, 801 ff.(zur Auslagepflicht insbes. S. 804).
34 BAG, NZA 1991, 353 f.

nicht zum Nachteil der Arbeitnehmer abgewichen werden, weil der Tarifvertrag gerade den Zweck verfolgt, Mindestarbeitsbedingungen festzulegen.

Es gibt nur zwei Ausnahmen von der zwingenden Wirkung der Tarifnormen. Im **039** Einzelfall kann durch eine **Öffnungsklausel** in dem Tarifvertrag eine abweichende Regelung zugelassen werden.[35] Ferner ist nach dem **Günstigkeitsprinzip** eine einzelvertragliche Vereinbarung zulässig, die zum Vorteil des Arbeitnehmers von der tarifvertraglichen Regelung abweicht.

Beispiel:

Der Tarifvertrag sieht in der Lohngruppe des tarifgebundenen Arbeitnehmers einen Stundenlohn von 9,00 € vor. In dem Arbeitsvertrag wird dagegen ein Stundenlohn von 11,00 € vereinbart. Nach dem Günstigkeitsprinzip ist die arbeitsvertragliche Abrede wirksam, obwohl sie von einer zwingenden Regelung des Tarifvertrags abweicht.

Wenn ein Arbeitsvertrag in mehreren Punkten von tarifvertraglichen Regelungen abweicht, kann es vorkommen, dass sich einzelne Änderungen – z. B. weniger Urlaub – zum Nachteil des Arbeitnehmers, andere dagegen – z. B. mehr Lohn – zum Vorteil des Arbeitnehmers auswirken. In diesen Fällen wird ein Gruppenvergleich vorgenommen, wonach die Regelungen nicht einzeln zu bewerten, sondern diejenigen Regelungen zusammen zu fassen sind, die in einem sachlichen Zusammenhang stehen. Gehalt und Urlaub dienen z. B. verschiedenen Zwecken und sind deshalb getrennt zu behandeln, während verschiedene Lohnbestandteile gegeneinander aufzurechnen sind.

Bei einer Tariflohnerhöhung ist stets zu prüfen, wie **übertarifliche Lohnbe-** **040** **standteile** zu behandeln sind. Es kann sowohl sein, dass der bisherige übertarifliche Lohnbestandteil von der Tariflohnerhöhung aufgesogen wird, die Tariflohnerhöhung kann sich aber auch in vollem Umfang auf die Lohnhöhe auswirken. In den meisten Arbeitsverträgen ist das **Anrechnungsprinzip** vereinbart.

Beispiel:

Der Arbeitnehmer erhält einen Stundenlohn von 11,00 €, obwohl der Tariflohn nur 9,00 € beträgt. Beide Arbeitsvertragsparteien sind tarifgebunden. Der neue Tarifvertrag sieht eine Erhöhung um 3 % (= 0,27 € pro Stunde) vor. Nach dem Anrechnungsprinzip wird ein übertariflicher Lohn durch eine Tariflohnerhöhung so lange nicht berührt, wie der Tariflohn den bisher übertariflichen Lohn nicht überschreitet. Danach hat der Arbeitnehmer weiterhin einen Anspruch auf einen Stundenlohn von 11,00 €.

Anders ist die Situation dagegen, wenn in dem Arbeitsvertrag eine feste übertarifliche Zulage vereinbart worden ist. Dann findet keine Anrechnung statt und der Gesamtlohn ist um die tarifliche Erhöhung anzuheben.

---

35 Vgl. Abschnitt A. Rz. 40.

Vereinbarungen zu übertariflichen Lohnbestandteilen können von den Arbeitsvertragsparteien nach freiem Ermessen getroffen werden. Die Tarifvertragsparteien können nicht durch **Effektiv- oder Verrechnungsklauseln** in die Vertragsfreiheit der Arbeitsvertragsparteien eingreifen.[36] Durch tarifvertragliche Regelungen kann weder erreicht werden, dass keine Anrechnung vorgenommen und der Lohn effektiv um die tarifliche Anhebung erhöht wird, noch kann eine Verrechnung und damit eine Aufsaugung übertariflicher Lohnbestandteile erzwungen werden. Die Tarifmacht der Tarifvertragsparteien beschränkt sich darauf, Mindestarbeitsbedingungen zu schaffen. Nur **Bestands- oder Besitzstandsklauseln**, mit denen festgelegt wird, dass bisherige günstigere Arbeitsbedingungen durch das Inkrafttreten des Tarifvertrages erhalten bleiben, sind möglich. Sie sind unbedenklich, aber auch überflüssig.

041   Zu beachten ist, dass das Günstigkeitsprinzip in dem **Verhältnis Tarifvertrag/ Betriebsvereinbarung** keine Anwendung findet. Zur Sicherung der Tarifautonomie der Koalitionen und um Interessenkonflikte zwischen Betriebsrat und Gewerkschaften zu vermeiden, enthält das Betriebsverfassungsgesetz einen Vorrang der tariflichen Normsetzungsbefugnis. Arbeitsentgelte und sonstige Arbeitsbedingungen, die durch Tarifvertrag geregelt sind oder üblicherweise geregelt werden, können gem. § 77 Abs. 3 BetrVG nicht Gegenstand einer Betriebsvereinbarung sein.[37] Diese **Sperrwirkung des Tarifvertrags** gilt im Geltungsbereich eines Tarifvertrags auch für die Betriebe nicht tarifgebundener Arbeitgeber und kann nur durch eine tarifvertragliche **Öffnungsklausel** beseitigt werden, die den Abschluss ergänzender Betriebsvereinbarungen ausdrücklich zulässt, z. B. für übertarifliche Leistungen oder eine von dem Tarifvertrag abweichende Arbeitszeit.

Beispiele:

In einer Betriebsvereinbarung sind Regelungen über Lohn- und Entgeltgruppen, Überstundenvergütungen, Urlaubsdauer und Urlaubsgeld unzulässig, wenn sie bereits Gegenstand des Tarifvertrags sind und der Tarifvertrag keine Öffnungsklausel enthält. Das Günstigkeitsprinzip gilt nicht. Dagegen können Regelungen über Zulagen in einer Betriebsvereinbarung getroffen werden, wenn der Tarifvertrag keine Regelung enthält und an betriebliche Voraussetzungen angeknüpft wird, wie z. B. bei Schmutz- und Erschwerniszulagen.

In einem Einzelarbeitsvertrag ist die Vereinbarung eines Lohn- oder Urlaubsanspruchs, der den Tariflohn oder den tariflichen Urlaub übersteigt, allerdings möglich. Es gilt das Günstigkeitsprinzip.

042   Während der **Nachwirkung** gem. § 4 Abs. 5 TVG entfaltet ein Tarifvertrag zwar weiterhin unmittelbare Wirkung,[38] die zwingende Wirkung entfällt dagegen. Die in dem normativen Teil getroffenen Regelungen können durch schuldrechtliche Vereinbarungen ersetzt werden, so lange kein neuer Tarifvertrag (ggf. rückwirkend) mit zwingender Wirkung abgeschlossen wird.

---

36 BAG, NJW 1968, 1396 ff.
37 Die Vorschrift ist rechtspolitisch umstritten.
38 Vgl. Abschnitt C. Rz. 37.

Beispiel:

Einem tarifgebundenen Arbeitgeber missfällt es seit Jahren, dass nach dem geltenden Tarifvertrag eine Weihnachtsgratifikation in Höhe eines Brutto-Monatsentgelts zu entrichten ist. Nach dem Ablauf des Tarifvertrags vereinbart er bei Neueinstellungen eine Weihnachtsgratifikation in Höhe von 60 % des Brutto-Monatsentgelts. Die Vereinbarungen sind unabhängig von der Tarifbindung der neu eingestellten Arbeitnehmer wirksam. Wenn in dem neuen Tarifvertrag allerdings eine Weihnachtsgratifikation in Höhe von 80 % des Brutto-Monatsentgelts vereinbart wird, muss der Arbeitgeber ab dem Inkrafttreten dieses Tarifvertrags den bei ihm beschäftigten tarifgebundenen Arbeitnehmern eine entsprechende Weihnachtsgratifikation zahlen.

Wenn ein Tarifvertrag für **allgemeinverbindlich** erklärt wird,[39] erstreckt sich die **043** unmittelbare und zwingende Wirkung der Tarifnormen ab diesem Zeitpunkt gem. § 5 Abs. 4 TVG auch auf die nicht tarifgebundenen Arbeitgeber und Arbeitnehmer im Geltungsbereich des Tarifvertrags.

Beispiel:

Der Ausbildungsvergütungs-Tarifvertrag für das Friseurhandwerk in NRW wird am 31.8. eines Jahres für allgemeinverbindlich erklärt. Die Auszubildende A, die am 1.9. ihre Ausbildung beginnt, hat Anspruch auf die tarifliche Ausbildungsvergütung, auch wenn in dem Ausbildungsvertrag eine niedrigere Vergütung vorgesehen ist. Für Auszubildende, die ihre Ausbildung bereits früher begonnen haben, gilt dies ebenfalls.

Anders ist die Situation dagegen, wenn ein Tarifvertrag oder einzelne Regelungen eines Tarifvertrags von einem nicht tarifgebundenen Arbeitgeber durch eine **044** **Bezugnahme in dem Arbeitsvertrag** zum Inhalt des Arbeitsvertrags gemacht werden. Die Rechtsnormen eines Tarifvertrags gelten dann nicht unmittelbar und zwingend, sondern aufgrund schuldrechtlicher Vereinbarung zwischen Arbeitgeber und Arbeitnehmer. Dementsprechend können sie jederzeit durch abweichende Vereinbarungen ersetzt werden.

Beispiel:

Ein nicht tarifgebundener Arbeitgeber vereinbart seit Jahren in seinen Arbeitsverträgen, dass die Regelungen des für die Branche abgeschlossenen Manteltarifvertrags für die Arbeitsverhältnisse gelten sollen. Nach diesem Tarifvertrag ist eine Weihnachtsgratifikation in Höhe eines Brutto-Monatsentgelts zu entrichten. Der Arbeitgeber kann jederzeit Vertragsverhandlungen mit den bei ihm beschäftigten Arbeitnehmern aufnehmen und, wenn die Arbeitnehmer dem z. B. zur Vermeidung betriebsbedingter Kündigungen zustimmen, eine niedrigere Weihnachtsgratifikation zahlen.

Vereinbart ein tarifgebundener Arbeitgeber die Geltung der anwendbaren Tarifverträge auch arbeitsvertraglich, ist dagegen zu differenzieren: Gegenüber den tarifgebundenen Arbeitnehmern gelten die Tarifnormen unmittelbar und zwingend, gegenüber den nicht tarifgebundenen Arbeitnehmern aufgrund schuldrechtlicher Vereinbarung.

---

39 Vgl. Abschnitt C. Rz. 33.

045   So weit die Rechtsnormen eines Tarifvertrags unmittelbar und zwingend für ein Arbeitsverhältnis gelten, kann ein Arbeitnehmer grundsätzlich nicht auf seine tarifvertraglichen Ansprüche verzichten. Ein **Verzicht** auf tarifvertragliche Ansprüche ist gem. § 4 Abs. 4 TVG nur ausnahmsweise zulässig, und zwar durch einen Vergleich, der von den Tarifvertragsparteien gebilligt wird. Ein Verzicht durch Unterzeichnung einer Ausgleichsquittung ist also nicht möglich,[40] wenn die Arbeitsvertragsparteien tarifgebunden sind.

Beispiel:

Die Arbeitsvertragsparteien sind tarifgebunden. Bei der Beendigung des Arbeitsverhältnisses am 31.3. unterzeichnet der Arbeitnehmer eine Ausgleichsquittung, wonach keine Ansprüche aus dem Arbeitsvertrag mehr bestehen. Im April vereinbaren die Tarifvertragsparteien rückwirkend zum 01.01 eine Erhöhung der Tariflöhne und -gehälter. Der tarifgebundene Arbeitnehmer konnte mit der Unterzeichnung der Ausgleichsquittung nicht wirksam auf die Geltendmachung von Ansprüchen aus der rückwirkenden Tariferhöhung verzichten, der Arbeitgeber muss eine Nachzahlung vornehmen.

Falls der Tarifvertrag oder Teile eines Tarifvertrags für das Arbeitsverhältnis nur durch einzelvertragliche Bezugnahme gelten, besteht die unmittelbare und zwingende Wirkung der Tarifnormen dagegen nicht, sodass auch ein Verzicht auf tarifliche Ansprüche zulässig ist. Denn in diesem Fall ist die Rechtsgrundlage des geltend gemachten Anspruchs nicht der Tarifvertrag, sondern der Arbeitsvertrag.

046   In zahlreichen Tarifverträgen sind **Verfallklauseln** enthalten, die dazu führen, dass Ansprüche aus dem Arbeitsverhältnis nach Ablauf einer **Ausschlussfrist** nicht mehr geltend gemacht werden können. Derartige Verfallklauseln können sich sowohl auf tarifvertragliche Ansprüche als auch auf gesetzliche und einzelvertragliche Ansprüche beziehen. Die Ausschlussfrist beginnt nach der jeweiligen tarifvertraglichen Regelung z. B. mit der Entstehung des Anspruchs, mit der Bezifferbarkeit eines Schadens, mit der Fälligkeit des Anspruchs oder mit der Beendigung des Arbeitsverhältnisses zu laufen. Sofern eine ausdrückliche Regelung über den Beginn der Ausschlussfrist fehlt, beginnt sie mit der Fälligkeit des Anspruchs. Die tarifvertraglichen Ausschlussfristen laufen ohne Rücksicht auf die Kenntnis der Arbeitsvertragsparteien von der Ausschlussklausel.[41]

---

40 Vgl. Abschnitt B. Rz. 302 ff.
41 Vgl. den Übungsfall 13 (Die tarifliche Ausschlussfrist) mit Lösung im Anhang.

Skizze 14: Auswirkungen des Tarifvertrags

Tarifvertrag

Arbeitgeberverband ◄──────────────► **Gewerkschaft**

Auswirkungen
des schuldrechtlichen Teils des
Tarifvertrages

Der Tarifvertrag wirkt normativ und zwingend:

Arbeitsvertrag

Arbeitgeber ◄──────────────► **Arbeitnehmer**
als Mitglied des   als Mitglieder
Arbeitgeberverbandes   der Gewerkschaft

Auswirkungen
des gesamten normativen Teils
des Tarifvertrages

Arbeitsvertrag

Arbeitgeber ◄──────────────► **alle Arbeitnehmer**
als Mitglieder des   im Betrieb des
Arbeitgeberverbandes   Arbeitgebers

Auswirkungen
der betrieblichen und der
betriebsverfassungsrechtlichen
Normen des Tarifvertrags

Arbeitsvertrag

alle Arbeitgeber ◄──────────────► **alle Arbeitnehmer**
im Geltungsbereich   im Betrieb des
des Tarifvertrags   Arbeitgebers

Auswirkungen
der Allgemeinverbindlich-
erklärung des Tarifvertrags

Der Tarifvertrag wirkt im Umfang der Einbeziehung in den Arbeitsvertrag
wie eine einzelvertragliche Vereinbarung:

Arbeitsvertrag

Arbeitgeber ◄──────────────► **Arbeitnehmer**
unabhängig von   als Nichtmitglieder
ihrer Mitgliedschaft   der Gewerkschaft
im Arbeitgeberverband

Auswirkungen
der einzelvertraglichen
Bezugnahme auf den Tarif-
vertrag

3. Das Arbeitskampfrecht

Nach dem Grundsatz der Vertragsfreiheit würde kein Tarifvertrag zu Stande kom- **047**
men, wenn die Tarifvertragsparteien sich nicht über den Inhalt einigen können.
Im Arbeitsleben kann dieses Ergebnis nicht hingenommen werden, denn die Arbeitsbedingungen, insbesondere die Höhe der jeweiligen Arbeitsvergütung, bedürfen einer Regelung durch die Tarifvertragsparteien. Um den Abschluss von Tarifverträgen nach ergebnislosen Verhandlungsrunden zu erzwingen, können die
Tarifvertragsparteien die Arbeitskampfmaßnahmen **Streik und Aussperrung**
ergreifen. Die Möglichkeit eines Arbeitskampfs sichert die Tarifautonomie sowie

ein freiheitliches Tarifsystem. Sie gewährleistet das Zustandekommen und die inhaltliche Ausgewogenheit von Tarifverträgen.

Der Arbeitskampf sowie Streik und Aussperrung als Mittel des Arbeitskampfs sind in Art. 9 Abs. 3 GG zwar nicht ausdrücklich erwähnt, sie werden aber dennoch von der Koalitionsfreiheit umfasst. Daher ist der Arbeitskampf als Rechtseinrichtung verfassungsrechtlich geschützt, er darf nicht gesetzlich verboten oder durch sonstige Maßnahmen generell unterbunden werden. Arbeitskämpfe gelten als ein notwendiger Bestandteil einer freiheitlichen Ordnung und werden auch in der Europäischen Sozialcharta als kollektive Maßnahmen zur Lösung von Interessenkonflikten zwischen den Tarifvertragsparteien anerkannt.

048 Ein Arbeitskampf ist eine von der Arbeitgeber- oder der Arbeitnehmerseite **kollektiv ausgeübte Störung der Arbeitsbeziehungen** zur Verfolgung eines bestimmten Regelungsziels. Da ein Arbeitskampf eine gezielte Verletzung arbeitsvertraglicher Verpflichtungen darstellt, besteht kein allgemeines Streikrecht und auch kein allgemeines Aussperrungsrecht. Streik und Aussperrung sollen nur als letztes Mittel zur Durchsetzung der Interessen der Tarifvertragsparteien eingesetzt werden. Daher wurden von der Rechtsprechung die folgenden **Voraussetzungen für die Rechtmäßigkeit von Arbeitskämpfen** entwickelt, denn das Arbeitskampfrecht ist nicht gesetzlich geregelt:

❑ **Führung durch Tarifvertragsparteien**,
   im Einzelnen: gewerkschaftlich organisierter Streik (kein „wilder" Streik), **Tariffähigkeit** der Tarifvertragspartei, **Tarifzuständigkeit** der Tarifvertragspartei;

❑ **Tarifvertrag** als Kampfziel (kein politischer Arbeitskampf),
   im Einzelnen: Tarifvertrag **mit dem Gegner** als Kampfziel (kein Sympathiearbeitskampf), **tariflich regelbares Ziel** als Kampfziel (keine Verfolgung gesetzeswidriger Ziele);

❑ Beachtung der **Friedenspflicht** (kein Arbeitskampf während der Laufzeit eines Tarifvertrags);

❑ Beachtung des **ultima-ratio-Prinzips** (Erforderlichkeit des Arbeitskampfs, Scheitern der Tarifverhandlungen, **Ausnahme: Warnstreik**);

❑ Beachtung des **Gebots fairer Kampfführung** (insbes. keine Betriebsblockaden, Organisation von Erhaltungs- und Notarbeiten);

❑ Beachtung **des Gebots der Kampfparität** (Verhältnismäßigkeit der Mittel).

Skizze 15: Arbeitskampfmaßnahmen	
Streik:	**Aussperrung:**
– Angriffs- und Abwehrstreik	– Angriffs- und Abwehraussperrung
– Warn- und Kampfstreik	– Warn- und Kampfaussperrung
– Haupt- und Sympathiestreik	– Haupt- und Sympathieaussperrung
– Voll-, Teil- und Schwerpunktstreik	– Voll-, Teil- und Schwerpunktaussper-rung

3.1 Streik

Ein Streik ist die **planmäßige Arbeitsniederlegung** einer größeren Zahl von Ar-   **049**
beitnehmern zur Durchsetzung tarifvertraglich regelbarer Forderungen, insbesondere einer Verbesserung bestehender Lohn- und Arbeitsbedingungen. Das **Streikrecht** steht allen Arbeitnehmern gleichermaßen zu; insbesondere können sowohl
organisierte als auch nicht organisierte Arbeitnehmer an einem Streik teilnehmen.
Lediglich **im öffentlichen Dienst** gibt es gewisse Einschränkungen, allerdings
im Wesenlichen für Beamte, die ohnehin keine Arbeitnehmer sind.[42] Die Arbeiter
und Angestellten des öffentlichen Dienstes dürfen dagegen streiken; problematisch
ist dies nur dann, wenn sie – wie Beamte – hoheitliche Aufgaben wahrnehmen.[43]
Das Streikrecht für **Auszubildende** wird teilweise wegen des Erziehungs- und
Ausbildungscharakters des Berufsausbildungsverhältnisses abgelehnt. Die Teilnahme Auszubildender an kurzen und zeitlich befristeten Warnstreiks ist aber zulässig, wenn über die Ausbildungsvergütung verhandelt wird.[44]

Es gibt verschiedene Formen des Streiks. Der Streik kann eine **Angriffs- oder**   **050**
Abwehrmaßnahme zur Erreichung verbesserter Arbeits- und Wirtschaftsbedingungen sein. Unter Beachtung der Friedenspflicht wird nach Ausschöpfung aller
Verständigungsmöglichkeiten regelmäßig ein Angriffsstreik zur Durchsetzung der
tarifvertraglichen Ziele eingeleitet.

Ein **Vollstreik** liegt vor, wenn alle Arbeitgeber eines Wirtschaftszweigs von den
organisierten Arbeitnehmern bestreikt werden oder wenn alle Arbeitnehmer eines Betriebs die Arbeit niederlegen. Dagegen handelt es sich um einen **Teil- oder
Schwerpunktstreik,** wenn nur bestimmte betriebliche Abteilungen oder einzelne
Zuliefer- oder Abnehmerbetriebe eines Wirtschaftszweigs bestreikt werden. Bei einem **Generalstreik** legen alle Arbeitnehmer die Arbeit nieder und bringen damit
die gesamte Wirtschaft zum Stillstand. Ein **Bummelstreik** liegt vor, wenn die Arbeitsleistung nur teilweise erbracht wird. Ein Streik ist allerdings – unabhängig
von seiner Form – nur dann rechtmäßig, wenn die von der Rechtsprechung entwickelten Voraussetzungen vorliegen.

---

42 Vgl. Abschnitt A. Rz. 6.
43 BGH, NJW 1977, 1875 ff. zur Haftung der BRD für die Folgen eines Bummelstreiks der Fluglotsen.
44 BAG, NJW 1985, 85 ff.

051 Arbeitskampfmaßnahmen sind wegen eines Verstoßes gegen die **Friedenspflicht** unzulässig, wenn sie während der Laufzeit eines noch geltenden Tarifvertrags zur Änderung der darin enthaltenen tariflichen Regelungen geführt werden. Eine Durchbrechung dieses Grundsatzes gilt aber für die Durchführung eines **Warnstreiks**. Es handelt sich dabei um kurze und zeitlich befristete Arbeitsniederlegungen, die in einem sachlichen und zeitlichen Zusammenhang mit laufenden Tarifverhandlungen stehen und nach Abschluss der vertraglich vereinbarten Laufzeit des Tarifvertrags von der Gewerkschaft organisiert werden. Im Zuge der „neuen Beweglichkeit" wurden kurze Arbeitsniederlegungen von bis zu drei Stunden als zulässige Arbeitskampfmaßnahmen angesehen, um durch eine Demonstration der Streikbereitschaft Bewegung in die Tarifverhandlungen zu bringen.

Fall 16: Warnstreiks und ultima-ratio-Prinzip	*Seite 382*

052 Der Arbeitskampf muss zur **Erreichung eines tarifvertraglich regelbaren Streikziels** geführt werden. Daraus ergibt sich insbesondere die Rechtswidrigkeit politischer Arbeitskämpfe.

Beispiel:

Eine Arbeitsniederlegung, durch die der Arbeitgeber veranlasst werden soll, den Antrag beim Arbeitsgericht auf Ersetzung der Zustimmung des Betriebsrats zu der außerordentlichen Kündigung eines Betriebsratsmitglieds zurückzunehmen, ist rechtswidrig. Es handelt sich bei dem Ziel dieser Maßnahme nicht um eine betriebsverfassungsrechtliche Frage, die einer tarifvertraglichen Regelung zugänglich ist, sondern um eine personelle Einzelmaßnahme, sodass der Arbeitgeber von seinem Recht gem. § 103 Abs. 2 BetrVG Gebrauch machen kann.[45]

Eine Arbeitsniederlegung, durch die der Arbeitgeber veranlasst werden soll, nur noch Eier aus artgerechter Hühnerhaltung zu halten, wäre rechtswidrig. Zwar handelt es sich hierbei um ein ehrenwertes, aber nicht in einem Tarifvertrag regelbares Ziel.

053 Da Streiks der Durchsetzung bestimmter tarifvertraglicher Regelungen dienen, sind sie auch dann rechtswidrig, wenn sie nicht von einer Gewerkschaft organisiert werden. Die Gewerkschaften haben **Richtlinien zur Führung von Arbeitskämpfen** beschlossen, um die Vorbereitung und Durchführung von Streiks zu vereinheitlichen. Danach ist zunächst ein Beschluss der Gewerkschaft über die Einleitung des Streiks erforderlich, dann folgt eine **Urabstimmung** der Gewerkschaftsmitglieder und die Genehmigung des Streikbeschlusses durch das jeweils zuständige gewerkschaftliche Organ. Erst wenn die Gewerkschaft den **Streikbefehl** an ihre Mitglieder weitergibt, beginnt die Arbeitsniederlegung. Während der Durchführung eines Streiks stehen vor den Toren der bestreikten Betriebe regelmäßig **Streikposten**, die zur Teilnahme an dem Arbeitskampf auffordern, den Zugang zum Betrieb jedoch offen lassen müssen und Arbeitswillige nicht an dem

---

45 BAG, NZA 1988, 883 f.

Betreten des Betriebs hindern dürfen. Arbeitsniederlegungen, die nicht von einer Gewerkschaft getragen werden und spontan erfolgen, sind als wilde Streiks rechtswidrig.

Nach dem **Gebot der Verhältnismäßigkeit** muss der Streik in seiner Zielset- **054** zung und Durchführung die wirtschaftlichen Möglichkeiten berücksichtigen und darf insbesondere das Gemeinwohl nicht gefährden. Daher darf eine Arbeitskampfmaßnahme nur dann durchgeführt werden, wenn sie zur Erreichung rechtmäßiger Ziele geeignet und sachlich erforderlich ist. Der Streik ist also **das letzte Mittel (= ultima-ratio)** zur Durchsetzung der gewerkschaftlichen Interessen nach Ausschöpfung aller Verständigungsmöglichkeiten. Deshalb ist ein Streik grundsätzlich nur dann zulässig, wenn die **Tarifverhandlungen gescheitert** sind und ein **Schlichtungsverfahren**, so weit dies tarifvertraglich vorgesehen ist, ohne Ergebnis durchgeführt wurde.

Das **Verbot gemeinschädlicher Streiks** beruht ebenfalls auf dem Grundsatz der **055** Verhältnismäßigkeit und bedeutet, dass die öffentliche Sicherheit und Ordnung durch den Streik nicht gefährdet werden darf, was insbesondere bei Gefahren für Leben, Gesundheit und Eigentum der Fall ist. Ein Fluglotsenstreik kann beispielsweise die Flugsicherheit beeinträchtigen,[46] ebenso können Streiks in Krankenhäusern oder in Energieversorgungsunternehmen nur in eingeschränktem Umfang durchgeführt werden.

Zur Verbesserung der Arbeits- und Lohnbedingungen ließen im Jahre 2006 fast 400 Ärzte des Klinikums Kassel nach zuvor erfolglos geführten Tarifverhandlungen die Arbeit für drei Tage ruhen. Lediglich die Notfallversorgung wurde aufrechterhalten. Alle anderen Operationen wurden abgesagt und die Patienten an andere Kliniken verwiesen. Der Verhältnismäßigkeitsgrundsatz bezüglich des „ob" und des „wie" wurde eingehalten, da zunächst ergebnislos verhandelt und während des Streiks die Daseinsvorsorge in Form einer Notversorgung aufrechterhalten wurde. Weiterhin stellt ein dreitägiger Streik unter Aufrechterhaltung der Notversorgung keine auf die Existenzvernichtung des Gegners abzielende Handlung dar.

Die Gewerkschaften sind bei der Durchführung von Streiks ferner verpflichtet, **056** **Erhaltungs- und sonstige Notarbeiten** in bestreikten Betrieben, die der Fortführung von für die Allgemeinheit lebensnotwendiger Arbeiten, der Vermeidung unverhältnismäßiger Schäden und der Erhaltung der Produktionsanlagen dienen, zu ermöglichen.

Die **Rechtsfolge eines rechtmäßigen Streiks** ist das Ruhen der Rechte und **057** Pflichten aus dem Arbeitsverhältnis während der Dauer der Arbeitskampfmaßnahme. Dieser **Suspendierungseffekt** betrifft regelmäßig nur die Hauptleistungspflichten, während die arbeitsvertraglichen Treue- und Fürsorgepflichten fortbestehen. Wegen der Suspendierung der Arbeitspflicht ist die Teilnahme an

---

46 BGH, NJW 1977, 1875 ff. zum Bummelstreik der Fluglotsen, der sich als widerrechtlicher Eingriff in Gewerbebetriebe darstellte, die sich auf das ungestörte Funktionieren der Flugsicherung in ihrer betrieblichen Planung eingerichtet hatten.

einem rechtmäßigen Streik keine vertragswidrige Arbeitsverweigerung und kann ein Kündigungsrecht des Arbeitgebers nicht begründen.[47] Allerdings entfällt auch die Lohnzahlungspflicht des Arbeitgebers.[48]

058 Zu den **Rechtsfolgen eines rechtswidrigen Streiks** gehören insbesondere Schadensersatz- und Unterlassungsansprüche zwischen den Beteiligten:

❑ Der Arbeitgeber hat einen Anspruch auf **Unterlassung der Arbeitsniederlegung** gegen die streikenden Arbeitnehmer. Dieser Unterlassungsanspruch kann wegen der Eilbedürftigkeit im Wege eines einstweiligen Verfügungsverfahrens gerichtlich geltend gemacht werden.

❑ Darüber hinaus entstehen **Kündigungsrechte**, insbesondere das Recht des Arbeitgebers, das Arbeitsverhältnis fristlos zu kündigen, wenn der Arbeitnehmer die Rechtswidrigkeit der Arbeitsniederlegung erkennen konnte. Dies ist beispielsweise der Fall bei der Teilnahme an einem wilden Streik, der nicht von einer Gewerkschaft organisiert ist. Der Arbeitgeber hat auch gegenüber Betriebsratsmitgliedern, die an einem rechtswidrigen Streik teilnehmen, ein außerordentliches Kündigungsrecht.

❑ Ferner entstehen **Schadensersatzansprüche** gem. § 280 Abs. 1 BGB und aus unerlaubter Handlung gem. § 823 Abs. 1 BGB, weil die Arbeitsniederlegung sowohl eine Verletzung der Arbeitspflicht als auch einen Eingriff in den eingerichteten und ausgeübten Gewerbebetrieb darstellt. Allerdings sind Schadensersatzansprüche des Arbeitgebers gegen die Arbeitnehmer nur dann begründet, wenn diese die Rechtswidrigkeit des Streiks erkennen konnten; sie werden außerdem der Höhe nach gemindert, sofern den Arbeitgeber an der Arbeitsniederlegung ein Mitverschulden trifft.

059 Daneben entstehen bei einem rechtswidrigen Streik auch Ansprüche des Arbeitgebers gegen die **Gewerkschaft**. Sofern diese zu einem rechtswidrigen Streik aufgerufen hat, z. B. unter Missachtung der Friedenspflicht, kann sie auf **Unterlassung** und **Schadensersatz** in Anspruch genommen werden.[49] Einzelne Handlungen anlässlich eines Streiks, die von dem Streikrecht nicht gedeckt sind, beispielsweise Betriebsblockaden, machen den Streik als solchen aber noch nicht rechtswidrig. Sie verpflichten die Gewerkschaft nur dann zum Schadensersatz, wenn Organmitglieder nicht versucht haben, die streikenden Arbeitnehmer von den rechtswidrigen Handlungen abzuhalten.[50] Denn hinsichtlich der rechtmäßigen Durchführung eines Arbeitskampfs besteht eine **Einwirkungspflicht** der Koalitionen auf ihre Mitglieder.

---

47 Vgl. Abschnitt C. Rz. 063 ff. zu den Auswirkungen von Arbeitskämpfen auf das Arbeitsverhältnis.
48 Vgl. Übungsfall 17 (Entgeltfortzahlung im Streik) mit Lösung im Anhang.
49 Vgl. Übungsfall 16 (Warnstreiks und ultima-ratio-Prinzip) mit Lösung im Anhang.
50 BAG, NZA 1989, 475 ff.

3.2 Aussperrung

Eine Aussperrung ist die planmäßige Nichtzulassung mehrerer Arbeitnehmer **060** zur Arbeit unter Verweigerung der Lohnzahlung. Die Aussperrung kann alle Arbeitnehmer eines Betriebs betreffen oder nur gegen die streikenden Arbeitnehmer gerichtet sein. Ferner kann eine Aussperrung sich innerhalb eines Betriebs auf bestimmte Arbeitnehmergruppen beziehen und andere ausnehmen, z. B. die Facharbeiter, oder auch bestimmte Produktionsbereiche unberührt lassen. Die Arbeitskampfmaßnahme kann in gleicher Weise wie der Streik als Voll-, Teil- oder Schwerpunktaussperrung durchgeführt werden. Sofern eine Aussperrung sich gezielt gegen die Mitglieder einer streikenden Gewerkschaft richtet, während nicht organisierte Arbeitnehmer von der Aussperrung nicht betroffen sind, verletzt die Maßnahme aber das Grundrecht der positiven Koalitionsfreiheit gem. Art. 9 Abs. 3 GG[51] und ist rechtswidrig.

Nach der Rechtsprechung des Bundesarbeitsgerichts ist für die **Rechtmäßigkeit** **061** **einer Aussperrung** in der Form der **Abwehraussperrung** insbesondere erforderlich, dass das Gebot der Verhältnismäßigkeit gewahrt wird.[52] Insgesamt bestehen die folgenden Voraussetzungen:

❏ **Vorliegen eines Angriffsstreiks**, denn diese Grundsätze gelten bislang nur für Abwehraussperrungen.

❏ **Organisation der Aussperrung durch den Arbeitgeberverband** und ausnahmsweise durch einen Arbeitgeber, wenn der Streik auf den Abschluss eines Firmentarifvertrags gerichtet ist.

❏ **Gebot der Verhältnismäßigkeit**, dazu gehört die Begrenzung der Aussperrung auf das umkämpfte Tarifgebiet sowie die zahlenmäßige Begrenzung. Bei einem Streik von weniger als 25 % der Arbeitnehmer des Tarifgebiets ist eine Abwehraussperrung verhältnismäßig, wenn sie ihrerseits nicht mehr als 25 % der Arbeitnehmer des Tarifgebiets erfasst.[53]

❏ Die Aussperrung muss **zur Erreichung des Kampfziels und des nachfolgenden Arbeitsfriedens geeignet und erforderlich sein** und soll das letzte Mittel darstellen (ultima-ratio-Prinzip).

❏ Es liegt **keine selektive Aussperrung** von Gewerkschaftsmitgliedern vor.

Die **Wirkung einer rechtmäßigen Aussperrung** besteht darin, dass die Haupt- **062** leistungspflichten aus dem Arbeitsverhältnis ruhen, d. h. der Arbeitnehmer ist nicht zur Arbeitsleistung und der Arbeitgeber nicht zur Lohnzahlung verpflichtet (= suspendierende Aussperrung). Nur in wenigen Ausnahmefällen kann eine Aussperrung **lösende Wirkung** haben, z. B. wenn eine hohe Kampfintensität erreicht wurde, Arbeitsplätze wegfallen oder bei einem wilden Streik. Die das Arbeitsverhältnis lösende Aussperrung ist jedoch gegenüber Arbeitnehmern mit besonderem

---

51 BAG, DB 1980, 1355 f.
52 BAG, NZA 1988, 775 ff. mit weiteren Nachweisen.
53 BAG, DB 1980, 1274 f.

Kündigungsschutz unwirksam, z. B. gegenüber Schwangeren, Schwerbehinderten oder Mitgliedern der Betriebsvertretung.

3.3 Auswirkungen auf das Arbeitsverhältnis

063 Die Teilnahme an einem rechtmäßigen Arbeitskampf ist keine Verletzung des Arbeitsvertrags, wenn die Arbeitskampfmaßnahme ein zulässiges Mittel zur Durchsetzung der Forderungen der Tarifvertragsparteien ist. Während der Dauer eines rechtmäßigen Streiks oder einer rechtmäßigen Aussperrung ruhen die Hauptleistungspflichten aus dem Arbeitsverhältnis. Es tritt eine **Suspendierung (= Ruhen) der Hauptpflichten** ein mit der Folge, dass die Arbeitnehmer nicht zur Arbeitsleistung verpflichtet sind und der Arbeitgeber nicht zur Zahlung der Vergütung verpflichtet ist. Diese Rechtsfolge tritt auch dann ein, wenn nicht organisierte Arbeitnehmer an einem Streik teilnehmen oder ausgesperrt werden, sowie dann, wenn die betriebliche Tätigkeit anlässlich eines Streiks eingestellt wird, z. B. weil die Produktion mit den arbeitswilligen Arbeitnehmern nicht aufrecht erhalten werden kann.

064 Gewerkschaftsmitglieder erhalten in aller Regel **Streikunterstützung** in Höhe von etwa zwei Dritteln des Bruttoverdienstes, sofern sie mindestens drei Monate ihrer Gewerkschaft angehören. Die nicht organisierten Arbeitnehmer, die von einem Streik oder einer Aussperrung unmittelbar betroffen sind, sind dagegen auf die **Sozialhilfe** angewiesen.[54] Bis zu der Beendigung des Arbeitskampfs ruhen auch die Ansprüche der Arbeitnehmer auf Urlaub, Urlaubsgeld und Gratifikationen. Da diese Ansprüche von dem Bestand des Arbeitsverhältnisses abhängig sind, leben sie nach der Beendigung des Arbeitskampfs aber wieder auf, sodass der Urlaub ungekürzt zu gewähren und das Urlaubsgeld sowie die Gratifikation ungekürzt auszuzahlen ist. Der Suspensiveffekt bei einer Teilnahme an einem Arbeitskampf erfasst außerdem nicht nur die Hauptleistungspflichten, sondern auch die Lohnersatzleistungen, also z. B. die Entgeltfortzahlung im Krankheitsfall, an Feiertagen und bei Betriebsratstätigkeit,[55] wenn der betreffende Arbeitnehmer seine Streikteilnahme erklärt oder sich tatsächlich an dem Streik beteiligt hat.

> **Fall 17: Entgeltfortzahlung im Streik**   **Seite 385**

065 Während die Hauptleistungspflichten aus dem Arbeitsverhältnis für die Dauer des Arbeitskampfs ruhen, bleiben die Fürsorge- und Treuepflichten der Arbeitsvertragsparteien bestehen, sodass der Arbeitnehmer z. B. weiterhin zur Verschwiegenheit über Geschäfts- und Betriebsgeheimnisse verpflichtet ist. Außerdem bleibt der Arbeitgeber zur Gewährung eines bewilligten oder bereits angetretenen Urlaubs verpflichtet.

---

54 Das Neutralitätsgebot des § 146 SGB III schließt Ansprüche auf Arbeitslosengeld aus.
55 Vgl. Abschnitt B. Rz. 118 ff. zur Entgeltfortzahlung ohne Arbeitsleistung.

Beispiele:

Sofern während eines dem Arbeitnehmer bewilligten und von ihm bereits angetretenen Urlaubs der Betrieb des Arbeitgebers bestreikt wird, wird der Urlaub nicht durch den Streik unterbrochen.[56]

Ein Arbeitnehmer kann seinen bereits bewilligten Urlaub antreten, auch wenn der Betrieb des Arbeitgebers bestreikt wird und der Arbeitgeber bleibt in diesem Fall für die Dauer des Urlaubs zur Entgeltfortzahlung verpflichtet.[57]

Die **Mitwirkungsrechte des Betriebsrats**, insbesondere in personellen Angele- **066** genheiten gem. §§ 99 ff BetrVG, ruhen während der Dauer eines Arbeitskampfs, falls die von dem Arbeitgeber beabsichtigten Maßnahmen mit dem Arbeitskampf zusammenhängen. Sofern der Arbeitgeber einzelnen Arbeitnehmern wegen rechtswidriger Arbeitsniederlegungen kündigen will, entfällt das Anhörungsrecht des Betriebsrats gem. § 102 BetrVG. Auch bei einer außerordentlichen Kündigung eines an einem rechtswidrigen Arbeitskampf teilnehmenden Betriebsratsmitglieds muss der Arbeitgeber nicht die Zustimmung des Betriebsrats gem. § 103 BetrVG einholen, sondern kann sogleich das Ersetzungsverfahren bei dem Arbeitsgericht einleiten. Sofern dagegen eine Kündigung aus anderen Gründen unabhängig von dem Arbeitskampf ausgesprochen werden soll, ist die Anhörung des Betriebsrats im Kündigungsverfahren erforderlich. Das personelle Mitbestimmungsrecht des Betriebsrats besteht bei Einzelmaßnahmen, die während eines Arbeitskampfs vorgenommen werden, wenn kein Zusammenhang mit dem Arbeitskampf besteht.

Beispiel:

Soll während eines Arbeitskampfs eine betriebsbedingte Kündigung ausgesprochen werden, gilt § 102 BetrVG. Soll dagegen eine außerordentliche Kündigung wegen einer Arbeitsniederlegung und einer Teilnahme an einem nicht organisierten Streik vorgenommen werden, ist die Anhörung des Betriebsrats entbehrlich.

Der Arbeitgeber kann das Arbeitsverhältnis während des Arbeitskampfs kündi- **067** gen, darf jedoch die Kündigung nicht auf die Teilnahme an einem rechtmäßigen Arbeitskampf stützen. Auch die Teilnahme an einem rechtswidrigen Streik ist nur dann ein Kündigungsgrund, wenn der Arbeitnehmer erkennen konnte, dass es sich um eine rechtswidrige Arbeitsniederlegung handelte, z. B. bei einem wilden Streik, der nicht von der Gewerkschaft organisiert worden ist oder bei der Teilnahme an einer Betriebsbesetzung.

Die nicht unmittelbar an einem Arbeitskampf beteiligten Arbeitnehmer bleiben **068** weiterhin zu der Erbringung ihrer Arbeitsleistung verpflichtet und behalten ihren Anspruch auf Zahlung des Arbeitsentgelts. Sofern der Arbeitgeber ihnen allerdings direkte Streikarbeiten zuweist, die nicht zu ihrem normalen Aufgabenbereich gehören und von den streikenden Arbeitnehmern zu verrichten gewesen wären, können sie unter dem Gesichtspunkt der Solidarität diese Arbeiten zurückweisen.

---

56 BAG, BB 1982, 993 = DB 1982, 1328.
57 BAG, NZA 1988, 887 f.

Sofern Arbeitnehmer, die sich nicht an dem Streik beteiligen, ihre Arbeitsleistung anbieten und der Arbeitgeber dies ablehnt, bleibt er wegen **Annahmeverzug** zur Fortzahlung der Arbeitsvergütung verpflichtet.[58] Erst wenn der Streik zu einer Stillegung des Betriebs oder Betriebsteils führt, in dem die arbeitswilligen Arbeitnehmer tätig sind, entfallen die Voraussetzungen des Annahmeverzugs, weil die nicht streikenden Arbeitnehmer in dem Betrieb nicht mehr einsetzbar sind.

069 Die Rechtsfolgen **mittelbarer Auswirkungen** von Arbeitskämpfen auf das Arbeitsverhältnis richten sich nach den Grundsätzen über die Verteilung des Arbeitskampfrisikos.[59] Falls in einem Zuliefer- oder Abnahmebetrieb gestreikt wird, kann dies dazu führen, dass ein Unternehmen mittelbar von dem Streik betroffen wird und Arbeitnehmer nicht beschäftigt werden können, weil die erforderlichen Materialen oder Bauteile nicht geliefert oder die hergestellten Produkte nicht abgenommen werden. Die Ansprüche der Arbeitnehmer auf Fortzahlung ihrer Arbeitsvergütung entfallen nach den Grundsätzen über die Verteilung des Arbeitskampfrisikos, wenn der Arbeitskampf ihrer Risikosphäre zuzurechnen ist, weil sie derselben Gewerkschaft angehören, die den Arbeitskampf führt, oder mit dieser verbunden sind und ihnen deshalb die neuen Tarifabschlüsse ebenfalls zu Gute kommen.

070 Die Auswirkungen rechtmäßiger Arbeitskämpfe auf die **soziale Sicherung** sind gesetzlich nur unvollständig geregelt. Für die an dem Arbeitskampf teilnehmenden Arbeitnehmer ruhen bis zu dessen Beendigung die Ansprüche auf **Arbeitslosengeld** und auf **Kurzarbeitergeld**.[60] Das gleiche gilt für diejenigen Arbeitnehmer, die wegen mittelbarer Auswirkungen des Arbeitskampfs arbeitslos geworden sind, aber von dem fachlichen und räumlichen Geltungsbereich des umkämpften Tarifvertrags erfasst werden und daher an dem Ergebnis des Arbeitskampfs partizipieren. Werden sie dagegen von dem Geltungsbereich des Tarifvertrags nicht erfasst, bleibt der Anspruch auf Arbeitslosen- oder Kurzarbeitergeld erhalten, weil insoweit das **Neutralitätsgebot der Bundesagentur für Arbeit** nicht zum Tragen kommt. Dies gilt auch für die mittelbar von dem Arbeitskampf betroffenen Arbeitnehmer außerhalb des räumlichen, aber innerhalb des sachlichen Geltungsbereichs des Tarifvertrags.

Im Übrigen richten sich die Auswirkungen von Arbeitskämpfen auf die Leistungsansprüche der Arbeitnehmer nach den unterschiedlichen Versicherungszweigen. Während in der gesetzlichen **Krankenversicherung** das Versicherungsverhältnis bei einem rechtmäßigen Arbeitskampf fortbesteht,[61] entfällt in der gesetzlichen **Unfallversicherung** der Versicherungsschutz bereits mit der Arbeitsniederlegung, weil keine versicherungspflichtige Tätigkeit mehr ausgeübt wird. In der gesetzlichen **Rentenversicherung** wirken sich nur Arbeitskämpfe von mehrmonatiger Dauer aus, da die teilweise mit Beiträgen belegten Kalendermonate bei der Ermittlung der anrechnungsfähigen Versicherungsjahre als volle Kalendermonate

---

58 Vgl. Abschnitt B. Rz. 206 ff. zum Annahmeverzug des Arbeitgebers.
59 Vgl. Abschnitt B. Rz. 204 zum Arbeitskampfrisiko.
60 Vgl. Abschnitt D. Rz. 141 ff. zu den Leistungen an Arbeitnehmer.
61 Vgl. § 192 Abs. 1 Nr. 1 SGB V.

berücksichtigt werden.[62] Das Versicherungsverhältnis mit der **Arbeitslosenversicherung** wird durch die Teilnahme an einem Arbeitskampf nicht beeinträchtigt, weil erst Unterbrechungen der Beschäftigung von mehr als einem Jahr Leistungsansprüche ausschließen.

Nach der Beendigung der Arbeitskampfmaßnahme können die Arbeitnehmer ihre **071** **Weiterbeschäftigung** verlangen, da das Arbeitsverhältnis nicht beendet, sondern nur suspendiert wurde. Sofern der Arbeitnehmer nicht an seinen Arbeitsplatz zurückkehren oder der Arbeitgeber ihn nicht weiterbeschäftigen will, muss das Arbeitsverhältnis unter Einhaltung der Kündigungsfrist ordentlich gekündigt werden. Vielfach enthalten Tarifverträge Regelungen über die Fortsetzung der Arbeitsverhältnisse nach der Beendigung von Arbeitskämpfen. Um Rechtsstreitigkeiten zu vermeiden, kann ein Tarifvertrag z. B. eine **Wiedereinstellungsklausel** vorsehen, wonach ein Anspruch der Arbeitnehmer auf Weiterbeschäftigung besteht. Häufig enthalten Tarifverträge auch ein **Benachteiligungsverbot** für Arbeitnehmer, wonach sich Unterbrechungen des Arbeitsverhältnisses durch den Arbeitskampf bei der Berechnung von betrieblichen Sozialleistungen nicht mindernd auswirken dürfen.

4. Das Betriebsverfassungsrecht

Von der Unternehmensleitung werden weit reichende Entscheidungen getroffen, **072** die sich mit Fragen der Produktions- und Absatzwirtschaft, der Finanz- und Investitionsplanung, der Beschaffung und der Lagerwirtschaft, der Betriebsorganisation und dem Personalwesen befassen. Ein erheblicher Anteil dieser unternehmerischen Entscheidungen wirkt sich unmittelbar oder mittelbar auf die Arbeitnehmer aus, insbesondere auf den Arbeitsablauf im Betrieb oder in einzelnen Betriebsteilen. In der Folge kann es zu einer Einstellung, Versetzung oder Entlassung von Arbeitnehmern kommen, zu Veränderungen der Arbeitszeit- und Arbeitsplatzgestaltung, der Lage der Pausen, der Urlaubsgewährung und zahlreicher Einzelfragen, die die Stellung der Arbeitnehmer im Betrieb betreffen. Daher haben die Arbeitnehmer ein berechtigtes Interesse daran, über diese Entscheidungen, die die betriebliche Ordnung betreffen, informiert zu werden und insoweit darauf Einfluss zu nehmen, als Nachteile vermieden oder gemindert werden können. Das Betriebsverfassungsrecht regelt den Umfang der Mitwirkung der Arbeitnehmer an den Entscheidungsprozessen im Unternehmen.

Die Interessen der Arbeitnehmer werden im Rahmen des geltenden Betriebsverfassungsrechts aus Gründen der Zweckmäßigkeit überwiegend kollektiv von gewählten Vertretern der Arbeitnehmer wahrgenommen. Während die Gewerkschaften die Interessen der Arbeitnehmer auf überbetrieblicher Ebene vertreten, erfolgt die Mitwirkung der Arbeitnehmer im Betrieb durch die von ihnen gewählten Be-

---

62 Vgl. § 122 Abs. 1 Nr. 1 SGB VI.

triebsräte.[63] Die Errichtung von Betriebsräten, ihre Aufgaben im Betrieb, insbesondere ihre Einwirkungsmöglichkeiten auf die Entscheidungen des Arbeitgebers in sozialen, personellen und wirtschaftlichen Angelegenheiten, sind im Betriebsverfassungsgesetz (BetrVG) geregelt.

4.1 Der Betriebsrat

073   In Betrieben mit in der Regel mindestens fünf ständig beschäftigten wahlberechtigten Arbeitnehmern, von denen drei wählbar sind, können Betriebsräte gewählt werden, vgl. § 1 BetrVG. Wahlberechtigt sind alle Arbeitnehmer des Betriebs, die das 18. Lebensjahr vollendet haben, während alle wahlberechtigten Arbeitnehmer nach sechsmonatiger Betriebszugehörigkeit wählbar werden, vgl. §§ 7, 8 BetrVG. Danach kann in einem Betrieb ein Betriebsrat gewählt werden, wenn fünf Arbeitnehmer das 18. Lebensjahr vollendet haben und drei von ihnen dem Betrieb seit mindestens sechs Monaten angehören.

074   Die **Zahl der Betriebsratsmitglieder** richtet sich nach der Größe des Betriebs. Der Betriebsrat besteht beispielsweise in Betrieben mit 5 bis 20 wahlberechtigten Arbeitnehmern aus einer Person, in Betrieben mit bis zu 50 wahlberechtigten Arbeitnehmern aus drei Mitgliedern und in Betrieben mit bis zu 150 Arbeitnehmern aus fünf Mitgliedern. Die Anzahl der Betriebsratsmitglieder ergibt sich aus der Staffelung gem. § 9 BetrVG.

075   Die regelmäßigen **Betriebsratswahlen** finden alle 4 Jahre in der Zeit vom 01. März bis 31. Mai nach Maßgabe der §§ 13 ff. BetrVG und der Wahlordnung zur Durchführung des Betriebsverfassungsgesetzes statt. Die Wahl des Betriebsrats darf weder behindert werden noch darf ein Arbeitnehmer in der Ausübung des aktiven und passiven Wahlrechts beschränkt werden, vgl. § 20 Abs. 1 BetrVG.

076   Der Betriebsrat wählt aus seiner Mitte einen Vorsitzenden und dessen Stellvertreter, vgl. § 26 Abs. 1 BetrVG. Hat ein Betriebsrat neun oder mehr Mitglieder, bildet er gem. § 27 BetrVG einen **Betriebsausschuss**, der die laufenden Geschäfte führt. In Betrieben mit mehr als 100 Arbeitnehmern können gem. § 28 BetrVG weitere Ausschüsse zur Erledigung bestimmter Aufgaben gebildet werden. Die **Sitzungen des Betriebsrats** finden in der Regel während der Arbeitszeit unter Berücksichtigung der betrieblichen Notwendigkeiten statt. Sie sind nicht öffentlich, doch ist der Arbeitgeber von dem Zeitpunkt der Sitzung vorher zu verständigen, vgl. § 30 BetrVG.

077   Die Mitglieder des Betriebsrats führen ihr Amt unentgeltlich als **Ehrenamt**, sind aber von ihrer beruflichen Tätigkeit ohne Minderung des Arbeitsentgelts zu befreien, wenn und soweit es nach Umfang und Art des Betriebs zur Durchführung ihrer Aufgaben erforderlich ist, vgl. § 37 Abs. 1, Abs. 2 BetrVG. Zum Ausgleich für die Be-

---

63 Bei den Arbeitern und Angestellten des öffentlichen Dienstes erfolgt die Interessenwahrnehmung durch Personalräte nach Maßgabe der Personalvertretungsgesetze (PersVG). Im Rahmen dieses Kompendiums wird das Personalvertretungsrecht nicht behandelt, denn das Betriebsverfassungsrecht ist exemplarisch für die Beteiligung der Arbeitnehmer an den Entscheidungen der Unternehmensleitung über die betrieblichen Angelegenheiten.

triebsratstätigkeit, die aus betriebsbedingten Gründen außerhalb der Arbeitszeit durchzuführen ist, besteht ein Anspruch auf entsprechende Arbeitsbefreiung unter Fortzahlung des Arbeitsentgelts, vgl. § 37 Abs. 3 BetrVG.[64] In größeren Betrieben besteht für einen Teil der Betriebsratsmitglieder **Anspruch auf Freistellung** von ihrer beruflichen Tätigkeit gem. § 38 BetrVG, z. B. in Betrieben mit 200 bis 500 Arbeitnehmern für ein Betriebsratsmitglied und in Betrieben mit 501 bis 900 Arbeitnehmern für zwei Betriebsratsmitglieder. Der Betriebsrat kann während der Arbeitszeit **Sprechstunden** einrichten, wobei Zeit und Ort mit dem Arbeitgeber zu vereinbaren sind, vgl. § 39 Abs. 1 BetrVG.

Die **Kosten der Betriebsratstätigkeit** trägt der Arbeitgeber, außerdem hat er **078** für den **Sachaufwand des Betriebsrats** zu sorgen, vgl. § 40 BetrVG. Der Arbeitgeber hat insbesondere für die Sitzungen, Sprechstunden und die laufende Geschäftsführung des Betriebsrats in erforderlichem Umfang Räume, sachliche Mittel und Büropersonal zur Verfügung zu stellen. Hierzu gehören u. a. ein verschließbarer Aktenschrank, Schreibmaterial, Briefpapier mit dem Zusatz „Der Betriebsrat", Porto, die wichtigsten arbeits- und sozialrechtlichen Gesetze einschließlich der Kommentierungen sowie die Gestattung der Mitbenutzung von Kopiergeräten, Fernsprechern und ähnlichen Büroausstattungen. Darüber hinaus hat der Arbeitgeber dem Betriebsrat die Kosten zu erstatten, die durch die **Teilnahme an Schulungs- und Bildungsveranstaltungen** entstehen, so weit hierdurch Kenntnisse vermittelt werden, die für die Betriebsratsarbeit erforderlich sind. Eine Schulungsveranstaltung kann beispielsweise Kenntnisse im Arbeitsrecht, insbesondere im Betriebsverfassungsrecht, im Sozialversicherungsrecht, im Datenschutzrecht oder über die Maßnahmen der Unfallverhütung vermitteln.

Die Mitglieder des Betriebsrats genießen einen **besonderen Kündigungsschutz**, **079** damit ihre Unabhängigkeit von den Interessen des Arbeitgebers gewährleistet ist. Gem. § 15 KSchG ist die **ordentliche Kündigung** eines Mitglieds eines Betriebrats, einer Jugend- und Auszubildendenvertretung, einer Bordvertretung oder eines Seebetriebsrats unzulässig. Dieser besondere Kündigungsschutz besteht noch 12 bzw. 6 Monate nach Beendigung der Amtszeit weiter und gilt auch für die Mitglieder des Wahlvorstands.

Die Kündigung von Betriebsratsmitgliedern etc. ist auch bei einer **außerordentlichen Kündigung** erschwert, denn hierzu muss gem. § 103 Abs. 1 BetrVG die **080** Zustimmung des Betriebsrats eingeholt werden. Kündigt der Arbeitgeber einem Betriebsratsmitglied, ohne die erforderliche Zustimmung eingeholt zu haben, ist die Kündigung unwirksam. Die Zustimmung des Betriebsrats zu einer außerordentlichen Kündigung kann aber, falls sie verweigert worden ist, durch das Arbeitsgericht auf Antrag des Arbeitgebers im Beschlussverfahren ersetzt werden, vgl. § 103 Abs. 2 BetrVG.

---

64 Der Betriebsrat hat keinen Anspruch auf Freizeitausgleich oder auf Mehrarbeitsvergütung für Schulungsveranstaltungen, die außerhalb seiner persönlichen Arbeitszeit stattfinden, vgl. § 37 Abs. 2 und Abs. 6 BetrVG, BAG NZA 1991, 200.

081 Der Betriebsrat ist das wichtigste Organ der Betriebsverfassung, daneben gibt es insbesondere die folgenden weiteren Organe:

❏ **Gesamtbetriebsrat**, wenn mehrere Betriebe oder Zweigniederlassungen vorhanden sind, §§ 47 ff. BetrVG,

❏ **Konzernbetriebsrat**, wenn das Unternehmen zu einem Konzern gehört, §§ 54 ff. BetrVG,

❏ **Ausschüsse**, z. B. einen Betriebsausschuss gem. § 28 BetrVG oder einen Wirtschaftsausschuss gem. §§ 106 Abs. 1, 107 BetrVG,[65]

❏ **Jugend- und Auszubildendenvertretung** gem. §§ 60 ff. BetrVG,[66]

❏ **Gesamt-Jugend- und Auszubildendenvertretung** gem. §§ 72 f. BetrVG,

❏ **Betriebsversammlung** gem. §§ 42 ff. BetrVG.

082 Von dem Anwendungsbereich des Betriebsverfassungsgesetzes sind bestimmte Arbeitnehmergruppen ausdrücklich ausgenommen, insbesondere die leitenden Angestellten, weil sie eine arbeitgeberähnliche Funktion ausüben, vgl. § 5 Abs. 3 BetrVG. Die **leitenden Angestellten** sind in größeren Betrieben mit mindestens 10 leitenden Angestellten durch Sprecherausschüsse an der Unternehmensverfassung beteiligt. Nach Maßgabe des Sprecherausschussgesetzes vertritt ein Sprecherausschuss die Belange der leitenden Angestellten gegenüber dem Arbeitgeber, diesem stehen im Wesentlichen Informations- und Beratungsrechte zu.[67]

083 Weitere Ausnahmen gelten für **Religionsgemeinschaften** und **Tendenzbetriebe**. Tendenzbetriebe sind gem. § 118 Abs. 1 BetrVG Unternehmen und Betriebe, die unmittelbar und überwiegend politischen, koalitionspolitischen, konfessionellen, karitativen, erzieherischen, wissenschaftlichen oder künstlerischen Bestimmungen dienen. Zu den Tendenzbetrieben gehören auch die Medien, welche den Zwecken Berichterstattung oder Meinungsäußerung dienen und auf die Art. 5 Abs. 1 Satz 2 GG Anwendung findet. Beispiele für Tendenzbetriebe sind konfessionell geführte Krankenanstalten, Presseunternehmen und Rundfunkanstalten.

Das Betriebsverfassungsgesetz findet auf Tendenzbetriebe aber nur insoweit keine Anwendung, als die Eigenart dieser Unternehmen und Betriebe einer Mitbestimmung der Arbeitnehmer entgegensteht, weil der unternehmerische Zweck auf die Verwirklichung der Tendenz ausgerichtet ist. Daher ist der Betriebsrat z. B. über alle personellen Einzelmaßnahmen einschließlich der Kündigungen jedenfalls zu informieren. Nur die Widerspruchsrechte des Betriebsrats bestehen nicht, wenn die Maßnahme aus tendenzbedingten Gründen vorgenommen werden soll.[68] Für Religionsgemeinschaften und ihre karitativen und erzieherischen Einrichtungen gilt das Betriebsverfassungsgesetz dagegen unbeschadet ihrer Rechtsform nicht, vgl. § 118 Abs. 2 BetrVG.

---

65 Vgl. Abschnitt C. 4.6. zur Mitbestimmung in wirtschaftlichen Angelegenheiten.
66 Vgl. Abschnitt B. 7.3. zur Jugend- und Auszubildendenvertretung.
67 Vgl. Abschnitt C. 5. zur Sprecherausschussverfassung.
68 BAG NZA 1988, 97.

Auch die Verwaltungen und Betriebe des Bundes, der Länder, der Gemeinden und **084** sonstiger Körperschaften, Anstalten und Stiftungen des öffentlichen Rechts sind von dem Anwendungsbereich des Betriebsverfassungsgesetzes ausgenommen, vgl. § 130 BetrVG. In diesen Bereichen gilt für Angestellte des Landes das Personalvertretungsgesetz des jeweiligen Bundeslandes und für Angestellte des Bundes das Personalvertretungsgesetz des Bundes.

4.2 Die Tätigkeit des Betriebsrats

Im Verhältnis zwischen Arbeitgeber und Betriebsrat gilt der **Grundsatz der ver-** **085** **trauensvollen Zusammenarbeit** gem. § 2 Abs. 1 BetrVG. Danach haben Arbeitgeber und Betriebsrat unter Beachtung der geltenden Tarifverträge vertrauensvoll und im Zusammenwirken mit den im Betrieb vertretenen Gewerkschaften und Arbeitgebervereinigungen zum Wohl der Arbeitnehmer und des Betriebs zusammenzuarbeiten. Zu diesem Zweck sollen Arbeitgeber und Betriebsrat mindestens ein Mal im Monat zu einer Besprechung zusammentreffen; sie haben außerdem über strittige Fragen mit dem ernsten Willen zur Einigung zu verhandeln und Vorschläge für die Beilegung von Meinungsverschiedenheiten zu machen, vgl. § 74 Abs. 1 BetrVG. Zwischen Arbeitgeber und Betriebsrat herrscht eine ständige und absolute Friedenspflicht, sodass Maßnahmen des Arbeitskampfs unzulässig sind.[69] Sowohl der Arbeitgeber als auch der Betriebsrat haben Betätigungen zu unterlassen, durch die der Arbeitsablauf oder der Frieden des Betriebs beeinträchtigt werden, sie haben insbesondere jede parteipolitische Betätigung im Betrieb zu unterlassen. Dagegen können tarifpolitische, sozialpolitische und wirtschaftliche Angelegenheiten, die den Betrieb oder die Arbeitnehmer betreffen, behandelt werden, vgl. § 74 Abs. 2 BetrVG.

Arbeitgeber und Betriebsrat regeln die betrieblichen Angelegenheiten einvernehm- **086** lich durch **formlose Absprachen** (= Regelungsabreden) oder durch den Abschluss schriftlicher **Betriebsvereinbarungen**.[70] Wegen des Vorrangs der Tarifverträge können Arbeitsbedingungen, die durch Tarifvertrag geregelt sind oder üblicherweise geregelt werden, aber nicht Gegenstand einer Betriebsvereinbarung sein, vgl. § 77 Abs. 3 BetrVG.[71] Der Abschluss von Betriebsvereinbarungen ist vor allem in Angelegenheiten der zwingenden Mitbestimmung die übliche Form der Einigung. Eine Betriebsvereinbarung bedarf der Schriftform und gilt **unmittelbar** **und zwingend** zwischen dem Arbeitgeber und den betriebsangehörigen Arbeitnehmern, vgl. § 77 Abs. 4 BetrVG. Sofern eine Einigung zwischen dem Arbeitgeber und dem Betriebsrat nicht erforderlich ist, entscheidet der Arbeitgeber grundsätzlich allein und trifft Maßnahmen im Rahmen seines Direktionsrechtes. Es können jedoch jederzeit freiwillige Regelungsabreden oder freiwillige Betriebsvereinbarungen abgeschlossen werden. Die formlose **Regelungsabrede (auch: Betriebs-** **absprache)** wird vor allem bei vorübergehenden Maßnahmen getroffen, z. B. bei

---

69 Ein Betriebsratsmitglied darf danach zwar keine Arbeitskämpfe organisieren, kann aber an einem Streik durch Arbeitsniederlegung teilnehmen. Seine Betriebsratstätigkeit hinsichtlich der nicht am Streik teilnehmenden Arbeitnehmer muss aufrecht erhalten bleiben.
70 Vgl. Abschnitt A. 2.4. zu den Betriebsvereinbarungen als Rechtsquelle im Arbeitsrecht.
71 Vgl. Abschnitt C. 2.1. zum Geltungsbereich der Tarifnormen.

einer Verlegung der Arbeitszeit an einzelnen Tagen. Eine dauerhafte Regelung wird dagegen üblicherweise in einer schriftlichen Betriebsvereinbarung niedergelegt.

087   Zur Beilegung von **Meinungsverschiedenheiten** zwischen Arbeitgeber und Betriebsrat, Gesamtbetriebsrat oder Konzernbetriebsrat ist bei Bedarf eine **Einigungsstelle** zu bilden, die durch Betriebsvereinbarung auch als ständige Einigungsstelle errichtet werden kann, vgl. § 76 Abs. 1 BetrVG. Die betriebliche Einigungsstelle besteht aus einer gleichen Anzahl von Beisitzern, die von Arbeitgeber und Betriebsrat bestellt werden, und einem unparteiischen Vorsitzenden, auf dessen Person sich beide Seiten einigen müssen. Nur wenn eine Einigung über die Person des Vorsitzenden nicht zu Stande kommt, stellt ihn das Arbeitsgericht, vgl. § 76 Abs. 2 BetrVG. Die Einigungsstelle wird nur tätig,

❏ **wenn das Betriebsverfassungsgesetz dies ausdrücklich vorsieht[72] oder**

❏ **wenn der Arbeitgeber und der Betriebsrat dies beantragen oder beide Seiten mit ihrem Tätigwerden einverstanden sind, vgl. § 76 Abs. 6 BetrVG.**

088   Das Betriebsverfassungsgesetz sieht in den **Angelegenheiten der zwingenden Mitbestimmung**[73] ausdrücklich ein Einigungsstellenverfahren vor. In diesen Fällen kann der Arbeitgeber die Entscheidung nicht allein aufgrund seines Direktionsrechtes treffen, sondern nur gemeinsam mit dem Betriebsrat. Sofern keine Einigung erzielt wird, kann sowohl der Arbeitgeber als auch der Betriebsrat die betriebliche Einigungsstelle anrufen und auf diese Weise eine Entscheidung herbeiführen. Der **Spruch der Einigungsstelle** ersetzt die erforderliche Einigung zwischen Arbeitgeber und Betriebsrat und ist für beide Seiten bindend.

089   Bei Meinungsverschiedenheiten zwischen Arbeitgeber und Betriebsrat können Betriebsvereinbarungen über ein Einigungsstellenverfahren u. a. in den folgenden Angelegenheiten erzwungen werden:

❏ **Soziale Angelegenheiten gem. § 87 Abs. 1 BetrVG,**

❏ **Personalfragebogen, Beurteilungsgrundsätze und personelle Auswahlrichtlinien, §§ 94, 95 BetrVG,**

❏ **Maßnahmen der betrieblichen Berufsbildung, § 98 BetrVG,**

❏ **Aufstellung eines Sozialplanes, § 112 BetrVG.**

090   Das freiwillige Einigungsstellenverfahren kommt immer dann in Betracht, wenn eine Betriebsvereinbarung über andere betriebliche Fragen abgeschlossen werden soll, Arbeitgeber und Betriebsrat sich aber nicht einigen können.

---

72 Vgl. insbesondere den Abschnitt C. 4.3. zur zwingenden Mitbestimmung des Betriebsrats in sozialen Angelegenheiten und die Aufzählung erzwingbarer Einigungsverfahren in *Fitting*, Betriebsverfassungsgesetz, § 76 Rn. 68.
73 Hierzu gehören insbesondere die sozialen Angelegenheiten gem. § 87 Abs. 1 Nr. 1 bis Nr. 12 BetrVG, vgl. den Abschnitt C. 4.3.

Betriebsvereinbarungen werden von dem Arbeitgeber durchgeführt, auch wenn sie auf einem Spruch der Einigungsstelle beruhen. Der Betriebsrat darf nicht durch einseitige Handlungen in die Leitung des Betriebes eingreifen, vgl. § 77 Abs. 1 BetrVG.

Die Mitglieder und die Ersatzmitglieder des Betriebsrats sind verpflichtet, **Be- 091 triebs- oder Geschäftsgeheimnisse**, die ihnen wegen ihrer Zugehörigkeit zum Betriebsrat bekannt geworden und von dem Arbeitgeber ausdrücklich als geheimhaltungsbedürftig bezeichnet worden sind, nicht zu offenbaren und nicht zu verwerten.[74] Gleiches gilt für die Mitglieder des Gesamtbetriebsrats, des Konzernbetriebsrats, der Jugend- und Auszubildendenvertretung, des Wirtschaftsausschusses und anderer Betriebsvertretungen. Diese Geheimhaltungspflicht gilt auch nach dem Ausscheiden aus dem Betriebsrat, aber nicht gegenüber anderen Mitgliedern des Betriebsrats, § 79 BetrVG.

Der Betriebsrat hat gem. § 80 Abs. 1 BetrVG die folgenden **allgemeinen Aufga- 092 ben**:

- ❑ **Überwachungsrecht** hinsichtlich der Durchführung der zu Gunsten der Arbeitnehmer geltenden Gesetze, Verordnungen, Unfallverhütungsvorschriften, Tarifverträge und Betriebsvereinbarungen,

- ❑ **Antragsrecht bei dem Arbeitgeber** für Maßnahmen, die dem Betrieb und der Belegschaft dienen,

- ❑ **Förderung der Durchsetzung der tatsächlichen Gleichstellung** von Frauen und Männern,

- ❑ Förderung der Vereinbarkeit von **Familie und Erwerbstätigkeit**,

- ❑ **Entgegennahme von Anregungen** der Arbeitnehmer und der Jugend- und Auszubildendenvertretung und Hinwirkung auf deren Erledigung durch Verhandlungen mit dem Arbeitgeber,

- ❑ **Förderung der Eingliederung Schwerbehinderter** und sonstiger besonders schutzbedürftiger Personen,

- ❑ **Vorbereitung und Durchführung der Wahl einer Jugend- und Auszubildendenvertretung** und Zusammenarbeit mit dieser zur Förderung der Belange der jugendlichen Arbeitnehmer und der Auszubildenden,

- ❑ **Förderung der Integration ausländischer Arbeitnehmer** im Betrieb und des Verständnisses zwischen ihnen und den deutschen Arbeitnehmern,

- ❑ **Förderung der Beschäftigung älterer Arbeitnehmer** im Betrieb,

- ❑ Förderung und Sicherung der **Beschäftigung im Betrieb**,

- ❑ Förderung von Maßnahmen des **Arbeitsschutzes** und des **betrieblichen Umweltschutzes**.

---

74 BAG NZA 1988, 63.

093   Über diese allgemeinen Aufgaben des Betriebsrates hinaus gewährt das Betriebsverfassungsgesetz dem Betriebsrat **Mitwirkungs- und Mitbestimmungsbefugnisse** in den folgenden betrieblichen Angelegenheiten:

❏ **Mitbestimmung in sozialen Angelegenheiten**, §§ 87 ff. BetrVG,[75]

❏ **Mitbestimmung bei der Gestaltung von Arbeitsplatz, Arbeitsablauf und
Arbeitsumgebung**, §§ 90 ff. BetrVG,[76]

❏ **Mitbestimmung in personellen Angelegenheiten**, §§ 92 ff. BetrVG,[77]

❏ **Mitbestimmung in wirtschaftlichen Angelegenheiten, insbesondere bei
Betriebsänderungen**, §§ 106 ff. BetrVG.[78]

094   Der Betriebsrat ist zur Durchführung sämtlicher Aufgaben aus dem Betriebsverfassungsgesetz gem. § 80 Abs. 2 BetrVG von dem Arbeitgeber rechtzeitig und umfassend zu unterrichten. Ihm sind auf Verlangen jederzeit die zur Durchführung
seiner Aufgaben erforderlichen Unterlagen zur Verfügung zu stellen. In diesem
Rahmen ist der Betriebsrat auch berechtigt, in die Listen über die Bruttolöhne und
-gehälter Einblick zu nehmen. Ferner kann der Betriebsrat bei der Durchführung
seiner Aufgaben nach näherer Vereinbarung mit dem Arbeitgeber Sachverständige
hinzuziehen, soweit dies zur ordnungsgemäßen Erfüllung seiner Aufgaben erforderlich ist, vgl. § 80 Abs. 3 BetrVG. Auskunftspersonen und Sachverständige unterliegen einer Geheimhaltungspflicht gem. §§ 80 Abs. 4, 79 BetrVG.

095   Die Beteiligungsrechte des Betriebsrats sind durch das Betriebsverfassungsgesetz
unterschiedlich ausgestaltet. Es sind insbesondere die Mitwirkungsrechte des Betriebsrats von den Mitbestimmungsrechten zu unterscheiden. Außerdem ist innerhalb der Mitbestimmungsrechte die zwingende Mitbestimmung des Betriebsrats
bei Entscheidungen des Arbeitgebers von den Zustimmungserfordernissen abzugrenzen.

096   Die **Mitwirkungsrechte des Betriebsrats** räumen diesem zwar eine Einflussmöglichkeit auf die betreffende Angelegenheit ein, doch verbleibt die Entscheidungsbefugnis allein bei dem Arbeitgeber. Mitwirkungsrechte sind insbesondere:

❏ **Informationsrecht** über betriebliche Angelegenheiten; nach § 80 Abs. 2 BetrVG
ist der Betriebsrat zur Durchführung seiner Aufgaben nach dem Betriebsverfassungsgesetz rechtzeitig und umfassend von dem Arbeitgeber zu unterrichten,
weitere Informationsrechte bestehen z. B. hinsichtlich des Arbeitsschutzes und
der Unfallverhütung gem. § 89 Abs. 2 BetrVG, der Gestaltung von Arbeitsplatz,
Arbeitsablauf und Arbeitsumgebung gem. § 90 Abs. 1 BetrVG und geplanter Betriebsänderungen gem. § 111 BetrVG,

❏ **Vorschlagsrecht**, z. B. bei der Einführung einer Personalplanung und ihrer
Durchführung gem. § 92 Abs. 2 BetrVG,

---

75 Vgl. Abschnitt C. 4.3. zur Mitbestimmung in sozialen Angelegenheiten.
76 Vgl. Abschnitt C. 4.4. zur Mitbestimmung bei der Arbeitsplatzgestaltung.
77 Vgl. Abschnitt C. 4.5. zur Mitbestimmung in personellen Angelegenheiten.
78 Vgl. Abschnitt C. 4.6. zur Mitbestimmung in wirtschaftlichen Angelegenheiten.

❏ **Antragsrecht**, z. B. von Maßnahmen bei dem Arbeitgeber, die dem Betrieb und der Belegschaft dienen, § 80 Abs. 1 Nr. 2 BetrVG,

❏ **Beratungsrecht** des Betriebsrats bei Planungen, z. B. hinsichtlich der Gestaltung von Arbeitsplatz, Arbeitsablauf und Arbeitsumgebung gem. § 90 Abs. 2 BetrVG,

❏ **Anhörungsrecht** des Betriebsrats, insbesondere vor jeder Kündigung eines Arbeitnehmers gem. § 102 Abs. 1 BetrVG.

Bei den Mitwirkungsrechten hat der Arbeitgeber den Betriebsrat in die Entscheidungsfindung einzubeziehen. Der Arbeitgeber kann aber unabhängig von dem Inhalt der Stellungnahme des Betriebsrats Entscheidungen treffen und Maßnahmen einleiten. Folgt der Arbeitgeber einer Stellungnahme des Betriebsrats nicht, ordnet das Betriebsverfassungsgesetz nur teilweise Rechtsfolgen an, z. B. in § 102 Abs. 5 BetrVG. **097**

Die **Mitbestimmungsrechte des Betriebsrates** geben diesem die Möglichkeit einer Einflussnahme auf die unternehmerischen Entscheidungen. In den Fällen der Mitbestimmung kann der Betriebsrat eine Maßnahme des Arbeitgebers verhindern; der Arbeitgeber darf ohne Einverständnis mit dem Betriebsrat weder Entscheidungen treffen noch Maßnahmen einleiten. Das Betriebsverfassungsgesetz regelt im Einzelnen die folgenden Mitbestimmungsrechte des Betriebsrats: **098**

❏ Das **Zustimmungserfordernis** bei personellen Einzelmaßnahmen gem. § 99 Abs. 1 BetrVG betrifft die Einstellung, Eingruppierung, Umgruppierung oder Versetzung eines Arbeitnehmers. Der Betriebsrat darf seine Zustimmung aber nur aus den im Gesetz genannten Gründen verweigern. Sofern der Betriebsrat Widerspruch gegen die personelle Einzelmaßnahme erhebt, kann der Arbeitgeber bei dem Arbeitsgericht beantragen, die fehlende Zustimmung des Betriebsrats zu ersetzen, vgl. § 99 Abs. 4 BetrVG. Die Entscheidung ergeht im Beschlussverfahren. Eine ohne Zustimmung des Betriebsrats getroffene personelle Einzelmaßnahme ist dennoch zivilrechtlich wirksam. Sofern der Arbeitgeber eine Maßnahme trifft, ohne die Zustimmung des Betriebsrats einzuholen, kann der Betriebsrat das Arbeitsgericht anrufen.[79]

❏ Ein **Durchführungsverlangen** steht dem Betriebsrat z. B. gem. § 104 BetrVG zu. Danach kann der Betriebsrat von dem Arbeitgeber die Entlassung oder Versetzung eines den Betriebsfrieden störenden Arbeitnehmers verlangen (Druckkündigung). Auch in diesem Fall entscheidet das Arbeitsgericht auf Antrag des Betriebsrats über die Durchführung der Maßnahme im Beschlussverfahren, wenn der Arbeitgeber sie nicht selbst durchführt.

❏ Die Entscheidungsbefugnis in den **Angelegenheiten der zwingenden Mitbestimmung**, insbesondere in den sozialen Angelegenheiten gem. § 87 Abs. 1 BetrVG, liegt bei dem Betriebsrat und dem Arbeitgeber gemeinsam. Sofern der Arbeitgeber mit dem Betriebsrat keine Einigung erzielt, entscheidet die be-

---

79 Vgl. zu den Rechtsfolgen einer Verletzung des Mitbestimmungsrechts des Betriebsrats bei personellen Einzelmaßnahmen den Abschnitt C. 4.5. zur Mitbestimmung in personellen Angelegenheiten und den Abschnitt B. 1.1. für den Fall der fehlenden Zustimmung des Betriebsrats zu einer Einstellung.

triebliche Einigungsstelle, die von beiden Teilen angerufen werden kann. Der **Spruch der Einigungsstelle** ersetzt die erforderliche Einigung zwischen Arbeitgeber und Betriebsrat.

099   In den Angelegenheiten der zwingenden Mitbestimmung hat der Betriebsrat einen **Regelungsanspruch.** Er kann von dem Arbeitgeber verlangen, dass die Angelegenheit durch Betriebsvereinbarung geregelt wird und die Einigungsstelle anrufen, sofern mit dem Arbeitgeber keine Einigung erzielt wird. Falls in einer Angelegenheit der zwingenden Mitbestimmung eine Maßnahme durch den Arbeitgeber getroffen werden soll, kann der Betriebsrat seine Zustimmung verweigern und durch dieses **Vetorecht** die Durchführung verhindern. Dann kann der Arbeitgeber die Einigungsstelle anrufen, um in dieser Sache eine Entscheidung herbeizuführen.

Übersicht 10: Beteiligungsrechte des Betriebsrats	
Mitwirkungsrechte	**Mitbestimmungsrechte**
Der Betriebsrat hat durch Ansprüche auf Unterrichtung, Information und Beratung Einfluss auf die Entscheidung, diese wird aber dennoch allein vom Arbeitgeber getroffen.	Der Betriebsrat hat die Möglichkeit, einer Entscheidung des Arbeitgebers zu widersprechen. In den Fällen der zwingenden Mitbestimmung kann darüber hinaus die Einigungsstelle angerufen werden.
Informationsrecht	**Widerspruchsrecht**
über nahezu alle betrieblichen Angelegenheiten, u. a. Möglichkeit der Einsichtnahme in die Bruttolohn- und Gehaltslisten.	bei personellen Einzelmaßnahmen, die erforderliche Zustimmung kann durch das Arbeitsgericht ersetzt werden (Zustimmungsersetzungsverfahren)
Vorschlagsrecht	**Durchführungsverlangen**
z. B. zur Einführung einer Personalplanung.	für eine bestimmte Maßnahme, z. B. zur innerbetrieblichen Ausschreibung von Arbeitsplätzen.
Antragsrecht, z. B. für Maßnahmen, die dem Betrieb und der Belegschaft dienen.	**Zwingende Mitbestimmungsrechte,** die Entscheidungsbefugnis haben Arbeitgeber und Betriebsrat gemeinsam, die Einigung erfolgt durch Betriebsvereinbarung oder Betriebsabsprache, bei Meinungsverschiedenheiten wird die fehlende Einigung durch den Spruch der Einigungsstelle ersetzt.
Beratungsrecht, z. B. über die Planung der Arbeitsplätze.	– Der Betriebsrat hat einen Regelungsanspruch, indem er die Einigungsstelle anrufen kann, um eine Regelung zu erzwingen.
Anhörungsrecht, insbesondere vor jeder Kündigung, eine ohne Anhörung des Betriebsrats ausgesprochene Kündigung ist unwirksam.	– Der Betriebsrat hat ein Vetorecht, indem er seine Zustimmung zu einer Regelung durch den Arbeitgeber verweigert, in diesem Fall kann der Arbeitgeber die Einigungsstelle anrufen.

4.3 Mitbestimmung in sozialen Angelegenheiten

Beteiligungsrechte des Betriebsrats bestehen in den folgenden sozialen Angele- **100**
genheiten:

❏ **Mitbestimmungsrechte des Betriebsrats gem. § 87 Abs. 1 Nr. 1 – Nr. 13 BetrVG (Katalog), die Einigung zwischen Arbeitgeber und Betriebsrat wird gem. § 87 Abs. 2 BetrVG durch den Spruch der Einigungsstelle ersetzt,**

❏ **Möglichkeit des Abschlusses von freiwilligen Betriebsvereinbarungen gem. § 88 BetrVG,**

❏ **Beteiligung im Bereich des Arbeitsschutzes und der Unfallverhütung gem. § 89 BetrVG.**

Die **Mitbestimmungsrechte** des Betriebsrats in sozialen Angelegenheiten be- **101**
stehen gem. § 87 Abs. 1 BetrVG nur, wenn eine gesetzliche oder tarifvertragliche
Regelung nicht besteht. Dieser Vorrang betrifft nicht nur den Abschluss von Betriebsvereinbarungen über Arbeitsentgelte und sonstige Arbeitsbedingungen, sondern erfasst den gesamten Bereich der erzwingbaren Mitbestimmung in sozialen
Angelegenheiten. Das erzwingbare Mitbestimmungsrecht des Betriebsrats in sozialen Angelegenheiten gem. § 87 Abs. 1 BetrVG besteht außerdem nur für generelle
Regelungen, die für die gesamte Belegschaft oder für eine bestimmte Arbeitneh-
mergruppe, z. B. für Schichtarbeiter oder für ganze Betriebsabteilungen oder für
einen Arbeitsplatz unabhängig von der Person des Arbeitnehmers gelten.

Der Betriebsrat kann in den sozialen Angelegenheiten auch die **Initiative** er- **102**
greifen, wenn ein Regelungsbedarf besteht. Sofern sich der Arbeitgeber mit dem
Betriebsrat nicht einigen kann, entscheidet gem. § 87 Abs. 2 BetrVG die Einigungsstelle, deren Spruch für beide Teile bindend ist. Das zwingende Mitbestimmungsrecht des Betriebsrats ist selbst in Eilfällen zu wahren, allenfalls in Notfällen, beispielsweise bei Brandkatastrophen oder einer Explosionsgefahr, kann der
Arbeitgeber die erforderliche Entscheidung ohne eine Hinzuziehung des Betriebsrats treffen.

Die einzelnen sozialen Angelegenheiten, die der zwingenden Mitbestimmung des
Betriebsrats unterliegen, sind in § 87 Abs. 1 Nr. 1 – Nr. 13 BetrVG aufgeführt:

❏ **Fragen der Ordnung des Betriebs und des Verhaltens der Arbeitneh-** **103**
mer im Betrieb gem. § 87 Abs. 1 Nr. 1 BetrVG sind z. B. Regelungen über Torkontrollen und Stechuhren, Rauch- und Alkoholverbote, die Einführung einer
Betriebsbußenordnung, die Nutzung eines Betriebsparkplatzes, die Sicherung
von mitgebrachten Sachen der Arbeitnehmer, Kleiderordnungen, Namensschil-
der, Einführung allgemeiner Ethikregeln, Regelungen bezüglich des Hörens von
Radio im Betrieb, Regelungen zur Abfallvermeidung, Regeln zu Gestaltung von
Geschäftsbriefen.

❏ **Beginn und Ende der täglichen Arbeitszeit** einschließlich der Pausen sowie **104**
Verteilung der Arbeitszeit auf die einzelnen Wochentage gem. § 87 Abs. 1 Nr. 2

BetrVG, also z. B. Verteilung der Wochenarbeitszeit auf 4 1/2 oder 5 Tage, sonstige Arbeitszeit- und Freizeitsysteme, Abweichungen von der 5-Tage-Woche zur Betriebsöffnung an sechs Tagen,[80] Einführung oder Abbau von Schichtarbeit sowie die Einführung von Gleitzeit.

105 ❑ **Vorübergehende Verkürzung oder Verlängerung der betriebsüblichen Arbeitszeit** gem. § 87 Abs. 1 Nr. 3 BetrVG, also z. B. die Einführung von Kurzarbeit oder Sonderschichten, die Anordnung von Überstunden für den gesamten Betrieb oder einzelne Abteilungen oder für bestimmte Arbeitnehmergruppen; das Mitbestimmungsrecht entfällt allerdings, wenn die Arbeitszeit wegen der Fernwirkungen eines Arbeitskampfes[81] verkürzt werden muss.

106 ❑ **Zeit, Ort und Art der Auszahlung der Arbeitsentgelte** gem. § 87 Abs. 1 Nr. 4 BetrVG, dies gilt für Löhne und Gehälter, Provisionen, Zulagen, Urlaubsgeld, Reisekosten, Spesen, Vorschüsse, Sachleistungen usw., ferner wird die Kostentragungspflicht hinsichtlich anfallender Konto- und Überweisungsgebühren erfasst.

107 ❑ **Aufstellung allgemeiner Urlaubsgrundsätze** und des Urlaubsplans sowie die Festsetzung der zeitlichen Lage des Urlaubs für einzelne Arbeitnehmer, wenn zwischen dem Arbeitgeber und den beteiligten Arbeitnehmern kein Einverständnis erzielt wird gem. § 87 Abs. 1 Nr. 5 BetrVG, Urlaubsgrundsätze sind z. B. die Lage der Betriebs- oder Werksferien, betriebliche Richtlinien über die Urlaubsgewährung, Urlaubsvertretungen insbesondere in Unternehmen und Betrieben mit Arbeitnehmer/innen, die schulpflichtige Kinder haben.

108 ❑ **Einführung und Anwendung von technischen Einrichtungen**, die dazu bestimmt sind, das Verhalten oder die Leistung der Arbeitnehmer zu überwachen, § 87 Abs. 1 Nr. 6 BetrVG.

Dieses Mitbestimmungsrecht erstreckt sich auf alle technischen Kontrolleinrichtungen im Betrieb, z. B. auf Telefonanlagen mit automatischer Datenerfassung,[82] Fernsehkameras, Mikrophone, Stechuhren, Zeitstempler, automatische Sicherungssysteme, Fahrtenschreiber, Berichtssysteme mit anschließender Auswertung, EDV-Anlagen zur Erfassung von Personaldaten, darunter auch Personal-Abrechnungs- und Informationssysteme, sowie Bildschirmgeräte in Verbindung mit einer Software, die zur Überwachung der Arbeitnehmer geeignet ist.[83]

Zum Schutz des allgemeinen Persönlichkeitsrechts der Arbeitnehmer sind alle technischen Einrichtungen mitbestimmungspflichtig, die eine objektive Eignung zur Überwachung der Arbeitnehmer aufweisen. Es ist unerheblich, ob die Arbeitnehmerdaten durch die Einrichtung selbst gewonnen oder erst zur Speicherung oder Verarbeitung eingegeben werden. Auch die subjektive Absicht des Arbeitgebers, die technische Anlage nicht zu Überwachungszwecken einzusetzen, ist unbeachtlich. Es kommt vielmehr darauf an, welche tatsächlichen Möglichkeiten die

---

80 BAG NZA 1989, 646.
81 Vgl. Abschnitte B. 4.2. zum Arbeitskampfrisiko und C. 3.4. zu den Auswirkungen von Arbeitskämpfen im Arbeitsverhältnis.
82 BAG AP Nr. 15 zu § 87 BetrVG 1972 – Überwachung.
83 Vgl. Abschnitt E 1. zum Arbeitnehmerdatenschutz.

technische Einrichtung bietet. Ein Mitbestimmungsrecht des Betriebsrats entsteht auch dann, wenn die erhobenen Daten lediglich eine Aussage über die Leistung einer Gruppe von Arbeitnehmern enthalten, weil diese im Gruppenakkord
arbeiten.[84]

❑ **Regelungen über die Verhütung von Arbeitsunfällen** und Berufskrank-   **109**
  heiten sowie über den Gesundheitsschutz im Rahmen der Gesetze und der
  Unfallverhütungsvorschriften gem. § 87 Abs. 1 Nr. 7 BetrVG, z. B. aus dem Arbeitssicherheitsgesetz, der Arbeitsstättenverordnung, der Gefahrstoffverordnung und den Unfallverhütungsvorschriften der Berufsgenossenschaften.[85]

❑ **Form, Ausgestaltung und Verwaltung von Sozialeinrichtungen,** deren   **110**
  Wirkungsbereich auf den Betrieb, das Unternehmen oder den Konzern beschränkt ist gem. § 87 Abs. 1 Nr. 8 BetrVG, z. B. Werkskantinen, Sportanlagen,
  Erholungsheime, Einrichtungen der betrieblichen Altersversorgung, Kindergärten usw., über die Errichtung einer Sozialeinrichtung ist allerdings eine freiwillige Betriebsvereinbarung zu treffen, dies ermöglicht dem Arbeitgeber u. a., den
  Dotierungsrahmen nach freiem Ermessen zu bestimmen.

❑ **Zuweisung und Kündigung von Wohnräumen,** die dem Arbeitnehmer mit   **111**
  Rücksicht auf das Bestehen eines Arbeitsverhältnisses vermietet werden sowie die allgemeine Festlegung der Nutzungsbedingungen gem. § 87 Abs. 1 Nr. 9
  BetrVG, diese Regelung bezieht sich auf Werkmietwohnungen im Sinne von
  § 565 b BGB, über die neben dem Arbeitsvertrag ein gesonderter Mietvertrag
  abgeschlossen wird.

❑ **Fragen der betrieblichen Lohngestaltung,** insbesondere die Aufstellung   **112**
  von Entlohnungsgrundsätzen und die Einführung und Anwendung von neuen
  Entlohnungsmethoden sowie deren Änderung gem. § 87 Abs. 1 Nr. 10 BetrVG.

Zu der betrieblichen Lohngestaltung gehören die Grundlagen der Lohnfindung
und alle Formen der Arbeitsentgelte, darunter auch Leistungs- und Erschwerniszulagen, Prämien, Provisionen und Arbeitgeberdarlehen. Unter Beachtung des
Tarifvorrangs besteht ein Mitbestimmungsrecht des Betriebsrats hinsichtlich der
Entlohnungsgrundsätze, also nach welchen allgemeinen Regeln die Entlohnung
für die Arbeitnehmer des gesamten Betriebes geordnet werden soll, z. B. ob Zeit-
oder Leistungslohn gezahlt wird, und für Änderungen der Entlohnungsgrundsätze,
z. B. bei einem Übergang von Zeitlohn auf Akkordlohn. Die Festlegung kollektiver
Grundsätze zur Lohnfindung dient der innerbetrieblichen **Lohngerechtigkeit
und -transparenz.** Das Mitbestimmungsrecht hat seine Grenze bei freiwilligen
Entgelten und Zuwendungen des Arbeitgebers, der allein darüber entscheidet,
welche Mittel er zu welchem Zweck einsetzen will. Erst wenn die Entscheidung
über die Gewährung freiwilliger Leistungen und den Umfang der zur Verfügung
gestellten Mittel gefallen ist, entsteht das Mitbestimmungsrecht des Betriebsrats
hinsichtlich der Modalitäten der Leistungsregelung. Dies gilt insbesondere für
übertarifliche Lohnzulagen und deren Verteilung auf die einzelnen Arbeitnehmer.

---

84 BAG NJW 1986, 2069.
85 Vgl. Abschnitt B. 3.7. zur Arbeitssicherheit im Betrieb.

113 ❑ **Festsetzung der Akkord- und Prämiensätze** und vergleichbarer leistungsbezogener Entgelte, einschließlich der Entgeltfaktoren, § 87 Abs. 1 Nr. 11 BetrVG.

Während der Betriebsrat nach Nr. 10 z. B. über die Frage mitzubestimmen hat, ob im Zeitlohn oder Akkordlohn gearbeitet werden soll, betrifft Nr. 11 die zusätzliche Mitbestimmung bei leistungsbezogenen Entgelten, insbesondere bei der Festlegung des Geldfaktors, der die Lohnhöhe für die Bezugs- und Ausgangsleistung festlegt. Die Mitbestimmung des Betriebsrats bezweckt den Schutz der Arbeitnehmer vor den Gefahren möglicher Überforderung durch Leistungslohnsysteme. Danach hat der Betriebsrat bei allen Ansätzen für die Bewertung der Bezugs- und Ausgangsleistung eines Leistungslohnsystemes mitzubestimmen. Beim Zeitakkord bezieht sich das Mitbestimmungsrecht auf den Akkordrichtsatz, auf den Zeitfaktor und auf den Geldfaktor, beim Geldakkord auf den Akkordsatz und beim Prämienlohn auf den Prämiengrundlohn, die Arbeitsmenge, die Güte des Arbeitsergebnisses und die wirtschaftliche Nutzung von Material, Werkzeugen und Energie. Auch über die Frage, wie im Rahmen einer Akkordentlohnung anfallende Wartezeiten bei der Einrichtung von Maschinen, Reparaturen und Wartungsarbeiten zu vergüten sind, hat der Betriebsrat mitzubestimmen,[86] ferner über die Dauer und Lage der in der Vorgabezeit enthaltenen Erholungszeit.[87]

114 ❑ **Grundsätze über das betriebliche Vorschlagswesen**, § 87 Abs. 1 Nr. 12 BetrVG. Dies sind Verfahren zur Begutachtung von Verbesserungsvorschlägen und die Grundsätze der Prämienbemessung im Rahmen der von dem Arbeitgeber zur Verfügung gestellten Mittel.

115 In den genannten sozialen Angelegenheiten erfolgt die Einigung zwischen Arbeitgeber und Betriebsrat in aller Regel durch **Betriebsvereinbarung**, z. B. durch die Festlegung einer betrieblichen Ordnung oder einer Arbeitszeitregelung über gleitende Arbeitszeit. In Einzelfällen, insbesondere wenn Regelungen ohne Dauerwirkung getroffen werden sollen, beispielsweise die Arbeitszeit für einen einzigen Arbeitstag verlegt werden soll, reicht eine mündliche Regelungsabrede zwischen Arbeitgeber und Betriebsrat aus. Die Regelungsabrede endet mit dem Ablauf der Zeit, für die sie eingegangen ist, oder durch Zweckerreichung, Aufhebung oder Kündigung. Die Betriebsvereinbarung bedarf dagegen einer Kündigung mit einer Frist von drei Monaten, sofern nichts anderes vereinbart wurde, vgl. § 77 Abs. 5 BetrVG. Bei Meinungsverschiedenheiten zwischen dem Arbeitgeber und dem Betriebsrat ersetzt der Spruch der betrieblichen Einigungsstelle die notwendige Entscheidung. Die Rechtmäßigkeit eines Einigungsstellenspruchs kann auf Antrag des Arbeitgebers oder des Betriebsrats durch das Arbeitsgericht überprüft werden.

116 ❑ **Grundsätze über die Durchführung von Gruppenarbeit**, § 87 Abs. 1 Nr. 13 BetrVG. Gruppenarbeit im Sinne dieser Vorschrift liegt vor, wenn im Rahmen des betrieblichen Arbeitsablaufs eine Gruppe von Arbeitnehmern eine ihr übertragene Gesamtaufgabe im Wesentlichen eigenverantworlich erledigt.

---

86 BAG NZA 1989, 648.
87 BAG NZA 1988, 320.

Durch **freiwillige Betriebsvereinbarungen** können weitere soziale Angelegenheiten gem. § 88 BetrVG geregelt werden, darunter

❏ **zusätzliche Maßnahmen zur Verhütung von Arbeitsunfällen und Gesundheitsschädigungen,**

❏ **die Errichtung von Sozialeinrichtungen, deren Wirkungsbereich auf den Betrieb, das Unternehmen oder den Konzern beschränkt ist,**

❏ **Maßnahmen zur Förderung der Vermögensbildung.**

Die Möglichkeiten freiwilliger Betriebsvereinbarungen sind durch das Betriebsverfassungsgesetz nicht erschöpfend geregelt. Freiwillige Betriebsvereinbarungen können in der betrieblichen Praxis nach Bedarf abgeschlossen werden, ein durchsetzbarer Rechtsanspruch des Betriebsrats auf Abschluss einer freiwilligen Betriebsvereinbarung besteht allerdings nicht.

Weitere Mitwirkungsrechte des Betriebsrats bestehen **in dem Bereich des Arbeitsschutzes** und des betrieblichen Umweltschutzes gem. § 89 BetrVG. Danach hat der Betriebsrat bei der Bekämpfung von Unfall- und Gesundheitsgefahren die für den Arbeitsschutz zuständigen Behörden, die Träger der gesetzlichen Unfallversicherung und die sonstigen Stellen durch **Anregung, Beratung und Auskunft** zu unterstützen und sich für die Durchführung der Vorschriften über den Arbeitsschutz und die Unfallverhütung im Betrieb einzusetzen. In der betrieblichen Praxis wird der Betriebsrat bei Verstößen des Arbeitgebers gegen Arbeitsschutz- und Unfallverhütungsbestimmungen das zuständige Gewerbeaufsichtsamt oder die Berufsgenossenschaft informieren, deren Mitarbeiter nach einer Betriebsbesichtigung entsprechende Auflagen und Anordnungen treffen können. Der Arbeitgeber ist verpflichtet, den Betriebsrat bei allen mit dem Arbeitsschutz, der Unfallverhütung und des betrieblichen Umweltschutzes in Zusammenhang stehenden Fragen sowie bei Unfalluntersuchungen hinzuzuziehen.[88]

117

4.4 Mitbestimmung bei der Arbeitsgestaltung

In den Bereichen Gestaltung von Arbeitsplatz, Arbeitsablauf und Arbeitsumgebung gibt es Mitwirkungs- und Mitbestimmungsrechte des Betriebsrats, deren Bedeutung in der Praxis gering ist, weil diese Angelegenheiten weitgehend bereits anderweitig gesetzlich geregelt sind. Nach § 90 BetrVG besteht ein **Unterrichtungs- und Beratungsrecht des Betriebsrats** über die Planung

118

❏ von Neu-, Um- und Erweiterungsbauten von Fabrikations-, Verwaltungs- und sonstigen betrieblichen Räumen,

❏ von technischen Anlagen,

❏ von Arbeitsverfahren und Arbeitsabläufen,

❏ von Arbeitsplätzen.

---

88 Vgl. Abschnitt B. 3.7. zur Arbeitssicherheit im Betrieb.

Der Arbeitgeber hat den Betriebsrat unter Vorlage der erforderlichen Unterlagen über die Planung zu informieren und über die vorgesehenen Maßnahmen und ihre Auswirkungen auf die Arbeitnehmer so rechtzeitig mit dem Betriebsrat zu beraten, dass Vorschläge und Bedenken des Betriebsrats bei der Planung berücksichtigt werden können. Arbeitgeber und Betriebsrat sollen dabei die gesicherten arbeitswissenschaftlichen Erkenntnisse über die menschengerechte Gestaltung der Arbeit berücksichtigen.

Das Informations- und Beratungsrecht des Betriebsrats bezieht sich auf Planungen im Produktions- und Verwaltungsbereich, z. B. auf den Umbau einer Etage zu einem Großraumbüro, auf die Einführung von EDV-Anlagen und Datensichtgeräten, von numerisch kontrollierten, computergesteuerten und zentralcomputergesteuerten Maschinen, von Geräten zum computerunterstützten Konstruieren oder Fertigen (CAD und CAM), auf die Umstellung der automatisierten Personalabrechnung vom Off-line- auf den On-line-Betrieb. Dagegen sind reine Renovierungsarbeiten oder die Ersatzbeschaffung für Teile vorhandener Anlagen nicht beteiligungspflichtig.

119   Ein **zwingendes Mitbestimmungsrecht des Betriebsrats** besteht gem. § 91 BetrVG nur dann, wenn die Arbeitnehmer durch Änderungen der Arbeitsplätze, des Arbeitsablaufs oder der Arbeitsplatzumgebung, die den gesicherten arbeitswissenschaftlichen Erkenntnissen über die menschengerechte Gestaltung der Arbeit offensichtlich widersprechen, in besonderer Weise belastet werden. In diesem Fall kann der Betriebsrat angemessene Maßnahmen zur Abwendung, Milderung oder zum Ausgleich der Belastung verlangen, beispielsweise die Herabsetzung der Bandgeschwindigkeit, die Vermeidung von Lärm- und Geruchsbelästigungen und anderer Emissionen, den Einbau von Klimaanlagen, die Einrichtung zusätzlicher Erholungspausen oder die Zahlung von Erschwerniszulagen, wenn keine Ausweichmöglichkeiten bestehen. Sofern zwischen dem Betriebsrat und dem Arbeitgeber keine Einigung über angemessene Arbeitsmaßnahmen zu Stande kommt, entscheidet die Einigungsstelle.

4.5 Mitbestimmung in personellen Angelegenheiten

120   In den Bereichen allgemeine personelle Angelegenheiten, Berufsbildung und personelle Einzelmaßnahmen bestehen zahlreiche Mitwirkungs- und Mitbestimmungsrechte des Betriebsrats gem. §§ 92 ff BetrVG:

❑ Personalplanung,

❑ Beschäftigungssicherung,

❑ Ausschreibung von Arbeitsplätzen,

❑ Personalfragebogen und Formulararbeitsverträge,

❑ Berurteilungsgrundsätze und Auswahlrichtlinien,

❑ Förderung der Berufsbildung,

❑ Einrichtungen und Maßnahmen der Berufsbildung,

❑ Durchführung betrieblicher Bildungsmaßnahmen,

❑ Mitbestimmung bei personellen Einzelmaßnahmen,
   insbesondere bei der Einstellung, Eingruppierung, Umgruppierung, Versetzung
   und Kündigung,

❑ vorläufige personelle Einzelmaßnahmen in Eilfällen.

Bereits bei der Gestaltung der personalpolitischen Grundsätze und Richtlinien **121**
eines Betriebs bestehen Mitwirkungsrechte des Betriebsrats gem. § 92 BetrVG.
Die **Personalplanung** umfasst zwar insbesondere die Planung des Arbeitgebers
über den gegenwärtigen und künftigen Personalbedarf,[89] daneben aber auch die
Personalbeschaffungsplanung, die Personalentwicklungsplanung und die allgemeine Personaleinsatzplanung. Hierüber sowie über die sich daraus ergebenden
personellen Maßnahmen und Berufsbildungsmaßnahmen besteht ein **Unterrich-
tungs-, Beratungs- und Vorschlagsrecht** des Betriebsrats, dem beispielsweise Stellenpläne und Pläne über eine betriebliche Aus- und Weiterbildung auszuhändigen sind. Die Entscheidungsbefugnis über Art und Umfang der sich aus der
Personalplanung ergebenden Maßnahmen verbleibt jedoch bei dem Arbeitgeber.
Unterlässt der Arbeitgeber die Unterrichtung des Betriebsrates, so stellt dies eine
Ordnungswidrigkeit gemäß § 121 Abs. 1 BetrVG dar. Diese ist gemäß § 121 Abs. 2
BetrVG mit einem Bußgeld bis zu 10.000 € bedroht.

Zur Beschäftigungssicherung kann der Betriebsrat dem Arbeitgeber Vorschläge **122**
zur Sicherung und Förderung der Beschäftigung machen, vgl. § 92 a BetrVG. Diese
können insbesondere eine flexible Gestaltung der Arbeitszeit, die Förderung von
Teilzeitarbeit und Altersteilzeit, neue Formen der Arbeitsorganisation, Änderungen der Arbeitsverfahren und Arbeitsabläufe, die Qualifizierung der Arbeitnehmer,
Alternativen zur Ausgliederung von Arbeit oder ihrer Vergabe an andere Unternehmen sowie zum Produktions- und Investitionsprogramm zum Gegenstand haben. Der Arbeitgeber hat die Vorschläge mit dem Betriebsrat zu beraten. Hält der
Arbeitgeber die Vorschläge des Betriebsrats für ungeeignet, hat er dies zu begründen; in Betrieben mit mehr als 100 Arbeitnehmern erfolgt die Begründung schriftlich. Zu den Beratungen kann der Arbeitgeber oder der Betriebsrat einen Vertreter
der Bundesagentur für Arbeit hinzuziehen.

Der Betriebsrat kann gem. § 93 BetrVG verlangen, dass Arbeitsplätze, die be- **123**
setzt werden sollen, allgemein oder für bestimmte Arten von Tätigkeiten vor ihrer
Besetzung innerhalb des Betriebs ausgeschrieben werden. Die innerbetriebliche
Ausschreibung von Arbeitsplätzen kann durch einen Anschlag am schwarzen
Brett, durch Rundschreiben oder in Werkszeitungen erfolgen; sie soll gem. § 611 b
BGB grundsätzlich geschlechtsneutral sein. Sofern die von dem Betriebsrat ver-
langte innerbetriebliche Stellenausschreibung unterblieben ist, kann er seine Zu-
stimmung zu der Einstellung eines Arbeitnehmers verweigern, vgl. § 99 Abs. 2
Nr. 5 BetrVG. Neben der Ausschreibung im Betrieb kann der Arbeitgeber aber an-

---

89 BAG NZA 1991, 358.

dere Bewerbungen einholen, u. a. über Zeitungsanzeigen, über das Arbeitsamt oder durch externe Personalberatungen, und er ist auch nicht gehindert, einen freien Arbeitsplatz mit einem nicht betriebsangehörigen Arbeitnehmer zu besetzen.

124 Die Einführung und jede Änderung von **Personalfragebogen** unterliegen der zwingenden Mitbestimmung des Betriebsrats gem. § 94 Abs. 1 BetrVG, wonach die Einigungsstelle entscheidet, falls sich Arbeitgeber und Betriebsrat nicht über die inhaltliche Ausgestaltung eines Personalfragebogens einigen können. Die rechtlichen Grenzen des Fragerechts des Arbeitgebers ergeben sich aus dem allgemeinen Persönlichkeitsrecht des Arbeitnehmers, sodass auch mit Zustimmung des Betriebsrats in den Personalfragebogen keine Fragen aufgenommen werden dürfen, die unzulässig sind.[90] Die **Verwendung von Formulararbeitsverträgen** durch den Arbeitgeber unterliegt wie die inhaltliche Gestaltung der Personalfragebogen der zwingenden Mitbestimmung des Betriebsrats, soweit persönliche Angaben der Arbeitnehmer in den Arbeitsvertrag aufgenommen werden, vgl. § 94 Abs. 2 BetrVG.

125 **Allgemeine Beurteilungsgrundsätze** sind Richtlinien, die eine Bewertung von Leistung und Verhalten der Arbeitnehmer nach einheitlichen Kriterien ermöglichen sollen. Dies gilt z. B. für die Eingabe von Beurteilungen der Arbeitnehmer in Personal-Informationssysteme, wenn dadurch eine Festlegung von katalogisierten Merkmalen für die Erstellung von Fähigkeits- und Eignungsprofilen erfolgt.[91] Zwar kann der Betriebsrat die Aufstellung allgemeiner Beurteilungsgrundsätze nicht erzwingen, wenn der Arbeitgeber sie allerdings einführen will, unterliegt ihr Inhalt in gleicher Weise der Mitbestimmung des Betriebsrats wie Personalfragebogen und Formulararbeitsverträge, vgl. § 94 Abs. 2 BetrVG.

126 **Auswahlrichtlinien** sind eine Entscheidungshilfe für die personelle Auswahl bei Einstellungen, Versetzungen, Umgruppierungen und Kündigungen. Sie bedürfen gem. § 95 Abs. 1 BetrVG der **Zustimmung des Betriebsrats**. Auch insoweit besteht ein zwingendes Mitbestimmungsrecht, sodass der Spruch der Einigungsstelle eine fehlende Einigung zwischen Arbeitgeber und Betriebsrat ersetzt. In Betrieben mit mehr als 500 Arbeitnehmern kann der Betriebsrat gem. § 95 Abs. 2 BetrVG die Aufstellung von Auswahlrichtlinien über die bei der Personalauswahl zu beachtenden fachlichen und persönlichen Voraussetzungen und sozialen Gesichtspunkte verlangen und über die Einigungsstelle durchsetzen, während es dem Arbeitgeber in kleineren Betrieben freisteht, ob er Auswahlrichtlinien einführt. In größeren Betrieben besteht also ein **Initiativrecht** des Betriebsrats, während in kleinen Betrieben das Mitbestimmungsrecht des Betriebsrats erst entsteht, nachdem der Arbeitgeber die Einführung von Auswahlrichtlinien beschlossen hat. Die schriftliche Festlegung von Auswahlrichtlinien ist eine Betriebsvereinbarung.

Inhaltlich werden in Auswahlrichtlinien die allgemeinen fachlichen und persönlichen Voraussetzungen für bestimmte Tätigkeiten festgelegt, z. B. Schulbildung,

---

90 Zu dem Fragerecht des Arbeitnehmers vgl. die Abschnitte E. 1. zum Arbeitnehmerdatenschutz und B. 1.5. zu den Mängeln des Arbeitsvertrags.
91 *Fitting,* Betriebsverfassungsgesetz, § 94 Rn. 29 f.

Berufsbildung, Prüfungen, Zeugnisse, Grund- und Spezialkenntnisse, Dauer der beruflichen Praxis, betrieblicher Werdegang, Alter, Tauglichkeitsuntersuchungen und ähnliche Merkmale. Dagegen sind Anforderungsprofile hinsichtlich der fachlichen, persönlichen und sonstigen Anforderungen eines Stelleninhabers für einen bestimmten Arbeitsplatz keine Auswahlrichtlinien, weil es sich um Vorstellungen des Arbeitgebers im Einzelfall handelt. Allerdings können Verknüpfungen von Daten und Datenbanken durch ein Personalinformationssystem mit entsprechenden Auswertungsergebnissen als Auswahlrichtlinien der Mitbestimmung unterliegen. Die Auswahlrichtlinien für Kündigungen betreffen regelmäßig die betriebsbedingte ordentliche Kündigung, wobei insbesondere die Voraussetzungen der Sozialauswahl näher bestimmt werden. Sofern der Arbeitgeber bei einer Einstellung, Versetzung, Ein- oder Umgruppierung gegen eine Auswahlrichtlinie verstößt, kann der Betriebsrat die Zustimmung zu dieser personellen Einzelmaßnahme verweigern, vgl. § 99 Abs. 2 Nr. 2 BetrVG, Kündigungen kann gem. § 102 Abs. 3 Nr. 2 BetrVG widersprochen werden.

Im Bereich der **Berufsbildung**, insbesondere bei der Zusammenarbeit mit den für **127** die Berufsbildung und deren Förderung zuständigen Stellen, bei der Errichtung und Ausstattung betrieblicher Einrichtungen zur Berufsbildung, bei der Einführung betrieblicher und der Teilnahme an außerbetrieblichen Berufsbildungsmaßnahmen hat der Betriebsrat gem. §§ 96, 97 ein **Beratungsrecht**. Darüber hinaus besteht ein zwingendes **Mitbestimmungsrecht** bei der Durchführung betrieblicher Berufsbildungsmaßnahmen gem. § 98 Abs. 1 BetrVG, dies erstreckt sich insbesondere auf Pläne für die Reihenfolge der von den Auszubildenden zu durchlaufenden Stationen, auf die Aufstellung von Lehrplänen und auf die Einführung von betrieblichen Prüfungen. Ferner kann der Betriebsrat gem. § 98 Abs. 3 BetrVG Vorschläge für die Teilnahme von Arbeitnehmern an den Maßnahmen betrieblicher Berufsbildung machen.

Der Betriebsrat kann außerdem gem. § 98 Abs. 2 BetrVG der Bestellung eines Ausbilders widersprechen oder seine Abberufung verlangen, wenn der Ausbilder die persönliche oder fachliche Eignung, insbesondere die berufs- und arbeitspädagogische Eignung im Sinne des Berufsbildungsgesetzes, nicht besitzt oder seine Aufgaben vernachlässigt. Sofern über die Bestellung oder Abberufung eines Ausbilders eine Einigung mit dem Arbeitgeber nicht zu Stande kommt, kann der Betriebsrat bei dem Arbeitsgericht beantragen, dem Arbeitgeber aufzugeben, die Bestellung des Ausbilders zu unterlassen oder ihn abzuberufen.

Übersicht 11: Mitbestimmung in personellen Angelegenheiten	
Allgemeine personelle Angelegenheiten	**Personelle Einzelmaßnahmen** (**nur** Einstellung, Eingruppierung, Umgruppierung und Versetzung)
Personalplanung Unterrichtung und Beratung über den gegenwärtigen und künftigen Personalbedarf, über die sich daraus ergebenden personellen Maßnahmen und über Maßnahmen der Berufsbildung, § 92 BetrVG.	**Unterrichtung** des Betriebsrats durch den Arbeitgeber vor jeder personellen Einzelmaßnahme. **Widerspruchsrecht des Betriebsrats** gegen die personelle Einzelmaßnahme innerhalb einer Woche.
Ausschreibung von Arbeitsplätzen innerhalb des Betriebs auf Verlangen des Betriebsrats; anderenfalls kann dieser seine Zustimmung zu der personellen Einzelmaßnahme gem. § 99 Abs. 2 Nr. 5 BetrVG verweigern.	**Zustimmungsverweigerungsgründe** gem. § 99 Abs. 2 Nr. 1 – 6 BetrVG. **Zustimmungsersetzung** durch das Arbeitsgericht auf Antrag des Arbeitgebers.
Personalfragebogen, Beurteilungsgrundsätze, Formulararbeitsverträge: Die Einführung ist mitbestimmungsfrei, der Inhalt bedarf der Zustimmung des Betriebsrats, § 94 BetrVG.	**Zustimmungsfiktion** bei fehlendem Widerspruch des Betriebsrats innerhalb der Wochenfrist. **Zur Mitbestimmung bei Kündigungen** vgl. den Abschnitt B. 5.4.
Auswahlrichtlinien: In Betrieben bis 500 Arbeitnehmer ist die Einführung mitbestimmungsfrei, in größeren Betrieben mitbestimmungspflichtig. Der Inhalt bedarf in jedem Fall der Zustimmung des Betriebsrats, § 95 BetrVG.	**Vorläufige personelle Maßnahmen** müssen aus sachlichen Gründen erforderlich sein, § 100 BetrVG. Der Arbeitgeber hat den Betriebsrat unverzüglich zu unterrichten. Der Betriebsrat kann das Vorliegen sachlicher Gründe bestreiten. Der Arbeitgeber muss innerhalb von drei Tagen bei dem Arbeitsgericht die Aufrechterhaltung der personellen Einzelmaßnahme beantragen.
Berufsbildung: Förderung der Berufsbildung, insbesondere Beratung über betriebliche Einrichtungen und Maßnahmen sowie Mitbestimmung bei deren Durchführung gem. §§ 96 ff. BetrVG.	

128 Mitwirkungs- und Mitbestimmungsrechte des Betriebsrats bestehen des Weiteren bei den personellen Einzelmaßnahmen. In Betrieben mit in der Regel mehr als 20 wahlberechtigten Arbeitnehmern hat der Arbeitgeber gem. § 99 Abs. 1 BetrVG den Betriebsrat vor jeder **Einstellung, Eingruppierung, Umgruppierung oder Versetzung** zu unterrichten, ihm die erforderlichen Bewerbungsunterlagen vorzulegen und Auskunft über die Person der Beteiligten zu geben. Ferner hat der Arbeitgeber dem Betriebsrat unter Vorlage der erforderlichen Unterlagen Auskunft über die Auswirkungen der geplanten Maßnahme zu erteilen und die **Zustim-**

mung des Betriebsrats zu der geplanten Maßnahme einzuholen. Die Betriebsratsmitglieder haben über die ihnen bekannt gewordenen persönlichen Verhältnisse der Arbeitnehmer Stillschweigen zu bewahren. Nach § 99 Abs. 1 BetrVG sind die folgenden personellen Einzelmaßnahmen mitbestimmungspflichtig:

❑ Die **Einstellung**,[92] und zwar unabhängig davon, ob sie im Einzelfall unbefristet **129** oder befristet, zur Teilzeitarbeit, zur Probe, zur Aushilfe oder zur Ausbildung erfolgen soll. Die Zustimmung des Betriebsrats ist auch bei der Arbeitsaufnahme von Leiharbeitnehmern im Betrieb des Entleihers erforderlich. Die Einstellung ist der Abschluss des Arbeitsvertrags, es sei denn, dass die Aktualisierung des Arbeitsverhältnisses durch die Arbeitsaufnahme vor Abschluss eines förmlichen Arbeitsvertrags erfolgt. Dagegen liegt keine Einstellung vor, wenn eine Kündigung zurückgenommen oder ein ruhendes Arbeitsverhältnis z. B. nach Ableistung des Wehrdienstes oder nach Abschluss eines Arbeitskampfs wieder aufgenommen wird.

❑ Die **Ein- und Umgruppierung** ist die Einstufung des Arbeitnehmers nach **130** einem bestimmten Entgeltschema, das auf Tarifvertrag, Betriebsvereinbarung oder sonstigen betrieblichen Regelungen beruhen kann. Während die Eingruppierung bei der Einstellung oder Versetzung eines Arbeitnehmers vorgenommen wird,[93] erfolgt eine Umgruppierung, wenn festgestellt wird, dass der Arbeitnehmer aus anderen Gründen einer anderen Vergütungsgruppe unterliegt, z. B. weil die Merkmale seiner Tätigkeit einer anderen Vergütungsgruppe entsprechen.[94]

❑ Die **Versetzung** im Sinne des Betriebsverfassungsgesetzes ist die Zuweisung **131** eines anderen Arbeitsbereichs, die voraussichtlich die Dauer von einem Monat überschreitet oder die mit einer erheblichen Änderung der Umstände verbunden ist, unter denen die Arbeit zu leisten ist, vgl. § 95 Abs. 3 BetrVG.[95] Mitbestimmungsfrei ist dagegen die Zuweisung eines anderen Arbeitsbereichs zur Ausbildung, zur Vertretung oder für einen kürzeren Zeitraum als ein Monat oder an bestimmten Arbeitsplätzen.[96]

Der Betriebsrat kann seine Zustimmung zu der geplanten personellen Einzelmaß **132** nahme **nur aus den in § 99 Abs. 2 BetrVG genannten Gründen verweigern**, also wenn

❑ die personelle Maßnahme gegen ein Gesetz, eine Verordnung, eine Unfallverhütungsvorschrift oder gegen eine Bestimmung in einem Tarifvertrag oder in einer Betriebsvereinbarung oder gegen eine gerichtliche Entscheidung oder eine behördliche Anordnung verstoßen würde,

---

92 Vgl. Abschnitt B. 1.1. zur Beteiligung des Betriebsrats bei der Begründung des Arbeitsverhältnisses.
93 Auch die Eingruppierung von Heimarbeitern unterliegt der Mitbestimmung des Betriebsrats gem. § 99 BetrVG, vgl. BAG NZA 1991, 244.
94 BAG NZA 1990, 699.
95 Der Arbeitnehmer wird stets in einem anderen Arbeitsbereich tätig, wenn er einem anderen Betrieb zugewiesen wird, vgl. BAG NZA 1991, 565.
96 Eine Versetzung liegt nicht vor, wenn Arbeitnehmer nach der Eigenart ihres Arbeitsverhältnisses üblicherweise nicht ständig an einem bestimmten Arbeitsplatz beschäftigt werden. Dazu gehören Arbeitnehmer des Baugewerbes oder Monteure, die wechselnde Einsatzorte haben, ferner Auszubildende, die zu Ausbildungszwecken einem Filialbetrieb zugewiesen werden u. a.

❏ die personelle Maßnahme gegen eine Auswahlrichtlinie nach § 95 BetrVG verstoßen würde,

❏ die durch Tatsachen begründete Besorgnis besteht, dass wegen der personellen Maßnahme im Betrieb beschäftigte Arbeitnehmer gekündigt werden oder sonstige Nachteile erleiden, ohne dass dies aus betrieblichen oder persönlichen Gründen gerechtfertigt ist,

❏ der betroffene Arbeitnehmer durch die personelle Maßnahme benachteiligt wird, ohne dass dies aus betrieblichen oder in der Person des Arbeitnehmers liegenden Gründen gerechtfertigt ist, dieses Zustimmungsverweigerungsrecht entfällt allerdings dann, wenn der Arbeitnehmer mit einer Versetzung einverstanden ist,[97]

❏ eine vom Betriebsrat nach § 93 BetrVG geforderte innerbetriebliche Ausschreibung unterblieben ist,

❏ die durch Tatsachen begründete Besorgnis besteht, dass der für die personelle Maßnahme vorgesehene Bewerber oder Arbeitnehmer den Betriebsfrieden durch gesetzwidriges Verhalten oder durch grobe Verletzung des betrieblichen Gleichbehandlungsgrundsatzes gem. § 75 Abs. 1 BetrVG stören wird.

133   Wenn der Betriebsrat aus einem der aufgeführten Gründe seine Zustimmung zu der geplanten personellen Einzelmaßnahme verweigert und innerhalb der Wochenfrist widersprochen hat, muss sie unterbleiben. Der Arbeitgeber kann jedoch gem. § 99 Abs. 4 BetrVG die **Ersetzung der Zustimmung des Betriebsrats** bei dem Arbeitsgericht beantragen, das Arbeitsgericht überprüft sodann die Begründung des Betriebsrats für die Verweigerung der Zustimmung. Falls ein Verweigerungsgrund besteht, ersetzt das Arbeitsgericht die Zustimmung nicht. Die personelle Einzelmaßnahme hat zu unterbleiben und ist rückgängig zu machen, wenn sie von dem Arbeitgeber bereits durchgeführt worden ist.

134   In dringenden Fällen, wenn dies aus sachlichen Gründen erforderlich ist, kann der Arbeitgeber gem. § 100 Abs. 1 BetrVG eine **personelle Einzelmaßnahme vorläufig durchführen**, bevor der Betriebsrat sich geäußert oder wenn er die Zustimmung verweigert hat.

Beispiel:

Wegen einer Grippeepidemie fallen in der für die Lohn- und Gehaltsabrechnung zuständigen Abteilung mehrere Arbeitnehmer aus. Der Arbeitgeber kann unverzüglich Aushilfskräfte oder Leiharbeitnehmer einstellen, weil die Arbeitskräfte zur Erledigung der in dieser Betriebsabteilung anfallenden Arbeiten dringend benötigt werden.

Der Arbeitgeber hat den Betriebsrat gem. § 100 Abs. 2 BetrVG unverzüglich von der vorläufigen personellen Maßnahme zu unterrichten. Sofern der Betriebsrat bestreitet, dass die Maßnahme aus sachlichen Gründen dringend erforderlich ist, darf der Arbeitgeber diese Maßnahme nur aufrecht erhalten, wenn er innerhalb von

---

97 BAG NZA 1991, 195.

drei Tagen bei dem Arbeitsgericht die Ersetzung der Zustimmung des Betriebsrats und die Feststellung beantragt, dass die Maßnahme aus sachlichen Gründen dringend erforderlich war. Lehnt das Gericht die Ersetzung der Zustimmung des Betriebsrats ab und stellt es fest, dass die Maßnahme nicht aus sachlichen Gründen dringend erforderlich war, endet die vorläufige personelle Maßnahme mit Ablauf von zwei Wochen nach Rechtskraft der gerichtlichen Entscheidung und darf nach diesem Zeitpunkt nicht mehr aufrecht erhalten werden, vgl. § 100 Abs. 3 BetrVG.

Führt der Arbeitgeber personelle Maßnahmen ohne Zustimmung des Betriebsrats **135** durch oder hält er eine vorläufige personelle Maßnahme trotz einer gegenteiligen Entscheidung des Gerichts aufrecht, kann der Betriebsrat bei dem Arbeitsgericht beantragen, dem Arbeitgeber aufzugeben, die personelle Einzelmaßnahme aufzuheben und den Arbeitgeber durch Festsetzung eines Zwangsgelds hierzu anzuhalten, vgl. § 101 BetrVG.

Wegen der Beteiligungsrechte des Betriebsrats bei personellen Einzelmaßnahmen **136** sind in der betrieblichen Praxis die folgenden Umstände zu berücksichtigen:

❑ **Auskunfts- und Unterrichtungspflicht des Arbeitgebers:**

Der Arbeitgeber hat den Betriebsrat mindestens eine Woche vor jeder geplanten personellen Einzelmaßnahme mündlich oder schriftlich zu unterrichten und ihm unter Vorlage der erforderlichen Unterlagen Auskunft über die Person der Beteiligten und über die Auswirkungen der geplanten Maßnahme zu erteilen. Bei Einstellungen sind sämtliche Bewerbungsunterlagen vollständig vorzulegen, dagegen hat der Betriebsrat keinen Anspruch auf Teilnahme an den Vorstellungsgesprächen.

❑ **Zustimmung oder deren Verweigerung durch den Betriebsrat:**

Der Arbeitgeber muss vor der geplanten personellen Einzelmaßnahme die Zustimmung des Betriebsrats einholen. Der Betriebsrat kann seine Zustimmung ausdrücklich oder stillschweigend erteilen. Sofern der Betriebsrat die Widerspruchsfrist von einer Woche verstreichen lässt, gilt seine Zustimmung gem. § 99 Abs. 3 S. 2 BetrVG als erteilt. Der Betriebsrat kann seine Zustimmung zu der geplanten personellen Einzelmaßnahme verweigern, hat dies aber unter Angabe von Gründen innerhalb einer Woche nach Unterrichtung durch den Arbeitgeber diesem schriftlich mitzuteilen.

Die **Kündigung**[98] durch den Arbeitgeber unterliegt ebenfalls der Mitbestimmung **137** des Betriebsrats, der gem. § 102 BetrVG vor jeder Kündigung ein **Anhörungsrecht** hat und innerhalb gesetzlicher Fristen einer Kündigung widersprechen kann. Widerspricht der Betriebsrat einer beabsichtigten Kündigung, kann der Arbeitgeber die Kündigung dennoch aussprechen. Der Widerspruch des Betriebsrats gegen eine Kündigung sichert dem Arbeitnehmer jedoch einen **Weiterbeschäftigungsanspruch** gegenüber dem Arbeitgeber für die Dauer des Kündigungs-

---

98 Vgl. Abschnitte B. 5.4. zu den Mitwirkungsrechten des Betriebsrats im Fall einer Kündigung des Arbeitsverhältnisses und B. 5.5. zum Kündigungsschutzprozess. Vgl. ferner den Übungsfall 10 (Anhörung des Betriebsrats zur Kündigung) mit Lösung im Anhang.

schutzprozesses, wenn der Arbeitnehmer innerhalb von drei Wochen nach Zugang der Kündigungserklärung vor dem Arbeitsgericht eine **Kündigungsschutzklage** erhoben hat.

Bei fehlender oder mangelhafter Anhörung des Betriebsrats ist die Kündigung dagegen unwirksam. Auch eine nachträgliche Zustimmung des Betriebsrats zu einer Kündigung heilt deren Unwirksamkeit nicht. Der Arbeitgeber muss dem Betriebsrat bei der Anhörung alle Kündigungsgründe mitteilen und bei einer betriebsbedingten Kündigung auch die wesentlichen Gesichtspunkte der Sozialauswahl. Das Nachschieben von Kündigungsgründen ist zwar im Kündigungsschutzprozess zulässig, nicht jedoch im betriebsverfassungsrechtlichen Anhörungsverfahren. Der Arbeitgeber muss nach einer weiteren Anhörung des Betriebsrats zu den weiteren Kündigungsgründen dem Arbeitnehmer erneut kündigen.

4.6 Mitbestimmung in wirtschaftlichen Angelegenheiten

138 Die unternehmerische Entscheidungsfreiheit in wirtschaftlichen Fragen wird durch das Betriebsverfassungsgesetz im Grundsatz nicht eingeschränkt. Dem Betriebsrat und den Arbeitnehmern stehen jedoch **Informationsrechte** über wirtschaftliche Angelegenheiten zu, und bei Betriebsänderungen ist ein Sozialplan zum Ausgleich oder zur Eindämmung der wirtschaftlichen Nachteile für die Arbeitnehmer aufzustellen.

139 In allen Unternehmen mit regelmäßig mehr als 100 ständig beschäftigten Arbeitnehmern ist ein **Wirtschaftsausschuss** zu bilden, vgl. §§ 106 ff. BetrVG. Der Wirtschaftsausschuss hat die Aufgabe, wirtschaftliche Angelegenheiten mit dem Unternehmer zu beraten und den Betriebsrat zu unterrichten. Er besteht aus drei bis sieben Mitgliedern, die dem Unternehmen angehören müssen, darunter mindestens ein Betriebsratsmitglied. An den Sitzungen des Wirtschaftsausschusses, die monatlich einmal stattfinden, hat der Unternehmer oder sein Vertreter teilzunehmen und kann im Bedarfsfall sachkundige Arbeitnehmer einschließlich der leitenden Angestellten hinzuziehen. Der Unternehmer hat den Wirtschaftsausschuss rechtzeitig und umfassend über die wirtschaftlichen Angelegenheiten des Unternehmens unter Vorlage der erforderlichen Unterlagen zu unterrichten, soweit dadurch nicht die Betriebs- und Geschäftsgeheimnisse des Unternehmens gefährdet werden, sowie die sich daraus ergebenden Auswirkungen auf die Personalplanung darzustellen.[99]

140 Zu den wirtschaftlichen Angelegenheiten, die im Wirtschaftsausschuss beraten werden, gehören gem. § 106 Abs. 3 BetrVG insbesondere

❑ die wirtschaftliche und finanzielle Lage des Unternehmens,

❑ die Produktions- und Absatzlage,

---

99 Zum Umfang der Unterrichtungspflicht vgl. BAG NZA 1991, 642; 1992, 418.

❏ das Produktions- und Investitionsprogramm,

❏ Rationalisierungsvorhaben,

❏ Fabrikations- und Arbeitsmethoden,

❏ Fragen des betrieblichen Umweltschutzes,

❏ die Einschränkung oder Stilllegung, die Verlegung, der Zusammenschluss oder die Spaltung von Betrieben und von Betriebsteilen,

❏ die Änderung der Betriebsorganisation oder des Betriebszwecks,

❏ sonstige Vorgänge und Vorhaben, welche die Interessen der Arbeitnehmer des Unternehmens wesentlich berühren können.

Die Mitglieder des Wirtschaftsausschusses haben ein **Einsichtsrecht** hinsicht- **141** lich der Unterlagen, die die genannten wirtschaftlichen Angelegenheiten des Unternehmens betreffen. Ferner hat der Wirtschaftsausschuss dem Betriebsrat über jede Sitzung unverzüglich und vollständig zu berichten. Auch der Jahresabschluss ist dem Wirtschaftsausschuss unter Beteiligung des Betriebsrats zu erläutern. Sofern über eine der aufgeführten wirtschaftlichen Angelegenheiten des Unternehmens eine Auskunft entgegen dem Verlangen des Wirtschaftsausschusses nicht, nicht rechtzeitig oder nur ungenügend erteilt wird und hierüber zwischen dem Unternehmer und dem Betriebsrat eine Einigung nicht zu Stande kommt, entscheidet die betriebliche Einigungsstelle.

In Unternehmen mit regelmäßig mehr als 1.000 ständig beschäftigten Arbeitneh- **142** mern hat der Unternehmer gem. § 110 BetrVG mindestens einmal in jedem Kalendervierteljahr nach vorheriger Abstimmung mit dem Wirtschaftsausschuss und dem Betriebsrat die Arbeitnehmer schriftlich über die wirtschaftliche Lage und Entwicklung des Unternehmens zu unterrichten. In Unternehmen mit regelmäßig mehr als 20 volljährigen Arbeitnehmern kann die entsprechende Unterrichtung mündlich erfolgen.

Während der Betriebsrat in wirtschaftlichen Angelegenheiten im Wesentlichen auf **143** ein Informationsrecht beschränkt ist, bestehen **bei geplanten Betriebsände-rungen** Mitbestimmungsrechte gem. §§ 111 ff. BetrVG, um Arbeitsplätze zu erhalten oder die nachteiligen wirtschaftlichen Folgen für die betroffenen Arbeitnehmer auszugleichen oder zu mildern. Als wesentliche Nachteile für die Arbeitnehmer gelten, abgesehen von Entlassungen, auch Versetzung, Ortswechsel, längere Wege zu einem neuen Arbeitsort, Verdienstminderung und Arbeitserschwernis. Ferner ist erforderlich, dass die gesamte Belegschaft oder erhebliche Teile von der Betriebsänderung betroffen sind, wobei die Rechtsprechung von mindestens 5 % der Belegschaft ausgeht oder den Maßstab nach § 17 Abs. 1 KSchG zu Grunde legt. Danach müssen in Betrieben mit 20 bis 59 Arbeitnehmern mehr als 5 Arbeitnehmer, in Betrieben mit 60 bis 499 Arbeitnehmern 10 % der Arbeitnehmer oder mehr als 25 und in Betrieben ab 500 Arbeitnehmern mindestens 30 Arbeitnehmer von der Betriebsänderung betroffen sein.

Als **Betriebsänderungen** gelten gem. § 111 S. 2 BetrVG: **144**

❑ **Einschränkung und Stilllegung des ganzen Betriebs** oder wesentlicher Betriebsteile,

❑ **Verlegung des ganzen Betriebs** oder wesentlicher Betriebsteile,

❑ **Zusammenschluss mit anderen Betrieben** oder die Spaltung von Betrieben,

❑ **grundlegende Änderungen der Betriebsorganisation, des Betriebszwecks oder der Betriebsanlagen**, z. B. Bau neuer Betriebsgebäude, Einführung neuer Produktionsverfahren, Auflösung von Betriebsabteilungen, Rationalisierungsmaßnahmen, Übergang von Einzel- zu Großraumbüros, Einführung elektronischer Datenverarbeitung, Einrichtung von Bildschirmarbeitsplätzen, Einführung von Datensichtgeräten oder Mikroprozessoren, Änderung der Produktionspalette oder einzelner Produktionsanlagen; dagegen handelt es sich nicht um eine Betriebsänderung, wenn eine veraltete technische Ausrüstung durch neue Maschinen ersetzt wird,

❑ **Einführung grundlegend neuer Arbeitsmethoden und Fertigungsverfahren**, z. B. Rationalisierungsmaßnahmen, Umstellung von Hand- auf Maschinen- oder Fließarbeit, Ablösung herkömmlicher Arbeitsmethoden durch neue technische Verfahren.

145 Derartige Betriebsänderungen hat der Unternehmer bereits im Planungsstadium dem Betriebsrat mitzuteilen und sie mit ihm zu beraten, damit ein **Interessenausgleich** sowie ein **Sozialplan** gem. § 112 BetrVG unter Berücksichtigung der Interessen der Arbeitnehmer erreicht werden kann. Sofern ein Interessenausgleich über die geplante Betriebsänderung, der die Betriebsänderung selbst sowie ihre organisatorische Durchführung betrifft, zwischen dem Unternehmer und dem Betriebsrat zu Stande kommt, ist dieser schriftlich niederzulegen und von beiden Teilen zu unterschreiben. Entsprechendes gilt für einen Sozialplan, durch den eine Einigung über den Ausgleich oder die Milderung der wirtschaftlichen Nachteile erzielt wird, die den Arbeitnehmern durch die geplante Betriebsänderung entstehen.

Sofern ein Interessenausgleich über die geplante Betriebsänderung oder eine Einigung über den Sozialplan nicht zu Stande kommt, können der Unternehmer oder der Betriebsrat den Vorstand der Bundesagentur für Arbeit um Vermittlung ersuchen und die betriebliche Einigungsstelle anrufen. Dabei sollen Vorschläge zur Beilegung der Meinungsverschiedenheiten über den Interessenausgleich und den Sozialplan gemacht werden. Falls eine Einigung über den Sozialplan nicht zu Stande kommt, entscheidet die Einigungsstelle über dessen Aufstellung. Der Spruch der Einigungsstelle ersetzt die Einigung zwischen Arbeitgeber und Betriebsrat.

146 Ein Interessenausgleich kann dagegen nicht über das Einigungsstellenverfahren erzwungen werden. Die Arbeitnehmer haben jedoch einen Anspruch auf **Nachteilsausgleich** gem. § 113 BetrVG, wenn der Unternehmer von einem Interessenausgleich über die geplante Betriebsänderung ohne zwingenden Grund abweicht oder eine Betriebsänderung durchführt, ohne zuvor einen Interessenausgleich mit dem Betriebsrat versucht zu haben. In diesen Fällen können Arbeitnehmer, die wegen der Betriebsänderung entlassen werden oder andere wirtschaftliche Nachteile erleiden, bei dem Arbeitsgericht Klage erheben mit dem Antrag, den Arbeitgeber zur Zahlung von Abfindungen bzw. zum Ausgleich der wirtschaftlichen Nachteile für einen Zeitraum von 12 Monaten zu verurteilen.

Der **Sozialplan zum Ausgleich wirtschaftlicher Nachteile**, die den Arbeit-		**147** nehmern durch Betriebsänderungen entstehen, erfolgt unabhängig von einem Interessenausgleich zwischen dem Arbeitgeber und dem Betriebsrat über die Betriebsänderung selbst. Beide Seiten können in Form eines vereinbarten Sozialplans darüber entscheiden, welche Nachteile der Arbeitnehmer in welcher Höhe ausgeglichen werden sollen. Erst wenn die Verhandlungen zwischen Unternehmer und Betriebsrat scheitern und die Einigungsstelle angerufen wird, entscheidet diese verbindlich über die Aufstellung des Sozialplans.

Der **Inhalt eines Sozialplans** besteht häufig in Regelungen über Abfindungen[100] bei Entlassungen, Lohnausgleich bei Zuweisung einer anderen Arbeit und der Finanzierung von Umschulungsmaßnahmen, des Weiteren in Regelungen über Fahrgeldzuschüsse zum neuen Arbeitsplatz, Trennungsentschädigungen, Umzugskosten, vorzeitige betriebliche Pensionsleistungen, weitere Nutzung von Werkswohnungen und ähnlichen Maßnahmen. Der Sozialplan darf in bereits entstandene Rechte nicht eingreifen, z. B. dürfen unverfallbare Versorgungsanwartschaften nicht entzogen werden, doch kann der Sozialplan nach den möglichen Nachteilen und nach ihrer Vermeidbarkeit differenzieren, z. B. können Arbeitnehmer von Leistungen ausgeschlossen werden, die in einem zumutbaren Arbeitsverhältnis im selben Betrieb oder einem anderen Betrieb des Unternehmens weiterbeschäftigt werden können und die Weiterbeschäftigung ablehnen. Dagegen darf der Sozialplan keine unzulässigen Differenzierungen, z. B. nach der Gewerkschaftszugehörigkeit vornehmen.[101] Bei der Bemessung des Gesamtbetrages der Sozialplanleistungen ist darauf zu achten, dass der Fortbestand des Unternehmens oder die nach Durchführung der Betriebsänderung verbleibenden Arbeitsplätze nicht gefährdet werden.

Der **Sozialplan hat die Wirkung einer Betriebsvereinbarung**, mit dem Unterschied, dass er über den Inhalt einer Betriebsvereinbarung hinaus auch Arbeitsentgelte und sonstige Arbeitsbedingungen, die dem Tarifvorrang unterliegen, regeln kann, vgl. §§ 112 Abs. 1 S. 3, 77 Abs. 3 BetrVG. In gleichem Maße wie eine Betriebsvereinbarung begründet der Sozialplan Rechtsansprüche der Arbeitnehmer, auf die ein Verzicht nur mit Zustimmung des Betriebsrats zulässig ist, § 77 Abs. 4 BetrVG.

Sofern sich Unternehmer und Betriebsrat über die Aufstellung eines Sozialplans		**148** nicht einigen können, trifft die Einigungsstelle eine verbindliche Entscheidung. Die **Erzwingbarkeit des Sozialplans** ist allerdings in zwei Fällen eingeschränkt:

---

100 BAG NZA 1989, 186.
101 Andererseits ist es zulässig, die Arbeitnehmer von den Leistungen eines Sozialplans auszuschließen, die vorgezogenes Altersruhegeld in Anspruch nehmen können, vgl. BAG NZA 1989, 25.

❑ Bei **Neugründungen** kann der Unternehmer in den ersten vier Jahren Betriebsänderungen durchführen, ohne hierüber mit dem Betriebsrat eine Einigung durch einen Sozialplan erzielen zu müssen. Dies gilt allerdings nicht für Neugründungen im Zusammenhang mit einer rechtlichen Umstrukturierung von Unternehmen und Konzernen, § 112 a Abs. 2 BetrVG.

❑ Besteht eine geplante Betriebsänderung allein in der **Entlassung von Arbeitnehmern**, kann der Betriebsrat eine Regelung durch einen Sozialplan nicht erzwingen, wenn nur eine geringe Anzahl der Arbeitnehmer nach Maßgabe von § 112 a Abs. 1 BetrVG betroffen ist.

149 Die Vorschriften über den Interessenausgleich und den Sozialplan sind grundsätzlich auch **im Rahmen eines Insolvenzverfahrens** von dem Insolvenzverwalter zu beachten. In den §§ 121 ff. InsO sind allerdings einige Sondervorschriften für Betriebsänderungen und Sozialpläne aufgestellt worden, mit denen die besondere Situation im Insolvenzverfahren berücksichtigt wird.

4.7 Mitwirkungs- und Beschwerderechte der Arbeitnehmer

150 Das Betriebsverfassungsgesetz regelt neben dem Aufgabenbereich des Betriebsrats auch einige Rechte einzelner Arbeitnehmer, §§ 81 ff. BetrVG:

❑ **Unterrichtungsrecht des Arbeitnehmers über seine Tätigkeit** und ihre Einordnung in den Arbeitsablauf des Betriebs,

❑ **Unterrichtungsrecht über die Unfall- und Gesundheitsgefahren** während der Arbeitsleistung sowie über Maßnahmen und Einrichtungen der Gefahrenabwehr,

❑ **Anhörungs- und Erörterungsrecht** des Arbeitnehmers in betrieblichen Angelegenheiten, die seine Person betreffen,

❑ **Recht auf Erläuterung** der Berechnung und Zusammensetzung des Arbeitsentgelts,

❑ **Recht auf Erörterung der Leistungsbeurteilung** und der Möglichkeiten beruflicher Entwicklung im Betrieb,

❑ **Einsichtsrecht in die Personalakten,**

❑ **Beschwerderecht in Fällen der Benachteiligung**, ungerechter Behandlung oder sonstiger Beeinträchtigungen.

151 Der Arbeitgeber hat den Arbeitnehmer über dessen Aufgabe und Verantwortung sowie über die Art seiner Tätigkeit und ihre Einordnung in den Arbeitsablauf des Betriebs zu unterrichten. Er hat den Arbeitnehmer vor Beginn der Beschäftigung über die Unfall- und Gesundheitsgefahren, denen dieser bei der Beschäftigung ausgesetzt ist, sowie über die Maßnahmen und Einrichtungen zur Abwendung dieser Gefahren zu belehren.

Die **Unterrichtungspflicht des Arbeitgebers** erstreckt sich auch auf Veränderungen im Arbeitsbereich der jeweiligen Arbeitnehmer, insbesondere wenn diese aufgrund einer Planung von technischen Anlagen, von Arbeitsverfahren und Arbeitsabläufen erfolgen und sich die Maßnahmen auf den Arbeitsplatz, die Arbeitsumgebung und auf Inhalt und Art der Tätigkeit auswirken. Falls in diesem Zusammenhang festzustellen ist, dass sich die Tätigkeit des Arbeitnehmers ändern wird und seine beruflichen Kenntnisse und Fähigkeiten zur Erfüllung der neuen Aufgaben nicht ausreichen, hat der Arbeitgeber mit dem Arbeitnehmer zu erörtern, wie dessen berufliche Kenntnisse und Fertigkeiten im Rahmen der betrieblichen Möglichkeiten den künftigen Anforderungen angepasst werden können. Bei diesen Erörterungen kann der Arbeitnehmer zu seiner Unterstützung ein Mitglied des Betriebsrats hinzuziehen.

Der Arbeitnehmer kann seinerseits von dem Arbeitgeber oder den im organisatorischen Aufbau des Betriebs zuständigen Personen zu den betrieblichen Angelegenheiten gehört werden, die ihn betreffen. Er kann auch ungefragt zu den Maßnahmen des Arbeitgebers Stellung nehmen sowie **Vorschläge zur Gestaltung des Arbeitsplatzes und des Arbeitsablaufs** machen. Ferner kann der Arbeitnehmer verlangen, dass die Berechnung und die Zusammensetzung seines Arbeitsentgeltes erläutert und dass ihm die Beurteilung seiner Leistungen sowie die Möglichkeit seiner beruflichen Entwicklung im Betrieb mit ihm erörtert werden. **152**

Das Verfahren zur Durchführung des Einsichtsrechts des Arbeitnehmers in die über ihn geführten Personalakten ist vielfach durch eine Betriebsvereinbarung geregelt. Der Arbeitnehmer kann bei der **Personalakteneinsicht** ein Mitglied des Betriebsrats hinzuziehen. Zwar kann er nicht die Herausgabe von Unterlagen verlangen, doch sind seine schriftlichen Erklärungen dem Inhalt der Personalakte hinzuzufügen. Sofern die Personalakte unrichtige Angaben, Daten oder Unterlagen enthält, kann der Arbeitnehmer auf Berichtigung oder Entfernung und im Fall elektronisch gespeicherter Daten auf deren Löschung bestehen. Der **Löschungs oder Berichtigungsanspruch** ist ebenso im Wege des Arbeitsgerichtsverfahrens einklagbar wie der Anspruch auf Akteneinsicht. **153**

Jeder Arbeitnehmer hat ferner das **Recht der Beschwerde** bei den zuständigen Stellen des Betriebs, wenn er sich von dem Arbeitgeber oder von anderen Arbeitnehmern benachteiligt oder ungerecht behandelt oder in sonstiger Weise beeinträchtigt fühlt, beispielsweise wenn er untertariflich entlohnt, von Sonderzahlungen ausgeschlossen oder von Arbeitskollegen belästigt wird. Zur Unterstützung oder Vermittlung seiner Beschwerde kann der Arbeitnehmer ein Mitglied des Betriebsrats hinzuziehen. Wegen der Erhebung einer Beschwerde dürfen dem Arbeitnehmer keine Nachteile entstehen. Der Arbeitgeber hat dem Arbeitnehmer das Ergebnis seiner Entscheidung über die Beschwerde mitzuteilen und ihr abzuhelfen, falls er sie für berechtigt hält. Ist dies nicht der Fall, kann der Arbeitnehmer vor dem Arbeitsgericht Klage erheben. **154**

Der Arbeitnehmer kann sich ungeachtet seiner Beschwerde beim Arbeitgeber mit seinen Fragen auch an den Betriebsrat wenden. Der Betriebsrat hat auf Abhilfe **155** hinzuwirken und kann, falls über die Berechtigung der Beschwerde Meinungsverschiedenheiten mit dem Arbeitgeber bestehen, die Einigungsstelle anrufen. Die Einigungsstelle ist aber nur insoweit zuständig, als Gegenstand der Beschwerde z. B. Verhaltensweisen der Arbeitnehmer oder betriebsorganisatorische Probleme sind, während die Entscheidung über Rechtsansprüche des Arbeitnehmers ausschließlich im arbeitsgerichtlichen Verfahren entschieden wird.

5. Die Sprecherausschussverfassung

156 Die **leitenden Angestellten** sind gem. § 5 Abs. 3 BetrVG von dem Betriebsverfassungsrecht ausgenommen. Sie unterliegen dem Regelungsbereich des Sprecherausschussgesetzes (SprAuG). In Betrieben mit in der Regel mindestens 10 leitenden Angestellten wird ein Sprecherausschuss gewählt, der mit dem Arbeitgeber vertrauensvoll und unter Beachtung der geltenden Tarifverträge zusammenarbeitet. Zwischen Sprecherausschuss und Betriebsrat soll einmal im Jahr eine gemeinsame Sitzung stattfinden und es können gegenseitige Teilnahmerechte an den Sitzungen des jeweils anderen Organs eingeräumt werden, vgl. §§ 1, 2 SprAuG. Das aktive Wahlrecht haben alle leitenden Angestellten eines Betriebs, während das passive Wahlrecht von einer sechsmonatigen Betriebszugehörigkeit abhängig ist. Die Zahl der Sprecherausschussmitglieder ist gestaffelt; der Sprecherausschuss besteht z. B. in Betrieben mit in der Regel 10 bis 20 leitenden Angestellten aus einer Person und in Betrieben mit über 300 leitenden Angestellten aus 7 Mitgliedern, §§ 3, 4 SprAuG.

157 Arbeitgeber und Sprecherausschuss können **Richtlinien über den Inhalt, den Abschluss oder die Beendigung von Arbeitsverhältnissen der leitenden Angestellten** schriftlich vereinbaren. Diese Richtlinien gelten unmittelbar und zwingend für die Arbeitsverhältnisse der in dem Betrieb beschäftigten leitenden Angestellten, wenn der Arbeitgeber und der Sprecherausschuss dies vereinbaren, vgl. § 28 SprAuG. Im Übrigen stehen dem Sprecherausschuss im Wesentlichen nur **Informations- und Beratungsrechte** in den Belangen der leitenden Angestellten nach Maßgabe der §§ 30 ff. SprAuG zu:

❏ Unterrichtungsrecht bei Änderungen der Gehaltsgestaltung und sonstigen allgemeinen Arbeitsbedingungen,

❏ Unterrichtungsrecht bei der Einführung oder Änderung allgemeiner Beurteilungsgrundsätze,

❏ Unterrichtungsrecht bei einer beabsichtigten Einstellung oder personellen Veränderung eines leitenden Angestellten,

❏ Anhörungsrecht vor jeder Kündigung; der Arbeitgeber hat dem Sprecherausschuss die Gründe für die Kündigung mitzuteilen, eine ohne Anhörung des Sprecherausschusses ausgesprochene Kündigung ist unwirksam,

❏ Unterrichtungsrecht über die wirtschaftlichen Angelegenheiten des Betriebs und des Unternehmens mindestens einmal im Kalenderhalbjahr,

❑ Unterrichtungsrecht über geplante Betriebsänderungen im Sinne des § 111 BetrVG, die auch wesentliche Nachteile für leitende Angestellte zur Folge haben können.

Das **Benachteiligungs-, Begünstigungs- und Behinderungsverbot** gem. § 2 **158** Abs. 3 SprAuG sichert die Ausübung ihres Amtes durch die Mitglieder des Sprecherausschusses. Es besteht aber kein besonderer Kündigungsschutz, wie ihn § 15 KSchG für Mitglieder der betriebsverfassungsrechtlichen Organe vorsieht. Lediglich bei einer Verletzung des Benachteiligungsverbots kann die Kündigung eines Sprecherausschussmitglieds gem. § 134 BGB wegen Verstoßes gegen ein gesetzliches Verbot unwirksam sein, sodass Sprecherausschussmitglieder einen relativen Kündigungsschutz genießen.

Für Sprecherausschu*ss*mitglieder besteht **eine betriebliche Friedenspflicht** **159** gem. § 2 Abs. 4 SprAuG. Danach haben Arbeitgeber und Sprecherausschussmitglieder Betätigungen zu unterlassen, durch die der Arbeitsablauf oder der Frieden des Betriebs beeinträchtigt werden. Darüber hinaus haben sie jede parteipolitische Betätigung im Betrieb zu unterlassen, ausgenommen die Behandlung von Angelegenheiten tarifpolitischer, sozialpolitischer und wirtschaftlicher Art, die den Betrieb oder die leitenden Angestellten unmittelbar betreffen.

Auch im Übrigen ist die **Rechtsstellung der Mitglieder des Sprecheraus-** **160** **schusses** mit der der Betriebsratsmitglieder vergleichbar. Im Einzelnen bestehen die folgenden Regelungen:

❑ ehrenamtliche Tätigkeit und Freistellungsanspruch, § 14 Abs. 1 SprAuG,

❑ Teilnahmemöglichkeit an Bildungs- und Schulungsveranstaltungen,

❑ die Kosten der Tätigkeit des Sprecherausschusses trägt der Arbeitgeber, § 14 Abs. 2 SprAuG,

❑ Verschwiegenheitspflicht, § 29 SprAuG.

Der Sprecherausschuss soll ein Mal im Kalenderjahr eine Versammlung der lei- **161** tenden Angestellten einberufen und in ihr einen Tätigkeitsbericht erstatten. Sofern die entsprechenden Voraussetzungen vorliegen, kann ein Gesamtsprecherausschuss, ein Unternehmenssprecherausschuss und ein Konzernsprecherausschuss gebildet werden, vgl. §§ 15, 16 ff, 20, 21 ff. SprAuG.

6. Die Unternehmensverfassung

Die Mitwirkung und Mitbestimmung nach dem Betriebsverfassungsgesetz ermög- **162** licht den Arbeitnehmern eine Beteiligung an den Entscheidungen über soziale, personelle und wirtschaftliche Angelegenheiten auf betrieblicher Ebene. Die unternehmerischen Entscheidungen über Produktion und Absatz, Investitions- und Finanzierungsfragen werden auf der Ebene der Unternehmensorgane getroffen, innerhalb einer Aktiengesellschaft z. B. von dem Vorstand, der wiederum von dem Aufsichtsrat kontrolliert wird.

163 Im Bundesgebiet bestehen verschiedene gesetzliche Regelungen, die den Arbeitnehmern und den Gewerkschaften eine Teilnahme an wichtigen unternehmerischen
Planungen und Entscheidungen sichern. Es handelt sich dabei um Teilregelungen
für Unternehmen und Konzerne bestimmter Rechtsformen oder Wirtschaftsberei-
che mit größerer Arbeitnehmerzahl:

❑ Gesetz über die Mitbestimmung der Arbeitnehmer in den Aufsichtsräten und
   Vorständen der Unternehmen des Bergbaus und der Eisen- und Stahl erzeugenden Industrie von 1951 (Montan-Mitbestimmungsgesetz),

❑ Gesetz zur Ergänzung des Gesetzes über die Mitbestimmung der Arbeitnehmer
   in den Aufsichtsräten und Vorständen des Bergbaus und der Eisen und Stahl
   erzeugenden Industrie (Montan-Mitbestimmungsergänzungsgesetz),

❑ Gesetz über die Mitbestimmung der Arbeitnehmer (Mitbestimmungsgesetz) von
   1976,

❑ Betriebsverfassungsgesetz von 1952, dessen Vorschriften über die Beteiligung
   von Arbeitnehmern in den Aufsichtsräten durch die Neuregelung des Betriebsverfassungsgesetzes von 1972 nicht aufgehoben wurden.

164 Alle Mitbestimmungsgesetze gelten nur für **Kapitalgesellschaften**, während Personengesellschaften, beispielsweise die offene Handelsgesellschaft oder die Kom-
manditgesellschaft, sowie Unternehmen mit öffentlich-rechtlicher Organisation,
insbesondere die Sparkassen, von dem Anwendungsbereich der Mitbestimmungs-
regelungen ausgenommen sind.

165 Der **Anwendungsbereich des Montan-Mitbestimmungsgesetzes** umfasst

❑ Aktiengesellschaften oder Gesellschaften mit beschränkter Haftung,

❑ deren überwiegender Betriebszweck im Bergbau oder in der Erzeugung von Eisen und Stahl liegt, vgl. § 1 MontMitbestG. Die Zahl der montan-mitbestimmten
   Unternehmen ist rückläufig.

166 Das **Montan-Mitbestimmungsgesetz** sieht eine **paritätische Besetzung des
Aufsichtsrats** mit Vertretern der Anteilseigner und der Arbeitnehmer sowie einem weiteren neutralen Mitglied vor. Der Aufsichtsrat besteht regelmäßig aus 11
Mitgliedern, bei größeren Unternehmen kann die Mitgliederzahl auf 15 oder 21
erhöht werden.

Der Aufsichtsrat wählt den Vorstand nach Maßgabe des Aktiengesetzes bzw. die
Geschäftsführer der GmbH. Dem Vorstand bzw. der Geschäftsführung muss ein
Arbeitsdirektor angehören, der nicht gegen die Mehrheit der Arbeitnehmerver-
treter im Aufsichtsrat bestellt oder abberufen werden kann.

167 Das **Montan-Mitbestimmungsergänzungsgesetz** betrifft die Mitbestimmung
in Unternehmen, die ein montan-mitbestimmtes Unternehmen beherrschen, und
erfasst Konzernverhältnisse, die auf einem Beherrschungsvertrag beruhen, nicht
dagegen faktische Konzerne. Konzernverhältnisse treten in unterschiedlichen Erscheinungsformen auf, montan-mitbestimmungsrechtlich erheblich ist aber nur

der **Unterordnungskonzern**, bei dem mehrere Unternehmen unter Leitung eines herrschenden Unternehmens zusammengefasst sind.

Das Montan-Mitbestimmungsergänzungsgesetz regelt die Mitbestimmung in den herrschenden Unternehmen. Der **Aufsichtsrat** besteht aus 15 Mitgliedern und zwar aus jeweils sieben Vertretern der Anteilseigner und der Arbeitnehmer sowie einem weiteren Mitglied. Unter den Aufsichtsratsmitgliedern der Arbeitnehmer müssen sich fünf Arbeitnehmer aus dem Konzernunternehmen befinden. Der Aufsichtsrat bestellt die Mitglieder des Vorstands, dem auch ein Arbeitsdirektor angehören muss.

Die Mitbestimmung der Arbeitnehmer nach dem **Mitbestimmungsgesetz** **168** **(MitbestG)** von 1976 betrifft die folgenden Unternehmen:

❑ Aktiengesellschaften, Kommanditgesellschaften auf Aktien, Gesellschaften mit beschränkter Haftung und Erwerbs- sowie Wirtschaftsgenossenschaften,

❑ in denen regelmäßig **mehr als 2.000 Arbeitnehmer** beschäftigt werden,

❑ die ihren **Sitz in der BRD** haben,

❑ die keine Tendenzunternehmen sind, vgl. § 1 MitbestG,

❑ und für die die Montan-Mitbestimmung nicht gilt.

Besteht ein **Konzern**, erstreckt sich die Mitbestimmung auf das herrschende Un- **169** ternehmen, vgl. § 5 MitbestG. Danach ist in herrschenden Unternehmen einer mitbestimmungspflichtigen Rechtsform auch dann ein Aufsichtsrat entsprechend der Regelung des Mitbestimmungsgesetzes zu bilden, wenn der Konzern insgesamt mehr als 2.000 Arbeitnehmer beschäftigt. An der Mitbestimmung des Aufsichtsrats des herrschenden Unternehmens nehmen auch die Arbeitnehmer aus den abhängigen Konzernunternehmen teil, die wegen ihrer Rechtsform oder wegen ihrer geringeren Arbeitnehmerzahl selbst nicht die Voraussetzungen des Mitbestimmungsgesetzes erfüllen.

In den mitbestimmungspflichtigen Unternehmen setzt sich der **Aufsichtsrat** pa- **170** ritätisch aus Mitgliedern der Anteilseigner und der Arbeitnehmer zusammen. Die Gesamtzahl der Aufsichtsratsmitglieder liegt zwischen 12 und 20 und richtet sich nach der Zahl der in dem Unternehmen beschäftigten Arbeitnehmer, vgl. § 7 MitbestG. Unter den Aufsichtsratsmitgliedern der Arbeitnehmer müssen sich z. B. bei einem aus 12 Mitgliedern bestehenden Aufsichtsrat zwei Gewerkschaftsmitglieder und vier Arbeitnehmer befinden. Die Arbeitnehmer müssen Beschäftigte des Unternehmens sein, die Sitze der Arbeitnehmer sind auf Arbeiter, Angestellte und leitende Angestellte entsprechend ihres Zahlenverhältnisses im Unternehmen zu verteilen.

Der Aufsichtsrat wählt mit einer Mehrheit von zwei Dritteln der Mitglieder aus seiner Mitte einen Aufsichtsratsvorsitzenden und einen Stellvertreter, vgl. § 27 MitbestG. Außerdem wählt der Aufsichtsrat mit einer Mehrheit von zwei Dritteln die Mitglieder des Vorstands und als gleichberechtigtes Mitglied einen Arbeitsdirektor, §§ 30 ff. MitbestG. Die übrigen Beschlüsse des Aufsichtsrats werden in aller Regel mit einfacher Stimmenmehrheit gefasst, wobei der Aufsichtsratsvorsitzende im Fall der Stimmengleichheit zwei Stimmen hat, vgl. § 29 MitbestG.

171 Das Betriebsverfassungsgesetz aus dem Jahre 1952 wurde durch die seit 1972 erfolgte Änderung des Betriebsverfassungsrechts nicht vollständig aufgehoben. Die Vorschriften über die Mitbestimmung der Arbeitnehmer im Aufsichtsrat von Kapitalgesellschaften, die regelmäßig weniger als 2.000 aber mehr als 500 Arbeitnehmer/innen beschäftigen, galten fort.

Seit dem 1.7.2004 werden nunmehr alle Aktiengesellschaften, Gesellschaften mit beschränkter Haftung, Kommanditgesellschaften auf Aktien, Versicherungsvereine auf Gegenseitigkeit, wenn dort ein Vorstand besteht und Genossenschaften von dem Gesetz über die Drittelbeteiligung der Arbeitnehmer im Aufsichtsrat (DrittelbG) grundsätzlich erfasst, wenn dort weniger als 2.000 aber mehr als 500 Arbeitnehmer/innen beschäftigt werden, vgl. § 1 Abs. 1 DrittelbG.

Der Aufsichtsrat eines nach dem DrittelbG mitbestimmungspflichtigen Unternehmens muss zu einem Drittel aus Vertretern der Arbeitnehmer/innen (Drittelparität) bestehen, vgl. § 4 Abs. 1 DrittelbG. Infolge dieser Drittelbeteiligung haben die Arbeitnehmer/innen nur eine geringe Einflussnahme im Aufsichtsrat, da sie zahlenmäßig in der Minderheit sind. Eine Vertretung der Arbeitnehmer in der Unternehmensleistung, wie z.B. im Vorstand, sieht das DrittelbG nicht vor. Unter den Arbeitnehmervertretern können, sofern mehr als zwei Aufsichtsratsmitglieder der Arbeitnehmer zu wählen sind, auch unternehmensexterne Persönlichkeiten, z. B. Vertreter der Gewerkschaften, sein, vgl. § 4 Abs. 2 DrittelbG. Ferner schreibt § 4 Abs. 4 DrittelbG vor, dass unter den Aufsichtsratsmitgliedern der Arbeitnehmer/innen Frauen und Männer entsprechend ihrem zahlenmäßigen Verhältnis im Unternehmen vertreten sein sollen.

D. Die Sozialversicherung

Das Sozialstaatsprinzip gem. Art. 20 und 28 GG bildet die Grundlage des sozia- **001** len Auftrags unseres Staates. Die Bundesrepublik Deutschland ist ein demokratischer und sozialer Rechtsstaat. Zum System der Sozialleistungen gehören drei Bereiche:

❑ Die **Sozialversicherung** gewährt Schutz gegen die individuellen Risiken von Krankheit, Arbeitsunfall, Arbeitslosigkeit und Alter.

❑ Die **Sozialversorgung** dient dem Ausgleich besonderer Belastungen im Interesse der Allgemeinheit, z. B. durch Zahlung von Kindergeld oder Opferversorgung.

❑ Die **Sozialhilfe oder -fürsorge** sichert allen Bedürftigen ein Existenzminimum.

Die historische Entwicklung einzelner sozialrechtlicher Bereiche, insbesondere der **002** Sozialversicherung, reicht in die Zeit Bismarcks zurück. Die Risiken verminderter Arbeitsfähigkeit als Folge einer Erkrankung oder eines Arbeitsunfalls und im Alter wurden bereits am Ende des 18. Jahrhunderts und im 19. Jahrhundert gesetzlich abgesichert. In der Reichsversicherungsordnung (RVO) sind Anfang des 20. Jahrhunderts drei Sozialversicherungszweige zusammengefasst worden, die Kranken-, die Unfall- und die Rentenversicherung. Dagegen gehörte die Arbeitslosenversicherung zum Aufgabenbereich der Arbeitsverwaltung. Im Zuge der Fortentwicklung der sozialen Aufgaben des Staates sind über 800 Einzelgesetze entstanden, die durch eine umfassende Reform des Sozialrechts seit Ende des 20. Jahrhunderts im **Sozialgesetzbuch (SGB)** zusammengefasst wurden. Dieses enthält folgende Bestandteile:

❑ **SGB I**   = Allgemeiner Teil des Sozialgesetzbuchs,   **003**
❑ **SGB II**   = Grundsicherung für Arbeitssuchende,
❑ **SGB III**   = Arbeitsförderung,
❑ **SGB IV**   = Gemeinsame Vorschriften für die Sozialversicherung,
❑ **SGB V**   = Gesetzliche Krankenversicherung,
❑ **SGB VI**   = Gesetzliche Rentenversicherung,
❑ **SGB VII**   = Gesetzliche Unfallversicherung,
❑ **SGB VIII** = Kinder- und Jugendhilfe,
❑ **SGB IX**   = Rehabilitation und Teilhabe behinderter Menschen,
❑ **SGB X**   = Sozialverwaltungsverfahren und Sozialdatenschutz,
❑ **SGB XI**   = Soziale Pflegeversicherung,
❑ **SGB XII**   = Sozialhilfe.

Das Sozialrecht dient der Verwirklichung sozialer Gerechtigkeit und sozialer Si- **004** cherheit. Es soll dazu beitragen, ein menschenwürdigeres Dasein zu sichern, gleiche Voraussetzungen für die freie Entfaltung der Persönlichkeit insbesondere auch für junge Menschen zu schaffen, die Familie zu schützen und zu fördern, den Erwerb des Lebensunterhalts durch eine frei gewählte Tätigkeit zu ermöglichen und besondere Belastungen des Lebens abzuwenden oder auszugleichen, vgl. § 1 SGB I.

005 Der Allgemeine Teil des Sozialgesetzbuches (SGB I) beschreibt den Regelungsbereich des Sozialrechts, darunter die sozialen Rechte, die Bildungs- und Arbeitsförderung, die Sozialversicherung, die soziale Entschädigung bei Gesundheitsschäden, die Minderung des Familienaufwands und den Zuschuss für eine angemessene Wohnung, die Kinder- und Jugendhilfe, die Sozialhilfe und die Teilhabe behinderter Menschen. Um den Berechtigten die Inanspruchnahme sozialer Leistungen zu ermöglichen und zu erleichtern, bestehen **Ansprüche auf Aufklärung, Beratung und Auskunft** gegenüber den Leistungsträgern, §§ 13 bis 15 SGB I. Die Auskunftspflicht der nach jeweiligem Landesrecht zuständigen Stellen erstreckt sich auf die Benennung der für die Sozialleistungen zuständigen Leistungsträger sowie auf alle Sach- und Rechtsfragen, die für die Auskunftssuchenden von Bedeutung sein könnten und zu deren Beantwortung die Auskunftsstelle imstande ist.

006 Das Sozialrecht ist ein Teilgebiet des Verwaltungsrechts und gehört überwiegend zur **Leistungsverwaltung.** Neben den allgemeinen Vorschriften über die Sozialleistungen, die Leistungsempfänger und die zuständigen Leistungsträger enthält das SGB I die **Grundsätze des Leistungsrechts**, Rechtsanspruch und Ermessen, Entstehung und Fälligkeit der Leistungen, Ansprüche auf Vorschüsse und vorläufige Leistungen, Verzinsung, Verjährung, Verzicht, Aufrechnung, Übertragung, Verpfändung, Pfändung und vieles mehr. Die Verbindung zum Arbeitsrecht ergibt sich für das Sozialversicherungsrecht, denn sobald ein Arbeitsverhältnis begründet wird, unterliegt der Arbeitnehmer der Versicherungspflicht in den Zweigen der gesetzlichen Sozialversicherung.

007 Das **System der gesetzlichen Sozialversicherung** beruht auf einer Zwangsversicherung, die eine Mindestsicherung garantiert und durch freiwillige Zusatzversorgungen ergänzt werden kann. Die Leistungen aus der Sozialversicherung dienen in erster Linie der sozialen Sicherung des Arbeitnehmers bei einem Ausfall der Arbeitsvergütung infolge Krankheit, Arbeitsunfall, Alter und Pflegebedürftigkeit sowie zur Absicherung gegen das Risiko der Arbeitslosigkeit. Die Rechtsgrundlagen für die fünf Zweige der gesetzliche Sozialversicherung wurden vollständig in das SGB aufgenommen:

- ❑ **Arbeitslosengeld und Arbeitsförderung (SGB II und III),**
- ❑ **Gesetzliche Krankenversicherung (SGB V),**
- ❑ **Gesetzliche Rentenversicherung (SGB VI),**
- ❑ **Gesetzliche Unfallversicherung (SGB VIII),**
- ❑ **Soziale Pflegeversicherung (SGB XI).**

008 Die gemeinsamen Vorschriften für die Sozialversicherung sind im SGB IV enthalten. Die gesetzliche Krankenversicherung, die gesetzliche Unfallversicherung, die gesetzliche Pflegeversicherung und die gesetzliche Rentenversicherung gehören zum engeren Bereich der Sozialversicherung, für die eine **Versicherungspflicht**

besteht, § 2 SGB IV. Die Arbeitsförderung wird erst im weiteren Sinne der Sozialversicherung zugeordnet, denn im Aufgabenbereich der Bundesagentur für Arbeit liegen nicht nur die Leistungen aus der Arbeitslosenversicherung. Vielmehr ist für die Arbeitsförderung der Kreis der Anspruchsberechtigten weitaus größer als derjenige der Beitragspflichtigen. Es ist zwar im Grundsatz eine Beitragspflicht der Arbeitgeber und der Arbeitnehmer gegeben, doch werden Leistungen nicht ausschließlich für die Fälle der Arbeitslosigkeit erbracht, sondern auch in Form weitergehender Maßnahmen zur Schaffung und Erhaltung von Arbeitsplätzen. Die Mittel für diese Förderungsmaßnahmen werden nur zum Teil durch Beiträge aufgebracht und zum anderen Teil durch Steuergelder, die z. B. in die Aus- und Weiterbildung, in Umschulung oder in Arbeitsbeschaffungsmaßnahmen fließen.

Die Sozialleistungsträger benötigen zur Erfüllung ihrer Aufgaben zahlreiche Informationen, die sie im Bereich der Sozialversicherung überwiegend von den Arbeitgebern erhalten. Die Verpflichtung des Arbeitgebers zur **Einhaltung der Meldevorschriften** gem. §§ 28a ff. SGB IV ist öffentlich-rechtlicher Natur; sie wird von staatlichen Aufsichtsbehörden überwacht und ihre Nichtbeachtung als **Ordnungswidrigkeit** verfolgt. **009**

Aufgrund seiner Fürsorgepflicht aus dem Arbeitsverhältnis ist der Arbeitgeber darüber hinaus gegenüber dem Arbeitnehmer zivilrechtlich verpflichtet, die Sozialversicherungsbeiträge ordnungsgemäß an die Sozialleistungsträger abzuführen und diese in der Lohn- und Gehaltsabrechnung auszuweisen, §§ 28d ff. SGB IV. Die Verletzung der arbeitsrechtlichen Fürsorgepflicht hat einen vertraglichen **Schadensersatzanspruch des Arbeitnehmers gegen den Arbeitgeber** wegen Vertragspflichtverletzung gem. § 280 BGB zur Folge.

Sozialdaten – Einzelangaben über die persönlichen und sachlichen Verhältnisse der Arbeitnehmer, Arbeitgeber und anderer Leistungsempfänger – werden als **Sozialgeheimnis** gewahrt und dürfen nicht unbefugt offenbart werden, § 35 SGB I. Die Verarbeitung und Nutzung von Sozialdaten sind nur in Erfüllung gesetzlicher Aufgaben oder nach Einwilligung der Betroffenen zulässig, vgl. § 67 b SGB X.[1] **010**

1. Das versicherungspflichtige Beschäftigungsverhältnis

In der Sozialversicherung sind nach Maßgabe der besonderen Vorschriften für die einzelnen Versicherungszweige alle diejenigen Personen versichert, die gegen Arbeitsentgelt oder zu ihrer Berufsausbildung beschäftigt sind, ferner auch Behinderte, die in geschützten Einrichtungen beschäftigt werden, Landwirte, Beschäftigte in Heimarbeit und Seeleute, vgl. §§ 2, 7, 12, 13 SGB IV. Nach diesen Vorschriften entsteht ein **versicherungspflichtiges Beschäftigungsverhältnis** in erster Linie infolge der entgeltlichen Ausübung einer nichtselbstständigen **011**

---

1 Vgl. den Abschnitt E. 2. zum Sozialdatenschutz.

Tätigkeit. Die Eingliederung in den Betrieb des Arbeitgebers ist der maßgebliche Grund für das soziale Schutzbedürfnis des Beschäftigten, denn das wirtschaftliche Betriebsergebnis kommt allein dem Arbeitgeber zugute. Die Abgrenzung von Arbeitnehmern und Selbstständigen ist für die Beurteilung der Sozialversicherungspflicht in gleicher Weise erheblich wie für die Anwendung der arbeitsrechtlichen Schutzvorschriften.[2]

Fall 18: Sozialversicherungspflicht im Familienunternehmen Seite 388

---

012   Als Beschäftigung im Sinne der Sozialversicherungspflicht ist die nichtselbstständige Arbeit anzusehen, die insbesondere in einem Arbeitsverhältnis erbracht wird. Anhaltspunkte für eine Beschäftigung sind eine Tätigkeit nach Weisungen und eine Eingliederung in die Arbeitsorganisation des Weisungsgebers. Von dieser Regelung sind Handelsvertreter ausgenommen, die im Wesentlichen ihre Tätigkeit frei gestalten und über ihre Arbeitszeit bestimmen können. Auch für geringfügige Beschäftigungen gilt diese Vorschrift nicht. Zur Vermeidung der **Scheinselbstständigkeit** können die Beteiligten in einem Anfrageverfahren eine Entscheidung darüber beantragen, ob eine Beschäftigung vorliegt, vgl. §§ 7 und 7a SGB IV.

Eine **geringfügige Beschäftigung** liegt vor, wenn

❑ das Arbeitsentgelt aus dieser Beschäftigung regelmäßig im Monat die jährlich durch Rechtsverordnung festgelegte Geringfügigkeitsgrenze nicht überschreitet,

❑ die Beschäftigung innerhalb eines Jahres seit ihrem Beginn auf längstens zwei Monate oder 50 Arbeitstage nach ihrer Eigenart begrenzt zu sein pflegt oder im Voraus vertraglich begrenzt ist, es sei denn, dass die Beschäftigung berufsmäßig ausgeübt wird und ihr Entgelt die Geringfügigkeitsgrenze übersteigt.

013   Der sozialversicherungsrechtliche Beschäftigungsbeginn erfolgt mit der tatsächlichen Arbeitsaufnahme, nicht schon mit Abschluss des Arbeitsvertrags, sodass erst durch die **Aktualisierung des Arbeitsverhältnisses** ein versicherungspflichtiges Beschäftigungsverhältnis begründet wird. Danach hat jeder Arbeitnehmer ein Recht auf **Zugang zur Sozialversicherung** und nach näherer Maßgabe der Sozialversicherungsgesetze auch Ansprüche auf die notwendigen Maßnahmen zum Schutz, zur Erhaltung, zur Besserung und zur Wiederherstellung seiner Gesundheit und Leistungsfähigkeit sowie Ansprüche auf eine wirtschaftliche Sicherung bei Krankheit, Mutterschaft, Minderung der Erwerbsfähigkeit und im Alter, vgl. § 4 SGB I.

---

2   Vgl. den Abschnitt A. 1.1. zum Wesen des Arbeitsvertrags und die Übersicht 3.

Die Sozialversicherung erstreckt sich nach dem **Territorialprinzip** auf alle Personen, die im Geltungsbereich des Sozialgesetzbuches[3] beschäftigt oder selbstständig tätig sind, und soweit eine Beschäftigung nicht vorausgesetzt wird, z. B. in der Unfallversicherung, auf alle Personen, die ihren Wohnsitz oder gewöhnlichen Aufenthalt in diesem Bereich haben. Sofern Arbeitnehmer im Rahmen ihres Beschäftigungsverhältnisses außerhalb des Bundesgebietes tätig werden, bleibt die Sozialversicherungspflicht bestehen, wenn die Entsendung in eine Region außerhalb des Geltungsbereichs des SGB im Voraus zeitlich begrenzt wird, vgl. §§ 3sSGB IV.   **014**

In den einzelnen Zweigen der Sozialversicherung bestehen weitere spezialgesetzliche Regelungen für die jeweilige Versicherungspflicht.   **015**

2. Das Meldeverfahren zur Sozialversicherung

Das Meldeverfahren ist für die Anmeldung zur gesetzlichen Sozialversicherung vereinheitlicht und auf elektronische Datenverarbeitung umgestellt worden. Danach erfolgt die Meldung für die Träger der Sozialversicherung durch den Arbeitgeber gegenüber der Einzugsstelle der gesetzlichen Krankenversicherung. Rechtsgrundlage für die Meldepflicht des Arbeitgebers ist § 28a SGB IV.   **016**

Der Arbeitgeber oder ein anderer Meldepflichtiger hat der Einzugsstelle für jeden in der Kranken-, Pflege-, Rentenversicherung oder nach dem Recht der Arbeitsförderung kraft Gesetzes Versicherten zu Beginn und Ende der versicherungspflichtigen Beschäftigung anzumelden und darüber hinaus die meldepflichtigen Angaben nach § 28a SGB IV zu machen. Seit Anfang 2009 sind Arbeitgeber verpflichtet, mit ihren Meldungen zur Sozialversicherung auch Angaben über ihre gesetzliche Unfallversicherung zu machen. Verstöße gegen die Meldepflicht sind Ordnungswidrigkeiten, vgl. § 111 SGB IV. Zudem handelt der Arbeitgeber nach dem Gesetz zur Bekämpfung der Schwarzarbeit und illegaler Beschäftigung ordnungswidrig, wenn er sozialversicherungspflichtige Arbeitnehmer beschäftigt, ohne den zuständigen Stellen hiervon Mitteilung zu machen.

Der Arbeitgeber hat der Einzugsstelle ferner auch **Änderungen im Beschäftigungs- und Versicherungsverhältnis** zu melden, § 28a SGB IV, insbesondere, wenn hierdurch ein Wechsel der zuletzt gemeldeten Beitragsgruppe erfolgt, z.B. die Überschreitung der Jahresarbeitsentgeltgrenze. Durch eine **Jahresmeldung** hat der Arbeitgeber die am 31.12. beschäftigten sozialversicherungspflichtigen Arbeitnehmer bei der zuständigen Einzugsstelle zu melden, § 28a Abs. 2 SGB IV. Die Spitzenverbände der Krankenkassen haben im Einvernehmen mit den Rentenversicherungsträgern und der Bundesagentur für Arbeit gemeinsame Grundsätze für das Meldeverfahren festgelegt.   **017**

---

3 Seit dem 1. Januar 1991 findet das Sozialversicherungsrecht auch in den neuen Bundesländern Anwendung, allerdings mit zahlreichen Übergangsregelungen, auf die an dieser Stelle nicht eingegangen werden kann. Die wesentlichen Abweichungen betreffen die Grenzwerte für die Beurteilung der Versicherungspflicht und der Versicherungsfreiheit sowie für die Berechnung der Beiträge. Diese Werte werden durch Rechtsverordnungen dem steigenden Lohnniveau angepasst.

3. Der Gesamtsozialversicherungsbeitrag

018 Der Arbeitgeber ist zur Einbehaltung der Sozialversicherungsbeiträge ebenso verpflichtet wie zur Einbehaltung von Lohnsteuern. Insoweit ist er mit Verwaltungsaufgaben betraut, denn der **Lohnabzug der Sozialversicherungsbeiträge** und der Lohnsteuern erfolgt nach öffentlichem Recht. In der Regel wird zwischen den Arbeitsvertragsparteien eine Bruttolohnvereinbarung getroffen, sodass dem Arbeitnehmer die um die nach öffentlichem Recht vom Lohn abgezogene Nettovergütung verbleibt.[4]

019 Die Beiträge in der Kranken- und Rentenversicherung für die sozialversicherungspflichtigen Beschäftigten sowie die Arbeitnehmer- und Arbeitgeberbeiträge nach dem Recht der Arbeitsförderung werden als **Gesamtsozialversicherungsbeitrag** vom Arbeitgeber an den zuständigen Träger der gesetzlichen Krankenversicherung als **Einzugsstelle** gezahlt, vgl. §§ 28 d und e SGB IV. Schuldner des Gesamtsozialversicherungsbeitrags ist daher allein der Arbeitgeber. In den einzelnen Zweigen der Sozialversicherung ergibt sich die nachfolgende **Verteilung der Beitragslast** auf Arbeitgeber und Arbeitnehmer aufgrund zwingender Rechtsnormen:

❑ **Die Beiträge zur gesetzlichen Krankenversicherung** sind innerhalb bestimmter Entgeltgrenzen von den versicherungspflichtigen Beschäftigten und den Arbeitgebern zu tragen, § 249 SGB V. Der Arbeitgeber trägt die Beiträge allein für Versicherte mit geringem Einkommen und in einigen anderen Fällen.

❑ **Die Mittel für die Ausgaben der gesetzlichen Unfallversicherung** werden dagegen ausschließlich durch Beiträge der Unternehmer aufgebracht, für deren Unternehmen Versicherte beschäftigt sind. Diese Beiträge werden unmittelbar vom Arbeitgeber an den Unfallversicherungsträger entrichtet und gehören daher nicht zum Gesamtsozialversicherungsbeitrag, vgl. § 150 SGB VII.

❑ **Die Pflichtbeiträge zur gesetzlichen Rentenversicherung** werden von den Versicherten und deren Arbeitgebern je zur Hälfte erbracht. Der Arbeitgeber hat aus sozialen Gründen in einigen Fällen die Beiträge allein zu tragen, so für Arbeitnehmer mit geringem Einkommen, vgl. § 168 SGB VI.

❑ **Die Mittel für die soziale Pflegeversicherung** werden durch Beiträge der versicherungspflichtigen Beschäftigten und deren Arbeitgebern sowie durch sonstige Einnahmen gedeckt, vgl. §§ 54 ff., 58 SGB XI.

❑ **Der Beitragssatz zur Bundesagentur für Arbeit** ist für Arbeitnehmer und Arbeitgeber gleich. Aus sozialen Gründen trägt der Arbeitgeber die Beiträge für Arbeitnehmer mit geringem Einkommen allein, vgl. § 346 SGB III.

---

4 Da der Arbeitgeber grundsätzlich eine Bruttovergütung schuldet, richten sich Klagen auf die Arbeitsvergütung auf den Bruttobetrag. Sofern die Parteien bei einer Lohnklage des Arbeitnehmers über die Höhe der Abzüge streiten, hat das Arbeitsgericht auch über die öffentlich-rechtlichen Vorfragen zu entscheiden.

Der Arbeitgeber hat seine eigenen Beiträge zur Sozialversicherung zusammen mit **020** denen des Arbeitnehmers an die zuständige Einzugsstelle abzuführen und ist damit auch für die Arbeitnehmeranteile **Beitragsschuldner** des Gesamtsozialversicherungsbeitrages, § 28e SGB IV.[5] Dagegen hat der Arbeitnehmer die Verpflichtung, den **Beitragsabzug im Lohnabzugsverfahren** zu dulden, § 28g SGB IV. Diese gesetzliche Regelung ist zwingend, sodass die Arbeitsvertragsparteien hiervon nicht zum Nachteil des Arbeitnehmers abweichen dürfen, während günstigere Regelungen zulässig sind, § 32 SGB I.

Der Arbeitnehmeranteil zur Sozialversicherung darf durch den Arbeitgeber nur im **021** Wege des **Lohnabzugsverfahrens** vom Arbeitsentgelt einbehalten werden. Der Lohnabzug soll jeweils nur im betreffenden Lohnzahlungszeitraum erfolgen. Ein unterbliebener Abzug ist spätestens bei den drei nächsten Lohn- oder Gehaltszahlungen nachzuholen, § 28g SGB IV.

Das **Verfahren zur Einziehung der Beiträge** wird durch die §§ 20 ff. SGB IV i. **022** V. mit Rechtsverordnungen geregelt. Danach entstehen die Beitragsansprüche der Versicherungsträger, sobald die gesetzlichen Voraussetzungen vorliegen. Laufende Beiträge werden entsprechend den Regelungen der Kranken- und Pflegekassensatzungen fällig, soweit sie nach dem Arbeitsentgelt oder dem Arbeitseinkommen zu bemessen sind, spätestens am 15. des Folgemonats, § 23 SGB IV. Für Beiträge, die der zahlungspflichtige Arbeitgeber bis zum Ablauf des Fälligkeitstages nicht entrichtet hat, ist ein **Säumniszuschlag** zu zahlen, § 24 SGB IV. Die rückständigen Beiträge werden im Wege der **Zwangsvollstreckung** eingezogen.

Die Bezugsgröße für die Berechnung der Beiträge zur Sozialversicherung ist das **023** Durchschnittsentgelt der gesetzlichen Rentenversicherung im vorvergangenen Kalenderjahr, vgl. § 18 SGB IV.

In jedem Jahr wird die Bezugsgröße in der Sozialversicherung durch Rechtsverordnung der Entwicklung der Bruttoarbeitsentgelte angepasst. Daraus errechnen sich die Bezugsgrößen für die jeweiligen Zweige der Sozialversicherung ebenso wie die Grenze für die geringfügige Beschäftigung.

Zum beitragspflichtigen **Arbeitsentgelt** gehören alle laufenden oder einmaligen **024** Einnahmen aus einer Beschäftigung, unabhängig davon, ob ein Rechtsanspruch auf die Einnahmen besteht, unter welcher Bezeichnung oder in welcher Form sie geleistet werden und ob sie unmittelbar aus der Beschäftigung oder nur im Zusammenhang mit ihr erzielt werden, § 14 SGB IV. Die Beiträge werden in Prozentsätzen des Grundlohnes berechnet.

Die ordnungsgemäße **Berechnung und Zahlung der Beiträge**, die im Lohnab- **025** zugsverfahren zu entrichten sind, wird von den Einzugsstellen bei der Betriebsprüfung durch die Vorlage der Geschäftsbücher oder in den Fällen der automatisierten

---

5 Bei Arbeitnehmerüberlassungsverträgen haftet der Entleiher wie ein selbstschuldnerischer Bürge für die Zahlungsverpflichtung des Verleihers.

Personalabrechnung durch Systemprüfungen und Bestandsabgleiche überwacht, § 98 SGB X. Die gesetzlichen Vertreter des Arbeitgebers, z. B. der Vorstand einer Aktiengesellschaft oder der Geschäftsführer einer GmbH, haften für den korrekten Beitragseinzug gem. § 823 Abs. 2 BGB. Es besteht eine **Auskunftspflicht** der Arbeitgeber hinsichtlich aller beschäftigten Personen einschließlich der Arbeitsentgelte und der Sozialversicherungsbeiträge und eine **Vorlagepflicht** aller Versicherungsnachweise, Geschäftsbücher und Entgeltunterlagen, Tarifverträge, Betriebsvereinbarungen und Arbeitsverträge zum Zweck der Überwachung der Beitragszahlungen. Streitigkeiten über das Lohneinzugsverfahren, die Versicherungspflicht und die Beitragshöhe entscheiden die Sozialgerichte.[6]

026   Sofern der Arbeitgeber die Beiträge zur Sozialversicherung nicht oder nicht in der gesetzlich vorgeschriebenen Höhe an den zuständigen Sozialversicherungsträger abführt, kann er gegenüber dem Arbeitnehmer wegen der Verletzung der arbeitsvertraglichen Fürsorgepflicht gem. § 280 BGB schadensersatzpflichtig werden. Ein Schaden entsteht dem Arbeitnehmer in der Sozialversicherung vor allem, wenn die Entrichtung von Beiträgen Voraussetzung für die Gewährung von Leistungen ist, insbesondere in der Rentenversicherung. Die Haftung des Arbeitgebers für Schäden, die z. B. in einer Rentenminderung oder in einem Verlust des Rentenanspruches bestehen können, wird eingeschränkt oder ausgeschlossen, falls den Arbeitnehmer an dem Nichtabzug oder der Nichtabführung der Beiträge ein Mitverschulden trifft, z. B. durch fehlerhafte Auskünfte. Zu Unrecht entrichtete Beiträge in der gesetzlichen Sozialversicherung sind auf Antrag zu erstatten, sofern für diesen Zeitraum keine Leistungen beansprucht worden sind, §§ 26 SGB IV.

4. Die gesetzliche Krankenversicherung

027   Die gesetzliche Krankenversicherung ist eine Solidargemeinschaft mit der Aufgabe, die Gesundheit der Versicherten zu erhalten, wieder herzustellen oder ihren Gesundheitszustand zu bessern. Rechtsgrundlage der Krankenversicherung ist das Sozialgesetzbuch (SGB V).

Die Versicherten sind für ihre Gesundheit mitverantwortlich; sie sollen durch eine gesundheitsbewusste Lebensführung, durch frühzeitige Beteiligung an gesundheitlichen Vorsorgemaßnahmen sowie durch aktive Mitwirkung an Krankenbehandlung und Rehabilitation dazu beitragen, den Eintritt von Krankheit und Behinderung zu vermeiden oder ihre Folgen zu überwinden. Die Krankenkassen haben den Versicherten dabei durch Aufklärung, Beratung und Leistungen zu helfen und auf gesunde Lebensverhältnisse hinzuwirken, § 1 SGB V.

Die Krankenversicherung erbringt Leistungen für die Versicherungsfälle von Krankheit, Mutterschaft und Tod sowie Leistungen zur Förderung der Gesundheit, zur Verhütung und zur Früherkennung von Krankheiten, §§ 11, 20 ff. SGB V.

---

6   Vgl. Abschnitt F. 3. zur Sozialgerichtsbarkeit.

Darüber hinaus erfüllt sie eine Reihe weiterer Aufgaben aus dem Bereich der Sozialversicherung:

❑ Die Krankenkassen dienen als **Auskunftstellen** für alle sozialen Angelegen-   028
heiten, die das Sozialgesetzbuch regelt.

❑ Den Krankenkassen obliegt das **Meldewesen** zur gesetzlichen Sozialversicherung und die Weiterleitung der Sozialdaten an die zuständigen Sozialversicherungsträger.

❑ Die Krankenkassen entscheiden aufgrund der Meldungen über die **Versicherungspflicht** in der Kranken-, Pflege- und Rentenversicherung sowie nach dem Recht der Arbeitsförderung.

❑ Den Krankenkassen obliegt der **Einzug des Gesamtsozialversicherungsbeitrags**, also neben der Erhebung der ihnen selbst zustehenden Beiträge auch der Einzug und die Weiterleitung der Beiträge an die Träger der Pflege- und Rentenversicherung und an die Bundesagentur für Arbeit.

❑ Die Krankenkasse erstattet einen **Ausgleich der Arbeitgeberaufwendungen** für die Entgeltfortzahlung im Krankheitsfall an kleinere Betriebe nach Maßgabe des Aufwendungsausgleichsgesetzes (AAG).

Zuständige **Träger der gesetzlichen Krankenversicherung** sind die Orts-,   029
Betriebs- und Innungskrankenkassen, die See-Krankenkasse, die landwirtschaftlichen Krankenkassen, die Bundesknappschaft und die Ersatzkassen. Grundlage für einen Anspruch auf Leistungen aus der gesetzlichen Krankenversicherung ist die Zwangsmitgliedschaft infolge des Bestehens einer gesetzlichen Versicherungspflicht, die Zugehörigkeit zur Familienversicherung[7] oder der freiwillige Beitritt zur Krankenversicherung.

4.1 Versicherungspflicht

Im Bereich der gesetzlichen Krankenversicherung ist der versicherungspflichtige   030
Personenkreis in den §§ 5 ff. SGB V geregelt. Die Versicherungspflicht tritt danach unabhängig vom Willen der Beteiligten und von der Zahlung der Beiträge ein, indem kraft Gesetzes am Tag der Aufnahme eines versicherungspflichtigen Beschäftigungsverhältnisses ein öffentlich-rechtliches Versicherungsverhältnis entsteht, §§ 5, 186 SGB V und 7 SGB IV. Voraussetzung für die Versicherungspflicht ist jedoch, dass die Arbeitnehmer gegen Entgelt beschäftigt werden, wobei das Bruttoarbeitsentgelt für die Berechnung der Beiträge und Leistungen zur Sozialversicherung maßgeblich ist.

Die Arbeitnehmer unterliegen als Pflichtversicherte nur dann der gesetzlichen   031
Krankenversicherung, wenn ihr regelmäßiges Jahresarbeitsentgelt die Jahresar-

---

7   In der gesetzlichen Krankenversicherung sind gem. § 10 SGB V auch die Ehegatten und Kinder von Mitgliedern versichert.

beitsentgeltgrenze nicht übersteigt.[8] Zum Jahresarbeitsentgelt gehören alle regelmäßigen Bezüge der Arbeitnehmer einschließlich des Entgelts aus einer eventuellen zweiten versicherungspflichtigen Beschäftigung, ferner das Urlaubs- und Weihnachtsgeld und regelmäßige Überstundenvergütungen, nicht dagegen einmalige Jubiläumszuwendungen oder vereinzelt abgegoltene Überstunden. Auch Zuschläge, die mit Rücksicht auf den Familienstand gezahlt werden, wie Kinder- und Verheiratetenzuschläge, sind nicht anzurechnen.

032   Sofern die Vergütung des Arbeitnehmers die **Jahresarbeitsentgeltgrenze** an drei aufeinanderfolgenden Kalenderjahren übersteigt, scheidet er mit dem Ablauf dieses Kalenderjahres als Pflichtversicherter aus der gesetzlichen Krankenversicherung aus. Rückwirkende Erhöhungen des Entgelts werden dem Kalenderjahr zugerechnet, in dem der Anspruch auf das erhöhte Entgelt entstanden ist. Einzelheiten ergeben sich aus dem Gesetz, vgl. § 6 Abs. 4 SGB V.

033   Für die **Beurteilung der Versicherungspflicht** sind jeweils die **zwölf Monate** maßgeblich, die der Prüfung der Versicherungspflicht folgen, nicht das Kalenderjahr. Das Ausscheiden des Arbeitnehmers aus der Pflichtversicherung erfolgt dann zum Ablauf des jeweiligen Kalenderjahres.

034   Die **Versicherungsfreiheit** von der gesetzlichen Krankenversicherung liegt im wesentlichen für geringfügige Beschäftigungen vor, § 7 SBG V. Darunter fallen gem. § 8 Abs. 1 SGB IV:

❑ **geringfügig entlohnte Beschäftigungen**

❑ **und kurzfristige Beschäftigungen.**

035   Eine **versicherungsfreie geringfügig entlohnte Beschäftigung** liegt vor, wenn das Arbeitsentgelt im Monat 400 Euro nicht übersteigt, vgl. § 8 Abs. 1 Nr. 1 SGB IV. Für die Beurteilung einer geringfügig entlohnten Beschäftigung ist auch auf die voraussichtliche Gestaltung des Arbeitsverhältnisses abzustellen, sodass mehrere Beschäftigungen bei demselben Arbeitgeber sozialversicherungsrechtlich zusammenzurechnen sind. Werden durch die Zusammenrechnung die Grenzen überschritten, sind sämtliche Beschäftigungen von der Versicherungspflicht erfasst und die Höhe der Beiträge wird aus dem gesamten Arbeitsentgelt berechnet.

036   Eine **versicherungsfreie kurzfristige Beschäftigung** liegt vor, wenn die Beschäftigung innerhalb eines Jahres im Voraus auf längstens zwei Monate oder auf fünfzig Arbeitstage begrenzt ist, vgl. § 8 Abs. 1 Nr. 2 SGB IV. Eine Ausnahme gilt, wenn die Tätigkeit berufsmäßig ausgeübt und die Jahresarbeitsentgeltgrenzen des § 8 Abs. 1 Nr. 1 SGB IV überschritten werden. Sofern für das Beschäftigungsverhältnis die 5-Tage-Woche gilt, ist der 2-Monats-Zeitraum maßgeblich. Bei einer Tätigkeit von weniger als fünf Tagen in der Woche ist auf den Zeitraum von 50

---

8   Vgl. § 6 Abs. 1 Nr. 1 SGB V. Die Bezugsgröße in der gesetzlichen Rentenversicherung wird jährlich der Entwicklung der Bruttoarbeitsentgelte angepasst und durch Rechtsverordnung mit Zustimmung des Bundesrates im Voraus für jedes Kalenderjahr festgelegt.

Arbeitstagen abzustellen. Auch bei der Prüfung der Kurzfristigkeit sind mehrere Beschäftigungen bei verschiedenen Arbeitgebern zusammenzurechnen, sodass die kurzfristige Tätigkeit im Sinne dieser Vorschrift innerhalb eines Jahres zu beurteilen ist, wobei die Jahresfrist unabhängig vom Kalenderjahr gerechnet wird und das der Feststellung der Versicherungspflicht vorausgehende Jahr maßgeblich ist.

Neben der Versicherungspflicht zur gesetzlichen Krankenversicherung besteht **037** nach § 2 Abs. 1 SGB IV grundsätzlich die Möglichkeit eines freiwilligen Beitritts oder der freiwilligen Fortsetzung der Versicherung nach dem Ausscheiden aus der Versicherungspflicht. Die **Versicherungsberechtigung** für den Bereich der gesetzlichen Krankenversicherung besteht für den in § 9 SGB V aufgeführten Personenkreis, sofern der Beitritt innerhalb einer Frist von drei Monaten angezeigt wird.

4.2 Mitgliedschaft und Beiträge

Die Mitgliedschaft in der gesetzlichen Krankenversicherung beginnt mit dem Tag **038** der Aufnahme einer versicherungspflichtigen Beschäftigung, wenn die Voraussetzungen der Versicherungspflicht nach § 5 Abs. 1 Nr. 1 SGB V erfüllt sind, vgl. § 186 SGB V. Dagegen hat weder die Anmeldung bei der Krankenkasse noch die tatsächliche Beitragsabführung durch den Arbeitgeber eine Bedeutung für die Mitgliedschaft. Sofern der Arbeitnehmer seine Arbeit antritt und damit das Arbeitsverhältnis aktualisiert, entsteht der Versicherungsschutz bereits am Anfang dieses Tages um 0:00 Uhr. Sofern die Arbeit wegen eines Feiertages erst am 02. des Monats aufgenommen wird, ist der Versicherungsschutz gleichermaßen am 01. des Monats ab 0:00 Uhr gegeben.

In einigen Sonderfällen der **Arbeitsunterbrechung** bleibt die Mitgliedschaft in **039** der gesetzlichen Krankenversicherung ungeachtet der Unterbrechung des sozialversicherungspflichtigen Beschäftigungsverhältnisses erhalten:

❑ **Arbeitsunterbrechung bei Weiterzahlung des Arbeitsentgelts:** Das Versicherungsverhältnis wird in diesem Fall nicht berührt, da weiterhin eine Beschäftigung gegen Entgelt ausgeübt wird, vgl. § 5 Abs. 1 Nr. 1 SGB V.

❑ **Arbeitsunterbrechung ohne Weiterzahlung des Arbeitsentgelts:** In vielen Fällen besteht wegen fehlender Arbeitsleistung kein Anspruch auf Arbeitsentgelt („kein Lohn ohne Arbeit"),[9] sodass die Voraussetzungen einer versicherungspflichtigen Beschäftigung gegen Entgelt entfallen. Hierzu gehören der unbezahlte Urlaub und die Suspendierung des Arbeitsverhältnisses bei rechtmäßigen Arbeitskämpfen. Nach der Sonderregelung des § 192 Abs. 1 Nr. 1 SGB V bleibt die Mitgliedschaft bei derartigen Arbeitsunterbrechungen erhalten, solange das Beschäftigungsverhältnis besteht, längstens für einen Monat. Bei der Teilnahme an einem rechtmäßigen Streik dauert das Versicherungsver-

---

9 Vgl. Abschnitte B. 3.3. zur Lohnfortzahlung ohne Arbeitsleistung und B. 4. zu den Störungen des Arbeitsverhältnisses.

hältnis bis zu dessen Beendigung und im Fall der Schwangerschaft auch über das Bestehen des Beschäftigungsverhältnisses hinaus.[10]

❑ **Arbeitsunterbrechung bei Erkrankung, Mutterschafts- und Erziehungszeiten:** Der Arbeitnehmer hat für die Dauer von sechs Wochen einen Anspruch auf Entgeltfortzahlung im Krankheitsfall nach arbeitsrechtlichen Vorschriften. Versicherte haben darüber hinaus Anspruch auf Krankengeld etc., vgl. §§ 44 ff. SGB V. Die Mitgliedschaft in der Krankenversicherung bleibt für die Zeiträume des Bezugs von Mutterschafts-, Erziehungs- oder Elterngeld sowie bei der Inanspruchnahme von Elternzeit erhalten, § 192 Abs. 1 Nr. 2 SGB V.

❑ **Arbeitsunterbrechung und Bezug von Verletztengeld, Versorgungskrankengeld oder Übergangsgeld:** Auch in diesen Fällen ordnet das Gesetz das Fortbestehen der Mitgliedschaft in der gesetzlichen Krankenversicherung an, § 192 Abs. 1 Nr. 3 SGB V.

❑ **Bezug von Kurzarbeitergeld:** Die Mitgliedschaft in der gesetzlichen Krankenversicherung bleibt gem. § 192 Abs. 1 Nr. 4 SGB V erhalten.

❑ **Krankenversicherung für Wehr- und Zivildienstzeiten:** In diesen Zeiträumen gilt das sozialversicherungsrechtliche Beschäftigungsverhältnis als nicht unterbrochen, wenn das Arbeitsentgelt weiterzugewähren ist, §§ 1 ArbPlSchG, 193 SGB V.

040   Die **Mitgliedschaft in der gesetzlichen Krankenversicherung endet** mit Ablauf des Tages, an dem die Voraussetzungen für die Versicherungspflicht gem. § 5 Abs. 1 Nr. 1 SGB V entfallen, regelmäßig also mit **Beendigung des Beschäftigungsverhältnisses.** Der Zeitpunkt einer Abmeldung bei der Krankenkasse ist unerheblich. Ein Anspruch auf Leistungen besteht längstens für einen Monat nach Ende der Mitgliedschaft, falls im Anschluss keine andere Erwerbstätigkeit ausgeübt wird, § 19 Abs. 2 SGB V.

041   Im Fall der **Kündigung des Arbeitsverhältnisses** endet das versicherungspflichtige Beschäftigungsverhältnis mit der Aufgabe der Tätigkeit bei Ablauf der Kündigungsfrist, sofern die Kündigung gerechtfertigt ist. Erhebt der Arbeitnehmer jedoch rechtzeitig Kündigungsschutzklage und stellt das Arbeitsgericht fest, dass das Arbeitsverhältnis fortbesteht, bleibt der Arbeitnehmer Mitglied in der gesetzlichen Krankenversicherung. Dies gilt auch, wenn der Arbeitgeber dem Arbeitnehmer während des Kündigungsschutzprozesses die tatsächliche Weiterbeschäftigung verweigert. Wird der Weiterbeschäftigungsanspruch gerichtlich durchgesetzt, liegt in dieser Zeit gleichfalls ein versicherungspflichtiges Beschäftigungsverhältnis vor, ohne dass es auf den Ausgang des Kündigungsschutzprozesses ankommt.

Beispiel:

Der Arbeitgeber kündigt einem Angestellten ohne Einhaltung der Kündigungsfrist, stellt ihn aber sofort von der Arbeit frei. Bis zum Ablauf der gesetzlichen Kündigungsfrist besteht ein sozialversicherungspflichtiges Beschäftigungsverhältnis, zumal auch das Arbeitsver-

---

10 *Schulin*, a.a.O., Band 1, § 10 Rn. 110.

hältnis mit dem Anspruch des Arbeitnehmers auf Zahlung des Arbeitsentgeltes weiterbesteht.

Die Mitgliedschaft in der gesetzlichen Krankenversicherung endet auch durch das **042**
Überschreiten der Jahresarbeitsentgeltgrenze in drei aufeinanderfolgenden
Jahren gem. § 6 Abs. 4 SGB V mit Ablauf des dritten Kalenderjahres, wobei der Arbeitnehmer innerhalb von zwei Wochen nach einem entsprechenden Hinweis der
Krankenkasse seinen Austritt erklären muss. Andernfalls wird die Mitgliedschaft
als freiwilliges Versicherungsverhältnis fortgeführt, § 190 Abs. 3 SGB V.

Sofern für ein Unternehmen eine **Betriebskrankenkasse** errichtet worden ist, **043**
geht deren Zuständigkeit den gesetzlichen Ortskrankenkassen vor, sodass die versicherungspflichtigen Arbeitnehmer dieser Betriebskrankenkasse als Mitglieder
beitreten können, §§ 147 ff. SGB V. Für **Innungskrankenkassen** gelten die gleichen Grundsätze wie für die Betriebskrankenkassen, vgl. §§ 157 ff. SGB V. Darüber hinaus gibt es **Ersatzkassen**, in denen versicherungspflichtige Arbeitnehmer nach ihrer Wahl durch freiwilligen Beitritt Mitglied werden können, §§ 168 ff.
SGB V.

Die **Mittel für die Aufgaben der gesetzlichen Krankenversicherung** werden **044**
durch Beiträge und sonstige Einnahmen aufgebracht, §§ 20 SGB IV, 220 ff. SGB V.
Bei versicherungspflichtigen Beschäftigten trägt der Arbeitgeber die Hälfte der
Beiträge des Mitglieds aus dem Arbeitsentgelt, vermindert um 0,9 Beitragspunkte,
vgl. § 249 SGB V. Der Arbeitgeber trägt die Beiträge für geringfügig Beschäftigte
sowie für Beschäftigte, die Kurzarbeitergeld erhalten, allein, vgl. § 249 SGB V.

4.3 Leistungen

Zu den Leistungsarten in der gesetzlichen Krankenversicherung gehören vor al- **045**
lem die Leistungen zur Förderung der Gesundheit und zur Verhütung von Krankheiten gem. §§ 20 ff. SGB V, Leistungen zur Früherkennung von Krankheiten gem.
§§ 25 f SGB V und Leistungen zur Behandlung einer Krankheit, §§ 27 ff. SGB V.

Diese Leistungen müssen dem **Wirtschaftlichkeitsgebot** entsprechen, d. h. aus- **046**
reichend, zweckmäßig und wirtschaftlich sein; sie dürfen das Maß des Notwendigen nicht überschreiten. Leistungen, die nicht notwendig oder unwirtschaftlich
sind, können Versicherte nicht beanspruchen, dürfen die Leistungserbringer nicht
bewirken und die Krankenkassen nicht bewilligen, vgl. § 12 SGB V. Nach dem
Sachleistungsprinzip werden die Leistungen der gesetzlichen Krankenkasse
grundsätzlich als Sach- und Dienstleistungen und nicht als Geldleistungen erbracht. Als **Voraussetzungen für die Gewährung von Leistungen** aus der gesetzlichen Krankenversicherung sind folgende Erfordernisse anzusehen:

❑ **Versicherteneigenschaft,** **047**

❑ **Mitgliedschaft,**

❏ **Versicherungsfall,**

❏ **Antragstellung.**

048   Die **Versicherteneigenschaft** entsteht durch die Pflichtmitgliedschaft in der
      gesetzlichen Krankenversicherung oder durch den Erwerb der Versicherungsbe-
      rechtigung infolge eines freiwilligen Beitritts, vgl. §§ 5 ff. SGB V. Ferner sind in der
      gesetzlichen Krankenversicherung auch Ehegatten und Kinder von Mitgliedern
      versichert, wenn diese Familienangehörigen ihren Wohnsitz oder gewöhnlichen
      Aufenthalt im Geltungsbereich des Sozialgesetzbuches haben, nicht hauptberuf-
      lich selbstständig erwerbstätig sind und bestimmte Einkommensgrenzen nicht
      überschritten werden, vgl. § 10 SGB V.

049   Die **Mitgliedschaft** versicherungspflichtig beschäftigter Arbeitnehmer beginnt
      mit dem Tag des Eintritts in die Beschäftigung. Dagegen beginnt die freiwilli-
      ge Mitgliedschaft von Versicherungsberechtigten mit dem Tag ihres Beitritts zur
      Krankenkasse, §§ 186, 188 SGB V.

050   Auf Sozialleistungen besteht regelmäßig ein gesetzlicher Anspruch, soweit es sich
      um Pflichtleistungen handelt, die dem Versicherten auf Antrag gewährt werden,
      wenn die gesetzlichen Tatbestandsvoraussetzungen erfüllt sind. Darüber hinaus
      gibt es auch Ermessensleistungen, wobei den Krankenkassen bei ihrer Entschei-
      dung über die Leistungsgewährung ein Ermessen eingeräumt wird. Es handelt
      sich dabei um ein gebundenes, pflichtgemäßes Ermessen gem. § 39 SGB I, sodass
      dem Versicherten insoweit ein Rechtsanspruch auf fehlerfreie Ermessensausübung
      zusteht, z. B. bei einem Antrag auf Bewilligung einer Kur.

051   Da der Versicherte einen **Anspruch auf ärztliche Behandlung** hat, müssen den
      Krankenkassen Ärzte zur Verfügung stehen, die im Krankheitsfall die erforderli-
      che Krankenhilfe leisten. Zu diesem Zweck werden Gesamt- und Mantelverträge
      zwischen den Krankenkassen und der kassenärztlichen Vereinigung abgeschlos-
      sen, in denen auf Landes- und Bundesebene **die zugelassenen Kassenärzte** zu-
      sammengeschlossen sind. Der einzelne Kassenarzt erhält das ärztliche Honorar für
      seine Leistungen also nicht von den Krankenkassen, sondern von der kassenärztli-
      chen Vereinigung infolge seiner Zulassung. Nach dem Kassenarztrecht entstehen
      öffentlich-rechtliche Beziehungen zwischen der kassenärztlichen Vereinigung und
      der Krankenkasse sowie deren Landesverbänden. Dem öffentlichen Recht sind
      auch die Rechtsbeziehungen zwischen der kassenärztlichen Vereinigung und dem
      Kassenarzt und zwischen den Krankenkassen und dem Versicherten zuzuordnen.

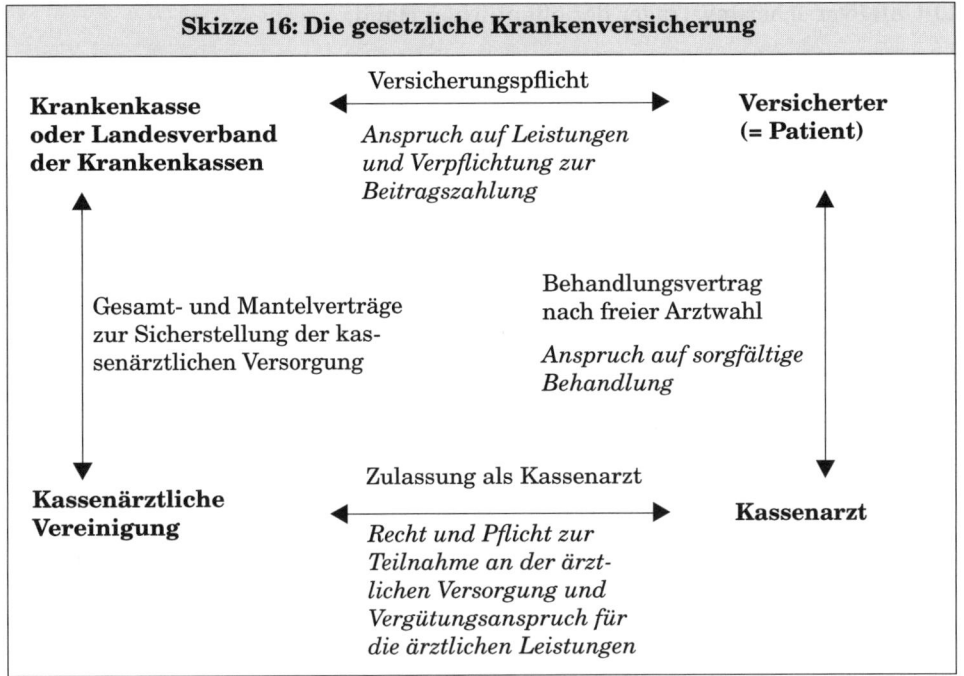

Skizze 16: Die gesetzliche Krankenversicherung

Versicherungspflicht

Krankenkasse oder Landesverband der Krankenkassen

Anspruch auf Leistungen und Verpflichtung zur Beitragszahlung

Versicherter (= Patient)

Gesamt- und Mantelverträge zur Sicherstellung der kassenärztlichen Versorgung

Behandlungsvertrag nach freier Arztwahl

Anspruch auf sorgfältige Behandlung

Kassenärztliche Vereinigung

Zulassung als Kassenarzt

Recht und Pflicht zur Teilnahme an der ärztlichen Versorgung und Vergütungsanspruch für die ärztlichen Leistungen

Kassenarzt

052 Das Rechtsverhältnis zwischen dem Versicherten und dem Arzt, dem er im Versicherungsfall aus seinem **Recht auf freie Arztwahl** die Behandlung anvertraut, ist privatrechtlicher Natur. Die Rechte und Pflichten aus dem Behandlungsvertrag zwischen dem Kassenpatienten und dem Arzt entstehen zwar nach öffentlichem Recht, doch verpflichtet die Übernahme der Behandlung den Kassenarzt gegenüber dem Patienten zur Sorgfalt nach den Vorschriften des bürgerlichen Vertragsrechts mit der Folge, dass im Fall fehlerhafter Behandlung ein Schadensersatzanspruch wegen Pflichtverletzung gem. § 280 BGB oder aus unerlaubter Handlung gem. § 823 BGB entsteht.

5. Die gesetzliche Unfallversicherung

053 Die gesetzliche Unfallversicherung wurde als weiterer Zweig der Sozialversicherung nach der gesetzlichen Krankenversicherung bereits im vergangenen Jahrhundert eingerichtet und war zunächst in der Reichsversicherungsordnung geregelt. Zu ihren Aufgaben gehörten die Verhütung von Arbeitsunfällen und die Entschädigung des Verletzten und seiner Angehörigen nach Eintritt eines Arbeitsunfalls, §§ 537 ff. RVO. Die Unfallversicherung ist heute Teil des Sozialgesetzbuches (SGB VII). Träger der gesetzlichen Unfallversicherung sind gem. §§ 121 ff. SGB VII u. a.:

❏ Gewerbliche Berufsgenossenschaften,

❏ landwirtschaftliche Berufsgenossenschaften,

❑ Unfallversicherungsträger der öffentlichen Hand,

❑ weitere Versicherungseinrichtungen.

054 Die Mittel für die Ausgaben der gesetzlichen Unfallversicherung werden im Wesentlichen durch Beiträge der Unternehmer aufgebracht, die Versicherte beschäftigen, vgl. §§ 150 ff. SGB VII. Die Beiträge der Unternehmer müssen den Bedarf für das abgelaufene Kalenderjahr einschließlich der Rücklagen und beschafften Betriebsmittel decken. Berechnungsgrundlagen sind der Finanzbedarf (Umlagesoll), die Arbeitsentgelte der Versicherten und die Gefahrklassen, § 153 SGB VII. Daher variieren die Beiträge zur gesetzlichen Unfallversicherung innerhalb der Branchen nach der Unfallhäufigkeit der dem einzelnen Versicherungsbereich angehörenden Unternehmen.

055 In der gesetzlichen Unfallversicherung besteht für einen festgelegten Personenkreis die Versicherungspflicht kraft Gesetzes, z. B. nach der Satzung der jeweiligen Berufsgenossenschaft oder durch einen freiwilligen Beitritt. Nach Maßgabe des § 2 SGB VII sind in erster Linie Beschäftigte und Auszubildende in der gesetzlichen Unfallversicherung. Ferner sind weitere Personen versichert, z. B. behinderte Menschen in anerkannten Werkstätten, Kinder während des Besuchs von Kindergärten, Schüler während des Besuchs allgemeinbildender Schulen, Lernende während der beruflichen Aus- und Fortbildung, Studierende während ihres Studiums an Hochschulen.

056 Der **räumliche und persönliche Geltungsbereich** wird gem. § 3 SGB IV auch in der gesetzlichen Unfallversicherung auf alle natürlichen Personen beschränkt, die im Bundesgebiet beschäftigt oder selbstständig sind; die Staatsangehörigkeit spielt hierbei keine Rolle. Es ist das Ausstrahlungsprinzip gem. § 4 SGB IV zu berücksichtigen, z.B. bei der Entsendung eines Beschäftigten für eine vorübergehende Tätigkeit ins Ausland. Die Gesellschafter einer Gesellschaft bürgerlichen Rechts, einer oHG oder einer KG sind grundsätzlich nicht versichert, da sie als Unternehmer gelten und nicht als Beschäftigte. Auch die Mitglieder von Vorständen und Aufsichtsräten in einer Aktiengesellschaft stehen grundsätzlich nicht in einem versicherungspflichtigen Beschäftigungsverhältnis, da sie zu den Organen des Unternehmens gehören. Für ein Beschäftigungsverhältnis i.S. von § 2 Abs. SGB VII wird nicht vorausgesetzt, dass die betreffende Person tatsächlich Lohn erhält. Im Gegensatz zur gesetzlichen Krankenversicherung, die im § 5 Abs. 1 Nr. 1 SGB V ausdrücklich hierauf abstellt, ist das Erzielen eines Arbeitsentgelts bei der Versicherungspflicht zur gesetzlichen Unfallversicherung nicht erforderlich. Es kommt allein auf die Zugehörigkeit zu dem in § 2 SGB VII aufgeführten Personenkreis an.

5.1 Versicherungsfall

057 Zu den Aufgaben der gesetzlichen Unfallversicherung gehört in erster Linie die Verhütung von Arbeitsunfällen und Berufskrankheiten. Nach Eintritt von Arbeitsunfällen oder Berufskrankheiten ist die Gesundheit und die Leistungsfähigkeit der Versicherten mit allen geeigneten Mitteln wiederherzustellen und sie oder ihre Hinterbliebenen durch Geldleistungen zu entschädigen, vgl. § 1 SGB VII.

Als **Versicherungsfall** gelten in der Unfallversicherung sowohl Arbeitsunfälle als auch Berufskrankheiten, vgl. § 7 SGB VII. **058**

Berufskrankheiten sind entweder durch Rechtsverordnung oder durch den Trä- **059** ger der Unfallversicherung anerkannt. Dabei handelt es sich um Krankheiten, die in der Berufskrankheiten-Verordnung aufgeführt sind und die sich der Versicherte bei der versicherten Tätigkeit zugezogen hat. Berufskrankheiten werden nach den Erkenntnissen der medizinischen Wissenschaft durch besondere Einwirkungen verursacht, denen bestimmte Personengruppen durch ihre Arbeit in erheblich höherem Grad als die übrige Bevölkerung ausgesetzt sind,[11] z.B. chemische Einwirkungen durch Gase, physikalische Einwirkungen durch mechanische Verrichtungen oder Lärm, ferner auch Krankheiten, die durch Infektionserreger oder Parasiten hervorgerufen werden. Sofern der Versicherte eine Krankheit erleidet, die nicht in der Berufskrankheiten-Verordnung enthalten ist, kann diese im Einzelfall nach neuen medizinischen Erkenntnissen wegen arbeitsbedingter besonderer Gefährdung vom Unfallversicherungsträger als Berufskrankheit anerkannt werden.

Arbeitsunfälle erleidet der Versicherte bei einer versicherten Tätigkeit. Unfälle **060** sind zeitlich begrenzte, von außen auf den Körper einwirkende Ereignisse, die zu einem Gesundheitsschaden oder zum Tod führen. In der See- und Binnenschiffahrt besteht eine erweiterte Definition des Unfallbegriffs, vgl. § 10 SGB VII. Nach der Rechtsprechung des Bundessozialgerichts[12] liegt ein Arbeitsunfall vor, wenn ein von außen wirkendes, unfreiwilliges, zeitlich begrenztes, körperlich schädigendes Ereignis, das mit der versicherten Tätigkeit in einem ursächlichen Zusammenhang steht, eine Gesundheitsschädigung bewirkt.[13] Auch auf dem Weg zur und von der versicherten Tätigkeit ist der Versicherungsschutz gegeben, vgl. § 8 SGB VII.

Folgenden Voraussetzungen müssen danach für einen Versicherungsfall gegeben **061** sein:

❑ **Versicherte Tätigkeit,**

❑ **Arbeitsunfall oder Berufskrankheit,**

❑ **haftungsbegründende Kausalität**
(= Kausalzusammenhang zwischen der versicherten Tätigkeit und dem Unfall),

❑ **Schaden,**

❑ **haftungsausfüllende Kausalität**
(= Kausalzusammenhang zwischen Unfall und Schaden).

---

11 BSG NZA 1988, 823.
12 BSGE 23, 139, 141.
13 *Erlenkämper*, a.a.O., S. 295; *Kreßel/Wollenschläger*, a.a.O., S. 182 ff.

062 Die **versicherten Tätigkeiten** sind in § 2 SGB VII aufgeführt. Auch die Teilnahme an Betriebsveranstaltungen, z.b. an betrieblichen Fortbildungsmaßnahmen, Betriebsausflügen, Betriebssportveranstaltungen[14] und an sonstigen betrieblichen Feiern ist unfallversichert, wenn die Aktivitäten vom Unternehmer oder vom Betriebsrat veranstaltet werden. Als Arbeitsunfall gilt auch ein Unfall bei einer mit einer versicherungspflichtigen Tätigkeit zusammenhängenden Verwahrung, Beförderung, Instandhaltung und Erneuerung des Arbeitsgerätes. Dagegen gehören die **eigenwirtschaftlichen Tätigkeiten** nicht zu den versicherten Tätigkeiten, sondern zum persönlichen Lebensbereich des Versicherten. Hierzu zählen grundsätzlich Essen und Trinken, das Beschaffen von Nahrungs- und Genussmitteln, Schlafen, An- und Auskleiden, Baden und Waschen, selbst wenn diese Tätigkeiten im Betrieb verrichtet werden. Im Einzelfall können aber auch eigenwirtschaftliche Tätigkeiten versichert sein, wenn diese in einem besonderen Zusammenhang zur Arbeit stehen, z. B. das Essen und Trinken während der Arbeitspausen, das Schlafen bei Bereitschaftsdienst im Betrieb, das Umkleiden und Waschen im Rahmen einer betrieblichen Tätigkeit und ähnliche Verrichtungen.

063 Als **haftungsbegründende Kausalität** wird der ursächliche Zusammenhang zwischen der versicherten Tätigkeit und dem Unfallereignis bezeichnet. Der Unfall muss sich nicht nur während der versicherten Tätigkeit ereignen, sondern auch durch diese Tätigkeit herbeigeführt worden sein. Im Sozialversicherungsrecht hat sich als Theorie der wesentlichen Bedingung[15] eine sozialrechtliche Kausalitätslehre herausgebildet. Danach soll die versicherte Tätigkeit sich als eine wesentliche Bedingung des Arbeitsunfalls darstellen und nicht nur als Gelegenheitsursache ohne betrieblichen Bezug. Infolgedessen ist bei einem Arbeitsunfall zunächst festzustellen, ob eine versicherte Tätigkeit vorliegt und sodann zu prüfen, ob zwischen dieser Tätigkeit und dem Unfall ein ursächlicher Zusammenhang besteht. Die nicht betriebsbedingten Risiken, darunter angeborene Krankheiten und Schäden sowie eigenwirtschaftliche Tätigkeiten, werden dadurch vom Unfallversicherungsschutz ausgenommen. Auch wenn der Versicherte durch eine vom ihm selbst geschaffene Gefahr verunglückt, insbesondere bei Alkoholgenuss, bei Verstößen gegen Arbeitssicherheitsbestimmungen oder gegen Vorschriften im Straßenverkehr, entfällt der Unfallversicherungsschutz. Die mittelbaren Folgen eines Versicherungsfalls werden nach Maßgabe des § 11 SGB VII ausgeglichen.

064 Infolge des Arbeitsunfalles muss der Versicherte einen **Schaden** erlitten haben, wobei die gesetzliche Unfallversicherung grundsätzlich nur bei Körperschäden eintritt, während Sachschäden und immaterielle Schäden, wie Schmerzensgeld, nicht ersetzt werden. Ein Schadensersatzanspruch des Verletzten hinsichtlich der Sachschäden und des Schmerzensgeldes kann sich aus dem allgemeinen Schadensersatzrecht ergeben, z. B. gegen den Arbeitgeber infolge einer Verletzung der arbeitsvertraglichen Fürsorgepflicht gem. § 280 BGB oder gegen den Schädiger aus dem Rechtsgrundsatz unerlaubter Handlung gem. §§ 823 ff. BGB.[16]

---

14 BSGE 41, 145.
15 BSGE 1, 72, 76; BSGE 38, 127, 129; BSG NZA 1988, 71.
16 Vgl. auch den Abschnitt B. 4.5. zur Haftungsbegrenzung für Arbeitnehmer.

Im Unfallversicherungsrecht sind die **Haftungsbeschränkungen** gem. §§ 104 ff. **065**
SGB VII zu beachten.[17]

> **Fall 19: Haftungsbeschränkung bei Personenschäden**	**Seite 393**

Als **haftungsausfüllende Kausalität** ist der ursächliche Zusammenhang zwi- **066**
schen dem Arbeitsunfall und dem Eintritt des Körperschadens anzusehen. Dies
ist in der Regel einfach festzustellen und nur in wenigen Fällen ausgeschlossen,
wenn ein Schaden im Rahmen des allgemeinen Lebensrisikos eingetreten ist, ohne
dass ein Unfallereignis vorliegt. Somit hat bei der Feststellung eines Versicherungsfalles eine doppelte Kausalitätsprüfung zu erfolgen. Der Arbeitsunfall oder
die Berufskrankheit muss infolge der versicherten Tätigkeit eingetreten sein (=
haftungsbegründende Kausalität) und der Versicherungsfall muss wiederum den
Schaden verursacht haben (= haftungsausfüllende Kausalität).

Im Verfahren vor den Sozialgerichten gilt zu Gunsten der Versicherten gem. **067**
§ 103 SGG der **Untersuchungsgrundsatz**, wonach das Gericht von Amts wegen
den Sachverhalt zu erforschen hat, sodass die **Beweisführungslast** der klagen-
den Partei entfällt. Andererseits besteht im Sozialversicherungsrecht auch eine
objektive oder materielle Beweislast, sodass der Antragsteller die Beweislast für
die anspruchsbegründenden Leistungsvoraussetzungen trägt, während der Sozialversicherungsträger die Beweislast für die rechtshemmenden oder rechtsver-
nichtenden Tatsachen zu tragen hat. Infolgedessen erhält der Versicherte keine
Leistungen aus der gesetzlichen Unfallversicherung, wenn die Voraussetzungen
eines Arbeitsunfalls nicht nachgewiesen werden können, weil sich nicht feststellen
lässt, ob eine versicherte Tätigkeit vorgelegen hat. Für den Nachweis der Kausalität beim Arbeitsunfall ist es ausreichend, wenn der Kausalzusammenhang mit
hinreichender Wahrscheinlichkeit anzunehmen ist.

Auch der **Wegeunfall** ist als Versicherungsfall in der gesetzlichen Unfallversi- **068**
cherung anerkannt. Als Weg gilt nicht die Verbindung zwischen Wohnung und
Arbeitsstätte, sondern das **Fortbewegen des Versicherten** auf ein bestimmtes
Ziel, das entweder durch die Arbeitsstätte oder durch die Wohnung gebildet wird.
Beginn und Ende des versicherten Weges liegen im Verlassen des häuslichen Be-
reiches, regelmäßig an der Außentür des Hauses, selbst wenn die Grundstücke anderweitig begrenzt sind.

Der **Weg zur versicherten Tätigkeit** muss nach der Entfernung nicht der kür- **069**
zeste Weg sein, denn der Versicherte ist grundsätzlich in der Wahl der Weg- oder
Fahrstrecke und auch des Verkehrsmittels frei. Vielmehr ist erforderlich, dass der
vom Versicherten zurückgelegte Weg mit der Tätigkeit, die den Unfallversicherungsschutz begründet, in einem rechtlich wesentlichen Zusammenhang steht.
Falls der Weg ausschließlich eigenwirtschaftlichen oder persönlichen Zwecken

---

17 Einen Überblick über die Entwicklung der Rechtsprechung zur unfallversicherungsrechtlichen Haftungsbeschränkung
bei Personenschäden und über Grenzfälle gibt *Waltermann*, NJW 2004, 901; *ders.*, NJW 2002, 1225; *ders.*, NJW 1997,
3401.

dient, fehlt dieser Zusammenhang zur versicherten Tätigkeit. Sofern der Versicherte auf dem Weg zwischen Wohnung und Arbeitsstätte private Angelegenheiten erledigt, richtet sich der Versicherungsschutz danach, ob der Zusammenhang mit der versicherten Tätigkeit beibehalten wird oder andererseits eine Unterbrechung oder eine endgültige Lösung vom Betrieb eintritt.

Beispiele:

Ausgangspunkt für den Weg zur Arbeit kann auch eine Gaststätte sein, die der Arbeitnehmer vor Beginn der Schicht zur Einnahme des Abendessens aufgesucht hat, wenn dadurch das Unfallrisiko nicht wesentlich erhöht wird.[18]

Dem Unfallversicherungsschutz unterliegt auch der Weg vom Arzt zur Arbeitsstätte, wenn dieser Weg von dem Vorhaben des Versicherten bestimmt wird, seine versicherte Tätigkeit aufzunehmen.[19]

070   Auch Umwege auf dem Weg zur Arbeitsstätte können in den Versicherungsschutz eingeschlossen sein. Dies gilt insbesondere dann, wenn die kürzeste Wegstrecke zwischen Wohnung und Arbeitsplatz zwar verlängert wird, das Ziel des Weges in Richtung auf die Arbeitstätte oder zurück zur Wohnung jedoch beibehalten wird. Dem Versicherungsschutz unterliegen aber nur solche Umwege, die im Verhältnis zu dem kürzesten Weg nicht erheblich sind. Sofern sich durch den gewählten Weg auch die Zielrichtung ändert, liegt ein **Abweg des Versicherten** vor, der grundsätzlich nicht mehr dem Unfallversicherungsschutz unterliegt. Es gibt aber gesetzlich geregelte Ausnahmefälle des Versicherungsschutzes für Abweichungen von dem üblichen Weg zwischen der Wohnung und dem Ort der versicherten Tätigkeit, bei denen auch **Richtungsänderungen des Versicherten** den Versicherungsschutz nicht ausschließen, vgl. § 8 SGB VII. Hierzu gehören u. a.:

❑ **Unterbringung eines Kindes:** Der Abweg beruht darauf, dass der Versicherte sein Kind, dass mit ihm in einem Haushalt lebt, wegen beruflicher Tätigkeit fremder Obhut anvertraut.

❑ **Fahrgemeinschaft:** Der Abweg ist dadurch begründet, dass der Versicherte mit anderen Berufstätigen oder versicherten Personen gemeinsam ein Fahrzeug für den Weg nach und von dem Ort der Tätigkeit benutzt.

071   Eine **Unterbrechung des Weges** und damit auch eine Unterbrechung des Versicherungsschutzes tritt ein, wenn in räumlicher oder zeitlicher Hinsicht von dem üblichen Verlauf der Wegstrecke abgewichen wird. Dies ist insbesondere der Fall, wenn der Versicherte den öffentlichen Verkehrsraum verlässt, in dem er z. B. ein Geschäft, eine Gaststätte oder einen Hauseingang betritt. Die eigenwirtschaftliche Tätigkeit während der Unterbrechung ist grundsätzlich nicht versichert.

Allerdings wird der Versicherungsschutz wieder hergestellt, wenn der Heimweg oder Arbeitsweg erreicht und fortgesetzt wird, sofern die Unterbrechung zeitlich,

---

18   BSG NZA 1988, 71.
19   BSG NZA 1988, 142 und 144.

örtlich und in ihrem Umfang nicht erheblich ist. Dagegen endet der Versicherungsschutz, wenn Art und Dauer der Unterbrechung auf endgültige **Lösung vom Betrieb**[20] schließen lassen. Dies wird nach der Rechtsprechung der Sozialgerichte bei einer Dauer von mehr als zwei Stunden angenommen, insbesondere, wenn der Versicherte bei einem Gasthausbesuch Alkohol zu sich nimmt.[21]

5.2 Leistungen

Im Versicherungsfall werden aus der gesetzlichen Unfallversicherung nach Feststellung eines Arbeitsunfalls oder einer Berufskrankheit verschiedenartige Leistungen gewährt. Dazu gehören insbesondere   **072**

❑ **die Heilbehandlung, Rehabilitation, Pflege und Geldleistungen,**
❑ **Renten, Beihilfen und Abfindungen.**

Die **Heilbehandlung** umfasst gem. §§ 27 ff. SGB VII insbesondere die Erstversorgung, ärztliche und zahnärztliche Behandlung, Versorgung mit Arznei-, Verband-, Heil- und Hilfsmitteln, häusliche Krankenpflege, stationärer Behandlung in Krankenhäusern und Rehabilitationseinrichtungen. Im Unterschied zur Krankenversicherung kann in der gesetzlichen Unfallversicherung die **freie Arztwahl** eingeschränkt werden. Dies gilt z.B. bei Versicherungsfällen, für die wegen ihrer Art oder Schwere besondere unfallmedizinische Behandlung angezeigt ist, vgl. § 28 Abs. 4 SGB VII.   **073**

In jedem Fall haben die Unfallversicherungsträger alle Maßnahmen zu treffen, durch die eine möglichst frühzeitig nach dem Versicherungsfall einsetzende und sachgemäße Heilbehandlung und, soweit erforderlich, besondere unfallmedizinische oder Berufskrankheiten-Behandlung gewährleistet wird. Sie können zu diesem Zweck die von den Ärzten und Krankenhäusern zu erfüllenden Voraussetzungen im Hinblick auf die fachliche Befähigung, die sächliche und personelle Ausstattung sowie die zu übernehmenden Pflichten festlegen. Sie können daneben nach Art und Schwere des Gesundheitsschadens besondere Verfahren für die Heilbehandlung vorsehen, vgl. § 34 Abs. 1 SGB VIII. Auch insoweit gilt eine Einschränkung der freien Arztwahl.

Leistungen zur Teilhabe am Arbeitsleben sind Maßnahmen gem. §§ 35 SGB VII, 33 SGB IX, aber auch Leistungen an Arbeitgeber oder an eine Werkstatt für Behinderte. Zu den Leistungen an die Versicherten gehören u.a.   **074**

❑ **Hilfen zur Erhaltung oder Erlangung eines Arbeitsplatzes,** einschließlich vermittlungsunterstützende Leistungen,

❑ **Berufsvorbereitung,** einschließlich einer wegen der Behinderung erforderlichen Grundausbildung,

---

20 Die Lösung vom Betrieb kann auch nach Beendigung oder Unterbrechung der versicherungspflichtigen Tätigkeit am Arbeitsplatz eintreten, z.B. im Anschluss an eine betriebliche Feier.
21 *Gitter*, a.a.O., S. 205 f.

❏ **individuelle betriebliche Qualifizierung** im Rahmen unterstützter Beschäftigung,

❏ **berufliche Anpassung und Weiterbildung,**

❏ **berufliche Ausbildung,**

❏ **Gründungszuschuss,**

❏ **sonstige Hilfen zur Förderung der Teilhabe am Arbeitsleben für behinderte Menschen.**

Die berufsfördernden Leistungen schließen auch die Übernahme der erforderlichen Kosten für Unterkunft und Verpflegung ein, wenn für die Teilnahme an der Maßnahme eine Unterbringung außerhalb des eigenen oder des elterlichen Haushalts wegen Art oder Schwere der Verletzung oder zur Sicherung des Erfolgs der Rehabilitation notwendig ist. Danach werden auch Maßnahmen in Einrichtungen der beruflichen Rehabilitation gefördert. Die Berufshilfe wird von den Berufsgenossenschaften teilweise in eigenen Spezialeinrichtungen gewährt, u.a. in Berufsförderungswerken, in Berufsbildungswerken, in Zentren für spezielle medizinische und berufliche Rehabilitation und in Werkstätten für Behinderte.

075   Weitere Leistungen betreffen Leistungen zur Teilnahme am Leben in der Gemeinschaft gem. §§ 39 ff. SGB VII, Leistungen bei Pflegebedürftigkeit gem. § 44 SGB VII und Geldleistungen gem. §§ 45 ff. SGB VII. Hierzu gehört insbesondere das **Verletztengeld**, das der Versicherte erhält, solange er infolge des Versicherungsfalles arbeitsunfähig ist. Der Begriff der Arbeitsunfähigkeit richtet sich nach dem Recht der gesetzlichen Krankenversicherung.

076   **Renten, Beihilfen und Abfindungen** werden in besonderen Fällen an die Versicherten oder deren Hinterbliebene geleistet, vgl. §§ 56 ff. SGB VII.

5.3 Unfallverhütung

077   Die Träger der gesetzlichen Unfallversicherung haben mit allen geeigneten Mitteln für die Verhütung von Arbeitsunfällen, Berufskrankheiten und arbeitsbedingten Gesundheitsgefahren und für eine wirksame Erste Hilfe zu sorgen, § 14 SGB VII. Daher erlassen die Unfallversicherungsträger, z. B. Berufsgenossenschaften, Unfallverhütungsvorschriften als autonomes Recht und überwachen deren Durchführung. Die Präventionsaufgaben werden durch die Deutsche Gesetzliche Unfallversicherung e. V. unterstützt, vgl. § 14 SGB Abs. 4 VII. Die Unfallverhütungsvorschriften bedürfen der Genehmigung durch das Bundesministerium für Arbeit und Soziales.

078   Die Unfallversicherungsträger haben die Durchführung der Maßnahmen zur Verhütung von Arbeitsunfällen und Berufskrankheiten etc. zu überwachen und die Versicherten zu beraten. Sie können im Einzelfall auch bestimmte Maßnahmen

anordnen, vgl. § 19 SGB VII. So sind z. B. die technischen Aufsichtspersonen[22]der Berufsgenossenschaften berechtigt, die Mitgliedsunternehmen während der Arbeitszeit zu besichtigen und Auskunft über Einrichtungen, Arbeitsverfahren und Arbeitsstoffe zu verlangen. Sie sind ferner berechtigt, gegen Empfangsbescheinigung Proben von Arbeitsstoffen nach ihrer Auswahl zu fordern oder zu entnehmen und bei Gefahr im Verzug sofort vollziehbare **Anordnungen zur Beseitigung von Unfallgefahren** zu treffen. Den technischen Aufsichtspersonen obliegt eine Verschwiegenheitspflicht über Betriebs- und Geschäftsgeheimnisse, die ihnen bei der Überwachung bekanntgeworden sind. Die Schweigepflicht besteht jedoch nicht gegenüber Versicherungsträgern, staatlichen Behörden, Versicherungsbehörden oder Gerichten bei festgestellten Verstößen gegen Unfallverhütungsvorschriften oder sonstigen Verfehlungen der Unternehmer. Die Berufsgenossenschaften haben bei der Erfüllung ihrer Aufgaben mit den Gewerbeaufsichtsbehörden und den für die Bergaufsicht zuständigen Behörden zusammenzuwirken.

079 Der Unternehmer ist für die Durchführung der Maßnahmen zur Verhütung von Arbeitsunfällen und Berufskrankheiten, für die Verhütung von arbeitsbedingten Gesundheitsgefahren sowie für eine wirksame Erste Hilfe verantwortlich. In Unternehmen mit mehr als 20 Beschäftigten hat der Unternehmer einen oder mehrere **Sicherheitsbeauftragte** zu bestellen, §§ 21, 22 SGB VII. Die Unfallversicherungsträger können überbetriebliche arbeitsmedizinische und sicherheitstechnische Dienste einrichten, § 24 SGB VII.

080 Die Bundesregierung hat dem Bundestag alljährlich einen **Unfallverhütungsbericht** vorzulegen, der einen statistischen Bericht über den Stand von Sicherheit und Gesundheit bei der Arbeit und über das Unfall- und Berufskrankheitengeschehen zu erstatten, § 25 SGB VII. Alle vier Jahre hat der Bericht einen umfassenden Überblick über die Entwicklung der Arbeitsunfälle und Berufskrankheiten, ihre Kosten und die Maßnahmen zur Sicherheit und Gesundheit bei der Arbeit zu enthalten. Die Unfallversicherungsträger sind daher gegenüber dem Bundesministerium für Wirtschaft und Arbeit berichtspflichtig.

6. Die gesetzliche Rentenversicherung

081 Das Recht der gesetzlichen Rentenversicherung umfasst Leistungen, die insbesondere die Risiken von **Alter und Invalidität** betreffen sowie Leistungen an Hinterbliebene. Diese Leistungen garantieren eine Mindestsicherung neben anderen Formen der Altersvorsorge, z.B. der betrieblichen Altersversorgung und der privaten Selbstvorsorge. Die allgemeine gesetzliche Rentenversicherung ist mit Ausnahme der Altersversorgung in der Landwirtschaft im Sozialgesetzbuch (SGB VI) geregelt. Träger der allgemeinen Rentenversicherung sind die Regionalträger, die Deutsche Rentenversicherung Bund und die Deutsche Rentenversicherung Knappschaft-Bahn-See, vgl. §§ 126 ff. SGB VI.

---

22 Vgl. auch den Abschnitt B. 3.7. zur Arbeitssicherheit.

082   Zu den Aufgaben der gesetzlichen Rentenversicherung gehören die Erhaltung, Verbesserung und Wiederherstellung der Erwerbstätigkeit der Versicherten durch Leistungen zur Teilhabe gem. §§ 9 ff. SGB VI, die Gewährung von Renten gem. §§ 33 ff. SGB VI und Zusatzleistungen gem. §§ 106 ff. SGB VI.

083   Die **Finanzierung der Rentenversicherung** erfolgt durch die Beiträge der Versicherten und der Arbeitgeber, ferner auch durch Zuschüsse des Bundes. Die Ausgaben eines Kalenderjahres werden jeweils durch die Einnahmen des gleichen Kalenderjahres und, soweit erforderlich, durch Entnahmen aus der **Schwankungsreserve** gedeckt, vgl. § 153 SGB VI. Falls die liquiden Mittel der Schwankungsreserve – Betriebsmittel und Rücklagen – nicht ausreichen, um die Zahlungsverpflichtungen zu erfüllen, findet zwischen den Trägern der allgemeinen Arbeiter- und Angestelltenrentenversicherung – den Landesversicherungsanstalten und der Bundesanstalt für Angestellte – ein **Finanzausgleich** statt, §§ 216 ff. SGB VI.

084   Die Bundesregierung erstellt jährlich einen **Rentenversicherungsbericht** auf der Grundlage der letzten Ermittlungen der Zahl der Versicherten und der Rentner, sowie der Einnahmen, der Ausgaben und der Schwankungsreserve und der daraus folgenden Modellrechnung zur künftigen Entwicklung und des in den nächsten 15 Kalendermonaten erforderlichen Beitragssatzes. Der Rentenversicherungsbericht enthält die Darstellung der voraussichtlichen Entwicklung für die Rentenversicherung in den nächsten fünf Kalenderjahren auf der Grundlage der aktuellen Einschätzung der mittelfristigen Wirtschaftsentwicklung. Zudem enthält der Rentenversicherungsbericht eine Darstellung, wie sich die Anhebung der Altersgrenzen auf die Arbeitsmarktlage, auf die Finanzierung der Rentenversicherung und auf andere öffentliche Haushalte auswirkt, § 154 SGB VI. Der **Sozialbeirat**, bestehend aus Vertretern der Versicherten, der Arbeitgeber, der Deutschen Bundesbank und der Wirtschafts- und Sozialwissenschaften, hat die Aufgabe, in einem **Gutachten zum Rentenversicherungsbericht der Bundesregierung** Stellung zu nehmen, §§ 155 ff. SGB VI.

6.1 Versicherungspflicht

085   Die Versicherungspflicht in der gesetzlichen Rentenversicherung richtet sich allein danach, ob ein sozialversicherungspflichtiges Beschäftigungsverhältnis vorliegt.[23] Zum versicherungspflichtigen Personenkreis gehören alle diejenigen Personen, die gegen Entgelt oder zu ihrer Berufsausbildung beschäftigt sind, also in erster Linie Arbeitnehmer und Auszubildende, § 1 SGB VI. Ferner erstreckt sich die Rentenversicherungspflicht auch auf Behinderte, auf Personen in Einrichtungen der Jugendhilfe oder Berufsbildungswerken, auf Mitglieder geistlicher Genossenschaften, Diakonissen u. ä. Personen und auf die Beschäftigten der Auslandsvertretungen. Darüber hinaus ist die Versicherungspflicht auch für verschiedene Gruppen selbstständiger Erwerbstätiger vorgesehen, z.B. für selbstständige Lehrer, Erzieher, Pflegepersonen, Hebammen, Seelotsen, Künstler und Publizisten,

---

23 Vgl. Abschnitt D. 1. zum versicherungspflichtigen Beschäftigungsverhältnis.

Hausgewerbetreibende, Küstenschiffer und Küstenfischer und für Handwerker, vgl. § 2 SGB VI. Sonstige Versicherte sind Personen, denen Kindererziehungszeiten anzurechnen sind, die einen Pflegebedürftigen pflegen, Wehr- und Zivildienstleistende, Bezieher von Krankengeld, Verletztengeld, Versorgungskrankengeld, Übergangsgeld, Arbeitslosengeld oder Arbeitslosenhilfe und Personen, die Vorruhestandsgeld beziehen, vgl. § 3 SGB VI.

Das rentenversicherungspflichtige Beschäftigungsverhältnis wird durch Arbeits- **086** losigkeit unterbrochen, wobei die Zeiten der Beziehung von Arbeitslosengeld und Arbeitslosenhilfe als beitragsfreie Anrechnungszeiten berücksichtigt werden, § 58 Abs. 1 Nr. 3 SGB VI.

In einigen Fällen besteht eine **Versicherungspflicht auf Antrag**, z. B. für **087** Entwicklungshelfer und Beschäftigte in Ausland, vgl. § 4 SGB VI.

Versicherungsfreiheit kann kraft Gesetzes oder auf Antrag eintreten, vgl. §§ 5, **088** 6 SGB VI. Versicherungsfreiheit kraft Gesetzes besteht für **versicherungsfreie Beschäftigungen und für versicherungsfreie Personen.** Darunter fallen insbesondere

❑ **Beamte, Richter und andere Personen, deren Beschäftigung eine Versorgungsanwartschaft zur Folge hat,**

❑ **geringfügige Beschäftigungen gem. § 8 SGB IV,**

❑ **Beschäftigungen von Studenten,**

❑ **Altersruhegeldempfänger,**

Eine **Versicherungsberechtigung** kann auf Antrag durch die freiwillige Mit- **089** gliedschaft erworben werden, § 7 SGB VI. Die freiwillige Versicherung gilt für diejenigen Personen, die nicht bereits nach den Rentenversicherungsgesetzen versicherungspflichtig sind. Hierzu gehören vor allem die Nichterwerbstätigen, z. B. Hausfrauen, sowie diejenigen Personen, die aus einem versicherungspflichtigen Beschäftigungsverhältnis ausscheiden. Eine freiwillige Versicherung setzt die Erfüllung der allgemeinen Wartezeit voraus, um Doppelversorgungen auszuschließen. Die **Beiträge zur freiwilligen Versicherung** müssen von den Berechtigten in voller Höhe selbst aufgebracht und unmittelbar an den Träger der Rentenversicherung gezahlt werden.

6.2 Mitgliedschaft und Beiträge

Das Versicherungsverhältnis zwischen dem Träger der gesetzlichen Rentenversi- **090** cherung und dem Versicherten wird kraft Gesetzes mit Erfüllung der gesetzlichen Voraussetzungen begründet. Dies gilt für einen Arbeitnehmer mit Aufnahme der sozialversicherungspflichtigen Beschäftigung, also durch die **Aktualisierung des Arbeitsverhältnisses**. Im Unterschied zur Krankenversicherung entsteht der materielle Versicherungsschutz, die Anwartschaft auf Versicherungsleistungen nicht bereits mit der Versicherungspflicht, sondern erst durch die **Beitragszah-**

lungen. Während der Beginn des Versicherungsverhältnisses auch in der Rentenversicherung mit der Arbeitsaufnahme vorliegt, hängen der Versicherungsschutz und die Höhe des Altersruhegeldes unmittelbar von Anzahl und Höhe der geleisteten Beiträge ab. **Rentenrechtliche Zeiten** sind gem. § 54 SGB VI

❑ Beitragszeiten,

❑ beitragsfreie Zeiten und

❑ Berücksichtigungszeiten.

091   Die Ansprüche auf Leistungen aus der gesetzlichen Rentenversicherung richten sich somit nach den **Beitragszeiten**, auf welche infolge der Versicherungsziele einer Grundsicherung verschiedene beitragsfreie Zeiten angerechnet werden, z. B. Kindererziehungszeiten, Berücksichtigungszeiten und Anrechnungszeiten für die Dauer der Unterbrechung einer versicherungspflichtigen Tätigkeit wegen Krankheit, Schwangerschaft, Arbeitslosigkeit, Schul- und Hochschulbesuch, §§ 55 ff SGB VI. Der Versicherungsschutz entsteht somit nicht schon mit der Aufnahme der sozialversicherungspflichtigen Beschäftigung, sondern erst mit dem Eintritt in die Versicherung durch die **Entrichtung wenigstens eines Versicherungsbeitrages** an den zuständigen Rentenversicherungsträger.

092   In der gesetzlichen Rentenversicherung ist die Wirksamkeit der entrichteten Beiträge von besonderer Bedeutung, weil als **Pflichtbeitragszeiten** nur die Versicherungszeiten berücksichtigt werden, in denen Beiträge wirksam entrichtet wurden, sofern nicht diese Zeiträume als Anrechnungszeiten oder nach besonderen Vorschriften als Pflichtbeitragszeiten gelten, § 55 SGB VI. Die Beiträge müssen innerhalb bestimmter zeitlicher Grenzen eingezahlt werden. Die Pflichtbeiträge sind nur wirksam, wenn sie innerhalb unverjährter Zeit entrichtet werden, § 197 SGB VI. Die **Wirksamkeit der Beitragsentrichtung** setzt voraus,

❑ **dass eine Versicherungspflicht oder eine Berechtigung zur freiwilligen Versicherung besteht,**

❑ **dass die Beiträge tatsächlich auch an die Einzugsstelle abgeführt worden sind,**

❑ **dass die Beiträge an den zuständigen Versicherungsträger abgeführt wurden,**

❑ **dass die Beitragszahlungen rechtzeitig erfolgen.**

093   Da die gesetzliche Rentenversicherung nur von einer Mindestsicherung ausgeht, besteht für die Beitragsberechnung eine **Beitragsbemessungsgrenze.** Danach wird das Einkommen des Versicherten bei der Beitragsberechnung nur bis zu einer bestimmten Höhe berücksichtigt. Die Beitragsbemessungsgrenze wird jährlich unter Berücksichtigung der Einkommensentwicklung festgelegt. Der **Beitragssatz** zur gesetzlichen Rentenversicherung bemisst sich nach dem Bruttoarbeitsentgelt und der Zahl der Pflichtversicherten und berücksichtigt auch den Bundeszuschuss und die Schwankungsreserven, vgl. §§ 157, 158 SGB VI.

Die **Verteilung der Beitragslast** erfolgt bei Bestehen einer versicherungspflich- **094** tigen Beschäftigung auf den Arbeitgeber und den Arbeitnehmer je zur Hälfte, § 168 SGB VI. In aller Regel sind die Beiträge vom Beitragsschuldner unmittelbar an den Träger der Rentenversicherung zu entrichten, doch gelten für die **Beitragszahlung aus dem Arbeitsentgelt von Versicherungspflichtigen** die besonderen Vorschriften der §§ 28 d ff. SGB IV, 174 SGB VI. Danach ist die **Beitragsentrichtung durch den Arbeitgeber** als Schuldner des Gesamtsozialversicherungsbeitrags gegenüber der Einzugsstelle in voller Höhe vorzunehmen, während die Arbeitnehmeranteile im Lohnabzugsverfahren einbehalten werden.[24] **Einzugsstelle** für die Beiträge zur Kranken- und Rentenversicherung ist regelmäßig die gesetzliche Krankenkasse, §§ 28 e und h SGB IV, die nach Entscheidung über die Versicherungspflicht, die Beitragspflicht und die Beitragshöhe die Zahlungen aus dem Gesamtversicherungsbeitrag an die jeweiligen Versicherungsträger weiterleitet.

6.3 Leistungen

Nach dem Recht der gesetzlichen Rentenversicherung entstehen Leistungsansprü- **095** che der Versicherten unter folgenden Voraussetzungen:

❑ **Begründung eines beitragspflichtigen Versicherungsverhältnisses,**

❑ **Eintritt des Versicherungsfalles,**

❑ **Beitragsentrichtung,**

❑ **weitere Anspruchsvoraussetzungen,** z.B. die Erfüllung bestimmter Wartezeiten und Pflichtbeitragszeiten etc.

Die Fragen der Begründung eines beitragspflichtigen Versicherungsverhältnisses **096** und der Beitragsentrichtung wurden in den vorangegangenen Abschnitten erläutert. Der Eintritt des Versicherungsfalles und die weiteren Anspruchsvoraussetzungen ergeben sich aus den jeweiligen Vorschriften über die einzelnen Versicherungsleistungen. Zu den Leistungen der gesetzlichen Rentenversicherung gehören im Wesentlichen

❑ **Leistungen zur Teilhabe gem. §§ 9 ff. SGB VI,**

❑ **Renten gem. §§ 33 SGB VI,**

❑ **Zusatzleistungen gem. §§ 106 ff. SGB VI.**

In der Rentenversicherung werden **Leistungen** zur Teilhabe gewährt, wenn die **097** Erwerbsfähigkeit des Versicherten durch Krankheit oder durch körperliche, geistige oder seelische Behinderung erheblich gefährdet oder gemindert ist. Es handelt sich um Leistungen zur medizinischen Rehabilitation, zur Teilnahme am Arbeitsleben und ergänzende Leistungen. Der Beeinträchtigung der Erwerbstätigkeit oder dem vorzeitigen Ausscheiden aus dem Erwerbsleben soll entgegengewirkt und die Wiedereingliederung in das Erwerbsleben gefördert werden. Die **Gewäh-**

---

24 Vgl. Abschnitt D. 3. zum Gesamtsozialversicherungsbeitrag und §§ 173 ff. SGB VI.

rung der Leistungen hängt davon ab, dass persönliche und versicherungsrechtliche Voraussetzungen erfüllt sind. Es ist erforderlich, dass der Versicherte eine Wartezeit von 15 Jahren erfüllt haben muss oder eine Rente wegen verminderter Erwerbsfähigkeit bezieht, § 11 SGB VI. Die Leistungen zur Teilhabe behinderter Menschen werden im SGB IX geregelt.

098 Die **Renten** gehören zu den bedeutendsten Leistungen der gesetzlichen Rentenversicherung, wobei verschiedene Rentenarten zu unterscheiden sind, vgl. §§ 33 ff. SGB VI:

❑ **Renten wegen Alters:** Regelaltersrente, Altersrente für langjährig Versicherte, Altersrente für Schwerbehinderte und Altersrente für langjährig unter Tage beschäftigte Bergleute,

❑ **Renten wegen Erwerbsminderung,**

❑ **Renten wegen Todes:** Witwen- und Witwerrente, Erziehungsrente, Waisenrente, Rente bei Verschollenheit.

099 Die Rentenansprüche in den einzelnen Versicherungsfällen entstehen nach Erfüllung unterschiedlicher Wartezeiten, während zuvor ein Anwartschaftsrecht auf die Rente erworben wird. Das **Versicherungsprinzip** in der Rentenversicherung erfordert, dass der Versicherte eine Mindestzeit der Rentengemeinschaft angehört und Beiträge geleistet hat. Für die Berechnung der jeweiligen Wartezeiten werden nur **anrechenbare Versicherungszeiten** berücksichtigt; in aller Regel sind dies Kalendermonate mit Beitragszahlungen, §§ 50 ff. SGB VI. Sofern die Wartezeit erfüllt ist, kann bei Eintritt eines Versicherungsfalles ein Anspruch aus der gesetzlichen Rentenversicherung dem Grunde nach entstehen. Dagegen hat die Erfüllung der Wartezeit auf die Höhe der Rente keinen Einfluss. Folgende rentenrechtliche Zeiten sind relevant, vgl. §§ 54 ff. SGB VI:

100 ❑ **Beitragszeiten** sind Zeiten, für die nach Bundesrecht Pflichtbeiträge (Pflichtbeitragszeiten) oder freiwillige Beiträge gezahlt worden sind, § 55 SGB VI.

❑ **Kindererziehungszeiten** werden für die Erziehung eines Kindes in dessen ersten drei Lebensjahren angerechnet, § 56 SGB VI.

❑ **Berücksichtigungszeiten** werden für die Erziehung eines Kindes bis zu dessen vollendetem zehnten Lebensjahr bei einem Elternteil anerkannt, § 57 SGB VI.

❑ **Anrechnungszeiten** sind Zeiten krankheitsbedingter Arbeitsunfähigkeit, der Schutzfristen nach dem Mutterschutzgesetz, der Arbeitslosigkeit nach Meldung und Leistungsbezug, sowie der Schul- und Hochschulbesuch nach Vollendung des 17. Lebensjahres, § 58 SGB VI.

❑ **Zurechnungszeiten** werden bei einer Rente wegen Erwerbsminderung oder einer Rente wegen Todes hinzugerechnet, wenn der Versicherte das 60. Lebensjahr noch nicht vollendet hat, § 59 SGB VI.

❑ **Ersatzzeiten** werden für Militärdienst, Internierung, Verschleppung, Freiheitsentzug und den Folgen durch Erkrankung und Arbeitslosigkeit für den Zeitraum bis zum 31.12.1991 anerkannt, § 250 SGB VI.

Die **Berechnung der Renten** erfolgt nach einer **Rentenformel**, die sowohl per- **101** sönliche als auch allgemeine Bemessungsgrundlagen enthält. Denn die Renten sollen einerseits die persönlichen Leistungen des Versicherten während des Erwerbslebens berücksichtigen und ferner einen Ausgleich zwischen den leistungsfähigen und weniger leistungsfähigen Mitgliedern der Versicherungsgemeinschaft herstellen. Infolge der dynamischen Rentenanpassung zum 1. Juli eines jeden Jahres nehmen die Rentnerinnen und Rentner an der allgemeinen Lohnentwicklung teil. Die Rentenformel wird in §§ 64 ff. SGB VI näher dargelegt. Danach ergibt sich der Monatsbetrag der Rente, wenn

1. **die unter Berücksichtigung des Zugangsfaktors
   ermittelten persönlichen Entgeltpunkte,**

2. **der Rentenartfaktor und**

3. **der aktuelle Rentenwert**

mit ihrem Wert bei Rentenbeginn miteinander vervielfältigt werden. **Die persönlichen Entgeltpunkte** für die Rentenermittlung ergeben sich aus der Summe aller Entgeltpunkte für Beitragszeiten, beitragsfreie Zeiten und diverse Zuschläge, die mit dem Zugangsfaktor vervielfältigt und bei Witwen-, Witwer- und Waisenrenten um einen Zuschlag erhöht wird. Der in § 67 SGB VI festgelegte **Rentenartfaktor** beträgt für persönliche Entgeltpunkte z. B. bei Renten wegen Alters 1,0. **Der aktuelle Rentenwert** wird aus dem Durchschnittsentgelt der rentenversicherten Arbeiter und Angestellten ermittelt und verändert sich zum 1. Juli eines jeden Jahres nach einer gesetzlich vorgegebenen Formel, § 68 SGB VI.

Die Versicherten haben die Möglichkeit, eine Rente wegen Alters als **Vollrente** **102** in voller Höhe oder als **Teilrente** von einem Drittel, der Hälfte oder zwei Drittel der Vollrente in Anspruch zu nehmen. Sofern Versicherte ihre Arbeitsleistung einschränken und Teilrente in Anspruch nehmen wollen, können sie von ihrem Arbeitgeber verlangen, dass er mit ihnen die Möglichkeiten einer solchen Einschränkung erörtert, § 42 SGB VI.

Der Anspruch des Versicherten auf eine Rente wegen Alters ist nicht als ein Grund **103** anzusehen, der die Kündigung eines Arbeitsverhältnisses durch den Arbeitgeber nach dem Kündigungsschutzgesetz bedingen kann. Bei einer Kündigung aus dringenden betrieblichen Gründen darf bei der nach § 1 Abs. 3 KSchG erforderlichen Sozialauswahl[25] der Anspruch eines Arbeitnehmers auf eine Rente wegen Alters vor Vollendung des 67. Lebensjahres nicht berücksichtigt werden. Eine Vereinbarung, wonach das Arbeitsverhältnis ohne Kündigung zu einem Zeitpunkt enden soll, an dem der Arbeitnehmer Anspruch auf eine Altersrente hat, ist nur wirksam, wenn sie innerhalb der letzten drei Jahre vor diesem Zeitpunkt abgeschlossen oder von dem Arbeitnehmer bestätigt worden ist, vgl. § 41 SGB VI.

---

25 Vgl. Abschnitt B. 5.2. zur Beendigung des Arbeitsverhältnisses aus betriebsbedingten Gründen.

6.4 Private und betriebliche Altersvorsorge

104 Nach den umfassenden Reformen des Sozialversicherungsrechts sind private Formen der Altersvorsorge neben die gesetzliche Rentenversicherung getreten. Während die gesetzliche Rentenversicherung sich auf eine Mindestversorgung beschränkt, bieten private Versicherungsträger Möglichkeiten an, eventuell bestehende Versorgungslücken zu schließen. Unter den Begriffen „Riester-Rente" oder „Rürup-Rente" werden steuerlicheVergünstigungen für eine private Altersvorsorge gewährt, um deren Anteil im Verhältnis zur gesetzlichen Rente zu steigern. Neben die gesetzliche Rentenversicherung ist eine Basisrente (Rürup-Rente) für Personen getreten, die nicht in die gesetzliche Rentenversicherung einzahlen, insbesondere Selbstständigen. Diese Grundversorgung kann um folgende Formen der privaten Altersvorsorge ergänzt werden:

❑ **Zusatzversorgung, z. B. durch eine Riester-Rente oder durch eine Betriebsrente,**

❑ **Kapitalanlageversorgung, z. B. durch eine private Rentenversicherung oder durch eine Kapitallebensversicherung.**

105 Aus arbeitsrechtlicher Sicht ist die betriebliche Altersvorsorge besonders erwähnenswert. Denn jeder sozialversicherungspflichtige Arbeitnehmer erhält einen Anspruch darauf, dass ihm von seinem Arbeitgeber eine Form der betrieblichen Altersvorsorge angeboten wird. Auf Wunsch des Arbeitnehmers muss daher jedes Unternehmen einen Teil des Arbeitsentgeltes als betriebliche Altersvorsorge zurücklegen, z. B. durch Einrichtung von Pensionsfonds. Die gesetzliche Grundlage für den Anspruch des Arbeitnehmers auf eine Direktversicherung ist das Betriebsrentengesetz (BetrAVG).

7. Die soziale Pflegeversicherung

106 Die Pflegeversicherung ist zur sozialen Absicherung des Risikos der Pflegebedürftigkeit als neuer eigenständiger Zweig der Sozialversicherung geschaffen worden; sie ist im 11. Buch des Sozialgesetzbuches (SGB XI) geregelt.

107 Träger der sozialen Pflegeversicherung sind die **Pflegekassen**; ihre Aufgaben werden von den Krankenkassen wahrgenommen. Die Pflegekassen sind für die Sicherstellung der pflegerischen Versorgung ihrer Versicherten verantwortlich. Sie arbeiten dabei mit allen an der pflegerischen, gesundheitlichen und sozialen Versorgung Beteiligten eng zusammen und wirken darauf hin, dass Mängel der pflegerischen Versorgungsstruktur beseitigt werden, § 12 SGB XI. Die Länder sind verantwortlich für die Vorhaltung einer leistungsfähigen, zahlenmäßig ausreichenden und wirtschaftlichen pflegerischen Versorgungsstruktur, § 9 SGB XI. Die Bundesregierung berichtet den gesetzgebenden Körperschaften des Bundes ab 2011 im Abstand von vier Jahren über die Entwicklung der Pflegeversicherung und den Stand der pflegerischen Versorgung, § 10 SGB XI.

Pflegebedürftig sind Personen, die wegen einer körperlichen, geistigen oder seeli- **108**
schen Krankheit oder Behinderung für die gewöhnlichen und regelmäßig wieder-
kehrenden Verrichtungen im Ablauf des täglichen Lebens auf Dauer, voraussichtlich für mindestens sechs Monate, in erheblichem oder höherem Maße der Hilfe
bedürfen, § 14 SGB XI.

Die **Versicherungspflicht** in der sozialen Pflegeversicherung betrifft in erster Li- **109**
nie Mitglieder in der gesetzlichen Krankenversicherung, ist aber auch für sonstige
Personen möglich, §§ 20 ff. SGB XI.

Die **Leistungen** folgen den allgemeinen Grundsätzen der Wirtschaftlichkeit, wo- **110**
bei ein Vorrang der Rehabilitation vor der Pflege vorgesehen ist, §§ 29 ff. SGB XI.
Für die Gewährung der Leistungen ist eine Zuordnung der pflegebedürftigen Person zu einer von drei Pflegestufen erforderlich, vlg. § 15 SGB XI. In den Fällen der
häuslichen Pflege werden Sachleistungen und Pflegegeld sowie Kombinations-
leistungen vorgesehen, ebenso zusätzliche Hilfen gewährt. Die stationäre Pflege
gliedert sich in die teilstationäre Pflege und die Kurzzeitpflege sowie in die vollstationäre Pflege. Im Allgemeinen sind folgende Leistungen vorgesehen, vgl. § 28
SGB XI:

❑ Pflegesachleistungen,

❑ Pflegegeld für selbst beschaffte Pflegehilfen,

❑ Kombination von Geldleistung und Sachleistung,

❑ häusliche Pflege bei Verhinderung der Pflegeperson,

❑ Pflegehilfsmittel und technische Hilfen,

❑ Tagespflege und Nachtpflege,

❑ Kurzzeitpflege,

❑ vollstationäre Pflege,

❑ Pflege in vollstationären Einrichtungen und Behindertenhilfe,

❑ Leistungen zur sozialen Sicherung der Pflegepersonen,

❑ Pflegekurse für Angehörige und ehrenamtliche Pflegepersonen.

Die Leistungen für Pflegepersonen wurden erweitert, z. B. um zusätzliche Leistungen bei Pflegezeit gem. § 44a SGB XI und ebenso die Leistungen für Versicherte mit erheblichem allgemeinen Betreuungsbedarf um zusätzliche Betreuungsleistungen gem. § 45b SGB XI. Auf Antrag können Leistungen zur Teilhabe auch
durch ein persönliches Budget ausgeführt werden, um den Leistungsberechtigten
in eigener Verantwortung ein möglichst selbstbestimmtes Leben zu ermöglichen,
vgl. § 17 Abs. 2 bis 4 SGB IX.

Die **Finanzierung** der Pflegeversicherung erfolgt über Beiträge und sonstige Ein- **111**
nahmen. Die Beiträge werden nach einem Vomhundertsatz (Beitragssatz) von den
beitragspflichtigen Mitgliedern bis zur Beitragsbemessungsgrenze erhoben, vgl.
§ 54 SGB XI. Familienangehörige und Lebenspartner sind für die Dauer der Familienversicherung beitragsfrei, § 56 SGB XI.

112   Eine **Qualitätssicherung** erfolgt durch die Landesverbände der Pflegekassen,
       welche die Wirtschaftlichkeit und Wirksamkeit der ambulanten, teilstationären
       und vollstationären Pflegeleistungen durch Sachverständige prüfen lassen kön-
       nen, vgl. § 79 SGB XI.

8. Die Arbeitsförderung

113   Die Sozial- und Wirtschaftspolitik unseres Staates ist darauf ausgerichtet, einen
       hohen Beschäftigungsstand zu erzielen und aufrechtzuerhalten, die Beschäfti-
       gungsstruktur zu verbessern und damit das Wachstum der Wirtschaft zu fördern.
       Die Leistungen der Arbeitsförderung sind so einzusetzen, dass sie der beschäfti-
       gungspolitischen Zielsetzung der Sozial-, Wirtschafts- und Finanzpolitik der Bun-
       desregierung entsprechen sowie der besonderen Verantwortung der Arbeitgeber
       für Beschäftigungsmöglichkeiten und der Arbeitnehmer für ihre eigenen berufli-
       chen Möglichkeiten Rechnung tragen und der Schaffung und Erhaltung von wett-
       bewerbsfähigen Arbeitsplätzen dienen.

114   Die Arbeitsförderung (früher: Arbeitslosenversicherung) war zunächst im Arbeits-
       förderungsgesetz (AFG) niedergelegt und wurde 1998 in einer reformierten Fas-
       sung in das Sozialgesetzbuch (SGB III) aufgenommen. Das Recht der Arbeitsförde-
       rung ist durch vier Gesetze für moderne Dienstleistungen am Arbeitsmarkt in den
       Jahren 2002 bis 2005 umfassend reformiert worden. Die auch als „Hartz-Refor-
       men" bekannt gewordenen Änderungen enthalten u. a. die Zusammenlegung von
       Arbeitslosenhilfe (Arbeitslosengeld II) und Sozialhilfe in einer Grundsicherung für
       Arbeitssuchende (SGB II), die in den Zuständigkeitsbereich der Bundesagentur
       für Arbeit fällt.

115   In den allgemeinen Grundsätzen der Arbeitsförderung wird die besondere Verant-
       wortung von Arbeitgebern und Arbeitnehmern durch das Zusammenwirken mit
       den Agenturen für Arbeit hervorgehoben, vgl. § 2 SGB III.

116   Die Agenturen für Arbeit erbringen Dienstleistungen für Arbeitgeber und Arbeit-
       nehmer. Sie informieren Arbeitgeber regelmäßig über Ausbildungs- und Arbeits-
       marktentwicklungen, Ausbildungssuchende, Fachkräfteangebot und berufliche
       Bildungsmaßnahmen und bieten auf den Betrieb zugeschnittene Arbeitsmarktbe-
       ratung und Vermittlung an. Die Arbeitnehmer werden zur Vorbereitung der Be-
       rufswahl und zur Erschließung ihrer beruflichen Entwicklungsmöglichkeiten bera-
       ten, erhalten Vermittlungsangebote zur Ausbildungs- oder Arbeitsaufnahme oder
       entsprechend ihren Fähigkeiten sonstige Leistungen.

117   Die Arbeitgeber haben bei ihren Entscheidungen verantwortlich deren Auswirkun-
       gen auf die Beschäftigung der Arbeitnehmer und von Arbeitslosen und damit die
       Inanspruchnahme von Leistungen der Arbeitsförderung einzubeziehen. Sie sollen
       im Rahmen ihrer Mitverantwortung für die Entwicklung der beruflichen Leis-
       tungsfähigkeit der Arbeitnehmer zur Anpassung an sich ändernde Anforderungen
       sorgen, vorrangig durch betriebliche Maßnahmen die Entlassung von Arbeitneh-

mern vermeiden und durch frühzeitige Meldung freier Arbeitsplätze deren Besetzung und den Abbau von Arbeitslosigkeit unterstützen.

Die Arbeitnehmer wiederum haben bei ihren Entscheidungen verantwortungsvoll   **118**
deren Auswirkungen auf ihre beruflichen Möglichkeiten einzubeziehen. Sie sollen insbesondere ihre berufliche Leistungsfähigkeit den sich ändernden Anforderungen anpassen. Zur Vermeidung von Arbeitslosigkeit haben sie jede zumutbare
Möglichkeit bei der Suche und Aufnahme einer Beschäftigung zu nutzen, ein bestehendes Beschäftigungsverhältnis nicht vorzeitig zu beenden und jede zumutbare Beschäftigung anzunehmen.

Die **Versicherungspflicht** besteht im Wesentlichen für Beschäftigte gem. §§ 24 ff.   **119**
SGB III und darüber hinaus unter bestimmten Voraussetzungen auch für sonstige
Personen, darunter z. B. Jugendliche in Einrichtungen der beruflichen Rehabilita-
tion, Wehrdienst- oder Zivildienstleistende und Gefangene.

Träger der Arbeitsförderung ist die **Bundesagentur für Arbeit (BA)** als rechts-   **120**
fähige bundesunmittelbare Körperschaft des öffentlichen Rechts mit Selbstverwaltung, §§ 367 ff. SGB III. Die Selbstverwaltung wird durch die Arbeitnehmer,
die Arbeitgeber und die öffentlichen Körperschaften ausgeübt, §§ 374 1 ff. SGB III.
Infolge des Wegfalls des Vermittlungsmonopols und der Hartz-Reform können bestimmte Dienstleistungen am Arbeitsmarkt auch durch Dritte angeboten werden.

Im Rahmen der Arbeitsförderung erhalten sowohl Arbeitnehmer als auch Arbeit-   **121**
geber sowie die Träger von Arbeitsförderungsmaßnahmen Leistungen. Die in den
nachfolgenden Abschnitten aufgeführten Maßnahmen sind **Leistungen der aktiven Arbeitsförderung**. Es handelt sich bis auf wenige Ausnahmen um Ermessensleistungen. Dabei gilt im Grundsatz der Vorrang der Vermittlung. Die Vermittlung in Ausbildung und Arbeit hat Vorrang vor den Leistungen zum Ersatz
des Arbeitsentgelts bei Arbeitslosigkeit, vgl. § 4 SGB III. Danach ist der Vorrang
der aktiven Arbeitsförderung zu beachten, ferner die Vermeidung von Langzeitarbeitslosigkeit und andere allgemeine Grundsätze der Auswahl von Leistungen der
aktiven Arbeitsförderung, der Vereinbarkeit von Familie und Beruf, der ortsnahen
Leistungserbringung etc., vgl. §§ 5 ff. SGB III. Jede Serviceagentur erstellt über
seine Ermessensleistungen der aktiven Arbeitsförderung nach Abschluss eines
Haushaltsjahres eine Eingliederungsbilanz. Diese soll Aufschluss über den Mit-
teleinsatz, die geförderten Personengruppen und die Wirksamkeit der Förderung
geben, vgl. § 11 SGB III.

Die **Aufbringung der Mittel** für die Aufgaben der Arbeitsförderung erfolgt durch   **122**
Beiträge der Versicherungspflichtigen, der Arbeitgeber und Dritter (Beitrag zur
Arbeitsförderung), ferner durch Umlagen, Mittel des Bundes und sonstige Einnah-
men, vgl. §§ 340 ff. SGB III.

8.1 Dienstleistungen am Arbeitsmarkt

123 In den Jahren 2002 bis 2005 und auch in der Folgezeit sind umfangreiche Reformvorhaben mit dem Ziel der Erschließung neuer Beschäftigungsmöglichkeiten auf den Weg gebracht worden, die unter dem Begriff „Hartz-Reformen" bekannt geworden sind. Die Ziele sind:

- ❏ Erschließung neuer Beschäftigungsmöglichkeiten,

- ❏ Verbesserung der Qualität und Schnelligkeit der Arbeitsvermittlung,

- ❏ Neuausrichtung der beruflichen Weiterbildung und

- ❏ Stärkung des Dienstleistungscharakters der Bundesagentur für Arbeit.

124 Die praktische Umsetzung des Hartz-Konzeptes bedeutet einen völlig neuen Umgang mit dem Thema Arbeitslosigkeit. Auf der Basis der Empfehlungen der Hartz-Kommission sind folgende vier Gesetzesvorhaben entstanden, die auch als Hartz I bis Hartz IV bezeichnet werden:

- ❏ Erstes Gesetz für moderne Dienstleistungen am Arbeitsmarkt vom 23. Dezember 2002 (BGBl. 2002 I Nr. 87, 4607), Inkrafttreten am 1. Januar 2003.

- ❏ Zweites Gesetz für moderne Dienstleistungen am Arbeitsmarkt vom 23. Dezember 2002 (BGBl. 2002 I Nr. 87, 4621), Inkrafttreten am 1. Januar 2003.

- ❏ Drittes Gesetz für moderne Dienstleistungen am Arbeitsmarkt vom 5. September 2003 (BGBl. 2003, 2848), Inkrafttreten am 1. Januar 2004.

- ❏ Viertes Gesetz für moderne Dienstleistungen am Arbeitsmarkt vom 24. Dezember 2003 (BGBl. 2003, 2954), Inkrafttreten am 1. Januar 2005.

125 Die in den ersten beiden Gesetzen enthaltenen Reformvorhaben betreffen im Wesentlichen folgende Aspekte, bezogen auf die Arbeitsförderung:

- ❏ Erleichterung von neuen Formen der Arbeit und Beschäftigungsförderung,

- ❏ Änderungen im Arbeitnehmerüberlassungsgesetz,

- ❏ Neuausrichtung der beruflichen Weiterbildung,

- ❏ Neuregelung geringfügiger Beschäftigungsarten (Mini-Jobs u. a.), Einführung der Ich-AG bzw. Familien-AG,

- ❏ Datenaustausch zwischen Arbeitsagenturen und Sozialämtern als Erleichterung zur Einrichtung von Jobcentern.

126 Seither sind Jobcenter für alle Dienstleistungen am Arbeitsmarkt zuständig. Arbeitsuchende und Unternehmen werden kundenorientiert betreut. Das Jobcenter integriert arbeitsmarktrelevante Beratungs- und Betreuungsleistungen für Arbeitsuchende (Sozialamt, Jugendamt, Wohnungsamt, Sucht- und Schuldnerberatung etc.) und übernimmt neben den Kernaufgaben zusätzlich die Beratung der erwerbsfähigen Sozialhilfeempfänger. Kleine und mittlere Unternehmen werden branchenspezifisch durch die Jobcenter, große Unternehmen durch Kompetenzcenter (Regionaldirektionen) betreut.

Wesentliche Änderungen sind im Bereich der Arbeitnehmerüberlassung mit Wir- **127**
kung zum 1. Januar 2004 erfolgt, um die Qualität und die gesellschaftliche Ak-
zeptanz der Leiharbeit zu erhöhen. Aufgehoben wurden das Befristungsverbot,
das Wiedereinstellungsverbot und die Beschränkung der Überlassungsdauer auf
höchstens zwei Jahre. Das Arbeitnehmerüberlassungsgesetz enthält nunmehr den
Gleichstellungsgrundsatz, wonach Leiharbeitnehmer zu denselben Bedingungen
beschäftigt werden müsssen wie vergleichbare Arbeitnehmer im entleihenden Unternehmen. Dies gilt hinsichtlich der Arbeitszeit, des Arbeitsentgelts und der Urlaubsansprüche. Eine Öffnungsklausel ist für Tarifverträge enthalten, die abweichende Regelungen vorsehen können.

Das Dritte Gesetz für moderne Dienstleistungen am Arbeitsmarkt betrifft die Re- **128**
strukturierung und den Umbau der Bundesanstalt für Arbeit in die Bundesagentur für Arbeit. Die Dienststellen der Bundesagentur für Arbeit auf regionaler Ebene heißen Regionaldirektionen, auf lokaler Ebene Agenturen für Arbeit.

Im Zuge der Neuorientierung der Arbeitsverwaltung wurden **effizientere Pro-** **129**
zesse eingeführt und das Personalkonzept durch Umgestaltung des Dienst-
rechts geändert. Die IT-Unterstützung aller Geschäftsprozesse wird gewährleistet (eGovernment). Die Aufbauorganisation ist zweistufig. Während Jobcenter den
lokalen Kundenbedarf bedienen, wurden die früheren Landesarbeitsämter (Lan-
desagenturen für Arbeit) zu Kompetenzcentern mit eigenständigen operativen
Aufgaben für die Beschäftigungsförderung und Beschäftigungsentwicklung umgewandelt. Mit der Einführung des „virtuellen Arbeitsmarktes" konnte der Zugang
auf Stellen- und Bewerberangebote für Arbeitgeber und Arbeitnehmer verbessert
und private Stellenbörsen integriert werden.

Durch das vierte Gesetz für moderne Dienstleistungen am Arbeitsmarkt sind mit **130**
Wirkung ab 1. Januar 2005 und teilweise auch noch später folgende Änderungen
eingetreten:

❑ Zusammenführung von Arbeitslosenhilfe und Sozialhilfe zum Arbeitslosengeld
   II. Beide Sozialleistungen werden direkt bei der Agentur für Arbeit verwal-
   tet. Kreise und Gemeinden erhalten jedoch die Möglichkeit, die Betreuung von
   Langzeitarbeitslosen zu übernehmen (kommunale Option).

❑ Reduzierung der Bezugsdauer des Arbeitslosengeldes auf 18 Monate (ab einem
   Lebensalter von 58 Jahren gilt eine Bezugsdauer von 24 Monaten).

❑ Neufestlegung von Regelsätzen.

Einige durch das Hartz-Konzept eingeführte Neuerungen wurden bereits wieder **131**
zurückgenommen (Ich-AG für Langzeit-Arbeitslose, Job-Floater für zinsgünstige
Kredite bei Einstellung von Arbeitslosen) oder funktional grundlegend verändert
(Personal-Service-Agenturen, Eingliederungszuschuss für ältere Arbeitnehmer
etc.). Zudem werden kontinuierlich Modifikationen eingeführt, insbesondere im
Bereich des Leistungsrechts.

132 Das Nebeneinander der beiden steuerfinanzierten Sozialleistungssysteme von **Arbeitslosen- und Sozialhilfe** hat in der Vergangenheit zu erheblichem Verwaltungsaufwand, Intransparenz und zu Kosten geführt. Nach den Reformgesetzen der Arbeitsförderung wird jeder Leistungsbezieher nur noch von einer Stelle betreut und erhält auch nur eine Leistung. Das Arbeitslosengeld I ist die beitragsfinanzierte originäre Versicherungsleistung, die dem bisherigen Regelwerk entspricht. Das Arbeitslosengeld II ist eine steuerfinanzierte bedürftigkeitsabhängige Leistung zur Sicherung des Lebensunterhalts der arbeitslosen erwerbsfähigen Personen im Anschluss an den Bezug von Arbeitslosengeld I oder bei Nichterfüllung der Anspruchsvoraussetzungen. Die Bezieher von Arbeitslosengeld II sind in die Sozialversicherung einbezogen; die Anspruchsdauer ist nicht begrenzt.

133 Die Betreuung von Hartz-IV-Empfängern fällt in den meisten Fällen in die Zuständigkeit der Arbeitsgemeinschaften (ARGEn) von der Bundesagentur für Arbeit (BA) und kommunalen Sozialämtern. Die Kompetenzvermischung von Bund und Kommunen in den Arbeitsgemeinschaften wurde gerichtlich überprüft. Nach einer Entscheidung des Bundesverfassungsgerichts vom 20. Dezember 2007 (BVerfG, 2 BvG 2433/04) widersprechen die Arbeitsgemeinschaften gemäß § 44 b SGB II dem Grundsatz eigenverantwortlicher Aufgabenwahrnehmung, der den zuständigen Verwaltungsträger verpflichtet, seine Aufgaben grundsätzlich durch eigene Verwaltungseinrichtungen, also mit eigenem Personal, eigenen Sachmitteln und eigener Organisation wahrzunehmen.

134 Infolgedessen werden Bund und Kommunen ihre Zuständigkeiten innnerhalb der Arbeitsgemeinschaften neu festlegen oder andere Organisationsmodelle für die Betreuung von Hartz-IV-Empfängern schaffen. Ein mögliches Modell ist die „getrennte Trägerschaft unter einem Dach", wonach Bund und Kommunen getrennte Aufgabenbereiche wahrnehmen. Es wird nicht vor 2011 mit einer entsprechenden Neuregelung gerechnet.

8.2 Leistungen an Arbeitnehmer

135 Aus der Arbeitsförderung werden eine Vielzahl verschiedener Leistungen an Arbeitnehmer gewährt. **Arbeitnehmer erhalten folgende Leistungen:**

❑ Berufsberatung sowie Ausbildungs- und Arbeitsvermittlung, §§ 45 ff. SGB III,

❑ Förderung der Aufnahme einer selbstständigen Tätigkeit durch einen Gründungszuschuss, §§ 57 f SGB III,

❑ Förderung der Berufsausbildung durch Berufsausbildungsbeihilfe während einer beruflichen Ausbildung oder einer berufsvorbereitenden Bildungsmaßnahme, §§ 59 ff. SGB III,

❑ Förderung der beruflichen Weiterbildung durch Übernahme der Weiterbildungskosten und Unterhaltsgeld während der Teilnahme an einer beruflichen Weiterbildung, §§ 77 ff. SGB III,

❏ Förderung der Teilhabe behinderter Menschen am Arbeitsleben durch allgemeine und besondere Leistungen zur beruflichen Eingliederung Behinderter, z. B. Ausbildungsgeld, Übernahme der Teilnahmekosten und sonstige Hilfen, §§ 97 ff. SGB III,

❏ Entgeltersatzleistungen, insbesondere Arbeitslosengeld, Kurzarbeitergeld bei Arbeitsausfall, Übergangsgeld, Kurzarbeitergeld und Insolvenzgeld, §§ 116 ff. SGB III.

Im Folgenden werden exemplarisch einige Entgeltersatzleistungen dargestellt, **136** insbesondere das Arbeitslosengeld, das Kurzarbeitergeld und das Insolvenzgeld.

Anspruch auf Arbeitslosengeld haben Arbeitnehmer, die arbeitslos sind, sich **137** bei der Arbeitsagentur arbeitslos gemeldet und die Anwartschaftszeit erfüllt haben. Als arbeitslos gilt ein Arbeitnehmer, der vorübergehend nicht in einem Beschäftigungsverhältnis steht (Beschäftigungslosigkeit) und eine versicherungspflichtige, mindestens 15 Stunden wöchentlich umfassende Beschäftigung sucht (Beschäftigungssuche). Eine Beschäftigung sucht, wer alle Möglichkeiten nutzt und nutzen will, um seine Beschäftigungslosigkeit zu beenden und den Vermittlungsbemühungen der Arbeitsagentur zur Verfügung steht (Verfügbarkeit). Arbeitsfähigkeit und Arbeitsbereitschaft werden daher vorausgesetzt. Einem Arbeitslosen sind alle seiner Arbeitsfähigkeit entsprechenden Beschäftigungen zumutbar, soweit allgemeine und personenbezogene Gründe der Zumutbarkeit einer Beschäftigung nicht entgegenstehen.

Der Arbeitslose hat sich persönlich bei der zuständigen Arbeitsagentur arbeitslos **138** zu melden, vgl. § 122 SGB III. Eine Meldung ist auch zulässig, wenn die Arbeitslosigkeit noch nicht eingetreten ist, aber innerhalb der nächsten drei Monate erwartet wird. Im Fall einer Kündigung ist eine sofortige Meldung der Arbeitslosigkeit erforderlich, da bei verspäteter Meldung eine Kürzung der Arbeitslosenunterstützung droht.

Die Anwartschaftszeit hat erfüllt, wer in der Rahmenfrist von in aller Regel drei **139** Jahren mindestens 12 Monate in einem Versicherungspflichtverhältnis gestanden hat.

Die Dauer des Anspruchs auf Arbeitslosengeld errechnet sich nach der Dau- **140** er des Versicherungspflichtverhältnisses innerhalb der um drei Jahre erweiterten Rahmenfrist und dem Lebensalter, das der Arbeitslose bei der Entstehung des Anspruchs vollendet hat, vgl. §§ 127 ff. SGB III. Die Höhe orientiert sich am Einkommen und beträgt 60 % des pauschalierten Nettoentgelts als allgemeiner Leistungssatz und 67 % für Arbeitslose mit mindestens einem Kind. Der Bemessungszeitraum umfasst regelmäßig die Entgeltabrechnungszeiträume im letzten Jahr vor Entstehung des Anspruchs.

Nebeneinkünfte werden auf das Arbeitslosengeld angerechnet, wenn sie 165 Euro **144** überschreiten, § 141 SGB III.

145   Der Anspruch auf Arbeitslosengeld ruht bei anderen Sozialleistungen, z. B. Berufsausbildungsbeihilfe, Krankengeld oder Renten, bei dem Erhalt von Arbeitsentgelt
und Urlaubsabgeltung, bei Erhalt von Abfindungen oder während einer Sperrzeit
oder bei Arbeitskämpfen. Durch die Leistung von Arbeitslosengeld darf insbesondere nicht in Arbeitskämpfe eingegriffen werden, vgl. § 146 SGB III.

146   **Anspruch auf Kurzarbeitergeld** haben Arbeitnehmer, wenn

❏ ein erheblicher Arbeitsausfall mit Entgeltausfall vorliegt,

❏ die betrieblichen und persönlichen Voraussetzungen erfüllt sind

❏ und der Arbeitsausfall der Agentur für Arbeit angezeigt worden ist.

147   Ein Arbeitsausfall ist erheblich, wenn er auf wirtschaftlichen Gründen oder einem
unabwendbaren Ereignis beruht, er vorübergehend und nicht vermeidbar ist und
im jeweiligen Kalendermonat (Anspruchszeitraum) mindestens ein Drittel der in
dem Betrieb beschäftigten Arbeitnehmer von einem Entgeltausfall von jeweils
mehr als 10 % ihres monatlichen Bruttoentgelts betroffen ist. Zu den wirtschaftlichen Gründen gehört auch eine Veränderung der betrieblichen Strukturen, die
durch die allgemeine wirtschaftliche Entwicklung hervorgerufen wurde. Als unab-
wendbare Ereignisse gelten insbesondere ein ungewöhnlicher Witterungsverlauf
oder behördliche Maßnahmen, die vom Arbeitgeber nicht zu vertreten sind. Ein
Arbeitsausfall ist nicht vermeidbar, wenn in einem Betrieb alle zumutbaren Vorkehrungen getroffen wurden, um den Eintritt des Arbeitsausfalls zu verhindern,
vgl. § 170 SGB III.

148   Die betrieblichen Voraussetzungen sind erfüllt, wenn in dem Betrieb mindestens
ein Arbeitnehmer beschäftigt ist. Auch eine Betriebsabteilung kommt für Kurzarbeit infrage. Die persönlichen Voraussetzungen sind erfüllt, wenn der Arbeitnehmer nach Beginn des Arbeitsausfalls eine versicherungspflichtige Beschäftigung
fortsetzt, aus zwingenden Gründen oder im Anschluss an das Berufsausbildungsverhältnis aufnimmt. Das Arbeitsverhältnis darf nicht gekündigt oder aufgehoben
und das Kurzarbeitergeld nicht ausgeschlossen sein, z.B. durch den Bezug von
Unterhaltsgeld oder Übergangsgeld bei Teilnahme an einer beruflichen Weiterbil-
dungsmaßnahme.

149   Die Anzeige des Arbeitsausfalls bei der Arbeitsagentur kann durch den Arbeitgeber
oder die Betriebsvertretung erstattet werden. Mit der Anzeige sind das Vorliegen
eines erheblichen Arbeitsausfalls und die betrieblichen Voraussetzungen für das
Kurzarbeitergeld glaubhaft zu machen. Erfolgt die Anzeige durch den Arbeitgeber,
ist eine Stellungnahme der Betriebsvertretung beizufügen, vgl. § 173 SGB III.

150   Das Kurzarbeitergeld wird für den Arbeitsausfall während einer Bezugsfrist von
bis zu sechs Monaten geleistet. Die Höhe des Kurzarbeitergeldes beträgt im Allgemeinen 60 %, für Arbeitnehmer mit Kindern 67 %, vgl. § 178 SGB III. Es besteht
eine eingeschränkte Verfügungsmöglichkeit, vgl. § 181 SGB III.

152   **Anspruch auf Insolvenzgeld** haben Arbeitnehmer, wenn sie bei der Eröffnung
des Insolvenzverfahrens über das Vermögen ihres Arbeitgebers für die vorausge-

henden drei Monate des Arbeitsverhältnisses noch Ansprüche auf Arbeitsentgelt haben. Dies gilt auch bei Abweisung des Antrags auf Eröffnung des Insolvenzverfahrens mangels Masse oder bei vollständiger Beendigung der Betriebstätigkeit im Inland, vgl. § 183 SGB III.

Die **Arbeitslosenhilfe** wurde durch die Hartz-Reformen mit der Sozialhilfe in einer Grundsicherung für Arbeitssuchende zusammengeführt. Nach Umsetzung des Vierten Gesetzes für moderne Dienstleistungen am Arbeitsmarkt ist die Grundsicherung für Arbeitsuchende in das Sozialgesetzbuch (SGB II) aufgenommen worden. Danach erhalten erwerbsfähige Hilfebedürftige als **Arbeitslosengeld II** Regelleistungen zur Sicherung des Lebensunterhalts, Leistungen für Mehrbedarfe, für Unterkunft und Heizung und einen befristeten Zuschlag nach Bezug von Arbeitslosengeld. Träger der Grundsicherung für Arbeitssuchende sind die Bundesagentur für Arbeit (Bundesagentur) und die kreisfreien Städte und Kreise (kommunale Träger), vgl. § 6 SGB II. Die Zuständigkeiten wurden im Rahmen von Arbeitsgemeinschaften zwischen Bund (Regelleistung) und Kommunen (Kosten der Unterkunft) geteilt. Infolge der Überprüfung der Arbeitsgemeinschaften durch das Bundesverfassungsgericht ist künftig mit Änderungen zu rechnen (vgl. Rz. 138). **153**

8.3 Leistungen an Arbeitgeber

Im Hinblick auf die in § 1 SGB III aufgeführten Ziele der Arbeitsförderung soll ein Zusammenwirken der Arbeitgeber mit den Agenturen für Arbeit erfolgen, vgl. § 2 SGB III. In der Arbeitsförderung sind gem. § 3 Abs. 2 SGB III folgende Leistungen an Arbeitgeber vorgesehen: **154**

❑ Arbeitsmarktberatung sowie Ausbildungs- und Arbeitsvermittlung,

❑ Eingliederungszuschüsse, z. B. Zuschüsse zu den Arbeitgeberentgelten bei Eingliederung von leistungsgeminderten Arbeitnehmern sowie bei Neugründungen und zur Förderung der beruflichen Weiterbildung, §§ 217 ff. SGB III,

❑ Förderung der Berufsausbildung, der beruflichen Weiterbildung und der Teilhabe am Arbeitsleben, z. B. durch Zuschüsse zur Ausbildungsvergütung für die betriebliche Aus- oder Weiterbildung, §§ 235 ff. SGB III,

❑ Zuschüsse zur Vergütung bei einer Einstiegsqualifizierung,

❑ Erstattung von Beiträgen zur Sozialversicherung für Bezieher von Saison-Kurzarbeitergeld.

Arbeitgeber können zur Eingliederung von forderungsbedürftigen Arbeitnehmern Zuschüsse zu den Arbeitsentgelten zum Ausgleich von Minderleistungen erhalten. Förderungsbedürftig sind Arbeitnehmer, die ohne die Leistung nicht oder nicht dauerhaft in den Arbeitsmarkt eingegliedert werden können. Diese Eingliederungszuschüsse können z. B. bei der Einarbeitung, bei erschwerter Vermittlung oder für ältere Arbeitnehmer erbracht werden. Sie werden zu Beginn der Maßnahme für längstens ein Jahr festgelegt. Höhe und Dauer richten sich nach dem Umfang einer Minderleistung des Arbeitnehmers und den jeweiligen Eingliederungs- **155** erfordernissen und betragen z. B. 30 bis 50 % bei einer Förderdauer von 6 bis 12 Monaten, bei schwerbehinderten Menschen bis maximal 70 % für einen Zeitraum von maximal 36 Monaten.

158   Auch können Arbeitgeber für die betriebliche Aus- und Weiterbildung von behinderten Menschen in Ausbildungsberufen durch Zuschüsse zur Ausbildungsvergütung gefördert werden, wenn die Aus- und Weiterbildung auf andere Weise nicht zu erreichen ist, §§ 236 ff. SGB III.

8.4 Leistungen an Träger

159   Zur Erfüllung der Aufgaben in der Arbeitsförderung erhalten auch die Träger der Arbeitsförderung Leistungen, vgl. § 3 Abs. 3 SGB III. Diese betreffen insbesondere die Förderung der Berufsausbildung, z.b. durch Zuschüsse zu zusätzlichen Maßnahmen der betrieblichen Ausbildung, ferner die Übernahme der Kosten für die Ausbildung in einer außerbetrieblichen Einrichtung. Darüber hinaus werden Einrichtungen der beruflichen Aus- oder Weiterbildung oder der beruflichen Rehabilitation gefördert und Zuschüsse zu Arbeitsbeschaffungsmaßnahmen gewährt.

160   Im Einzelnen umfassen die Leistungen, die an Träger der Arbeitsförderung gewährt werden, insbesondere folgende Maßnahmen:

❑ Förderung der Berufsausbildung gem. §§ 240 ff. SGB III,

❑ Förderung von Arbeitsbeschaffungsmaßnahmen, §§ 260 ff. SGB III.

161   Die Träger von Maßnahmen der beruflichen Ausbildung können durch Zuschüsse gefördert werden, wenn sie durch zusätzliche Maßnahmen zur betrieblichen Ausbildung für förderungsbedürftige Auszubildende diesen eine berufliche Ausbildung ermöglichen und ihre Eingliederungsaussichten verbessern, vgl. § 240 SGB III. Förderungsfähig sind Maßnahmen, die eine betriebliche Ausbildung in einem nach dem Berufsbildungsgesetz, der Handwerksordnung oder dem Seemannsgesetz staatlich anerkannten Ausbildungsberuf im Rahmen eines Berufsausbildungsvertrags unterstützen. Hierzu gehören z. B. der Abbau von Sprach- und Bildungsdefiziten, die Förderung der Fachpraxis und Fachtheorie und die sozialpädagogische Begleitung. Förderungsbedürftig sind z. B. lernbeeinträchtigte und sozial benachteiligte Auszubildende, die wegen der in ihrer Person liegenden Gründe eine Berufsausbildung nicht beginnen, fortsetzen oder erfolgreich beenden können.

162   Träger von Arbeitsbeschaffungsmaßnahmen können für die Beschäftigung von zugewiesenen Arbeitnehmern durch Zuschüsse und Darlehen gefördert werden, wenn im öffentlichen Interesse liegende Arbeiten durchgeführt werden und die von der Arbeitsagentur zugewiesenen förderungsbedürftigen Arbeitnehmer durch die Arbeit beruflich stabilisiert oder qualifiziert werden, vgl. §§ 260 ff. SGB III. Diese Maßnahmen sollen Personen zugute kommen, welche die beruflichen Voraussetzungen für Entgeltersatzleistungen bei Arbeitslosigkeit, bei beruflicher Weiterbildung oder bei beruflicher Eingliederung Behinderter erfüllen. Die Förderung darf in der Regel nicht mehr als zwölf Monate dauern.

8.5 Aufgaben der Bundesagentur für Arbeit

Die wesentlichen Aufgaben der Bundesagentur für Arbeit liegen in den zuvor aus- **163**
geführten Bereichen der Beratung, der Ausbildungs- und Arbeitsvermittlung und
der Arbeitsförderung. Darüber hinaus sind ihr kraft Gesetzes aber noch weitere
Aufgaben zugewiesen, insbesondere

❑ Statistiken, Arbeitsmarkt- und Berufsforschung, Berichterstattung, §§ 280 ff.
SGB III,

❑ Erteilung von Genehmigungen und Erlaubnissen, §§ 284 ff. SGB III, z. B. für
die Beschäftigung ausländischer Arbeitnehmer und für die Berufsberatung und
Vermittlung durch Dritte.

Die Bundesagentur für Arbeit hat Lage und Entwicklung der Beschäftigung und **164**
des Arbeitsmarktes im Allgemeinen und nach Berufen, Wirtschaftszweigen und
Regionen sowie die Wirkungen der aktiven Arbeitsförderung zu beobachten, zu untersuchen und auszuwerten. Dies geschieht durch die Erstellung von Statistiken,
durch Arbeitsmarkt- und Berufsforschung und durch Berichterstattung. In regelmäßigen Abständen hat die Bundesagentur die Arbeitsmarktstatistiken und die
Forschungsergebnisse dem Bundesministerium für Arbeit und Soziales vorzulegen
und in geeigneter Form zu veröffentlichen.

Für die Beschäftigung ausländischer Arbeitnehmer gelten folgende Grundsätze:

Ausländer dürfen eine Beschäftigung nur mit Genehmigung der Bundesagentur **165**
für Arbeit ausüben und von Arbeitgebern nur beschäftigt werden, wenn sie eine
solche Genehmigung besitzen. Ausgenommen sind Ausländer, denen nach den
Rechtsvorschriften der Europäischen Gemeinschaft oder über den Europäischen
Wirtschaftsraum Freizügigkeit zu gewähren ist.

Besonderheiten gelten für Staatsangehörige der neuen EU-Mitgliedstaaten gem.
§ 284 SGB III. Diese Regelung betrifft Staaten, die nach dem Vertrag vom 16. April
2003 (BGBl. 2003 II S. 1408) der Europäischen Union beigetreten sind: Tschechien,
Estland, Zypern, Lettland, Litauen, Ungarn, Malta, Polen, Slowenien, Slowakische
Republik. Deren Staatsangehörige und ihre freizügigkeitsberechtigten Familienangehörigen dürfen eine Beschäftigung nur mit Genehmigung der Bundesagentur
für Arbeit ausüben und von Arbeitgebern nur beschäftigt werden, wenn sie eine
solche Genehmigung besitzen, soweit nach Maßgabe des EU-Beitrittsvertrages abweichende Regelungen als Übergangsregelungen der Arbeitnehmerfreizügigkeit
Anwendung finden. Dies gilt für die Staatsangehörigen der Staaten entsprechend,
die nach dem Vertrag vom 25. April 2005 über den Beitritt der Republik Bulgarien
und Rumäniens zur Europäischen Union (BGBl. 2006 II S. 1146) der Europäischen
Union beigetreten sind. Die Genehmigung wird befristet als Arbeitserlaubnis-EU
erteilt, wenn nicht Anspruch auf eine unbefristete Erteilung als Arbeitsberechti-
gung-EU besteht. Die Genehmigung ist vor Aufnahme der Beschäftigung einzuholen. Einschränkungen bestehen für Beschäftigungen, die keine qualifizierte Berufsausbildung voraussetzen.

Ferner dürfen Ausländer mit einer unbefristeten Aufenthaltserlaubnis oder einer Aufenthaltsberechtigung beschäftigt werden. Zwischenstaatliche Vereinbarungen sind bei der Beschäftigung von Ausländern ebenfalls zu beachten.

168   Weitere Aufgaben der Bundesagentur für Arbeit liegen z. B. in der Untersagung der Berufsberatung durch ungeeignete Stellen gem. §§ 288 a SGB III. Zudem bestehen umfangreiche Aufgaben im Bereich des Meldewesens gem. §§ 309 ff. SGB III, der Leistungsverwaltung und des Datenschutzes.

8.6 Pflichten in der Arbeitsförderung

169   Im Bereich der Arbeitsförderung haben die Beteiligten unterschiedliche Verpflichtungen zur Mitwirkung im Leistungsverfahren und zur Erfüllung der Aufgaben der Bundesanstalt für Arbeit zu erbringen. Diese umfassen:

170   ❏ Meldepflichten gem. §§ 309 f SGB III,

❏ Anzeige- und Bescheinigungspflichten gem. §§ 311 ff. SGB III,

❏ Auskunftspflichten gem. §§ 315 ff. SGB III,

❏ sonstige Pflichten, wie Berechnungs-, Auszahlungs-, Aufzeichnungs- und Anzeigepflichten, § 320 SGB III.

171   Im Leistungsverfahren besteht eine **allgemeine Meldepflicht** des Arbeitslosen während der Zeit, für die er Anspruch auf Arbeitslosengeld oder Arbeitslosenhilfe erhält, § 309 SGB III. Diese allgemeine Meldepflicht umfasst Meldungen der Arbeitsagentur oder das Erscheinen zu einem ärztlichen oder psychologischen Untersuchungstermin, wenn die Arbeitsagentur ihn dazu auffordert. Die Aufforderung zur Meldung kann z. B. zum Zweck der Berufsberatung, der Vermittlung in Ausbildung oder Arbeit, zur Vorbereitung aktiver Arbeitsförderungsleistungen oder von Entscheidungen im Leistungsverfahren erfolgen. Die allgemeine Meldepflicht wird durch die Meldepflicht beim Wechsel der Zustände ergänzt.

172   Bei einem Antrag auf Arbeitslosengeld oder Übergangsgeld und während des Bezugs dieser Leistungen ist der Bundesagentur für Arbeit eine eingetretene Arbeitsunfähigkeit und deren voraussichtliche Dauer unverzüglich anzuzeigen und spätestens vor Ablauf des 3. Kalendertages eine ärztliche Bescheinigung vorzulegen, vgl. § 311 SGB III. Im Einzelfall sind ferner die Arbeitsbescheinigung, Nebeneinkommensbescheinigung oder Insolvenzgeldbescheinigung vorzulegen.

173   Es bestehen auch **Auskunftspflichten Dritter**, sofern diese an Förderungsempfänger Leistungen erbringen, welche die von der Bundesagentur für Arbeit gewährten Leistungen ausschließen oder mindern, vgl. §§ 315 ff. SGB III.

E. Datenschutzerfordernisse

Im Arbeits- und Sozialversicherungsrecht gab es schon vor Einführung der elek- **001**
tronischen Datenverarbeitung im Personalwesen der öffentlichen und privaten
Einrichtungen und im Meldewesen der Sozialversicherung besondere **Verschwiegenheitspflichten** derjenigen Personen, die von Berufs oder von Amts wegen mit
Arbeitnehmerdaten oder mit Sozialdaten befasst waren. Darüber hinaus besteht
eine allgemeine Verschwiegenheitspflicht der Arbeitnehmer hinsichtlich der Be-
triebs- und Geschäftsgeheimnisse aus dem arbeitsrechtlichen Rechtsgrundsatz der
Treuepflicht.[1]

Die **Verletzung von Privatgeheimnissen** steht für bestimmte Berufsgruppen **002**
unter Strafe. Wer unbefugt ein fremdes Geheimnis offenbart, insbesondere ein
zum persönlichen Lebensbereich gehörendes Geheimnis oder ein Betriebs- oder
Geschäftsgeheimnis, das ihm in seiner Funktion als Arzt, Psychologe, Rechtsanwalt, Sozialarbeiter, Steuerberater, Wirtschaftsprüfer usw. oder als Angehöriger
eines Unternehmens der privaten Kranken-, Unfall- oder Lebensversicherung anvertraut worden ist, wird gem. § 203 StGB mit einer Freiheitsstrafe bis zu einem
Jahr oder mit einer Geldstrafe bestraft. Dieser gesetzliche Straftatbestand der
Verletzung des persönlichen Lebens- und Geheimbereichs, zu dem auch
das Briefgeheimnis und die Vertraulichkeit des Wortes gehören, wurde im Zuge
der Bekämpfung der Wirtschaftskriminalität zur Sicherung der Datenbank- und
Datenverarbeitungssysteme gegen Abhören oder gegen sonstigen unbefugten Zugriff ergänzt. Das unbefugte **Ausspähen von Daten** wird gem. § 202 a StGB mit
einer Freiheitsstrafe bis zu drei Jahren oder mit einer Geldstrafe bestraft. Tat-
gegenstand sind Daten, die elektronisch, magnetisch oder sonst nicht unmittelbar wahrnehmbar gespeichert sind oder übermittelt werden. Der strafrechtliche
Schutz erfasst alle Formen des unberechtigten Zugriffs auf Daten. Ferner sind
auch die rechtswidrige **Datenveränderung** gem. § 303 a StGB, die **Computers-
abotage** gem. § 303 b StGB und der **Computerbetrug** gem. § 263 a StGB unter
Strafe gestellt.

Der Datenschutz ist im **Bundesdatenschutzgesetz (BDSG)** und in den Landes- **003**
datenschutzgesetzen geregelt. Der Anwendungsbereich der Datenschutzgesetze
betrifft insbesondere die **Verarbeitung personenbezogener Daten,** zu denen
auch die Arbeitnehmerdaten gehören, die im Personalwesen verwaltet werden. Das
Datenschutzrecht ist ein Bestandteil des allgemeinen Persönlichkeitsrechts gem.
Art. 2 Abs. 1 GG und wurde vom Bundesverfassungsgericht im Volkszählungsurteil als **Recht auf informationelle Selbstbestimmung** aus einer Fortführung
bisheriger Rechtsgrundsätze heraus entwickelt.[2] In vielen Lebensbereichen bestehen **Sonderregeln des Datenschutzes und der Datensicherung,** etwa das
Bankgeheimnis, das Betriebs- und Geschäftsgeheimnis, das Brief-, Post- und Fernmeldegeheimnis, das Steuergeheimnis, das Sozialgeheimnis und das Statistikge-

---

1 Vgl. Abschnitt B. 2.2. zu den Treuepflichten des Arbeitnehmers.
2 BVerfGE 65, 1 ff.– Volkszählungsurteil.

heimnis. Zum Schutz des Persönlichkeitsrechts bei der Erhebung, Speicherung und Übermittlung von Arbeitnehmer- und Sozialdaten sind Spezialvorschriften und Verhaltensregeln des Arbeits- und Sozialrechts vorrangig vor den allgemeinen Datenschutzgesetzen zu berücksichtigen.

1. Arbeitnehmerdatenschutz

004 Der Arbeitgeber benötigt im Bereich der Personalplanung und der Personalverwaltung zur Erfüllung seiner Aufgaben zahlreiche Arbeitnehmerdaten, insbesondere für die Feststellung der Eignung eines Arbeitnehmers bei der Einstellung, zur Lohn- und Gehaltsabrechnung, zur Beurteilung der Leistung des Arbeitnehmers und zur Ausführung der gesetzlich vorgesehenen Meldungen an die Sozialversicherungsträger, an Behörden und andere Stellen zahlreiche personenbezogene Informationen, die er sich aus den Bewerbungsunterlagen und aus dem Personalfragebogen beschaffen kann. Der Arbeitgeber benötigt aber auch personenbezogene Arbeitnehmerdaten zur Erfüllung gesetzlicher Aufgaben, z. B. zur Ausstellung ärztlicher Bescheinigungen für den Arbeitsschutz, ferner für Aufzeichnungen über Fehlzeiten, Weiterbildungsmaßnahmen, Lohn- und Gehaltspfändungen, Angaben zur Sozialauswahl bei Kündigungen und die Angaben für das sozialversicherungsrechtliche Meldewesen.

005 Diese personenbezogenen Daten des Arbeitnehmers werden in **Personalakten** gesammelt, um dem Arbeitgeber bei der Durchführung arbeitsvertraglicher Maßnahmen als Entscheidungsgrundlage zur Verfügung zu stehen. Die Arbeitnehmerdatenverwaltung ist nicht nur für eigene Zwecke der Arbeitgeber erforderlich, sondern auch zur Übermittlung von Daten an andere Stellen, sofern der Arbeitgeber hierzu gesetzlich verpflichtet ist. Der Arbeitgeber übermittelt z. B. Arbeitnehmerdaten an

❑ **Versicherungsträger:**

Berufsgenossenschaften, Bundesversicherungsanstalt für Angestellte, Krankenkassen, Landesversicherungsanstalten usw.,

❑ **Behörden:**

z. B. Amt für Ausbildungsförderung, Arbeitsschutzbehörden, Aufsichtsbehörden für Datenschutz, Bundesagentur für Arbeit (BA), Bundesinstitut für Berufsbildung, Finanzbehörden, Gesundheitsamt, Gewerbeaufsichtsamt, Landesamt für Datenverarbeitung und Statistik, Polizeibehörden, Staatsanwaltschaft, statistisches Bundesamt, Steuerfahndungsbehörde, Straßenverkehrsbehörde, Wehrbereichsverwaltung usw.,

❑ **Körperschaften des öffentlichen Rechts** und sonstige Stellen:

Betriebsräte, Gerichte für Zeugenentschädigungen, Gläubiger im Insolvenzverfahren und nach Gehaltsabtretungen, Handwerkskammer, Landwirtschaftskammer, Hochschulen, Industrie- und Handelskammer, Insolvenz- und Vergleichsverwalter, Kreditinstitute für vermögenswirksame Leistungen usw.

Damit der Arbeitgeber in der Lage ist, die vielfältigen Aufgaben der Personalpla-   **006**
nung und -verwaltung rationell und kostensparend zu erledigen, müssen die Arbeitnehmerdaten gespeichert und ihre Zugriffsmöglichkeit zeitsparend organisiert
werden. Die Aufzeichnung der Daten erfolgt in herkömmlicher Weise in Personalakten und zunehmend auch in elektronischen Datenbanken, wo sie mithilfe eines
Personalinformationssystems verwaltet werden. Die elektronische Personaldatenverwaltung wird aus Kostengründen häufig von anderen Unternehmen durchgeführt, z. B. von der Verwaltungsgesellschaft eines Konzerns oder von externen Re-
chenzentren im Wege der Auftragsdatenverarbeitung.

1.1 Personalakten und Personalinformationssysteme

Der Einsatz von Personalinformationssystemen ermöglicht dem Arbeitgeber vor   **007**
allem eine rationelle Durchführung seiner Aufgaben im Bereich der Personal-
bedarfsplanung, der Personalbeschaffungsplanung, der Personalerhaltungspla-
nung und der Personalentwicklungsplanung. Die Personaldatenverwaltung ist
gesetzlich nur unvollkommen geregelt. Zur Entscheidung darüber, welche Arbeitnehmerdaten der Arbeitgeber erfragen und in die Personalakten bzw. in ein Personalinformationssystem aufnehmen darf, ist der Zweck der ordnungsgemäßen
Durchführung des Arbeitsverhältnisses heranzuziehen. Der Arbeitgeber darf solche Daten erfragen und in Bewerbungs- und Personalakten oder -dateien dokumentieren, die zur Entscheidung über die jeweilige Maßnahme erforderlich sind,
aber er darf den Bewerber oder den Arbeitnehmer nicht über seine persönlichen
Verhältnisse ausforschen.

Die **Grenze des Fragerechts des Arbeitgebers** bildet das allgemeine Persön-   **008**
lichkeitsrecht des Arbeitnehmers gem. Art. 2 Abs. 1 GG und das darin enthaltene
Recht auf informationelle Selbstbestimmung. Als Folge einer Verletzung dieses
Grundrechts durch die Überschreitung der Fragebefugnis des Arbeitgebers im
Bewerbungsverfahren und im Arbeitsverhältnis entstehen zivilrechtliche Anfech-
tungsrechte und Schadensersatzansprüche des Bewerbers oder des Arbeitnehmers.[3]

Der Arbeitgeber hat die Personalakten vor dem unbefugten Zugriff und der Ein-   **009**
sichtnahme Dritter zu bewahren. Infolgedessen sind die Mitarbeiter in der Personalabteilung über ihre besonderen **Geheimhaltungspflichten** zu belehren; ferner
sind Zugangsbeschränkungen einzurichten und es ist für eine sichere Aufbewahrung der Personalakten in Schränken und Räumen zu sorgen, um die Arbeitnehmerdaten vor unbefugten Einsichtnahmen und Zugriffen zu schützen. Verletzt der
Arbeitgeber seine diesbezüglichen Pflichten, liegt ein Eingriff in das allgemeine
Persönlichkeitsrecht vor, mit der Folge eines Schadensersatz- und Schmerzens-
geldanspruches des verletzten Arbeitnehmers. Insoweit kann der Arbeitnehmer
die Einhaltung der Geheimhaltungspflichten vom Arbeitgeber verlangen. Dies gilt

---

3 Vgl. Abschnitt B. 1.5. zu den Mängeln des Arbeitsvertrags.

auch, wenn andere Unternehmen mit der Personaldatenverarbeitung beauftragt werden.

010 Das Recht des Arbeitnehmers auf **Einsichtnahme in seine Personalakten** ist allgemein anerkannt und folgt aus zahlreichen gesetzlichen Spezialvorschriften, insbesondere aus §§ 83 BetrVG, 26 Abs. 2 SprAuG. Danach hat der Arbeitnehmer ohne Nachweis besonderer Interessen jederzeit das Recht, in die über ihn geführten Personalakten Einsicht zu nehmen. Er kann hierzu ein Mitglied des Betriebsrats bzw. des Sprecherausschusses hinzuziehen. Die Betriebsrats- und Sprecherausschussmitglieder haben über den Inhalt der Personalakte Stillschweigen zu bewahren, soweit sie vom Arbeitnehmer nicht von dieser Verpflichtung entbunden werden. In größeren Betrieben wird zur Durchführung der Einsichtnahmen der Arbeitnehmer in ihre Personalakten regelmäßig eine Betriebsvereinbarung abgeschlossen, die die Häufigkeit, eine Voranmeldung und den Ort der Personalakteneinsicht regelt, denn diese Vorgänge gehören zu den erzwingbaren Mitbestimmungsrechten des Betriebsrates gem. § 87 Abs. 1 Nr. 1 BetrVG. Eine entsprechende Regelung für leitende Angestellte sieht das Sprecherausschussgesetz nicht vor.

011 Dem Arbeitnehmer steht regelmäßig nur ein Einsichtsrecht in seine Personalakte zu, das auf die Dauer des Arbeitsverhältnisses beschränkt ist. Er hat dagegen keinen Anspruch auf Herausgabe von Unterlagen aus den Personalakten. Allerdings sind auf sein Verlangen schriftliche Erklärungen zum Inhalt der Personalakten dieser beizufügen, §§ 83 Abs. 2 BetrVG, 26 Abs. 2 SprAug. Enthält die Personalakte unrichtige Angaben, hat er einen **Anspruch auf Berichtigung** und soweit die Personalakte unberechtigte Rügen und Abmahnungen enthält, auch einen **Anspruch auf Entfernung des unrichtigen Vermerks**, der im Streitfall im Wege des arbeitsgerichtlichen Verfahrens durchgesetzt werden kann.[4] Denn der Arbeitgeber hat im Rahmen seiner Fürsorgepflicht auch die berechtigten Interessen des Arbeitnehmers zu wahren und eine Beeinträchtigung zu vermeiden.

012 Zur Rationalisierung der Personaldatenverwaltung werden in größeren Betrieben zunehmend elektronische Personaldatenbanken eingerichtet, die unter **Einsatz von Personalinformationssystemen** verwaltet werden. Administrative Personalinformationssysteme dienen dazu, die rechtlichen und betrieblichen Erfordernisse der Lohn- und Gehaltsabrechnung, der Einstellung, Versetzung, Beförderung und Kündigung von Arbeitnehmern zu bewältigen. Darüber hinaus können Personalinformationssysteme auch zu dispositiven Zwecken eingesetzt werden, z. B. zur Personalplanung, indem die Arbeitnehmerdaten über Aus- und Fortbildung, Eignung und Fähigkeiten, Leistungen und Leistungsbewertungen der Arbeitnehmer mit einer Arbeitsplatzdatenbank verbunden werden, welche u. a. Angaben über Arbeitsplätze, Stellenfunktionen und -anforderungen enthält.

---

4 Das Persönlichkeitsrecht des Arbeitnehmers wird durch unrichtige, sein berufliches Fortkommen berührende Tatsachenbehauptungen beeinträchtigt, zu denen auch schriftliche Rügen und Verwarnungen gehören, vgl. BAG BB 1986, 594 = DB 1986, 489 = NJW 1986, 1065.

Im Bereich der Personalbedarfs- und der Personalbeschaffungsplanung ergeben **013** sich weitreichende Anwendungsmöglichkeiten von Personalinformationssystemen. Aus den Daten über Eigenschaften der Arbeitnehmer mit zugeordneten Gewichtungen lassen sich Arbeitsplatz- und Fähigkeitsprofile erstellen, um für einen Arbeitsplatz den geeigneten Arbeitnehmer auszuwählen. Im Rahmen eines automatisiert durchgeführten Profilabgleichs[5] können Leistungs-, Fähigkeits-, Arbeitsplatzbelastungs- und Eignungsprofile erfolgen, die jeweils einen Ausschnitt aus der Gesamtpersönlichkeit des Arbeitnehmers erfassen. Der im Einzelfall darin enthaltene medizinische Befund unterliegt gleichzeitig dem Arztgeheimnis.

Aufgrund der multifunktionalen Informationsverarbeitung von Personalinformati- **014** onssystemen bedarf ihre Einführung durch die Anschaffung entsprechender Hard- und Software der **Mitbestimmung des Betriebsrates** gem. § 87 Abs. 1 Nr. 6 BetrVG.[6] Im Rahmen einer umfassenden Management-Informationssystem-Konzeption werden Personalinformationssysteme als Teilsysteme der Personalverwaltung mit Betriebserfassungssystemen anderer betrieblicher Funktionsbereiche verbunden, z. B. mit der Kosten- und der Produktionsplanung, der Fertigung, der Materialwirtschaft und Logistik, mit dem Absatz und dem Marketing. Infolge der Mitbestimmungsrechte des Betriebsrates sind in Betriebsvereinbarungen und Einigungsstellenbeschlüssen Regelungen zum Arbeitnehmerdatenschutz enthalten, vor allem zur Sicherung von Arbeitnehmerdaten gegen den Zugriff unbefugter Personen.

1.2 Der Regelungsbereich des Bundesdatenschutzgesetzes

Das Bundesdatenschutzgesetz (BDSG) dient der **Wahrung des informationel-** **015** **len Selbstbestimmungsrechts** als Bestandteil des allgemeinen Persönlichkeitsrechts gem. Art. 2 Abs. 1 GG. Es betrifft personenbezogene Daten, die von öffentlich-rechtlichen und privaten Stellen verarbeitet werden und enthält keine speziellen Vorschriften für den Arbeitnehmerdatenschutz, sondern regelt allgemein die Erhebung, Verarbeitung und Nutzung personenbezogener Daten. Die **Anwendung des Bundesdatenschutzgesetzes** ist an folgende Voraussetzungen geknüpft:

❏ **Erhebung, Verarbeitung und Nutzung**

❏ **personenbezogener Daten**

❏ **durch öffentliche Stellen**

❏ **und durch nicht-öffentliche Stellen unter Einsatz von Datenverarbeitungsanlagen.**

---

5 Die rechtliche Zulässigkeit dieser Anwendungsmöglichkeiten von Personalinformationssystemen ist stark umstritten. Es fehlt in aller Regel die erforderliche Einwilligung der betroffenen Arbeitnehmer. Im Übrigen bestehen Mitbestimmungsrechte des Betriebsrates.

6 Vgl. die Abschnitte C. 4.3. zur Mitbestimmung des Betriebsrates in sozialen Angelegenheiten und der Abschnitt E. 1.3. zu den Aufgaben des Betriebsrates im Bereich des Datenschutzes.

016   **Personenbezogene Daten** sind Einzelangaben über persönliche oder sachliche Verhältnisse einer bestimmten oder bestimmbaren natürlichen Person (= Betroffener), vgl. § 3 BDSG. Daher gehören die Angaben in den Personalakten des Arbeitnehmers zu den personenbezogenen Daten, weil sie die Person des Arbeitnehmers oder den Inhalt und Ablauf seines Arbeitverhältnisses betreffen. Darüber hinaus sind alle Einzelangaben, die auf einen bestimmten Arbeitnehmer zurückzuführen sind, personenbezogene Daten im Sinne des Bundesdatenschutzgesetzes, z. B. die Prokura, die Firma, geschäftliche Funktionen, die Personalnummer, die betriebliche Telefonnummer, Eingabe- oder Benutzerzeichen eines Computers, das Lichtbild oder Daten über die Kantinenabrechnung.

017   Der Datenschutz betrifft im Bereich der nicht-öffentlichen Stellen nur solche personenbezogenen Daten, die unter Einsatz von Datenverarbeitungsanlagen verarbeitet, genutzt oder erhoben werden. Lediglich für öffentlich-rechtliche Stellen erstreckt sich der Anwendungsbereich des BDSG auch auf personenbezogene Daten in Akten, vgl. § 1 Abs. 2 BDSG.

018   Das Bundesdatenschutzgesetz unterscheidet die in § 3 BDSG genannten **Phasen der Datenverarbeitung:**

❑ **Erheben** ist das Beschaffen von Daten über den Betroffenen.

❑ **Verarbeiten** ist das Speichern, Verändern, Übermitteln, Sperren und Löschen personenbezogener Daten.

❑ **Nutzen** ist jede Veränderung personenbezogener Daten, soweit es sich nicht um Verarbeitung handelt.

019   In der zweiten Phase der **Verarbeitung personenbezogener Daten** ist eine weitere Aufteilung der Arbeitsvorgänge i.S. des § 3 BDSG möglich:

❑ **Speichern** ist das Erfassen, Aufnehmen oder Aufbewahren von Daten auf einem Datenträger zur weiteren Verarbeitung oder zur Nutzung.

❑ **Verändern** ist das inhaltliche Umgestalten gespeicherter personenbezogener Daten.

❑ **Übermitteln** ist das Bekanntgeben gespeicherter oder durch Datenverarbeitung gewonnener Daten an einen Dritten in der Weise, dass die Daten durch die speichernde Stelle, z. B. durch den Arbeitgeber, weitergegeben oder zur Einsichtnahme, namentlich zum Abruf, bereitgehalten werden.

❑ **Sperren** ist das Kennzeichnen gespeicherter personenbezogener Daten, um ihre weitere Verarbeitung oder Nutzung einzuschränken,

❑ **Löschen** ist das Unkenntlichmachen gespeicherter personenbezogener Daten.

020   Ausgehend von dem in § 1 BDSG aufgeführten Zweck des Bundesdatenschutzgesetzes, den Einzelnen davor zu schützen, dass er durch den Umgang mit seinen Daten nicht in seinem Persönlichkeitsrecht beeinträchtigt wird, erhält das Gesetz zwei Erlaubnistatbestände. Nach § 4 BDSG sind die Erhebung, die Verarbeitung und die Nutzung personenbezogener Daten nur zulässig, wenn dieses Gesetz oder eine andere Rechtsvorschrift sie erlaubt oder anordnet oder so weit der Betroffene eingewilligt hat. Danach ergibt sich als Voraussetzung für eine rechtmäßige Verarbeitung personenbezogener Daten

❑ **ein Gesetzesvorbehalt oder**

❑ **die Einwilligung des Betroffenen.**

Eine gesetzliche Erlaubnis ergibt sich für die personenbezogenen Arbeitnehmerdaten aus § 28 BDSG im Rahmen der **Zweckbestimmung des Arbeitsverhältnisses.** Danach ist das Interesse des Arbeitgebers an der Datenspeicherung durch die gesetzlichen und vertraglichen Erfordernisse zur Durchführung des Arbeitsverhältnisses gerechtfertigt, sofern schutzwürdige Belange des Arbeitnehmers nicht beeinträchtigt werden. Infolgedessen dürfen zahlreiche Daten zur Person des Arbeitnehmers erhoben und gespeichert werden, wie Name, Anschrift, Telefonnummer, Geschlecht, Familienstand, schulischer und beruflicher Werdegang, Ausbildung in Lehr- und anderen Berufen, Fachschulausbildung, Fachrichtung, Abschluss, Sprachkenntnisse und weitere Umstände, die für die Auswahl unter mehreren Bewerbern von Bedeutung sind sowie die Gesundheitsdaten der Arbeitnehmer, insbesondere wegen einer erforderlichen medizinischen Überwachung nach den Arbeitsschutzgesetzen.

021

Die Erhebung, Verarbeitung und Nutzung personenbezogener Daten ist gem. § 28 BDSG auch aus der **Zweckbestimmung eines vertragsähnlichen Vertrauensverhältnisses** zulässig, sodass bei der Bewerberauswahl das arbeitsvertragliche Anbahnungsverhältnis die Speicherung der Bewerberdaten rechtfertigt.[7] Das Fragerecht bei der Anbahnung eines Arbeitsverhältnisses ist weit weniger umfangreich als im Bereich der Personaldatenverwaltung nach Vertragsabschluss. So wären z. B. die Fragen nach der Gewerkschaftszugehörigkeit oder nach der Religionszugehörigkeit im Anbahnungsverhältnis unzulässig, im Arbeitsverhältnis wegen der Feststellung der Tarifbindung und der Verpflichtung zur Abführung von Kirchensteuern dagegen zulässig. Auch entfällt im Bewerbungsverhältnis der Zweck der Speicherung, wenn die Vertragsverhandlungen gescheitert sind, mit der Folge, dass die abgelehnten Bewerber nach Abschluss des Bewerbungsverfahrens einen Anspruch auf Löschung ihrer personenbezogenen Daten haben. Ein darüber hinausgehender Herausgabeanspruch besteht nicht, sodass die Ergebnisse eines psychologischen Eignungstests auf Wunsch des zurückgewiesenen Bewerbers zwar vernichtet, ihm aber nicht ausgehändigt werden müssen.

022

Die Verarbeitung personenbezogener Daten, die nicht bereits durch den Zweck des Bewerber- oder Arbeitsverhältnisses gerechtfertigt wären, setzt die **Einwilligung in die Datenverarbeitung** voraus. Derartige Einverständniserklärungen werden von Bewerbern hinsichtlich psychologischer Eignungstests und ärztlicher Untersuchungen eingeholt. Die Einwilligung in die Datenverarbeitung muss schriftlich erfolgen und ausreichend bestimmt sein, sodass der betroffene Bewerber oder Arbeitnehmer darüber aufzuklären ist zu welchem Zweck seine Daten gespeichert

023

---

7 Vgl. Abschnitt B. 1.2. zum Anbahnungsverhältnis und Abschnitt B. 1.5. zum Fragerecht des Arbeitgebers im Einstellungsgespräch.

werden, ob ihre Übermittlung vorgesehen ist, und er ist auf die Folgen einer Verweigerung der Einwilligung hinzuweisen. Dies ist im Arbeitsverhältnis von besonderer Bedeutung, weil Einwilligungen im Rahmen von Formulararbeitsverträgen oder einzelvertragliche aber pauschale Erklärungen den Anforderungen an **eine informierte Einwilligung** i. S. der §§ 4, 4a BDSG nicht genügen. Es ist nicht ausreichend, wenn der Arbeitgeber sich eine globale Ermächtigung einholt; vielmehr müsste eine auf den Einzelfall abgestellte Einwilligungserklärung abgegeben werden, nachdem der Arbeitnehmer über den Zweck der Datenerhebung und -speicherung informiert wurde.[8]

024   Als Erlaubnistatbestand für die Zulässigkeit der Verarbeitung von Arbeitnehmerdaten sind auch **Ermächtigungen in Tarifverträgen oder in Betriebsvereinbarungen** ausreichend, soweit sie den gesetzlichen Regelungsbereich nicht überschreiten.[9]

025   Im Zuge der Verwaltung von Arbeitsverhältnissen im Personalbereich eines Unternehmens erfolgt die **Übermittlung von Arbeitnehmerdaten** regelmäßig nach Maßgabe spezialgesetzlicher Meldevorschriften, z. B. an die Träger der Sozialversicherung und an die zuständigen Finanzämter sowie auf Auskunftsverlangen auch an die Gewerbeaufsichtsämter und an andere Stellen.[10]

026   Die in der Personalverwaltung beschäftigten Mitarbeiterinnen und Mitarbeiter unterliegen dem **Datengeheimnis** gem. § 5 BDSG. Diese Personen sind, soweit sie in privaten Unternehmen beschäftigt werden, bei der Aufnahme ihrer Tätigkeit auf das Datengeheimnis besonders zu verpflichten. Es ist jedem bei der Verarbeitung personenbezogener Daten Beschäftigten untersagt, geschützte personenbezogene Daten unbefugt zu einem anderen als dem zur Erfüllung des Arbeitsverhältnisses gehörenden Zweck zu erheben, zu verarbeiten oder zu nutzen. Durch die Verpflichtung auf das Datengeheimnis ist die Vertraulichkeit der Daten auch innerhalb des Betriebes zu wahren, denn unbefugte Personen sind bereits Arbeitnehmer anderer betrieblicher Abteilungen. Infolgedessen ist bei der Personalakteneinsicht des Arbeitnehmers oder bei der Einsicht des Betriebsrates in die Bruttolohn- und Gehaltslisten darauf zu achten, dass den zur Einsichtnahme berechtigten Personen keine weiteren Arbeitnehmerdaten zugänglich gemacht werden. Auch bei der Weitergabe von Mitarbeiterdaten an die Redaktionen von Werkszeitungen oder für den Internetauftritt des Unternehmens zum Zweck der Veröffentlichung wird die Personalabteilung überprüfen müssen, ob sie hierzu ohne Zustimmung des betroffenen Arbeitnehmers befugt ist. Die Verpflichtung auf das Datengeheimnis besteht für die Arbeitnehmer auch nach der Beendigung ihrer Tätigkeit fort.

Verfahren automatisierter Verarbeitungen personenbezogener Daten sind von den nicht-öffentlichen verantwortlichen Stellen der zuständigen Aufsichtsbehörde zu

---

8   Rechtsgrundsätze zur Unwirksamkeit der pauschal erteilten Einwilligung in die Erhebung und Speicherung personenbezogener Daten sind von der Rechtsprechung im Zusammenhang mit der Kreditdatenübermittlung erörtert worden, vgl. BGH, NJW 1984, 437.
9   Vgl. den Übungsfall 20 (Telefondatenerfassung im Arbeitsverhältnis) mit Lösung im Anhang.
10 Vgl. die Liste der Meldevorschriften im Abschnitt E. 1. zum Arbeitnehmerdatenschutz und den Abschnitt D. 2. über das Meldeverfahren zur Sozialversicherung.

melden, vgl. § 4d BDSG. Die Meldepflicht entfällt, wenn die verantwortliche Stelle einen Beauftragten für den Datenschutz bestellt hat. Auch bei einer Beschäftigung von höchstens neun Arbeitnehmern in der Personaldatenverarbeitung kann die Meldepflicht entfallen.

Nach dem Bundesdatenschutzgesetz hat jeder Arbeitnehmer hinsichtlich der über **027** ihn gespeicherten personenbezogenen Daten unabdingbare Rechte, vgl. §§ 6, 8 ff. BDSG; 823 Abs. 1 BGB.

❑ **Auskunftsanspruch** über die zu seiner Person gespeicherten Daten und ihrer Herkunft, den Zweck der Speicherung und die Stellen, an die seine Daten übermittelt werden und den Zweck der Speicherung, vgl. §§ 19, 34 BDSG.

❑ **Berichtigungsanspruch** der zu seiner Person gespeicherten Daten, wenn diese unrichtig sind, vgl. §§ 20, 35 BDSG.

❑ **Anspruch auf Löschung** der zu seiner Person gespeicherten Daten, wenn ihre Speicherung unzulässig war, der Zweck der Speicherung weggefallen ist und in einigen weiteren Fällen, vgl. §§ 20, 35 BDSG.

❑ **Anspruch auf Sperrung** der zu seiner Person gespeicherten Daten, wenn der Löschung Aufbewahrungspflichten entgegenstehen oder wenn sich deren Richtigkeit oder Unrichtigkeit nicht feststellen lässt, vgl. §§ 20, 35 BDSG.

❑ **Schadensersatzanspruch** wegen Vertragspflichtverletzung gem. § 280 BGB oder aus unerlaubter Handlung gem. § 823 Abs. 1 BGB mit einer Beweislastumkehr zu Gunsten des Betroffenen bei automatisierter Datenverarbeitung durch öffentliche Stellen, § 8 BDSG.

Der Arbeitgeber, der in zulässiger Weise im Arbeitsverhältnis personenbezoge- **028** ne Daten der Arbeitnehmer verarbeitet, hat auch die technischen und organisatorischen Maßnahmen zu treffen, die erforderlich sind, um die Ausführung und Einhaltung der Vorschriften des Bundesdatenschutzgesetzes zu gewährleisten, § 9 BDSG. Danach hat der Arbeitgeber für die Datensicherheit zu sorgen, indem er folgende **Kontrollmaßnahmen zur Sicherung der Personaldatenverarbeitung** gegen den Verlust, die Schädigung und den Missbrauch der Arbeitnehmerdaten trifft (vgl. Anlage zu § 9 Satz 1 BDSG):

❑ Zutrittskontrolle,

❑ Zugangskontrolle,

❑ Zugriffskontrolle,

❑ Weitergabekontrolle,

❑ Eingabekontrolle,

❑ Auftragskontrolle,

❑ Verfügbarkeitskontrolle,

❑ Organisationskontrolle.

029 Zur Durchführung dieser Kontrollmaßnahmen kann je nach Größe der Datenverarbeitungsanlagen eine Arbeitsteilung zwischen dem betrieblichen Rechenzent-
rum und anderern Betriebsabteilungen – z. B. der Personalabteilung – erforderlich werden, ferner die Einrichtung von Zugangskontrollsystemen für Mitarbeiter,
Besucher, Wartungspersonen, Lieferanten usw., die Einrichtung gesicherter Ar-
chive oder Stahlschränke, eine Identifizierung und Überprüfung der Benutzer-
berechtigung durch Vergabe von Passwörtern und Benutzernummern, die Überwachung der Systembedienung mit entsprechenden Aufzeichnungen, Erstellung
eines Konfigurationsplanes der Anlage, aus dem der interne Datenaustausch und
die Datenübermittlung an Dritte ersichtlich sind, die Dokumentation der Daten-
fernverarbeitungsprogramme und weitere Schutzmaßnahmen für Transport und
Versendung der Datenträger sowie Katastrophenpläne und Schulungsmaßnah-
men für die Mitarbeiter. Der Arbeitgeber trägt die Verantwortung für diese technischen Datensicherungsmaßnahmen auch dann, wenn die Personaldatenverwaltung durch andere Unternehmen im Wege der Auftragsdatenverarbeitung erfolgt,
z. B. bei der automatisierten Lohn- und Gehaltsabrechnung.[11]

030 Für die Überwachung des Datenschutzes im Unternehmen ist neben dem Betriebsrat auch **ein betrieblicher Datenschutzbeauftragter** zuständig, §§ 4 f und
4 g BDSG. Soweit in privatrechtlichen Unternehmen personenbezogene Daten
automatisiert verarbeitet werden, ist ein Beauftragter für den Datenschutz zu bestellen. Auch bei der nichtautomatisierten Datenverarbeitung personenbezogener
Daten muss ein Datenschutzbeauftragter bestellt werden, soweit in der Arbeitnehmerdatenverwaltung regelmäßig mindestens 20 Personen beschäftigt sind.
Zum Beauftragten für den Datenschutz darf nur bestellt werden, wer die zur Erfüllung seiner Aufgaben erforderliche Fachkunde und Zuverlässigkeit besitzt. Danach muss der Datenschutzbeauftragte über ein Mindestmaß an Rechtskenntnis-
sen (Bundesdatenschutzgesetz sowie bereichsspezifische Datenschutzvorschriften)
verfügen, ferner über ein Mindestmaß an technischem Wissen (Organisationsmit-
tel wie Karteien, Erfassungsbelege, Art der Datenträger und Datenverarbeitungsanlagen sowie der Datensicherungstechniken) und ferner Kenntnisse über die
Organisation des Unternehmens, insbesondere in der Personalführung, der Schulung von Mitarbeitern und deren Auswahl im Aufgabenbereich der Verarbeitung
personenbezogener Daten.

031 Der betriebliche Datenschutzbeauftragte ist bei der Anwendung seiner Fachkunde auf dem Gebiet des Datenschutzes weisungsfrei und darf wegen der Erfüllung
seiner Aufgaben nicht benachteiligt werden. Er ist dem Betriebsinhaber, dem Vorstand, dem Geschäftsführer oder den sonstigen Leitern des Unternehmens unmittelbar zu unterstellen. Infolge möglicher Interessenkollisionen kommen deshalb
Mitglieder der Geschäftsleitung, EDV-Leiter, Personalleiter, Marketingleiter, Sicherheitsingenieure und der Leiter der Revisionsabteilung als Datenschutzbeauftragte nicht in Betracht. Aufgrund seiner Stellung im Betrieb ist der Datenschutzbeauftragte nicht als leitender Angestellter einzustufen, da der Schutz und die

---

11 *Tinnefeld/Ehmann*, a.a.O., S. 439 enthält eine Darstellung der im Einzelnen erforderlichen Datensicherungsmaßnahmen nach dem BDSG.

Kontrolle bei der Verarbeitung personenbezogener Daten im Betrieb keine unternehmerische Tätigkeit ist. Nach § 4 g BDSG hat der betriebliche Datenschutzbeauftragte die Ausführung der Datenschutzvorschriften im Unternehmen sicherzustellen. Danach hat er insbesondere

❑ die ordnungsgemäße Anwendung der Datenverarbeitungsprogramme zu überwachen, mit deren Hilfe personenbezogene Daten verarbeitet werden sollen,

❑ die bei der Verarbeitung personenbezogener Daten tätigen Personen durch geeignete Maßnahmen mit den Vorschriften über den Datenschutz vertraut zu machen.

Zur Erfüllung dieser Aufgaben ist dem Datenschutzbeauftragten eine Übersicht **032** zur Verfügung zu stellen, die die eingesetzten Datenverarbeitungsanlagen enthält, ferner die Bezeichnung und die Art der Dateien, die Art der gespeicherten Daten, die mit der Kenntnis der Daten verfolgten Geschäftszwecke, die regelmäßigen Empfänger der Daten sowie zugriffsberechtigte Personen oder Personengruppen. In Zweifelsfällen kann sich der Datenschutzbeauftragte an die Aufsichtsbehörde wenden.

Die **Aufsichtsbehörden** – Datenschutzbeauftragte der Länder und des Bun- **033** des – überwachen die Ausführung des Datenschutzes, führen öffentliche Register der meldepflichtigen automatisierten Verarbeitungen und haben Auskunfts- und Einsichtsrechte zur Erfüllung dieser Aufgaben. Während der Betriebs- und Geschäftszeiten können von der Aufsichtsbehörde beauftragte Personen die Betriebsgrundstücke und Geschäftsräume betreten, um Prüfungen und Besichtigungen vorzunehmen. Der Arbeitgeber hat diese Maßnahmen zu dulden, vgl. § 38 Abs. 4 BDSG. Die Aufsichtsbehörde kann ferner Anordnungen zur Datensicherung treffen und diese durch die Festsetzung von Zwangsgeld oder Verboten durchsetzen. Sie kann auch die Abberufung des betrieblichen Datenschutzbeauftragten verlangen, wenn er die zur Erfüllung seiner Aufgaben erforderliche Fachkunde und Zuverlässigkeit nicht besitzt.

1.3 Aufgaben des Betriebsrates

Das Bundesdatenschutzgesetz ist ein Arbeitnehmerschutzgesetz. Infolgedessen er- **034** strecken sich die Kontroll- und Überwachungszuständigkeiten des Betriebsrates auch auf die Einhaltung von Datenschutzvorschriften. In diesem Zusammenhang stehen ihm gem. § 80 Abs. 2 BetrVG **Informations- und Einsichtsrechte** in Unterlagen zu, ferner Beratungs- und Verhandlungsrechte bei der Personalplanung, der Gestaltung von Arbeitsplatz, Arbeitsablauf und Arbeitsumgebung sowie in Fragen der Berufsbildung. Darüber hinaus hat er ein Widerspruchsrecht bei personellen Einzelmaßnahmen gem. § 99 BetrVG.

Im Rahmen seines Informationsrechtes kann der Betriebsrat Einsicht in die Brut- **035** tolohn- und Gehaltslisten der Arbeitnehmer verlangen, die sich auch auf übertarifliche Zahlungen erstreckt. Der Betriebsrat hat aber kein Einsichtsrecht in die Personalakten einzelner Arbeitnehmer, es sei denn, der Arbeitnehmer erteilt seine ausdrückliche Einwilligung. Allerdings hat er darüber zu wachen, dass keine unbefugten Personen Einsicht in die Personalakten nehmen.

036 Besondere **Informationsrechte** hat der Betriebsrat hinsichtlich

❏ der Planung technischer Anlagen, § 90 BetrVG,

❏ der Personalplanung und der dabei angewandten Verfahren, z. B. beim Einsatz von Personalinformationssystemen, § 92 BetrVG,

❏ der im Unternehmen mit mehr als 100 Arbeitnehmern geplanten technischen Kontrolleinrichtungen, § 106 BetrVG.

037 Zur Wahrnehmung seiner Aufgaben kann der Betriebsrat nach Absprache mit dem Arbeitgeber auch Sachverständige hinzuziehen, um sich über die Datenverarbeitungstechniken unterrichten zu lassen und an Schulungsveranstaltungen teilzunehmen.

038 Einer **Zustimmung des Betriebsrates** bedürfen Personalfragebogen, Formulararbeitsverträge und Auswahlrichtlinien, die Aufstellung allgemeiner Beurteilungsgrundsätze und auch die Weiterverwertung und -verarbeitung der auf diese Weise gewonnen Arbeitnehmerdaten. Die Zustimmung des Betriebsrates ist in den Angelegenheiten der zwingenden Mitbestimmung eine unabdingbare Wirksamkeitsvoraussetzung für die Entscheidung des Arbeitgebers und muss deshalb auch in Eilfällen eingeholt werden. Allerdings ist gem. § 1 BDSG das Recht der informationellen Selbstbestimmung vorrangig, sodass die Zustimmung des Betriebsrates eine Maßnahme des Arbeitgebers nicht legitimieren kann, die nach Datenschutzbestimmungen unzulässig wäre.

039 Das **Mitbestimmungsrecht des Betriebsrates** gem. § 87 Abs. 1 Nr. 6 BetrVG bezieht sich auf die Anwendung und Einführung von technischen Einrichtungen, die dazu bestimmt sind, das Verhalten oder die Leistung der Arbeitnehmer zu überwachen. Hierzu gehören alle technischen Einrichtungen im Betrieb einschließlich computergestützter technischer Systeme, die arbeitnehmerbezogene Daten erfassen und speichern.

040 Nach der Rechtsprechung der Arbeitsgerichte ist ein Mitbestimmungsrecht des Betriebsrates gegeben, wenn diese Systeme geeignet sind, das Verhalten oder die Leistung der Beschäftigten zu überwachen. Es genügt, dass die erfassten Daten die Zuordnung zu einem bestimmten Arbeitnehmer erlauben, sodass es entscheidend nur auf die objektive Eignung des Geräts ankommt, das Verhalten oder die Leistung des Arbeitnehmers zu kontrollieren, wogegen die subjektive Absicht des Arbeitgebers, die technische Einrichtung nicht zur Kontrolle zu verwenden, bedeutungslos ist. Infolgedessen ist die Einführung und das Betreiben aller computergesteuerten Geräte mitbestimmungspflichtig, bei denen zwangsläufig Nutzungsdaten über die Arbeitnehmer anfallen, selbst wenn es sich nur um Benutzerkennzeichen handelt. Das Mitbestimmungsrecht des Betriebsrats besteht unabhängig davon, ob Daten über die Arbeitnehmer tatsächlich ausgewertet werden. Zu den wichtigsten technischen Anlagen in diesem Sinne gehören alle Arten von Betriebsdatensystemen:

❑ **Arbeitssysteme,**

z. B. Bildschirm- und Datensichtgeräte mit geeigneter Software,[12] Datenkassen, Produktographen, automatische Sicherungssysteme,

❑ **Abrechnungssysteme,**

z. B. Akkord-, Entlohnungs-, Prämiensysteme,[13]

❑ **Kontrollsysteme,**

z. B. automatische Telefondatenerfassungsanlagen,[14] Stechuhren, Zeitstempler, Fahrtenschreiber, Zugangskontrollsysteme, Kosten-, Projekt- und Terminverfolgungssysteme, Multimoment-Filmkameras, Fernsehmonitore, Mikrophone,

❑ **Personalinformationssysteme.**

Die technische Einrichtung muss eine eigenständige Kontrollwirkung haben, da- **041** her ist die Beschaffung und Anwendung einer Uhr, eines Schreib- und auch eines Bildschirmgerätes noch nicht mitbestimmungspflichtig, ebensowenig Einrichtungen zur Kontrolle von Maschinen, wie Warnlampen, Druckmesser, Stückzähler oder Drehzahlmesser. Der Einsatz eines Bildschirmgerätes kann aber infolge der Verwendung entsprechender Software, die eine Leistungs- oder Verhaltenskontrolle der Arbeitnehmer ermöglicht, mitbestimmungspflichtig sein.[15] Aufgrund der erzwingbaren Mitbestimmungsrechte des Betriebsrates gem. § 87 Abs. 1 Nr. 6 BetrVG werden **Betriebsvereinbarungen** über die Einführung und Anwendung dieser technischen Einrichtungen getroffen und vielfach auch Einigungsstellenverfahren durchgeführt.

Fall 20: Telefondatenerfassung im Arbeitsverhältnis   *Seite 396*

Die **Bestellung eines betrieblichen Datenschutzbeauftragten** ist eine per- **042** sonelle Einzelmaßnahme, die der Mitbestimmung des Betriebsrates nicht unterliegt. Allerdings kann der Betriebsrat im Fall der Einstellung eines betrieblichen Datenschutzbeauftragten Gesetzesverstöße rügen, wenn eine innerbetriebliche Stellenausschreibung fehlt oder die fachlichen und persönlichen Voraussetzungen des Bewerbers nicht gegeben sind, §§ 93 BetrVG, 28 Abs. 2 BDSG. Es handelt sich aber um eine mitbestimmungspflichtige Versetzung gem. § 99 BetrVG, wenn der Arbeitgeber einen bereits im Betrieb beschäftigten Arbeitnehmer zum Datenschutzbeauftragten bestellt.

Die **Verschwiegenheitspflicht des Betriebsrates** besteht auch hinsichtlich sei- **043** ner Aufgaben im Bereich des Datenschutzes, § 79 BetrVG. So weit der Betriebsrat zur effektiven Wahrnehmung seiner Mitbestimmungsrechte der Teilnahme an

---

12 BAG AP Nr. 12 zu § 87 BetrVG – Überwachung (Textsystem).
13 BAG AP Nr. 13 zu § 87 BetrVG – Überwachung (Kienzle-Schreiber).
14 BAG AP Nr. 15 zu § 87 BetrVG – Überwachung (Siemens EMS 600).
15 BAG NJW 1984, 1476 (PAN-AM); Richardi, a.a.O., § 87 Rn. 558 ff.

Schulungsveranstaltungen über den Datenschutz bedarf, sind die Kosten vom Arbeitgeber zu tragen.

2. Sozialdatenschutz

044 In allen Zweigen der Sozialversicherung werden personenbezogene Daten erhoben, verarbeitet und zwischen einzelnen Trägern der Sozialversicherung auf der Grundlage des Meldewesens auch übermittelt. Hierfür sind besondere Rechtsgrundlagen im Sozialgesetzbuch enthalten. Bereichsspezifische Datenschutzvorschriften ergeben sich für die

❑ **Krankenversicherung in den §§ 284 ff. SGB V,**

❑ **Unfallversicherung in den §§ 199 ff. SGB VII,**

❑ **Rentenversicherung in den §§ 147 ff. SGB VI,**

❑ **Pflegeversicherung in den §§ 93 ff. SGB XI,**

❑ **Arbeitsförderung in den §§ 394 ff. SGB III.**

045 Nach § 35 SGB I hat jeder einen Anspruch darauf, dass die ihn betreffenden Sozialdaten von den Leistungsträgern als **Sozialgeheimnis** gewahrt und nicht unbefugt erhoben, verarbeitet oder genutzt werden. Dieser Anspruch richtet sich auch gegen die Verbände und Arbeitsgemeinschaften der Leistungsträger sowie gegen die öffentlich-rechtlichen Vereinigungen des Sozialgesetzbuches, die Künstlersozialkasse, die Deutsche Post AG, so weit sie mit der Berechnung oder Auszahlung von Sozialleistungen betraut ist, und gegen die aufsichts-, rechnungsprüfungs- oder weisungsberechtigten Behörden.

046 So weit die Sozialleistungsträger personenbezogene Daten verarbeiten, sind neben den Vorschriften des Sozialgesetzbuchs auch diejenigen der Datenschutzgesetze anwendbar. Dies gilt insbesondere auch für die Auftragsdatenverarbeitung, §§ 67 ff SGB X. Danach soll eine **Verarbeitung von Sozialdaten** nur erfolgen,

❑ **so weit das Sozialgesetzbuch es erlaubt oder anordnet oder**

❑ **so weit der Betroffene im Einzelfall schriftlich eingewilligt hat.**

047 Die **Verarbeitung der Sozialdaten**, bei denen es sich regelmäßig um sehr sensible personenbezogene Angaben handelt, die oft gleichzeitig dem Arztgeheimnis unterliegen oder als Betriebs- und Geschäftsgeheimnisse geschützt sind, ist nur unter den Voraussetzungen der §§ 67 ff SGB X zulässig. Falls eine Verarbeitung unzulässig ist, bestehen keine Auskunfts- oder Zeugnispflichten und auch keine Verpflichtung zur Vorlegung oder Auslieferung von Schriftstücken, Akten, Dateien und sonstigen Datenträgern.

048 Als Folge einer **Verletzung des Sozialgeheimnisses** kann der Betroffene einen sozialrechtlichen Herstellungsanspruch geltend machen sowie Schadensersatz aus den Grundsätzen der Amtshaftung nach Art. 34 GG i. V. mit § 839 BGB verlangen. Der sozialrechtliche Herstellungsanspruch ist ein schuldunabhängiger Schadens-

ersatzanspruch des Verletzten infolge des rechtswidrigen Verhaltens eines Sozialleistungsträgers, der vor den Sozialgerichten durchzusetzen ist.

Das Sozialgesetzbuch erlaubt die Übermittlung personenbezogener Sozialdaten
nur im Ausnahmefall, z. B. im Rahmen der Amtshilfe, zur Erfüllung sozialer Aufgaben, zur Durchführung des Arbeitsschutzes, infolge gesetzlicher Verpflichtungen
nach dem Strafgesetzbuch, den Gesundheitsgesetzen, der Abgabenordnung und zu
Forschungszwecken, vgl. §§ 68 ff. SGB X.

3. Betriebsdatenschutz

In der betrieblichen Personalverwaltung erlangen verschiedene Personen, darun-   **049**
ter Arbeitnehmer und betriebsfremde Dritte, Informationen über innerbetriebliche
Angelegenheiten. Der Schutz der Betriebsdaten gegen die Preisgabe an unbefugte
Personen wird durch vertragliche und gesetzliche Verschwiegenheitspflichten im
Arbeits- und Sozialversicherungsrecht gewahrt:

❏ **Verschwiegenheitspflicht der Arbeitnehmer** als Teil der arbeitsvertraglichen Treuepflicht,

❏ **Verschwiegenheitspflicht der Arbeitnehmer** aus wettbewerbsrechtlichen
   Gründen gem. §§ 17 ff. UWG,

❏ **Verschwiegenheitspflicht** der Arbeitnehmer über eine Diensterfindung, § 24
   Abs. 2 ArbErfG,

❏ **Verschwiegenheitspflicht der Auszubildenden** im Berufsausbildungsverhältnis gem. § 13 Nr. 6 BBiG,

❏ **Verschwiegenheitspflicht der Mitglieder und Ersatzmitglieder des Betriebsrates,** der Jugend- und Auszubildendenvertretung, des Gesamtbetriebsra-
   tes, des Konzernbetriebsrates, des Wirtschaftsausschusses, der Bordvertretung,
   des Seebetriebsrates, der Mitglieder der betrieblichen Einigungsstellen und der
   tariflichen Schlichtungsstellen gem. § 79 BetrVG,

❏ **Verschwiegenheitspflicht der Mitglieder und Ersatzmitglieder des
   Sprecherausschusses,** des Gesamt-, des Unternehmens- und des Konzern-
   sprecherausschusses, § 29 SprAuG,

❏ **Verschwiegenheitspflicht für bestimmte Berufsgruppen** als Bestandteil
   des Amts- und Berufsgeheimnisses gem. § 203 StGB, z. B. für Ärzte, Berufspsy-
   chologen, Rechtsanwälte, Notare, Steuerberater und Angehörige eines Unternehmens der privaten Kranken-, Unfall- oder Lebensversicherung oder einer
   privatärztlichen Verrechnungsstelle.

Die besondere **arbeitsrechtliche Verschwiegenheitspflicht des Arbeitneh-**   **050**
mers ist eine vertragliche Nebenleistungspflicht von zunehmender Bedeutung im
betrieblichen Arbeitsalltag. Rechtsgrundlage ist die **Treuepflicht des Arbeit-**
nehmers, doch wird regelmäßig bei Abschluss eines schriftlichen Arbeitsvertrages
die Verschwiegenheitspflicht ausdrücklich vereinbart.

051   Die Geheimhaltungspflicht des Arbeitnehmers erfasst Geschäfts- und Betriebsgeheimnisse, worin alle Umstände eingeschlossen sind, die nur einem begrenzten
Personenkreis bekannt sind und nach dem Willen des Arbeitgebers aus wirtschaftlichen Gründen geheimgehalten werden sollen.[16] Dabei kann es sich um Bilanzen
handeln, Preislisten und -berechnungen, Angaben über die Kreditwürdigkeit, technische Daten und Abläufe ohne Rücksicht auf deren Patentfähigkeit, Kunden- und
Lieferantenlisten, Absatzgebiete, Diensterfindungen des Arbeitnehmers, Investiti-
onspläne, Produktionsverfahren, Konstruktionszeichnungen und weitere betriebliche Einzelheiten. Zu den Betriebsgeheimnissen gehören auch die persönlichen und
wirtschaftlichen Verhältnisse des Arbeitgebers. In Rechtsprechung und Schrifttum
ist umstritten, inwieweit die Geheimhaltungspflicht auch nach Beendigung des Arbeitsverhältnisses fortwirkt.[17]

Beispiel:

*Der Arbeitnehmer ist zur Verschwiegenheit über Kundenlisten verpflichtet, die er während
seiner Tätigkeit als Verkaufsleiter für den Arbeitgeber in dem ihm zugewiesenen Verkaufs-
gebiet bearbeitet hat. Nach der Beendigung des Arbeitsverhältnisses macht er sich als Handelsvertreter selbstständig und umwirbt u.a. auch die Kunden seines früheren Arbeitgebers.
Die Verwertung dieser Kenntnisse, die er bei seiner Tätigkeit als Verkaufsleiter erworben
hat, stehen ihm nach Beendigung des Arbeitsverhältnisses grundsätzlich frei, sofern keine
vertragliche Vereinbarung vorliegt. Falls der Arbeitgeber dies verhindern will, müsste er
über die bestehende Verschwiegenheitspflicht hinaus ein vertragliches Wettbewerbsverbot
vereinbaren.[18]*

052   Darüber hinaus besteht eine **wettbewerbsrechtliche Verschwiegenheitspflicht** nach dem Gesetz gegen den unlauteren Wettbewerb, §§ 17 ff. UWG. Danach ist es dem Arbeitnehmer gegen Strafandrohung untersagt, Geschäfts- und
Betriebsgeheimnisse Dritten unbefugt mitzuteilen, sofern er die Mitteilung während der Dauer des Arbeitsverhältnisses zu Zwecken des Wettbewerbs, aus Ei-
gennutz, zu Gunsten eines Dritten oder in der Absicht macht, dem Arbeitgeber
Schaden zu-zufügen. Auch nach Beendigung des Arbeitsverhältnisses kann der
Arbeitnehmer sich durch die Verwertung oder Mitteilung eines Geschäfts- oder
Betriebsgeheimnisses strafbar machen, wenn er sich diese unbefugt verschafft
hat. Zuwiderhandlungen gegen das wettbewerbsrechtliche Verschwiegenheitsge-
bot verpflichten außerdem auch zum Schadensersatz.

053   Weitere **besondere Verschwiegenheitspflichten** bestehen für Betriebs- und
Personalräte, Jugend- und Auszubildendenvertreter, Mitglieder des Wirtschaftsausschusses, Mitglieder der betrieblichen Einigungsstellen, Arbeitnehmervertreter im Aufsichtsrat, Mitarbeiter der Gewerkschaften und Arbeitgeberverbände.
Insbesondere sind wegen ihrer umfangreichen Aufgaben im personellen Bereich
die **Mitglieder und Ersatzmitglieder des Betriebsrates** und sonstiger Organe
der Betriebsverfassung gem. § 79 BetrVG verpflichtet, Betriebs- und Geschäftsge-

---

16 BAG BB 1982, 1792.
17 BAGE 41, 21 = AP Nr. 1 zu § 611 BGB – Betriebsgeheimnis = NJW 1983, 134.
18 BAG NJW 1988, 1686; vgl. zum Wettbewerbsverbot auch den Abschnitt B. 2.2. über die Treuepflicht des Arbeitnehmers.

heimnisse, die ihnen wegen ihrer Zugehörigkeit zum Betriebsrat bekannt geworden und vom Arbeitgeber ausdrücklich als geheimhaltungsbedürftig bezeichnet
worden sind, nicht zu offenbaren und nicht zu verwerten. Diese Geheimhaltungspflicht besteht auch für die Zeit nach dem Ausscheiden aus der Betriebsratstätigkeit. Allerdings besteht sie nicht gegenüber anderen Mitgliedern des Betriebsrates,
des Gesamt- oder Konzernbetriebsrates, gegenüber den Arbeitnehmervertretern
im Aufsichtsrat und im Verfahren vor der betrieblichen Einigungsstelle oder vor
einer tariflichen Schlichtungsstelle. Der Verstoß eines Betriebsratsmitgliedes gegen seine Schweigepflicht kann zum Ausschluss aus dem Betriebsrat führen und
hat strafrechtliche Folgen, vgl. §§ 23, 120 BetrVG.

Die Geheimhaltungspflicht der Betriebsratsmitglieder gilt sinngemäß auch für die   **054**
Mitglieder der anderen betriebsverfassungsrechtlichen Organe. Infolgedessen sind
auch die Mitglieder der betrieblichen Einigungsstellen und der tariflichen Schlichtungsstellen zur Verschwiegenheit verpflichtet und ferner die Mitarbeiter der Gewerkschaften und der Arbeitgeberverbände, denen aufgrund ihrer Beratungstätig-
keit und anderer Aufgaben Geschäfts- und Betriebsgeheimnisse bekannt geworden
sind.

F. Überblick über das Verfahrensrecht

Im Bereich des Arbeits- und Sozialversicherungsrechts entstehen unterschiedliche Ansprüche, für die der Rechtsweg vor den Arbeits- oder Sozialgerichten und in einigen Fällen auch vor den Verwaltungs- oder Zivilgerichten gegeben ist. Die Auswahl des sachlich zuständigen Gerichts wird durch den Streitgegenstand bestimmt. **001**

Die Beratung ihrer Mitglieder in arbeitsrechtlichen Fragen gehört zu den satzungsmäßigen Aufgaben der Gewerkschaften und der Arbeitgeberverbände. Rat und Auskunft erteilen auch die öffentlichen Rechtsberatungsstellen einzelner Bundesländer und selbstverständlich die Rechtsanwälte, von denen einige die besondere Zulassung als Fachanwalt für Arbeitsrecht oder als Fachanwalt für Sozialrecht erworben haben. **002**

1. Schlichtungs- und Schiedsverfahren

Rechtsstreitigkeiten im Arbeits- und Sozialversicherungsrecht werden häufig durch ein Schiedsgericht oder durch einen Schlichtungsausschuss entschieden, noch bevor ein gerichtliches Verfahren eingeleitet wird. Die Inanspruchnahme einer Schlichtungsstelle oder eines Schiedsgerichts erfolgt nach vorhergehender vertraglicher Vereinbarung einer **Schlichtungs- oder Schiedsklausel** oder aufgrund einer gesetzlichen Anordnung eines Schlichtungs- oder Schiedsverfahrens. Schlichtungsstellen oder Schiedsgerichte werden beispielsweise in folgenden Fällen angerufen: **003**

❑ Streitigkeiten zwischen Ausbildenden und Auszubildenden, sofern bei den zuständigen Stellen Ausschüsse gebildet wurden,

❑ Rechtsstreitigkeiten aus einem Arbeitsverhältnis von Bühnenkünstlern, Filmschaffenden, Artisten, Kapitänen und Besatzungsmitgliedern von Seeschiffen, die tarifgebunden sind und deren Tarifvertrag eine Schiedsklausel enthält,

❑ Rechtsstreitigkeiten zwischen Tarifvertragsparteien aus Tarifverträgen, sofern darin eine Schiedsklausel enthalten ist,

❑ Meinungsverschiedenheiten zwischen Arbeitgeber und Betriebsrat, Gesamtbetriebsrat oder Konzernbetriebsrat, sofern durch Tarifvertrag bestimmt wurde, dass an die Stelle der betrieblichen Einigungsstelle eine tarifliche Schlichtungsstelle tritt,

❑ nach besonderer vertraglicher Vereinbarung.

Die Handwerksinnungen und alle anderen zuständigen Stellen, z. B. die Industrie- und Handelskammern, können **Ausschüsse zur Beilegung von Streitigkeiten zwischen Ausbildenden und Auszubildenden** aus einem bestehenden **004**

Berufsausbildungsverhältnis einrichten. Diese Schlichtungsausschüsse bestehen zu gleicher Zahl aus Arbeitgebern und Arbeitnehmern und sind vor einer Inanspruchnahme der Arbeitsgerichte einzuschalten. Handelt es sich um eine Streitigkeit aus dem Kündigungsschutzgesetz, ist der Schlichtungsausschuss binnen drei Wochen anzurufen; die Klagefrist nach § 4 KSchG ist während der Dauer des Schlichtungsverfahrens gehemmt.

005   Der Schlichtungsausschuss hat die Parteien mündlich zu hören und kann Beweise erheben, so weit ihm Beweismittel zur Verfügung gestellt werden. Sofern die Parteien keinen **Vergleich** abschließen, erfolgt ein **Schiedsspruch**; die Entscheidung wird mit einfacher Mehrheit der Stimmen der Mitglieder des Schlichtungsausschusses getroffen. Der Schiedsspruch hat unter den Parteien dieselbe Wirkung wie ein rechtskräftiges Urteil des Arbeitsgerichts. Wird der vom Schlichtungsausschuss gefällte Schiedsspruch nicht innerhalb einer Woche von beiden Parteien anerkannt, so kann binnen zwei Wochen nach ergangenem Spruch Klage bei dem zuständigen Arbeitsgericht erhoben werden.

006   Das Schiedsverfahren verläuft in anderen Rechtsstreitigkeiten bei tarifvertraglicher oder sonstiger Vereinbarung einer Schlichtungs- oder Schiedsklausel ebenso. Der Schiedsvertrag in arbeitsrechtlichen Streitigkeiten begründet im arbeitsgerichtlichen Verfahren eine prozesshindernde Einrede. Danach kann das Arbeitsgericht nicht angerufen werden, bevor das Schiedsverfahren abgeschlossen ist.

2. Arbeitsgerichtsbarkeit

007   In arbeitsrechtlichen Streitigkeiten ist der Rechtsweg zu den Arbeitsgerichten gegeben. Das Arbeitsgerichtsverfahren ist ein besonderes Zivilgerichtsverfahren, das im Arbeitsgerichtsgesetz (ArbGG) und ergänzend in der Zivilprozessordnung (ZPO) geregelt wird. Die Arbeitsgerichtsbarkeit hat drei Instanzen:

❏ **Arbeitsgericht als erste Instanz,**

❏ **Landesarbeitsgericht als Berufungsinstanz,**

❏ **Bundesarbeitsgericht als Revisionsinstanz.**

008   Die Arbeitsgerichte sind Kollegialgerichte, die mit Berufsrichtern und ehrenamtlichen Richtern besetzt sind. Die ehrenamtlichen Richter stammen je zur Hälfte aus Kreisen der Arbeitnehmer und der Arbeitgeber und werden von den Arbeitnehmer- und Arbeitgeberverbänden vorgeschlagen. Die Kammern der Arbeits- und Landesarbeitsgerichte sind mit jeweils einem vorsitzenden Berufsrichter und zwei ehrenamtlichen Richtern, die Senate des Bundesarbeitsgerichts mit drei Berufsrichtern und zwei ehrenamtlichen Richtern besetzt.

009   Die **örtliche Zuständigkeit des Arbeitsgerichts** richtet sich vor allem nach dem Wohnsitz oder der betrieblichen Niederlassung des Beklagten. Außerdem kann der Erfüllungsort für die streitige arbeitsvertragliche Verpflichtung gewählt werden, vgl. §§ 12 ff. ZPO.

Die **sachliche Zuständigkeit des Arbeitsgerichts** ist gem. §§ 2, 2 a ArbGG, z. B. **010** für die folgenden bürgerlichen Rechtsstreitigkeiten gegeben:

❑ zwischen Tarifvertragsparteien oder zwischen diesen und Dritten aus Tarifverträgen,

❑ zwischen tariffähigen Parteien oder zwischen diesen und Dritten aus unerlaubten Handlungen im Zusammenahng mit Arbeitskämpfen oder Fragen der Vereinigungsfreiheit,

❑ zwischen Arbeitnehmern und Arbeitgebern aus dem Arbeitsverhältnis und aus unerlaubten Handlungen, soweit diese mit dem Arbeitsverhältnis in Zusammenhang stehen,

❑ zwischen Arbeitnehmern und Arbeitgebern oder Einrichtungen der Tarifvertragsparteien oder Sozialeinrichtungen über Ansprüche aus dem Arbeitsverhältnis,

❑ über Ansprüche aus der Insolvenzsicherung,

❑ über Ansprüche auf Vergütungen für eine Arbeitnehmererfindung oder für einen technischen Verbesserungsvorschlag,

❑ über Urheberrechtsstreitsachen aus Arbeitsverhältnissen,

❑ über Angelegenheiten aus dem Betriebsverfassungsgesetz, aus dem Sprecherausschu*ss*gesetz und aus dem Mitbestimmungsgesetz und weiteren Fällen.

Die **Parteifähigkeit** im arbeitsgerichtlichen Verfahren besteht für natürliche und **011** juristische Personen und für Betriebsräte, aber auch für Gewerkschaften und Arbeitgeberverbände, vgl. § 10 ArbGG.

Die **Prozessvertretung** im Arbeitsgerichtsverfahren regelt § 11 ArbGG, wonach **012** die Parteien den Rechtsstreit in erster Instanz selbst führen oder sich u. a. durch Vertreter von Gewerkschaften oder von Arbeitgeberverbänden vertreten lassen können. Vor den Landesarbeitsgerichten und vor dem Bundesarbeitsgericht müssen sich die Parteien durch Rechtsanwälte als Prozessbevollmächtigte vertreten lassen, wobei zur Vertretung jeder bei einem deutschen Gericht zugelassene Rechtsanwalt berechtigt ist. An ihre Stelle können vor den Landesarbeitsgerichten Vertreter von Gewerkschaften oder von Arbeitgeberverbänden treten, wenn sie kraft Satzung oder Vollmacht zur Vertretung befugt sind und die Parteien Mitglieder der Gewerkschaft oder des Arbeitgeberverbandes sind.

Die **Kostentragungspflicht** ist in der Weise geregelt, dass im Urteilsverfahren **013** des ersten Rechtszugs kein Anspruch der obsiegenden Partei auf Entschädigung besteht, sodass auch derjenige, der in erster Instanz obsiegt, die Kosten seiner Prozessvertretung selbst tragen muss. Allerdings besteht die Möglichkeit, **Prozesskostenhilfe** zu beantragen oder einen Vertreter der Gewerkschaft oder des Arbeitgeberverbandes mit der Prozessvertretung zu beauftragen, vgl. §§ 12, 12 a ArbGG.

014 In der Arbeitsgerichtsbarkeit bestehen zwei grundsätzlich verschiedene Verfahrensarten, die sich hinsichtlich des Verfahrensganges und des Rechtsmittelzuges unterscheiden. Im **Urteilsverfahren** werden vorwiegend Ansprüche aus dem Individualarbeitsrecht entschieden, im **Beschlussverfahren** Fragen der Mitbestimmung und des Betriebsverfassungsgesetzes. Darüber hinaus gibt es für die Geltendmachung von Zahlungsansprüchen das gerichtliche Mahnverfahren gem. §§ 688 ff. ZPO und in Eilfällen zur Sicherung von Ansprüchen das Arrestverfahren und die einstweilige Verfügung gem. §§ 916 ff. ZPO.

2.1 Urteilsverfahren

015 Das Urteilsverfahren beginnt in erster Instanz mit einer **Klage vor dem Arbeitsgericht** wegen einer bürgerlich-rechtlichen Streitigkeit zwischen einem Arbeitnehmer und einem Arbeitgeber aus dem Arbeitsverhältnis oder einem anderen der in § 2 ArbGG aufgeführten Streitgegenstände.

016 Sodann findet die **Güteverhandlung** statt, die in Kündigungsverfahren innerhalb von zwei Wochen anberaumt werden soll. Die Güteverhandlung erfolgt vor dem Vorsitzenden als Einzelrichter mit dem Ziel der gütlichen Einigung der Parteien. Im Gütetermin wird das gesamte Streitverhältnis der Parteien unter freier Würdigung aller Umstände erörtert. Die Klage kann bis zum Stellen der Anträge ohne Einwilligung des Beklagten zurückgenommen werden. Das Ergebnis der Güteverhandlung, insbesondere der Abschluss eines Vergleichs, wird in das Verhandlungsprotokoll aufgenommen. Erst nach einer erfolglosen Güteverhandlung wird ein Termin zur streitigen Verhandlung vor der Kammer bestimmt.

Falls die Güteverhandlung erfolglos verlaufen ist, beginnt mit dem Stellen der Anträge die streitige Verhandlung vor der Kammer, die mit einem Berufsrichter und zwei ehrenamtlichen Richtern aus den Kreisen der Arbeitgeber und der Arbeitnehmer besetzt ist. Die streitige Verhandlung soll sich an die Güteverhandlung anschließen. Im Urteilsverfahren gelten für die Schriftsätze der Parteien, die Verhandlungs- und Beweistermine sowie die Ladungen und Fristen neben den besonderen Vorschriften des Arbeitsgerichtsgesetzes die Vorschriften der Zivilprozessordnung (ZPO). Das Verfahren endet mit der Verkündung des Urteils.

017 Gegen die Urteile der Arbeitsgerichte ist die **Berufung vor dem Landesarbeitsgericht** möglich, wenn der Rechtsstreit den Bestand eines Arbeitsverhältnisses betrifft, der Streitwert einen bestimmten Betrag übersteigt oder wenn das Arbeitsgericht die Berufung wegen grundsätzlicher Bedeutung oder aus anderen Gründen zugelassen hat, vgl. § 64 Abs. 2 ArbGG. Die Berufungsfrist und die Berufungsbegründungsfrist betragen je einen Monat. Das Landesarbeitsgericht überprüft das Urteil des Arbeitsgerichts in tatsächlicher und rechtlicher Hinsicht und entscheidet wiederum durch Urteil.

018 Gegen die Urteile der Landesarbeitsgerichte findet die **Revision vor dem Bundesarbeitsgericht (BAG)** statt, soweit diese wegen grundsätzlicher Bedeutung der Rechtssache zugelassen worden ist, vgl. § 72 Abs. 2 ArbGG. Die Revisionsfrist und die Revisionsbegründungsfrist betragen wiederum je einen Monat. Die Revision kann nur darauf gestützt werden, dass das Urteil des Landesarbeitsgerichts auf der Verletzung einer Rechtsnorm beruht oder von einem Urteil des Bundesarbeitsgeriches oder eines anderen Landesarbeitsgerichts abweicht. Das Bundesarbeitsgericht ist an den von dem Landesarbeitsgericht festgestellten tatsächlichen Sachverhalt gebunden und überprüft ausschließlich die rechtlichen Fragen. Es kann den Rechtsstreit zur erneuten Verhandlung an das Landesarbeitsgericht zurückverweisen, wenn der tatsächliche Sachverhalt lückenhaft ist, anderenfalls entscheidet das Bundesarbeitsgericht abschließend durch Urteil.

2.2 Beschlussverfahren

Das Beschlussverfahren findet in Angelegenheiten aus dem Betriebsverfassungs- **019** gesetz, aus dem Sprecherausschussgesetz, aus dem Mitbestimmungsgesetz und bei Entscheidungen über die Tariffähigkeit und die Tarifzuständigkeit einer Vereinigung statt, vgl. § 2 a ArbGG. Das Beschlussverfahren beginnt nicht mit einer Klage, sondern wird **auf Antrag** eingeleitet. Allerdings gelten für beide Verfahrensarten gleichermaßen die Vorschriften über die Prozessfähigkeit, die Prozessvertretung, die Ladungen, Termine und Fristen und die weiteren Verfahrensregelungen des Arbeitsgerichtsgesetzes. Eine Güteverhandlung findet im Beschlussverfahren dagegen nicht statt.

Das Arbeitsgericht überprüft im Beschlussverfahren den Sachverhalt im Rahmen der gestellten Anträge von Amts wegen. Die am Verfahren Beteiligten haben an der Aufklärung des Sachverhalts mitzuwirken, ferner können Urkunden eingesehen, Auskünfte eingeholt, Zeugen, Sachverständige und Beteiligte vernommen werden. In dem Beschlussverfahren sind der Arbeitgeber, die Arbeitnehmer und alle Stellen zu hören, die nach dem Betriebsverfassungsgesetz, dem Sprecherausschussgesetz und den Mitbestimmungsgesetzen im einzelnen Fall beteiligt sind. Die Anhörung erfolgt vor der Kammer, obwohl die Beteiligten sich auch schriftlich äußern können. Das Arbeitsgericht entscheidet nach seiner freien, aus dem Gesamtergebnis des Verfahrens gewonnenen Überzeugung durch einen schriftlichen Beschluss.

Gegen die Beschlüsse der Arbeitsgerichte findet die **Beschwerde vor dem Lan- 020 desarbeitsgericht** statt. Für das Beschwerdeverfahren gelten die für das Berufungsverfahren maßgebenden Vorschriften des Arbeitsgerichtsgesetzes. Über die Beschwerde entscheidet das Landesarbeitsgericht wiederum durch Beschluss.

Gegen die Beschlüsse der Landesarbeitsgerichte findet die **Rechtsbeschwerde 021 vor dem Bundesarbeitsgericht** statt, wenn sie besonders zugelassen wurde, weil die Rechtssache grundsätzliche Bedeutung hat oder von einer Entscheidung des Bundesarbeitsgerichts oder eines Landesarbeitsgerichts abweicht. Für das Rechtsbeschwerdeverfahren gelten die für das Revisionsverfahren maßgebenden Vorschriften des Arbeitsgerichtsgesetzes. Die Rechtsbeschwerde kann ausschließlich darauf gestützt werden, dass der Beschluss des Landesarbeitsgerichts auf der Nichtanwendung oder der unrichtigen Anwendung einer Rechtsnorm beruht. Die

Rechtsbeschwerdeschrift und die Rechtsbeschwerdebegründung müssen von einem Rechtsanwalt unterzeichnet sein und werden den Beteiligten zur Äußerung zugestellt. Sodann entscheidet das Bundesarbeitsgericht über die Rechtsbeschwerde durch Beschluss und beendet damit das Verfahren.

3. Sozialgerichtsbarkeit

022   In den sozialrechtlichen Streitigkeiten ist der Rechtsweg zu den Sozialgerichten gegeben. Das Sozialgerichtsverfahren ist ein besonderes Verwaltungsgerichtsverfahren, das im Sozialgerichtsgesetz (SGG) und ergänzend in der Verwaltungsgerichtsordnung (VwGO) geregelt wird. Die Sozialgerichtsbarkeit hat drei Instanzen:

❑ **Sozialgericht als erste Instanz,**

❑ **Landessozialgericht als Berufungsinstanz,**

❑ **Bundessozialgericht als Revisionsinstanz.**

023   Die **Sozialgerichte** sind mit Berufsrichtern und mit ehrenamtlichen Richtern besetzt. Die ehrenamtlichen Richter werden von der Landesregierung aufgrund der Vorschlagslisten berufen, die von den Gewerkschaften und den Arbeitgeberverbänden, von den kassenärztlichen Vereinigungen und von den Zusammenschlüssen der Krankenkassen nach Maßgabe des § 14 SGG aufgestellt werden. Jede Kammer des Sozialgerichts ist mit einem vorsitzenden Berufsrichter und zwei ehrenamtlichen Richtern besetzt. In den Kammern für Angelegenheiten der Sozialversicherung werden je ein ehrenamtlicher Richter aus dem Kreis der Versicherten und der Arbeitgeber beteiligt, in den Kammern für Angelegenheiten des Kassenarztrechts wirken je ein ehrenamtlicher Richter aus den Kreisen der Krankenkassen und der Kassenärzte mit.

024   Die **Landessozialgerichte** entscheiden in zweiter Instanz über Berufungen gegen Urteile und über Beschwerden gegen andere Entscheidungen der Sozialgerichte. Bei den Landessozialgerichten wurden für die einzelnen sozialrechtlichen Bereiche Senate gebildet, die mit drei Berufsrichtern und zwei ehrenamtlichen Richtern besetzt sind.

025   Das **Bundessozialgericht (BSG)** entscheidet in dritter Instanz über Revisionen gegen Urteile der Landessozialgerichte sowie über Beschwerden gegen die Nichtzulassung der Revision. Für die verschiedenen sozialrechtlichen Bereiche bestehen Senate, die mit jeweils drei Berufsrichtern und zwei ehrenamtlichen Richtern besetzt sind.

026   Die **örtliche Zuständigkeit** der Sozialgerichte ist in den §§ 57, 57 a SGG geregelt, danach ist vor allem der Wohnsitz des Versicherten maßgeblich, während die

sachliche Zuständigkeit sich gem. §§ 8, 51 SGG nach dem Streitgegenstand richtet. Die Sozialgerichte entscheiden über öffentlich-rechtliche Streitigkeiten in Angelegenheiten der Sozialversicherung, der Arbeitslosenversicherung und der übrigen Aufgaben der Bundesagentur für Arbeit sowie über Rechtsstreitigkeiten zwischen Ärzten, Zahnärzten und Krankenkassen aus dem Kassenarztrecht, über öffentlich-rechtliche Streitigkeiten aufgrund des Entgeltfortzahlungsgesetzes und in den weiteren in § 51 SGG genannten Angelegenheiten.

3.1 Widerspruchsverfahren

Da das Sozialgerichtsverfahren ein besonderes Verwaltungsverfahren ist, wird es in Angelegenheiten der Sozialversicherung insbesondere von den Versicherten oder den Arbeitgebern angerufen, wenn sie Ansprüche auf Sozialleistungen durchsetzen oder Verwaltungsakte der Behörden anfechten wollen. Dabei ist zu beachten, dass dem Sozialgerichtsverfahren ein außergerichtliches **Vorverfahren (auch: Widerspruchsverfahren)** voraus geht, in dem die Rechtmäßigkeit und Zweckmäßigkeit der Entscheidung des jeweiligen Sozialversicherungsträgers überprüft wird. **027**

Die Sozialversicherungsträger sind in aller Regel mit öffentlich-rechtlichen Befugnissen ausgestattet und treffen daher ihre Entscheidungen über die eingereichten Anträge für jeden einzelnen Fall durch einen **Verwaltungsakt**. Jede Verfügung, Entscheidung oder andere hoheitliche Maßnahme, die eine Behörde oder eine sonst mit öffentlich-rechtlichen Befugnissen ausgestattete Stelle zur Regelung eines Einzelfalls auf dem Gebiet des öffentlichen Rechts trifft und die auf unmittelbarer Rechtswirkung nach außen gerichtet ist, ist ein Verwaltungsakt.[1] **028**

Ein Verwaltungsakt wird gegenüber demjenigen, für den er bestimmt ist und der von ihm betroffen ist, mit dem Inhalt und zu dem Zeitpunkt wirksam, zu dem er ihm bekannt gegeben wird. Die **Rechtmäßigkeit eines Verwaltungsaktes** wird im Widerspruchsverfahren noch vor der Inanspruchnahme der Sozial- oder Verwaltungsgerichte überprüft. Damit wird den Sozialversicherungsträgern die Möglichkeit gegeben, vor Erhebung einer Klage die von ihnen erlassenen Verwaltungsakte inhaltlich zu überprüfen.[2] Erst nach Abschluss des Widerspruchsverfahrens kann ein Verwaltungsakt im Sozialgerichtsverfahren angefochten werden. **029**

Das Verfahren beginnt mit einem **Widerspruch gegen den Verwaltungsakt**. Dieser ist schriftlich bei der Stelle einzureichen, die den Verwaltungsakt erlassen hat. Die Frist für die Einlegung des Widerspruchs beträgt einen Monat, gerechnet von dem Tag der Bekanntgabe des Verwaltungsaktes an den Betroffenen, regelmäßig durch eine Zustellung. Diese Rechtsbehelfsfrist beginnt aber nur dann zu laufen, wenn der Verwaltungsakt eine **Rechtsbehelfsbelehrung** in schriftlicher Form enthält. Sofern die Rechtsbehelfsbelehrung unterblieben ist oder unrichtig **030**

---

1 Vgl. zum Verwaltungsakt §§ 35 ff. Verwaltungsverfahrensgesetz (VwVfG).
2 Das Vorverfahren ist in den §§ 77 ff. SGG geregelt, wonach in einigen besonderen Fällen dieses Verfahren entbehrlich ist.

erteilt wurde, kann der Widerspruch noch innerhalb eines Jahres seit Zustellung, Eröffnung oder Verkündung des Verwaltungsakts eingelegt werden.

031 Nach Einlegen eines Widerspruchs muss diejenige Stelle, die den Verwaltungsakt erlassen hat, überprüfen, ob und inwieweit der Widerspruch begründet ist. Der Verwaltungsakt kann ganz oder teilweise aufgehoben oder auch bestätigt werden. Kommt es zu einer Abänderung des Verwaltungsaktes, kann auch der neue Verwaltungsakt wiederum Gegenstand eines Vorverfahrens werden. Falls dem Widerspruch nicht vollständig abgeholfen wird, erfolgt die behördliche Entscheidung durch einen **Widerspruchsbescheid**. Zuständig für den Erlass des Widerspruchsbescheides ist regelmäßig die nächsthöhere Behörde, in Angelegenheiten der Sozialversicherung die von dem betreffenden Sozialversicherungsträger bestimmte Stelle und in Angelegenheiten der Bundesagentur für Arbeit die vom Verwaltungsrat dieser Agentur bestimmte Stelle.

032 Der Widerspruchsbescheid ist schriftlich zu erlassen, zu begründen und den Beteiligten zuzustellen. Auch dieser Bescheid enthält eine **Rechtsbehelfsbelehrung**, worin die Beteiligten über die Zulässigkeit der Klage, die einzuhaltende Frist und den Sitz des zuständigen Gerichts zu belehren sind. In den Angelegenheiten der Sozialversicherung kann mit Zustimmung des Widerspruchsführers sein Widerspruch unmittelbar den zuständigen Sozialgerichten als Klage zugeleitet werden. In allen anderen Fällen kann der Widerspruchsbescheid durch eine **Klage vor dem Sozialgericht** angefochten werden.

3.2 Sozialgerichtsverfahren

033 Der Rechtsweg zu den Sozialgerichten ist für öffentlich-rechtliche Streitigkeiten in Angelegenheiten der Sozialversicherung gegeben, einschließlich des Kassenarztrechtes, der Arbeitslosenversicherung und der übrigen Aufgaben der Bundesagentur für Arbeit, vgl. § 51 SGG. Gegenstand der Klage kann die **Aufhebung oder Abänderung eines Verwaltungsakts** sein, durch den der Kläger beschwert wurde (= Anfechtungsklage). Ferner kann durch Feststellungsklage eine Entscheidung des Sozialgerichts darüber begehrt werden, ob ein Rechtsverhältnis besteht oder nicht besteht, welcher Sozialversicherungsträger zuständig ist oder ob eine Gesundheitsstörung die Folge eines Arbeitsunfalls oder einer Berufskrankheit ist.

034 Das Verfahren vor den Sozialgerichten beginnt mit der **Erhebung einer Klage**, die innerhalb eines Monats nach Zustellung des Widerspruchsbescheids schriftlich einzureichen ist. Im Sozialgerichtsverfahren sind gem. §§ 54, 55 SGG entsprechend den Verfahren vor den Verwaltungsgerichten verschiedene Klagearten möglich:

❑ **Anfechtungsklage**,
   sie betrifft die Aufhebung oder Änderung eines Verwaltungsakts,

❑ **Verpflichtungsklage**,
   sie betrifft die Verpflichtung eines Sozialleistungsträgers zu einer Leistung,

❑ **Nichtigkeitsklage**,

sie ist auf die Nichtigkeit eines Verwaltungsakts gerichtet,

❑ **Feststellungsklage**,

z. B. zur Feststellung des zuständigen Sozialversicherungsträgers,

❑ **Ersatzleistungsklage**,

sie betrifft Streitigkeiten zwischen Sozialleistungsträgern,

❑ **Aufsichtsklage**,

mit ihr wendet sich ein Sozialleistungsträger gegen Maßnahmen der Aufsichtsbehörde.

Die weiteren Einzelheiten über die Durchführung des Sozialgerichtsverfahrens ergeben sich aus dem Sozialgerichtsgesetz (SGG).   **035**

G. Aspekte des europäischen Arbeitsrechts

In der Europäischen Union hat die Schaffung eines Binnenmarktes Auswirkungen auf das Arbeits- und Sozialrecht der Mitgliedstaaten.[1] Der Gründungsvertrag der Europäischen Wirtschaftsgemeinschaft enthielt in Art. 117 ff. EWGV allgemeine Grundsätze zum Sozial- und Arbeitsschutz sowie gemeinsame Ziele der Berufsausbildung. Dazu gehörten insbesondere die Abstimmung der Sozialordnungen, eine Zusammenarbeit in sozialen Fragen und die Gleichheit des Arbeitsentgelts ohne geschlechtliche Diskriminierung. Die Einrichtung eines europäischen Sozialfonds zur Verbesserung der Beschäftigungsmöglichkeiten der Arbeitskräfte im Binnenmarkt und zahlreiche Programme zur Harmonisierung der allgemeinen und der beruflichen Bildung, fördern die berufliche Mobilität der Arbeitskräfte in der Europäischen Union. **001**

Im EG-Vertrag bildete die Freizügigkeit der Arbeitnehmer (Art. 39 bis 42 EWGV) und die Niederlassungsfreiheit (Art. 43 bis 48 EWGV) die Grundlage des Gemeinsamen Marktes. Durch den Vertrag von Amsterdam[2] traten die auf Gemeinschaftsebene vorrangigen sozialen Leitlinien in den Vordergrund. Die Beschäftigungsförderung ist zu einem erklärten Ziel der Mitgliedstaaten geworden. Auch die Gleichstellung der Geschlechter und die Chancengleichheit von Männern und Frauen wurde gestärkt. Der damals neu eingeführte § 13 EG-Vertrag betraf Antidiskriminierungsmaßnahmen. Diese sind nunmehr in dem Art. 19 AEUV geregelt. Der Rat darf durch einstimmige Entscheidungen Vorkehrungen treffen, um Diskriminierungen wegen des Geschlechts, der Rasse, der ethnischen Herkunft, der Religion oder der Weltanschauung, einer Behinderung, des Alters oder der sexuellen Ausrichtung zu bekämpfen. **002**

Ferner bildete der Vertrag von Amsterdam stellt das erforderliche Instrumentarium zur Verfügung, um eine koordinierte Beschäftigungsstrategie zur Bekämpfung der Arbeitslosigkeit umzusetzen Art. 125 ff. EG-Vertrag. Es sollten insbesondere die Beschäftigungsfähigkeit, die unternehmerische Initiative, Anpassungsfähigkeit und Chancengleichheit gefördert werden. Im Vertrag von Amsterdam wurde die Kompetenz der Europäischen Union betont, die Gleichberechtigung zu fördern, die Grundrechte zu gewährleisten und die Diskriminierung zu bekämpfen. Dies ist nunmehr in den Art. 145 ff. AEUV geregelt. **003**

Die Kommission hatte gem. Art. 128 EG-Vertrag Empfehlungen im Hinblick auf die Beschäftigungspolitik der Mitgliedstaaten ausgesprochen (KOM (99) 445 endg.). Wie im Vertrag von Amsterdam vorgesehen, wurden Aktionspläne erarbeitet, acht **004**

---

1 In diesem Abschnitt werden exemplarisch einige aktuelle Entwicklungen des europäischen Arbeitsrechtes und ihre Auswirkungen im deutschen Arbeitsrecht behandelt.
2 Der Vertrag von Amsterdam wurde am 2. 10. 1997 unterzeichnet und ist nach Ratifizierung durch 15 Mitgliedstaaten am 1. 5. 1999 in Kraft getreten. Er rückt die sozialen Leitlinien der Beschäftigung in den Vordergrund der Gemeinschaftspolitik.

die prioritäre Bereiche betreffen, in denen ein besonderer Handlungsbedarf besteht:

❑ Bekämpfung der Jugendarbeitslosigkeit,

❑ Verhütung von Langzeitarbeitslosigkeit,

❑ Reform der Steuer- und Sozialleistungssysteme,

❑ Schaffung von Arbeitsplätzen im Dienstleistungssektor,

❑ Senkung der Steuer- und Abgabenbelastung,

❑ Modernisierung der Arbeitsorganisation,

❑ Gleichstellung der Geschlechter auf dem Arbeitsmarkt,

❑ Verbesserung der Indikatoren und Statistiken.

005   Bereits seit 1989 werden in Europa Beschäftigungsberichte erstellt, die einen Überblick über die Beschäftigungspolitik und die Arbeitsmarktsituation in den Mitgliedstaaten geben. Diese Berichte und insbesondere die statistischen Daten über die Entwicklung der Beschäftigung in der Union, stellen für die Regierungen, die politischen Entscheidungsträger, die Sozialpartner und für die Forschung eine wichtige Informationsquelle dar. Sie geben Aufschluss über die Beschäftigungsquoten in Europa, die Gemeinschaftsinitiativen, Aktionspläne und Fördermaßnahmen und ihre Auswirkungen

1. Arbeitnehmerfreizügigkeit

006   Die Freizügigkeit aller Arbeitnehmer innerhalb der Europäischen Union und die Abschaffung jeder auf der Staatsangehörigkeit beruhender unterschiedlicher Behandlung der Arbeitnehmer war in Art. 39 EG-Vertrag niedergelegt. Auf der Grundlage der entsprechenden Regelung im Gründungsvertrag der EWG sind neben der Verordnung Nr. 1612/68 über die Freizügigkeit der Arbeitnehmer innerhalb der Gemeinschaft zahlreiche Richtlinien ergangen.[3] Nunmehr ist die Arbeitnehmerfreizügigkeit in den Art. 45 bis 48 AEUV geregelt.

007   Die Gemeinschaftscharta der sozialen Grundrechte der Arbeitnehmer in der Europäischen Gemeinschaft vom 9. Dezember 1989 beruht auf der Überlegung, dass den sozialen Fragen im Zuge der Schaffung eines europäischen Binnenmarktes die gleiche Bedeutung zukommt wie den wirtschaftlichen Fragen. Es ist daher der Förderung und Schaffung neuer Arbeitsplätze unter Berücksichtigung der regionalen Unterschiede Priorität einzuräumen. Die Verwirklichung des Binnenmarktes soll allen Arbeitnehmern der Europäischen Gemeinschaft Verbesserungen im sozialen Bereich vornehmlich hinsichtlich der Freizügigkeit,[4] der Lebens- und Arbeitsbe-

---

3   Richtlinie 73/148 EWG zur Aufhebung der Reise- und Aufenthaltsbeschränkungen für Staatsangehörige der Mitgliedstaaten innerhalb der Gemeinschaft auf dem Gebiet der Niederlassung und des Dienstleistungsverkehrs; Richtlinie 64/221/EWG zur Koordinierung der Sondervorschriften für die Einreise und den Aufenthalt von Ausländern, Richtlinie 68/360/EWG zur Aufhebung der Reise- und Aufenthaltsbeschränkungen für Arbeitnehmer der Mitgliedstaaten und ihrer Familienangehörigen innerhalb der Gemeinschaft, EWG-VO Nr. 1251/70 über das Recht der Arbeitnehmer, nach Beendigung einer Beschäftigung im Hoheitsgebiet eines Mitgliedstaates zu verbleiben.

4   EWG-Verordnung Nr. 1612/68 über die Freizügigkeit der Arbeitnehmer innerhalb der Gemeinschaft.

dingungen, des Gesundheitsschutzes und der Sicherheit in der Arbeitsumwelt, des sozialen Schutzes und der allgemeinen und beruflichen Bildung bringen.

Der Maastricht-Vertrag (EUV) enthält das Abkommen zur Umsetzung der Sozial-   **008**
charta, welches von 11 Mitgliedstaaten[5] der Europäischen Gemeinschaft mit Ausnahme des Vereinigten Königreichs Großbritannien und Nordirland unterzeichnet wurde. Dieses Abkommen über die Sozialpolitik beschreibt als Ziele der Gemeinschaft und der Mitgliedstaaten die Förderung der Beschäftigung, die Verbesserung der Lebens- und Arbeitsbedingungen, einen angemessenen sozialen Schutz, den sozialen Dialog, die Entwicklung des Arbeitskräftepotenzials im Hinblick auf ein dauerhaft hohes Beschäftigungsniveau und die Bekämpfung von Ausgrenzungen (Art. 1 EUV). Die Gemeinschaft unterstützt zur Verwirklichung dieser Ziele die Tätigkeit der Mitgliedstaaten auf folgenden Gebieten:

❏ Verbesserung der Arbeitsumwelt zum Schutz der Gesundheit und der Sicherheit der Arbeitnehmer,

❏ Arbeitsbedingungen,

❏ Unterrichtung und Anhörung der Arbeitnehmer,

❏ Chancengleichheit von Männern und Frauen auf dem Arbeitsmarkt und Gleichbehandlung am Arbeitsplatz,

❏ berufliche Eingliederung der aus dem Arbeitsmarkt ausgegrenzten Personen.

Auf dieser Grundlage kann der Rat der Europäischen Union durch Richtlinien   **009**
Mindestvorschriften erlassen. Der Regelungsbereich dieser Richtlinien soll keine verwaltungsmäßigen, finanziellen oder rechtlichen Auflagen vorschreiben, die der Gründung und Entwicklung kleiner und mittlerer Unternehmen entgegenstehen. Es geht dabei überwiegend um die soziale Sicherheit und den sozialen Schutz der Arbeitnehmer, insbesondere bei Beendigung des Arbeitsvertrags, um die Vertretung und kollektive Wahrnehmung der Arbeitnehmer- und Arbeitgeberinteressen, um Beschäftigungsbedingungen der Staatsangehörigen von Drittländern und um finanzielle Beiträge zur Förderung der Beschäftigung und zur Schaffung von Arbeitsplätzen, vgl. Art. 2 EUV.

Die Kommission hat im Jahre 1996 einen Aktionsplan zur Förderung der Freizü-   **010**
gigkeit der Arbeitnehmer angenommen (KOM (97) 586 endg.). Die in der Vergangenheit eher geringe Mobilität der Arbeitnehmer in der EU sollte durch Fördermaßnahmen und die Schaffung neuer Perspektiven belebt werden. Dabei war in erster Linie an die Personengruppen der Jugendlichen und der qualifizierten Arbeitskräfte gedacht worden. Die Schwerpunkte des Aktionsplanes betreffen:

❏ Verbesserung und Anpassung der Rechtsvorschriften, z. B. im Hinblick auf das Aufenthaltsrecht der Arbeitnehmer und ihrer Familienangehörigen,

---

5 Belgien, Dänemark, Deutschland, Griechenland, Spanien, Frankreich, Irland, Italien, Luxemburg, Niederlande und Portugal.

❑ Erhöhung der Transparenz des Arbeitsmarktes durch Förderung eines Internet-gestützten Dienstleistungsangebotes und des Ausbaus der Zusammenarbeit zwischen den nationalen öffentlichen Arbeitsverwaltungen,

❑ Ausbau der länderübergreifenden Zusammenarbeit und Übernahme von Verantwortung durch die nationalen Behörden,

❑ bessere Aufklärung über das Recht auf Freizügigkeit und Verstärkung der Außenwirkung,

❑ Förderung innovativer Projekte, z. B. Finanzierung von Pilotprojekten im Rahmen des Europäischen Sozialfonds

011   Das Europäische Informationsnetz für Fragen der Beschäftigung und der Arbeitskräftemobilität (EURES) steht Arbeitssuchenden und Arbeitgebern der EU, Norwegens und Islands zur Verfügung, die außerhalb ihres Staates arbeiten oder einstellen wollen. Die EURES-Dienstleistungen stützen sich auf die Partnerschaft der Mitgliedstaaten sowie auf ein Netz von 500 Euroberatern, die von den Arbeitsverwaltungen benannt wurden. Die Berichte über die wichtigsten Entwicklungen und Fortschritte weisen spezielle Schwerpunkte in Grenzregionen auf sowie in einigen Branchen (Informatik, Gesundheitswesen und Tourismus).

2. Gleichbehandlung von Männern und Frauen

012   Die Arbeitsrechtssysteme der einzelnen Mitgliedstaaten der Europäischen Union weisen erhebliche Unterschiede auf. Im Bereich der Gleichbehandlung von Männern und Frauen haben europäische Richtlinien zu einer Harmonisierung der nationalen Regelungen geführt. In Deutschland waren es zunächst die Arbeitsgerichte, welche in Anwendung und Umsetzung des Art. 3 GG den arbeitsrechtlichen Gleichbehandlungsgrundsatz entwickelt haben. Dieser Grundsatz verbietet dem Arbeitgeber, die Arbeitnehmer bei seinen Entscheidungen nicht ohne sachlichen Grund unterschiedlich zu behandeln.[6] Allerdings ist der Arbeitgeber durch den arbeitsrechtlichen Gleichbehandlungsgrundsatz nicht gehindert, unterschiedliche Löhne oder Gehälter für Männer und Frauen zu vereinbaren, weil individuelle Vereinbarungen im Einzelarbeitsvertrag vorrangig sind. Sofern allerdings eine allgemeine Lohnerhöhung vorgenommen wird, sog. Lohnwelle, darf der Arbeitgeber keine geschlechtsspezifischen Unterschiede machen. Der Gleichheitssatz des Art. 3 GG gebietet im Hinblick auf die Gleichbehandlung von Männern und Frauen, dass z. B. bei der Eingruppierung die Schwere der Arbeit unter Berücksichtigung der jeweiligen Belastbarkeit für Männer und Frauen getrennt bewertet wird. Tariflohngruppen dürfen daher nicht allein die Muskelbeanspruchung berücksichtigen, sondern alle Umstände, die auf den Menschen belastend einwirken und zu körperlichen Reaktionen führen, wie Lärm, Staub, Dämpfe etc. Durch den Wandel der Verkehrsanschauung wurden „Leichtlohngruppen" abgeschafft, die eine beson-

---

6   Vgl. Abschnitt A.2.7. zum Gleichbehandlungsgrundsatz.

dere Einstufung wegen geringer körperlicher Belastung allein für Frauen ermöglichten.[7]

Der **Grundsatz des gleichen Arbeitsentgelts für Männer und Frauen** ist in **013** Art. 141 EG-Vertrag enthalten. Danach bedeutet die Gleichheit des Arbeitsentgelts ohne geschlechtliche Diskriminierung, dass das Entgelt für eine gleiche nach Akkord bezahlte Arbeit auf Grund der gleichen Maßeinheit festgesetzt wird und dass für eine nach Zeit bezahlte Arbeit das Entgelt bei gleichem Arbeitsplatz gleich ist. Das Arbeitsentgelt schließt die üblichen Grund- und Mindestlöhne und -gehälter sowie alle sonstigen Vergütungen ein, die der Arbeitgeber dem Arbeitnehmer in bar oder in Sachleistungen zukommen lässt. Aus dieser Rechtsnorm folgt ein unmittelbarer Anspruch des betroffenen Arbeitnehmers, der vor den nationalen Gerichten eingeklagt werden kann.

Die arbeitsrechtliche Gleichbehandlung von Männern und Frauen betrifft nicht **014** nur das soeben dargestellte Arbeitsentgelt, sondern die gesamten Arbeitsbedingungen. Die Richtlinie 76/2007/EWG vom 9.2.1976 zur Verwirklichung des Grundsatzes der Gleichbehandlung von Männern und Frauen hinsichtlich des Zugangs zur Beschäftigung, novelliert durch die Richtlinie 2006/54 zur Verwirklichung des Grundsatzes der Chancengleichheit und Gleichbehandlung von Männern und Frauen in Arbeits- und Beschäftigungsfragen vom 5.6.2006, wurde vom deutschen Gesetzgeber zunächst in den §§ 611 a, 611 b und 612 Abs. 3 BGB und im Jahr 2006 unter Aufhebung der Vorschriften des BGB in das Allgemeine Gleichbehandlungsgesetz (AGG) umgesetzt.

Der Arbeitgeber darf einen Arbeitnehmer bei einer Vereinbarung oder einer Maß- **015** nahme, insbesondere bei der Begründung des Arbeitsverhältnisses, beim beruflichen Aufstieg, bei einer Weisung oder einer Kündigung, nicht wegen seines Geschlechts benachteiligen, vgl. § 2 AGG. Ausnahmsweise ist eine unterschiedliche Behandlung wegen des Geschlechts zulässig, wenn dies durch die Art der Tätigkeit geboten ist, vgl. § 8 Abs. 1 AGG. Das Geschlecht ist unverzichtbare Voraussetzung für die Ausübung verschiedener Tätigkeiten beispielsweise im künstlerischen Bereich oder in den Medien. Im Falle eines Verstoßes gegen das Benachteiligungsverbot wird der Arbeitgeber gem. § 15 AGG schadensersatzpflichtig. Der Arbeitgeber darf einen Arbeitsplatz grundsätzlich nicht geschlechtsspezifisch ausschreiben, es sei denn, die Art der Tätigkeit erfordert eine Frau oder einen Mann (Model, Dressmen, Schauspieler, Synchronsprecher, Sänger etc.), § 11 AGG. Ein Verbot der Benachteiligung bei der Vergütung enthält § 2 Abs. 1 Nr. 2 AGG. Danach darf bei einem Arbeitsverhältnis für gleiche oder für gleichwertige Arbeit nicht wegen des Geschlechts des Arbeitnehmers eine geringere Vergütung vereinbart werden. Auch geschlechtsspezifische Schutzvorschriften – Mutterschutzgesetz – rechtfertigen keine unterschiedliche Vergütungsvereinbarung.

Die Förderung der Chancengleichheit von Frauen und Männern ist fester Bestand- **016** teil der Europäischen Beschäftigungsstrategie. Dies lässt sich an zahlreichen Emp-

---

7 BAG, BB 1988, 1606.

fehlungen der Kommission in den letzten Jahren erkennen, z. B. zum Schutz der Würde von Frauen und Männern am Arbeitsplatz, zur Kinderbetreuung, zur ausgewogenen Mitwirkung von Frauen und Männern an Entscheidungsprozessen und zur Gesundheit der Frauen.

3. Arbeitsschutzregelungen

017 Im Bereich des Arbeitnehmerschutzes sind Auswirkungen des europäischen Arbeitsrechts auf die nationale Rechtsetzung der Mitgliedstaaten festzustellen. Insbesondere die europäischen Richtlinien zum Arbeitsschutz haben zahlreiche Anpassungen der deutschen Arbeitssicherheitsgesetze nach sich gezogen. Aus der Entwicklung des deutschen Arbeitsrechts sollen exemplarisch zwei gesetzliche Regelungen kurz dargestellt werden, die im betrieblichen Personalwesen von Bedeutung sind, das Nachweisgesetz (1995) und das Arbeitnehmer-Entsendegesetz (1996).

018 Durch das **Nachweisgesetz** wurde die Richtlinie 91/533/EWG in deutsches Recht umgesetzt. Mit dieser Regelung sollen Arbeitsverträge in der Europäischen Union standardisiert werden, indem sie einen Mindestkatalog von Angaben enthalten. Ferner ist auch die Unterrichtung des Arbeitnehmers nach Arbeitsaufnahme durch schriftlichen Arbeitsvertrag, durch ein Anstellungsschreiben oder durch ein anderes Schriftstück vorgesehen. Das Nachweisgesetz enthält somit für Arbeitsverträge ein deklaratorisches Schriftformerfordernis mit bestimmten Mindestangaben. Der sachliche Anwendungsbereich nimmt Aushilfsarbeitsverhältnisse, Beschäftigungsverhältnisse unter 400 Stunden jährlich und geringfügige Beschäftigungsverhältnisse (§ 8 SGB IV) im Haushalt, in der Erziehung und in der Pflege aus. Für alle anderen Arbeitsverhältnisse hat der Arbeitgeber spätestens einen Monat nach dem vereinbarten Beginn des Arbeitsverhältnisses die folgenden Vertragsbedingungen schriftlich niederzulegen, vgl. § 2 NachwG:

❑ Name und Anschrift der Vertragsparteien,

❑ Zeitpunkt des Beginns des Arbeitsverhältnisses,

❑ im Falle einer Befristung die vorhersehbare Dauer,

❑ Arbeitsort oder Hinweis auf verschiedene Einsatzorte,

❑ Bezeichnung oder Beschreibung der Tätigkeit,

❑ Höhe, Zusammensetzung und Fälligkeit des Arbeitsentgelts,

❑ vereinbarte Arbeitszeit,

❑ Dauer des jährlichen Erholungsurlaubs,

❑ Kündigungsfristen,

❏ Hinweis auf Tarifverträge, Betriebs- oder Dienstvereinbarungen.

Die Niederschrift ist zu unterzeichnen und dem Arbeitnehmer auszuhändigen. **019**
Wenn diese Angaben bereits in einem schriftlichen Arbeitsvertrag enthalten sind,
entfällt die Nachweispflicht. Sie gilt aber auch für alle späteren Änderungen der
im Nachweisgesetz aufgeführten Bedingungen des Arbeitsvertrages, vgl. § 3 NachwG.[8] Da die europäische Richtlinie keine Vorschriften über Sanktionen im Fall
der Nichtbeachtung der Nachweis- und Unterrichtungspflicht des Arbeitgebers
enthält, folgen diese dem jeweiligen nationalen Recht der Mitgliedstaaten. Das
deutsche Nachweisgesetz normiert keine Ordnungswidrigkeit; somit fallen dies-
bezügliche Pflichtverletzungen des Arbeitgebers in den Anwendungsbereich des
Rechtsgrundsatzes positiver Vertragsverletzung.

Eine spezielle Regelung des Arbeitnehmerschutzes in der Europäischen Union im **020**
Hinblick auf den freien Dienstleistungsverkehr ist die Richtlinie zur Entsendung
von Arbeitnehmern.[9] Dadurch sollen die Arbeitsbedingungen, unter denen die aus
anderen Mitgliedstaaten der Europäischen Union entsandten Arbeitnehmer tätig
werden, im Interesse der Rechtssicherheit einen Mindeststandard des Schutzni-
veaus aufweisen. Die zu garantierenden Arbeits- und Beschäftigungsbedingungen
sind

❏ Höchstarbeitszeiten und Mindestruhezeiten,

❏ bezahlter Mindestjahresurlaub,

❏ Mindestlohnsätze einschließlich der Überstundensätze,

❏ Bedingungen für die Überlassung von Arbeitskräften, insbesondere durch Leih-
arbeitsunternehmen,

❏ Sicherheit, Gesundheitsschutz und Hygiene am Arbeitsplatz,

❏ Schutzmaßnahmen im Zusammenhang mit den Arbeitsbedingungen von
Schwangeren und Wöchnerinnen, Kindern und Jugendlichen,

❏ Gleichbehandlung von Männern und Frauen sowie andere Nichtdiskriminie-
rungsbestimmungen.

Das unterschiedliche Lohnniveau in der Bau-Branche war der Ausgangspunkt ei- **021**
ner gesetzlichen Regelung, die noch vor der Europäischen Richtlinie in Deutschland eingeführt wurde, dem **Arbeitnehmer-Entsendegesetz**. Danach gelten die
in allgemeinverbindlich erklärten Tarifverträgen des Baugewerbes enthaltenen
Arbeitsbedingungen auf ausländische Arbeitgeber und ihre nach Deutschland entsandten Arbeitnehmer; eine Art „Vorfahrtregelung" für das deutsche Tarifrecht.
Zwar können die Mitgliedstaaten der Europäischen Union ihre Rechtsvorschriften
über Mindestlöhne auf alle Personen ausdehnen, die in ihrem Staatsgebiet eine
unselbstständige Tätigkeit ausüben. Dennoch ist das Arbeitnehmer-Entsendegesetz im Hinblick auf die Dienstleistungsfreiheit in der Europäischen Union nicht

---

8 Näheres bei *Birk*, Das Nachweisgesetz zur Umsetzung der Richtlinie 91/533/EWG in das deutsche Recht, NZA 1996,
   281 ff.
9 Richtlinie 96/71/EG des Europäischen Parlaments und des Rates vom 16. Dezember 1996 über die Entsendung von Arbeitnehmern im Rahmen der Erbringung von Dienstleistungen.

unbedenklich, denn deutsche Bauunternehmer können durch einen Firmentarif-
vertrag dem Geltungsbereich des allgemeinverbindlichen Tarifvertrages ausweichen, während ausländischen Unternehmern diese Möglichkeit nicht offen steht.[10]
Die Regelung bedarf ohnehin nach Einführung der Europäischen Richtlinie der
Reform.

022 Das Recht in der Europäischen Union beeinflusst eine Reihe weiterer Arbeitneh-
merschutzregelungen, darunter der Erlass von Mindestvorschriften für die Arbeitszeitgestaltung, die Verbesserung des Gesundheitsschutzes und der Arbeitssicherheit für Zeitarbeitnehmer im Rahmen von Leiharbeitsverhältnissen, ein
gemeinsames Mindestschutzniveau für jugendliche Arbeitnehmer, die Angleichung
der Rechtsvorschriften in den Mitgliedstaaten über den Schutz der Arbeitnehmer
bei Zahlungsunfähigkeit der Arbeitgeber, über den verstärkten Schutz der Arbeitnehmer bei Massenentlassungen und zur Wahrung von Ansprüchen der Arbeitnehmer beim Übergang von Unternehmen, Betrieben oder Betriebsteilen.

4. Betriebsverfassung

023 Im Europäischen Binnenmarkt findet ein Prozess der Unternehmenszusammen-
schlüsse, der grenzüberschreitenden Fusionen, Übernahmen und Joint Ventures
und damit einhergehend eine länderübergreifende Strukturierung von Unternehmen und Unternehmensgruppen statt. Die Verfahren zur Unterrichtung und Anhörung der Arbeitnehmer nach den Rechtsvorschriften und Gepflogenheiten der
Mitgliedstaaten werden diesen veränderten Strukturen häufig nicht angepasst.
Dies kann eine Ungleichbehandlung der Arbeitnehmer in einem Unternehmen
oder in derselben Unternehmensgruppe nach sich ziehen. Die Sozialcharta der Europäischen Gemeinschaft enthält in Art. 1 Nr. 17 das soziale Grundrecht der Arbeitnehmer, „Unterrichtung, Anhörung und Mitwirkung der Arbeitnehmer in geeigneter Weise, unter Berücksichtigung der in den verschiedenen Mitgliedstaaten
herrschenden Gepflogenheiten" weiterzuentwickeln. Im Bereich der Betriebsverfassung und der Mitbestimmung der Arbeitnehmer wurde die Richtlinie 94/95 EG
über die Einsetzung eines Europäischen Betriebsrates oder die Schaffung eines
Verfahrens zur Unterrichtung und Anhörung der Arbeitnehmer in gemeinschaftsweit operierenden Unternehmen und Unternehmensgruppen verabschiedet. Diese Richtlinie ist durch das Europäische Betriebsräte-Gesetz (EBRG) in nationales
Recht umgesetzt worden.

024 Das Gesetz über Europäische Betriebsräte gilt für gemeinschaftsweit tätige Unternehmen mit Sitz im Inland und für gemeinschaftsweit tätige Unternehmensgruppen mit Sitz des herrschenden Unternehmens im Inland. Ein gemeinschaftsweit
operierendes Unternehmen hat mindestens 1.000 Arbeitnehmer in den Mitgliedstaaten, davon jeweils mindestens 150 Arbeitnehmer in mindestens 2 Mitgliedstaaten. Eine Unternehmensgruppe besteht aus einem herrschenden und davon

---

10 *Junker/Wichmann*, Das Arbeitnehmer-Entsendegesetz – Doch ein Verstoß gegen Europäisches Recht?, NZA 1996,
   505 ff.

abhängigen Unternehmen, von denen mindestens zwei in verschiedenen Mitgliedstaaten ansässig sind und jeweils mindestens 150 Arbeitnehmer beschäftigen, vgl. § 3 EBRG. In diesen Unternehmen wird ein Europäischer Betriebsrat eingesetzt oder ein Verfahren zur Unterrichtung und Anhörung der Arbeitnehmer geschaffen. Die zentrale Unternehmensleitung hat hierfür die Voraussetzungen insbesondere durch Einrichtung eines Verhandlungsgremiums zu schaffen und die Mittel bereitzustellen, vgl. § 8 ff. EBRG. Aufgabe des besonderen Verhandlungsgremiums ist es, mit der zentralen Leitung in einer schriftlichen Vereinbarung den Tätigkeitsbereich, die Zusammensetzung, die Befugnisse und die Mandatsdauer der Europäischen Betriebsräte und die Durchführungsmodalitäten eines Verfahrens zur Unterrichtung und Anhörung der Arbeitnehmer festzulegen.

Im Einzelnen umfasst die Vereinbarung über grenzüberschreitende Unterrichtung und Anhörung der Arbeitnehmer folgende inhaltliche Regelungen über die Ausgestaltung des Europäischen Betriebsrates: **025**

❑ Bezeichnung der erfassten gemeinschaftsweit operierenden Betriebe und Unternehmen,

❑ Zusammensetzung des Europäischen Betriebsrates, Anzahl der Mitglieder, Ersatzmitglieder, Sitzverteilung und Mandatsdauer,

❑ Zuständigkeiten und Aufgaben des Europäischen Betriebsrats und das Unterrichtungs- und Anhörungsverfahren,

❑ Ort, Häufigkeit und Dauer der Sitzungen,

❑ finanzielle und sachliche Mittel des Europäischen Betriebsrats,

❑ Klausel zur Anpassung an Strukturänderungen, Laufzeit, das Verfahren bei Neuverhandlungen und eine Übergangsregelung.

Es werden die Voraussetzungen für die Errichtung des Europäischen Betriebsrates festgelegt, ferner die Geschäftsführung, die Zuständigkeit und Mitwirkungsrechte und Grundsätze der Zusammenarbeit. Auch besteht eine nachwirkende Verschwiegenheitspflicht der Mitglieder des besonderen Verhandlungsgremiums und des Europäischen Betriebsrats, vgl. § 39 EBRG. Der Grundsatz der vertrauensvollen Zusammenarbeit wird in § 38 EBRG festgelegt. Die Arbeitnehmervertreter erhalten den Schutz ihres Amtes nach dem nationalen Recht der Mitgliedstaaten, vgl. § 40 EBRG. **026**

5. Soziale Sicherung

Der sozialen Sicherung in der Europäischen Union dient vor allem die EWG-Verordnung Nr. 1408/71 über die Anwendung der Systeme der Sozialen Sicherheit auf Arbeitnehmer und Selbstständige sowie deren Familienangehörige, die innerhalb der Gemeinschaft zu- und abwandern.[11] Diese Verordnung ist mehrfach geändert **027**

---

11 Weiterhin ist die Durchführungsverordnung Nr. 574/72/EWG zu berücksichtigen.

worden[12] und enthält umfassende Instrumente der Europäischen Union zur Koordinierung der nationalen Sozialversicherungssysteme. Der sachliche Anwendungsbereich betrifft folgende Gebiete der sozialen Sicherheit:

❑ **Krankenversicherung und Mutterschutz,**

❑ **Rentenversicherung (Alters- und Hinterbliebenenrenten),**

❑ **Unfallversicherung (Arbeitsunfälle und Berufskrankheiten),**

❑ **Arbeitslosenversicherung und Arbeitslosenhilfe,**

❑ **Familienleistungen (Kindergeld).**

028 Die europäischen Verordnungen erstrecken sich auf Arbeitnehmer und Selbstständige, für welche die Rechtsvorschriften eines oder mehrerer Mitgliedstaaten gelten, so weit sie Staatsangehörige eines Mitgliedstaates sind, ebenso auch für Staatenlose und Flüchtlinge im Sinne der einschlägigen internationalen Abkommen und gegebenenfalls auch für die Hinterbliebenen. Zum Schutz von Arbeitnehmern und Selbstständigen, die innerhalb der Mitgliedstaaten der Europäischen Union die Freizügigkeit in Anspruch nehmen, ist eine Richtlinie zur Wahrung ergänzender Rentenansprüche verabschiedet worden (98/49/EG).

Im Abschnitt über die Arbeitnehmerfreizügigkeit ist nunmehr auch die Zusammenrechnung von Versicherungszeiten und der Transfer von Sozialleistungen ausführlich geregelt, vgl. Art. 48 AEUV.

029 Im Bereich der sozialen Sicherung bestehen daneben auch zahlreiche zweistaatliche Abkommen Deutschlands mit Ländern außerhalb der Europäischen Union, insbesondere mit osteuropäischen Staaten, mit den sog. Anwerbeländern (Marokko, Tunesien, Türkei) und mit Auswanderungsländern (Israel, USA, Kanada, Australien).

---

12 Vgl. z. B. die lebhafte Debatte über die Modernisierung der Sozialsysteme, die im analytischen Bericht der Kommission über den sozialen Schutz in Europa vom 23. April 1998 (KOM (98) 243 endg.) und in der Mitteilung der Kommission vom 14. Juli 1999 „Eine konzertierte Strategie zur Modernisierung des Sozialschutzes (KOM (99) 347 endg.) zum Ausdruck kommt. Dieses Papier verdeutlicht die Verflechtungen zwischen dem sozialen Schutz und der Wirtschafts- und Währungsunion, der Europäischen Beschäftigungsstrategie und der Erweiterung der EU. Der soziale Schutz ist zunehmend ein Anliegen aller Mitgliedstaaten geworden.

Übungsteil

Fälle aus der Praxis mit Lösungen

Fälle mit Lösungen

Die im Textteil zu den einzelnen Fällen angegebenen Seitenzahlen führen zu den Lösungen im Übungsteil.
Die im **Übungsteil** bei den einzelnen Fällen angegebenen Seitenhinweise (z. B. 1: **Seite 23**) beziehen sich auf die systematischen Ausführungen im Textteil.

1: Arbeitnehmereigenschaften eines Fotografen[1]

Seite 23

Fabian Falke ist seit mehreren Jahren als freier Mitarbeiter für die Werbeagentur Wild GmbH als Fotograf tätig. In seinem Vertrag ist u. a. Folgendes vereinbart:

1. Der Fotograf arbeitet als freier Mitarbeiter und wird von der Agentur im Bedarfsfall eingesetzt.

2. Die Agentur verpflichtet sich jedoch, pro Monat mindestens 80 Fotos abzunehmen. Hierfür wird pauschal ein Honorar von 3.200,– € monatlich (ggf. zzgl. Mehrwertsteuer) gezahlt. Mit dieser Summe ist auch eine höhere Anzahl von Fotos abgegolten.

3. Der Fotograf ist verpflichtet, an bis zu fünf Tagen in der Woche innerhalb der üblichen Arbeitszeit zur Verfügung zu stehen. Sollte er im Einzelfall über fünf Tage eingesetzt werden, kann er in der Folgezeit entsprechend weniger Wochentage zur Verfügung stehen.

4. Mit der Zahlung des Honorars sind sämtliche Kosten des Fotografen abgedeckt. Der Fotograf trägt insbesondere die Kosten für Filme, Filmentwicklung und Ausrüstung, jedoch werden seitens der Agentur 50 Filme pro Monat zur Verfügung gestellt.

5. Der Fotograf räumt der Agentur ein zeitlich unbegrenztes alleiniges Nutzungsrecht an den Bildern ein. Das Nutzungsrecht der Agentur ist mit der Zahlung des Honorars abgegolten.

6. Dem Fotografen steht ein bezahlter Freistellungsanspruch von 24 Tagen im Jahr zu.

7. Der Fotograf ist derzeit nicht für Wettbewerber tätig. Eine etwaige Tätigkeit für einen Wettbewerber bedarf der Zustimmung der Agentur.

Wie bei derartigen Verträgen üblich, wird weder eine Personalakte für Fabian Falke geführt noch werden Lohnsteuer und Sozialversicherungsbeiträge abgeführt. Falke erhält jeweils freitags in den Räumlichkeiten der Wild GmbH einen „Einsatzplan", dem er seine Arbeitszeit und die Einsatzorte für die nächste Woche entnehmen kann. Die Motive für die Fotos werden ebenfalls von der Wild GmbH festgelegt, Falke wird hierüber in Anlagen zu dem Einsatzplan informiert. In den vergangenen Jahren hat Falke durchschnittlich 38 Stunden pro Woche gearbeitet, was in etwa der Zeit entspricht, die auch fest angestellte Arbeitnehmer der Wild GmbH arbeiten.

Falke erkrankt schwer und verlangt unter Vorlage einer ärztlichen Bescheinigung über seine Arbeitsunfähigkeit für die nächsten 6 Wochen die Fortzahlung des vereinbarten Honorars. Muss die Wild GmbH das Honorar trotz der Erkrankung Falkes entrichten?

---

1 Sachverhalt nach BAG, NZA 1998, S. 839 f.

Lösung

Falke könnte gem. § 3 Abs. 1 S. 1 EntgeltfortzahlungsG für die nächsten sechs Wochen Anspruch auf Fortzahlung des vereinbarten Honorars haben. Gem. § 3 Abs. 1 S. 1 EntgeltfortzahlungsG besteht bei Arbeitsunfähigkeit infolge von unverschuldeter Krankheit ein Anspruch auf Fortzahlung des Arbeitsentgelts für die Zeit der Arbeitsunfähigkeit bis zur Dauer von sechs Wochen.

1. Das Entgeltfortzahlungsgesetz gilt gem. § 1 Abs. 1 EntgeltfortzahlungsG nur für Arbeitnehmer. Voraussetzung für einen Entgeltfortzahlungsanspruch des F ist also, dass Falke Arbeitnehmer ist. Arbeitnehmer i. S. des Gesetzes sind gem. § 1 Abs. 2 EntgeltfortzahlungsG Arbeiter, Angestellte und die zu ihrer Berufsausbildung Beschäftigten. Anhand dieser Aufzählung kann jedoch nicht festgestellt werden, ob Falke Arbeitnehmer ist. Bei der Prüfung der Arbeitnehmereigenschaft des F ist daher der allgemeine, von der Rechtsprechung entwickelte Arbeitnehmerbegriff zu Grunde zu legen. Arbeitnehmer ist, wer aufgrund eines privatrechtlichen Vertrags zur Leistung von Diensten für einen anderen gegen Entgelt verpflichtet ist und seine Tätigkeit in persönlicher Abhängigkeit verrichtet, also insbesondere weisungsgebunden und in die betriebliche Organisation des anderen eingegliedert ist. Ob eine Person Arbeitnehmer ist, ist im Einzelfall zu beurteilen. Maßgebend sind die konkreten Umstände des Einzelfalls, nicht die Bezeichnung des Vertrags durch die Vertragspartner.

a) Fabian Falke müsste sich also in einem privatrechtlichen Vertrag zur Leistung von Diensten für einen anderen gegen Entgelt verpflichtet haben. Zwischen Falke und der Wild GmbH besteht ein schuldrechtlicher, durch korrespondierende Willenserklärungen zu Stande gekommener und damit privatrechtlicher Vertrag. Ein Entgelt wurde ebenfalls vereinbart. Außerdem müsste es sich bei dem Vertrag um einen Dienstvertrag i. S. des § 611 BGB handeln. Diese Voraussetzung dient vor allem der Abgrenzung zum Werkvertrag, wo nicht die Dienstleistung als solche, sondern der Erfolg geschuldet wird. Es ist daher zu prüfen, ob Falke eine Dienstleistung, also das Erstellen und Entwickeln der Fotos, oder einen Erfolg, also die Ablieferung der Fotos, schuldet. Charakteristisch für einen Werkvertrag ist das Abhängigkeitsverhältnis zwischen der Ablieferung eines vertragsgemäßen Werks und dem Anspruch auf Vergütung. Ein solches Abhängigkeitsverhältnis besteht nach den in dem Vertrag getroffenen Vereinbarungen nicht. In der Ziff. 2 des Vertrags verpflichtet sich die Wild GmbH zwar, mindestens 80 Fotos monatlich „abzunehmen". Damit wird aber nicht auf eine Abnahme i. S. d. § 640 BGB Bezug genommen, mit dieser Regelung wird Falke vielmehr garantiert, dass er von der Wild GmbH nach der Ziff. 1 und 3 des Vertrags regelmäßig „eingesetzt" wird. Entscheidend ist vielmehr, dass F nach der Ziff. 2 des Vertrags für das Erstellen und Entwickeln von 80 Fotos monatlich unabhängig von der Qualität der Fotos eine feste Vergütung erhält und mit dieser Vergütung auch eine höhere Anzahl von Fotos abgegolten ist. F schuldet daher die Leistung von Diensten. Zwischen Falke und der Wild GmbH besteht ein Dienstvertrag i. S. des § 611 BGB.

b) Außerdem ist festzustellen, ob Falke seine Tätigkeit als Fotograf in persönlicher Abhängigkeit erbringt. Diese Voraussetzung dient der Abgrenzung von Arbeitnehmern und Selbstständigen. Dabei sind der Dienstvertrag des Falke und seine Tätigkeit für die Wild GmbH näher zu untersuchen. Im Einzelnen:

❑ Nach der Ziff. 1 des Vertrags wird Falke als freier Mitarbeiter beschäftigt. Dementsprechend wird weder eine Personalakte für Falke geführt noch werden Lohnsteuer und Sozialversicherungsbeiträge abgeführt. Falke wird also nicht der Gruppe der Arbeitnehmer zugeordnet. Die Bezeichnung des Vertrags und die tatsächliche Vorgehensweise ist aber nur ausnahmsweise in Grenzfällen entscheidend.

❑ Nach der Ziff. 2 des Vertrags erhält Falke unabhängig davon, ob er 80 oder mehr Fotos erstellt, pauschal ein Honorar von 3.200,- € monatlich. Falke muss der Wild GmbH sein gesamtes Arbeitsergebnis gegen ein festes Entgelt zur Verfügung stellen. Dies spricht dafür, dass Falke Arbeitnehmer ist.

❑ Nach der Ziff. 3 des Vertrags ist Falke verpflichtet, seine Dienstleistung an bis zu fünf Tagen in der Woche innerhalb der üblichen Arbeitszeit zu erbringen. Außerdem arbeitet Falke tatsächlich durchschnittlich 38 Std. pro Woche für die Wild GmbH. Der Umfang der Tätigkeit Falkes entspricht also dem der fest angestellten Arbeitnehmer der Wild GmbH. Auch der Zeitpunkt der Erledigung der Aufträge liegt nicht in dem Ermessen Falkes, er muss vielmehr nach dem Einsatzplan der Wild GmbH tätig werden. Schließlich hat er auch keine eigene Gestaltungsfreiheit, da die Motive von der Wild GmbH vorgegeben werden. Insgesamt muss Falke seine gesamte Arbeitskraft im Wesentlichen der Wild GmbH zur Verfügung stellen und ist in den Arbeitsablauf bei der Wild GmbH eingebunden. Dies spricht dafür, dass Falke Arbeitnehmer ist.

❑ Nach der Ziff. 4 des Vertrags trägt Falke insbesondere die Kosten für die Filmentwicklung und die Ausrüstung. Dieses könnte dafür sprechen, dass Falke kein Arbeitnehmer ist, da üblicherweise der Arbeitgeber für die Kosten der Arbeitsmittel aufkommt. Die Wild GmbH stellt Falke aber 50 Filme pro Monat zur Verfügung. Allein aufgrund der Ziff. 4 des Vertrags kann Falke daher nicht als Selbstständiger bewertet werden.

❑ Nach der Ziff. 5 des Vertrags räumt Falke der Agentur ein zeitlich unbegrenztes und alleiniges Nutzungsrecht an den Bildern ein. Dass Falke nicht anderweitig über „seine" Fotos verfügen kann, spricht gegen seine Selbstständigkeit.

❑ Nach der Ziff. 6 des Vertrags steht Falke ein bezahlter Freistellungsanspruch von 24 Tagen im Jahr zu. Dieses entspricht mindestens den in den §§ 2, 3 Abs. 1 BUrlG getroffenen Regelungen. Danach hat jeder Arbeitnehmer sowie jede arbeitnehmerähnliche Person Anspruch auf 24 Werktage bezahlten Urlaub pro Kalenderjahr. Möglicherweise sind sogar 24 Arbeitstage gemeint, sodass der Urlaubsanspruch des Falke über das gesetzliche Minimum hinausgeht. Da auch den nur wirtschaftlich abhängigen arbeitnehmerähnlichen Personen Urlaub zu gewähren ist, spricht der Inhalt der Ziff. 6 des Vertrags aber weder für noch gegen die Arbeitnehmereigenschaft Falkes.

❏ Nach der Ziff. 7 des Vertrags darf Falke nicht ohne Zustimmung der Agentur für einen Wettbewerber tätig werden. Eine Tätigkeit für andere Auftraggeber wird aber nicht ausgeschlossen. Es obliegt zwar jedem Arbeitnehmer die vertragliche Nebenpflicht, nicht für Wettbewerber des Arbeitgebers tätig zu werden. Wettbewerbsverbote werden aber auch unter selbstständigen Unternehmern und insbesondere in der Werbebranche häufig abgeschlossen. Der Inhalt der Ziff. 7 des Vertrags spricht daher weder für noch gegen die Arbeitnehmereigenschaft Falkes.

Für eine persönliche Abhängigkeit Falkes sprechen also:

❏ Die Weisungsgebundenheit hinsichtlich Zeit und Ort der Dienstleistung,

❏ die Weisungsgebundenheit hinsichtlich des Inhalts der Dienstleistung,

❏ die Eingliederung in die betriebliche Organisation der Wild GmbH,

❏ die Einbringung der gesamten Arbeitskraft durch Falke,

❏ die Entlohnung durch ein festes Arbeitsentgelt und

❏ die Verwertung der Arbeitsergebnisse allein durch die Wild GmbH.

Insgesamt ist Falke insbesondere wegen der starken Einbindung in die betriebliche Organisation der Wild GmbH und wegen der Inanspruchnahme nahezu seiner gesamten Arbeitskraft durch die Wild GmbH als Arbeitnehmer zu bewerten, obwohl er in dem Vertrag als freier Mitarbeiter bezeichnet worden ist. Das Entgeltfortzahlungsgesetz ist also anwendbar.

2. Daher ist zu prüfen, ob auch die weiteren Voraussetzungen des § 3 Abs. 1 S. 1 EntgeltfortzahlungsG für einen Anspruch auf Entgeltfortzahlung im Krankheitsfall vorliegen. Dementsprechend ist zunächst festzustellen, ob Fabian Falke infolge einer Krankheit arbeitsunfähig ist. Falke legt eine ärztliche Bescheinigung über seine Arbeitsunfähigkeit vor. Es kann also davon ausgegangen werden, dass er durch Arbeitsunfähigkeit infolge von Krankheit an seiner Arbeitsleistung verhindert ist. Des Weiteren darf Falke die Arbeitsunfähigkeit nicht verschuldet haben. Schuldhaft i. S. des § 3 Abs. 1 S. 1 EntgeltfortzahlungsG handelt ein Arbeitnehmer, wenn er gröblich gegen das von einem verständigen Menschen im eigenen Interesse zu erwartende Verhalten verstößt (= Verschulden gegen sich selbst, kein Verschulden i. S. des § 276 BGB). Anhaltspunkte für ein solches Verschulden Falkes liegen nicht vor. Damit sind sämtliche Anspruchsvoraussetzungen des § 3 Abs. 1 S. 1 EntgeltfortzahlungsG erfüllt. Außerdem ist der Entgeltfortzahlungsanspruch des Falke gem. § 3 Abs. 3 EntgeltfortzahlungsG entstanden, da das Arbeitsverhältnis zwischen Falke und der Wild GmbH bereits länger als vier Wochen ununterbrochen besteht.

Ergebnis: Falke hat daher gem. § 3 Abs. 1 S. 1 EntgeltfortzahlungsG Anspruch auf Entgeltfortzahlung bis zur Dauer von sechs Wochen. Für diesen Zeitraum muss das vereinbarte Honorar von der Wild GmbH trotz der Arbeitsunfähigkeit Falkes weiter entrichtet werden.

2: **Vorauswahl unter den Bewerbern**[2] | Seite 45

Ingo Ingwersen, Inhaber der Ingwersen KG, suchte einen Nachfolger für den ausgeschiedenen kaufmännischen Leiter. Die Stelle wurde betriebsintern ausgeschrieben und außerdem ein Unternehmensberater beauftragt, geeignete Bewerber vorzustellen. Aus dem Kreis der Bewerber schlug der Unternehmensberater der Ingwersen KG drei Anwärter vor. Ingo Ingwersen beabsichtigte, zum 1. Juli Werner Wolters einzustellen, übergab deshalb am 24. April dem Betriebsrat die Bewerbungsunterlagen der drei Anwärter und beantragte die Zustimmung zur Einstellung von Werner Wolters. Mit Schreiben vom 28. April teilte der Betriebsrat mit, dass er diesem Antrag nicht zustimmen könne. Zur Begründung berief er sich darauf, dass der Unternehmensberater nicht nur eine Vorauswahl, sondern darüber hinaus eine Vorabentscheidung getroffen habe. Der Betriebsrat meinte, ihm fehle eine ausreichende Grundlage für einen Beschluss nach § 99 BetrVG, da ihm nicht einmal die Namen der von der Beratungsfirma nicht vorgeschlagenen Bewerber bekannt gemacht worden seien. Welche Maßnahme kann Ingo Ingwersen durchführen, um seine unternehmerische Entscheidung, Werner Wolters einzustellen, trotz fehlender Zustimmung des Betriebsrates durchzusetzen? Prüfen Sie auch die Erfolgsaussichten.

Lösung

Ingo Ingwersen könnte beim Arbeitsgericht im Beschlussverfahren beantragen, die Zustimmung des Betriebsrates zur Einstellung von Werner Wolters zum 1. Juli zu ersetzen. Das Arbeitsgericht wird im Zustimmungsersetzungsverfahren gem. § 99 Abs. 4 BetrVG nach dem Antrag des Arbeitgebers erkennen, wenn die Anhörung nach § 99 Abs. 1 BetrVG ordnungsgemäß eingeleitet wurde. Ingo Ingwersen müsste den Betriebsrat umfassend über die Bewerber unter Vorlage aller ihm zugänglichen Unterlagen informiert haben. Vorliegend besteht Streit über die Frage, ob die Informationspflicht des Arbeitgebers gegenüber dem Betriebsrat bei einer geplanten Einstellung sich auf den Kreis der Bewerber beschränkt, die dem Arbeitgeber von einer eingeschalteten Unternehmensberatung genannt werden.

Es ist grundsätzlich üblich und zulässig, die Suche nach geeigneten Bewerbern und die Vorauswahl einem Unternehmensberater zu übertragen. In diesem Fall beschränkt sich die Informationspflicht des Arbeitgebers auf den Personenkreis, der ihm von dem beauftragten Unternehmensberater als geeignet bezeichnet wird.[3] Dies gilt jedenfalls dann, wenn die Auswahlentscheidung nicht in vollem Umfang auf den Unternehmensberater übertragen worden ist mit der Folge, dass nur ein Bewerber übrig bleibt und dass damit auch für den Arbeitgeber selbst kein nen-

2   LAG Köln, NZA 1988, 589
3   BAG, BB 1991, 761 = NZA 1991, 482.

nenswerter Entscheidungsspielraum mehr besteht.[4] Werden dem Arbeitgeber dagegen mehrere Bewerber genannt, wie im vorliegenden Fall, beschränkt sich die Auswahlentscheidung auf diesen Personenkreis, sodass nur diese Personen Beteiligte i.S. des § 99 Abs. 1 Satz 1 BetrVG sind.

Der Sinn und Zweck des Anhörungs- und Informationsrechtes nach § 99 Abs. 1 BetrVG besteht darin, dem Betriebsrat den für die sachgemäße Ausübung seines Mitbestimmungsrechtes notwendigen Kenntnisstand zu verschaffen. Hierzu gehört, dass er weiß, wer für den Arbeitsplatz zur Verfügung steht. Zur Eingrenzung des insoweit betroffenen Personenkreises ist die Sicht des Arbeitgebers maßgebend, dessen Kenntnisstand ist eine immanente Schranke für die Unterrichtungsverpflichtung gegenüber dem Betriebsrat. Reicht dem Arbeitgeber die Anzahl der von dem beauftragten Unternehmensberater genannten Personen aus, um eine Entscheidung über die geplante Neueinstellung zu treffen, so ist er nicht verpflichtet, weitere Informationen nur deshalb einzuholen, um dem Betriebsrat einen umfassenderen Überblick über die Situation auf dem betroffenen Arbeitsmarkt zu verschaffen.

Ergebnis: Im Anhörungsverfahren gem. § 99 BetrVG beschränkt sich die Informationspflicht des Arbeitgebers gegenüber dem Betriebsrat bei der Einschaltung eines Unternehmensberaters zur Vorauswahl von Bewerbern für eine geplante Einstellung auf den Personenkreis, der dem Arbeitgeber von dem Unternehmensberater als geeignet bezeichnet wird. Verweigert der Betriebsrat seine Zustimmung zur geplanten Einstellung, kann diese im Beschlussverfahren vom Arbeitsgericht ersetzt werden.

---

3. **Karenzentschädigung bei Wettbewerbsverbot**[5]	**Seite 65**

Die Computervertriebsgesellschaft Bückelmann & Co. vereinbarte in dem schriftlichen Arbeitsvertrag mit Kurt Knigge, der als Verkäufer eingestellt wurde, u.a. folgendes Wettbewerbsverbot: „Aus Gründen des Wettbewerbs kann das Unternehmen den Mitarbeiter bei Austritt verpflichten, für die Dauer von zwei Jahren nach Beendigung des Arbeitsverhältnisses in der BRD nicht für ein Konkurrenzunternehmen tätig zu werden, sowie weder mittelbar noch unmittelbar an der Gründung oder im Betrieb eines solchen Unternehmens mitzuwirken. Für die Dauer des Wettbewerbsverbots verpflichtet sich die Fa. Bückelmann & Co., 50 % der zuletzt gewährten vertragsmäßigen Leistung zu zahlen. Im Übrigen gelten die Vor-

---

4   Falls der Arbeitgeber ein Personalberatungsunternehmen beauftragt, ihm einen geeigneten Bewerber vorzuschlagen, und entschlossen ist, bereits den ersten vorgeschlagenen Bewerber einzustellen, muss er dem Betriebsrat auch nur die Unterlagen dieses einen Bewerbers vorlegen, vgl. BAG, Beschluß vom 18.12.1990, NZA 1991, 482. Es blieb noch unentschieden, ob der Arbeitgeber dann, wenn für ihn ein Personalberatungsunternehmen mittels einer Anzeige einen Arbeitnehmer mit bestimmter Qualifikation sucht, gegenüber dem Betriebsrat verpflichtet ist, von dem Personalberatungsunternehmen die Vorlage der Bewerbungsunterlagen aller Personen zu verlangen, die sich auf die Annonce gemeldet haben.

5   BAG NZA 1991, 263.

schriften der §§ 74 ff. HGB." Das Arbeitsverhältnis wird nach einigen Jahren zum 31. Dezember beendet. Am 2. Januar eröffnet Knigge ein Internet-Café.

Kann Knigge die Karenzentschädigung verlangen, nachdem das Arbeitsverhältnis von Bückelmann & Co. durch Kündigung beendet worden ist?

Lösung

Der Anspruch Knigges auf die Karenzentschädigung könnte sich aus der arbeitsvertraglichen Wettbewerbsabrede i.V. mit § 74 HGB ergeben.

Nach dem Wortlaut des Arbeitsvertrags ist der Fa. Bückelmann & Co. das Recht vorbehalten, bei Beendigung des Arbeitsverhältnisses ein Wettbewerbsverbot gemäß den Vorschriften der §§ 74 ff. HGB für die Dauer von zwei Jahren auszusprechen. Diese Wettbewerbsvereinbarung könnte gegen Schutzvorschriften des HGB zum Nachteil des Arbeitnehmers verstoßen, indem abweichend von § 74 Abs. 1 HGB die Entstehung der Pflicht zur Wettbewerbsunterlassung von einer Entscheidung des Arbeitgebers abhängig gemacht und unter Verstoß gegen § 74 Abs. 2 HGB eine Karenzentschädigung für den Fall vorgesehen wird, dass der Arbeitgeber das Wettbewerbsverbot in Anspruch nimmt.

Gem. § 75 d Satz 1 HGB kann sich der Arbeitgeber auf eine Vereinbarung, durch die von den Vorschriften der §§ 74 bis 75 c HGB zum Nachteil des Arbeitnehmers abgewichen wird, nicht berufen. Ein von der Entscheidung des Arbeitgebers abhängiges Wettbewerbsverbot ist daher für den Arbeitnehmer unverbindlich.[6] Knigge konnte sich von dem Wettbewerbsverbot lösen und wäre dann in seiner weiteren beruflichen Entwicklung frei. Er könnte aber auch an dem Wettbewerbsverbot festhalten, seine Unterlassungspflichten erfüllen und die vereinbarte Karenzentschädigung fordern.[7]

In aller Regel muss der Arbeitnehmer schon zu Beginn der Karenzzeit dem Arbeitgeber erklären, ob er sich an das Wettbewerbsverbot halten wolle oder nicht. Die einmal getroffene Entscheidung ist für die Dauer der Karenzzeit bindend, sodass die Erklärung verhindert, dass der Arbeitnehmer seine Wahlentscheidung während der Karenzzeit ändert und je nach seinen Arbeitsmarktchancen abwechselnd Wettbewerb treibt oder die Karenzentschädigung verlangt.[8]

Nach dem vorliegenden Sachverhalt ist fraglich, ob ein Arbeitnehmer, für den ein unverbindliches Wettbewerbsverbot besteht, auch dann eine Karenzentschädigung verlangen kann, wenn er zwar im Vertrauen auf die Wirksamkeit der Vereinbarung Wettbewerb unterlässt, dies aber dem Arbeitgeber nicht sogleich mitteilt.

Der Anspruch auf Karenzentschädigung entsteht mit der vom Arbeitnehmer erbrachten Leistung, der Wettbewerbsenthaltung. Die Entscheidung des Arbeitnehmers, der sich auf ein für ihn unverbindliches Wettbewerbsverbot beruft, muss

---

6   BAG NZA 1986, 828 = AP Nr. 51 zu § 74 HGB; NZA 1987, 592 = AP Nr. 53 zu § 74 HGB.
7   BAGE 30, 23, 30 = NJW 1978, 1023 = AP Nr. 36 zu § 74 HGB.
8   BAG NZA 1986, 828; NZA 1987, 592 = AP Nrn. 51, 53 zu § 74 HGB.

endgültig sein und den gesamten Karenzzeitraum umfassen. Die Notwendigkeit einer einheitlichen, den gesamten Karenzzeitraum umfassenden Entscheidung zwingt den Arbeitnehmer jedoch nicht zu einer Erklärung gegenüber dem Arbeitgeber. Sonst würde ein Arbeitnehmer, der auf die Verbindlichkeit eines in Wahrheit unverbindlichen Wettbewerbsverbots vertraut und Wettbewerbshandlungen unterlässt, nicht ausreichend geschützt. Die Unklarheiten eines unverbindlichen Wettbewerbsverbots dürfen nicht zu Lasten des Arbeitnehmers gehen. Andererseits hat der Arbeitgeber ein schutzwürdiges Interesse daran, alsbald zu erfahren, wie der Arbeitnehmer sich hinsichtlich der Verbindlichkeit des Wettbewerbsverbots entscheidet. Hierzu bedarf es aber keiner unaufgeforderten Mitteilungsverpflichtung des Arbeitnehmers. Vielmehr kann der Arbeitgeber den Arbeitnehmer unter Bestimmung einer angemessenen Frist zur Abgabe einer Erklärung über das Wettbewerbsverbot auffordern.[9]

Knigge hat am 1. Januar ein Gewerbe eröffnet, mit dem er zu der Fa. Bückelmann nicht in Wettbewerb getreten ist. Er hat sich durch die Aufnahme einer wettbewerbsneutralen Tätigkeit endgültig für das Wettbewerbsverbot entschieden und damit die vertragliche Gegenleistung für die Wettbewerbsentschädigung erbracht. Für einen Anspruch auf Karenzentschädigung aus einem für den Arbeitnehmer unverbindlichen Wettbewerbsverbot genügt es, wenn dieser sich zu Beginn der Karenzzeit entgültig für das Wettbewerbsverbot entscheidet und seiner Unterlassungsverpflichtung nachkommt. Einer darüber hinausgehenden Erklärung gegenüber dem Arbeitgeber bedarf es nicht.

> **Ergebnis:** Knigge hat aus dem für ihn unverbindlichen Wettbewerbsverbot Anspruch auf Karenzentschädigung gegen die Fa. Böckelmann & Co., da er sich endgültig für die Einhaltung des Wettbewerbsverbotes entschieden hat und seiner Unterlassungsverpflichtung nachgekommen ist.

48 Gratifikation trotz Kündigung[10] | Seite 73

Piet Paulsen ist Vermessungsingenieur. Er war seit über vier Jahren in dem Ingenieurbüro Franz Feddersen beschäftigt. Auf das Arbeitsverhältnis findet kraft einzelvertraglicher Bezugnahme der Tarifvertrag für die bei öffentlich bestellten Vermessungsingenieuren Beschäftigten in der jeweils gültigen Fassung Anwendung. Franz Feddersen kündigte das Arbeitsverhältnis mit Piet Paulsen am 15.11 zum 31.12. aus betriebsbedingten Gründen. Im Januar machte Piet Paulsen gegenüber Franz Feddersen den Anspruch auf Sonderzuwendung nach dem Tarifvertrag geltend. Darin ist u. a. folgende Regelung für Sonderzuwendungen enthalten:

„Arbeitnehmer und Auszubildende erhalten in jedem Kalenderjahr eine Sonderzuwendung, die spätestens am 10. Dezember auszuzahlen ist, wenn sie seit der ersten Januarwoche im Dienst des Arbeitgebers gestanden haben und das Arbeitsver-

---

9 Das BAG wendet den Rechtsgedanken des § 264 Abs. 2 BGB auf den vorliegenden Fall an. Nach Fristablauf geht das Wahlrecht auf den Arbeitgeber über.
10 BAG NJW 1986, 1063.

hältnis bis zum 1. Dezember des Jahres von keiner der Parteien gekündigt worden ist. Scheidet der Arbeitnehmer oder der Auszubildende bis einschließlich dem 31.3. des folgenden Kalenderjahres aus seinem Verschulden oder auf eigenen Wunsch aus, so hat er die Sonderzuwendung in voller Höhe an den Arbeitgeber zurückzuzahlen. Dies gilt nicht, wenn das Arbeits- oder das Ausbildungsverhältnis vor dem 1. April durch Vertragsablauf endet oder der Arbeitnehmer wegen Erreichens der Altersgrenze oder der Inanspruchnahme des vorgezogenen Altersruhegeldes aus dem Berufsleben ausscheidet."

Lösung

Anspruchsgrundlage für den geltend gemachten Anspruch Piet Paulsens auf Zahlung einer tariflichen Sonderzuwendung ist der Arbeitsvertrag gem. § 611 BGB in Verbindung mit dem Tarifvertrag für die bei öffentlich bestellten Vermessungsingenieuren Beschäftigten, der kraft einzelvertraglicher Bezugnahme auf das vorliegende Arbeitsverhältnis anzuwenden ist.

Danach hat Piet Paulsen einen Anspruch auf die tarifliche Sonderzuwendung, falls er die im Tarifvertrag genannten Voraussetzungen erfüllt. Nach der tariflichen Regelung erhält der Arbeitnehmer, der im Kalenderjahr der Auszahlung seit der ersten Januarwoche im Dienst des Arbeitgebers gestanden hat und dessen Arbeitsverhältnis am 1. Dezember des Jahres von keiner der Parteien gekündigt worden ist, eine Sonderzuwendung. Piet Paulsen stand zwar auch im letzten Jahr seiner Tätigkeit seit der ersten Januarwoche ununterbrochen in einem Arbeitsverhältnis mit Franz Feddersen. Die weitere Voraussetzung für den tariflichen Anspruch, nämlich ein ungekündigtes Arbeitsverhältnis am 1. Dezember, ist jedoch nicht gegeben, da Franz Feddersen das Arbeitsverhältnis mit Piet Paulsen am 15.11. zum 31.12. aus betriebsbedingten Gründen gekündigt hatte.

Es ist nun zu untersuchen, ob die tarifliche Stichtagsregelung, wonach der Arbeitnehmer am 1. Dezember des Bezugsjahres in einem ungekündigten Arbeitsverhältnis stehen muss, wirksam ist. Der Zweck dieser tariflichen Regelung besteht darin, die in der Vergangenheit, also im jeweiligen Kalenderjahr geleisteten Dienste des Arbeitnehmers zu belohnen. Soweit der ungekündigte Bestand des Arbeitsverhältnisses gefordert wird, soll damit im Allgemeinen ein Anreiz für zukünftige Betriebstreue gesetzt werden.[11] Nach der Rechtsprechung des BAG werden tarifvertragliche Klauseln, die vergangenheits- und zukunftsbezogene Zweckbestimmungen mit einer Jahressonderzahlung verbinden, grundsätzlich für zulässig erachtet.[12]

Im vorliegenden Fall umfasst der Wortlaut der Tarifregelung Arbeitnehmer, die im Zeitpunkt des Zahlungsversprechens oder der Auszahlung in einem ungekündigten Arbeitsverhältnis stehen und somit jede Kündigung, also auch die aus betriebsbedingten Gründen ausgesprochene Kündigung durch den Arbeitgeber. Nach § 162 BGB ist es jedoch einer Vertragspartei untersagt, sich auf den Eintritt oder

---

11 BAG AP Nr. 100 zu § 611 BGB – Gratifikation = NJW 1979, 1223.
12 BAGE 31, 113 = AP Nr. 98 zu § 611 BGB – Gratifikation = NJW 1979, 1221.

Nichteintritt eines Ereignisses zu berufen, den sie selbst treuwidrig herbeigeführt oder verhindert hat.[13] Anknüpfungspunkt für die Anwendung dieser Vorschrift ist das treuwidrige Verhalten der Vertragspartei, das zum Eintritt oder Nichteintritt der Bedingung führt. Ein widersprüchliches und treuwidriges Verhalten kann dem Arbeitgeber im Falle einer betriebsbedingten Kündigung nicht ohne weiteres unterstellt werden. Denn dies würde voraussetzen, dass der Arbeitgeber das Arbeitsverhältnis nur aufgelöst hätte, um die Entstehung des Gratifikationsanspruchs des Arbeitnehmers zu vereiteln. Dem steht jedoch entgegen, dass auch die betriebsbedingte Kündigung nicht beliebig, sondern nur unter Beachtung des Kündigungsschutzgesetzes ausgesprochen werden kann.[14] Danach ist die tarifliche Klausel, die den Arbeitnehmer auch im Falle der betriebsbedingten Kündigung von dem Anspruch auf die Sonderzuwendung ausschließt, als rechtswirksam anzusehen.

Der Arbeitgeber Franz Feddersen könnte sich nur dann nicht auf die Stichtagsregelung berufen, wenn er seinem Arbeitnehmer Piet Paulsen mit dem Ziel gekündigt hätte, die Erfüllung der Anspruchsvoraussetzungen zu vereiteln, § 162 BGB. Der Umstand allein, dass die Kündigung des Arbeitsverhältnisses zum 31.12. ausgesprochen wurde und Piet Paulsen sich infolge der Kündigungsfristen damit auch am 1.12. in einem gekündigten Arbeitsverhältnis befand, genügt aber nicht, Franz Feddersen ein treuwidriges Verhalten zu unterstellen.

Ergebnis: Klauseln in einem Tarifvertrag, die den Anspruch auf eine Sonderzuwendung von dem Bestehen eines ungekündigten Arbeitsverhältnisses an einem bestimmten Stichtag innerhalb des Bezugsjahres abhängig machen, gelten auch für den Fall einer betriebsbedingten Kündigung. Der Anspruch des Arbeitnehmers Piet Paulsen auf die geltend gemachte tarifliche Sonderzuwendung ist unbegründet, weil er am Stichtag in einem gekündigten Arbeitsverhältnis stand.

5: Entgeltfortzahlung bei Alkoholabhängigkeit[15]   Seite 91

Karl Krause ist bei der Firma Bert Behrens als gewerblicher Arbeitnehmer beschäftigt. Am 7.2. fuhr Karl Krause morgens mit dem eigenen PKW zur Arbeitsstelle. Damals war er bereits seit längerer Zeit an Alkoholismus erkrankt, befand sich in ärztlicher Behandlung und kannte aus einer stationären Behandlung die Risiken seiner Erkrankung. An diesem Tag sprach er während der Arbeitszeit in erheblichem Maße dem Alkohol zu. Auf der Rückfahrt, etwa gegen 16:45 Uhr, verursachte er mit einem Blutalkoholgehalt von 2,7 bis 2,85 Promille einen Auffahrunfall mit Personen- und Sachschaden. Infolge des Unfalls, bei dem er auch selbst schwer verletzt wurde, war Karl Krause vom 7. bis zum 26.2. arbeitsunfähig krank. Die Firma Bert Behrens verweigerte die Entgeltfortzahlung während dieses Zeitraums.

---

13 BAGE 4, 306 = AP Nr. 34 zu § 1 KSchG = NJW 1958, 37; Westermann in Münchener Kommentar, a.a.O., § 162 Rn. 18.
14 BAG AP Nr. 10 zu § 1 KSchG 1969 – Betriebsbedingte Kündigung = NJW 1981, 1686.
15 BAG NZA 1988, 197; NJW 1988, 2323.

Lösung

Der Anspruch Karl Krauses auf Lohnzahlung ergibt sich nicht aus § 611 BGB, weil er in der fraglichen Zeit nicht gearbeitet hat. Der Anspruch Karl Krauses auf Fortzahlung seiner Arbeitsvergütung könnte gem. § 3 Abs. 1 Satz 1 EntgeltFG begründet sein.

Nach § 3 Abs. 1 Satz 1 EntgeltFG behält der Arbeitnehmer den Anspruch auf Arbeitsentgelt bis zur jeweiligen Dauer von sechs Wochen, wenn er seine Arbeitsleistung infolge unverschuldeter Krankheit nicht erbringen kann. Nach dieser Grundregel der Entgeltfortzahlung im Krankheitsfall werden dem Arbeitnehmer bei einer nach Beginn der Beschäftigung durch Krankheit verursachten Arbeitsunfähigkeit Krankenbezüge gezahlt, es sei denn, dass er sich die Krankheit vorsätzlich oder grob fahrlässig zugezogen hat.

Alkoholabhängigkeit ist eine Krankheit im medizinischen Sinne, die rechtlich wie jede andere Krankheit behandelt wird. Gegen den vom Gesetz begründeten Anspruch des an Alkoholabhängigkeit arbeitsunfähig erkrankten Arbeiters auf Fortzahlung des Arbeitsentgelts kann der Arbeitgeber einwenden, der Arbeitnehmer habe sich die Krankheit schuldhaft zugezogen. Schuldhaft handelt der Arbeitnehmer, der in erheblichem Maße gegen die von einem verständigen Menschen im eigenen Interesse zu erwartende Verhaltensweise verstößt.[16] In einem solchen Fall wäre es unbillig, den Arbeitgeber mit der Zahlungspflicht zu belasten, weil der Arbeitnehmer zumutbare Sorgfalt gegen sich selbst nicht beachtet und dadurch die Arbeitsunfähigkeit verursacht hat.

Dabei ist das Verschulden eines Arbeitnehmers, der sich bereits einer intensiven stationären Entwöhnungsbehandlung unterzogen hat, anders zu beurteilen, als das Verschulden eines Arbeitnehmers vor Eintritt der Alkoholabhängigkeit. Denn der Arbeitnehmer, der eine Entziehungskur durchgemacht hat, kennt die Gefahren des Alkohols für sich sehr genau. Er ist bei der Behandlung eingehend darauf hingewiesen und dringend ermahnt worden, in Zukunft jeden Alkoholgenus zu vermeiden. Wird der Arbeitnehmer nach erfolgreicher Beendigung einer Entwöhnungskur und einer längeren Zeit der Abstinenz dennoch wieder rückfällig, so spricht die Lebenserfahrung dafür, dass er die ihm erteilten dringenden Ratschläge missachtet und sich wieder dem Alkohol zugewandt hat. Dieses Verhalten wird im Allgemeinen den Vorwurf eines „Verschuldens gegen sich selbst" begründen. Der Arbeitnehmer verstößt gröblich gegen die von einem verständigen Menschen im eigenen Interesse zu erwartende Verhaltensweise und handelt damit schuldhaft im Sinne des Entgeltfortzahlungsrechts.

Im vorliegenden Fall ist Karl Krause nicht aufgrund seiner als Krankheit anzusehenden Alkoholabhängigkeit arbeitsunfähig geworden; diese war vielmehr nur die mittelbare Ursache dafür. Unmittelbare Ursache für die Arbeitsunfähigkeit war der durch übermäßigen Alkoholismus herbeigeführte Verkehrsunfall. Grundsätz-

---

16 BAGE 43, 54 = AP Nr. 52 zu § 1 LohnFG; BB 1988, 402 = NJW 1988, 1546.

lich ist ein den Lohnfortzahlungsanspruch beseitigendes Verschulden des Arbeitnehmers zu bejahen, wenn die Arbeitsunfähigkeit auf einem Unfall beruht, der durch Alkoholmissbrauch herbeigeführt worden ist, ohne dass eine andere Ursache dabei mitgewirkt hat.[17]

Nach dem Sachverhalt ist in Betracht zu ziehen, dass es zu dem Verkehrsunfall nicht gekommen wäre, wenn Karl Krause seine krankhafte Neigung zum Alkohol hätte beherrschen können und sich während der Arbeitszeit nicht ungehemmt dem Alkohol zugewandt hätte. Wegen seiner Alkoholabhängigkeit war er zu dieser Beherrschung jedoch nicht mehr in der Lage. Gleichwohl ist ihm der Vorwurf schuldhaften Verhaltens zu machen. An Alkoholabhängigkeit Erkrankte sind nicht schlechthin schuldunfähig, sondern durchaus imstande, die von einem verständigen Menschen im eigenen Interesse zu erwartende Verhaltensweise zu beachten. Dies gilt jedenfalls dann, wenn sie nicht unter Alkoholeinfluss stehen. Da Karl Krause zurzeit des Unfalls am 7. Februar schon seit längerem an Alkoholismus erkrankt war, kannte er seine Krankheit und wusste, dass er mit dem Trinken nicht würde aufhören können, wenn er damit einmal angefangen hatte. Er kannte auch die Gefahren des Alkohols für den Autofahrer. Diese Gefahren kennt heute jeder Erwachsene. Wenn Karl Krause daher gleichwohl am 7. Februar sein Fahrzeug für den Weg zur Arbeitsstelle benutzte, setzte er sich unbeherrschbaren Gefahren und damit einem besonders hohen Verletzungsrisiko aus.[18] Unter diesen besonderen Umständen muss dem Arbeitnehmer als schuldhaft i. S. von § 3 EntgeltFG zugerechnet werden, dass er sich, als er sein Verhalten noch steuern konnte, in sein Auto gesetzt hat und damit zur Arbeitsstelle gefahren ist.

> **Ergebnis:** Karl Krause stand ein Anspruch auf Entgeltfortzahlung im Krankheitsfall nicht zu. Da er seit längerer Zeit an Alkoholabhängigkeit erkrankt war, handelte er schuldhaft im Sinne des Entgeltfortzahlungsrechts, weil er in noch steuerungsfähigem Zustand sein Kraftfahrzeug für den Weg zur Arbeitsstelle benutzt hat, während der Arbeitszeit in erheblichem Maß dem Alkohol zusprach und alsbald nach Dienstende im Zustand der Trunkenheit einen Verkehrsunfall verursachte, bei dem er verletzt wurde.

6: Erwerbstätigkeit während des Urlaubs[19]   Seite 97

Heino Heinze war seit vielen Jahren bei der Clasen GmbH als Hausmeister beschäftigt. Seine Arbeitsleistung erbrachte er an sechs Wochentagen, von montags bis samstags. Auf das Arbeitsverhältnis war kraft einzelvertraglicher Vereinbarung der Bundes-Angestelltentarifvertrag (BAT) in der jeweils geltenden Fassung anzuwenden. Darin ist folgende Regelung enthalten: „Der tarifliche Urlaubsanspruch beträgt 30 Arbeitstage ..... Angestellte, die ohne Erlaubnis während des Urlaubs

---

17 BAG AP Nr. 71 zu § 1 LohnFG = NJW 1987, 2253.
18 BAGE 36, 371 = AP Nr. 45 zu § 1 LohnFG = NJW 1982, 1014.
19 BAG NJW 1988, 2757.

gegen Entgelt arbeiten, verlieren hierdurch den Anspruch auf die Urlaubsvergütung für die Tage der Erwerbstätigkeit." Die Parteien haben das Arbeitsverhältnis zum 31. Dezember einvernehmlich beendet. Die Clasen GmbH hat Heino Heinze Urlaub auf seinen Wunsch den restlichen Urlaub von 12 Arbeitstagen aus dem laufenden Jahr gewährt und ihm für diese Zeit sein Arbeitsentgelt gezahlt. Ohne Kenntnis der Clasen GmbH arbeitete Heino Heinze während der gesamten Urlaubszeit gegen Entgelt bei seinem neuen Arbeitgeber. Die Clasen GmbH verlangt von Heino Heinze die Rückzahlung der für diesen Zeitraum von 12 Arbeitstagen gewährten Arbeitsvergütung.

Lösung

Rechtsgrundlage für den von der Clasen GmbH geltend gemachten Rückzahlungsanspruch ist der Arbeitsvertrag i. V. mit der tariflichen Regelung im BAT, wonach Angestellte, die ohne Erlaubnis während des Urlaubs gegen Entgelt arbeiten, hierdurch den Anspruch auf die Urlaubsvergütung für die Tage der Erwerbstätigkeit verlieren. Heino Heinze hat während seines Urlaubs ohne Wissen der Clasen GmbH eine neue Tätigkeit aufgrund eines mit einem anderen Arbeitgeber geschlossenen Arbeitsvertrages aufgenommen. Er war während seines gesamten Urlaubs bei dem neuen Arbeitgeber gegen Entgelt beschäftigt. Danach sind die Voraussetzungen für den Rückzahlungsanspruch nach der tariflichen Regelung erfüllt.

Es fragt sich aber, ob die tarifvertragliche Regelung den Anspruch des Arbeitgebers auf Rückzahlung des Urlaubsentgelts in vollem Umfang begründet oder nur insoweit, als das Urlaubsentgelt über den gesetzlichen Mindesturlaubsanspruch hinaus gewährt wurde. Die Tarifregelung könnte gegen § 13 BUrlG verstoßen und deshalb gem. § 134 BGB nichtig sein. Nach den Grundsätzen des Urlaubsrechts wird in § 1 BUrlG festgelegt, dass der Arbeitnehmer von seinen Arbeitspflichten für die Dauer des Urlaubs aufgrund des Urlaubsanspruchs freigestellt wird und darüber hinaus, dass der dem Arbeitnehmer zustehende Arbeitslohn trotz Nichtleistung der Arbeit während der Urlaubszeit weiter zu zahlen ist, sodass der nach § 611 BGB bestehende Vergütungsanspruch für die Dauer der Urlaubszeit nicht entfällt.[20]

Aus § 11 Abs. 1 BUrlG ist zu entnehmen, wie für die Urlaubszeit insbesondere bei ungleichmäßigen Bezügen die Vergütung zu berechnen ist. Diese Berechnungsregel enthält die gesetzliche Grenze für die Auslegung des Begriffs „bezahlt" i. S. von § 1 BUrlG. Daraus ist zu folgern, dass Tarifvertragsparteien nicht befugt sind, für den gesetzlichen Mindesturlaub von der nach § 1 BUrlG fortbestehenden Lohnzahlungspflicht abzuweichen. Infolgedessen sind tarifliche Regelungen nur zulässig, wenn sie gewährleisten, dass für den gesetzlichen Mindesturlaub der Lohnanspruch des Arbeitnehmers in dem durch § 11 Abs. 1 BUrlG gegebenen Rahmen erhalten bleibt. Die Tarifvertragsparteien sind daher nach § 13 BUrlG nicht be-

---

20 BAGE 45, 184 = AP Nr. 14 zu § 3 BUrlG – Rechtsmissbrauch = NZA 1984, 197.

fugt, durch tarifliche Regelungen den für den Urlaubszeitraum nach dem Bundes-urlaubsgesetz fortzuzahlenden Lohn dem Arbeitnehmer völlig zu versagen.

Auch wenn der Arbeitnehmer entgegen seiner Pflicht nach § 8 BUrlG während sei-nes Urlaubs erwerbstätig wird, entfällt dadurch weder sein Urlaubsanspruch noch die Grundlage für seinen Entgeltanspruch. Denn die Pflichten des Arbeitgebers nach §§ 1, 3 BUrlG zur Urlaubsgewährung und zur Fortzahlung der Vergütung während des Urlaubs stehen nicht unter der Einschränkung, dass der Arbeitneh-mer während des Urlaubs nicht erwerbstätig ist. Auch wenn Heino Heinze sei-ner Vertragspflicht, urlaubszweckwidrige Erwerbstätigkeiten im Urlaub zu unter-lassen, zuwidergehandelt hat, kann daraus nicht entnommen werden, dass nach § 8 BUrlG ein Anspruch des Arbeitgebers besteht, das Urlaubsentgelt im Umfang des gesetzlichen Urlaubsanspruchs aus diesem Anlass zu kürzen, oder dass der An-spruch auf Zahlung des Urlaubsentgelts in einem solchen Fall von selbst entfällt. Rechtsfolgen der Zuwiderhandlung gegen § 8 BUrlG sind vielmehr Ansprüche des Arbeitgebers auf Schadensersatz, auf Unterlassung der Erwerbstätigkeit sowie die Möglichkeit, ggf. wegen der Erwerbstätigkeit das Arbeitsverhältnis durch Kündi-gung zu beenden. Dagegen hat die Verletzung der Pflicht des Arbeitnehmers nach § 8 BUrlG keine Auswirkungen auf seinen Entgeltanspruch.

Aus diesem Grund sind auch die Tarifvertragsparteien nicht befugt, Regelungen zu treffen, mit denen in den während des gesetzlichen Urlaubsanspruchs weiter-bestehenden Entgeltanspruch eingegriffen wird. Die tarifvertragliche Regelung ist daher insoweit unwirksam, als der nach der Tarifvorschrift entstehende Rückzah-lungsanspruch den gesetzlichen Urlaub gem. §§ 1, 3, 5 BUrlG betrifft.

Ergebnis: Handelt ein Arbeitnehmer der Pflicht nach § 8 BUrlG zuwider, wäh-rend des gesetzlichen Mindesturlaubs keine dem Urlaubszweck widersprechen-de Erwerbstätigkeit zu leisten, begründet dies weder ein Recht des Arbeitgebers, die Urlaubsvergütung zu kürzen, noch entfällt damit der Anspruch auf Urlaubs-vergütung. Durch eine tarifvertragliche Regelung kann der Anspruch des Arbeit-gebers auf Rückgewähr von Urlaubsentgelt nur im Umfang des über den gesetz-lichen Mindesturlaub hinaus zu gewährenden Urlaubs begründet werden. Die Clasen GmbH hat nach dem auf diesen Fall anzuwendenden Tarifvertrag einen Rückzahlungsanspruch hinsichtlich der ihrem Arbeitnehmer Heino Heinze ge-währten Urlaubsvergütung für insgesamt sechs Urlaubstage (eine Woche).

| 7: Annahmeverzug bei unwirksamer Kündigung[21] | Seite 123 |

Hugo Hinrichsen war seit über 12 Jahren bei der Petri GmbH, die eine Lederwa-renfabrik betrieb, im technischen Bereich beschäftigt. Im September hatte Hugo Hinrichsen 732 Stücke Fertigleder aus dem Betrieb entfernt, um sie für eigene Rechnung zu veräußern. Als der Geschäftsführer der Petri GmbH davon erfuhr,

---

21 BAG NZA 1988, 465.

kündigte er Hugo Hinrichsen am 20. Oktober fristlos. Er begründete die Kündigung im Wesentlichen damit, Hinrichsen habe Fertigleder in einem geschätzten Wert von ungefähr 40.000,– € gestohlen oder unterschlagen. Der Betriebsrat der Petri GmbH wurde vor der Kündigung nicht angehört. Hugo Hinrichsen gab nach anfänglicher Weigerung das Leder an die Petri GmbH zurück. Er erhebt fristgemäß Kündigungsschutzklage. Nachdem er am 1.4. des Folgejahres in den Dienst eines anderen Arbeitgebers trat, ist er bereit, das Arbeitsverhältnis mit der Petri GmbH zum 31. März einvernehmlich zu beenden. Er verlangt aber von der Petri GmbH die Zahlung seiner Arbeitsvergütung für den Zeitraum vom 20. Oktober bis zum 31. März.

Lösung

Der von Hugo Hinrichsen geltend gemachte Anspruch auf Arbeitsvergütung könnte unter dem Gesichtspunkt des Annahmeverzugs gem. §§ 611, 615 BGB begründet sein. Das Arbeitsverhältnis der Parteien hat auch nach der fristlosen Kündigung durch den Geschäftsführer der Firma Petri GmbH vom 20. Oktober fortbestanden, weil diese Kündigung wegen Verstoßes gegen § 102 Abs. 1 BetrVG aufgrund fehlender Anhörung des Betriebsrates unwirksam ist.

Nach § 615 BGB hat der Arbeitgeber die vereinbarte Vergütung weiterzuzahlen, wenn er mit der Annahme der Dienste in Verzug kommt. Die Voraussetzungen des Annahmeverzugs richten sich auch für das Arbeitsverhältnis nach den §§ 293 ff. BGB. Danach muss der Schuldner in aller Regel die geschuldete Leistung anbieten, §§ 294, 295 BGB. Wenn der Arbeitgeber dem Arbeitnehmer unberechtigterweise fristlos kündigt, gerät er allerdings in Annahmeverzug, ohne dass es eines Arbeitsangebots des Arbeitnehmers bedarf. Nach § 296 BGB ist nämlich auch ein wörtliches Angebot im Sinne von § 295 BGB überflüssig, wenn für eine vom Gläubiger vorzunehmende Mitwirkungshandlung eine Zeit nach dem Kalender bestimmt ist und der Gläubiger die Handlung nicht rechtzeitig vornimmt. Die nach dem Kalender bestimmte Mitwirkungshandlung des Arbeitgebers besteht darin, dem Arbeitnehmer einen funktionsfähigen Arbeitsplatz zur Verfügung zu stellen und ihm Arbeit zuzuweisen. Da der Arbeitgeber mit der fristlosen Kündigung deutlich zu erkennen gegeben hat, dass er die Arbeitsleistung für die Zukunft ablehnt, muss er den Arbeitnehmer wieder zur Arbeit auffordern, wenn er trotz fristloser Kündigung nicht in Annahmeverzug geraten will. Dies hat der Geschäftsführer der Firma Petri GmbH nicht getan.

Der Annahmeverzug ist gem. § 242 BGB ausgeschlossen, wenn die Verhinderung des Gläubigers an der Annahme seiner Leistung gerade vom Schuldner zu vertreten ist. Daher darf der Arbeitgeber die Annahme der Arbeitsleistung nur ablehnen, wenn ihm die Weiterbeschäftigung unter Berücksichtigung der dem Arbeitnehmer zuzurechnenden Umstände nach Treu und Glauben nicht zuzumuten ist. Dies wird aber nicht bei jedem Verhalten des Arbeitnehmers, das zur fristlosen Kündigung berechtigt, angenommen, sondern nur bei besonders groben Vertragsverstößen.[22]

---

22 BAGE 28, 233, 245 f.

Vorliegend sind besondere Umstände, die über den für die Kündigung aus wichtigem Grund maßgeblichen Sachverhalt hinausgehen, nicht ersichtlich. Zwar hat Hinrichsen treuwidrig versucht, erhebliche Vermögenswerte seines Arbeitgebers sich rechtswidrig anzueignen. Ein solches Verhalten stellt eine schwere Pflichtverletzung dar, die das Vertrauen in die Integrität des Arbeitnehmers unheilbar erschüttert und ihn als Betriebsleiter untragbar gemacht hat. Gleichwohl ist die Firma Petri GmbH deshalb noch nicht berechtigt gewesen, die weiteren Dienste Hinrichsens abzulehnen. Wenn Hinrichsen das weggeschaffte Leder erst nach anfänglicher Weigerung wieder herausgegeben hat, kann daraus noch nicht auf seinen Willen geschlossen werden, auch künftig derartiges Material aus dem Betrieb an sich zu nehmen. Aufgrund des einmaligen Fehlverhaltens des Arbeitnehmers Hinrichsen konnte durchaus damit gerechnet werden, dass er seine Arbeitsleistung in Zukunft ordnungsgemäß erbringen werde. Nach Feststellung der Unwirksamkeit der Kündigung sind keine Umstände ersichtlich, die es der Petri GmbH erlaubt hätten, die Arbeitsleistung Hugo Hinrichsens zurückzuweisen. Infolgedessen sind die Voraussetzungen für einen Annahmeverzug des Arbeitgebers vorliegend erfüllt, sodass aus diesem Rechtsgrund ein Anspruch Hinrichsens auf Fortzahlung seiner Arbeitsvergütung besteht.

Ergebnis: Der Arbeitgeber, dessen Kündigung rechtsunwirksam ist, gerät nur ausnahmsweise nicht in Annahmeverzug, wenn ihm die weitere Beschäftigung des Arbeitnehmers nicht zumutbar ist. Hierfür reicht jedoch nicht jedes Verhalten aus, das zur fristlosen Kündigung aus wichtigem Grund berechtigt, vielmehr ist ein besonders grober Vertragsverstoß erforderlich und die Gefährdung von Rechtsgütern des Arbeitgebers, seiner Familienangehörigen oder anderer Arbeitnehmer, deren Schutz Vorrang vor dem Interesse des Arbeitnehmers an der Erhaltung seines Verdienstes hat. Im vorliegenden Fall besteht deshalb ein Anspruch des Arbeitnehmers Hugo Hinrichsen gegen die Firma Petri GmbH auf Zahlung seiner Arbeitsvergütung für den geltend gemachten Zeitraum bis zum 31. März aus dem Gesichtspunkt des Annahmeverzugs.

⚗ Leasing mit Schadensfolgen[23] | Seite 127

Die Grünwald GmbH betreibt eine Autohandlung. Sie überließ der Roland GmbH im Wege des Leasingvertrags einen PKW zur Nutzung. Die Roland KG stellte das Fahrzeug Silke Schneider zur Verfügung, die als Verkaufsrepräsentantin im Angestelltenverhältnis für sie tätig war. In den frühen Morgenstunden des 26. Oktober verlor Silke Schneider auf einer Dienstfahrt, möglicherweise infolge Reifglätte, die Kontrolle über den Wagen und geriet gegen eine Leitplanke. Vor der Unfallstelle befand sich ein Straßenschild mit dem Hinweis auf Glättegefahr. Der Grünwald GmbH entstand ein Schaden von 4.000,– €. Da die Roland GmbH inzwischen zahlungsunfähig geworden ist, verlangt die Grünwald GmbH diesen Schaden von Silke Schneider ersetzt.

---

23 BAGE NJW 1989, 3273.

Lösung

Der Schadensersatzanspruch der Grünwald GmbH gegen Silke Schneider ist aus dem Rechtsgrundsatz unerlaubter Handlung gem. § 823 Abs. 1 BGB begründet, weil Silke Schneider das Eigentum der Grünwald GmbH an dem PKW fahrlässig verletzt hat. Die Fahrlässigkeit Silke Schneiders ergibt sich daraus, dass einem Kraftfahrer, der mit seinem Kraftfahrzeug von der Fahrbahn abkommt, ein bei Anwendung der gebotenen Sorgfalt vermeidbarer Fahrfehler zur Last fällt. Da Silke Schneider die Kontrolle über das Fahrzeug infolge Straßenglätte verloren hat, entfällt der Vorwurf der Fahrlässigkeit nur, wenn die Straßenglätte unvorhersehbar gewesen wäre. Dies ist dadurch ausgeschlossen, dass vor der Unfallstelle ein auf die Glättegefahr hinweisendes Straßenschild stand sowie unter Berücksichtigung der Tages- und Jahreszeit, zu der sich der Unfall ereignet hat.

Im vorliegenden Fall könnte sich Silke Schneider auf die Haftungsbeschränkung für Arbeitnehmer berufen, wonach sie von einer Haftung gegenüber der Roland GmbH als ihrer Arbeitgeberin freigestellt wäre. Es fragt sich aber, ob dieser Freistellungsanspruch des Arbeitnehmers gegen seinen Arbeitgeber, der von der Rechtsprechung aus den Grundsätzen gefahrgeneigter Arbeit für das Arbeitsverhältnis entwickelt wurde und nunmehr für alle Arbeitsverhältnisse anzuwenden ist, auch gegenüber einem geschädigten Dritten besteht. Die Haftungsbeschränkung für Arbeitnehmer schützt diese vor einer Inanspruchnahme wegen Schäden im Zusammenhang mit der Ausübung ihrer betrieblichen Tätigkeit, weil sie während der Erfüllung ihrer Arbeitsleistung der Gefahr einer Verursachung hoher Schäden und damit einem existenzbedrohenden Haftungsrisiko ausgesetzt sind. Infolgedessen kann ein Arbeitnehmer bei leicht fahrlässiger Schadensverursachung von seinem Arbeitgeber die volle Haftungsfreistellung verlangen und bei einem mittleren Grad der Fahrlässigkeit zumindest eine anteilige Haftungsfreistellung.

Allerdings ist der Freistellungsanspruch nicht realisierbar, wenn der Arbeitgeber, wie vorliegend die Roland GmbH, zahlungsunfähig wird. Das Risiko, dass der Freistellungsanspruch gegen den Arbeitgeber wegen dessen Insolvenz nicht realisierbar ist, geht zu Lasten des Arbeitnehmers, ähnlich wie bei seinem Anspruch auf Entlohnung für die Arbeitsleistung. Auch hier wirkt sich die Insolvenz des Arbeitgebers zum Nachteil des Arbeitnehmers aus, sodass der Gesetzgeber zur Abmilderung der mit dem Lohnausfall verbundenen sozialen Unzuträglichkeiten den Lohnschutz im Insolvenzfall und das Insolvenzausfallgeld eingeführt hat.[24]

Der Grund für die eingeschränkte Haftung der Arbeitnehmer bei der Ausübung ihrer betrieblichen Tätigkeit beruht auf den das Arbeitsverhältnis beherrschenden Treue- und Fürsorgepflichtgedanken, mit denen es unvereinbar wäre, wenn der Arbeitgeber den Arbeitnehmer mit Schäden und Ersatzansprüchen belasten würde, die sich aus der besonderen Gefahr und Eigenart der ihm übertragenen Arbeit ergeben. Diese Begründung versagt im Verhältnis zu einem außerhalb des Arbeitsverhältnisses stehenden Dritten.

---

24 Vgl. Abschnitte B. 115 ff. zur Lohnsicherung im Insolvenzfall und IV. 8.7. zum Insolvenzausfallgeld.

Sofern die Grundsätze der Haftungsbeschränkung für Arbeitnehmer auch im Verhältnis zur Grünwald GmbH anzuwenden wären, entstünde ein Sonderrecht für Arbeitnehmer im Bereich der deliktischen Haftung. Aus der Sicht des Geschädigten würde es von Zufälligkeiten abhängen, wie von der Arbeitnehmereigenschaft des Schädigers, einem Schaden in Erfüllung der Arbeitsleistung, dem Verschuldensgrad und ähnlichen Umständen, ob er uneingeschränkt oder nur unter bestimmten Voraussetzungen Schadensersatz erlangen kann. Entscheidungen des Arbeitgebers darüber, in welcher Weise er seinen Betrieb organisiert und seine Beschäftigten einsetzt, würden sich zu Lasten Dritter auswirken, die diese Entscheidungen nicht zu überblicken vermögen. Die deliktische Außenhaftung des Arbeitnehmers würde eine Rechtsfortbildung erfahren, die durch das Sozialstaatsprinzip gem. Art. 20 Abs. 1 GG nicht gedeckt wäre. Denn nach dem Sozialstaatsgebot sind nicht nur die Interessen von Arbeitgeber und Arbeitnehmer zu berücksichtigen, sondern auch diejenigen des geschädigten Dritten.

Auch der Gesichtspunkt, dass der PKW vorliegend ein arbeitgeberfremdes Betriebsmittel darstellt, ergibt keinen Ansatzpunkt für eine die deliktische Haftung des Arbeitnehmers gegenüber Dritten einschränkende Rechtsfortbildung. In aller Regel kommen dem Arbeitnehmer bei einer Beschädigung des ihm an die Hand gegebenen Betriebsmittels die Haftungserleichterungen im Fall leichter und mittlerer Fahrlässigkeit zugute. Als Folge veränderter Wirtschafts- und Finanzierungspraktiken hat aber der Einsatz arbeitgeberfremder, beispielsweise gemieteter, geleaster, unter Eigentumsvorbehalt gekaufter oder sicherungsübereigneter Betriebsmittel, zunehmend Verbreitung gefunden. Dabei handelt es sich überwiegend um besonders hochwertige Sachen, sodass im Fall einer Beschädigung entsprechend hohe Schadensersatzansprüche drohen. Gleichzeitig ist die Zahl der Insolvenzen und damit die Gefahr, dass der Freistellungsanspruch gegen den Arbeitgeber nicht durchsetzbar ist, nicht geringer geworden. Somit hat sich für den Arbeitnehmer aufgrund gewandelter Verhältnisse das Risiko, bei Schädigung von Betriebsmitteln von Dritten in Anspruch genommen zu werden, deutlich erhöht.

Eine Beschränkung der Haftung des Arbeitnehmers bei Beschädigung arbeitgeberfremder Betriebsmittel muss daran scheitern, dass zwischen dem Arbeitnehmer und dem Dritten als Eigentümer der beschädigten Sache kein Arbeitsvertrag vorliegt. Das Fehlen arbeitsvertraglicher Beziehungen im Verhältnis des Arbeitnehmers zu dem Eigentümer des arbeitgeberfremden Betriebsmittels steht der Anwendung der von der Rechtsprechung entwickelten Grundsätze über Haftungserleichterungen im Arbeitsverhältnis entgegen.

Ergebnis: Die Grünwald GmbH hat gegenüber Silke Schneider einen Anspruch auf Schadensersatz wegen Verletzung des Eigentums durch den Schaden am PKW gem. § 823 Abs. 1 BGB. In diesem Fall haftet die Arbeitnehmerin für die Beschädigung eines im Wege des Leasing beschafften Betriebsmittels bei Zahlungsunfähigkeit des Arbeitgebers in vollem Umfang. Die von der Rechtsprechung entwickelten Grundsätze zur Haftungsbeschränkung für Arbeitnehmer finden vorliegend keine Anwendung, weil im Verhältnis zu der geschädigten Grünwald GmbH kein Arbeitsverhältnis besteht.

9: Kündigung wegen Unpünktlichkeit[25]   Seite 143

Kuno Kunze ist bei der Firma Friedrich GmbH seit über 15 Jahren als Einrichter beschäftigt. Im Betrieb gilt eine mit dem Betriebsrat vereinbarte Arbeitsordnung, die hinsichtlich der Arbeitszeit folgendes vorsieht: „Jeder Betriebsangehörige ist verpflichtet, die für ihn geltende Arbeitszeit und die Pausen einzuhalten. Maßgebend ist die Werksuhr. Beginn und Ende der regelmäßigen Arbeitszeit und der Pausen werden durch Glockenzeichen angezeigt. Die Betriebsangehörigen sind verpflichtet, die Einrichtung zur Kontrolle der pünktlichen Einhaltung der Arbeitszeit zu benutzen. Die Arbeit ist pünktlich aufzunehmen. Vorzeitiges Verlassen des Arbeitsplatzes oder eigenmächtiges Verlassen des Betriebes während der Arbeitszeit ist untersagt." Im Fall von Zuwiderhandlungen gegen die Bestimmungen der Arbeitsordnung sind verschiedene Sanktionen vorgesehen, so die mündliche Verwarnung durch die Betriebsleitung oder den nächsten Vorgesetzten nach Anhörung des Betriebsrates, der schriftliche Verweis durch den Vorstand mit Zustimmung des Betriebsrates, der Verweis durch Anschlag am Schwarzen Brett und die Auferlegung von Geldbußen. Die Lohnabzüge für Verspätungen sind gestaffelt; bis zu 5 Minuten erfolgt noch kein Lohnabzug, von 6 bis 20 Minuten Verspätung ein Lohnabzug für 15 Minuten, von 21 bis 35 Minuten ein Lohnabzug für 30 Minuten und von 36 bis 50 Minuten ein Lohnabzug für 45 Minuten.

Kuno Kunze erschien häufig verspätet zur Arbeit, wobei ihm mehrfach wegen Verspätungen über 5 Minuten der Lohn für 15 Minuten abgezogen wurde. Die Firma Friedrich GmbH sandte an Kunze mehrere Abmahnungsschreiben unter Hinweis auf die maschinell erstellte Arbeitszeiterfassung, wonach Kunze in einem Zeitraum von insgesamt etwa 12 Monaten die Arbeit 98-mal verspätet aufgenommen und den Arbeitsplatz ohne Einhaltung der Arbeitszeit 15-mal vorzeitig verlassen hat. Ferner enthält die Abmahnung eine Aufforderung Kunzes, seine Arbeitszeit am Arbeitsplatz künftig einzuhalten und den Hinweis darauf, dass im Wiederholungsfall mit der Kündigung des Arbeitsverhältnisses zu rechnen sei. Als Kuno Kunze am 8.11. die Zeituhr eine Stunde und sechsundzwanzig Minuten nach Schichtbeginn betätigte, leitete die Firma Friedrich GmbH das Anhörungsverfahren vor dem Betriebsrat zu einer beabsichtigten außerordentlichen Kündigung Kunzes mit einer Auslauffrist zum 31.12. ein. Mit Schreiben vom 15.11. hat die Friedrich GmbH das Arbeitsverhältnis Kuno Kunzes mit einer Auslauffrist zum 31.12. gekündigt. Ist diese Kündigung begründet?

Lösung

Die außerordentliche Kündigung aus wichtigem Grund ist gem. § 626 BGB bei nachhaltigen Verstößen gegen arbeitsvertragliche Verpflichtungen gerechtfertigt. Wiederholte Unpünktlichkeiten eines Arbeitnehmers sind an sich geeignet, eine außerordentliche Kündigung zu begründen, wenn sie den Grad und die Auswir-

---

25 BAG NZA 1989, 261.

kung einer beharrlichen Verweigerung der Arbeitspflicht erreicht haben. Erscheint ein Arbeitnehmer ohne rechtfertigenden Grund überhaupt nicht oder verspätet zur Arbeit, dann erbringt er die von ihm geschuldete Arbeitsleistung teilweise nicht oder – sofern nachholbar – nicht zur rechten Zeit. Dies ist ein Verstoß gegen die arbeitsvertragliche Verpflichtung, die Arbeit mit Beginn der betrieblichen Arbeitszeit aufzunehmen und sie im Rahmen der betrieblichen Arbeitszeit zu erbringen. Diese zeitliche Fixierung der Arbeitspflicht ist kennzeichnend für das Arbeitsverhältnis.

Kuno Kunze hat seine Arbeitspflicht in der Weise zu erbringen, dass er seine Aufgaben als Einrichter einer Maschine oder eines Werkzeugs erledigt. Der Schichtwechsel erfolgt zwar ohne die Mitwirkung des Einrichters unter Einschaltung von Meistern; dennoch hängt der Einsatz der Meister davon ab, wann die Einrichter ihre Arbeit aufnehmen. Denn die Meister müssen bei einem unpünktlichen Erscheinen Kuno Kunzes für diesen zunächst auch die von ihm zu erbringenden Arbeitsleistungen verrichten, und zwar länger, als nach der betrieblichen Organisation notwendig ist. Infolgedessen hat Kuno Kunze wegen seiner Verspätungen seine vertraglich geschuldete Hauptleistungspflicht nicht ordnungsgemäß erfüllt.

Da die Arbeitsleistung zumindest dann, wenn der Arbeitnehmer im Zeitlohn vergütet wird, zu einer fest bestimmten Zeit oder innerhalb eines bestimmten Zeitraumes geschuldet wird, handelt es sich um eine Fixschuld. Kann sie in den einzelnen Arbeitsschichten bei geringfügigem Zuspätkommen noch nachgeholt werden, dann gerät der Arbeitnehmer zunächst nur in Leistungsverzug. Dagegen wird die Erfüllung der Arbeitspflicht nachträglich objektiv unmöglich, wenn der Arbeitgeber die nicht zeitgerecht erbrachte Leistung von einer Ersatzarbeitskraft ausführen lässt. So weit die Kuno Kunze obliegenden Aufgaben wegen seiner Unpünktlichkeit von dem zur Überbrückung eingesetzten Meister erledigt werden mussten, besteht eine Unmöglichkeit, seine Arbeitspflicht im vertraglichen Umfang zu erfüllen. Das hat sich unmittelbar als Störung des Arbeitsverhältnisses im Leistungsbereich und als Beeinträchtigung des Austauschverhältnisses von Leistung und Gegenleistung ausgewirkt. Nach den Grundsätzen der Unmöglichkeit entfällt die Verpflichtung Kunzes zur Erbringung seiner Arbeitsleistung gem. § 275 BGB. Durch den Auschluss der Leistungspflicht ergeben sich die Rechtsfolgen für die Gegenleistung aus § 326 BGB. Grundsätzlich entfällt der Lohnanspruch des Arbeitnehmers in der Höhe, in der er eine quantitativ mindere Arbeitsleistung erbracht hat. Der Fortfall des Lohnanspruches ist unabhängig davon gerechtfertigt, ob eine Minderung des insgesamt erwarteten Arbeitsergebnisses vorliegt. Das gilt auch dann, wenn die teilweise eintretende Unmöglichkeit der Erfüllung der Arbeitspflicht vom Arbeitnehmer zu vertreten ist. Davon ist vorliegend auszugehen, weil Kuno Kunze die Verspätungen nicht rechtfertigen konnte.

Der kündigungsrechtlich erhebliche Umstand liegt darin, dass die Unpünktlichkeit Kuno Kunzes im Verlauf eines Jahres an insgesamt 113 Tagen eine Verletzung seiner Arbeitspflicht und damit eine Leistungsstörung im Arbeitsverhältnis darstellt. Wenn ein Arbeitnehmer häufig zu spät zur Arbeit erscheint oder den Arbeitsplatz vorzeitig verlässt und damit seine Verpflichtungen aus dem Arbeitsverhältnis verletzt, kann der Arbeitgeber das Arbeitsverhältnis in der Regel nur durch eine ordentliche Kündigung lösen.[26] Eine außerordentliche Kündigung aus diesem Grund kommt nur ausnahmsweise in Betracht, wenn die Unpünktlichkeit des Arbeitnehmers den Grad und die Auswirkung einer beharrlichen Verweigerung seiner Arbeitspflicht erreicht hat. Dies ist der Fall, wenn eine Pflichtverletzung trotz Abmahnung wiederholt begangen wird und sich daraus der nachhaltige Wille der vertragswidrig handelnden Partei ergibt, den arbeitsvertraglichen Verpflichtungen nicht nachkommen zu wollen. Die Voraussetzungen für eine beharrliche Verweigerung der Arbeitspflicht durch Kuno Kunze sind hinsichtlich seiner Unpünktlichkeit vorliegend erfüllt. Kuno Kunze hat nicht nur gelegentlich, sondern im Verlauf eines Jahres bis zum Ausspruch der Kündigung häufiger verspätet die Stechuhr betätigt. Die ihm von dem Arbeitgeber erteilten mündlichen und schriftlichen Abmahnungen sind erfolglos geblieben, obwohl sie teilweise mit der Androhung einer fristlosen Kündigung verbunden waren.

Im Fall der außerordentlichen Kündigung bedarf es neben dem wichtigen Grund auch einer umfassenden Interessenabwägung, ob die beharrlichen Verletzungen der Arbeitspflicht des Arbeitnehmers der Friedrich GmbH die Fortsetzung des Arbeitsverhältnisses unzumutbar gemacht haben. Die Friedrich GmbH kann wegen der Unpünktlichkeit Kuno Kunzes die nicht gearbeiteten Minuten vom Arbeitslohn abziehen. Diese mögliche Lohnkürzung stellt gegenüber einer außerordentlichen Kündigung die gebotene mildere Maßnahme dar, ist aber bereits in mehreren Fällen erfolgt, in denen Kuno Kunze für Verspätungen nach der Betriebsvereinbarung ein entsprechender Lohnanteil abgezogen worden war. Auch diese Lohnkürzungen haben Kuno Kunze jedoch nicht dazu bewegen können, künftig pünktlich zum Arbeitsbeginn zu erscheinen. Bei Verspätungen bis zu fünf Minuten ist die Friedrich GmbH zudem nach der Betriebsvereinbarung nicht berechtigt, den Lohn zu kürzen. Auch in diesen Fällen, die bei Kuno Kunze häufiger vorgekommen sind, ist es der Friedrich GmbH nicht zuzumuten, ständige Störungen des Austauschverhältnisses trotz vergeblicher Abmahnungen sanktionslos hinzunehmen.

> **Ergebnis:** Die fristlose Kündigung des Arbeitsverhältnisses mit Kuno Kunze durch die Firma Friedrich GmbH ist gerechtfertigt, weil die wiederholten Unpünktlichkeiten des Arbeitnehmers den Grad und die Auswirkung einer beharrlichen Verweigerung der Arbeitspflicht erreicht haben.

10: Fragen zur verhaltensbedingten Kündigung[27]   Seite 148

Der 33-jährige Wim Winter ist seit mehr als 10 Jahren bei der Deppe GmbH, die insgesamt mehr als 200 Arbeitnehmer beschäftigt, als Buchhalter tätig. Es wird gemunkelt, Winter sei Alkoholiker. Der Vorgesetzte Vormann ist mit den Leistungen Winters aber nach wie vor zufrieden. Winter fällt lediglich dadurch auf, dass er häufig zwei bis drei Tage wegen Krankheit fehlt, ohne sich – wie arbeitsvertraglich

---

26 BAG NZA 1987, 518.
27 Prüfungsklausur an der FH Bielefeld.

vereinbart – am ersten Krankheitstag im Laufe des Vormittags telefonisch krank zu melden. Meistens lässt Winter erst im Laufe des zweiten Krankheitstags von sich hören. Vormann hat deshalb bereits mehrfach mit Winter gesprochen, ihn zur Einhaltung seiner arbeitsvertraglichen Verpflichtungen aufgefordert und darauf hingewiesen, dass er im Wiederholungsfall die Personalabteilung von den Pflichtverletzungen informieren müsse.

Nachdem Winter am 14. Januar erneut nicht zur Arbeit erschienen war, ohne sich krank zu melden, informiert Vormann die Personalabteilung. Personalleiter Prinz, der nicht über Prokura verfügt, aber zur Einstellung und Entlassung von Mitarbeitern bevollmächtigt ist, entschließt sich sogleich dazu, das Arbeitsverhältnis mit Winter zu kündigen. Der Betriebsrat der Deppe GmbH wird am 15. Januar von der Kündigungsabsicht informiert. Am 18. Januar erhält Prinz ein Schreiben des Betriebsrats mit folgendem Inhalt: „In dieser Angelegenheit teilen wir Ihnen mit, dass wir der beabsichtigten Kündigung nicht zustimmen können. Eine Kündigung ist nicht erforderlich. Das Problem könnte dadurch gelöst werden, dass Herr Winter dazu aufgefordert wird, bereits ab dem ersten Krankheitstag eine Arbeitsunfähigkeitsbescheinigung vorzulegen."

Am 21. Januar wird Winter ein von Prinz unterzeichnetes Kündigungsschreiben ausgehändigt, mit dem das Arbeitsverhältnis zum 30. April gekündigt wird. Am 12. Februar geht eine Kopie der am 31. Januar erhobenen Kündigungsschutzklage Winters bei der Deppe GmbH ein. Der Geschäftsführer Glüsing der Deppe GmbH wendet sich mit den folgenden Fragen an Prinz:

1. Ist die Kündigung sozial gerechtfertigt?

2. Ist die Kündigung – evtl. auch nur teilweise – aus anderen Gründen unwirksam?

3. Hätte Winter mit dem Kündigungsschreiben eine Kopie der Stellungnahme des Betriebsrats ausgehändigt werden müssen?

4. Kann Winter beanstanden, dass das Kündigungsschreiben nicht von dem Geschäftsführer Glüsing unterzeichnet worden ist?

5. Kann Winter beanstanden, dass er vor der Kündigung weder von Prinz noch von dem Betriebsrat zu den Vorfällen angehört worden ist?

Lösung

Frage 1
Es ist zu prüfen, ob bei dem Ausspruch der Kündigung vom 21. Januar die Vorschriften des Kündigungsschutzgesetzes eingehalten worden sind.

Anwendbarkeit des Kündigungsschutzgesetzes: Das Kündigungsschutzgesetz gilt nur für die Kündigung von Arbeitsverhältnissen. Zwischen Winter und der Deppe-GmbH müsste also ein Arbeitsverhältnis bestanden haben. Winter war als Buchhalter für die Deppe-GmbH tätig und hat damit eine typische Arbeitnehmertätigkeit ausgeübt. Da außerdem keine Anhaltspunkte dafür bestehen, dass Winter von der Deppe GmbH nicht als Arbeitnehmer, sondern als Selbstständiger beschäftigt worden ist, kann davon ausgegangen werden, dass ein Arbeitsverhältnis bestand.

Gem. § 23 Abs. 1 Sätze 2 und 3 KSchG ist u. a. § 1 Abs. 2 des Kündigungsschutzgesetzes nur dann auf ein konkretes Arbeitsverhältnis anwendbar, wenn in dem Betrieb regelmäßig mehr als 5 bzw. mehr als 10 Arbeitnehmer beschäftigt werden. Außerdem muss der Arbeitnehmer gem. § 1 Abs. 1 KSchG im Zeitpunkt des Zugangs der Kündigung länger als 6 Monate in einem Betrieb beschäftigt sein. Da die Deppe GmbH insgesamt mehr als 200 Arbeitnehmer beschäftigt und Winter seit mehr als 10 Jahren Mitarbeiter der Deppe GmbH ist, sind beide Voraussetzungen erfüllt. Die Anwendbarkeit des Kündigungsschutzgesetzes ist auch nicht gem. § 14 Abs. 1 KSchG ausgeschlossen. Das KSchG ist daher auf das Arbeitsverhältnis zwischen Winter und der Deppe GmbH anzuwenden.

Soziale Rechtfertigung: Eine Kündigung ist nach § 1 Abs. 2 S. 1 KSchG sozial ungerechtfertigt, wenn sie nicht durch Gründe, die in der Person oder in dem Verhalten des Arbeitnehmers liegen, oder durch dringende betriebliche Erfordernisse, die einer Weiterbeschäftigung des Arbeitnehmers in diesem Betrieb entgegenstehen, bedingt ist.

a) Vorliegen eines Kündigungsgrundes

Es muss also zunächst geprüft werden, ob ein personenbedingter, ein verhaltensbedingter oder ein betriebsbedingter Kündigungsgrund vorliegt. Die Kündigung Winters könnte aus verhaltensbedingten Gründen gerechtfertigt sein. Eine verhaltensbedingte Kündigung kommt insbesondere in Betracht, wenn ein Arbeitnehmer schuldhaft, also mindestens fahrlässig, arbeitsvertragliche Verpflichtungen verletzt. Winter verstößt gegen eine arbeitsvertragliche Nebenpflicht, wenn er sich nicht wie in dem Arbeitsvertrag vereinbart, am ersten Krankheitstag im Laufe des Vormittags krank meldet, sondern erst im Laufe des zweiten Krankheitstags. Außerdem handelt es sich bei dem Verhalten Winters sogar um eine vorsätzliche und andauernde und damit um eine schwere Nebenpflichtverletzung. Ein Kündigungsgrund liegt daher vor.

b) Beeinträchtigung des Arbeitsverhältnisses

Des Weiteren muss der Kündigungsgrund zu einer Beeinträchtigung des Arbeitsverhältnisses geführt haben. Vorsätzliche und andauernde Pflichtverletzungen des Arbeitnehmers beeinträchtigen das Arbeitsverhältnis selbst dann, wenn keine konkreten Störungen im Betriebsablauf eintreten. In diesen Fällen besteht stets die Gefahr weiterer Vertragsverletzungen. Eine Beeinträchtigung des Arbeitsverhältnisses liegt daher vor.

c) Verhältnismäßigkeit (ultima-ratio-Prinzip)

Eine Kündigung ist außerdem nur dann sozial gerechtfertigt, wenn sie auch verhältnismäßig ist. Verhältnismäßig ist eine Kündigung nur dann, wenn kein milderes Mittel (wie z. B. eine Versetzung) als Alternative zur Verfügung steht. Eine verhaltensbedingte Kündigung ist daher regelmäßig nur dann sozial gerechtfertigt, wenn der Arbeitnehmer wegen seines pflichtwidrigen Verhaltens mindestens einmal abgemahnt worden ist.

Eine Abmahnung ist die Aufforderung an den Arbeitnehmer, das vertragswidrige Verhalten zu unterlassen. Außerdem muss dem Arbeitnehmer mit der Abmahnung deutlich gemacht werden, dass er mit einer Kündigung zu rechnen hat, wenn es zu weiteren Vertragsverletzungen kommt. Dem Arbeitnehmer muss also durch eine vorherige Abmahnung die Gelegenheit gegeben worden sein, seine arbeitsvertraglichen Verpflichtungen in Zukunft ordnungsgemäß zu erfüllen. Der Vorgesetzte Vormann hat mehrfach mit Winter über dessen Nebenpflichtverletzungen gesprochen und ihn zur Einhaltung seiner arbeitsvertraglichen Verpflichtungen aufgefordert. Winter ist also von Vormann aufgefordert worden, das vertragswidrige Verhalten zu unterlassen. Vormann hat Winter in diesem Zusammenhang aber lediglich darauf hingewiesen, dass er im Wiederholungsfall die Personalabteilung von den Pflichtverletzungen informieren müsse. Daher hat Vormann Winter nicht deutlich gemacht, dass er mit einer Kündigung zu rechnen hat, wenn es zu weiteren Vertragsverletzungen kommt. Winter ist jedoch bisher nicht abgemahnt worden. Die Kündigung ist daher bereits deshalb unverhältnismäßig, weil Winter wegen der Vertragspflichtverletzung nicht abgemahnt worden ist.

Hinzu kommt, dass der Betriebsrat auf eine weitere Möglichkeit hinweist, Winter zu einer Einhaltung seiner arbeitsvertraglichen Verpflichtungen anzuhalten. § 5 Abs. 1 Satz 3 EntgeltfortzahlungsG eröffnet dem Arbeitgeber die Möglichkeit, von einem Arbeitnehmer bereits ab dem ersten Krankheitstag eine Arbeitsunfähigkeitsbescheinigung zu verlangen. Winter wäre dann zwar lediglich verpflichtet, am ersten Krankheitstag einen Arzt aufzusuchen. Es ist jedoch nahe liegend, dass ihn der Zwang zu einem Arztbesuch am ersten Krankheitstag entweder dazu veranlassen würde, zur Arbeit zu erscheinen (wenn er „blau" macht) oder sich sogleich am ersten Krankheitstag gegenüber der Deppe GmbH krank zu melden (wenn er nur nachlässig ist). Eine solche Verpflichtung Winters könnte also sogar zu einem Wegfall oder jedenfalls zu einer Verringerung seiner Fehlzeiten führen. Neben der Abmahnung steht daher noch ein weiteres milderes Mittel als die Kündigung zur Verfügung. Der Verhältnismäßigkeitsgrundsatz ist von der Deppe GmbH bei der Kündigung nicht beachtet worden.

Ergebnis: Die Kündigung ist unverhältnismäßig und daher nicht sozial gerechtfertigt. Die Deppe GmbH hätte Winter vor Ausspruch der verhaltensbedingten Kündigung mindestens einmal abmahnen und außerdem versuchen müssen, Winter durch ein Verlangen gem. § 5 Abs. 1 Satz 3 EntgeltfortzahlungsG zu einer Einhaltung seiner arbeitsvertraglichen Verpflichtungen anzuhalten.

Frage 2

Die Kündigung wäre aus anderen Gründen unwirksam, wenn eine der übrigen Voraussetzungen für eine ordentliche Kündigung nicht vorliegen würde.

Ordnungsgemäße Kündigungserklärung: Die Kündigung ist eine einseitige empfangsbedürftige Willenserklärung. Die Kündigung eines Arbeitsverhältnisses bedarf gem. § 623 BGB der Schriftform. Die Kündigung vom 21. Januar ist schriftlich erklärt worden. Außerdem war Personalleiter Prinz, der die Entscheidung, das Arbeitsverhältnis mit Winter zu kündigen, getroffen und das Kündigungsschreiben unterzeichnet hat, zur Einstellung und Entlassung von Mitarbeitern bevollmächtigt. Die Deppe GmbH ist daher bei dem Ausspruch der Kündigung ordnungsgemäß vertreten worden. Schließlich wurde Winter das Kündigungsschreiben ausgehändigt, die Kündigung ist ihm damit zugegangen. Insgesamt weist die Kündigungserklärung also keine Mängel auf.

Einhaltung der Kündigungsfrist: Fraglich ist dagegen, ob die Kündigungsfrist eingehalten worden ist. Gem. § 622 Abs. 2 Satz 1 Nr. 4 BGB beträgt die Kündigungsfrist für Arbeitsverhältnisse, die mehr als 10 Jahre bestanden haben, vier Monate zum Ende eines Kalendermonats. Winter wurde am 21. Januar zum 30. April gekündigt. Die Kündigung ist also nur mit einer Frist von drei Monaten ausgesprochen worden. Hier ist jedoch zu beachten, dass gem. § 622 Abs. 2 Satz 2 BGB Beschäftigungszeiten vor der Vollendung des 25. Lebensjahres bei der Berechnung der verlängerten Kündigungsfristen nicht zu berücksichtigen sind. Da Winter bereits mit 23 Jahren Mitarbeiter der Deppe GmbH wurde, ist also nur eine Beschäftigungszeit von acht Jahren anzurechnen. Die Kündigungsfrist für Arbeitsverhältnisse, die mehr als acht Jahre bestanden haben, beträgt gem. § 622 Abs. 2 Satz 1 Nr. 3 BGB lediglich drei Monate zum Ende eines Kalendermonats. Die Kündigungsfrist wurde also eingehalten.

Anhörung des Betriebsrats: Außerdem ist zu prüfen, ob der Betriebsrat ordnungsgemäß angehört worden ist. Prinz hat den Betriebsrat am 15. Januar über die Kündigungsabsicht informiert und damit die Verpflichtung der Deppe GmbH gem. § 102 Abs. 1 Satz 2 BetrVG erfüllt. Fraglich ist jedoch, ob die Äußerungsfrist des Betriebsrats abgewartet worden ist. Sie beträgt bei einer ordentlichen Kündigung gem. § 102 Abs. 2 Satz 1 BetrVG eine Woche. Die Äußerungsfrist des Betriebsrats begann gem. § 187 Abs. 1 BGB am 16. Januar und endete gem. § 188 Abs. 2 BGB am 22. Januar. Die Kündigung wurde aber bereits am 21. Januar und damit vor Ablauf einer Woche ausgesprochen. Hier ist jedoch zu berücksichtigen, dass der Betriebsrat bereits mit Schreiben vom 18. Januar zu der Kündigungsabsicht Stellung genommen hat. Äußert sich der Betriebsrat vor Ablauf der Äußerungsfrist, kann der Arbeitgeber sogleich nach Eingang der Stellungnahme kündigen; der Ablauf der Äußerungsfrist braucht nicht abgewartet zu werden. Der Betriebsrat ist also ordnungsgemäß angehört worden.

> **Ergebnis:** Die Kündigung ist nicht aus anderen Gründen unwirksam. Es liegt eine ordnungsgemäße Kündigungserklärung vor, die Kündigungsfrist wurde eingehalten und der Betriebsrat ist ordnungsgemäß angehört worden.

Frage 3

Gem. § 102 Abs. 4 BetrVG hat der Arbeitgeber, wenn er eine Kündigung ausspricht, obwohl der Betriebsrat widersprochen hat, dem Arbeitnehmer mit der Kündigung eine Abschrift der Stellungnahme des Betriebsrats zuzuleiten. Dies gilt aber nur dann, wenn der Betriebsrat der Kündigung gem. § 102 Abs. 3 BetrVG förmlich widersprochen hat. Hier hat der Betriebsrat jedoch lediglich allgemeine Bedenken geäußert, was gem. § 102 Abs. 2 S. 1 BetrVG ebenfalls möglich ist.

> **Ergebnis:** Dem Arbeitnehmer Winter musste keine Kopie der Stellungnahme des Betriebsrats ausgehändigt werden.

Frage 4

Auch einseitige Rechtsgeschäfte können von Bevollmächtigten vorgenommen werden. Dabei ist aber die in § 174 BGB getroffene Sonderregelung zu beachten. Gem. § 174 Satz 1 BGB ist ein einseitiges Rechtsgeschäft, das ein Bevollmächtigter vornimmt, unwirksam, wenn der Bevollmächtigte keine Vollmachtsurkunde vorlegt und „der andere das Rechtsgeschäft aus diesem Grunde unverzüglich zurückweist". Die Zurückweisung ist allerdings gem. § 174 Satz 2 BGB ausgeschlossen, wenn der Vollmachtgeber den anderen von der Bevollmächtigung in Kenntnis gesetzt hatte.

Winter kann also nicht beanstanden, dass das Kündigungsschreiben nicht von Glüsing unterzeichnet worden ist. Außerdem kann Winter die Kündigung nur dann gem. § 174 Satz 1 BGB unverzüglich zurückweisen, weil der Personalleiter Prinz ihm keine Vollmachtsurkunde vorgelegt hat, wenn er von der Deppe GmbH nicht in anderer Weise von der Bevollmächtigung informiert worden ist. In diesem Zusammenhang ist zu beachten, dass allein die Berufung eines Mitarbeiters in die Stellung als Personalleiter, mit der üblicherweise eine Bevollmächtigung zur Einstellung und Entlassung von Mitarbeitern verbunden ist, die Arbeitnehmer eines Betriebs regelmäßig darüber in Kenntnis setzt, dass diese Person als Bevollmächtigte u. a. Arbeitsverhältnisse kündigen kann.[28] Die Verpflichtung zur Vorlage einer Vollmachtsurkunde besteht daher nicht, wenn Winter aufgrund seiner langjährigen Tätigkeit für die Deppe GmbH bekannt war, dass Prinz Personalleiter ist. Da keine außergewöhnlichen Umstände ersichtlich sind, kann davon ausgegangen werden, dass Winter über die Position des Prinz informiert war.

> **Ergebnis:** Winter kann nicht beanstanden, dass das Kündigungsschreiben nicht von dem Geschäftsführer Glüsing unterzeichnet worden ist, und er kann die Kündigung auch nicht gem. § 174 Satz 1 BGB mit der Begründung zurückweisen, dass Prinz ihm keine Vollmachtsurkunde vorgelegt hat.

Frage 5

Ein Arbeitgeber ist nur ausnahmsweise, z. B. bei einer Verdachtskündigung, verpflichtet, den Arbeitnehmer vor einer beabsichtigten Kündigung anzuhören. Der Betriebsrat soll zwar gem. § 102 Abs. 2 Satz 4 BetrVG den betroffenen Arbeitnehmer hören, bevor er eine Stellungnahme abgibt. Der Betriebsrat ist aber nicht zu

---

28 BAG, AP § 174 BGB Nr. 11; dies gilt aber nicht, wenn nur ein Referatsleiter einer Unterabteilung der Personalabteilung die Kündigung ausgesprochen hat, vgl. BAG, NZA 1997, 1343 ff.

einer Anhörung verpflichtet, ob er eine Anhörung des Arbeitnehmers vornimmt, steht in seinem Ermessen.

Ergebnis: Anhörungspflichten sind nicht verletzt worden.

Zusammenfassendes Ergebnis: Die verhaltensbedingte Kündigung ist nicht sozial gerechtfertigt, weil sie dem Grundsatz der Verhältnismäßigkeit widerspricht. Weitere Gründe, die gegen die Wirksamkeit der Kündigung sprechen, liegen nicht vor. Der gekündigte Arbeitnehmer Winter konnte die Kündigungserklärung wegen fehlender Vollmachtsurkunde nicht zurückweisen. Auch Anhörungspflichten sind nicht verletzt worden. Infolge fehlender sozialer Rechtfertigung ist die Kündigung jedoch unwirksam.

11: Anhörung des Betriebsrates zur Kündigung[29]   Seite 152

Hinze war bei der Firma Finke & Co., die Bremsbeläge herstellt und vertreibt, im Vertriebslager zunächst als Außendienstmitarbeiter und seit drei Jahren als kommissarischer Lagerleiter beschäftigt. Mit Schreiben vom 10.1. kündigte ihm die Firma Finke & Co. fristlos, hilfsweise fristgemäß mit folgender Begründung: „Wir kündigen den mit Ihnen bestehenden Anstellungsvertrag wegen Betruges und Unterschlagung von Bremsbelägen fristlos zum 12.1. Der durch objektive Tatsachen begründete Verdacht Ihrer strafbaren Handlung stellt eine derart schwere Vertragspflichtverletzung dar, dass uns die Fortsetzung des Anstellungsverhältnisses nicht mehr zugemutet werden kann. Der Betriebsrat ist zu dieser Kündigung gehört worden." Hinze wandte sich gegen die Kündigung, indem er die ordnungsgemäße Anhörung des Betriebsrates bestritt und vortrug, die Firma Finke & Co. habe dem Betriebsrat seine ihr bekannte Unterhaltspflicht für einen Sohn und damit einen für die Beurteilung wesentlichen Umstand nicht mitgeteilt. Ist die Kündigung aus den von Hinze dargelegten Gründen unwirksam? Es ist davon auszugehen, dass der Grundsatz des rechtlichen Gehörs gem. Art. 103 GG durch die Anhörung des Arbeitnehmers in dem vorliegenden Fall einer Verdachtskündigung gewahrt wurde.

Lösung

Eine Kündigung ist unwirksam, wenn der Betriebsrat nicht ordnungsgemäß angehört wurde, § 102 BetrVG. Die fehlerhafte Anhörung des Betriebsrates liegt nach Auffassung des Arbeitnehmers darin, dass der Arbeitgeber dem Betriebsrat soziale Auswahlgesichtspunkte nicht mitgeteilt habe. Eine soziale Auswahl im rechtstechnischen Sinn ist nach § 1 Abs. 3 KSchG nur für die ordentliche Kündigung vorgeschrieben, soweit sie auf dringende betriebliche Gründe gestützt wird. Will

---

29 BAG NZA 1989, 755.

der Arbeitgeber eine ordentliche Kündigung aussprechen, so muss er im Rahmen der Anhörung nach § 102 BetrVG dem Betriebsrat von vornherein, auch ohne ein entsprechendes Verlangen, die Gründe mitteilen, die ihn zur Auswahl gerade dieses Arbeitnehmers veranlasst haben.

Vorliegend handelt es sich jedoch um eine außerordentliche Kündigung des Arbeitsverhältnisses aus wichtigem Grund. Nach § 626 Abs. 1 BGB ist zunächst zu prüfen, ob ein wichtiger Kündigungsgrund vorliegt. Sofern dies der Fall ist, bedarf es der weiteren Prüfung, ob die Fortsetzung des Arbeitsverhältnisses unter Berücksichtigung der konkreten Umstände des Einzelfalles und der Abwägung der Interessen beider Vertragsteile zumutbar ist oder nicht.[30] Die persönlichen Umstände des gekündigten Arbeitnehmers gehören nicht zum Kündigungsgrund, sondern zur Interessenabwägung für die Entscheidung über die Zumutbarkeit oder Unzumutbarkeit der Fortsetzung des Arbeitsverhältnisses.

Der Arbeitgeber muss dem Betriebsrat im Rahmen der Anhörungspflicht nach § 102 BetrVG diejenigen Gründe mitteilen, die aus seiner subjektiven Sicht die Kündigung rechtfertigen und für seinen Kündigungsentschluss maßgebend gewesen sind. Hierfür genügt es in der Regel nicht, die Kündigungsgründe nur pauschal, schlagwort- oder stichwortartig zu bezeichnen oder bloße Werturteile ohne Angabe der für die Bewertung maßgebenden Tatsachen anzugeben. Der für die Kündigung erhebliche Sachverhalt ist so zu umschreiben, dass der Betriebsrat ohne zusätzliche eigene Nachforschungen in die Lage versetzt wird, die Stichhaltigkeit der Kündigungsgründe zu prüfen und sich über eine Stellungnahme schlüssig zu werden.[31] Nur wenn er diese für seinen Kündigungsentschluss maßgebenden Umstände dem Betriebsrat nicht mitteilt, ist die Anhörung unwirksam. Teilt der Arbeitgeber dagegen weitere Umstände nicht mit, weil er sie zunächst für unerheblich hält, ist zwar die Anhörung wirksam. So weit der Arbeitnehmer gegenüber einer ordentlichen Kündigung den allgemeinen Kündigungsschutz des § 1 KSchG genießt oder eine außerordentliche Kündigung nur aus wichtigem Grund ausgesprochen werden kann, darf der Arbeitgeber diese Tatsachen im Kündigungsprozess nicht mehr nachschieben.

Vorliegend geht es um einen Umstand, der nicht das beanstandete Verhalten des Arbeitnehmers selbst betrifft, sondern allenfalls im Rahmen der Interessenabwägung als ein zu Gunsten des Arbeitnehmers sprechender Umstand zu berücksichtigen wäre. Zwar darf der Arbeitgeber dem Betriebsrat keine ihm bekannten und von ihm bedachten persönlichen Umstände des Arbeitnehmers vorenthalten, die sich im Rahmen der Interessenabwägung entscheidend zu dessen Gunsten auswirken können. Einen solchen Umstand stellen Unterhaltspflichten des Arbeitnehmers bei vorsätzlichen Vermögensdelikten zum Nachteil des Arbeitgebers grundsätzlich nicht dar. Anders als eine bisher insoweit tadelfrei zurückgelegte Beschäftigungszeit besteht hier regelmäßig kein besonderer Bezug zwischen dem Kündigungsgrund und den ausschließlich dem persönlichen Lebensbereich des Arbeitnehmers zuzurechnenden Unterhaltspflichten. Diese können allenfalls dann

---

30 BAG AP Nr. 14 zu § 626 BGB – Verdacht strafbarer Handlung = NZA 1985, 91.
31 BAGE 49, 136, 142 = AP Nrn. 30, 37 zu § 102 BetrVG 1972.

für die Interessenabwägung Bedeutung gewinnen, wenn das bestimmende Motiv für die Tat die Sicherung des notwendigen Unterhalts gewesen ist. Hierfür bestehen im vorliegenden Fall keine Anhaltspunkte. Die Firma Finke & Co. brauchte dem Betriebsrat deshalb die Unterhaltspflicht ihres Arbeitnehmers Hugo Hinze für seinen Sohn nicht mitzuteilen. Die fehlende Unterrichtung des Betriebsrates von der Unterhaltspflicht Hinzes macht die Anhörung infolgedessen nicht unwirksam.

> **Ergebnis:** Die von der Firma Finke & Co. ausgesprochene außerordentliche Kündigung ihres Arbeitnehmers Hinze ist formal wirksam, weil die Anhörung des Betriebsrats ordnungsgemäß erfolgt ist.

12: Wahrheitspflicht im qualifizierten Zeugnis[32]   Seite 157

Der 43-jährige Walter Walden war bei der Firma Stahl GmbH, einem Handelsunternehmen für Präzisions- und Profilstahlrohre mit 50 Arbeitnehmern, seit vielen Jahren, zuletzt als Verkaufsleiter mit Prokura beschäftigt. Das Arbeitsverhältnis wurde von der Firma Stahl GmbH fristlos zum 10.6. gekündigt. Die hiergegen erhobene Kündigungsschutzklage Walter Waldens ist durch Urteil des Arbeitsgerichts rechtskräftig abgewiesen worden. Zugleich ist Walter Walden auf die Widerklage der Stahl GmbH verurteilt worden, an sie 900 € als Schadensersatz zu zahlen. Walter Walden war zur Last gelegt worden, zum Nachteil der Stahl GmbH Geschäfte über eine andere Firma abgewickelt zu haben. Bei Beendigung des Arbeitsverhältnisses hat die Stahl GmbH Walter Walden auf dessen Verlangen ein qualifiziertes Zeugnis erteilt. Dessen letzter Absatz lautet wörtlich: „Das Anstellungsverhältnis endete am 10.6. durch fristlose arbeitgeberseitige Kündigung." Walter Walden verlangt Berichtigung des Zeugnisses dahingehend, dass die letzten vier Worte entfallen.

Lösung

Walter Walden macht einen Zeugnisberichtigungsanspruch gegenüber seinem Arbeitgeber geltend. Dieser Anspruch setzt voraus, dass die Stahl GmbH gegen die Grundsätze des Zeugnisrechts verstoßen hat, die sich aus der arbeitsvertraglichen Fürsorgepflicht des Arbeitgebers ergeben.

Bei der Ausstellung eines qualifizierten Zeugnisses sind vom Arbeitgeber sowohl das Gebot der Wahrheitspflicht als auch die Verpflichtung zu beachten, das berufliche Fortkommen des Arbeitnehmers nicht unnötig zu erschweren. Objektive Vorkommnisse, die die Beurteilung des Arbeitnehmers belasten, stehen in der betrieblichen Praxis häufig im Widerspruch zu der gesetzlichen Verpflichtung, den Arbeitnehmer in seiner beruflichen Zukunft nicht zu benachteiligen. Darüber hi-

---

32 LAG Düsseldorf, NZA 1988, 399.

naus soll das Zeugnis für den neuen Arbeitgeber in gewissem Umfang auch eine Warnfunktion ausüben, indem er vor einer nachteiligen Einstellungsentscheidung geschützt werden soll. Denn als Folge einer unrichtigen Zeugniserteilung kann sich für den alten Arbeitgeber gegebenenfalls eine Schadensersatzpflicht gem. § 826 BGB gegenüber dem einstellenden Arbeitgeber ergeben.

Diese Grundsätze des Zeugnisrechts[33] sind auch bei der Angabe des Beendigungstatbestandes im Zeugnis zu beachten. Der Beendigungsgrund sollte nur dann ins Zeugnis aufgenommen werden, wenn es der Arbeitnehmer ausdrücklich wünscht, zumal dann, wenn es für ihn vorteilhaft ist. Nur ausnahmsweise kann in einem Zeugnis auch zum Ausdruck gebracht werden, dass das Arbeitsverhältnis fristlos beendet worden ist, wenn sich ohnehin aus dem innerhalb des Monats liegenden Datum der Tatbestand der fristlosen Entlassung ergibt. Auch der Vertragsbruch des Arbeitnehmers kann in einem Arbeitszeugnis bei der Beurteilung seiner Führung Berücksichtigung finden.

Im vorliegenden Fall verstoßen die von Walter Walden beanstandeten letzten vier Worte des ihm von der Stahl GmbH erteilten Zeugnisses gegen die Rechtsgrundsätze, die bei einer Zeugniserteilung zu beachten sind. Zwar entspricht es objektiv den Tatsachen, dass das Arbeitsverhältnis seitens der Stahl GmbH fristlos gekündigt und diese personelle Maßnahme durch das Urteil des Arbeitsgerichts rechtskräftig bestätigt worden ist. Gleichwohl genügt es jedoch, dies dadurch zum Ausdruck zu bringen, dass allein der Beendigungszeitpunkt im Zeugnis erscheint. Durch das Datum der Beendigung des Arbeitsverhältnisses kommt die fristlose Entlassung ohnehin zum Ausdruck.

Das Weglassen des Beendigungstatbestandes genügt den Rechtsgrundsätzen des Zeugnisrechts, die in der Warnfunktion des künftigen Arbeitgebers sowie in der Vermeidung von Schadensersatzansprüchen des bisherigen Arbeitgebers liegen. Regelmäßig wird nämlich ein an der Anstellung des Arbeitnehmers interessierter Arbeitgeber an dem ungewöhnlichen Beendigungsdatum des Arbeitsverhältnisses Anstoß nehmen und sich bei der Stahl GmbH durch eine Auskunftserteilung rückversichern sowie Walter Walden im Vorstellungsgespräch hierzu befragen. Auf diese Weise hat die Stahl GmbH in jedem Fall sichergestellt, dass sie sich Dritten gegenüber in keinem Fall Schadensersatzansprüchen aussetzt. Denn das von ihr dem Arbeitnehmer Walter Walden erteilte Zeugnis ist wahr, beeinträchtigt dessen berufliches Fortkommen nicht, genügt der Warnfunktion und vermeidet das Entstehen von Schadensersatzansprüchen.[34]

Ergebnis: Auch wenn dem Arbeitnehmer zu Recht außerordentlich von dem Arbeitgeber gekündigt wurde, genügt es, diese Tatsache durch die alleinige Angabe des Beendigungszeitpunktes im qualifizierten Zeugnis zum Ausdruck zu bringen. Der Zeugnisberichtigungsanspruch Walter Waldens ist deshalb berechtigt.

---

33 *Schaub*, Arbeitsrechtshandbuch, a.a.O., § 146 III. 5 und VII. 1.
34 Vgl. *Liedtke*, NZA 1988, 270, zum Anspruch auf ein qualifiziertes Zeugnis.

| 13: **Die tarifliche Ausschlussfrist**[35] | Seite 160 |

Katja Kluge war bis zum 31. Juli als Einzelhandelskauffrau bei der Best KG beschäftigt. Auf das Arbeitsverhältnis findet der Manteltarifvertrag für die Arbeitnehmer im Einzelhandel in Bayern (MTV) Anwendung. Eine ausdrückliche Bezeichnung der Eingruppierung in eine der Gehaltsgruppen des MTV ist weder im Arbeitsvertrag noch in den Auszahlungsbelegen enthalten. Die Arbeitsvertragsparteien sind sich jedoch darüber einig, dass Katja Kluge in Gehaltsgruppe III einzugruppieren war. Mit der am 25. Oktober zugestellten Klage verlangt Katja Kluge von der Best KG weitere tarifliche Arbeitsvergütung für einen zurückliegenden Zeitraum von 31 Monaten bis zum 31. Juli in Höhe von insgesamt 15.500 €. Insoweit handelt es sich um einen Differenzbetrag zwischen der tatsächlich gezahlten und der ihr tariflich aus Gehaltsgruppe III zustehenden Vergütung. Die Fa. Best KG ist der Auffassung, die von Katja Kluge geltend gemachten Vergütungsansprüche seien nach § 10 Nr. 5 MTV verfallen.

„§ 10 MTV. *Gehalts- und Lohnregelung.* ... (2) Die Arbeitnehmer werden im Gehalts- und Lohntarifvertrag in Beschäftigungsgruppen eingestuft. Für die Eingruppierung kommt es auf die tatsächlich verrichtete Tätigkeit an ...

(5) Der Einspruch gegen die Eingruppierung in eine Beschäftigungs- oder Lohngruppe ist innerhalb einer Frist von drei Monaten zu erheben. Ist ein Einspruch nicht rechtzeitig erfolgt, kann ein Anspruch für einen weiter als drei Monate zurückliegenden Zeitraum nicht geltend gemacht werden.

§ 23 MTV. *Verfallklausel.* (1) Der Arbeitnehmer ist zur sofortigen Nachprüfung des ausbezahlten Geldbetrages bzw. seiner Entgeltabrechnung verpflichtet. Differenzen sind unverzüglich zu melden.

(2) Ansprüche auf Bezahlung von Mehrarbeit, Nachtarbeit, Samstags- und Feiertagsarbeit erlöschen mit dem Ablauf von drei Monaten nach ihrer Entstehung, wenn sie nicht innerhalb dieser Frist geltend gemacht werden ... Alle übrigen aus dem Tarifvertrag und dem Arbeitsverhältnis entstandenen gegenseitigen Ansprüche sind spätestens innerhalb von drei Monaten nach Beendigung des Arbeitsverhältnisses geltend zu machen ... Vorstehende Fristen gelten als Ausschlussfristen.“

Lösung

Der von Katja Kluge geltend gemachte Anspruch auf Zahlung rückständiger Arbeitsvergütungen ergibt sich aus § 611 BGB i. V. mit dem Arbeitsvertrag und dem Tarifvertrag. Die Geltendmachung des Anspruchs könnte nach dem Tarifvertrag ausgeschlossen sein, wenn eine tarifliche Verfallklausel einschlägig und die Ausschlussfrist abgelaufen wäre.

---

35 BAG NZA 1991, 424.

Der von Katja Kluge geltend gemachte Anspruch unterfällt nicht der allgemeinen Verfallklausel des § 23 Nr. 2, sondern der besonderen des § 10 Nr. 5 MTV. Denn für Ansprüche im Zusammenhang mit der Eingruppierung in die verschiedenen Gehaltsstufen sollen die besonderen Fristen des § 10 Nr. 5 MTV gelten. Danach kann ein Anspruch für einen weiter als drei Monate zurückliegenden Zeitraum nicht geltend gemacht werden, wenn kein Einspruch gegen die erfolgte Eingruppierung innerhalb von drei Monaten erhoben worden ist.

Die Tarifvertragsparteien haben nicht ausgeführt, was unter „Anspruch" i. S. dieser Vorschrift gemeint ist. Dies ist daher durch Auslegung zu ermitteln. Dabei ist zunächst vom Tarifwortlaut auszugehen, der maßgebliche Sinn dieser Erklärung zu erforschen, ohne am Buchstaben zu haften, und sodann der Wille der Tarifvertragsparteien zu berücksichtigen, so weit er sich in den Tarifnormen niedergeschlagen hat, vgl. § 133 BGB.[36] Ferner ist auf den tariflichen Gesamtzusammenhang abzustellen und auf die praktische Tarifübung. Nach diesen Auslegungsgrundsätzen ist unter Anspruch i.S. des § 10 MTV der sich aus der Eingruppierung ergebende Zahlungsanspruch zu verstehen und nicht etwa das Widerspruchsrecht gegen die Eingruppierung. Dies folgt aus dem Gesamtzusammenhang, denn diese Bestimmung steht unter der Überschrift „Gehalts- und Lohnregelung", meint also immer, wenn das Wort „Anspruch" auftaucht, einen Gehalts- oder Lohnanspruch. Das entspricht auch dem erkennbaren Willen der Tarifvertragsparteien, nach dem Zweck von Ausschlussklauseln alsbald Rechtssicherheit zu schaffen und damit Vergütungsansprüche während des noch bestehenden Arbeitsverhältnisses zu klären.

Für den Beginn der Verfallfrist ist nach dem Wortlaut des § 10 Nr. 5 MTV keine ausdrückliche Eingruppierung erforderlich. Ein solches Erfordernis stände auch im Widerspruch zu § 10 Nr. 2 MTV, nach dem die Arbeitnehmer entsprechend ihrer tatsächlich verrichteten Tätigkeit eingruppiert sind, ohne dass es eines deklaratorischen oder eines konstitutiven Eingruppierungsaktes des Arbeitgebers bedürfte.

Ein solches Erfordernis einer ausdrücklichen Eingruppierungshandlung des Arbeitgebers widerspricht auch dem Sinn und Zweck der Verfallklausel des § 10 Nr. 5 MTV. Durch die Herausnahme aus der allgemeinen Verfallklausel nach § 23 MTV haben die Tarifvertragsparteien deutlich gemacht, dass Streitigkeiten über die zutreffende Beschäftigungsgruppe kurzfristig und im engen Zusammenhang mit dem bestehenden Arbeitsverhältnis ausgetragen und geklärt werden sollen. Dies ist auch angesichts der geringfügigen Unterschiede in den Tätigkeitsmerkmalen der einzelnen Beschäftigungsgruppen der Gehaltstarifverträge sinnvoll. Gerade in einem gelebten Arbeitsverhältnis in Kleinbetrieben, in dem oft das Überwechseln von einer Beschäftigungsgruppe in die nächsthöhere nicht abrupt aufgrund besonderer Maßnahmen erfolgt, sondern oft gleitend, ist eine Klärung der Eingruppierung in überschaubaren Zeiträumen für beide Arbeitsvertragsparteien dringend geboten.

---

36 BAGE 42, 86, 89 = AP Nr. 128 zu § 1 TVG – Auslegung; BAGE 46, 308, 313, 316 = NZA 1985, 160 = AP Nr. 135 zu § 1 TVG – Auslegung; BAGE 60, 219, 223 = NZA 1989, 351 = AP Nr. 127 zu § 611 BGB – Gratifikation.

Die Anwendung des § 10 Nr. 5 MTV ergibt den Verfall der Vergütungsansprüche für einen länger als drei Monate nach Einspruch gegen die Eingruppierung zurückliegenden Zeitraum. Nachdem Katja Kluge Einspruch gegen ihre Eingruppierung durch die Best KG erstmals mit der am 25.10. zugestellten Klage erhoben hat, sind die vor Juli entstandenen Vergütungsansprüche verfallen. Da sie Zahlung für insgesamt 31 Monate verlangt, ist ihr Anspruch in Höhe von 500 € für einen Monat (15.500 € : 31 Monate) begründet.

Ergebnis: Der Anspruch Katja Kluges gegen die Best KG auf Zahlung der Differenzbeträge zur Vergütungsgruppe III ist nur für den Monat Juli begründet. Die Klage hinsichtlich der darüber hinausgehenden Zahlungsansprüche war abzuweisen, weil der Vergütungsanspruch insoweit bereits verfallen ist.

14: Kündigung während der Probezeit[37]
Seite 163

Kurt Kühne war seit dem 1. November bei der Müller KG als Kraftfahrer beschäftigt. Nach einer schriftlichen Vereinbarung sollte dem Arbeitsverhältnis der „BMT – Bundesmanteltarifvertrag des Verkehrsgewerbes" zu Grunde liegen. Abweichend vom BMT wurde eine Probezeit von drei Monaten vereinbart, mit der sich Kurt Kühne ausdrücklich einverstanden erklärte. Hinsichtlich der Kündigung des Arbeitsverhältnisses war im BMT Güter- und Möbelfernverkehr folgendes bestimmt: „Falls nichts anderes vereinbart ist, gelten bei Einstellung die ersten vier Wochen als Probezeit. Während der Probezeit kann das Arbeitsverhältnis mit eintägiger Kündigungsfrist gelöst werden. Wird das Arbeitsverhältnis über die Probezeit hinaus fortgesetzt, so kann es beiderseits unter Einhaltung einer Kündigungsfrist gelöst werden, die während der ersten sechs Monate der Beschäftigung eine Woche beträgt." Am 12.12. kündigte die Müller KG das Arbeitsverhältnis unter Berufung auf die ordentliche Kündigungsfrist zum 13. Dezember. Kurt Kühne ist dagegen der Auffassung, die Kündigung sei erst zum 19.12. wirksam und verlangt Lohnzahlung bis zu diesem Zeitpunkt.

Lösung

Der Vergütungsanspruch Kurt Kühnes wäre gem. § 611 BGB i. V. mit dem BMT Güter- und Möbelfernverkehr begründet, wenn bis zum 19.12. das Arbeitsverhältnis mit der Müller KG bestanden hätte. Dies setzt voraus, dass die eintägige Kündigungsfrist während der Probezeit nach dem BMT Güter- und Möbelfernverkehr nicht während der gesamten Dauer der von den Arbeitsvertragsparteien wirksam vereinbarten Probezeit von 3 Monaten gilt, sondern nur innerhalb der ersten 4 Wochen der Probezeit.

---

37 BAG NZA 1989, 58.

Die Tarifvertragsparteien haben hinsichtlich der Regelung von Kündigungsfristen eine weitgehende Gestaltungsfreiheit. § 622 Abs. 3 BGB enthält zwar eine Kündigungsfrist während der Probezeit von 2 Wochen, doch können gem. § 622 Abs. 4 BGB durch Tarifvertrag abweichende Regelungen vereinbart werden, sodass auch eine völlig entfristete ordentliche Kündigung tarifvertraglich festgelegt werden könnte.[38] Die Verkürzung gesetzlicher Kündigungsfristen muss im Tarifvertrag allerdings eindeutig und klar erfolgen.

Vorliegend ist eine solche eindeutige Regelung, wonach die Verkürzung der gesetzlichen Kündigungsfristen während der Probezeit erfolgt, im BMT Güter- und Möbelfernverkehr enthalten. Danach gilt während der Probezeit die eintägige Kündigungsfrist, und zwar ohne Beschränkung auf die nur beim Fehlen einer vertraglichen Regelung eingreifende tariflich vorgesehene Probezeit von vier Wochen. Wenn es im BMT heißt, „falls nichts anderes vereinbart ist, gelten bei Einstellung die ersten vier Wochen als Probezeit", dann bedeutet das, dass die Tarifvertragsparteien hinsichtlich der Festlegung der Dauer der Probezeit der vertraglichen Vereinbarung den Vorrang einräumen wollten. Der Hinweis auf die anderweitige Vereinbarung lässt die Möglichkeiten offen, auf die Probezeit völlig zu verzichten oder kürzere oder längere Probezeiten zu vereinbaren.

Die Tarifvertragsparteien des BMT Güter- und Möbelfernverkehr haben ihre Regelungsbefugnis nicht überschritten, indem sie die Dauer der Probezeit zur Disposition für die Parteien des Einzelarbeitsverhältnisses gestellt haben. Zwar wirken sich einzelvertragliche Abreden auch darauf aus, welche tariflichen Kündigungsvorschriften einzuhalten sind, doch folgt die Länge der Kündigungsfristen nicht zwangsläufig aus dem Tarifvertrag. Aufgrund der tariflichen Öffnungsklausel können die Parteien des Einzelarbeitsvertrages mit einer anderweitigen Bestimmung der Dauer der Probezeit zugleich auch regeln, welche von den Tarifvertragsparteien festgelegte Mindestkündigungsfrist während der ersten Monate der Beschäftigung gelten soll. Es geht insoweit nicht um eine vertragliche Verkürzung der gesetzlichen Mindestfristen, sondern um die tariflich zulässige Vereinbarung einer bestimmten Probezeit, bei der dann die tariflichen Mindestfristen eingreifen, die einzelvertraglich nicht unterschritten werden dürfen.

Sofern im Einzelarbeitsvertrag nur die Dauer der Probezeit, nicht aber die Länge der Kündigungsfristen abweichend vom Tarifvertrag geregelt wird, gilt die eintägige Kündigungsfrist des BMT Güter- und Möbelfernverkehr für die gesamte, auch die einzelvertraglich vereinbarte Probezeit. Der Tarifvertrag differenziert hinsichtlich der Kündigungsfristen nicht zwischen einer für den Fall fehlender Vereinbarung geltenden vierwöchigen und einer darüber hinausgehenden Probezeit.

Diesem Ergebnis entspricht der in der Tarifpraxis verwirklichte Grundsatz, dass in der Vereinbarung eines Probearbeitsverhältnisses in der Regel zugleich auch die stillschweigende Vereinbarung der gesetzlich zulässigen Mindestkündigungsfrist liegt.[39] Die Tarifvertragsparteien dürfen ihren Mitgliedern die Regelung von Kün-

---

38 BAG NZA 1988, 52 = DB 1988, 185 unter Hinweis auf § 622 Abs. 3 BGB a.F.
39 BAGE 23, 393 = AP Nr. 11 zu § 620 BGB – Probearbeitsverhältnis.

digungsfristen nicht anheim stellen, da insoweit das Gesetz zwingende Normen enthält. Die gesetzliche Öffnungsklausel in § 622 Abs. 4 BGB gilt nur für die Tarifvertragsparteien, während den Einzelvertragsparteien durch § 622 Abs. 5 BGB zwingende Grenzen gesetzt sind.

Die Regelungsbefugnis der Arbeitsvertragsparteien hinsichtlich der Dauer der Probezeit ist dadurch eingeschränkt, dass der Kündigungsschutz des Arbeitsverhältnisses nicht umgangen werden darf, beispielsweise dadurch, dass eine unangemessen lange Dauer der Probezeit vereinbart wird. Nach der tarifüblichen Gestaltung von Probezeiten im Verkehrsgewerbe sind vier Wochen die überwiegende Regel, während zwei oder drei Monate eher die Ausnahme bilden. Bei der Festlegung der Länge der Probezeit ist allerdings von Bedeutung, dass sich die Tätigkeit des Arbeitnehmers weitgehend und teilweise längere Zeit außerhalb des Kenntnis- und Beobachtungsbereichs des Arbeitgebers abspielt. Infolgedessen ist auch eine Dauer der Probezeit von drei Monaten nicht als unangemessen anzusehen.

> **Ergebnis:** Der Lohnzahlungsanspruch des Arbeitnehmers Kurt Kühne ist unbegründet. Da die eintägige Kündigungsfrist während der Probezeit nach dem BMT Güter- und Möbelfernverkehr für die gesamte Dauer der von den Arbeitsvertragsparteien vereinbarten Probezeit gilt, ist das Arbeitsverhältnis durch die Kündigung der Müller KG vom 12.12. wirksam zum 13.12. beendet worden.

15: Übernahme des Auszubildenden[40] | Seite 197

Arne Andersen hat seine Ausbildung als Einzelhandelskaufmann bei der Becker KG erfolgreich abgeschlossen. Er ist gewählter Jugend- und Auszubildendenvertreter im Betrieb Hannover der Becker KG. Zwei Monate vor Beendigung seiner Ausbildung hat ihm die Becker KG mitgeteilt, dass sie beabsichtige, ihn nach bestandener Prüfung in ein Anstellungsverhältnis vorerst nur als Teilzeitbeschäftigen zu übernehmen. Demgegenüber hat Arne Andersen verlangt, entsprechend § 78 a Abs. 2 BetrVG in ein unbefristetes Vollzeitarbeitsverhältnis übernommen zu werden. Dieses Verlangen lehnte die Becker KG mit der Begründung ab, alle auslernenden Auszubildenden „Verkauf wie Nichtverkauf" erhielten in diesem Jahr bei bestandener Prüfung einen Teilzeit-Arbeitsvertrag. Im Rahmen der Gleichbehandlung sehe die Becker KG keine Möglichkeit, dass Arne Andersen aufgrund seiner Position als Jugend- und Auszubildendenvertreter eine Besserstellung erfahre. Daraufhin schlossen die Parteien einen Anstellungsvertrag für kaufmännische Teilzeitbeschäftigung. Arne Andersen unterzeichnete diesen Anstellungsvertrag unter Vorbehalt. Der Vertrag sieht eine Arbeitszeit von 77,84 % der jeweiligen tariflichen Arbeitszeit vor, durchschnittlich 130 Stunden im Monat. Arne Andersen beantragt nach bestandener Abschlussprüfung bei dem Arbeitsgericht Feststellung, dass zwischen den Parteien ein Vollzeitarbeitsverhältnis begründet worden sei.

---

40 LAG Niedersachsen, NZA 1988, 286; vgl. auch BAG, NZA 1987, 818; BAG, NZA 1989, 239.

Lösung

Rechtsgrundlage für das Entstehen eines Vollzeitarbeitsverhältnisses zwischen der Becker KG und Arne Andersen ist § 78 a Abs. 2 Satz 1 BetrVG. Voraussetzung dieser Vorschrift ist, dass Arne Andersen bei Beendigung seines Berufsausbildungsverhältnisses Mitglied der Jugend- und Auszubildendenvertretung bei der Becker KG war und innerhalb der letzten drei Monate vor dem Beendigungszeitpunkt seine Weiterbeschäftigung schriftlich verlangt hat, ferner das Bestehen der Abschlussprüfung. Diese Voraussetzungen hat Arne Andersen vorliegend erfüllt. Es geht lediglich um die Frage, ob ein Teilzeit- oder ein Vollzeitarbeitsverhältnis begründet worden ist.

Der arbeitszeitliche Umfang des durch § 78 a Abs. 2 Satz 1 BetrVG entstandenen Arbeitsverhältnisses zwischen der Becker KG und Arne Andersen kann nicht mit Hilfe der in § 78 a Abs. 2 Satz 2 BetrVG getroffenen Verweisung aus § 37 Abs. 4 und 5 BetrVG in der Weise bestimmt werden, dass auf die Arbeitsbedingungen abgestellt würde, zu denen der Arbeitgeber vergleichbare, aber nicht durch § 78 a BetrVG geschützte Auszubildende freiwillig in ein Arbeitsverhältnis übernimmt. Die Bedeutung dieser Verweisung erschöpft sich darin, für das kraft gesetzlicher Fiktion zu Stande gekommene Arbeitsverhältnis dieselben Schutzvorschriften zu normieren, die allgemein für die üblicherweise durch Vertrag begründeten Arbeitsverhältnisse von Betriebsratsmitgliedern gelten.

Die Wahrnehmung betriebsverfassungsrechtlicher Funktionen darf weder zu einer Benachteiligung noch zu einer Bevorzugung der betreffenden Arbeitnehmer durch den Arbeitgeber führen. Daraus folgt jedoch nicht, dass ein gem. § 78 a Abs. 2 Satz 1 BetrVG begründetes Arbeitsverhältnis inhaltlich danach zu bestimmen ist, welche Verträge zwischen dem Arbeitgeber und anderen Auszubildenden oder anderen Arbeitnehmern abgeschlossen werden. Zum einen kann es an solchen vergleichbaren Auszubildenden fehlen, auch dann muss die Bestimmung des Inhalts des kraft Gesetzes entstehenden Arbeitsverhältnisses möglich sein. Vor allem aber gewährt § 78 a BetrVG den dort geschützten Auszubildenden eine besondere, von der privatautonomen Entscheidung des Arbeitgebers, ob und mit welchen Arbeitsbedingungen er dem Auszubildenden ein Arbeitsverhältnis anbietet, weitgehend unabhängige Rechtsstellung, die das Gesetz den anderen Auszubildenden gerade vorenthält. Inhalt und Grenzen dieser Rechtsstellung können daher nur unter Berücksichtigung des bezweckten Sonderschutzes und jedenfalls nicht allein anhand der Arbeitsbedingungen bestimmt werden, die der Arbeitgeber nicht geschützten Auszubildenden freiwillig einräumt.

Der Inhalt dieser besonderen Rechtsstellung erschöpft sich nicht in einem Benachteiligungsverbot i. S. des § 78 Satz 2 BetrVG. Vielmehr bedürfen Mitglieder von Betriebsverfassungsorganen im Interesse der freien Ausübung ihrer betriebsverfassungsrechtlichen Aufgaben eines besonderen Schutzes. Soweit dieser Sonderschutz zu einer individuellen Besserstellung und damit entgegen der Grundregel des § 78 Satz 2 BetrVG zu einer gewissen Bevorzugung des unter § 78 a BetrVG fallenden Auszubildenden gegenüber den übrigen Auszubildenden führt, ist dies vom Gesetzgeber im Interesse des Schutzes des Betriebsverfassungsamtes bewusst in Kauf genommen worden.[41] Die Wirkung gesetzlicher Fiktionen darf nicht von Zufälligkeiten abhängig gemacht werden. Es ist vielmehr ein Gebot der Rechtsklarheit und der Rechtssicherheit, dass von vornherein feststeht, welchen Inhalt ein nach § 78 a Abs. 2 Satz 1 BetrVG begründetes Arbeitsverhältnis haben wird. Wenn ein in § 78 a Abs. 1 BetrVG genannter Auszubildender vom Arbeitgeber die Weiterbeschäftigung verlangt und demzufolge im Anschluss an das Berufsausbildungsverhältnis ein Arbeitsverhältnis auf unbestimmte Zeit als begründet gilt, so tritt hinsichtlich der Dauer der Beschäftigung keine Änderung ein. An die Stelle des Vollzeit-Berufsausbildungsverhältnisses tritt ein Vollzeit-Arbeitsverhältnis.

Die dem Auszubildenden gem. § 78 a Abs. 2 BetrVG eingeräumte Rechtsposition bezieht sich auch auf den Inhalt des Arbeitsverhältnisses, weil hiernach auch der Schutz der Unabhängigkeit des Auszubildenden bei seiner Entscheidung zur Amtsübernahme und bei seiner Amtsausübung als Jugend- und Auszubildendenvertreter bezweckt wird. Der Auszubildende soll nicht befürchten müssen, der Arbeitgeber werde sich durch die Amtsübernahme und -ausübung als Jugend- und Auszubildendenvertreter beeinflussen lassen. Zu diesem Zweck gewährt § 78 a Abs. 2 BetrVG dem Auszubildenden eine wirtschaftliche Absicherung seines mit dem jeweiligen Ausbildungsberuf erstrebten Ausbildungszieles, sofern der Arbeitgeber hiergegen keine begründeten Einwendungen hat. Das Ausbildungsziel geht regelmäßig dahin, in dem erlernten Beruf ohne Hinzutreten weiterer Einkünfte eine ausreichende, dem jeweiligen Berufsbild entsprechende wirtschaftliche Lebensgrundlage zu finden. Dies ist aber nach allgemeiner Auffassung nur in einem Vollzeit-Arbeitsverhältnis gegeben; insofern lässt § 78 a BetrVG dem Arbeitgeber keinen Raum, privatautonom darüber zu entscheiden, ob er den Auszubildenden als Vollzeit- oder als Teilzeitarbeitnehmer beschäftigen will.

Der Arbeitgeber hat gem. § 78 a Abs. 4 BetrVG bei Vorliegen der dort genannten Voraussetzungen die Möglichkeit, spätestens bis zum Ablauf von zwei Wochen nach Beendigung des Berufsausbildungsverhältnisses beim Arbeitsgericht zu beantragen, festzustellen, dass ein Arbeitsverhältnis nicht begründet wird oder ein bereits begründetes Arbeitsverhältnis aufzulösen ist. Da die Becker KG einen entsprechenden Antrag nicht gestellt hat, ist zwischen den Parteien ein Vollzeitarbeitsverhältnis auf unbestimmte Zeit zu Stande gekommen.

Ergebnis: Verlangt ein Jugend- und Auszubildendenvertreter nach Abschluss seiner Berufsausbildung gem. § 78 a Abs. 2 Satz 1 BetrVG seine Weiterbeschäftigung, so hat er einen Anspruch auf die unbefristete Weiterbeschäftigung in einem Vollzeitarbeitsverhältnis. Von der Pflicht zur Weiterbeschäftigung in einem Vollzeitarbeitsverhältnis kann sich der Arbeitgeber nur unter den Voraussetzungen des § 78 a Abs. 4 BetrVG durch das Arbeitsgericht entbinden lassen. Infolgedessen ist vorliegend zwischen der Becker KG und Arne Andersen ein Vollzeitarbeitsverhältnis gegründet worden.

---

41 BAGE AP Nr. 5 zu § 78 a BetrVG 1972.

| 16: **Warnstreiks und** | |
| **ultima-ratio-Prinzip**[42] | **Seite 222** |

Die Hinze GmbH betreibt ein Einzelhandelsunternehmen und unterhält in der Bundesrepublik über 50 Niederlassungen.[42] Sie ist u. a. mit ihrer Niederlassung in Rastatt Mitglied des Einzelhandelsverbandes Baden-Württemberg. Im Laufe der Tarifverhandlungen über den Neuabschluss des Manteltarifvertrages und der Gehalts- und Lohnabkommen für den Einzelhandel in Baden-Württemberg kam es in der Zeit zwischen dem 18.4. und dem 7.5. in Baden-Württemberg zu Warnstreiks gegenüber 12 Mitgliedsfirmen des Einzelhandelsverbandes. Die Niederlassung Rastatt der Hinze GmbH wurde am 27.4. in der Zeit von 6:30 bis 11:50 Uhr bestreikt. Zu diesem Streik hatte die zuständige Gewerkschaft aufgerufen. Nach der Behauptung der Hinze GmbH ist es anlässlich dieses Streiks zu einer Vielzahl von Streikausschreitungen gekommen.

An diesem Samstag, den 27. April, dauerte die Ladenöffnungszeit in der Niederlassung Rastatt von 8:30 Uhr bis 14:00 Uhr. Die Arbeitszeit der im Verkauf beschäftigten Angestellten lief von 8:25 Uhr bis 14:00 Uhr. Die Arbeitszeit der Teilzeitkräfte begann unterschiedlich um 8:30 Uhr, 9:00 Uhr und 9:30 Uhr, die von weiteren 21 nicht im Verkauf beschäftigten Arbeitnehmern zwischen 6:30 Uhr und 8:00 Uhr. Nach der Behauptung der Hinze GmbH waren von 6:30 Uhr an der Personaleingang und die Kundeneingänge durch Streikposten und Gegenstände versperrt. Während dieser Zeit hätten nur die Niederlassungsleiter Rastatt und acht zum Notdienst eingeteilte Arbeitnehmer den Betrieb betreten können. Erst nachdem um 9:45 Uhr die Streikposten abgezogen und um 10:08 Uhr der Kundeneingang freigemacht gewesen seien, hätten arbeitswillige Arbeitnehmer den Betrieb wieder betreten können. Das seien 27 Vollzeit- und sechs Teilzeitkräfte gewesen. Die streikenden Arbeitnehmer seien erst um 11:04 Uhr vom Streiklokal zurückgekehrt, während andere Arbeitnehmer bis dahin vor dem Niederlassungsgebäude gewartet hätten. Nach einer Schlusskundgebung vor dem Niederlassungsgebäude seien um 11:50 Uhr 64 Vollzeitbeschäftigte und 27 Teilzeitkräfte wieder an ihren Arbeitsplatz zurückgekehrt, sodass die Kundeneingänge um 11:55 Uhr hätten geöffnet werden können.

Die Hinze GmbH verlangt den Ersatz des Schadens, der ihr durch diesen Streik entstanden ist, ferner die Unterlassung künftiger Warnstreiks, die länger als 30 Minuten, hilfsweise 90 Minuten, dauern. Außerdem verlangt sie die künftige Unterlassung der behaupteten Ausschreitungen und eine Verpflichtung der Gewerkschaft, auf streikende Arbeitnehmer und Streikposten dahin einzuwirken, dass derartige Ausschreitungen künftig unterbleiben.

---

42 BAG NZA 1988, 846.

Lösung

Ein Anspruch der Hinze GmbH auf Unterlassung zum Aufruf zur Teilnahme an kurzen Warnstreiks könnte sich aus dem Gesichtspunkt des rechtswidrigen Eingriffs in das Recht am Unternehmen gem. § 823 Abs. 1 BGB ergeben. Arbeitskampfmaßnahmen unterliegen nach ständiger Rechtsprechung der Arbeitsgerichte dem ultima-ratio-Prinzip.[43] Die davon abweichende Freistellung bestimmter Arbeitskampfformen wie etwa des Warnstreiks setzt voraus, dass sich diese in rechtlich relevanter Weise von anderen Arbeitskampfformen, die als Erzwingungsstreiks dem ultima-ratio-Prinzip unterliegen, unterscheiden, sodass eine andere rechtliche Beurteilung ihrer Zulässigkeit geboten und gerechtfertigt erscheint. Eine solche Unterscheidung ist angesichts der Entwicklung der Warnstreik-Praxis in den letzten Jahren nicht mehr möglich.

Bisher ist die Rechtsprechung davon ausgegangen, dass es sich bei Warnstreiks um kurze und zeitlich befristete Streiks handele, von denen ein milder Druck auf den tariflichen Gegenspieler ausgeübt werde, insbesondere weil sie nur geringe Schäden verursachen. Die Dauer der einzelnen Arbeitsniederlegungen, deren Häufigkeit in den einzelnen Betrieben oder die Höhe des durch Warnstreiks verursachten Schadens sind aber keine verlässlichen Abgrenzungsmerkmale. Ein kurzer Flächenstreik kann zu einem geringeren Schaden führen als eine sich über längere Zeit hinziehende Warnstreikaktion.

Auch die Funktionen eines Warnstreiks vermögen eine unterschiedliche rechtliche Behandlung gegenüber anderen Streikformen nicht zu rechtfertigen. So weit mit dem Warnstreik zunächst Druck auf die Arbeitgeberseite ausgeübt werden soll, hat der Warnstreik diese **Druckfunktion** mit dem Erzwingungsstreik gemeinsam. Denn die Druckausübung verfolgt das Ziel, auf den Abschluss eines Tarifvertrages mit einem bestimmten Inhalt hinzuwirken. Ebenso wenig ist die **Demonstrationsfunktion**, wonach der Warnstreik die Kampfbereitschaft der Gewerkschaften demonstrieren soll, als Unterscheidungsmerkmal geeignet. Denn der Warnstreik beschränkt sich nicht auf die Demonstration von Kampfbereitschaft durch Ausübung eines psychologischen Druckes, sondern ist unmittelbare Druckausübung durch die Folgen und Schäden der Arbeitsniederlegung selbst. Für die Zulässigkeit des verhandlungsbegleitenden Warnstreiks wird vielfach geltend gemacht, er sei ein notwendiger Test für die Gewerkschaften, die Solidarität und die Arbeitskampfbereitschaft ihrer Mitglieder und der Außenseiter zu erkunden. Dieser innergewerkschaftliche Vorgang darf jedoch nicht zu Lasten der Arbeitgeberseite erfolgen, jedenfalls rechtfertigt dies nicht, den Warnstreik wegen dieser Testfunktion vom ultima-ratio-Prinzip auszunehmen. Infolgedessen ist ein Warnstreik auch in der Form der sog. neuen Beweglichkeit keine gegenüber anderen Arbeitskampfformen privilegierte Kampfform. Er unterliegt wie diese dem ultima-ratio-Prinzip.

Es ist daher zu prüfen, ob der gegen die Niederlassung Rastatt der Hinze GmbH am 27.4. geführte Warnstreik gegen das ultima-ratio-Prinzip verstößt und damit

---

43 BAGE 23, 292, 306 = AP Nr. 43 zu Art. 9 GG – Arbeitskampf = NJW 1971, 1668; NJW 1985, 85.

unzulässig war. Arbeitskämpfe dürfen nur insoweit eingeleitet und durchgeführt werden, als sie zur Erreichung rechtmäßiger Kampfziele und des nachfolgenden Arbeitsfriedens geeignet und sachlich erforderlich sind. Jede Arbeitskampfmaßnahme – sei es Streik, sei es Aussperrung – darf ferner nur nach Ausschöpfung aller Verständigungsmöglichkeiten ergriffen werden. Dieses ultima-ratio-Prinzip ist Teil des Grundsatzes der Verhältnismäßigkeit und betrifft insbesondere den Zeitpunkt des Arbeitskampfes. Allerdings ist nicht erforderlich, dass die Tarifverhandlungen förmlich für gescheitert erklärt werden. In der Einleitung von Arbeitskampfmaßnahmen liegt vielmehr die freie und nicht nachprüfbare Entscheidung der Tarifvertragspartei, dass sie die Verhandlungsmöglichkeiten ohne begleitende Arbeitskampfmaßnahmen als ausgeschöpft ansieht.

Warnstreiks sind auch im Einzelhandel zulässig. Da der Warnstreik wie jede andere Streikform ein Erzwingungsstreik ist, findet er seine Grenze im Grundsatz der Verhältnismäßigkeit, die die Art der Durchführung und die Intensität der einzelnen Arbeitskampfmaßnahmen bestimmt. Es entspricht dem Grundsatz der freien Wahl der Arbeitskampfmittel, diese so einzusetzen, dass sie mit möglichst geringem Aufwand eine hohe Wirkung erzielen, d. h. einen durch die Folgen der Arbeitskampfniederlegung eintretenden Druck ausüben, der geeignet ist, die Arbeitgeberseite zum Nachgeben und Eingehen auf die erhobenen Forderungen zu bestimmen.

Der gegen die Niederlassung Rastatt der Hinze GmbH am 27.4. geführte Warnstreik war auch nicht dadurch rechtswidrig, dass es aus diesem Anlas zu Ausschreitungen gekommen ist, die vom Streikrecht nicht gedeckt sind. Ausschreitungen im Verlauf eines Warnstreiks stellen einen rechtswidrigen Eingriff in den eingerichteten und ausgeübten Gewerbebetrieb dar und begründen infolgedessen eine Schadensersatzpflicht gem. §§ 823 ff. BGB. Ein rechtmäßiger Arbeitskampf wird jedoch nicht dadurch rechtswidrig, dass streikende Arbeitnehmer, Streikposten oder Streikleitungen rechtswidrige Handlungen begehen. Das Streikrecht beinhaltet insbesondere das Recht, die vertraglich geschuldete Arbeitsleistung zu verweigern. Vom Streikrecht mit umfasst, ist auch der Versuch, dem bestreikten Betrieb bisher nicht zugehörige Arbeitskräfte mit Mitteln des gütlichen Zuredens und des Appells an die Solidarität von der Aufnahme der Arbeit im bestreikten Betrieb abzuhalten.

Dementsprechend schließt das Streikrecht auch den Versuch ein, Arbeitnehmer des bestreikten Betriebes, die sich dem Streik bislang noch nicht angeschlossen haben, zur Teilnahme am Streik zu bewegen, sofern dieser Versuch mit Mitteln des gütlichen Zuredens und des Appells an die Solidarität erfolgt. Handlungen die darüber hinausgehen oder gar strafrechtlich geschützte Interessen des Arbeitgebers oder Dritter verletzen, werden durch das Streikrecht nicht gerechtfertigt. Unzulässig ist danach auch die Verhinderung des Zu- und Abgangs von Waren und Kunden sowie die Behinderung arbeitswilliger Arbeitnehmer am Betreten des Betriebes durch Maßnahmen, die über bloßes Zureden, sich am Streik zu beteiligen, hinausgehen. Solche Handlungen stellen eine Verletzung des Rechts am eingerichteten und ausgeübten Gewerbebetrieb des bestreikten Arbeitgebers gem. § 823 Abs. 1

BGB dar.[44] Der Geschädigte kann Ersatz des ihm durch diese unerlaubte Handlung entstehenden Schadens verlangen.

Sofern der Schadensersatzanspruch der Hinze GmbH begründet ist, haften für den Schaden zunächst die Streikleiter, so weit diese die unerlaubten Handlungen selbst verübt oder doch zumindest billigend geduldet haben. Daneben haftet die zuständige Gewerkschaft gem. § 31 BGB für zum Schadensersatz verpflichtende Handlungen ihrer Organe, zu denen auch die örtlichen Streikleitungen der Gewerkschaft gehören. Die Streikleitungen werden mit der Aufgabe der Vorbereitung und Durchführung von Arbeitskampfmaßnahmen betraut und für diese Aufgabe ausdrücklich bestellt. Falls unerlaubte Handlungen von Streikposten begangen worden sind, haftet die Gewerkschaft für diese auch nach § 831 BGB, wenn sie nicht nachweisen kann, dass sie bei der Auswahl und Unterweisung der Streikposten die erforderliche Sorgfalt beachtet hat.

Ergebnis: Ein Warnstreik auch in der Form der sog. neuen Beweglichkeit ist keine gegenüber anderen Arbeitskampfformen privilegierte Kampfform. Er unterliegt wie diese dem ultima-ratio-Prinzip und war im vorliegenden Fall rechtmäßig. Infolgedessen besteht kein Anspruch der Hinze GmbH gegen die Gewerkschaft auf Unterlassung des Aufrufs zu Warnstreiks. Handlungen anlässlich eines Streiks, die vom Streikrecht nicht gedeckt sind, verpflichten jedoch zum Schadensersatz, sodass für unerlaubte Handlungen der Streikleiter diese unmittelbar gem. § 823 Abs. 1 BGB und die Gewerkschaften über § 31 BGB haften, während für unerlaubte Handlungen der Streikposten die Gewerkschaften nach § 831 BGB einzustehen haben.

17: **Entgeltfortzahlung im Streik**[45] | Seite 226

Die Gruber GmbH betreibt mit 64 Arbeitern und 18 Angestellten eine Offset-Druckerei. Udo Küppers ist bei ihr als Drucker beschäftigt. Er ist Mitglied des Betriebsrats. Im Zuge der Tarifauseinandersetzungen zwischen der damaligen Industriegewerkschaft Druck und Papier (IG Druck) und dem Arbeitgeberverband der Druckindustrie wurde der Betrieb der Gruber GmbH in der Zeit von Montag, dem 6.3., bis Donnerstag, dem 9.3., durchgehend bestreikt, wobei alle Arbeiter, nicht aber die Angestellten, dem Streikaufruf folgten. Während der Woche, in der der Betrieb bestreikt wurde, nahm Udo Küppers an einer Schulungsveranstaltung für Betriebsratsmitglieder der IG Druck teil, zu der er bereits im Sommer des vorangegangenen Jahres angemeldet worden war. Für die Zeit der Teilnahme an dieser Schulungsveranstaltung zahlte die Gruber GmbH lediglich den Lohn für Freitag, den 10.3., weigerte sich aber, den Lohn für die „Streiktage" vom 6. bis 9.3. zu zahlen. Küppers ist der Ansicht, ihm stehe für die gesamte Zeit der Teilnahme an der Schulungsveranstaltung der Lohnanspruch zu. Er verlangt Lohnzahlung für die Zeit vom 6. bis 9. März.

---

44 BAGE 48, 160, 165 = AP Nr. 85 zu Art. 9 GG – Arbeitskampf = NZA 1986, 131 = NJW 1985, 2545.
45 BAG NZA 1991, 604.

Lösung

Rechtsgrundlage für den geltend gemachten Anspruch könnte § 37 Abs. 6 i. V. mit § 37 Abs. 2 BetrVG sein. Der Anspruch auf Lohnzahlung ergibt sich nicht aus § 611 BGB, weil Udo Küppers in dieser Zeit nicht gearbeitet hat.

Udo Küppers hat in der fraglichen Zeit, für die er Lohnzahlung verlangt, eine Schulungsveranstaltung für Betriebsratsmitglieder besucht, die von der IG Metall veranstaltet wurde. Gem. § 37 Abs. 6 i. V. mit § 37 Abs. 2 BetrVG wird ein Betriebsratsmitglied für die Zeitdauer der Schulungsveranstaltung von seiner beruflichen Tätigkeit ohne Minderung des Arbeitsentgelts befreit. Durch § 37 Abs. 2 BetrVG wird für Betriebsratsmitglieder kein eigenständiger Lohnanspruch begründet, vielmehr bleiben die dem Arbeitnehmer gegenüber dem Arbeitgeber zustehenden Entgeltansprüche erhalten. Es gilt das Lohnausfallprinzip, sodass der Lohnanspruch davon abhängt, ob Küppers für die Zeit vom 6. bis 9.3. gegen die Gruber GmbH einen Lohnanspruch gehabt hätte, wenn er die Schulungsveranstaltung nicht besucht hätte.

Es ist zu untersuchen, ob der Lohnanspruch Küppers deswegen entfällt, weil der Betrieb der Gruber GmbH in dieser Zeit bestreikt wurde und davon auszugehen ist, dass Küppers sich am Streik beteiligt hätte, wenn er nicht an der Schulungsveranstaltung teilgenommen hätte. Denn ein Arbeitnehmer, der sich an einem Streik beteiligt, verliert für diese Zeit seinen Lohnanspruch. Nach den Grundsätzen des Arbeitskampfrechts werden die Hauptleistungspflichten im Arbeitsverhältnis durch die Streikbeteiligung suspendiert. Die entscheidende Frage ist nach dem vorliegenden Sachverhalt, ob auch Lohnersatzleistungen – wie der Anspruch des Betriebsrats auf Lohnfortzahlung bei der Teilnahme an einer Schulungsveranstaltung – von dem Suspensiveffekt erfasst werden. Die Feststellung der Streikbeteiligung ist aber nicht eindeutig, wenn der Arbeitnehmer für die Zeit eines Streiks aus anderen Gründen nicht zur Arbeitsleistung verpflichtet ist, sodass aus dem Nichterbringen der Arbeitsleistung noch nicht zwingend der Schluss gezogen werden kann, der Arbeitnehmer beteilige sich am Streik. Die Fälle der Arbeitsunfähigkeit infolge Krankheit oder Erholungsurlaub, der Fortfall der Verpflichtung zur Arbeitsleistung infolge von Beschäftigungsverboten, z. B. nach dem Mutterschutzgesetz, der Arbeitsausfall wegen Kurzarbeit oder aus anderen Gründen lassen auf eine mögliche Streikbeteiligung nicht ohne weiteres Rückschlüsse zu. Der zu entscheidende Sachverhalt ist diesen Fällen insoweit vergleichbar, als der Arbeitnehmer wegen der Teilnahme an einer Schulungsveranstaltung nach § 37 Abs. 6 BetrVG von seiner Verpflichtung zur Arbeitsleistung befreit ist.

Die Frage, inwieweit ein Arbeitnehmer Lohnfortzahlung auch ohne Arbeitsleistung während eines Arbeitskampfes verlangen kann, hat das BAG zuletzt für die Fälle entschieden, in denen der Arbeitgeber die Arbeitnehmer ausgesperrt hat. Danach können auch arbeitsunfähig erkrankte Arbeitnehmer[46] oder Betriebsrats-

---

46 BAGE 58, 332 = NZA 1988, 890 = AP Nr. 107 zu Art. 9 GG – Arbeitskampf.

mitglieder[47] ausgesperrt werden. Diesen Entscheidungen[48] liegt der Gedanke zu Grunde, dass mit der Aussperrung der Arbeitgeber nicht nur die Arbeitspflicht der Arbeitnehmer, sondern auch seine Lohnzahlungspflicht suspendiert, und zwar auch so weit diese in der Verpflichtung besteht, Lohnersatzleistungen für Zeiten ohne Arbeit zu erbringen.

In der Frage, ob und inwieweit für Krankheitszeiten, Urlaubszeiten oder andere Zeiten mit Anspruch auf Lohnfortzahlung vom Arbeitgeber der Lohn gezahlt werden muss, wenn während dieser Zeiten im Betrieb gestreikt wird, ist die Rechtsprechung des BAG nicht eindeutig. Ein bereits vor Streikbeginn erkrankter Arbeitnehmer behält seinen Anspruch auf den Arbeitgeberzuschuss zum Krankengeld, wenn er – wäre er nicht krank gewesen – im Betrieb trotz des Streiks hätte arbeiten können.[49] Aus den gleichen Gründen ist ein Anspruch auf den Arbeitgeberzuschuss zum Krankengeld verneint worden, wenn während der Krankheit der Betrieb bestreikt wird und dieser Streik zur Stillegung des Betriebes bis auf einen Notdienst führt.[50] Dagegen wird ein bereits bewilligter Urlaub nicht dadurch unterbrochen, dass während des Urlaubs der Betrieb bestreikt wird.[51]

Allerdings wird bei einem Streik die Arbeitspflicht des Arbeitnehmers noch nicht dadurch suspendiert, dass die Gewerkschaft die Arbeitnehmer zum Streik aufruft. Es ist vielmehr Sache des einzelnen Arbeitnehmers, konkludent oder ausdrücklich gegenüber dem Arbeitgeber zu erklären, dass er sich am Streik beteiligt und deshalb seine Arbeitspflicht suspendiere. Diese Erklärung erfolgt in der Regel konkludent durch Niederlegung der Arbeit. In aller Regel wird der Arbeitgeber davon ausgehen können, dass die Arbeitnehmer, die nach einem gewerkschaftlichen Streikaufruf nicht zur Arbeit erscheinen, von ihrem Streikrecht Gebrauch machen und damit ihre Arbeitspflicht suspendieren. Andererseits folgt auch dem Nichterscheinen am Arbeitsplatz noch nicht eindeutig eine Streikbeteiligung, wenn die Arbeitnehmer auch schon vor Streikbeginn von der Arbeit befreit waren.

Der Lohnanspruch eines Arbeitnehmers anlässlich eines Streiks im Betrieb entfällt nur dann, wenn der einzelne Arbeitnehmer seine Teilnahme an diesem Streik – ausdrücklich oder konkludent – erklärt. Dieser Grundsatz lässt sich sowohl auf diejenigen Arbeitnehmer anwenden, die anlässlich eines Streikaufrufs der Gewerkschaft nicht zur Arbeit erscheinen, als auch für die Arbeitnehmer, die aus anderen Gründen von der Arbeitspflicht befreit sind. Denn der Lohnanspruch der Arbeitnehmer, die bereits vor Beginn des Streiks urlaubs- oder krankheitsbedingt oder aus anderen Gründen unter Fortzahlung ihrer Vergütung von ihrer Arbeitspflicht befreit waren, verlieren ihren Lohnzahlungsanspruch, wenn sie erklären, dass sie sich am Streik beteiligen. Auch diese Erklärung kann konkludent erfolgen, etwa dadurch, dass der Arbeitnehmer sich als Streikposten betätigt oder in

47 BAGE 60, 71 = NZA 1989, 353 = AP Nr. 110 zu Art. 9 GG – Arbeitskampf.
48 Hinsichtlich eines Urlaubs hat das BAG dagegen ausgesprochen, dass ein bewilligter Urlaub durch eine Aussperrung nicht berührt wird, für die Zeit des Urlaubs daher Urlaubsentgelt zu zahlen ist, auch wenn der Urlaub ganz oder teilweise in eine Zeit fällt, in der die Arbeitnehmer des Betriebs ausgesperrt sind, BAGE 58, 310 = NZA 1988, 887 = AP Nr. 58 zu § 1 FeiertagslohnzahlungsG.
49 BAG AP Nr. 31 zu § 1 ArbKrankhG.
50 BAG AP Nr. 39 zu § 1 ArbKrankhG.
51 BAG AP Nr. 16 zu § 11 BUrlG.

anderer Weise. Allein in dem Umstand, dass der Arbeitnehmer nicht zur Arbeit erscheint, kann in diesen Fällen eine konkludente Erklärung der Streikbeteiligung nicht gesehen werden.

Im vorliegenden Fall stand für die Parteien schon im Sommer des vorangegangenen Jahres fest, dass Küppers in der Zeit vom 6. bis 9.3. die Schulungsveranstaltung besuchen und daher für diese Zeit einen Anspruch auf Fortzahlung seines Arbeitsentgelts haben werde. Küppers hat diese Schulungsveranstaltung auch tatsächlich besucht und für diese Zeit weder ausdrücklich erklärt, dass er sich am Streik beteilige, noch neben der Teilnahme an der Schulungsveranstaltung tatsächlich am Streik teilgenommen habe. Der Lohnanspruch Küppers ist daher allein dadurch, dass während dieser Zeit andere Arbeitnehmer des Betriebes streikten, nicht entfallen.[52]

> **Ergebnis:** Küppers hat seinen Anspruch auf Lohnfortzahlung für den Zeitraum seiner Teilnahme an der Schulungsveranstaltung gem. § 37 Abs. 6 i. V. mit § 37 Abs. 2 BetrVG nicht dadurch verloren, dass in dieser Zeit der Betrieb bestreikt wurde. Da er schon vor Beginn des Arbeitskampfes für einen festen Zeitraum von seiner Arbeitspflicht unter Fortzahlung der Arbeitsentgelts befreit war, ist für die Streikbeteiligung entscheidend, ob er seine Teilnahme am Streik trotz der Arbeitsbefreiung erklärt oder sich tatsächlich am Streikgeschehen beteiligt hat. Da dies nach dem vorliegenden Sachverhalt nicht geschehen ist, bleibt sein Vergütungsanspruch bestehen.

18: Sozialversicherungspflicht im Familienunternehmen[53] | Seite 266

Die Beteiligten streiten über das Bestehen der Versicherungspflicht der Klägerin in der Zeit ab 1. Januar 1997.

Die 1969 geborene Klägerin stellte mit Schreiben vom 7. März 2006 bei der Krankenversicherung C (Beklagte) den Antrag auf Überprüfung ihrer Sozialversicherungspflicht. Sie habe 1987 ihre Lehre als Einzelhandelskauffrau beendet und seither mit voller Verantwortung im Familienbetrieb ihrer Eltern gearbeitet. In den Geschäftsablauf sei sie ihren Eltern gegenüber ebenbürtig eingebunden und unterliege keinem Weisungsrecht. 1997 sei das Warenangebot erheblich erweitert worden, sodass ein weiteres Geschäft habe eröffnet werden müssen. Dieses Geschäft habe sie seit Beginn selbst geleitet und dabei den Einkauf und Verkauf getätigt, an Messen teilgenommen sowie das Personal selbst ein- und ausgestellt. Sie sei deshalb nicht als Angestellte tätig, zumal sie das Geschäft eines Tages übernehmen werde.

---

52 Dieses Ergebnis steht nicht im Widerspruch zu den Grundsätzen des Arbeitskampfrechtes, insbesondere tritt keine Störung der Arbeitskampfparität ein. Arbeitnehmer, die nicht am Streik teilnehmen, sondern aus anderen Gründen von ihrer Arbeitspflicht befreit sind, können allein durch ihre erklärte Teilnahme den Druck des Streiks auf die Arbeitgeberseite verstärken. Der Arbeitgeber kann sich von seinen Lohnfortzahlungspflichten nur dadurch befreien, dass er die Arbeitnehmer aussperrt und damit die Lohnzahlungspflicht suspendiert.

53 LSG Bayern, *Urteil* vom 12. 2. 2008 – L5KR 73/07, BeckRS 2009 55333

Die Tätigkeit werde nicht aufgrund einer arbeitsvertraglichen Vereinbarung ausgeübt, an Weisungen sei sie nicht gebunden und könne die Tätigkeit frei bestimmen. Aufgrund besonderer Fachkenntnisse wirke sie an der Führung des Betriebes mit, die Mitarbeit sei durch Gleichberechtigung zum Betriebsinhaber geprägt.

Ihre Arbeitszeit gestalte sie nach Belieben, meist arbeite sie an sechs bis sieben Tagen wöchentlich circa 80 Stunden. Ein Urlaubsanspruch oder eine Kündigungsfrist sei nicht vereinbart, bei Arbeitsunfähigkeit werde für sechs Wochen das Arbeitsentgelt fortgezahlt. Das Gehalt bestimme sie selbst anhand des Betriebsergebnisses, deshalb falle es niedriger aus. Es werde auf ein privates Bankkonto überwiesen. Vom Arbeitsentgelt werde Lohnsteuer entrichtet und das Arbeitsentgelt als Betriebsausgabe verbucht. Neben dem Gehalt werden sonstige Vergütungen wie Urlaubs- oder Weihnachtsgeld gezahlt. Der Betrieb werde als Einzelunternehmen geführt, sie selbst sei nicht am Betrieb beteiligt und habe auch keine Darlehen und Bürgschaften oder Sicherheiten übernommen.

Diese Angaben wurden von der Klägerin selbst und im Namen der Firma S von ihrem Vater bestätigt. Zeugnisse über die Berufsausbildung und Weiterbildungskurse wurden vorgelegt.

Im Erörterungstermin wurde der Betriebsinhaber als Zeuge einvernommen. Dieser führte aus, dass seine Tochter und er zwei Geschäfte betreiben, die räumlich durch zwei Häuser voneinander getrennt seien. Das Schreibwarengeschäft, das auf seinen Namen im Grundbuch eingetragen sei, habe acht Mitarbeiter und werde von ihm geleitet. Die 1998 in gemieteten Räumen untergebrachte Filiale habe vier Mitarbeiter und werde von der Tochter geleitet. Entlassungen und Neueinstellungen würden von ihm entschieden, soweit sie das Schreibwarengeschäft betreffen, im Übrigen von seiner Tochter. Der Gewinn aus beiden Geschäften fließe in ein neues Geschäftshaus, das gerade im Bau sei und auf seinen Namen im Grundbuch eingetragen sei. Auf Anregung des Steuerberaters sei die Tochter weiterhin als Arbeitnehmerin gemeldet, dafür seien steuerliche Gründe ausschlaggebend. Sie beziehe ein fixes monatliches Gehalt von 2.500 Euro. Sie beziehe auch vermögenswirksame Leistungen seit 22 Jahren. Die Klägerin gab an, dass die von ihr eingestellten Mitarbeiter Arbeitsverträge erhalten, die vom Vater unterschrieben seien.

Nehmen Sie Stellung zum Vorliegen eines sozialversicherungspflichtigen Beschäftigungsverhältnis im Sinne des § 7 I SGB IV aufgrund der Umstände des dargelegten Einzelfalles.

Lösung

Personen, die gegen Arbeitsentgelt beschäftigt sind, unterliegen der Versicherungsbeziehungsweise Beitragspflicht in den verschiedenen Zweigen der Sozialversicherung (§ 1 Satz 1 Nr. 1 SGB VI bezüglich der Rentenversicherung, § 25 Abs. 1 SGB III und deren Vorläufervorschrift § 168 Abs. 1 AFG für die Arbeitslosenversicherung, § 5 Abs. 1 Nr. 1 SGB V für die Krankenversicherung und § 20 Abs. 1 Nr. 1 SGB IX für die Pflegeversicherung).

Die Definition der Beschäftigung im Unterschied zur selbstständigen Tätigkeit ergibt sich aus § 7 Abs. 1 SGB IV. Danach ist Beschäftigung die nichtselbstständige Arbeit insbesondere in einem Arbeitsverhältnis. Anhaltspunkte für eine Beschäftigung sind eine Tätigkeit nach Weisungen und eine Eingliederung in die Arbeitsorganisation des Weisungsgebers. Ein Arbeitsverhältnis ist anzunehmen, wenn ein Arbeitnehmer vom Arbeitgeber persönlich abhängig ist. Bei einer Beschäftigung in einem fremden Betrieb ist dies anzunehmen, wenn der Beschäftigte in den Betriebsablauf eingegliedert ist und dabei einem Zeit, Dauer, Ort und Art der Ausführung umfassenden Weisungsrecht des Arbeitgebers unterliegt, wobei dieses sich je nach der Verantwortungsbereitschaft in einem engen oder auch einem weiten Rahmen bewegen kann. Der Arbeitnehmer ist auch frei von Geschäftsrisiken beziehungsweise wirtschaftlichem Engagement und besitzt keine eigene Betriebsstätte. Eigenes Unternehmerrisiko, das Vorhandensein einer eigenen Betriebsstätte, die Verfügungsmöglichkeit über die eigene Arbeitskraft und die im Wesentlichen frei gestaltete Tätigkeit und Arbeitszeit kennzeichnen dagegen die selbstständige Tätigkeit.

Nach der Rechtsprechung des BSG wird der Begriff der Nichtselbstständigkeit also durch eine Vielzahl von Merkmalen konkretisiert, wobei Hauptmerkmal die persönliche Abhängigkeit des Arbeitnehmers gegenüber dem Arbeitgeber ist (vergleiche Seewald in Kasseler-Kommentar § 7 SGB IV Anm. 47). Diese Merkmale, die untereinander nicht eindeutig oder zuverlässig gewichtet werden können, sind am ehesten als Bestandteile eines Prüfungskatalogs aufzufassen. Das Ergebnis einer Gesamtprüfung führt dabei zu Teilergebnissen, die wie Indizien im Rahmen der nachfolgenden Gesamtbewertung zusammengetragen, situativ gewichtet werden und im Rahmen einer Abwägung zur Entscheidung führen (Seewald a. a. O.). Entscheidend ist welche Merkmale überwiegen, daher sind alle Umstände des Einzelfalls zu berücksichtigen.

Dabei ist die steuerrechtliche Behandlung der erzielten Einkünfte ein gewichtiges Indiz. Zwar ist die Versicherungspflicht ausschließlich nach dem Sozialversicherungsrecht und ohne rechtliche Bindung an die Entscheidungen der Finanzbehörden und Finanzgerichte zu beurteilen und der Versicherungsträger sowie die Gerichte der Sozialgerichtsbarkeit sind daher einer selbstständigen Prüfung im Einzelfall nicht enthoben, dennoch stellt die steuerrechtliche Behandlung einen wichtigen Anhaltspunkt für die versicherungsrechtliche Beurteilung einer Tätigkeit dar. Die Lohnsteuerpflicht spricht demzufolge für das Vorliegen eines Beschäftigungsverhältnisses während andererseits die Veranlagung zur Einkommensteuer und Gewerbesteuerpflicht auf eine selbstständige Tätigkeit hindeutet (Seewald Kasseler-Kommentar § 7 SGB IV Anm. 79).

Das Arbeitnehmerverhältnis ist im Übrigen dadurch gekennzeichnet, dass es frei von Geschäftsrisiken beziehungsweise wirtschaftlichem Engagement und der Erbringung von Kapitaleinlagen ist. Der Arbeitnehmer besitzt grundsätzlich auch keine eigene Betriebsstätte und der Arbeitgeber verfügt über seine Arbeitskraft.

Bei der Bewertung dieser Kriterien überwiegen im Falle der Klägerin die Gesichtspunkte, die für ein abhängiges Beschäftigungsverhältnis sprechen, denn nach ihrem eigenen Vortrag ist sie weder in Form einer Gesellschafterstellung noch durch sonstige Kapitaleinlagen am Geschäft ihres Vaters beteiligt. Allein ein späterer Erbanspruch kann die selbstständige Tätigkeit und das Unternehmerrisiko derzeit nicht herbeiführen. Die Buchhandlung S ist vielmehr ein Einzelhandelsgeschäft das von dem als Inhaber eingetragenen Vater der Klägerin unternehmerisch betrieben wird. Auch wenn die Klägerin – wie vorgetragen – in unternehmerische Entscheidungen eingebunden ist, erwächst ihr daraus weder eine Haftung noch ein Gewinnanspruch. Das von ihr bezogene monatliche fixe Gehalt spricht ebenfalls gegen ein solches unternehmerisches Risiko. Es soll nicht in Abrede gestellt werden, dass die Klägerin am wirtschaftlichen Wohlergehen in der Firma interessiert ist und alles ihr Mögliche dazu beiträgt, ein positives Geschäftsergebnis zu erzielen und dafür insbesondere eine das übliche Maß übersteigende Arbeitszeit erbringt. Dennoch reicht dies nicht aus, um eine Unternehmereigenschaft zu bejahen. Von Angestellten mit eigenverantwortlichem Tätigkeitsbereich wird auch bei unstreitig abhängigen Beschäftigungsverhältnissen erwartet, dass sie mehr als die tariflich vereinbarten Arbeitszeiten ableisten.

Sicherlich erfüllt die Tätigkeit, die die Klägerin im Betrieb ihres Vaters bis heute ausübt, zumindest nach Erlangung einer Berufserfahrung auch Merkmale, die für eine selbstständige Tätigkeit sprechen, andererseits sind doch wesentliche Elemente vorhanden, die grundsätzlich das abhängige Beschäftigungsverhältnis kennzeichnen, sodass in Zusammenschau der Gesamtumstände die Elemente der abhängigen Beschäftigung überwiegen. Besonders hervorzuheben ist dabei, dass die Klägerin in keiner Weise am Geschäftsergebnis beteiligt ist und auch von ihr keine Eigenmittel im Betrieb stecken, sodass ein unternehmerisches Risiko nicht erkannt werden kann. Vielmehr zeigen gerade die letzten unternehmerischen Entscheidungen, dass der Inhaber, also der Vater der Klägerin, gerade das unternehmerische Handeln noch nicht aus der Hand geben wollte. Dies wird besonders dadurch untermauert, dass er gegenüber allen offiziellen Stellen also z. B. bei der IHK, aber auch im Grundbuch als Inhaber der Firma auftritt und diese Position allein für seine Person dokumentiert ist. Gerade die zuletzt getroffene unternehmerische Entscheidung, ein neues Geschäftshaus zu errichten und dabei allein im Grundbuch eingetragen zu werden, zeigt, dass der Vater eine Beteiligung der Tochter bisher nicht tatsächlich verwirklichen wollte. Dies mag in Hinblick auf den ebenfalls im Geschäft beschäftigten Sohn, der nach Vortrag der Klägerseite keine leitende Funktion inne hat aufgrund der familienrechtlichen Positionen (Erbansprüche) verständlich sein, kann aber der Klägerin nicht den Status der selbstständigen Mitunternehmerin verschaffen. In gleicher Weise zu interpretieren ist, dass die Klägerin nicht unmittelbar am Geschäftsergebnis beteiligt ist, Gewinn oder Verlust des Geschäftes sich also nicht unmittelbar auf ihr Einkommen auswirken. Sie bezieht vielmehr ein festes Gehalt, das zudem auf ein privates – nur von ihr zu nützendes – Konto überwiesen wird und dessen Höhe nicht unmittelbar vom Geschäftsergebnis beeinflusst wird. Nach der Rechtsprechung des BSG ist die Art der Kontoführung ein geeignetes Abgrenzungskriterium (BSG Urteil vom 17. Mai 2001, Az. B 12 KR 34/00 R Rn. 19).

Soweit die Klägerin vorgetragen hat, dass ihr Gehalt in Hinblick auf die schwierige Geschäftssituation so niedrig gewählt wurde, ergeben sich dafür keine Hinweise, denn über wechselnde oder gleichbleibend schlechte Geschäftsergebnisse ist nichts ersichtlich, dagegen spricht hingegen die derzeitige Errichtung eines Neubaus.

Die steuerliche Behandlung des Einkommens der Klägerin ist ebenfalls ein geeignetes Indiz für die Abhängigkeit ihrer Beschäftigung, sodass sowohl die Zahlung von Lohnsteuer als auch die Verbuchung ihres Gehalts als Betriebsausgabe ein Hinweis auf die Abhängigkeit des Beschäftigungsverhältnisses ist. Ohne Interesse ist dabei, aus welchen Gründen die Beteiligten dies so gestaltet haben, denn letztlich ist nicht die Motivation maßgeblich für die Beurteilung, sondern vielmehr die tatsächlich gewählte Ausgestaltung des Beschäftigungsverhältnisses. Dabei ist es unzutreffend, wenn die Klägerin davon ausgeht, es unterliege ihrer Disposition, die Wirkung des bestehenden Beschäftigungsverhältnisses auf bestimmte Rechtsgebiete (z. B. Steuerrecht) zu beschränken (so auch BSG Urteil vom 24. Januar 2007 Az. B 12 KR 31/06 R Rn. 20).

Zu betonen ist auch, dass die Beteiligten jahrelang und aus freien Stücken das Arbeitsverhältnis der Klägerin in dieser Weise gestaltet haben. Wenn nun heute die Tätigkeit der Klägerin von den Beteiligten anders bewertet wird, folgt daraus nicht die Fehlerhaftigkeit des bisher als richtig angesehenen Versichertenstatus. Denn zumindest bis 1997 ist auch von der Klägerseite eingeräumt worden, dass ein abhängiges Beschäftigungsverhältnis vorgelegen habe. Aus welchem Grund im Jahr 1997 dann keine Änderung vorgenommen wurde, zum Beispiel durch Gründung einer Gesellschaft oder durch einen ausdrücklichen Geschäftsführervertrag zwischen dem Inhaber und der Klägerin oder durch andere Gestaltungsvarianten, kann nicht nachvollzogen werden. In dem von den Beteiligten zwar nicht schriftlich geschlossenen Arbeitsvertrag, aber dem tatsächlich gelebten Arbeitsverhältnis ist zumindest vom Beginn der Tätigkeit an für lange Zeit tatsächlich von einem abhängigen Beschäftigungsverhältnis auszugehen. Deshalb ist nicht grundsätzlich für die Vergangenheit von der Fehlerhaftigkeit des zunächst als richtig anzusehenden Versichertenstatus auszugehen. So gilt auch hier der Grundsatz, dass die Beurteilung von Versicherungsverhältnissen rückwirkend grundsätzlich nicht geändert werden solle. Denn es sprechen rechtlich keine vernünftigen Gründe dafür, nunmehr rückwirkend in das jahrelang mit Billigung aller Beteiligten bestehende Versicherungsverhältnis einzugreifen, zumal schwerwiegende Fehler, Ungereimtheiten oder die Erschleichung eines Versicherungsschutzes auszuschließen sind. Dem Gedanken der Kontinuität des Versicherungslebens, wonach Änderungen erst für die Zukunft gelten sollen, ist damit der Vorzug zu geben (siehe Urteil des BSG vom 8. Dezember 1999, Az. B 12 KR 12/99 R RdNr. 24 sowie Urteil des BayLSG vom 18. Oktober 2007, Az. L 4 KR 79/06).

Ergebnis: Im Zeitpunkt der Entscheidung bestand somit ein sozialversicherungspflichtiges Beschäftigungsverhältnis i.S. von § 7 Abs. 1 SGB IV. Daher hat das Sozialgericht zu Recht entschieden, dass die Klägerin versicherungspflichtig ist, da sie abhängig beschäftigt ist.

19: Haftungsbeschränkung bei Personenschäden[54]

Seite 281

Florian Flink macht Schmerzensgeldansprüche aus einer Verletzung durch eine Kuh des Landwirts Bühler geltend. Am 8. 11. ... riss sich im Stall des Landwirts Bühler eine Kuh los und entwich durch das zu diesem Zeitpunkt offen stehende Stalltor. Als Florian Flink die Kuh auf der Straße laufen sah, fuhr er mit seinem Pkw hinter dem weiteren Anwohner Andre Anders her, der mit seinem VW-Bus die Kuh verfolgte. Andre Anders gelang es, die Kuh in einen Innenhof und dort in eine Scheune zu treiben. Er stellte seinen Bus und eine Regentonne vor das Scheunentor, um dieses zu versperren. Als Florian Flink mit seiner Ehefrau im Innenhof mit dem anderen Anwohner das weitere Vorgehen besprach, sprang die Kuh über die Regentonne und verletzte Florian Flink erheblich. Durch Bescheid vom 5. 5. ... erkannte die zuständige Unfallkasse B.-W. das streitgegenständliche Ereignis als Arbeitsunfall gem. §§ 8 I, 2 I Nr. 13a SGB VII an.

Das zuständige Amtsgericht hat die Klage Florian Flinks dem Grunde nach für gerechtfertigt erachtet. Dagegen hat das Berufungsgericht das erstinstanzliche Urteil abgeändert und die Klage abgewiesen, denn es vertrat die Ansicht, die Haftung des Landwirts Bühler sei gem. § 104 I SGB VII ausgeschlossen Die Revision war zugelassen worden. Der Bundesgerichtshof hat die Auffassung vertreten, dass der Versicherungsschutz für eine Hilfeleistung gem. § 2 I Nr. 13a SGB VII grundsätzlich nicht zu einem Haftungsausschluss nach § 104 SGB VII führt.

Halten Sie diese Entscheidung für gerechtfertigt? Geben Sie Gründe an, die für oder gegen eine Haftungsbeschränkung bei Personenschäden sprechen. Überlegen Sie, aus welchen Gründen nach dem beschriebenen Sachverhalt der Unfallversicherungsschutz für eine Hilfeleistung gem. § 2 I Nr. 13a SGB VII nach § 104 SGB VII ausgeschlossen sein könnte.

Lösung

Die zuständige Unfallkasse hat das streitgegenständliche Ereignis als Arbeitsunfall gem. §§ 8 I, 2 I Nr. 13a SGB VII anerkannt. Die Gerichte sind gem. § 108 I SGB VII an diese Entscheidung gebunden. Daher war davon auszugehen, dass der Geschädigte den Unfall als Versicherter nicht aufgrund eines Beschäftigungsverhältnisses i. S. des § 2 I Nr. 1 SGB VII, sondern als Hilfeleistender i.S. des § 2 Nr. 13a SGB VI erlitten hat.

Für die Frage, ob der Versicherungsschutz für eine Hilfeleistung gem. § 2 I Nr. 13a SGB VII zu einem Haftungsausschluss nach § 104 SGB VII führt, kommt es auf den Sinn und Zweck dieser Vorschrift an.

---

54 BGH, *Urteil* vom 24. 1. 2006 – VI ZR 290/04 *(LG Stuttgart)*, NJW 2006, 1592 – Haftungsbeschränkung bei Personenschäden – Arbeitsunfall des Nothelfers.

§ 104 I SGB VII enthält die Regelung, dass Unternehmer den Versicherten, die für ihre Unternehmen tätig sind oder zu ihren Unternehmen in einer sonstigen die Versicherung begründenden Beziehung stehen, sowie deren Angehörigen und Hinterbliebenen nach anderen gesetzlichen Vorschriften zum Ersatz des Personenschadens, den ein Versicherungsfall verursacht hat, nur verpflichtet sind, wenn sie den Versicherungsfall vorsätzlich oder auf einem nach § 8 Abs. 2 Nr. 1 bis 4 SGB VII versicherten Weg herbeigeführt haben.

Rechtsgründe, die für einen Haftungsausschluss gem. § 104 I SGB VII sprechen, wurden vom Berufungsgericht aufgeführt:

Die Haftungsbeschränkung des Unternehmers gelte auch gegenüber dem Nothelfer. In Kenntnis der früheren abweichenden Rechtsprechung sei der Wortlaut des seit dem 1. 1. 1997 anwendbaren § 104 I SGB VII geändert worden. Dieser stelle nun nicht mehr wie der frühere § 636 RVO auf eine Tätigkeit im Unternehmen ab, sondern schließe in die Haftungsbeschränkung alle Versicherten ein, „die für ihre Unternehmen tätig sind" oder zu den Unternehmen „in einer sonstigen die Versicherung begründenden Beziehung stehen". Eine die Versicherung begründende Beziehung sei gem. § 2 II Nr. 13a SGB VII auch die Nothilfe. Nach Feststellung des Vorliegens eines Arbeitsunfalls durch die Unfallkasse B.-W. seien deshalb Ansprüche des Kl. auf Schmerzensgeld ausgeschlossen.

Das Berufungsgericht leitet seine Auffassung, die Haftungsbeschränkung des Unternehmers nach § 104 I SGB VII gelte auch gegenüber dem Nothelfer i.S. des § 2 I Nr. 13a SGB VII aus dem Wortlaut des § 104 I SGB VII her. Es meint, dass die Nothilfe gem. § 2 I Nr. 13a SGB VII eine „die Versicherung begründende Beziehung" i.S. des § 104 SGB VII sei.

Dieser Auslegung des § 104 SGB VII ist die Revision mit Erfolg entgegengetreten. Denn der Versicherungsschutz des Nothelfers wird durch die Leistung der Nothilfe begründet und folgt unmittelbar aus § 2 I Nr. 13a SGB VII, wird also gerade nicht durch die Beziehung zu einem Unternehmen begründet, wie § 104 SGB VII das voraussetzt. Das gilt nach der einhelligen Auffassung in der obergerichtlichen Rechtsprechung und im Schrifttum auch dann, wenn die Hilfeleistung einem Unternehmer zugute kommt (vgl. *OLG Dresden*, VersR 2001, 1035, 1038; *OLG Düsseldorf*, NJW-RR 2002, 1678, 1679; *Bereiter-Hahn/Mehrtens*, § 104 RdNr. 9.4; *Ricke*, in: KassKomm, § 104 SGB VII RdNr. 11 [Stand: Aug. 2000]; *Kater*, in: *Kater/Leube*, SGB VII, 1997, § 104 RdNr. 28; *Lauterbach/Dahm*, Unfallversicherung (Stand: Mai 2005), § 104 RdNr. 16; *Waltermann*, in: *Wannagat*, § 104 SGB VII RdNr. 13).

Bei einer Hilfeleistung i.S. von § 2 I Nr. 13a SGB VII ergibt sich also die Unfallversicherung kraft Gesetzes und nicht etwa daraus, dass der Versicherte einem Unternehmen zu Hilfe kommt, sondern weil er Nothilfe im Sinne dieser Vorschrift leistet und somit der Allgemeinheit hilft. Für diese Hilfe ist es gleichgültig, ob derjenige, dem geholfen wird oder der von einer Gefahr verschont wird, ein Unternehmer oder eine andere Person ist. Der Unfallversicherungsschutz wird vielmehr für den Dienst an der Allgemeinheit gewährt und soll die Bereitschaft zur Hilfeleistung durch eine soziale Existenzsicherung fördern, nicht aber einen Unternehmer privilegieren, dem möglicherweise die Hilfeleistung zugute kommt (vgl. *BGH,* NJW 1981, 760; *Ricke*, in: KassKomm, § 133 SGB VII RdNr. 6 [Stand: Aug. 2001]; *Waltermann*, in: *Wannagat*, § 104 RdNr. 13). Der Versicherungsschutz für die Hilfeleistung gem. § 2 I Nr. 13a SGB VII führt demgemäß wie bei den früheren gesetzlichen Regelungen, etwa in § 636 RVO (vgl. BGHZ 38, 270, 280 = NJW 1963, 390; BGHZ 129, 195, 202 = NJW 1995, 2038; NJW 1981, 760 = VersR 1981, 260; NJW 1987 1022 = NZA 1987, 252 = VersR 1987, 387, 385; NJW 1996, 2023 = VersR 1996, 856, 858), nicht zur Anwendung des Haftungsausschlusses gem. § 104 SGB VII.

Die maßgeblichen Rechtsgründe, die gegen einen Haftungsausschluss im vorliegenden Fall sprechen, hat der BGH wie folgt aufgeführt:

Die Vorschrift des § 104 SGB VII beschränkt die Haftung des Unternehmers für Personenschäden gegenüber den Versicherten auf solche Arbeitsunfälle, die fahrlässig verursacht wurden. Ist der Versicherungsfall dagegen vorsätzlich oder auf einem nach § 8 Abs. 2 Nr. 1 bis 4 SGB VII versicherten Weg herbeigeführt worden, ist die Haftung ausgeschlossen.

Sinn und Zweck des § 104 SGB VII bestehen darin, mit der aus den Beiträgen der Unternehmer finanzierten, verschuldensunabhängigen Unfallfürsorge die zivilrechtliche, auf Verschulden gestützte Haftung der Unternehmer abzulösen, indem sie über die Berufsgenossenschaften von allen dazugehörigen Unternehmen gemeinschaftlich getragen und damit für den jeweils betroffenen Unternehmer kalkulierbar wird. Sie dient dem Unternehmer als Ausgleich für die allein von ihm getragene Beitragslast. Zum anderen soll mit ihr der Betriebsfrieden im Unternehmen zwischen diesem und den Beschäftigten sowie den Beschäftigten untereinander gewahrt werden (vgl. BGHZ 38, 270, 280 = NJW 1963, 390; BGHZ 63, 313, 315 = NJW 1975, 537; BGHZ 148, 214, 219 f = NJW 2001, 3125 = NZA 2001, 1143; BGHZ 157, 213, 218 = NJW 2004, 947 = NZA 2004, 983).

Dementsprechend knüpft das SGB VII in den Vorschriften zum Haftungsausschluss (§ 104), zur Zuständigkeit der Berufsgenossenschaften (§ 133) und zur Beitragspflicht der Unternehmer (§ 150) gleichermaßen an die Tätigkeit für ein Unternehmen und an eine sonstige die Versicherung begründende Beziehung zum Unternehmen an. Der Haftungsausschluss und die Beitragszahlung sollen damit grundsätzlich parallel laufen.

Der Versicherungsschutz für Hilfeleistende i.S. des § 2 I Nr. 13a SGB VII passt nicht zu dieser Struktur der Unfallversicherung (vgl. BGH NJW 1981, 760). Dieser Versicherungsschutz wird nicht von Unternehmen, sondern von der Allgemeinheit finanziert (§§ 185 II 1, 128 I Nr. 7 SGB VII) und gilt nur für nicht in einem Unternehmen Beschäftigte (§ 135 I Nr. 5 SGB VII), sodass auch nicht der Betriebsfrieden durch die Geltendmachung von Ersatzansprüchen unmittelbar gestört wird.

Schon bei der Einführung dieses Versicherungsschutzes wurde deshalb erkannt, dass es sich hierbei eigentlich nicht um eine Unfallversicherung handele, sondern um einen Fall der öffentlichen Unfallfürsorge, denn die Tat des Hilfeleistenden stehe „in keinem Zusammenhang mit der Beschäftigung in einem Betrieb oder einer betriebsähnlichen Gruppe von Tätigkeiten" (vgl. RT-Vhdlg., IV. Wahlperiode 1928 – Anlagen –, Bd. 430, Drucks. 234, S. 9f.). Da die finanziellen Mittel für diesen Versicherungsschutz aber von der Allgemeinheit getragen würden, bestünden keine Bedenken, ihn „in die rechtliche Form der Unfallversicherung zu kleiden" (RT-Vhdlg. IV. Wahlperiode 1928 – Anlagen –, Bd. 430, Drucks. 234, S. 9f.). Als öffentlich-rechtliche Unfallfürsorge ist dieser Schutz darauf gerichtet, die Schäden des Hilfeleistenden zu kompensieren, soll aber nicht einen zivilrechtlich Verantwortlichen von seiner Haftung befreien.

Damit fehlt es an den Strukturen, aus denen sich der Haftungsausschluss gem. § 104 SGB VII rechtfertigt (Finanzierung der Unfallversicherung durch Unternehmer, Wahrung des Betriebsfriedens). Die Neuformulierung von § 104 SGB VII, mit der im Wesentlichen die bestehende Gesetzeslage beibehalten werden sollte (vgl. BGHZ 145, 311, 313 = NJW 2001, 442; BT-Dr 13/2204, S. 100), hat daran nichts geändert. Vielmehr bringt der Gesetzgeber mit dem Abstellen auf die „die Versicherung begründende Beziehung" zu einem Unternehmer noch deutlicher zum Ausdruck, dass es für diesen Haftungsausschluss entscheidend auf die strukturellen Zusammenhänge zwischen dem Versicherten und einem Unternehmer im Rahmen der Unfallversicherung ankommt.

> **Ergebnis:** Der Versicherungsschutz für eine Hilfeleistung gem. § 2 I Nr. 13a SGB VII führt grundsätzlich nicht zu einem Haftungsausschluss nach § 104 SGB VII.

20: Telefondatenerfassung im Arbeitsverhältnis[55]   Seite 317

Der Arbeitgeber betreibt einen weltweiten Stahlhandel. Er hat zur Vermittlung, Aufzeichnung und Abrechnung von Telefongesprächen eine neue Telefonanlage installiert. Da Betriebsrat und Arbeitgeber sich über die Einführung und Nutzung dieser Telefonanlage nicht einigen konnten, wurde einvernehmlich die Einigungsstelle angerufen und eine Betriebsvereinbarung abgeschlossen. Darin ist zur Datenerfassung u.a. folgendes geregelt: „Bei internen und externen eingehenden Gesprächen werden keine Gesprächsdaten erhoben. Bei Gesprächen von dem Apparat des Betriebsrates werden Kosten und Gebühreneinheiten je Monat und die Nebenstellennummer erfasst ... Der Umfang der bei extern ausgehenden Dienst- und Privatgesprächen erfassten Daten wird durch den Spruch einer Einigungsstelle festgesetzt. Die Erfassung und Speicherung weiterer Daten erfolgt nicht."

Der in der Betriebsvereinbarung enthaltene Vorbehalt wurde durch folgenden Spruch der Einigungsstelle ergänzt: „Bei extern ausgehenden Privatgesprächen werden für die Ortsgespräche die Gebühreneinheiten und Kosten je Monat, für Ferngespräche das Datum, die Uhrzeit, die Gebühreneinheiten und Kosten je Monat und für beide die Nebenstellennummer erfasst. Bei dienstlichen externen aus-

---

55 BAG, AP Nr. 15 zu § 87 BetrVG 1972 – Überwachung = NJW 1987, 674.

gehenden Gesprächen werden für Ortsgespräche die Gebühreneinheiten und Kosten je Monat, für Ferngespräche je Gespräch das angewählte Land außerhalb der Bundesrepublik, der angewählte Ort im Bundesgebiet, die Kosten und Gesprächseinheiten, Datum, Uhrzeit, die angewählte Teilnehmernummer, die Summe der Kosten je Monat und Nebenstelle und für beide die Nebenstellennummer erfasst." Der Betriebsrat hat bei dem Arbeitsgericht beantragt, festzustellen, dass dieser Spruch der Einigungsstelle rechtsunwirksam sei, insbesondere weil er gegen das Fernmeldegeheimnis des Art. 10 Abs. 1 GG und gegen die Vorschriften des Bundesdatenschutzgesetzes verstoße.

Lösung

Ein Verstoß gegen das Fernmeldegeheimnis des Art. 10 Abs. 1 GG könnte in der Erfassung und Aufzeichnung der Telefondaten durch den Arbeitgeber liegen, insbesondere der Uhrzeit, der Dauer des Gesprächs und der angewählten Rufnummer (Zielnummer). Das Fernmeldegeheimnis schützt nicht nur den Inhalt des Ferngesprächs, sondern auch die näheren Umstände, also auch die Tatsachen, ob, wer und wann mit wem telefoniert hat.[56]

Das Grundgesetz gewährleistet mit dem Brief-, Post- und Fernmeldegeheimnis die freie Entfaltung der Persönlichkeit durch einen privaten, vor den Augen der Öffentlichkeit verborgenen Austausch von Nachrichten, Gedanken und Meinungen (Informationen) und wahrt damit die Würde des Menschen. Dieses Grundrecht schützt die private und geschäftliche Telekommunikation vor Eingriffen durch die öffentliche Gewalt. Es ist damit ein klassisches Abwehrrecht des Bürgers gegen hoheitliche Eingriffe des Staates. Dagegen kommt diesem Grundrecht eine unmittelbare Drittwirkung für die Rechtsbeziehungen Privater untereinander nicht zu, sodass der Arbeitgeber als Betreiber der Telefonanlage nicht durch Art. 10 Abs. 1 GG gehindert ist, Kenntnis davon zu nehmen, welche Telefongespräche über seine Telefonanlage geführt worden sind.

Die Telefonanlage speichert personenbezogene Daten des anrufenden Arbeitnehmers und, soweit auch die Zielnummer erfasst wird, auch personenbezogene Daten des Angerufenen, wenn Anschlussinhaber natürliche Personen sind. Die durch den Spruch der Einigungsstelle geregelte Telefondatenerfassung ist daher Verarbeitung personenbezogener Daten sowohl der Arbeitnehmer als auch der angerufenen Gesprächsteilnehmer. Die Datenverarbeitung personenbezogener Daten ist nur zulässig, wenn sie durch das Bundesdatenschutzgesetz oder eine andere Rechtsvorschrift erlaubt ist oder wenn der Betroffene eingewilligt hat.

Die Verarbeitung personenbezogener Daten der Arbeitnehmer in der vorliegenden Form der Erfassung der genannten Telefondaten durch die Telefonanlage des Arbeitgebers ist vorliegend durch die Betriebsvereinbarung und den Spruch der Einigungsstelle geregelt. Als „andere Rechtsvorschrift" i. S. von § 4 Abs. 1 BDSG gelten auch die normativen Bestimmungen eines Tarifvertrages oder einer Betriebsver-

---

56 BVerfGE 67, 157, 172 = NJW 1985, 121.

einbarung. Die Einbeziehung von Tarifverträgen und Betriebsvereinbarungen in den Kreis der anderen Rechtsvorschriften, durch die die Verarbeitung personenbezogener Daten abweichend vom Bundesdatenschutzgesetz erlaubt werden kann, ist sinnvoll und erforderlich. Die Verarbeitung personenbezogener Daten im Arbeitsverhältnis kann für den jeweiligen Arbeitgeber zweckmäßigerweise nur nach einheitlichen Gesichtspunkten erfolgen, während die Vorschriften des BDSG für die Datenverarbeitung nichtöffentlicher Stellen eine Abwägung der Interessen des Arbeitgebers und des einzelnen Arbeitnehmers als des jeweiligen Betroffenen erfordern. Deren Interessen können von unterschiedlichem Gewicht sein mit der Folge, dass eine bestimmte Datenverarbeitung dem einen Arbeitnehmer gegenüber zulässig, dem anderen gegenüber jedoch unzulässig ist. Dem kann durch eine kollektive Regelung, wie sie Tarifverträge und Betriebsvereinbarungen darstellen, begegnet werden. Infolgedessen sind Tarifverträge und Betriebsvereinbarungen hinsichtlich ihres zulässigen Inhaltes nicht an den Vorschriften des Bundesdatenschutzgesetzes zu messen. Sie können den Arbeitnehmerdatenschutz auch abweichend regeln, soweit die grundgesetzlichen Wertungen, das zwingende Gesetzesrecht und die allgemeinen Grundsätze des Arbeitsrechts beachtet werden.

Nach § 75 Abs. 2 BetrVG haben die Betriebspartner die freie Entfaltung der Persönlichkeit der im Betrieb beschäftigten Arbeitnehmer zu schützen und zu fördern. Durch die Telefondatenerfassung und die Registrierung des Telefonverhaltens der Arbeitnehmer wird die freie Entfaltung der Persönlichkeit des Arbeitnehmers im Arbeitsverhältnis berührt. Die Zulässigkeit der Erfassung von Telefondaten ergibt sich unter Beachtung des Persönlichkeitsschutzes des Arbeitnehmers nur aus einer Abwägung der gegenseitigen Interessen der Arbeitsvertragsparteien. Maßgebend ist, welche schutzwerten Interessen der Arbeitgeber an der Telefondatenerfassung hat und welche schutzwerten Interessen der Arbeitnehmer dem entgegenstehen.

Diese Interessenabwägung ergibt zunächst, dass sich die Regelung hinsichtlich der Erfassung der Telefondaten bei Dienstgesprächen im Rahmen der Regelungsmacht der Betriebspartner hält. Der Zweck des Arbeitsverhältnisses ist der Austausch von Arbeitsleistung gegen Zahlung von Entgelt. Art und Weise der Arbeitsleistung bestimmt der Arbeitgeber aufgrund seines Direktionsrechts. Er ist berechtigt, die Leistung des Arbeitnehmers zu überwachen und davon Kenntnis zu nehmen, in welcher Weise der Arbeitnehmer seine Arbeitsleistung erbringt. Die vollständige Telefondatenerfassung gibt dem Arbeitgeber die Möglichkeit zu erkennen, ob und wie der Arbeitnehmer das Arbeitsmittel „Telefon" nutzt und ob er diesbezüglich Anweisungen beachtet und Verpflichtungen einhält. Andererseits sind die vom Arbeitnehmer geführten Dienstgespräche Teil seiner Arbeitspflicht, nicht aber Geschehnisse aus seiner Privatsphäre, denn die Dienstgespräche gehören in die Sphäre des Arbeitgebers. Die Kenntnisnahme solcher Gespräche durch den Arbeitgeber behindert die freie Telekommunikation des Arbeitnehmers nicht.

Privatgespräche aus dienstlichem Anlass sind Telefongespräche, deren Notwendigkeit aus betrieblichem Anlass resultiert oder zu deren Gestattung der Arbeitgeber aufgrund seiner Fürsorgepflicht verpflichtet ist. Sie erfolgen regelmäßig während der Arbeitszeit und berühren insoweit auch die Erbringung der geschuldeten Arbeitsleistung. Vom Zweck des Arbeitsverhältnisses ist es gerechtfertigt, wenn Feststellungen darüber getroffen werden, ob Privatgespräche aus dienstlichem Anlass geführt worden sind. Dies gilt insbesondere, weil der Arbeitgeber vorliegend auch die Kosten dieser Privatgespräche aus dienstlichem Anlass trägt. Der Arbeitgeber hat daher ein berechtigtes Interesse daran, zu erfahren, ob und in welchem Umfang Privatgespräche aus dienstlichem Anlass geführt worden sind. Das Kontrollinteresse des Arbeitgebers überwiegt gegenüber dem Arbeitnehmerinteresse an der Geheimhaltung dieser Gespräche.

Für reine Privatgespräche stellt der Arbeitgeber die Telefonanlage zur Verfügung, ohne die Zielnummer zu erfassen, während der Arbeitnehmer verpflichtet ist, die Privatgespräche zu bezahlen. Zur ordnungsgemäßen Abrechnung dieser Privatgespräche reicht es aus, wenn neben der Zahl auch die Summe der Gebühreneinheiten und die Gebühren selbst erfasst werden. Aus diesen Daten ergibt sich, ob und über welche Zeit der Arbeitnehmer während der Arbeitszeit Privatgespräche geführt hat. Selbst wenn es nicht grundsätzlich verboten ist, private Telefongespräche während der Arbeitszeit zu führen, besteht ein berechtigtes Interesse des Arbeitgebers daran, festzustellen, ob und inwieweit die Arbeitnehmer von dieser Möglichkeit Gebrauch machen. Von diesem Interesse ist die Erfassung von Zeitpunkt und Dauer der Privatgespräche gedeckt.

> **Ergebnis:** Die Regelung zur Erfassung von Telefondaten hält sich vorliegend an den Rahmen der Regelungsautonomie der Betriebspartner. Sie berücksichtigt die Grundsätze des allgemeinen Persönlichkeitsschutzes der Arbeitnehmer im Arbeitsverhältnis und verstößt nicht gegen Art. 10 GG. Rechtsvorschriften, die eine solche Telefondatenerfassung verbieten, bestehen nicht. Die Telefondatenerfassung ist daher den Arbeitnehmern gegenüber datenschutzrechtlich zulässig. Daher blieb der Antrag des Betriebsrates auf Feststellung der Unwirksamkeit des Einigungsstellenspruches erfolglos.

Literaturverzeichnis

1. Studienliteratur zum Arbeitsrecht

Boemke, Burkhard, Fallsammlung zum Arbeitsrecht, Berlin Heidelberg New York 2. Auflage 2007

Brox, Hans/*Rüthers*, Bernd, Arbeitsrecht, 17. Auflage, Stuttgart Berlin Köln 2007

Däubler, Wolfgang, Arbeitsrecht - Ratgeber für Beruf, Praxis und Studium, 1. Auflage, Frankfurt am Main 2005

Dütz, Wilhelm, Arbeitsrecht, 14. Auflage, München 2009

Edenfeld, Stefan, Recht der Arbeitnehmermitbestimmung Betriebsverfassung, Personalvertretungsrecht, Unternehmensmitbestimmung, 2. Auflage, Heidelberg 2005

Fuchs, Maximilian/*Marhold*, Franz, Europäisches Arbeitsrecht, 2. Auflage, Wien 2006

Gitter, Wolfgang/*Michalski*, Lutz, Arbeitsrecht, 7. Auflage, Heidelberg 2008

Gitter, Wolfgang/*Michalski*, Lutz/ *Frotscher*, Pierre, Arbeitsrecht – 50 Fälle mit Lösungen, 6. Auflage, Heidelberg 2008

Haberkorn, Kurt, Arbeitsrecht Aktuelles Grundwissen und praktisches Rüstzeug, 12. Auflage, Renningen 2006

Hanau, Peter/*Adomeit*, Klaus, Arbeitsrecht, 14. Auflage, Neuwied Kriftel 2006

Hromadka, Wolfgang, Arbeitsrecht Handbuch für Führungskräfte, 2. Auflage, Heidelberg 2004

Hromadka, Wolfgang/*Maschmann*, Frank, Arbeitsrecht, Bd. 1 Individualarbeitsrecht, 4. Auflage, Berlin Heidelberg New York 2008

Hromadka, Wolfgang/*Maschmann*, Frank, Arbeitsrecht, Bd. 2 Kollektivarbeitsrecht und Arbeitsstreitigkeiten, 4. Auflage, Berlin Heidelberg New York 2007

Junker, Abbo, Grundkurs Arbeitsrecht, 8. Auflage, München 2009

Kokemoor, Axel/*Kreissl*, Stephan, Arbeitsrecht, 3. Auflage, Stuttgart München Hannover Berlin Weimar Dresden 2006

Küfner-Schmitt, Irmgard, Arbeitsrecht Basiswissen Gesetze, Urteile, Fälle mit Musterlösungen, 6. Auflage, Planegg b. München 2008

Lieb, Manfred, Arbeitsrecht, 9. Auflage, Heidelberg 2006

Löwisch, Manfred, Arbeitsrecht, 8. Auflage, Düsseldorf 2007

Oetker, Hartmut, 30 Klausuren aus dem Arbeitsrecht Individualarbeitsrecht, 7. Auflage, Neuwied Kriftel 2007

Otto, Hansjörg, Arbeitsrecht, 4. Auflage, Berlin 2008

Preis, Ulrich, Arbeitsrecht Praxis-Lehrbuch zum Individualarbeitsrecht, 3. Auflage, Köln 2009

Preis, Ulrich, Arbeitsrecht Praxis-Lehrbuch zum Kollektivarbeitsrecht, 2. Auflage Köln 2009

Pulte, Peter, Arbeitsrecht, Troisdorf 2003

Pulte, Peter, Das deutsche Arbeitsrecht Kompaktwissen für die Praxis, 3. Auflage, München 2008

Reichold, Hermann, Arbeitsrecht Lernbuch nach Anspruchsgrundlagen, 3. Auflage, München 2008

Schaub, Günter, Der Betriebsrat, 8. Auflage, München 2006

Schaub, Günter/***Künzl***, Reinhard, Arbeitsgerichtsverfahren Rechte Pflichten Verfahren Instanzen, 7. Auflage, München 2004

Senne, Petra, Arbeitsrecht Das Arbeitsverhältnis in der betrieblichen Praxis, 5. Auflage, Neuwied Kriftel 2008

Teschke-Bährle, Ute, Arbeitsrecht – Schnell erfasst, 6. Auflage, Berlin Heidelberg New York 2006

Wörlen, Rainer/ ***Kokemoor***, Axel, Arbeitsrecht, 9. Auflage, Köln Berlin Bonn München 2009

2. Nachschlagewerke und Ratgeber

Ahrend, Peter/***Förster***, Wolfgang/***Rühmann***, Jochen/***Schumann***, Hans-Heinrich, Gesetz zur Verbesserung der betrieblichen Altersversorgung mit zivilrechtlichen, arbeitsrechtlichen, steuerrechtlichen Vorschriften Kommentar, 12. Auflage, München 2009

Anwalts-Handbuch Arbeitsrecht, herausgegeben von Ulrich Tschöpe, 6. Auflage, Köln 2009

Arbeitsrecht Handbuch für die Praxis, herausgegeben von Michael Kittner und Bertram Zwanziger, 5. Auflage, Frankfurt am Main 2009

Backmeister, Thomas/***Trittin***, Wolfgang/***Mayer***, Udo, Kündigungsschutzgesetz mit Nebengesetzen Kommentar zum Kündigungsschutzgesetz und weiteren wichtigen Vorschriften des Kündigungsrechts, 4. Auflage, München 2009

Bartenbach, Kurt/***Volz***, Franz-Eugen, Arbeitnehmererfindergesetz Kommentar zum Gesetz über Arbeitnehmererfindungen, 5. Auflage, Köln, Berlin Bonn München 2009

Betriebsverfassungsgesetz Gemeinschaftskommentar, mitbegründet von Fritz Fabricius, herausgegeben von Alfons Kraft, Günther Wiese, Peter Kreutz, Hartmut Oetker u. a., 8. Auflage, Neuwied Kriftel 2005

BetrVG Betriebsverfassungsgesetz mit Wahlordnung, §§ 121 – 128 InsO und EBR-Gesetz Kommentar für die Praxis, herausgegeben von Wolfgang Däubler, Michael Kittner und Thomas Klebe, 11. Auflage, Frankfurt am Main 2008

Buchner, Herbert/***Becker***, Ulrich, Mutterschutzgesetz Erziehungsgeldgesetz Kommentar, 8. Auflage, München 2007

Buschmann, Rudolf/***Ulber***, Jürgen, Arbeitszeitgesetz Basiskommentar mit Nebengesetzen und Ladenschluss, 6. Auflage, Frankfurt am Main 2008

Erfurter Kommentar zum Arbeitsrecht, herausgegeben von Thomas Dietrich, Peter Hanau und Günter Schaub, 8. Auflage, München 2008

Fitting, Karl/***Kaiser***, Heinrich/ ***Engels***, Gerd/***Schmidt***, Ingrid/***Auffarth***, Fritz/ ***Linsenmaier***, Wolfgang, Betriebsverfassungsgesetz, 24. Auflage, München 2008

Gemeinschaftskommentar zum Kündigungsschutzgesetz und zu sonstigen kündigungsschutzrechtlichen Vorschriften, mitbegründet von Friedrich Becker und Wilfried Hillebrecht, bearbeitet von Gerhard Etzel u. a., 9. Auflage, Neuwied Kriftel 2009

Germelmann, Claas-Hinrich/***Matthes***, Hans-Christoph/***Müller-Glöge***, Rudi/
Prütting, Hanns, Arbeitsgerichtsgesetz Kommentar, 7. Auflage, München
2009

Gewerbeordnung Kommentar zu §§ 105 – 110 Arbeitsvertragsgestaltung – Direktionsrecht – Entgelt – Arbeitszeugnis – Wettbewerbsverbot, herausgegeben
von Burkhard Boemke, Heidelberg 2003

Graue, Bettina, Mutterschutzgesetz Basiskommentar, Frankfurt am Main, 2. Auflage 2009

Großkommentar zum Kündigungsrecht, herausgegeben von Reiner Ascheid,
Ulrich Preis und Ingrid Schmidt, 3. Auflage, München 2007

Hanau, Peter/***Steinmeyer***, Heinz-Dietrich/***Wank***, Rolf, Handbuch des europäischen Arbeits- und Sozialrechts, München 2002

Hanau, Peter/***Ulmer***, Peter, Mitbestimmungsgesetz, 2. Auflage, München 1999

Hauck, Friedrich/***Helml***, Ewald, Arbeitsgerichtsgesetz Kommentar, 3. Auflage,
München 2006

Hueck, Alfred/***Hueck***, Götz/***v.Hoyningen-Huene***, Gerrick/***Linck***, Rüdiger, Kündigungsschutzgesetz, 14. Auflage, München 2007

Kempen, Otto Ernst/***Zachert***, Ulrich/***Wendeling-Schröder***, Ulrike/***Stein***, Axel,
Tarifvertragsgesetz Kommentar für die Praxis, 4. Auflage, Köln 2005

Kittner, Michael/***Däubler***, Wolfgang/***Zwanziger***, Bertram, KSchR Kündigungsschutzrecht Kommentar für die Praxis, 7. Auflage, Frankfurt am Main 2008

Kittner, Michael/***Pieper***, Ralf, Arbeitsschutzgesetz Basiskommentar mit Lärm-
und Vibrations- Arbeitsschutzverordnung, 4. Auflage, Frankfurt am Main
2007

Kommentar zum Tarifvertragsgesetz mit Kommentierung des Arbeitnehmer-
Entsendegesetzes, herausgegeben von Wolfgang Däubler, Baden-Baden 2003

Kraegeloh, Wolfgang/***Knopp***, Anton, Berufsbildungsgesetz, 5. Auflage, Köln Berlin Bonn München 2005

Koberski, Wolfgang/***Asshoff***, Gregor/***Hold***, Dieter, Arbeitnehmer-Entsendegesetz,
2. Auflage, München 2002

Kunz, Olaf/***Wedde***, Peter, EFZR Entgeltfortzahlungsrecht Kommentar für die Praxis zum Entgeltfortzahlungsgesetz und zu ergänzenden Vorschriften, 2. Auflage, Frankfurt am Main 2005 ***Leinemann***, Wolfgang/***Taubert***, Thomas, Berufsbildungsgesetz,2. Auflage, München 2008

Linnenkohl, Karl, Arbeitszeitgesetz Handkommentar, 2. Auflage, Baden-Baden
2004

Münchener Handbuch zum Arbeitsrecht, Band 1 -2, 3. Auflage, München
2009

Münchener Kommentar zum Bürgerlichen Gesetzbuch, Band 3, Schuldrecht,
Besonderer Teil I (§§ 433-610), 5. Auflage 2008; Band 4, Schuldrecht, Besonderer Teil II (§§ 611-704), 5. Auflage, München 2009

Neumann, Dirk/***Fenski***, Martin, Bundesurlaubsgestz nebst allen anderen Urlaubsbesimmungen des Bundes und der Länder Kommentar, 9. Auflage, München 2003

Neumann, Dirk/***Pahlen***, Ronald/***Majerski-Pahlen***, Monika, Sozialgesetzbuch IX
Rehabilitation und Teilhabe behinderter Menschen Kommentar, 12. Auflage,
München 2009

Neumann, Dirk/***Biebl***, Josef, Arbeitszeitgesetz Kommentar, 15. Auflage, München
2008

Peine, Franz-Joseph, Gesetz über technische Arbeitsmittel (Gerätesicherheitsgesetz), 3. Auflage, Köln Berlin Bonn München 2002

Personalbuch 2003 Arbeitsrecht, Lohnsteuerrecht, Sozialversicherungsrecht, herausgegeben von Wolfdieter Küttner, 10. Auflage, München 2003

Raiser, Thomas, Mitbestimmungsgesetz und Drittelbeteiligungsgesetz, Kommentar, 5. Auflage, Berlin 2009

Richardi, Reinhard/*Thüsing*, Gregor/*Annuß*, Georg, Betriebsverfassungsgesetz mit Wahlordnung, 11. Auflage, München 2008

Rittweger, Stephan/*Petri*, Ulrich/*Schweikert*, Franz-Josef, Altersteilzeit Kommentar, 2. Auflage, München 2002

Schaub, Günter/*Künzl*, Reinhard, Arbeitsgerichtsverfahren – Rechte, Pflichten,Verfahren –, 7. Auflage, München 2004

Schaub, Günter, Arbeitsrechts-Handbuch, 13. Auflage, München 2009

Schmidt, Klaus/*Koberski*, Wolfgang/*Tiemann*, Barbara/*Wascher*, Angelika, Heimarbeitsgesetz, 4. Auflage, München 1998

Schmitt, Jochem, Entgeltfortzahlungsgesetz und Aufwendungsausgleichsgesetz, 6. Auflage, München 2007

Schoden, Michael, Jugendarbeitsschutzgesetz, 6. Auflage, Frankfurt am Main 2009

Schoden, Michael, BetrAVG Betriebliche Altersversorgung Kommentar für die Praxis mit arbeitsrechtlicher Einführung, 2. Auflage, Frankfurt am Main 2003

Stahlhacke, Eugen/*Preis*, Ulrich/*Vossen*, Reinhard, Kündigung und Kündigungsschutz im Arbeitsverhältnis, 10. Auflage, München 2009

Ulber, Jürgen, Arbeitnehmerüberlassungsgesetz Kommentar für die Praxis, 3. Auflage, Frankfurt am Main 2005

Wiedemann, Herbert/*Stumpf*, Hermann, Tarifvertragsgesetz mit Durchführungsvorschriften und Nebenvorschriften, 7. Auflage, München 2007

Wohlgemuth, Hans Hermann/*Lakies*, Thomas/*Malottke*, Annette/*Pieper*, Stefanie/*Proyer*, Beatrix, Berufsbildungsgesetz Kommentar für die Praxis, 3. Auflage, Köln 2005

Zmarzlik, Johannes/*Anzinger*, Rudolf, Jugendarbeitsschutzgesetz, 5. Auflage, München 1998

Zmarzlik, Johannes/*Zipperer*, Manfred/*Viethen*, Hans Peter, Mutterschutzgesetz, Mutterschaftsleistungen, Bundeserziehungsgeldgesetz mit Mutterschutzverordnung, 9. Auflage, Köln Berlin Bonn München 2005

Zwanziger, Bertram, Das Arbeitsrecht der Insolvenzordnung Kommentar, 3. Auflage, Heidelberg 2006

3. Literatur zu speziellen arbeitsrechtlichen Aspekten

Auskunfts-, Bescheinigungs- und Meldevorschriften im Personalwesen Sammlung rechtlicher Arbeitgeberpflichten zur Datenübermittlung an Behörden und Arbeitnehmer, herausgegeben von Bernd Hentschel und Andreas Jaspers, 6. Auflage, Frechen 2003

Bachner, Michael/*Köstler*, Roland/*Matthießen*, Volker/*Trittin*, Wolfgang, Handbuch Arbeitsrecht bei Unternehmensumwandlung und Betriebsübergang, 2. Auflage, Baden-Baden 2003

Grönert, Jochem, Erziehungsgeld Mutterschutz Elternzeit mit Gesetzestexten, München 2005

Hamann, Wolfgang, Fremdpersonal im Unternehmen – Alternativen zum Arbeitsvertrag –, 3. Auflage, Stuttgart München Hannover Berlin Weimar Dresden 2007

Handbuch Arbeitsschutz Recht Technik Organisation in der Unternehmenspraxis, herausgegeben von Jens-Christian Voss, München/Unterschleißheim 2003

Kiel, Heinrich/*Koch*, Ulrich, Die betriebsbedingte Kündigung, 2. Auflage, München 2009

Kramer, Karin, Die Kündigung im Arbeitsrecht, 11. Auflage, Stuttgart München Hannover Berlin Weimar Dresden 2008

Kurth, Sönke/*Schultis*, Michael, Lehrgang zum Arbeits- und Gesundheitsschutz Begleitheft zur betrieblichen Unterweisung nach ArbSchg, 2. Auflage, Landsberg am Lech 2005

Mattes, Hatto/*Aich*, Ursula/*Fähnrich*, Ralph/*Dinkler*, Hermann/*Weber*, Ulrich/*Johannknecht*, Alfred/*Gareis*, Klaus/*Hodemacher*, Friedrich/*Steyrer*, Hanns, Die Betriebssicherheitsverordnung, Köln Berlin Bonn München 2003

Marburger, Horst, Entgeltortzahlung im Krankheitsfall, 9. Auflage, Stuttgart München Hannover Berlin Weimar Dresden 2006

Niebling, Jürgen, Outsourcing Rechtsfragen und Vertragsgestaltung, 3. Auflage, Stuttgart München Hannover Berlin Weimar Dresden 2006

4. Vertragsgestaltung und Formularwesen

Bährle, Ralph Jürgen, Aktuelle Arbeitsvertragsmuster für die Personalpraxis Leitfaden mit CD-ROM, München 2003

Bauer, Jobst-Hubertus, Arbeitsrechtliche Aufhebungsverträge Arbeits-, gesellschafts-, steuer- und sozialversicherungsrechtliche Hinweise zur einvernehmlichen Beendigung von Dienst- und Arbeitsverhältnissen, 8. Auflage, München 2007

Busch, Ralf, Anwalts-Checkbuch Arbeitsvertrag, Köln 2002

Danko, Franz-Ludwig/*Plesterninks*, Ingo, Telearbeitsverträge, Köln 2002

Der Arbeitsvertrag Handbuch der Vertragspraxis und Gestaltung, herausgegeben von Ulrich Preis, 3. Auflage, Köln 2008

Eckert, Michael, Arbeitszeugnisse schreiben und verstehen Rechtsgrundlagen, Zeugnisarten, Formulierungshilfen, Auslegung, Scheincodes, Haftungsfragen, Muster mit umsetzbaren Textbausteinen, München 2000

Eckert, Michael/*Wallstein*, Caroline, Das neue Arbeitsvertragsrecht Vertragsgestaltung nach der Schuldrechtsreform und dem AGB-Recht, München 2002

Formularbuch Arbeitsrecht Checklisten und Mustertexte, herausgegeben von Michael Kittner und Bertram Zwanziger, Frankfurt am Main 2002

Grimm, Detlef/*Emmert*, Angela S., Teizeitarbeitsverträge, Köln 2002

Hjort, Jens Peter, Aufhebungsvertrag und Abfindung Strategien, Tipps, Musterverträge, 2. Auflage, Köln 2003

Hjort, Jens Peter/*Bufalica*, Andreas, Arbeitsverträge, 3. Auflage, Frankfurt am Main 2007

Küfner-Schmitt, Irmgard, Arbeitsvertragsrecht Fachbuch Vertragsmuster Vertragssoftware, Freiburg Berlin München Würzburg Zürich 2002

Müller, Waltraud, Mein Arbeitsvertrag Prüfen – Verhandeln – Nachbessern, Freiburg i. Br. 2002

Niemann, Stefanie, Vertragsgestaltung mit leitenden Angestellten, Münster Hamburg London 2002

Reichel, Die arbeitsvertragliche Bezugnahme auf den Tarifvertrag, Köln 2001

Rumke, Hans-Georg/*Galdia*, Wolfgang/*Stuhlmann*, Wolfgang/*Schmitz*, Michael, Aufhebungsverträge und Abfindungen Leitfaden mit Berechnungssoftware auf CD-ROM, 3. Auflage, München 2003

Schaub, Günter/*Neef*, Klaus/*Schrader*, Peter, Arbeitsrechtliche Formularsammlung, 8. Auflage, München 2004

Schmitt-Rolfes, Günter, Arbeitsrechtliche Aufhebungsverträge und Abfindungsvereinbarungen, Köln 2009

Schrader, Peter, Rechtsfallen in Arbeitsverträgen, München 2001

Schulz, Georg-R., Alles über Arbeitszeugnisse, Zeugnissprache – Haftung – Rechtsschutz Mit Beispielen und Zeugnismustern, 8. Auflage, München 2009

Streibl, Florian, Vertragsbausteine Arbeitsvertrag So sichern Sie sich die besten Konditionen, 2. Auflage, Regensburg Berlin 2001

Wandscher, Peter, Arbeitsverträge auf Zeit, Bonn 2003

Weber, Ulrich/*Dahlbender*, Frank, Arbeitsverträge, 2. Auflage, Köln 2003

Weber, Ulrich/*Ehrich*, Christian/*Burmester*, Antje, Handbuch der arbeitsrechtlichen Aufhebungsvertäge Aufhebung von Arbeits- und Dienstverhältnissen mit arbeits-, sozial- und steuerrechtlichen Folgen, 4. Auflage, Köln 2004

Weuster, Arnulf/*Scheer*, Brigitte, Arbeitszeugnisse in Textbausteinen, Rationelle Erstellung, Analyse, Rechtsfragen, 11. Auflage, Stuttgart München Hannover Berlin Weimar Dresden 2007

Worzalla, Michael, Arbeitsrechtliche Formulare für die betriebliche Praxis Individualarbeitsrecht, Neuwied Kriftel 2002

5. Weiterführende Literatur zum Sozialrecht

Gitter, Wolfgang, Sozialrecht, 5. Auflage, München 2001

Hanau, Peter/*Steinmeyer*, Heinz-Dietrich/*Wank*, Rolf, Handbuch des europäischen Arbeits- und Sozialrechts, München 2002

Jäger, Horst, Einführung in die Sozialversicherung, 13. Auflage, Berlin 2003

Jäger, Horst, Sozialversicherungsrecht und sonstige Bereiche des Sozialgesetzbuches, 12. Auflage, Berlin 2005

Meyer-Ladewig, Jens, Sozialgerichtsgesetz, 9. Auflage, München 2008

Neumann, Dirk/*Pahlen*, Ronald/*Majerski-Pahlen*, Monika, Sozialgesetzbuch IX Rehabilitation und Teilhabe behinderter Menschen, 11. Auflage, München 2005

Personalbuch 2003 Arbeitsrecht, Lohnsteuerrecht, Sozialversicherungsrecht, herausgegeben von Wolfdieter Küttner, 10. Auflage, München 2003

Personalrecht für die Praxis Arbeitsrecht, Lohnsteuer und Sozialversicherung, 4. Auflage, Freiburg i. Br. 2008

Wedde, Peter, Telearbeit Arbeitsrecht – Sozialrecht – Datenschutz, München 2002

6. Weiterführende Literatur zu sonstigen Rechtsgebieten

Däubler, Wolfgang, Gläserne Belegschaften? Datenschutz in Betrieb und Dienststelle, 4. Auflage, Frankfurt am Main 2002

Gola, Peter/*Schomerus*, Rudolf, Bundesdatenschutzgesetz, 9. Auflage, München 2007

Steckler, Brunhilde, Kompendium Wirtschaftsrecht, 7. Auflage, Ludwigshafen/Rhein 2009

Steckler, Brunhilde, Klausurtraining Wirtschaftsprivatrecht, Berlin und Düsseldorf 2003

Tinnefeld, Marie-Theres/*Ehmann*, Eugen, Einführung in das Datenschutzrecht, 4. Auflage, München 2004.

Stichwortverzeichnis

Die Ziffern verweisen auf die Hauptkapitel mit den jeweiligen Randziffern.
Beispiel: C/010 = Kapitel C, Rz. 010.